儒家文明论坛

（第一期）

儒家文明协同创新中心 编

杜泽逊 主编

山东人民出版社

国家一级出版社 全国百佳图书出版单位

《儒家文明论坛》 第一期

编辑说明

    2015 年 3 月 21 日至 22 日儒家文明协同创新中心主办的"儒学文献整理与研究高端论坛"在山东大学举行，来自浙江大学、华东师范大学、四川大学、北京师范大学、曲阜师范大学、南京大学、南京师范大学、华中师范大学和山东大学的三十余位知名学者出席了论坛，并发表了学术演讲。本次论坛重点讨论了近年文献学界的前沿课题及相关成果，具有较强的时代性和前瞻性。现将专家的演讲和相关论述结集出版，列为《儒家文明论坛》第一期，供学术界参考。今后由儒家文明协同创新中心主办的学术会议，将继续整理专家的演讲及论文，以《儒家文明论坛》的名义逐期刊行，以推动儒家文明协同创新中心工作向前发展。

儒家文明协同创新中心

2015 年 4 月 1 日

儒学文献整理与研究高端论坛合影（2015 年 3 月 21 日山东大学）

山东大学副校长陈炎教授致欢迎词

山东大学儒学高等研究院常务副院长、《文史哲》主编王学典教授主
持论坛

目　录
CONTENTS

崔富章　生于 1941 年，山东省淄博市周村人。浙江省特级专家，浙江大学人文学院教授、博士生导师。1964 年起，师从姜亮夫先生，研治中国古典文献学，相对集中于楚辞学和版本目录学方向。主要著作有《四库提要补正》《楚辞书目五种续编》《楚辞书录解题》《嵇康集译注》，主编《楚辞学文库》《中国文化经典直解丛书》等。在《文史》《文献》等学术期刊发表论文数十篇，大多辑入《版本目录论丛》（中华书局 2014 年版）一书。

"《孔子家语》研究"概述

各位老师、各位同学：

大家好！

《孔子家语》这部书我是七十岁以后才读的，当时我们古籍所要编一部《礼学文献集成》的丛书，所领导分配我校点《孔子家语》，我接受了这个任务。当我把《孔子家语》通读一遍之后，感觉非常亲切。那里面的许多情节、许多言行故事，凭我七十年的生活阅历来判断，有许多是真实可信的，所以我就比较喜欢这部书了。因为喜欢它，就关注到一些人的评论——清儒们几乎是异口同声地说坏话，包括《四库提要》，还有我们浙江的两位大乡贤范家相、孙志祖，都只管说坏话，很不公平。所以我就想应该为《孔子家语》做点什么。

我举一个例子：子贡曾经向老师请教，人死了以后有没有知觉？这样的问题我小时候也提过。孔子怎么回答呢？孔子说，我要是说人死了有知觉，就担心孝子顺孙妨生以送死；我要是说人死了没有知觉，又怕不孝子弃其亲而不葬。最后孔子告诉子贡，你想知道人死了之后有知觉还是没有知觉，"非今之急，后自知之"。你以后自然会明白的。世俗情怀大智慧，孔子的回答包括了精神和物质两个层面。从精神层面讲，死去的人活在生者心里，活在亲朋好友的心里，这是事实。尊重死者，就是善待生者，就是精神文明、社会文明，不能当儿戏。从物质层面讲，死生殊隔，死去的人不可能再享用生者的物质待遇，这个也是事实。我们在祭祀现场就可以看到了，祭肉最后还是要分给生人吃的。我小时候看旧家迁坟，也有类似的现象。死者不可能再享用生者的物质待遇，这个是为事实所证明的。

孔子接下去说，随葬的明器，形制上跟生者之器有点像，但实质上是不一样的。"竹不成用"，竹编的盛器，这个筬是散开来的；"瓦不成膝"，那个瓦是毛坯；"琴瑟张而不平"，琴瑟等乐器摆在那边，但是没有弦；"笙竽备而不和"，吹的管器音孔是有的，但间距是不准的；有钟磬而无簨簴，钟磬没有架子挂起来——就是说备物而不可用，这就是明器了。这个不是孔子发明的，但是孔子强调这个，强调生者之器和随葬之器的区别，这里面有非常深刻的思想，孔子力图从制度设计层面，防止事死如事生，约束妨生以送死，遏制厚葬，尤其反对奢靡腐败，这是很深层次的思考。孔子六十岁那年，周游列国，陈蔡之间，蔡侯死了，丧葬豪奢，单是青铜器就埋下486件之多。蔡是小国，蔡侯也不怎么正干，用现在的话说叫"菜鸟"，竟陪葬这么多青铜器，消耗巨额社会资源。其中大量的是生活用器，礼器也大多是生活用器的豪华型，跟生者之器是相通的。所以从这里可以觉察到，孔子看问题的眼界，解决问题的境界，是不平凡的。

同时我们还要看到，孔子那个时代是东周，春秋中期，周人的丧葬习俗是允许用生者之器的，那些礼器，曾侯乙墓的成套编钟，音位准得很。孔子是很推崇周礼的，以周公为偶像。但是周礼里面不符合发展理念的一些东西，他也是反对的。"死者用生者之器，不殆于用殉也？"岂不是近乎用人殉吗？批判的调门很高，上纲上线的。孔子是宋人，也就是殷人。殷人的礼数，随葬用祭器，祭器跟生者之器是可以通用的。比如说爵，是祭器，但是人喝酒也行，钟鸣鼎食，是相通的。孔子作为殷人，但不认同葬以祭器。夏人用明器，孔子说："凡为明器者，知丧道矣，有备物而不可用也。"孔子这个人，为了民生社会的持续发展，不唯上，不唯亲，不从周，不从殷，择善固守，入脑入心入教材。这个不得了，我越是读下去，就越觉得孔子了不起。子路对老师诉说："伤哉贫也！生而无以供养，死则无以为礼也。"孔子开导他："啜菽饮水，尽其欢心，斯谓之孝。敛手、足、形，旋葬而无椁，称其财，斯谓之礼。贫，何伤乎？"子游问丧之具。孔子曰："称家之有亡焉。"子游曰："有、亡，恶乎齐？"孔子曰："有也，则无过礼。苟亡矣，则敛手、足、形，还〔旋〕葬，悬棺而封，人岂有非之者哉？"孔子在宋，见桓魋自为石椁，三年而不成，工匠皆病。夫子愀然曰："若是其靡也，死不如速朽之愈！"（《孔氏家语·曲礼子贡问》）孔子从礼制解释层面为俭朴的平民社会撑腰（规定是上限封顶，没有下限的，"称其财，斯谓之礼"），表达逝者有尊严、生者有饭吃、家庭得发展的综合平衡理念。孔子还从礼意阐扬层面增强平民百姓的自信："故夫丧亡，与其哀不足而礼有余，不若礼不足而哀有余也。祭礼，与其敬不足而礼有余，不若礼不足而敬有余也。"丧亡的主题词是"哀"，祭礼的主题词是"敬"，情感投入才是礼之根本呀！关于这一点，孔子更有"三无"（无服之丧，无体之礼，无声之乐）、"五至"理论，绝对的高大上，孟子"浩然之气"的源头活水，都见于《家语》，还有上海博物馆藏战国简，我不再继续说下去了。总之，例证显示，在当时，孔子算得上先进文化的代表，直到今天也不落后。事实证明，《家语》是孔子学说的重要载体，无可取代，"伪书"云云，痴人说梦也。

我想为《孔子家语》做两件事：

第一件是做集校集释，旨在集善，集诸家之善，记其姓名，有不安者，或阙如者，下以己意，以"按"字别之。在此基础之上，构建一个新的校注本，校《孔子家语》

的正文，也要校王肃的注，还要加新的注，就是希望中等文化程度的朋友能够阅读，为推动儒学研究打基础。这件事以周晶晶博士后为主，我协同撰写按语部分。

第二件是批评伪书说，平反冤假错案。对立面有三个：第一个是《四库提要》的《孔子家语》篇，第二个是范家相的《家语证伪》十一卷，第三个是孙志祖《家语疏证》六卷。主要是批评这三个——伪书说的三大支柱。要写十来篇文章，跟这个校注是合在一起的。

这两项工作快的话明年完成，慢的话后年完成。此后还想做第三件事：《孔子家语》四十四篇，其中有十七篇分布在大小戴《礼记》里，相互之间出入比较多。我们要做具体的比较研究，这样对《孔子家语》、对《小戴礼记》和《大戴礼记》，都有帮助。深入那个领域之后，涉及的面更广，我深感积累不足，有点恐慌。我是七十岁之后进入这个领域的，是一个"老年新兵"。今天在座的朋友，比我进入这个领域要早得多，你们是"中青年老兵"。我希望得到各位的批评帮助，我们合作共赢。

（尼山学堂董韦彤据录音整理）

齐鲁书社影印宋本《孔氏家语》前言

　　《孔子家语》，宋本题《孔氏家语》，是一部记载孔子及其弟子言行故事的先秦文献，流转数百年之后，由十二世孙孔安国重编，四十四篇。孔序云："《孔子家语》者，皆当时公、卿士、大夫及七十二弟子之所咨访、交相对问言语者，既而诸弟子各自记其所问焉，与《论语》《孝经》并时，弟子取其正实而切事者，别出为《论语》，其余则都集录，名之曰《孔子家语》。凡所论辩，流判较归，实自夫子本旨也；属文下辞，往往颇有浮说、烦而不要者，亦犹七十二子，各共叙述，首尾加之润色，其材或有优劣，故使之然也。"《汉书·艺文志》《隋书·经籍志》《旧唐书·经籍志》《新唐书·艺文志》《宋史·艺文志》，皆著录于经部（含六艺略）论语类，"每叙于《论语》之后，实经部之要典也"（《孔氏家语》宋刊本毛晋跋语）。

　　唐初，颜师古注《汉书·艺文志》"孔子家语二十七卷"云："非今所有《家语》。"《汉志》著录的刘向缩编二十七篇本已经失传，颜氏从《七略别录》得知其篇目，跟"今《家语》"比对，篇目相应，只是篇数不足，非"今《家语》"之全部。如果篇目不能应，或大部分不相应，那就不是"非所有"的问题了，注例又当有别（参观拙作《颜师古"非今所有〈家语〉考辨"》，《文献》2013 年第 5 期）。颜师古所见"今所有《家语》"，大体就是传至今天的四十四篇本，关于这一点，学界无异议。

　　《孔子家语》王肃注传世善本，有明嘉靖三十三年吴郡黄鲁曾刊本（民国间商务印书馆影印辑入《四部丛刊》初编），崇祯初毛氏

汲古阁刊本（乾隆间四库馆钞入《四库全书》）。两本比较，毛本稍优，主要是九、十两卷，黄本篇节支离错乱，而毛本秩然不紊。不过，毛本自有缺陷。天启末崇祯初（1627），毛晋购得宋刊本（避讳至宋钦宗赵桓），缺卷一、卷二（十六页以前），毛氏"亟付剞劂"，只有采用明本补足底本，而替补本讹误颇多，遗传汲古阁刊本，造成先天不足。

崇祯九年（1636）秋，毛晋南都应试而旋，汲泉于惠山之下，偶登酒家蒋氏楼头，见残书三册，正是《家语》王注宋刊本，卷八至卷十已供酒工之用，而前半尚全，惊喜购归，"倩善书者互为补治，俨然双璧矣"（参阅毛晋、毛扆题跋）。"后璧"（酒家本）烬于钱氏绛云楼之火。"前璧"自汲古阁流出后，辗转易手，同治十一年（1872），孙诒让在江宁得见并校汲古阁刊本，校跋云："宋大字本，半叶九行，行大十七字，小廿五字。二卷十六叶以前缺，影宋钞补。每册首有'宋本'二字小长圆印，'甲'字小方印，'毛晋之印'方印，'毛氏子晋'方印，册后有'毛氏子晋'方印。并朱文。宋讳缺笔至'桓'字止，盖南宋初年刊本，毛斧季跋以为即东坡所谓蜀大字本，非也。第十卷末叶有'东坡居士'白文方印，亦书贾伪作。""宋本藏余友桐城萧敬甫穆许。同治壬申在江宁假校前二卷景写宋本，异同颇多，不甚可据。光绪丙子冬，重审一过，择其碻然挩误者，依景宋本改补；其可两通者，悉仍其旧。中容记。"孙氏批校汲古阁刊本，原杭州大学旧藏，今归浙江大学图书馆文理分馆（西溪校区）。

清光绪二十三年（1897），毛氏旧藏宋本为贵池刘世珩购得，"属江陵喻茂才在镕影写，黄冈陶子麟刻"于武昌，这就是《玉海堂景宋丛书》之一的《孔氏家语》十卷。二十年之后，宋刊本《孔氏家语》毁于浦口旅邸。幸亏刘世珩早年旋得旋刻，宋本《家语》亦可谓不绝如缕，既能订正嘉靖黄本卷九、卷十之支离错乱，又足以弥补毛氏汲古阁刊本卷一、卷二诸多讹误，后来居上，是名副其实的《孔子家语》传世第一善本。

刘世珩景刻既成，"旋复假得毛刻本，明仿宋刻无注本，陆树兰僎度、惠半农、陆籼先评阅本，邵北崖泰校本及孙颐伯志祖疏证本，卢抱经文弨校明何孟春注本，萧敬敷覆校本，又取《索隐》《文选》注、《御览》所引互勘，勒成《札记》一卷，以为读《家语》者之助"，并倩寿州孙稚笙传准写上版，附刻于本书之末，毛晋、毛扆两跋之后，题"孔子家语札记"，先小序，略叙原委，次"相鲁第一"，列校记十一条，校正文，亦校王注；次"始诛第二"，校记四条；以下依四十四篇目顺序，校勘札记近六百条，皆凝练文献而成，大多有按断，真知灼见，汩汩而出，论校勘规模和质量，无出其右者。《札记》成果显示，《孔氏家语》宋刊本，应该还有相当大的校订提升空间，刘世珩留在文献传播史上的业绩不朽。

"子贡问于孔子曰：'死者有知乎？将无知乎？'子曰：'吾欲言死之有知，将恐孝子顺孙妨生以送死；吾欲言死之无知，将恐不孝之子弃其亲而不葬。赐欲知死者有知与无知，非今之急，后自知之。'"（《孔氏家语·致思》篇）夫子务实，世俗情怀溢于言表，圣人离我们并不遥远。"鲁哀公问于孔子曰：'子从父命，孝乎？臣从君命，贞乎？'三问，孔子不对。趋出以语子贡曰：'乡者君问丘曰子从父命孝乎？臣从君命贞乎？三问而丘不对。赐以为何如？'子贡曰：'子从父命，孝；臣从君命，贞矣。奚疑焉？'孔子曰：'鄙哉，赐！汝不识也。昔者明王万乘之国，有争臣七人，则主无过举；千乘之国，有争臣五人，则社稷不危也；百乘之家，有争臣三人，则禄位不替；父有争子，不陷无礼；士有争友，不行不义。故子从父命，奚讵为孝？臣从君命，奚讵为贞？夫能审其所从，之谓孝，之谓贞矣！'"（《孔氏家语·三恕》篇，据刘世珩《札记》校补。）"审其所从"，详审其所从宜与不宜（王肃解），起码是不能逾越底线，做人的道理，永远不会过时。《家语》娓娓道来，易读易懂，益智益行，洵为不可多得之宝书！

现在，齐鲁书社把贵池玉海堂仿宋本《孔氏家语》十卷，并刘世珩校勘《札记》一卷，全部影印出版，必将极大地方便阅读，促进研究，去儒学精神贵族化之魅（例如"为天地立心，为生民立命"云云，"半部论语治天下"之类），推动玄学精英向着大众身体力行的伦理实践靠拢，理论儒学与百姓日用而不知的儒学相结合，新儒学透着浓浓的世俗情怀，泥土草根的幽香，焕发勃勃生机，为建设现代文明，实现中国梦，能量无限！

二〇一四年三月八日

严佐之　1949 年生，上海人。华东师范大学终身教授、博导、思勉高等人文研究院特聘研究员。曾先后师从顾廷龙、潘景郑、徐震堮、周子美诸先生。学术专长为古籍文献整理、目录版本学等，代表著作有《近三百年古籍目录举要》《古籍版本学概论》。

朱子学文献整理与研究

各位同道、各位朋友、主席先生：

我将向各位汇报一下敝所在编纂校点"朱子学文献整理与研究"项目的一些情况。应该说，我是代表朱杰人先生、顾宏义先生共同的一个发言，因为敝所从事儒学文献整理研究是从老所长朱杰人先生开始，现在又交到了新所长顾宏义先生的手里。

第一个问题，是要报告敝所如何会从事儒学文献整理研究的。从 1993 年开始一直到 2009 年为止，在将近 20 年的时间里，我们先后筹划并完成了《朱子全书》《朱子全书外编》和《顾炎武全集》的整理。在这个过程当中，也逐步凝聚并形成了研究所建设与发展的一个主要方向，那就是儒学尤其是朱子学文献的整理和研究。我们之所以有

这么一个共识，是鉴于学术界业已形成的这样一个对朱子学研究的共识，就是朱子学不仅是一个具有划时代意义的思想学说，而且对于中国七八百年来的思想、学术、社会、文化、政治等等，无不发生了深刻的影响。可以说，在朱子身后的七百多年时间内，讲中国学术史，就离不开朱子。而从 20 世纪 80 年代以来将近 30 多年的时间里，学术界对于朱子学的研究虽然有了长足的进步，但从朱子学本身应有的地位来讲，还很不相符合。现在学术界已经形成这样一个共识，所谓朱子学，不但是朱子本身的学问，还是朱子之后历代宗朱、尊朱学者对朱子学说研究的这样一个思想发展过程。并把这样一个广义的朱子学称为

"整体的、通贯的朱子学"。那么，这些年来，我们对朱子本身的思想学术是有了一些研究，但对朱子身后历代朱子学者的研究，基本上还是非常的空缺。

敝所在完成《朱子全书》和《朱子全书外编》两项整理以后，已经把朱子所有的著作都原原本本的做了一次清理。其实，当时我们就想把这项工作继续做下去，设想用传统的学案体来编一部《朱子学新学案》。钱宾四先生是《朱子新学案》，我们想编的是《朱子学新学案》。当然，由于一定的原因，没有成功。再后来两年，朱杰人先生在主持编纂《朱子著述历代刻本集成》这个项目时，又提出过编纂出版"朱子学文献大系"的构想。只是因为当时敝所正在执行《顾炎武全集》编纂校点这项工作，一时顾不上。所以当2009年底《顾炎武全集》编纂工作大体结束之后，我们就把继续做朱子学文献整理这个事情提上了议事日程，并且在2011年申报成功了国家社科基金的重大项目，就是"朱子学文献整理与研究"。这是一个过程。

第二，我想报告一下我们正在做的这个项目的具体内容。简单来讲，就是要对朱子身后的宗朱、尊朱学者对朱子学说研究的著述文献，加以整理与研究。我们的原则是要整理与研究相结合，当然，整理本身也是研究，但是我们另外还有非整理形式的研究内容。另外还有一个是理论与实践相结合的问题。这个我下面再给大家汇报。这个重大课题底下的所有子课题，将来汇总成果的表现形式，就是要形成"朱子学文献大系"这样一套开放型的大型丛书。其中包括四个子丛书：一个是《历代朱子学著述丛刊》，一个是《历代朱子学研究文类丛编》，一个是《历代朱子著述刊本集成》，还有《朱子学文献研究学术文库》。概括起来，就是一个《丛刊》、一个《丛编》、一个《集成》、一个《文库》。

再简单地说明一下，所谓《丛刊》，就是要把历代朱子学者对朱子学研究的著作，选出来之后校点整理。所谓《丛编》，就是要把散见在各种古籍文献中的有关历代朱子学研究的篇章、序跋、信札等等，按一定的主题分类成编。还有就是《集成》，朱子著述宋代刻本的集成、元明刻本的集成、清代刻本的集成。另外我们还要做朱子学文献研究的学术文库，这就是带有研究性的。比如说我们准备编撰《朱子学典籍总目》，是版本目录，还准备编撰《朱子学史籍考》，是有提要的。还有"朱子《诗经》学史"等等一系列的研究课题。

课题执行至今，我们已经完成了《丛刊》的第一个专辑，就是"《近思录》专辑"。按照我们的预设，初定分"朱子经学专辑""朱子四书学专辑""朱子《近思录》专辑""朱子《家礼》《小学》专辑"等专辑。现已完成第一个《近思录》专辑，去年年底出版，收集历代《近思录》后续、注释著作21种，汇编11册，现已上架面世的是第一册。

第三，我就朱子学文献"搜集"问题，谈一些体会。这是泽逊先生的命题。我前面讲过这个课题有理论和实践相结合的特点，这是什么意思？就是说，现在虽然学术界对"朱子学"这个概念，即"整体的、通观的朱子学"已经有了认识，但对"朱子学文献"这个概念还没有明确的界定。就是哪些文献属于"朱子学文献"范畴，哪些不是。这可以先有个大致的框定，但还需要在文献整理实践中一点点摸索，一点点调整，最终形成一个科学的概念。这是一个过程，一个边实践、边理论探索的过程，非常困难，所以说"理论与实践相结合"。所以，我们的"朱子学大系"是"开放型"的，可以不断补充。像"《近思录》专辑"，我们原先只收四五种著作，后来经过发掘，觉得这部朱子编纂的理学启蒙读本在学术史上太重要了，于是扩展到 21 种。举个例子，我们搜集到郭嵩焘注《近思录》抄本，这是新出版的《郭嵩焘全集》都没有收的。想想近代洋务运动先驱郭嵩焘，他也在阅读研究理学著作《近思录》，不是很有意思吗？好，时限已到，就此打住。谢谢。

（尼山学堂赵兵兵据录音整理）

《近思录》后续著述及其思想学术史意义

摘 要 编纂于八百四十年前的《近思录》，原本只是朱熹、吕祖谦为僻居穷乡的读书人提供的一部理学入门读本，却被后世学者一步步发掘出潜藏的巨大学术价值，并最终成为最能代表中国古代主流学术思想的经典之一。历代《近思录》续编、补编、仿编、注释、集解、札记等后续著述，总数多达百种以上，此外还有古朝鲜、日本学者的注释讲说著述百余种。作为古代学术思想经典，《近思录》固然有其可以古今转换、历久弥新的思想意义和学术价值，而七八百年来广泛流布于中土、东亚的众多《近思录》后续著述，同样是一大笔值得后世珍视的思想学术史宝贵资源。

关键词 《近思录》 续录补录注解 朱子学 思想学术史

一、《近思录》的"被经典"与《近思录》后续著述

编纂于公元1174年的《近思录》，在经过七八百年传播的层层累积之后，最终成为最能代表中国古代主流学术思想的经典之一。这样一个结果，应该是主编朱熹及其合作者吕祖谦始料未及的。因为朱熹当时邀约吕祖谦在武夷山寒泉精舍"留止旬日"编纂此书的初衷，不过是想替那些僻居穷乡而不能遍观周、张、二程诸先生之书的读书人，提供一部能比较准确、全面、系统概括四子思想，且又切近日用、便于遵行的理学入门读本。虽说书稿十日告竣之后，他俩仍不断书信往返，商榷编例，其取去不可谓之不审，其互议不可谓之不勤，虽说朱熹也自以为此录详于"义理精微"，堪称"四子之阶梯"，但《近思录》毕竟还算不上朱熹最用力、最自珍的撰著，至少不能与其临终仍念念不忘的《四书章句集注》相提并论。然而，就是这么一部原初设定的学术思想普及读本，却在朱、吕身后，被后世学者一步步发掘出潜藏的巨大学术价值，一步步提升到显要的理学经典地位。这样的结果确实很有意思，而大有意思的还有那个漫长的累积过程。

回溯历史，早在朱熹生前，就已有讲友刘清之字子澄者①，取程门诸公之说，为之《续录》。及至朱熹身后，《近思录》注解续补之作更是纷至竞出，弟子辈中有陈埴《杂问》、李季札《续录》、蔡模《续录》《别录》和杨伯嵒《衍注》②，再传弟子有叶采《集解》、熊刚大《集解》、何基《发挥》、饶鲁《注》、黄绩《义类》，以及三传弟子程若庸《注》等。此外又有建安书塾刊行的无名氏《文场资用分门近思录》，则表明《近思录》已进入当时科试举业读物的榜单，遂可推知其读者受众日益增多。故《近思录》于南宋后期，即已被视为"我宋之一经，将与四子并列，诏后学而垂无穷者"③。继而蒙元之世，又有赵顺孙为之《精义》、戴亨为之《补注》、柳贯为之《广辑》、黄潽为之《广辑》等注解续补之作，并皆尊"《近思录》乃近世一经"④。明初，永乐帝诏修《性理大全》，"其录诸儒之语，皆因《近思录》而广之"⑤，可见此书已对国家意识形态产生不小影响。只是明人注《近思录》者鲜少，明世盛行的读本，多为周公恕据叶采《集解》擅改的《分类经进近思录集解》，而这种情势，也多少反映出王学时代朱熹《近思录》的社会"生态环境"。明季清初，学风蜕变，先是有高攀龙《朱子节要》、江起鹏《近思录补》、钱士升《五子近思录》等陆续问世，性质多属续补仿编；而易代之后，乃有王夫之著《释》、张习孔作《传》、丘钟仁撰《微旨》等，内容更多反思发挥。洎此以降，终清一代，《近思录》愈发大行于世，研读成果层出不穷。据调查统计，清代《近思录》研究著述多达 40 余种⑥。其中注解诠释者，如张伯行《集解》、李文照《集解》、茅星来《集注》、江永《集注》、陈沆《补注》、刘之玠《增注》、车鼎贲《注析微》、郭嵩焘《注》、张绍价《解义》等；续补仿编者，如朱显祖《朱子近思录》、张伯行《续录》《广录》、汪佑《五子近思录》、施璜《五子近思录发明》、刘源渌《续录》、郑光羲《续录》、严鸿逵《朱子文语纂编》、黄叔璥《集朱》、黄奭《集说》、管赞程《集说》、姚琏《辑义》、吕永辉《国朝近思录》等；随笔札记者，如汪绂《读近思录》、李元绅《随笔》、秦士显《案注》、徐学熙《小笺》、陈阶《札记》、厉时中《按语》等。与此同时，清人对《近思录》的评价也随之一路抬升，所谓"救正之道必

① 朱子与刘子澄之关系，或以为道学讲友，或以为师弟子，兹取前说。参见陈荣捷：《朱子门人》，上海：华东师范大学出版社 2007 年版，第 216 页；方彦寿：《朱熹书院门人考》，上海：华东师范大学出版社 2000 年版，第 47－48 页。

② 茅星来《近思录集注附说》称"杨名伯嵒，字彦瞻，朱子门人"，然陈荣捷《朱子门人》、方彦寿《朱熹书院门人考》，均无杨伯嵒之名。今姑且从茅说。参见茅星来《近思录集注》卷首，文渊阁《四库全书》本。

③ 叶采：《近思录集解序》，朱熹：《近思录》卷首，上海图书馆藏邵仁泓刻本。

④ 吴师道：《代孙干卿御史请刊近思录发挥等书公文》，《礼部集》卷二十，文渊阁《四库全书》本。

⑤ 永瑢、纪昀等：《性理群书句解提要》，《四库全书总目》，北京：中华书局 1965 年版，第 787 页。

⑥ 此统计数字由杜泽逊教授据氏著《清史艺文志稿》赐示。

从朱子求，朱子之学必于《近思录》始"①，"四子、六经而外仅见此书"②，"直亚于《论》《孟》《学》《庸》"云云③。如上述种种典籍文献，蔚然而成大观，为便宜叙述起见，且以"《近思录》后续著述"概称之。关于历代《近思录》后续著述的数量，据学者考察称，约有《近思录》注家 30 人，续补仿编者 34 人 70 余种④，是其总数多达百种以上。然窃以为仍有佚著尚未计入，总量还有提升空间。除此之外，《近思录》在古代朝鲜、日本也得到广泛传播，非但屡屡重刻传抄，为之注释者亦络绎不绝。据考现存古朝鲜时代《近思录》研究著述多达 86 种⑤，而日本学者的注释讲说著述也有近 50 种⑥。一部古代学术典籍，竟然获得后世如此长期恒久的关注和众多密集的研究！这样的故事，自然只有儒释道学的"核心"经典才会发生。所以梁任公、钱宾四先生皆奉《近思录》为宋代理学之首选经典，以为"后人治宋代理学，无不首读《近思录》"⑦。平心而论，此说绝非故作惊人之语，实不失为对历史客观存在的一个真切判断。既为古代学术思想之经典，朱熹《近思录》固然有其可以古今转换、历久弥新的思想意义、学术价值，然而，有意义、有价值的还远不止于《近思录》本身，七八百年来广泛流布于中土、东亚的众多《近思录》后续著述，同样是一大笔值得后世珍视的思想学术史宝贵资源。

二、《近思》"续录"弥补了《近思录》无朱子思想资料的缺憾

《近思录》是朱熹的编著不是撰著，它与朱熹学术思想的关系，主要在于朱熹为《近思录》篇章分卷的结构设计，及其对四子语录的遴选审订，从而体现了朱熹对理学早期思想体系的宏大思考和缜密建构。至于《近思录》的内容，实不能真正、完全反映朱熹本人的思想。陈来先生说"钱穆先生推荐的国学书目，《近思录》下面就接着王阳明的《传习录》，跳过了朱子，这是我不以为然的"，因为"《近思录》所载的是理学奠基和建立时期的四先生思想数据，其中并没有理学集大成人物朱子的思想资料"⑧。《近思录》无朱子思想数据之缺憾，其实是朱子后学们早就深切关注的问题。如清初

---

① 吕留良：《与张考夫书》，《吕晚村先生文集》，《四库禁毁书丛刊》集部 148 册，北京：北京出版社 1998 年版，第 481 页。

② 沈锡周：《五子近思录跋》，施璜：《五子近思录》卷末，上海图书馆藏清康熙四十四年（1705）聚锦堂刻本。

③ 江永：《近思录集注序》，朱熹著，江永集注：《近思录集注》卷首，上海图书馆藏清嘉庆十二年（1807）婺源李氏刻本。

④ 参见程水龙：《〈近思〉版本与传播研究》，上海：上海古籍出版社 2008 年版，第 62、148 页。

⑤ 参见姜锡东：《〈近思录〉研究》，北京：人民出版社 2010 年版，第 445 页。

⑥ 参见程水龙：《〈近思录〉版本与传播研究》，上海：上海古籍出版社 2008 年版，第 2 页。

⑦ 钱穆：《朱子新学案》中册叁之一《朱子对濂溪横渠明道伊川四人之称述》，成都：巴蜀书社 1986 年版，第 777 页。

⑧ 陈来：《近思录通解序》，朱高正：《近思录通解》卷首，上海：华东师范大学出版社 2010 年版，第 3 页。

朱显祖就感叹:"因思自孔孟以后,历汉唐来千有余载,始得有宋周、张、二程诸大儒,直追尧舜相传之意,其间精微广大,赖先生《近思》一录为之阶梯,俾后学得以入门,而先生在宋儒中更称集大成者,乃其生平格言实行,反未载于录内,岂非读《近思录》者之大憾也乎!"① 故此,按照朱子《近思录》构建的理学框架来纂集朱子语录,一直是《近思录》后续著述的重头戏。清康熙间张伯行编集《续近思录》时说:"自朱子与吕成公采摭周、程、张四子书十四卷,名《近思录》,嗣是而考亭门人蔡氏有《近思续录》,勿轩熊氏有《文公要语》,琼山丘氏有《朱子学的》,梁溪高氏有《朱子节要》,江都朱氏有《朱子近思录》,星溪汪氏又有《五子近思录》,虽分辑合编,条语微各不同,要皆仿朱子纂集四子之意,用以汇订朱子之书者。"② 这就有点类似《近思录》"集朱续补"的"学术史回顾"了。只是严格说来,张伯行提及的那些书籍中,元熊禾《文公要语》、明丘浚《朱子学的》,虽亦"取朱子《文集》《或问》《语类》诸书",却非"仍《近思录》篇目,分次其言"者,似还不能算作专集朱子思想资料的续《近思录》,而真正名实相符的"集朱续录",包括亡佚在内,则另有元赵顺孙《近思录精义》、明刘维深《续近思录》、钱士升《五子近思录》、清刘源渌《近思续录》、张伯行《续近思录》、孙嘉淦《五子近思录辑要》、黄叔璥《近思录集朱》等。不仅续录《近思录》者多旨在"集朱",而且注解《近思录》者也常作"集朱"状。如宋杨伯嵒《衍注》、叶采《集解》,清李文炤《集解》、陈沆《补注》等,其批注皆多采集朱子语录,而江永《集注》更是"取朱子之语以注朱子之书"的典型。

对于后世朱子学者在"集朱续录"这个学术议题上的执著追求,四库馆臣似乎有些不以为然。他们认为张伯行《续近思录》"因《近思录》门目,采朱子之语分隶之而各为之注",实不足为重,因为"自宋以来,如《近思续录》《文公要语》《朱子学的》《朱子节要》《朱子近思录》之类,指不胜屈,几于人著一编,核其所载,实无大同异也"③。职是之故,像刘源渌《近思续录》、张伯行《续近思录》等,只能打入存目。按说后人辑录朱子思想资料,无非是从其传世的《文集》《语类》《或问》等著述中摘取,各家续录内容有所重复,亦实属难免之事,若就此而言,四库馆臣的訾议也不无道理。然若谓《近思录》"集朱续录"之书"指不胜屈,几于人著一编",则似属夸大之词,而谓之"核其所载,实无大同异",更有以偏概全之嫌。

兹取张伯行提到的几种"集朱续录"为例,稍举数端,略加申说。已知最早的"集

---

① 朱显祖:《朱子近思录叙》,《朱子近思录》卷首,上海图书馆藏清光绪二十八年(1902)刻本。
② 张伯行:《续近思录序》,《续近思录》卷首,华东师范大学图书馆藏清同治五年(1866)福州正谊书院刻本。
③ 永瑢、纪昀等:《〈续近思录〉提要》,《四库全书总目》,第827、828页。

朱续录"是宋蔡模《近思续录》。该录纂成于南宋宝庆三年（1277）①，时距朱子逝世 27 年，共选辑朱子语录 438 条。其次为明万历间高攀龙纂集的《朱子节要》，此书虽无"近思"之名，而有"集朱续录"之实，凡纂辑朱子语录 548 条，较"蔡录"多 110 条。再次者，清康熙二十三年（1684）江都朱显祖编定《朱子近思录》，收得朱子语录 785 条，多出"蔡录"347 条、"高录"237 条，康熙四十年（1702）安丘刘源渌编成《续近思录》，收录朱子语录更多至 853 条②，庶几"蔡录"之翻倍。"集朱续录"的规模体量，一路行来，"水涨船高"，只是到康熙四十九年（1710）张伯行编集《续近思录》才稍有回落，凡收辑朱子语录 639 条，较诸"朱录"反少 146 条。此为集录总数之异。

再以卷一"道体"、卷九"治法"所收条目为例，试作进一步分析。"道体篇"皆论形而上之"性理""道气"等，"蔡录"凡 23 条，"高录"51 条，"朱录"114 条，"刘录"35 条，"张录"74 条。"治法篇"则大谈形而下之"治具""治功"等，"蔡录"凡 55 条，"高录"16 条，"朱录"110 条，"刘录"100 条，"张录"24 条，可见各家"集朱续录"实各有侧重异同。张伯行尤喜高谈性理学说，对治政实务反倒兴趣不大。刘源渌恰好相反，论性理不及"高录"之多，谈实务则为"高录"的六倍。朱显祖则性理、治政二者并重，均采辑百条之多。究其原因，当与续编者的学术兴趣和视野相关。当然，也可以由此反观续编者的学术思想和素养。此外，各家"续录"选辑朱子之语，亦多有不同。以"道体篇"首条为例，"蔡录"首条引录"濂溪先生之言，其高极乎无极、太极之妙，而其实不离乎日用之间"一段，未被"张录"采取；而"张录"首条引录"朱子曰这道体浩浩荡荡""朱子曰道体浑然无所不具而浑然无不具之中"二段，则"蔡录"皆无。此为集录条目之异。

再以各"集朱续录"征引书目为例试作比较。"蔡录"引用的朱子文献有《文集》《语录》《易本义》《书传》《论语或问》《太极图》《论语集注》《孟子集注》《大学或问》《中庸章句》《中庸或问》《西铭解》《易学启蒙》《经说》《手帖》《诗传》等。而"朱录"凡例称："今兹所辑，即愚多年所见，其专刻者则有《朱子文集》《朱子奏议》，与夫《经济文衡》《年谱》《语录》诸书，其汇刻则如《性理大全》《儒宗理要》《圣学宗传》，与《世宪编》《证心录》等书。"③可知其征引范围较"蔡录"更广，但"蔡录"所用《周易本义》《四书集注》两部朱子经典，"朱录"反倒不用，因为朱显

---

① 赵希弁：《读书附志》"语录类"著录："《续近思录》十四卷。右宝庆丁亥，蔡模纂晦庵先生之语以续之。"赵希弁：《读书附志》，晁公武：《郡斋读书志》卷五下，文渊阁《四库全书》本。

② 参见程水龙：《〈近思录〉版本与传播研究》，上海：上海古籍出版社 2008 年版，第 159 页。

③ 朱显祖：《朱子近思录凡例》，《朱子近思录》卷首，上海图书馆藏清光绪二十八年（1902）刻本。

祖认为这两种书是应该连本全读的①。此为征引书目之异。

除去收录条目的数量、取舍与引书范围的差别外，各家"集朱续录"还存在编例上的差异。"蔡录"仅仅是摘录朱子之语，"张录"则并有自己的诠释。如"蔡录""张录"的"道体篇"均摘取朱子"始者气之始，生者形之始"一句，但"张录"引录之下另有释解："干元何以资始，盖万物受气于天。始者，气之始也；坤元何以资生，盖万物受形于地。生者，形之始也。……天始地生，则微有先后也。"② 此外，"张录"于各篇题下并撰解题，如"道体"下曰："此卷论道体，黄勉斋所谓'无物不在，无事不然，流行发用，无时间断'者也。学者溯本原而穷其究竟，则学问之纲领在焉。"③ "蔡录""高录""朱录""张录"都是纯粹的集朱子语，而明钱士升《五子近思录》、清汪佑《五子近思录》等，则是将朱子与四子相合而名为"五子"——"钱录"是把《近思录》与高氏《朱子节要》合编，"汪录"则再加上丘氏《朱子学的》。此为编纂体例之异。上述分析尚属粗浅，但即便如此，也可知四库馆臣"核其所载，实无大同异"的訾议，实属武断偏见，不足为训。

《近思录》"集朱续录"何以接踵而出，以至"指不胜屈，几于人著一编"？或许有以下几个原因可以考虑。首先是朱子思想在理学传播中不可或缺的重要性。其次，还应考虑到图书传播和接受的问题。如"蔡录"最早问世，但在明末清初似乎并未通行于世而为人所知。明高攀龙、钱士升，清朱显祖、汪佑、刘源渌等，在编纂续录时都未提及"蔡录"，张伯行编纂续录时能够知见"蔡录"，是因为此前才有石门吕留良天盖楼刻板行世。又如籍贯山东青州府安丘县的刘源渌，勤勉编纂《续录》，"沥尽心血二十余年，于朱子《文集》《或问》《语类》三书，沉潜反复，撮辑纂序，晨昏灯火，席不暇暖，风雨几砚，手不停笔，以至衣敝褟穿，体寒手冻，皆弗自恤也"④，但他却未曾知晓十多年前就已有江都朱显祖的同类编述《朱子近思录》问世。不过，朱显祖的信息也不见得怎么灵通，他只是在临近纂辑《朱子近思录》时，才获睹前朝高攀龙的《朱子节要》⑤。因此，对于居住僻远、图书信息相对封闭的"集朱续录"编纂者来说，

---

① 朱显祖：《朱子近思录凡例》："一、四子《近思录》各篇之中，分载《程氏易传》。今按朱子幼时与群儿戏，即端坐沙中，指画八卦，宜其后来得《易》之精，较之《程传》尤为完备，学者自当全读《本义》，故兹不敢分入。一、《近思录》中间载《四书》注语。愚以《四书集注》兼总众美，朱子深心实学具见于内，学者熟读精思，久久方能通会。世之子弟幸遇贤父兄，必然一一授读，乃往往为浅识者过加删抹，至于或不成文，以致稍长难于变易，未免深误后学。英敏之资，自宜全读，今此录中不敢节采。"朱显祖：《朱子近思录凡例》，《朱子近思录》卷首，上海图书馆藏清光绪二十八年（1902）年刻本。

② 张伯行：《近思录集解》卷一，华东师范大学图书馆藏清同治五年（1866）福州正谊书院刻本。

③ 张伯行：《近思录集解》卷一，华东师范大学图书馆藏清同治五年（1866）福州正谊书院刻本。

④ 马恒谦：《近思续录跋》，刘源渌：《近思续录》卷末，上海图书馆藏清光绪十七年（1891）补刻本。

⑤ 朱显祖《朱子近思录凡例》："如高忠宪公之《朱子节要》，心久向往，至今方始获见。"《朱子近思录》卷首，上海图书馆藏清光绪二十八年（1902）刻本。

并不以为自己是在重复劳动。再次就是，即使知道前人已有成果而仍为续作，那必然是对前录有所不满。比如有人认为："忠宪高景逸先生集为《朱子节要》，然其明或未足及之。"① 有人认为"蔡录"美犹有憾："觉轩受学考亭最后，其所采之粹美精确，实皆符合朱子晚年定论，概非后世选编者所可及，惟常用力于此者知之。独其去取编次之详审细密处，尚有未尽领略得其旨者，若十四卷不及子思、周子之类，其一端也。"② 再如清孙嘉淦是极端的"尊朱"派，他认为汪氏《五子近思录》去取之间尚有未尽如其意者："有明丘文庄公采朱子之书，尊为《学的》，高忠宪公又准《近思录》例，辑为《朱子节要》，星溪汪子合编之，以为《五子近思录》，而濂洛关闽之微言，灿然备矣。然而张子之言间有出入，二程之语多出于门人所记，朱子之学与年俱进，其早年所著，有晚而更之者矣。后之学者，目不睹五子大全，又恐泥其抑扬近似之辞，或有毫厘千里之谬。……书有以多为富，亦有以简为明……因不揣固陋，即旧编而更审择之，非敢僭为去取，惟期言愈简而意愈明，庶学者不迷所趋焉，虽受诞妄之讥，不遑恤也。"③ 这是孙嘉淦不满"汪录"而重纂《五子近思录辑要》的理由，而我们也似乎可以从中揣摩出"集朱续录"为何层出不穷的又一个原因。那就是，传世的朱子文献，承载着广大精微且不断更新的朱子学说，其数量和范围，都远远超出朱、吕编纂《近思录》时所面对的北宋四子文献，而后世"续录"者更无一能如朱子这般"一锤定音"者，于是就给后世腾出了尽己之理解而去取编纂的发挥空间。这也恰好证明，历代朱子学者接连不断编纂出面目各异的《近思录》"集朱续录"，正是他们对朱子理学思想的认知差异和诠释演化的一个绝佳缩影。而这样的"缩影"效应，还存在于其他非纯粹"集朱"的《近思录》后续著述中。

三、《近思》"补录"构筑起宋元明清程朱理学史基本框架

《近思录》后续著述的另一类型，是依仿《近思录》编例来汇辑历代程朱学者的思想数据。其书名多用"别录""后录""补录""广录"等，为与专门辑集朱子之语的"续录"相区隔，故此且用"补录"概称之。据传最早欲编纂"补录"的是朱熹讲友刘清之，事见《朱子语类》："刘子澄编《续近思录》，取程门诸公之说。某看来其间好处固多，但终不及程子，难于附入。"又云："程门诸先生亲从二程子，何故看他不透？

---

① 柯崇朴：《近思续录原刻序》，蔡模：《近思续录》卷首，华东师范大学图书馆藏清光绪间《西京清麓丛书》本。
② 张普：《近思续录重刊序》，蔡模：《近思续录》卷首，华东师范大学图书馆藏清光绪间《西京清麓丛书》本。
③ 孙嘉淦：《五子近思录辑要序》，《五子近思录辑要》卷首，上海图书馆藏清同治十二年（1873）霞城书院刻本。

子澄编《近思续录》，某劝他不必作，盖接续二程意思不得。"① 可见文献记载中的刘清之《续近思录》，乃是一部专"取程门诸公之说"编集的《近思录》后续著述。不过刘清之的编纂热情被朱熹浇了一头冷水，因为朱熹一向认为程门弟子未能尽得乃师真传②，用"程门诸公之说"解释《近思录》，很有可能与程子原意发生偏差，故此"劝他不必作"。刘清之是否听从朱熹之劝而中辍编纂，确实是个问题，因为据《宋史》本传记载，其"所著有《曾子内外杂篇》《训蒙新书外书》《戒子通录》《墨庄总录》《祭仪》《时令书》《续说苑》《文集》《农书》"③，独无名"续近思录"或"近思续录"者，而且历代公私藏目、史志补志，也一无著录。也许它本来就是一部未竟之作。不过巧合的是，传世的《近思录》后续著述中，倒是有一部南宋末建安曾氏刻本佚名编《近思后录》十四卷，专收"吕侍讲""范内翰""吕正字""谢上蔡""游察院""杨龟山""尹和靖""侯仲良""朱给事""胡文定"等语录，正朱子所谓"取程门诸公之说"者。不仅如此，其中有些条目下还附有朱子的批评意见，如卷五"克己篇"引录"吕正字《克己赞》曰"一段，后附"晦庵先生曰：吕氏专以同体为言，而谓'天下归仁'为归吾仁术之中，又为之赞，以极言之。不惟过高而失圣人之旨，抑果如此，则夫所谓'克己复礼而天下归仁'者，乃在于想象恍惚之中，而非有修为效验之实矣"，"又语录云：《克己铭》未说着本意"。又如卷二"为学篇"引"吕正字曰君子之学自明而诚"一段，后附"晦庵先生曰：吕氏此数言亲切确实，足以见其深潜缜密之意，学者所宜讽诵而服行也，但'求见圣人之止'一句，文义亦未安"④。这部宋建安曾氏刻本《近思后录》未题编撰者姓名，但从其引录文献的范围和内容来看，似乎还存在与刘清之《续近思录》相关联的想象空间。蔡模除编纂《近思续录》外，还编纂了《近思别录》十四卷。与建安曾氏刻本佚名编《近思后录》专"取程门诸公之说"截然不同，蔡氏《近思别录》只收录朱子道友张南轩、吕东莱二先生之语凡108条。这或许是因为蔡模身受朱子亲炙，比较领会乃师对程门后学的态度，也或许是因为他已知见那部专"取程门诸公之说"的《续近思录》或《近思后录》，故不作重复行事。但不管怎样，《别录》的编纂，切实为《近思录》体系补上了南宋理学思想材料的重要环节。

宋蔡模《近思别录》之后，又有明万历间江起鹏编纂《近思录补》十四卷。该书首次汲取明代薛瑄、胡居仁、蔡清、罗钦顺四大朱子学者的言论，使《近思录》的续

---

① 黎靖德编，王星贤点校：《朱子语类》卷一〇一《程子门人》。朱杰人、严佐之、刘永翔主编：《朱子全书》第17册，上海：上海古籍出版社，安徽：安徽教育出版社2002年版，第3357页。

② 《朱子语类》卷一〇一《程子门人》："问：程门谁真得其传？曰：也不尽见得。如刘质夫、朱公掞、张思叔辈，又不见他文字看。程门诸公力量见识，比之康节、横渠皆赶不上。"又云："程子门下诸公便不及。所以和靖云'见伊川不曾许一人'。"朱杰人、严佐之、刘永翔主编：《朱子全书》第17册，第3357页。

③ 脱脱等：《宋史》，北京：中华书局1978年版，第12957页。

④ 佚名：《近思后录》，台湾《四库善本丛书初编》影印南宋建安曾氏刻本。

补历史延伸到了明代。江起鹏字羽健，生于朱子阙里婺源，万历二十三年（1595）进士，著有《中台漫稿》。由江起鹏撰写的《近思录补序》可知，他在求学过程中，先后受到朱熹《近思录》、薛文清《读书录》、程明道《语略》、王阳明《则言》、胡敬斋《居业录》、罗整庵《困知记》、蔡虚斋《密箴》等理学典籍的影响①，而这一读书背景也反映在他的补录里。若以人物计，江氏补录涉及程子、朱晦庵、张南轩、吕东莱、黄勉斋、李果斋、薛敬轩、蔡虚斋、胡敬斋、罗整庵等十家之言，实际上主要是晦庵、敬轩、敬斋三家，南轩、东莱、虚斋、整庵四子其次，程子、勉斋、果斋三家不过各一条而已。但若就结构看，江氏补录已构筑起了自宋至明的《近思录》阅读、诠释史框架，其学术价值实有异而不亚于同时期的高攀龙《朱子节要》、钱士升《五子近思录》。

清代"补录"之作，有施璜《五子近思录发明》、张伯行《近思广录》、吕永辉《国朝近思录》等。施璜是汪佑《五子近思录》的"合编参较"者。他的《发明》就是在"汪录"后，再补录薛敬轩、胡敬斋、罗整庵、高景逸四位明代最重要朱子学者的相关言论。虽然"施录"的辑录对象比"江录"少而精，且增高攀龙以为殿军，但其"补录"的性质仍与"江录"一般。然其书名却不称"补"而曰"发明"，因为施璜认为，明四子乃宋五子之"羽翼"，"汇萃其精要者，以附于各卷之末"，就意味着"以四先生之言，发明五先生之旨"，如此则可使五子之"意益亲切，语更详备"②。由此可见，在"补录"者看来，为《近思录》续补后世学者的思想数据，其实也有诠释的意义。施璜《发明》刊行于康熙四十四年（1705），六年之后，又有张伯行《广录》辑成梓行。据其所言："余于《近思录》所为，既诠释之而又续之而又广之，冀有以章明义蕴，引进后人，而且儒书于不堕也。"③可知寓"诠释"于"补录"，已是《近思

---

① 江起鹏：《近思录补序》："予至不才，年十龄，先大夫授以《近思录》、薛文清公《读书录》，曰：'此理学正脉也。'年十三，授以程明道先生《语略》、王阳明先生《则言》。迄年登志学，而先大夫仙逝矣，手泽具在，时为徹心。既而为塾师，得胡敬斋先生《居业录》，益用向往。嗣命姚江，予乡先达范晞阳公时谓予曰：'方今学者谭虚骛空，深为世道忧。罗整庵先生《困知记》、蔡虚斋先生《密箴》，皆正学也。'予亟求二书读之，实有启发。遂欲遡紫阳先生而下，以及诸先生书，仿《近思录》例纂缉成编，而紫阳先生书浩瀚，无所从人。抵留都，得予年友高云从氏《朱子节要》，实拟《近思录》成者。再商之寅友陈德远氏，意实符契，而同署汪子木、葛水鉴，吾乡汪惟正氏，皆汲汲以正学为念，若有同心，时以其暇，编次成书。稿成，适紫阳先生裔孙朱汝洁氏校书留都，见而喜之，以为有裨于乃祖之学也，遂与季予儿可元，以其私刊之样人云。"江起鹏：《近思录补》卷首，无锡市图书馆藏明万历三十二年（1604）自刻本。

② 施璜《五子近思录发明序》："《近思录》在昔有平岩叶氏《集解》阐发，四先生之精蕴昭然如日星，今五子合编尚少注解。故璜与同志讲习五子于紫阳、还古两书院者有年，遂自忘其固陋，略有发明，于叶注之精者而益求其精，其未及注者则搜辑而补之。又尝读薛子《读书录》、胡子《居业录》、罗子《困知记》与高子《遗书》，喜其皆由《近思》以升入四书、五经之堂室者，先后一揆，若合符节。追读北平孙氏《学约续编》，亦谓薛、胡、罗、高四先生，羽翼周、程、张、朱五先生者也。于是汇萃其精要者，以附于各卷之末，盖即以四先生之言发明五先生之旨，而意益亲切，语更详备焉。"施璜：《五子近思录发明》卷首，上海图书馆藏清康熙四十四年（1705）聚锦堂刻本。

③ 张伯行：《广近思录序》，《广近思录》卷首，华东师范大学图书馆藏清同治五年（1866）福州正谊书院刻本。

录》"补录"者的主观"预谋"。而且《广录》精选张栻、吕祖谦、黄干、许衡、薛瑄、胡居仁、罗钦顺七大儒语录，所选对象和条目均或异于"江录""施录"，自亦体现了张伯行对宋、元、明三朝《近思录》诠释史的认识①。此后又有无锡郑光羲字夕可者，编集《续近思录》二十八卷，"是编前集十四卷采薛瑄、胡居仁、陈献章、高攀龙四人之说，后集十四卷采王守仁、顾宪成、钱一本、吴桂森、华贞元及其父仪曾六人之说"②。俨然是专辑明儒语录并收录最多的一部"补录"之作，且其将王阳明也补录于中，显然别具一格而可供深究。光绪二十六年（1900），与朱子合编《近思录》的吕东莱裔孙吕永辉，精选清初陆桴亭、张杨园、陆稼书、张敬庵四位朱子学者的语录，编成《国朝近思录》一书，完成了《近思录》诠释史清代部分的接续。吕永辉自序曰："窃思一代则必有一代之圣贤，以绵道统于不坠。上古之世，尧、舜、禹、汤为开天明道之圣人。中古之世，孔、颜、曾、孟为继世立极之圣人。宋之世有周、程、张、朱五子，为继往开来之圣人。其后接其传者，元有赵江汉、刘静修、许鲁齐，明有薛敬轩、胡敬斋、罗整庵、先司寇。当末世绝续之交、天地闭塞之时，则有陆桴亭、张杨园，养晦深山，独延道统于一线。逮我国朝，则陆清献公、张清恪公出焉，恪守程朱，以开文明之运。呜呼，尚矣！是近世之儒近思而有得之者，推二陆二张四先生为最纯，悉具内圣外王之学，诚正齐治之略，得周、程、张、朱之派，为千古道统之正传。因取四先生之书，读而校之，择其尤切近者若干条辑之，庶天下国家身心诚正之隆轨在是，为学者近思而力行之，则入圣阶梯不远矣。"③ 由此可见，对于《近思录》"续录""补录"的思想学术史意义，清代学者已具较宏观的认识。

四、《近思录》注解、札记及其思想学术史文献价值

《近思录》后续著述的另一大宗，是对《近思录》的注解诠释，包括注释集解和随笔札记等。前文曾经提及，与"续录""补录"很相似，集录朱子及历代前贤的思想资料也是后世《近思录》注本的常态，所以很多《近思录》注家，如叶采、张伯行、茅星来、江永、李文照等，都将其注本称作"集解"或"集注"④。即便是不称"集解""集注"的那些注本，其注解也仍有较多的"集录"成分。如宋杨伯嵒《衍注》就用了程伊川、张横渠、张南轩、吕东莱、谢上蔡、尹和靖乃至张无垢的语录。清陈沆《补注》也

---

① 张伯行《广近思录序》曰："是编自南轩、东莱、勉斋，迄许、薛、胡、罗，汇集七家言，皆粹然无疵，近里着己，朱子所谓'关于大体，切于日用'者。""是则余所以纂集此书之意，非务多也。盖明师良友，不于数大儒乎！"张伯行：《广近思录》卷首，华东师范大学图书馆藏清同治五年（1866）福州正谊书院刻本。

② 永瑢、纪昀等：《〈续近思录〉提要》，《四库全书总目》，第823页。

③ 吕永辉：《国朝近思录序》，《国朝近思录》卷首，国家图书馆藏清光绪二十六年（1900）永城鹤湖吕氏刻本。

④ 张伯行《近思录集解》自序曰："间尝纂集诸说，谬为疏解。"然其"集解"实无集录，仅有疏解。

是在"集朱"之后，再添上魏默深和自己的诠解。没有"集录"的注本，大概只有张习孔《传》、郭嵩焘《注》等少数几种。但《近思录》注解毕竟与"续录""补录"不同，因其还无一例外地有着注解者自己的理解和诠释，差别仅在于己见的数量多少和学术特点。如叶采《集解》发表己见较多，江永《集注》发表己见较少；张伯行《集解》己见多在义理，茅星来《集注》己见多在考证，等等。相比于"续录""补录"，《近思录》注解者的诠释意见，以及《近思录》阅读者的随笔札记，是与《近思录》关系更为直接的学术文献。因为"续录""补录"征引采集的绝大部分文献，其实并非作者直接针对《近思录》一书阐发的思想观点，也不真是他们阅读《近思录》之后生发的心得体会。比如清汪佑《五子近思录》续补的朱子条目，当然不可能取自朱子对《近思录》的注解诠释，施璜《五子近思录发明》补录明薛敬轩、胡敬斋、罗整庵、高景轩条目，也不是四先生对《近思录》一书的阅读体悟①。因此，从这个意义上说，《近思录》后续著述中的注解诠释之作，应该更能体现《近思录》传播、阅读、接受史的意义。

《近思录》的历代注解诠释，今存宋杨伯嵒、叶采，清张习孔、张伯行、李文照、茅星来、江永、陈沆、郭嵩焘、张绍价等十余家，亡佚未见者，则有元何基《发挥》，明程时登《赘述》、程若庸《注》，清王夫之《释》、刘之珩《增注》、车鼎贲《注析微》、秦士显《案注》、陈大钧《集解》等。《近思录》的历代随笔札记，现有宋陈埴《杂问》，清汪绂《读》、李元湘《随笔》、令狐亦岱《摘读》、黑葛次佩氏《复隅》、陈阶《札记》、厉时中《按语》、张楚锺《理话》等，亡佚未见者，则有清丘钟仁《微旨》、徐学熙《小笺》等。从这份名录可以看出，《近思录》注释者和札记撰者的学术地位和影响力，与前述诸多"续录""补录"收入的那些人物，总体上存在较大"级差"。就是说，凡被"续录""补录"收入的诠释者，几乎都是历代程朱学派的领袖、主将，或宗朱一派学者的代表人物。从二程先生及其高弟吕希哲、范祖禹、吕大临、谢良佐、游酢、杨时、尹焞、侯仲良、朱光庭、胡安国，到朱子及其道友张栻、吕祖谦，门人黄干、李木子，从元明大儒许衡、薛瑄、蔡清、胡居仁、罗钦顺、高攀龙，到清初理学名臣陆世仪、张履祥、陆陇其、张伯行等，无一不是在中国儒学史、理学史上的重要人物。所以，通过各种"集录""补录"（包括注释、集解中的"集录"部分）贯串起来的，或许可以视作一部反映历代朱子学者"精英"学术思想的《近思录》诠释史。这是《近思录》后续著述之学术思想史文献价值的重要所在。但《近思录》不过是一

---

① 汪佑《五子近思录补编增入书目》："朱子《四书集注》《四书或问》《论孟精义》《中庸辑略》《周易本义》《毛诗集传》《仪礼经传通解》《伊洛渊源录》《朱子大全集》《朱子语类》《朱子通鉴纲目》《延平答问》《谢上蔡语录》《杂学辨》《诗序辨》《易学启蒙》《小学》《家礼》《楚辞集注》。"施璜《四先生书目》："薛先生文集、《读书录》，胡先生《敬斋集》《居业录》，罗先生文集、《困知记》，高先生遗书、《周易孔义》《春秋孔义》《正蒙集注》《高子节要》《诚斋记》。"施璜：《五子近思录发明》卷首，上海图书馆藏清康熙四十四年（1705）聚锦堂刻本。

部普及性的理学初级读本，它在一般读者中如何传播？又曾激起怎样的思想反响？其实也很有探究的意义。然而这却是"集录""补录"所不能提供和反映的。反观《近思录》的历代注家和札记撰者，除朱子高弟子陈埴、清初名儒张伯行、乾嘉学者汪绂之外，虽也有王夫之、江永、魏源、郭嵩焘等几位声名卓著的人物，但王船山继承的是张横渠一脉，江慎斋长于经史考据而非义理发挥，而魏、郭二人在晚清宗朱学者中基本挂不上号。至于其他撰著者，如宋代的叶采、杨伯嵒，清代的张习孔、茅星来、李文照、陈沆、李元湘、陈阶、徐学熙等，似乎都算不上伊洛闽学源流脉络中的顶尖学者、代表人物。然而，正是这样一些非一流学者的诠释意见，恰恰使我们得以了解《近思录》在一般宗朱学者阅读过程中的思想反馈，从而与"续录""补录"互为补充，体现出面向更为宽阔的《近思录》思想学术史意义。

这份名录还透露出一个信息，那就是替《近思录》作注解诠释、读书札记最多的是有清一代的朱子学者。而由前文叙述可知，"续录""补录"采录的主要对象是宋、元、明三朝的著名程朱学者，唯一"补录"清代朱子学者语录的，只有晚至清光绪末才问世的吕永辉《国朝近思录》一种，而且仅仅集录了清初二陆、二张四先生之言，其代表性相当有限。因此，诸多清代学者的《近思录》注解诠释和随笔札记，正可弥补历代"续录""补录"在反映清代朱子学史方面的文献缺陷。这里且举三个比较有意思的例证：汪绂《读近思录》、陈沆《近思录补注》和郭嵩焘《近思录注》。

汪绂，字灿人，号双池，生于朱子阙里婺源，著有《理学逢源》等。汪绂治学，"三十以前，于经学犹或作或辍，三十以后，尽焚其杂著数百万言而一于经，研经则参考众说而一衷于朱子"，"述作博及两汉六代诸儒疏义，元元本本，而一以宋五子之学为归"[1]。在汤一介先生最新主编的《中国儒学史》中，汪绂同谢济世、尹会一、陈宏谋、雷、朱珪等一起，被列入乾嘉时期理学宗程朱之学的代表人物[2]。有意思的是，这六人中的四位，尹会一、陈宏谋、朱珪、汪绂，都曾注释或刊刻过《近思录》。《读近思录》约撰写于乾隆十九年（1754），汪绂时年六十三。而在此之前，他的同乡江永已经推出了新注本《近思录集注》。据《双池先生年谱》记载，汪绂与江永关系并不密切，"只有书牍往来，而未尝相见"[3]。从两人往返书信来看，汪绂对同为宗朱学者的江永颇多异议。譬如他说"今之号为尊守紫阳者，亦或以小言细物，与朱子争博洽"，认为儒者之"急务""不当在历算字韵之学"，其意似指江永。此外，汪绂还对江永编纂

---

① 参见徐世昌：《清儒学案》卷六十三《双池先生学案》。有关汪绂资料，系参考丁红旗《读近思录校点前言》（未刊稿）。

② 汪学群认为："这一时期的理学以宗程朱之学为盛，主要有谢济世、尹会一、陈宏谋、汪绂、雷、朱珪为代表。"汪学群：《中国儒学史·清代卷》，北京：北京大学出版社2011年版，第45页。

③ 余龙光：《双池先生年谱》，清同治五年（1866）刻本。

《四书典林》一书深表不满。虽然江永觉得汪绂有些意见"与鄙衷殊不相入",对自己不无误会之处,但同为宗朱一派的两人确实在问学路径上有所不同。然而他俩都对《近思录》抱有浓厚兴趣,惟江永《集注》以"采朱子之言为注释",而汪绂《读近思录》则纯是自己的解读和感受,甚至还有溢出《近思录》之外的对经学或理学的议论,显示了他"融贯经义"的问学方法。至于两人学术观点的碰撞,在《读近思录》中也多有展现。举例来说,《近思录》卷九辑有关于井田制的两段程子语录:"治天下不由井地,终无由得平,周道止是均平。""井田卒归于封建乃定。"① 江永《集注》引朱子之语,并表示反对:"永按朱子之论至矣,语录中有极言封建之弊者,文多不能尽载。凡井田、封建,朱子姑采先儒之说,以其为先王治天下之大法也。学者当考朱子平日之言为断。"② 而汪绂则在《读近思录》中针锋相对地说:"惟伊川又尝云'井田难复'。《朱子语录》云'伊川经历多,故知其难复'。后儒因有云井田必不可复者。夫谓井田必不可复,则是朱子之载程、张所志于《近思录》者,徒为虚语以诬人也。夫曰'难复'者,亦难之云耳,岂真不可复哉!化民成俗,必自比闾族党始;欲选拔贤才,亦必自比闾族党始。屯聚大族,则宜行宗子法。二法可错综兼行。果实心能行二法,则礼教亦易达,乱民亦易稽,井田亦可因而行,兵制亦可由之起。"③ "井田""封建""郡县"等问题,是清初顾炎武、黄宗羲、陆陇其等十分关心并经常讨论的一个涉及当时土地制度乃至政治制度的议题④,而今从汪绂《读近思录》可以获知,这个议题直至乾嘉时期还在继续争议之中。据载汪绂遗书曾通过朱筠奉献四库馆,其中应有《读近思录》,或许是因为它不如江永《集注》比较符合崇尚汉学的总编纂的口味,最终未被馆臣收入《四库全书》。汪绂《读近思录》于嘉庆时曾经刊刻印行,但迄今已无一传世,光绪再刻本,今亦仅见上海图书馆有存,故世人知之者甚少,更无论其所蕴含的思想学术史文献价值。

陈沆,字太初,号秋舫,湖北蕲水人,嘉庆朝状元,"以诗文雄海内",世称"一代文宗"⑤。陈沆《补注》有一个重要看点,就是其中收入了好友魏源的注释,而且在全书编例、材料取舍上,陈沆也都很大程度地听取和采纳了魏源的意见。例如陈沆原稿卷首《附诸儒论近思录》原辑录有孙承泽语录一段:"孙北海曰:学有原委,原云端正则委自分明,如《大学》之'明德',《中庸》之'天命',《论语》之'务本',《孟子》之'仁义',皆自原头说起,使学者有所从入。不然,原本不识,用力虽勤,而误堕旁蹊者不少矣。故《近思录》首卷宜细为体认,朱子'识个头脑'四字,良非易

① 江永:《近思录集注》卷九,上海图书馆藏清嘉庆刻本。
② 江永:《近思录集注》卷九,上海图书馆藏清嘉庆刻本。
③ 汪绂:《读近思录》,上海图书馆藏清光绪刻本。
④ 参见汪学群:《中国儒学史·清代卷》,第 145 页。
⑤ 周锡恩:《陈修撰沆传》,闵尔昌:《碑传集补》卷九,燕京大学国学研究所 1932 年铅印本。

事。"但陈沆抄撮的这段孙北海语录，被魏源审稿时一笔勾删，并在栏上眉间批字曰："孙氏姓名有玷此书，且其语亦支离之甚。今学者第从第二、三卷'存养''致知之方'作工夫，有误落旁蹊者耶？且空识名目，亦未必遂能信道不惑也。"① 孙承泽字北海，直隶大兴人，明崇祯进士，清顺治间历官吏部侍郎，是明末清初由王学转向朱子学的代表人物②。他曾依仿《近思录》体例，辑周、程、张、朱之言为《学约》一编，又以明薛瑄、胡居仁、罗钦顺、高攀龙四家之语编撰《学约续编》，他还撰写《考正晚年定论》，逐条批驳阳明《朱子晚年定论》，这些都是朱子学史上有代表性的文献。然其一味"尊朱"，乃至"字字阿附"，处处回护，几乎到了"佞朱"的地步，遭到四库馆臣"初附东林，继降闯贼，终乃入于国朝，自知为当代所轻，故末年讲学惟假借朱子以为重"③ 的讥评。所谓物极必反，"佞朱"其实"误朱"，故而引起宗朱阵营反思，认为"当今之害，患在群奉真儒，不知别白，贸贸焉，是其所非，非其所是，反授外道以入室操戈之柄，而害且遍天下"，"痛圣人之道不晦于畔朱之人，而即毁于从朱之人"。痛定思痛，便是要在自己的营垒里"清理门户"，用"就朱订朱"的方法梳理朱子《四书》学说，从文献上"还本清源"④。所以，孙北海条目的收入和删去，都反映了晚清朱子学者在如何传承朱子学说问题上所持的不同态度。《近思录补注》中的魏源注文虽然只有区区十一条，却是其传世诗文著述之外的佚文，而且读者诸君也可由此获知，魏源这位近代"睁眼看世界"的先行者，在接受西方新事物、新思想的同时，依然保持对程朱理学的传统情怀。因而，陈沆《补注》这部《近思录》后续著述的思想学术史文献意义，也在可预知之中。

无独有偶，稍晚于魏源不久的郭嵩焘，这位清廷首任驻英法使节、近代"洋务运动"干将，在写下《使西纪程》的同时，也留下他多年阅读《近思录》的心得体会。今存氏著《近思录注》抄本卷首有郭嵩焘题识数则。其一曰："同治七年冬，友人傅旭东自鄂寄到此本，敬读二过，颇有发明，较其所得，似与十年前读此书，微有浅深之异。谨志之简端，异时自证其得失。养知主人郭嵩焘记。"其二曰："《近思录》一书，慎修江氏《集注》较张清恪注，尤为简要，而于朱子之言，所以发明程张诸子之旨者，

---

① 陈沆：《近思录补注》卷首，《续修四库全书》影印湖北省图书馆藏稿本，《子部》第934册。

② 李光地《孙北海五经翼序》曰："顾明之季年，学无师法，横骛别驱，议论大驳，其宗指皆与程朱相抵排，虽刘、黄诸君子不免。先生独断然以洛闽为宗，寻其厉阶戎首，以为异学蠭兴，姚江倡之也。故于伯安学术言行，摘抉批绳，无所假借。晚于诸经皆有著述，而断断然朱子是翼，曰吾翼朱者，所以翼孔也。畿内学者，其后如魏柏乡、张武承皆确守朱学。柏乡尽读宋人书，而武承攘斥余姚不遗余力，其端皆自先生发之。"是清初学者即以为孙承泽之"宗朱"，至少在京畿地区学术界起了首倡之功。李光地：《孙北海五经翼序》，《榕村集》卷十二，文渊阁《四库全书》本。

③ 永瑢、纪昀等：《〈诗经朱传翼〉提要》，《四库全书总目》，第144页。

④ 严佐之：《四库总目续目未收清人经籍的思想史意义探微》，《海外中国学评论》第1辑，上海：上海古籍出版社2005年版，第220－221页。

辑录尤详，允为善本。旧得豫刻本藏之，乱后遗失。浏览所及四十余年，于诸贤立言垂训，稍能得其指要。得此本十余年，前后四次加注，参差异同，随就所见为言，多惭此道终无所发明。然于研考人事之得失，与其存心之厚薄，以求为此道延一线之绪，在于今日，无能多让，因并记之。光绪十年甲申春三月嵩焘再题。"① 据此题识可知，郭氏于《近思录》一书，前后"浏览所及四十余年"，其最初的阅读研习，宜在咸丰八九年（1858、1859）间，其时理解尚浅；及同治七年（1868），获友人赠寄江氏《集注》本，遂"敬读二过，颇有发明"；而在此后"十余年"中，他曾"前后四次加注，参差异同，随就所见为言"，并于光绪十年（1884）春终成其书。值得注意的是，从同治七年到光绪十年，为《近思录》"前后四次加注"的"十余年"间，正是他历经罢官归隐、出使英法、海外召回、二度贬黜这段跌宕起伏的仕宦岁月。也就是说，无论在野在朝、海外海内，郭嵩焘的案头书架，都有《近思录》的存在。这就让人想到一个问题，一般总说理学守旧，是政治改良、社会革命的思想阻碍，似乎习读《近思录》的也应是当时的守旧儒臣，按此推论，思想"与时俱进"、政治理念"开放"而主张向西方学习的郭嵩焘，如此热衷《近思录》这部理学入门读物，似乎有些悖于常理。其实，读不读《近思录》与一个人的政治理念并没有太多关系。比如清初"明遗"王夫之、张履祥、吕留良和"儒臣"孙承泽、张习孔、张伯行，都曾注释、仿编或刊刻过《近思录》，但前三人与后三人对待清廷的态度就截然不同②。那么郭嵩焘呢？据其自述："深味《近思录》所以分章之义，尽看得大，所录四子之言，亦多是从大处说，而于一言一动之微，依然条理完密，无稍宽假。是以流行七八百年奉此书为入德之门，而体例之博大，记录之精审，尚亦非浅学者所能窥见也。"③ 如此看来，他是把《近思录》作为自我修养的经典来捧读的。至于他十余年间四次批注《近思录》是否有为推动改革提供思想资源的考虑，那就必须对其诠释作深入分析后才能给出答案了。

总之，与《近思录》这部理学入门读物"被经典"的历史进程同步，产生了一大批续补仿编、注释集解、阅读札记等《近思录》后续著述；这批理学文献的编撰者，无不遵循朱熹为《近思录》架构的理学体系，阐发各自的理解和见解，从而映画出一幅七百年理学思想史的学术长卷。正是从这个意义上，我们说"一部书串起了七百年理学史"，这部书，就是朱子《近思录》！

---

① 郭嵩焘：《近思录注》卷首，辽宁图书馆藏清抄本。
② 参见汪学群：《中国儒学史·清代卷》，第 933 页。
③ 郭嵩焘：《近思录注》卷首，辽宁图书馆藏清抄本。

黄怀信　1951 年 12 月生，陕西岐山人。1985 年获硕士学位，师从李学勤先生。西北大学原教授、博士生导师。2001 年 12 月受聘为曲阜师范大学特聘教授，期满留校。主要从事先秦历史文献教学、研究与整理。主持完成国家社科基金项目、山东省社科基金项目、国家古籍整理重点规划项目、全国高校古委会重点资助项目等 10 余项，出版古籍整理研究著作 20 余部，发表论文 130 余篇。

关于《周易》校注

各位老师，各位同学：

我向大家汇报的题目是《关于〈周易〉校注》，因为我去年刚出了一本小书，叫作《周易汇校新解》。现在就把相关内容给大家介绍一下。

我们知道，《周易》作为十三经之首，传世版本很多，但是基本上都是经传一体本。因为《易传》很大程度上是作者借本经发挥自己的哲学，加上部分的误解，所以不可能完全符合本经的原意。那么要想真正理解《周易》本经，就必须脱离《易传》，这是我们的基本观点。《周易》本经离现在已经3000多年，文字有讹误自可想见。所以，首先需要校勘。

关于《周易》本经的校勘，历史上虽然有像陆德明《经典释文》、阮元《十三经校勘记》那样的名校，但问题依然不少。尤其是20世纪以来的出土本，包括马王堆帛书本、阜阳汉简本、上博简本等，均是前人所未见的。所以近年曲阜师大侯乃峰博士作有《周易文字汇校集释》，使《易》本经的异文异说历历在目，极大地方便了进一步的研究。我的校，就是在其基础上完成的。

我的校与侯博士汇校的不同，一个是给所校出的异文一一给出判定说明，一个是增加了本校和理校。所谓本校，就是根据经文本身的义例，结合上下文、前后文进行互勘。所谓理校，就是通过经文本身的义例、上下文之间的逻辑关系等进行校勘。而前人的校，则基本上

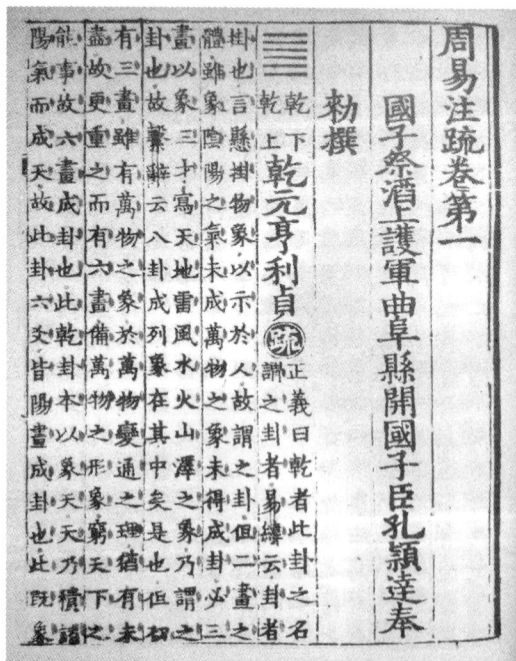

都属于不同版本之间的对校。

之所以要增加本校和理校，因为我们读前人已校之本或者各家的译注时，总觉得有不畅或者矛盾之处。而明确了《易》本经的性质以及卦爻辞体例之后，大量诸如脱、衍、误、倒、重复、错简之类古书常见的现象，就都会呈现出来。比如卦辞与卦画、卦名不合，爻辞缺少所像或占断，爻辞不合卦名卦例；爻辞与爻题不合，阳爻而说阴事、阴爻而说阳事；在下位而言上、在上位而言下；卦辞过于简单或繁复，爻辞过于简单或繁复；一爻辞过于简单而另一爻辞又过于繁复；或者当为有而言"无"，不为利而言"利"，不当悔而言"悔"，已成凶而不言"凶"，既言"凶"又言"无咎"；或者前后文没有逻辑关系等等。尽管本校、理校没有版本依据，"比较危险"，但是我们还是要强调：这是非常必要的。如果因为没有版本依据而不校，已有的讹误就会被永久地保留下去，文献本来的意义将永远不会被发现。那样，学术不仅不能进步，而且还会失去其科学的意义。所以我们说必须要有对学术负责的精神，力争使学术变得更加科学。

下面再说注。《周易》旧注无数，而今人的注也有很多，但是基本上都是经传同注或者全译，而且基本上都是据传说经。但是我们已经知道，《易传》本来是作者借卦爻辞发挥自己的哲学，在文字训诂方面不免会有曲解附会，甚至有意的歪曲。所以据传说经，必不能得出经的本义；要想明确经的本义，就必须脱离于《易传》，最多只能参考《易传》。这是第一点。

第二，通过校勘，经文本身与旧本已多不同，经义也必然有异，所以需要重新注译。

第三，经文里面的很多关键字词，从《易传》已经曲解，到现在还没有统一认识。比如"元享利贞"之类，所以必须重新进行解读。

第四，经文里面常见字词的用义，各卦（个别除外）应该是一致的，应当以例求其本字或者本义，而前人多所望文生训或者以今义解之。比如"孚"，本来是指俘虏，而迄今仍然当"信"讲。还有"朋"，这个字恐怕从孔子开始已经被误解了。比如《论语》里面说"有朋自远方来"，就是证据。其实《周易》里面的"朋"，都指贝币。

第五，了解了卦名本于卦画，爻辞根据卦名的体例，可以发现个别卦名，传统解读可能有误。比如《需》卦的"需"，我们发现应该念"濡"，指下雨。还有《咸》卦的"咸"，应该念"撼"，而传统念"感"。《遯》卦的"遯"，过去都直接念成"遁"，其实恐怕应该念"豚"，指小猪。再比如《艮》卦的"艮"，这个字我们发现应该念"限"。还有《兑》本的"兑"，我们发现应该念"悦"。等等，还有很多。

好啦，就说这么多。

（尼山学堂李荣华据录音整理）

《周易》"元亨利贞"解

"元亨利贞",是读解《周易》的"钥匙",因为它不仅首见于《乾》卦及《屯》《随》《临》《无妄》《革》诸卦之卦辞,同时又关乎全经六十四卦28个"元"字、44个"亨"字、121个"利"字、112个"贞"字及其所在词句的理解,而且还涉及对《周易》整体性质和卦义的认识。

然而对此四字,古今各家则解释不一,而且各卦又不一。比如《乾》卦下《文言传》曰:"'元'者,善之长也;'亨'者,嘉之会也;'利'者,义之和也;'贞'者,事之干也。君子体仁足以长人,嘉会足以合礼,利物足以和义,贞固足以干事。君子行此四德者,故曰'乾,元、亨、利、贞'。"① 孔颖达《周易正义》曰:"元、亨、利、贞者,是乾之四德也。《子夏传》云:'元,始也。亨,通也。利,和也。贞,正也。'言此卦之德有纯阳之性,自然能以阳气始生万物而得原始亨通,能使物性和谐,各有其利,又能使物坚固贞正……圣人法乾而行此四德,故曰元、亨、利、贞。"② 李鼎祚《周易集解》亦引《子夏传》,又曰:"言乾禀纯阳之性,故能'首出庶物',各得原始、开通、和谐、贞固,不失其宜。是以君子法乾而行四德,故曰'元、亨、利、贞'矣。"③ 程颐《易程传》亦主"四德"说,云:"元、亨、利、贞谓之四德。'元'者万物之始,'亨'者万物之长,'利'者万物之遂,'贞'者万物之成。惟《乾》《坤》有此四德,在他卦则随事而变焉。故'元'专为善大,'利'主于正固,'亨''贞'之体各称其事。四德之义,广矣大矣。"④ 李道平《周易集解纂疏》曰:"文王欲人法乾而行四德,故特系于《易》首曰'乾,元、亨、利、贞'。"⑤ 可见均以《乾》卦之"元亨利贞"为四德。那么也就必然要读为"元、亨、利、贞"。

---

① ［唐］孔颖达:《周易正义》卷一,《十三经注疏》中华书局影印本（下引《周易》同）,第15页。
② ［唐］孔颖达:《周易正义》卷一,第13页。
③ ［清］李道平:《周易集解纂疏》卷一（潘雨廷点校本,下同）,中华书局1994年版,第27页。
④ ［宋］程颐:《周易程氏传》卷一,《四库全书》文渊阁本。
⑤ ［清］李道平:《周易集解纂疏》卷一,第27－28页。

而《屯》卦下王弼注则曰:"刚柔始交,是以屯也。不交则否,故屯乃大亨也。大亨则无险,故利贞。"①《集解》引虞翻亦曰:"刚柔交震,故元亨;之初得正,故利贞矣。"② 可见又读"元亨,利贞"。《随》卦下《集解》引虞翻又曰:"刚来下柔,初上得正,故'元亨利贞'。"可见又不断。

今人或从旧说,于《乾》卦以"四德"说读为"元、亨、利、贞",解为"原始、亨通、和谐有利、贞正坚固";于《屯》卦等读"元亨,利贞",解为"至为亨通,利于守持正固"③;或诸卦皆读"元亨,利贞",而解又不同,如或解作"大通顺,占问有利"④,或解作"大为亨通,利于贞正"⑤,或解作"筮得此卦大吉大利,祥和坚实"⑥。亦有不点断,即以四字连读者⑦。又于"亨"字皆如字读,唯有高亨先生《周易大传今注》解为"筮得此卦,可举行大享之祭,乃有利之占问"⑧,读"亨"为"享"。可见分歧较大。而事实上我们知道,任何文献,正确的读、解只能有一种。那么"元亨利贞"究竟如何读、解才算正确?

我们认为,"元亨利贞"一语既然共见于诸卦,其含义就不应有异。因为同一词句,在同一文献,特别是像《周易》这样的占筮书中,其用法理应相同。甚至全经所有的"元""亨""利""贞",分别都应该相同。那么就是说,读、解要适用于各卦,不能此卦通而彼卦不通:这是最基本的要求。其次,四字之读、解,应首先从卦辞本身以例求之。就是说要首先根据四字在全部经文中的用法用例而定;其三,应该与时代接近的文献对比求之:这些是基本原则。

具体如何读、解,以下逐字考察:

"元"

首先,《子夏传》释"元"为"始",与经例不合。因为《既济》卦卦辞有"初吉,终乱",《讼》卦卦辞有"中吉,终凶",说明经文另有"初(始)""终"之说。有"初(始)",则"元"自不可能再作"始"用。所以,"元"不能释为"始"。再则,除"元亨"(于卦辞 12 见)外,经文还有"元吉",如《损》卦云"有孚,元吉",《鼎》卦云"元吉,亨"等。显然,"元吉"与"元亨",结构与词性是相同的。

① [唐]孔颖达:《周易正义》卷一,第 19 页。
② [清]李道平:《周易集解纂疏》卷二,第 95 页。
③ 黄寿祺、张善文:《周易译注》,上海:上海古籍出版社 2004 年版,第 1、36 页。
④ 周振甫:《周易译注》,中华书局 1991 年版,第 1-2 页。
⑤ 廖名春:《周易经传十五讲》,北京大学出版社 2004 年版,第 72 页。
⑥ 徐敬人、张林:《周易注释与解析》。李史峰主编:《周易大全》,上海辞书出版社 2006 年版,第 51 页。
⑦ 苏勇点校:《周易》,北京:北京大学出版社 1987 年版。
⑧ 高亨:《周易大传今注》卷一,济南:齐鲁书社 1998 年版,第 42 页。

而"元吉"之外，经文还有"大吉"，如《小过》卦云"不宜上，宜下，大吉"等等。"大吉"，无疑是与"元吉"相对的。而"大吉"，显然是不可以分读的。"大吉"不可以分读，"元吉"自然也不可以分读。"元吉"既不可以分读，那么"元亨"自然也就不可以分读。另外，经文虽无"大亨"，但有"小亨"。如《旅》卦云："小亨，旅贞吉。""小亨"，自然又是相对于"元亨"的。而"小亨"，无疑也不可以分读。"小亨"不可以分读，那么"元亨"自然也就不能分读。可见以卦例，诸"元"字皆不单独为义。唯一需要说明的是，今本《比》卦虽有"原筮元，永贞无咎"字样，但《左传·昭公七年》引之"元"下则有"亨"字，说明今本有脱字。那么也就说明，经文本不存在单独用"元"的现象，诸"元"皆为修饰之辞，不能独立为义。所以，"元亨"必当连读。① "四德"说以"元"为独立一德，至少与经例不合，所以不可据信。

那么"元"又是何义？

考之字书，"元"字除始、大之义外，还有首、头、长、本等义。诸义由何而来？观之古文字，"元"为指事字，专指人头。《左传·僖公三十三年》"狄人归其元"、《哀公十一年》"归国子之元"、《孟子》两"勇士不忘丧其元"等，皆用本义。《左传·襄公九年》"元，体之长也"，无疑也是指人头。《说文解字》云："元，始也。从一从兀。"非朔义，从一从兀，亦非本始结构。人头在人体最上、至高部位，所以引申有始、长、大、本诸义，而至上、最高，则无疑是最接近其本义之义。可见"元"甚于"大"。无怪经文有"元吉""大吉"之别，看来义确不同。《彖传》皆以"大亨"释"元亨"，应该说并不确切。而《尚书·康诰》云"元恶大憝"，亦是"元"异于"大"之证。另外《尚书》有"元命""元良""元首""元后""元子""元孙""元圣""元龟"，"元"似皆有最大、至大之义。所以，"元亨"连读而释为"至亨"，应该是合理的。

"亨"

"亨"字《子夏传》、陆德明《经典释文·周易音义》、孔颖达《周易正义》皆训"通"；今人各家或训"亨通"，或训"通顺"，亦取"通"义。而《左传·襄公九年》《文言传》《谦》卦、李鼎祚《周易集解》引郑玄曰、《国语·晋语四》"众而顺，嘉也，故曰亨"韦昭注，皆以为"亨者，嘉之会"。可见又别为一义。究竟当训何义？

考"亨"之训"通"，不知义之所出。段玉裁《说文解字注》曰："亯（亨、享本字）之义训为荐神。诚意可通于神，故又读许庚切。"② 无疑是建立于"亨"训"通"

---

① 按：《需卦》"有孚，光亨"之"光"，当是"元"字之误。
② [清] 段玉裁《说文解字注》卷五下，上海古籍出版社1981年版，第229页上。

基础之上的说法。然而即使如此,"通"也只能是动词,而不能有通顺、亨通之义。再说筮得一卦而曰其亨通或通顺,似亦不辞。所以,"亨"之训通,值得怀疑。而关于"嘉之会"之说,《左传·襄公九年》原文曰:

> 穆姜……始往而筮之,遇《艮》之八。史曰:"是谓《艮》之《随》。《随》,其出也。君必速出。"姜曰:"亡。是于《周易》曰:'《随》,元亨利贞,无咎。'元,体之长也。亨,嘉之会也。利,义之和也。贞,事之乾也。体仁足以长人,嘉德足以合礼,利物足以和义,贞固足以干事。然,故不可诬也。是以虽随无咎。今我妇人,而与于乱。固在下位,而有不仁,不可谓元;不靖国家,不可谓亨;作而害身,不可谓利;弃位而姣,不可谓贞。有四德者,随而无咎。我皆无之,岂《随》也哉?"①

穆姜解"四德",与《文言传》相似而较详细,总之都是以"亨"为"嘉之会"。嘉,美善之义。那么"嘉之会",就是美善之会聚。正因为"亨"是美善之会聚,所以不靖(安)国家不可谓亨,可见穆姜说此确有道理。那么"亨"为什么有"嘉之会"之义?因为"嘉"可指嘉物,包括嘉菜、嘉谷之类。而嘉菜、嘉谷之会聚,无疑就是祭享。《逸周书·籴匡》云:"供有嘉菜。"可见"嘉菜"是祭享之供品。《国语·晋语四》载子余谓秦伯曰:"若君实庇荫膏泽之,使能成嘉谷,荐在宗庙,君之力也。"②《左传·僖公三十年》亦云:"荐五味,羞嘉谷。"可见嘉谷也是祭品。嘉谷不止一种,嘉菜也有多样,而祭享用之,又必不单一,所以说"嘉之会":可见《文言传》及穆姜等是读"亨"为"享",指祭享。杨伯峻《左传》注亦曰"亨即享",唯其谓"凡嘉礼必有享。享有主有宾,故曰会"③ 则不妥。当然,《文言传》及穆姜之"四德"说本身也不能成立,因为作为决疑之卦,既不可能"体仁""长人",也不可以"合礼""和义""干事",这是可以肯定的。

"亨"之所以又可读"享",原因是"亨""享"本为一字,古文皆作"亯"。段玉裁《说文》"亯"下注曰:"其形荐神作'亨',亦作'享';饪物作'亨',亦作'烹'。《易》之'元亨',则皆作'亨',皆今字也。"④ 可见只是后人用字之不同。而早期文献除《周易》之外,"亨"字或读为"享",或读为"烹",也正说明了这一点。所以,《周易》之"亨",完全有可能本亦读"享"。而上博简《周易》"元亨"之

---

① 据杨伯峻:《春秋左传注》本(下引《左传》同),中华书局1990年版,第964-965页。

② 《国语》卷二,上海书店1987年复印《国学基本丛书》,第129页。

③ 杨伯峻《春秋左传注》,第965页。

④ 段玉裁:《说文解字注》卷五下,第229页上。

"亨"皆作"卿（郷）"①，与"享"同音，也正好证明了这一点。所以，《周易》此"亨"，应当读为"享"，本字为"亯"。《说文》云："亯，献也。从'高'省，'曰'象进孰物形。《孝经》曰：'祭则鬼亯之。'凡亯之属皆从亯。享，篆文亯。"② 基本可信。因为古文"享（亯）"字下从羊，意味着祭祀献羊。祭祀献羊曰享，鬼神受之自可曰享，故《孝经》曰"祭则鬼亯之"。另外《论语·八佾》"曾谓泰山不如林放乎"句何晏《集解》引包咸曰："神不享非礼。"刘宝楠《正义》曰："凡受人之献亦曰享。"③正是此义。所以"享"又有"受"义。《左传·僖公二十三年》"而享其生禄"、《国语·晋语五》"享一名于此"，杜预、韦昭注皆训受。《尚书·盘庚》"兹予大享于先王，尔祖其从与享之"④，正是"享"作献、受二用之显例。《洛诰》"汝其敬识百辟享，亦识其有不享，享多仪"，"四方其世享"，《多方》"永于多享"，《康诰》"乃以殷民世享"，《吕刑》"王享国百年"，《咸有一德》"克享天心"，《梓材》"庶邦丕享"，"享"皆为享受享用或享有之义。可见商周之人多言"享"。尤其是"多享""丕享"，最与"元亨"接近。所以，"元亨"应读"元享"，而义谓至为享受或最为受用。"大亨（享）"，就是大为受用；"小亨（享）"，就是小有受用。至若经文单言"亨（享）"，则谓有一般的受用。显然，"元亨"是一词组，可以独立为义。高亨先生读"元亨"虽不误，但释为"可举行大享之祭"则不妥，因为一则有增字解经之嫌，二则"元"释"大"不确，三则大享之祭属礼，不可以随占筮而行。夏含夷《〈周易〉"元亨利贞"新解》提出："'亨'原文应该是'飨'，'元亨'或'元飨'的意思是本次贞卜的祷告被鬼神享受。"⑤ 似不知"飨"之本义为燕飨，又忘失"元"字之义，而且所谓"贞卜的祷告"又不知所出。上博简本虽然作"郷"（古"飨"字），但不证明"飨"就是本字。

"利"

"利"字所见除"利贞"外，于卦爻辞别有"利见大人"（《乾》）、"利牝马之贞"（《坤》）、"利涉大川"（《屯》）、"利建侯行师"（《豫》）、"利君子贞"（《同人》）、"不利君子贞"（《否》），及爻辞有"利永贞"（《坤》用六）、"利居贞"（《屯》初九）、"利幽人之贞"（《归妹》九二）、"利艰贞"（《大畜》九三）、"利女贞"（《观》六

① 侯乃峰：《〈周易〉文字汇校集释》上经，台湾古籍出版有限公司2009年版，第003页。
② ［汉］许慎：《说文解字》卷五下，中华书局1963年版，第111页。
③ ［清］刘宝楠：《论语正义》卷三，中华书局1990年版，第87页。
④ 据《尚书正义》本，上海古籍出版社2008年版。下引《尚书》同。
⑤ 夏含夷：《〈周易〉"元亨利贞"新解——兼论周代习贞习惯与〈周易〉卦爻辞的形成》，《周易研究》2010年第5期，第3页。

二)、"利永贞"(《艮》初六)等等，意思明显是"有利于"。所以，必不能独立为所谓一德，而应当与"贞"连读。"利贞"，就是有利于贞。显然，"利"之对象在下文。对象在下文，自然就不能与上连读；而"贞"，则又是"利"的对象，所以二字必当连读。至于其余所谓"小利"，即小利于；"不利"，即不利于；"无攸利"，即无所利、皆不利；"无不利"，即皆利，等等，亦皆有对象可言。高亨先生解"利贞"为"乃有利之占问"①，用解于"利牝马之贞""利幽人之贞""不利君子贞"之类，无疑不可以通，所以恐有问题。

"贞"

"贞"字所见除"利贞"外，还有如上所举之"利牝马之贞""利幽人之贞""利君子贞""不利君子贞"，"利永贞""利居贞""利艰贞""利女贞""利永贞"及"旅贞""可贞"等等。显然，这些"贞"都是动词。另外，经文有"不可贞"(《节》卦卦辞、《蛊》卦九二爻辞)，正与"利贞"相对，也说明"贞"是动词。所以，"贞"必不能释为"正"。《说文解字》云："贞，卜问也。"其说不误。卜问，即占卜问事，以决疑。《尚书·洪范》言洪范九畴，七曰"稽疑：择建立卜、筮人，乃命卜、筮"。"卜"谓用龟占，"筮"谓用蓍占。《尚书·洛诰》记成王谓周公曰："公既定宅，伻来来，视予卜，休，恒吉。我二人共贞。"《周礼·大卜》曰："凡国大贞，卜立君，卜大封，则视高作龟……国大迁、大师，则贞龟。"② 可见"贞"皆与卜和龟相对应，专指用龟占卜之卜问。殷墟卜辞于占问之辞前恒言"贞"，又有"贞人"，也正说明占卜问事曰贞。所以，"贞"不能简单理解为占问，而是指用龟占卜以问事。所谓"利贞"，就是说筮得此卦，有利于用龟占卜问事。

《周易》为占筮书而言占卜之"贞"，原因是古人决疑，往往是卜、筮并用。《尚书·洪范》载箕子言曰：

> 汝则有大疑，谋及乃心，谋及卿士，谋及庶人，谋及卜、筮。汝则从，龟从，筮从，卿士从，庶民从，是之谓大同，身其康强，子孙其逢，吉。汝则从，龟从，筮从，卿士逆，庶民逆，吉。卿士从，龟从，筮从，汝则逆，庶民逆，吉。庶民从，龟从，筮从，汝则逆，卿士逆，吉。汝则从，龟从，筮逆，卿士逆，庶民逆，作内吉，作外凶。龟、筮共违于人，用静吉，用作凶。

---

① 高亨：《周易大传今注》卷一，齐鲁书社 1998 年版，第 42 页。
② 据吕友仁《周礼译注》本，中州古籍出版社 2004 年版，第 311 页。

这里所谓"龟",明显对应于"卜",可见是用龟曰卜。而言"谋及卜、筮""龟从筮从""龟从筮逆""龟、筮共违于人",说明是卜、筮并用。《诗经·氓》云"尔卜尔筮,体无咎言",也可见之。而二者并用,又必当有其先后。《周易》于占筮之卦辞而言"利贞""不可贞",说明周人之占是先筮后卜。夏含夷《新解》谓"'利贞'是指导贞卜者再作习贞"①,似亦是混卜、筮为一。

以上分解可知,"元亨利贞"之"元"在《周易》本经皆为修饰之词,不能独立为义;"贞"为动词,指用龟占卜问事,是"利"的对象,不能训正。所以,读为"元、亨、利、贞"没有道理,四德说不能成立;读作"元亨,利贞"虽不误,但"亨"字当读为"享"。"元亨(享),利贞"作为卦辞,意思是:筮得此卦,"至为受用,有利于卜龟问事"。以此说用解于其他五卦之卦辞,无有不合。而析其"元""亨(享)""利""贞"用解于全《易》六十四卦之四字及其所在词句,亦无不合。从而可见,《周易》卦辞凡言"元亨(享)""亨(享)""小亨(享)"之类,皆是指该卦对人的好处或意义,也可见当时人占筮的首要目的,是想预知其行事是否"亨(享)"或"亨(享)"即受用的程度;而凡言"利贞""利某贞"或"不利某贞"之类,皆是指该卦与占卜的关系,也可见当时人占筮的另一主要目的,是为了决定能否进行占卜。总体可见,《周易》确是占筮预测之书。

---

① 夏含夷:《〈周易〉"元亨利贞"新解——兼论周代习贞习惯与〈周易〉卦爻辞的形成》,第3页。

朱杰人 1945 年生，江苏省镇江市人。华东师范大学终身教授，中国历史文献研究会会长、上海市儒学会会长，博士生导师，曾任华东师范大学出版社社长、董事长。1964 年上海师范大学中文系毕业，1981 年上海师范大学古籍研究所研究生毕业。学术专长为古典文献学、经学及朱子学。代表著述：《朱子全书》（主编）、《诗经要籍解题》《毛诗注疏》（整理本）、《朱子气节论》《朱子一百句》等数十种。

《毛诗正义》点校工作的回顾

　　程先生要节约时间，我尽量节约时间，简单说一下。《毛诗正义》在2013年年底正式出版，但这本书我们整整做了二十几年，在座的黄怀信老师也是这个项目的参与者。二十几年前，我们在西安，当时一帮中年人满怀豪情壮志，要做中国历史上最权威的《十三经注疏》的整理版。那个时候还算是年轻，"少年不识愁滋味"，做了之后发现不是那么好做，整整做了二十多年才把它做出来。

　　现在来回顾一下《毛诗正义》点校整理的过程，有这样几点感受比较深：

　　第一，关于版本的问题。

　　读过《十三经注疏》的人大概都有这样的感觉，有的时候读《十三经注疏》读不下去，断不了句。我跟上海古籍出版社的赵昌平讨论过这个问题，他说《十三经注疏》里面有些地方就是断不了句。我同意他这个观点，确实是这样。《十三经注疏》里面，包括《毛诗正义》里面有些就是断不了句。为什么断不了句呢？一个很重要的原因是版本的问题。所以我们在整理《毛诗正义》的时候，用了一个真正的宋本书，就是日本足利学校的一个书稿。大家都知道阮元的《十三经注疏》他说他用的是宋本，但是经过考证以后发现他用的不是宋本，而是一个元刻明修本，真正的宋本他都没有见过。另外，用了一个很重要的本子，就是宋代的一个单疏本。由于有了这两个本子，解决了我们整理中的大量问题，有些无法点断的，由于有了这两个本子，让我们能够顺利地点断。这是在点《毛诗正义》时候的一个体会。

　　现在做古籍整理的人很多，不重视版本，甚至于根本不做版本对校，就在那里标点，

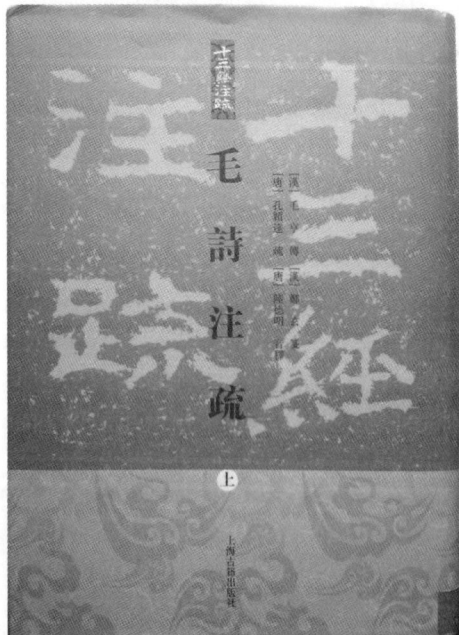

是极不负责任的。今天有很多同学在这儿，今后你们也做古籍整理的话，一定要重视版本，一定要重视版本对校。不然这个本子的科学性、价值性将大打折扣。而且对校是一字一字地对校，现在的对校是碰到问题了才找本子来对，不是一个字一个字的对下来，这样是不行的。为什么我们的《毛诗正义》做了二十几年？就是一个字一个字的对，不是对一个本子，而是几个本子。以上是第一个体会。

第二个体会，古籍整理研究是一个非常难，非常累的工作。

你写论文不懂的地方可以不写，你点标点不懂的地方可以绕过去吗？现在学术界、理论界看轻我们这一行，但是我们自己不能把自己看轻，要有文化自信和文化自觉，如果自己把自己看轻了，就会很糟糕。当今在很多高校里面整理古籍不算科研成果，在华师大是承认的，是算的。当然，也是经过"斗争"才算的。这是一个非常艰难的工作，但是却是基础工作。刚才开幕式的时候，我为什么讲这个问题呢？不要小看了经典的整理，若不把经典整理清楚了，以后研究什么呢？若研究的依据是错误的，或者说不可靠的，那么研究结论也是不可靠的。所以这是一个很困难的工作。既然做了这一行，就要有思想准备，这是一个很难、很苦的工作。我记的读研究生的时候，第一堂课老师跟我们讲，说你们进来要有思想准备，板凳一坐十年冷，要坐十年冷板凳，才能够做成。我想干我们这一行，一定要具备这样的精神。这是我第二个体会。

第三个体会，校书如扫落叶，千真万确。

我们自认为《毛诗正义》是一个很好的本子了，已经做得很好了，自己很得意了，但是其实还是有很多问题的。比如吕友仁先生给我们提出来：我们忘了应用出土的文献。我们不是没有用，而是用得不够，但是最新出土的确实没有用，所以我们现在写文章把它补进去。另外，由于儒家经典是一个博大精深的东西，而我们自己的学识是有限的，所以难免会出错。在去年我们在山东开的历史文献研究会上，王锷老师给了我一份他博士生的一篇文章，他的博士生把我们的《十三经》和《毛诗正义》从头到尾读了以后，指出了这里面的错误。我拿回去认认真真地读了，除了有一些确实是可以讨论的以外，我认为大部分都是成立的。也就是说这些错误在我们现在的书里面是有的，是存在的。所以校书如扫落叶：一个是落下来的叶子，一个是我们自己栽培出来的叶子。所以我们这个书在修订的时候，要做到尽善尽美，恐怕还要下工夫。这是今后在做这一行的时候，对自己提的更高要求。所以我在这里借这个机会，感谢一下王锷，感谢这个博士生。我还在想把他的文章登在《历史文献研究》上。不能因为我自己是《历史文献研究》的主编，《毛诗正义》的点校者，就把博士生的研究成果掩盖掉了，要表彰这样的学生，我想我们做老师的也应该有这样的雅量。

谢谢大家！

（尼山学堂张曦文据录音整理）

《毛诗注疏》整理卮言

　　由我和李慧玲主要负责整理的《毛诗注疏》已经出版（上海古籍出版社，2013 年 12 月），这部书既是我响应西北大学与上海古籍出版社联合发起的新版《十三经注疏》整理工作的内容之一，同时又是我承担的全国高等院校古籍整理研究工作委员会的项目。应古委会之约，谈一谈整理《毛诗注疏》的一些情况。

　　西北大学与上海古籍出版社联合进行《十三经注疏》整理活动的初衷，是鉴于阮本《十三经注疏》已经不能满足传统文化研究的要求。我们知道，阮本《十三经注疏》自问世以来便享誉学界，人称"善本"，沾惠学者良多。但随着时代发展，它的可议之处也日渐增多，有些甚至属于重大缺憾，以《毛诗注疏》为例，阮本的重大缺憾主要表现在：一、底本选择不当：阮元认为他据以整理《毛诗注疏》的底本为"宋本""注疏合刻之祖"，实际上他所使用的底本是元刻明修本，而真正的"宋本""注疏合刻之祖"为足利本，藏日本足利学校。二、最佳通校本缺失：《毛诗注疏》的最佳通校本为宋本单疏本，但阮元在整理《毛诗注疏》时仅从山井鼎等《七经孟子考文补遗》中得闻其名，未见其书，更遑论利用。而此单疏本的校勘价值十分巨大，民国初年，刘承幹据其影录本对阮本《毛诗注疏》进行校勘，成《毛诗单疏校勘记》三卷，校勘记 1730 条，其价值可见一斑。而我们此次整理，使用真正的宋本单疏本为通校本，其校勘效果更是刘校不能企及。阮本除了以上底本和通校本的重大缺憾，不少地方还存在校勘不精的情况。综上所述，时至今日，阮本《十三经注疏》实难称为"善本"。针对阮本以上问题，此次《十三经注疏》编纂委员会的整理规划是："在尽量恢复宋本原貌的基础上，整理出一套新的整理本，来弥补阮刻本的不足，以期对经学研究、对中国传统文化研究能起到推动作用，满足广大读者的需要。"（见《十三经注疏》整理本序）

　　领到任务后，我即着手对《毛诗注疏》的版本情况进行调查工作。我们知道，《毛诗注疏》的形成是一个漫长过程，它的几个组成部分从最初的单行到四而合一，中间有十分复杂的发展历史：文献记载，《毛诗》最早的注文《毛诗故训传》一开始是单行本，东汉时期，为了省去"两读"之劳，开始出现了《毛诗》的经文与《毛诗故训传》合并的情况，即孔颖达所谓的"就经为注"。我们知道，《毛诗》的注文是两家：先是毛亨的《毛诗故训传》，后是郑玄的笺。毛《传》曾经单行，而郑笺如何呢？据《隋书·经籍志》、孔颖达《毛诗正义》可知郑笺未曾单行，而是直接附于经文和《毛传》之后，所以至少到了隋代，已经有《毛诗》经文与毛传、郑笺三合一的本子了。孔颖达的《毛诗正义》（习称"孔疏"）作于唐初，《旧唐书·经籍志》和《新唐书·艺文志》著录其书皆作四十卷，这也是一个单行本。将单行本《毛诗正义》散入到《毛诗》经注之下的是南宋的黄唐，时间为宋光宗绍熙三年（1192）。此本因每半页八行，习称"八行本"，此本为学界公认的善本。宋刻八行本凡六种，而《中国古籍善本书目》经部著录有《周易注疏》十三卷、《尚书正义》二十卷、《周礼疏》五十卷、《礼记正义》七十卷、《春秋左传注正义》三十六卷，唯独没有《毛诗注疏》，盖佚失已久，令人惋惜。至于将陆德明《经典释文》中的《毛诗音义》附载于经注之下，是南宋中后期刘叔刚一经堂本。这个十行本的《毛诗注疏》，也是阮刻《毛诗注疏》的底本，但阮刻所据十行本不是宋本，而是元刻明修本。

为了完成编纂委员会"补阮刻本不足"的要求，本次整理在底本和通校本的选择上十分慎重，这也正是此本与阮本相比最大的优点和突破之处。诚如上述，在八行本《毛诗注疏》亡佚的情况下，南宋一经堂十行本是底本的不二选择，此本为孤本，藏日本足利学校，俗称"足利本"。严绍璗《汉籍在日本的流布研究》对此本进行过中肯的评价："足利学校藏本中，尚有宋建安刘叔刚刊十行初印本《附释音毛诗注疏》二十卷三十册。原来自南宋初年注疏合刊后，坊间更把唐陆德明所撰之《经典释文》，据经文、注、疏而加以分合，是为'附释音本'。足利学校所藏此宋刊本，即为此种《附释音毛诗注疏》的祖本。清人阮元据以校《十三经注疏》的明正德十行本，是元人覆刻的明修补本，非为原本（江苏古籍出版社，1992年）。"此本于日本昭和四十八年（1973）由日本足利学校影印发行，始得流布，本次整理即以台湾中研院中国文哲研究所图书馆所藏影印本为底本。

本次整理，通校本即宋本单疏本《毛诗正义》的使用更为阮本所缺失（已详上述）。单疏本的版本源流也比较复杂，据史料记载，单疏本《毛诗正义》于北宋淳化三年（992）初次雕版刊刻，咸平二年（999）有修订，但两本均亡佚。此次整理使用的《毛诗正义》，是南宋绍兴九年（1139）绍兴府覆刻的北宋本。此本中土失传，流落日本，日本东方文化学院于1936年影印出版，本次整理即为台湾中研院图书馆所藏此本之影印本。单疏本缺失的前七卷，则以魏了翁《毛诗要义》补正。

综上，本次《毛诗注疏》整理在底本和通校本上均使用了目前可知的最好的版本，这两个本子，由于历史条件的局限，阮元整理《十三经注疏》时均未使用。众所周知，底本和通校本是古籍整理中最重要的两个因素，而阮本恰恰在这两个方面均有缺憾，我们此次整理，确确实实做到了"补阮刻不足"，超越了阮本。

另外，本次整理在参考后人校勘成果方面也走在了最前沿。除了吸收阮元《清经解》本和《十三经注疏》本的《毛诗注疏校勘记》之外，还参考了20多种十分重要的校勘成果，这在迄今为止所有的《毛诗注疏》整理本中，也是绝无仅有的。

但毋庸讳言，此本还有不少缺憾。首先，还有某些重要的出土文献未能纳入参考之列，例如业已出版的《郭店楚简》《上海博物馆藏战国楚竹书》等；其次，《敦煌经部文献合集》（张涌泉主编，中华书局2012年版）虽然纳入了"校勘所用其他参校本及前人成果"名单，并且也进行了实质性校勘工作，但因为出版时限问题，已经整理好的100多条校勘记没能纳入，十分遗憾；另外，仍有部分校勘成果和相关学术研究成果没能纳入参考列目，尤其是缺失日本学者的相关研究成果；另外，由于我们学识方面的局限，书中还存在不少错误，已有学界朋友给我们提出了中肯的批评意见，我们也希望更多的朋友不吝赐教。这些缺憾，我们期待能在以后的修订工作中进行弥补。

本书从整理工作开始启动到编修出版，中间经过了二十余年的时间，这二十多年，我的工作部门屡有变动，事务繁忙，常有"心为形役"之憾，但对《毛诗注疏》的整理却时刻不敢忘记。比勘版本、搜罗材料、标点校勘、核对条目，至今回想整个过程，真可谓"战战兢兢，如临深渊，如履薄冰"，个中滋味，非一篇小文可以尽言。现在，新书已经出版，十分愿意借此机会，表达一下心中的感谢。

首先，十分感谢林庆彰先生的鼎力相助！此次整理《毛诗注疏》，从底本、通校本的选择到相关文献的搜集，都离不开林先生的大力支持，我要对他表达诚挚的感谢！

也要感谢上海古籍出版社的相关人员，他们以高水平的专业素养和精益求精的工作态度，促成了《毛诗注疏》的顺利出版，向他们致以深深的谢意！

当然，李慧玲副教授是一定要感谢的，为了做好《毛诗注疏》的整理，我把她从河南招到上海，攻读博士学位，主攻《毛诗注疏》的研究，她就成了我整理工作的主要助手。她的敬业和刻苦成就了她自己的学业，也成就了《毛诗注疏》整理工作得以加速完成的大业。现在，她已经成了这一领域公认的顶尖学者了。一个项目，既出了好的成果，又培养了一位优秀的人才，《毛诗注疏》可说是一个很好的范例。

还要把真诚的感谢送给教育部全国高等学校古籍整理研究工作委员会！前文已经提及，本次《毛诗注疏》整理属于古委会资助项目，一般情况下，古委会项目的在研周期为3－5年。令我深感内疚的是，因为工作关系，我实在挤不出时间按时完成任务，庆幸古委会理解我的苦衷，没有催我"突击"完成，这于我的确算是网开一面。长期以来，古委会作为专门的以整理研究我国传统典籍和培养相关人才为己任的职能部门，为我国传统文化建设付出了巨大努力，也收获了丰硕成果。在我的印象中，和我同时代的学者及我以后的从事古籍整理的学者，很多都是在古委会相关项目的资助下，一路发展和成长起来的。他们学识的增长和古籍整理业务的娴熟，离不开古委会长期以来的培养，我就是其中的受益人之一，因此，我希望借此机会对古委会深致谢忱！但愿在古委会的努力和影响下，我国的传统文化研究更加蒸蒸日上！

　　刘晓东　1945 年生，山东济南人。山东大学儒学高等研究院教授，博士生导师。毕业于山东大学，师从殷孟伦、殷焕先二先生。研究领域为中国经学、小学，尤长于三礼、《左传》及音韵学。曾参加《汉语大词典》《两汉全书》《经学源流》《绎史》《孟子选译》等著作的编撰，主要代表著作有《匡谬正俗平议》等。

《清经解三编》《清经解四编》编纂后记

各位同仁，今天我给大家汇报一下《清经解三编》《四编》的相关情况。一方面，《清经解三编》《清经解四编》现在已经出书，所以我不做过多的介绍，我只想把我们操作这项工作时的一些事情，包括编纂这个书的必要性和当时商量过程中的一些问题，给各位同仁汇报一下。

关于《正续清经解》的评价问题我们没有必要来谈了。我只是想说，当这两部《经解》出现以后，有很多人纷纷认为应当继续来编。譬如说当年太炎先生在苏州办章氏国学讲习会的时候，他的第一届毕业生的论文就有一篇《清经解三编》的叙录以及定目。另外，我听说王欣夫先生也有一个《清经解三编》目录的手稿。此外，杨树达先生很早就提出来，应当把《正续经解》里面没有收的一些比较小的、卷数少的经学著作编成新的《经义丛抄》。所以，继续来做这件事情，可以说是一个共识。当时我和杜泽逊老师也商量了一下，决定来做这件事情。

不过从现阶段来说，当时有两件事情我们是需要考虑的。一个是，就现在来说，各种大型丛书，比如说《续修四库》等等，收的清代经学著作已不少，我们是不是还需要编。再一个，目前学术界对很多有价值的《正续经解》里面没有的经学著作，纷纷出了点校本，我们是否还需要继续编。

商量过程中，我们认为这两方面都不能够承担给《清经解正续编》做续编

的任务。由于各种体例的要求，比如说点校本出了很多，非常方便阅读，但是很难看到这些经学著作的本身面貌。商量过程中我们也想，人生一世，何妨偶然来点小任性呢？于是我们就来做这件事情了。《清经解三编》出来以后，上海对于《清经解》有专门研究的虞万里老师跟我说："刘老师，其实我正在想操作这个事情，没想到你们山大这二位先着一鞭。"因此我就想，这项工作我们不做，别人也会做，可以说是一个必须做的事情。

虽然说所做的《清经解三编》《清经解四编》应当在主旨以及方法等方面和《清经解正续编》尽量地保持一致，才能算是《清经解三编》《清经解四编》，但是完全和《正续经解》的体例保持一致，也很难做到。他们的主旨我们是完全继承的，譬如说《正续经解》里面，他们对于经学各方面流派、家法的处理，应当说是比较公平的，不局限于任何一派，这是一个非常好的环节。但是也有一些不足的地方，譬如说删去每部书的序跋、不是按经分卷来编排，所以大家读起来不是很方便。清代人就认识到这一点，比如说像沈豫写提要的时候，大家都知道。所以我们编的时候都注意到这些地方。首先运用影印的方法，其次就是尽量选取最好的版本，在这一方面，杜泽逊老师做了大量的工作。这样编出来以后，我们尽量保持了每部书的序跋，能够给读者提供一个比较完整的文献面貌。再一个，在体例上也做了一些改动，尽量的按一经分类：《周易》《尚书》《诗经》等等，在每一类之中，尽量的按时间顺序。这样来说，我们主观上认为这样做可能轮廓更加明显。所以我们最后商定就这样编了。

现在来说，《清经解三编》也好，《清经解四编》也好，都已经完成了。但是也有一些有遗憾的地方，譬如说《清经解四编》的时候，本来考虑的是用《古宫室图》，吴宣曾的。到后来感觉到他的价值好像差一些，就换成洪颐煊的了。不应该换，为什么呢？因为洪颐煊的《宫室图》在严杰的《经义丛抄》里面是有的，但是当时已经上机器开始印了。这个跟出版社已经商量了。好在不多，只有两卷，下次印的时候可以抽换一下。这是我感到遗憾的地方。

我就讲这些，谢谢大家。

（尼山学堂杨胜祥据录音整理）

《清经解三编》前言

有清一代是经学集大成的时代，在其中后期，先后出现了由阮元、王先谦分别主持编纂的《皇清经解》和《皇清经解续编》两部皇皇巨编，大体上涵容了清代经学研究的主流成果。这不仅为经学研究者提供了极大的方便，而且也为汇存一代经学文献做出了巨大贡献。这里我们不必全面评价这两部书的得失，只是需要指出，由于当时主客观的原因，也就是经学学术观所决定的取舍意识和时代限制，尚有许多高水平高价值的经学著作未被收入，所谓“续出者多，先出而未见收者亦不少”，因此这两部巨编未能惬当世学者之意也是很自然的。

有鉴于此，我们基本上依循这两部《经解》的总体旨趣，延伸其时代，扩大其范围，进一步搜集其所未收的清代经学著作，加以柬择汇编，以期为当代研究者提供更大的方便，同时希望若能与阮、王《经解》合观，可以更全面地反映出清代经学的主体成绩。具体来说，就是针对此二《经解》的主要缺憾，予以补其所不收与续其所不及收。

在这一目的的导向下，我们在这两部《经解》之外，选定了清人著作若干种，首先将其中的六十五种以《清经解三编》为名出版，其余则作为《四编》推出。对所收的原著，尽量选用最早或最佳的版本，不作主观的删裁加工，保持其文献原貌，以影印的方法处理，希望对学者们的经学研究有所裨益。至于能否免致“掎摭星宿遗羲娥”之讥，就要请研读者来评判了，因此我们诚恳期望得到学者们的批评。

《清经解三编》目录

第一册

1. 周易内传六卷发例一卷//王夫之撰//清同治四年湘乡曾国荃金陵刻船山遗书本
2. 周易外传七卷//王夫之撰//清同治四年湘乡曾国荃金陵刻船山遗书本

3. 周易本义辨证五卷//惠栋撰//清常熟蒋氏省吾堂刻省吾堂四种本

4. 周易集解纂疏十卷//李道平撰//清光绪十七年三余草堂刻湖北丛书本

5. 易释四卷//黄式三撰//清光绪间广雅书局刻广雅书局丛书本

第二册

6. 费氏古易订文十二卷//王树枏撰//清光绪十七年新城王氏青神刻陶庐丛刻本

7. 周易费氏学八卷易例举要一卷叙录一卷//马其昶撰//民国九年抱润轩刻本

8. 尚书义考二卷//戴震撰//民国二十五年安徽丛书影印清光绪贵池刘氏刻聚学轩丛书本

9. 古文尚书辨伪二卷//崔述撰//民国十三年上海古书流通处崔东壁遗书石印本

10. 尚书今古文考证七卷//庄述祖撰//清道光十六年武进庄氏脊令舫刻珍执宦遗书本

11. 尚书伸孔篇一卷//焦廷琥撰//清光绪十四年广雅书局刻本

12. 今文尚书考证三十卷//皮锡瑞撰//清光绪二十三年善化皮氏师伏堂刻师伏堂丛书本

13. 尚书孔传参正三十六卷（卷一至卷三十）//王先谦撰//清光绪三十年虚受堂刻本

第三册

13. 尚书孔传参正三十六卷（卷三十一至卷三十六）//王先谦撰//清光绪三十年虚受堂刻本

14. 尚书集注述疏三十二卷首一卷末二卷//简朝亮撰//清光绪三十三年读书堂刻本

第五册

15. 诗经通义十二卷考定郑氏诗谱一卷//朱鹤龄撰//清光绪十年巴陵方氏广东刻宣统元年印碧琳琅馆丛书本

16. 毛诗礼征十卷//包世荣撰//清道光八年小倦游阁刻本

17. 毛郑诗释三卷续录一卷//丁晏撰//清咸丰二年聊城杨以增刻本

18. 诗古韵表二十二部集说二卷//夏炘撰//民国十七年渭南严氏成都贲园刻本

19. 毛诗传笺异义解十六卷//沈镐撰//清咸丰间棣鄂堂刻本

20. 毛诗异文笺十卷//陈玉树撰//清光绪十四年江阴南菁书院刻南菁书院丛书本

21. 三家诗遗说八卷补一卷//冯登府撰//清抄本

第五册

22. 重订三家诗拾遗十卷//范家相辑、叶钧重订//清道光三十年南海伍氏粤雅堂文字欢娱室刻岭南遗书本

23. 韩诗外传校注十卷补逸一卷附校注拾遗一卷//周廷寀、赵怀玉校注，吴棠辑，周宗杬拾遗//清光绪元年盱眙吴氏望三益斋刻本

24. 周礼故书考一卷//程际盛撰//清光绪间南陵徐氏刻积学斋丛刻本

25. 周礼故书疏证六卷//宋世荦撰//清刻清光绪六年津门徐氏銮补刻印确山所著书本

26. 周官礼经注正误一卷//张宗泰撰//清光绪十六年南陵徐氏刻积学斋丛书本

27. 周礼正义八十六卷（卷一至卷二十七）//孙诒让撰//清光绪楚学社刻民国二十年笛湖精舍补刻本

第六册

27. 周礼正义八十六卷（卷二十八至卷五十九）//孙诒让撰//清光绪楚学社刻民国二十年笛湖精舍补刻本

第七册

27. 周礼正义八十六卷（卷六十至卷八十六）//孙诒让撰//清光绪楚学社刻民国二十年笛湖精舍补刻本

28. 西汉周官师说考二卷//刘师培撰//民国二十五年宁武南氏排印刘申叔先生遗书本

29. 周礼古注集疏二十卷（存卷七至卷十三、卷十五至卷二十）//刘师培撰//民国二十五年宁武南氏排印刘申叔先生遗书本

30. 仪礼郑注句读十七卷附监本正误一卷石本误字一卷（卷一至卷十一）//张尔岐撰//清乾隆八年高氏和衷堂刻本

第八册

30. 仪礼郑注句读十七卷附监本正误一卷石本误字一卷（卷十二至卷十七）//张尔岐撰//清乾隆八年高氏和衷堂刻本

31. 仪礼古今文疏证二卷//宋世荦撰//清刻清光绪六年津门徐氏銮补刻印确山所著书本

32. 仪礼礼服通释六卷//凌曙撰//清光绪十五年德化李氏木犀轩刻木犀轩丛书本

33. 礼经校释二十二卷//曹元弼撰//清光绪十八年刻本

34. 礼经旧说十七卷附补遗一卷//刘师培撰//民国二十五年宁武南氏排印刘申叔先生遗书本

35. 佚礼扶微五卷//丁晏撰//清光绪十四年江阴南菁书院刻南菁书院丛书本

36. 礼记集解六十一卷（卷一至卷十五）//孙希旦撰//清咸丰十年至同治七年瑞安孙氏盘谷草堂刻本

第九册

36. 礼记集解六十一卷（卷十六至卷六十一）//孙希旦撰//清咸丰十年至同治七年瑞安孙氏盘谷草堂刻本

37. 礼记训纂四十九卷（卷一至卷二十四）//朱彬撰//清咸丰元年宜禄堂刻咸丰六年补刻本

第十册

37. 礼记训纂四十九卷（卷二十五至卷四十九）//朱彬撰//清咸丰元年宜禄堂刻咸丰六年补刻本

38. 大戴礼记解诂十三卷//王聘珍撰//清光绪十三年广雅书局刻本

39. 夏小正通释一卷//梁章钜撰//清光绪十三年浙江书局刻本

40. 夏小正集说四卷//程鸿诏撰//清安庆高文元堂刻本

41. 三礼义证十二卷//武亿撰//清道光二十三年授堂刻授堂遗书本

42. 礼说六卷//黄以周撰//清光绪二十年江苏南菁讲舍刻儆季杂著本

43. 裸礼摧一卷//王国维撰//民国五年上海仓圣明智大学排印广仓学窘丛书本

44. 明堂庙寝通考一卷//王国维撰//民国四年上虞罗氏排印雪堂丛刻本

45. 孔贾经疏异同评一卷//陈汉章撰//民国二十九年四明张氏约园刻四明丛书第七集本

46. 左传杜解集正八卷//丁晏撰//民国三年乌程张氏刻适园丛书本

47. 刘炫规杜持平六卷//邵瑛撰//民国四年邵启贤赣南道尹官廨排印本

48. 春秋述义拾遗八卷//陈熙晋撰//清光绪十七年广雅书局刻本

49. 春秋左传杜氏集解辨正二卷//廖平撰//清光绪三十三年四益馆排印本

第十一册

50. 春秋笔削大义微言考十一卷附发凡一卷//康有为撰//民国六年南海康氏刻万木草堂丛书本

《清经解四编》目录

第二册

5. 周易郑氏注笺释十六卷正误一卷叙录一卷旁征一卷（卷一至卷九上）//曹元弼撰//民国十五年刻本

第三册

5. 周易郑氏注笺释十六卷正误一卷叙录一卷旁征一卷（卷九下至卷十六）//曹元弼撰//民国十五年刻本

6. 尚书隶古定释文八卷//李遇孙撰//清嘉庆九年宁俭堂刻本

7. 古文尚书辨惑十八卷//洪良品撰//清光绪十四年排印龙冈山人古文尚书四种本

8. 尚书大传疏证七卷//皮锡瑞撰//清光绪二十二年善化皮氏师伏堂刻本

第四册

9. 尚书谊略二十八卷叙录一卷//姚永朴撰//清光绪三十一年合肥李氏刻集虚草堂丛书甲集本

10. 毛郑异同考十卷//程晋芳撰//清钞本

11. 诗毛郑异同辨二卷//曾钊撰//清嘉庆间曾氏面城楼刻本

12. 诗三家义集疏二十八卷首一卷//王先谦撰//民国四年长沙王氏虚受堂刻本

13. 毛郑诗斠议一卷//罗振玉撰//清光绪三十四年至宣统三年国学粹编社排印晨风阁丛书本

14. 周官肊测七卷//孔广林撰//清光绪十六年山东书局刻孔丛伯说经五稿本

第五册

15. 周礼补注六卷//吕飞鹏撰//清道光二十九年旌德吕氏立诚轩刻本

16. 凫氏为锺图说一卷//郑珍撰//清光绪二十年贵筑高氏资州官廨刻本

17. 九旗古义述一卷//孙诒让撰//清光绪二十八年瑞安孙氏刻本

18. 仪礼析疑十七卷//方苞撰//清康熙嘉庆间桐城方氏抗希堂刻抗希堂十六种本

19. 仪礼肊测十七卷叙录一卷//孔广林撰//清光绪十六年山东书局刻孔丛伯说经五稿本

20. 礼经学七卷（卷一至卷五上）//曹元弼撰//清宣统元年刻本

第六册

20. 礼经学七卷（卷五下至卷七）//曹元弼撰//清宣统元年刻本

第十一册

36. 论语旁证二十卷（卷十一至卷二十）//梁章钜撰//清同治十二年长乐梁氏家刻本

37. 论语皇疏考证十卷//桂文灿撰//民国二十九年吴县王氏排印庚辰丛编本

38. 戴氏注论语二十卷//戴望撰//清同治十年刻本

39. 孟子疏证二十二卷（存前十六卷，卷一至卷十四）//连鹤寿撰//清钞本（清嘉兴陈其荣批校）

第十二册

39. 孟子疏证二十二卷（存前十六卷，卷十五至卷十六）//连鹤寿撰//清钞本（清嘉兴陈其荣批校）

40. 孟子赵注考证一卷//桂文灿撰//清光绪十九年南海桂氏经学丛书本

41. 四书近指二十卷//孙奇逢撰//清康熙元年中州学署刻本

42. 四书纂言四十卷（卷一至卷三十一）//宋翔凤撰//清光绪八年峃崿山房刻本

第十三册

42. 四书纂言四十卷（卷三十二至卷四十）//宋翔凤撰//清光绪八年峃崿山房刻本

43. 四书古今训释十九卷//宋翔凤撰//清嘉庆十八年浮谿草堂刻本

44. 四书集说四十一卷补义七卷续考四卷（大学卷一至孟子卷四）//陶起庠撰//清嘉庆十八年谦益堂刻本

第十四册

44. 四书集说四十一卷补义七卷续考四卷（孟子卷五至续考卷四）//陶起庠撰//清嘉庆十八年谦益堂刻本

45. 孝经郑注考证一卷//潘任撰//清光绪二十年木活字排印希郑堂丛书本

46. 孝经集注一卷//潘任撰//清光绪三十三年江南高等学堂活字印本

47. 尔雅古注斠三卷//叶蕙心撰//清光绪二年江都李氏半亩园刻本

48. 尔雅释例五卷//陈玉澍撰//民国十年南京高等师范学校排印本

49. 尔雅郭注佚存补订二十卷//王树柟撰//清光绪十八年新城王氏文莫室资阳县署刻本

50. 传经表补正十三卷经传建立博士表一卷//汪大钧撰//清光绪十九年愈妄阙斋刻本

赵生群 1957 年生，江苏宜兴人，文学博士，南京师范大学教授，文献学系主任。著有《〈史记〉文献学丛稿》《〈史记〉编纂学导论》、点校本《史记》修订本、《〈春秋〉经传研究》《春秋左传新注》《〈左传〉疑义新证》等，发表学术论文 130 余篇。兼任中国历史文献研究会副会长、中国《史记》研究会副会长、国际儒学研究会副会长、"点校本二十四史及《清史稿》修订工程"修纂委员会委员。主持省部级以上项目多个，多次获得省部级以上奖励。

《春秋左传新注》工作的回顾

我的题目是泽逊先生给我定的。简单介绍一下，我做《春秋》经传研究，给本科生上了二十几年的《左传》导读，原来用的是杨伯峻先生的《春秋左传注》，他的书做得很好，但是正文和注文夹在一起，读着上句，可能落了下句，有时甚至会跳过一段，觉得用起来不太方便，就想给他们编一个教材，正好陕西人民出版社也准备出一套丛书，其中《左传》叫我来做，我就非常高兴地答应了。

开始以为大概一两年就能够完成，因为之前也做过一些《左传选注》之类的事情。但是做的过程中发现问题其实很多。我们的经典经过几百年甚至几千年，虽然有不少聪明的脑袋都在钻研，但我认为，并未研究穷尽，并非题无剩义。我经常鼓励学生说，像《左传》这样的经典，我至少写三本书，还有可能会再写第四本。开始我写《〈春秋〉经传研究》，这是对《春秋》经文和《左传》《公羊》《穀梁》文本的研究。后来我写了《春秋左传新注》，本来想做一些非常简单的注释，指导思想是两个字——简明。如果要说逻辑关系的话，是明而简：在明的基础上，尽量的简。就是这么一个非常简单的思想。但是做的过程当中发现有很多问题，实际上并没有解决，不少甚至没有被提出来。我翻洪亮吉的《春秋左传诂》，有许多疑点、难点都没有说清，甚至有意回避了。我在翻其他参考书的过程当中，发现这些书也有很多没有涉及这方面的内容。所以今人理解《左传》文义其实是有大量的疑问存在的。

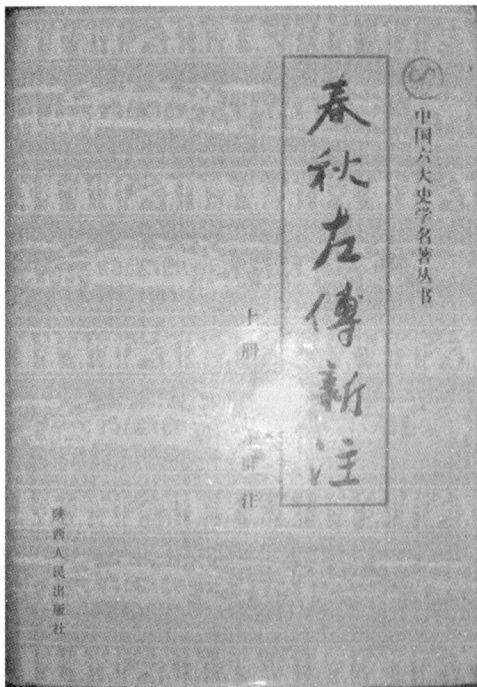

工作开始后感觉到一时收不了工，就跟

陕西人民出版社商量延长时间，做了好多年。在这个过程当中，首先是发现了很多疑难的问题，当时觉得解决不了，完全没办法，觉得束手无策。我用了一个简单的方法，强化问题，把它们记在心里。正好有一个暨南大学做的《春秋三传》的白文本子，印得不是很好，还有错别字。平时我反复读，读到不懂的地方或者不明了、有疑问的地方，用彩笔或者什么圈起来、画起来，有时间专门看看，还有哪些疑问没有解决，以后读书时就特别注意相关的内容。经过若干年的不懈努力，觉得还是大有收获。在这个过程当中把《诸子集成》读了几遍，《晏子春秋》《管子》等与《左传》时间较为接近的书读了三遍以上，《国语》至少读了二十遍以上。我发现花了这样功夫以后，开始以为解决不了的问题，还是有可能会解决。我想《春秋左传新注》或许不能解决所有问题，但是至少不回避任何疑难，努力做到尽量注释得清楚一点、明白一点。当然，实在搞不清楚的也只能阙疑。总的说来，有一些原来以为难以解决的问题我觉得自己找到了一种解释。

另外，我觉得读古书有一个难点，虚词特别难。所以我在虚词方面下了相当大的工夫，像《经传释词》《助字辨略》《经词衍释》《词诠》《古书疑义举例》等书，包括台湾学者关于《左传》虚词的书，也下了很大的工夫，都非常仔细地看了，有的内容也吸收到了我的书里面。

另外，我觉得读这些经典，就是要突破自己的思维惯性。有的字你可能看了一百遍都不会想到它有别的意思，但是恐怕就有，而且不少。这方面我的体会也是比较深的，读了以后发现很多问题，有一些想法，有一些心得，后来又把它整理出来，写了一本书叫作《左传疑义新证》，是在人民文学出版社出的，大概有六百几十条。如果将来做一个《左传》翻译的话，至少要牵扯到数以千计的翻译点。所以我经常鼓励学生，我说你看我半路出家，上大学以前几乎没有读过什么文言文，将来你们肯定比我做得好。经典研究并非不能深入，还是有继续研究的空间，这是我粗浅的体会。《春秋左传新注》印得不大好，校勘还存在一些问题，那时正好是我比较忙的时候，校得还不是特别细，有一些错误，希望各位看到了能告诉我，以便今后修改。谢谢大家。

（尼山学堂徐淑瑜据录音整理）

论《公》《穀》解经不明史实之弊

孔子据鲁史记作《春秋》，笔则笔，削则削，《春秋》与旧史之间，既有联系，又有区别。《春秋》的精义，就在于通过独特的书法，通过对旧史的笔削改造来寄寓微言大义，显示褒贬是非。因此，解说《春秋》必须联系事实。另一方面，《春秋》文辞简约，往往只记载结果而省略具体过程及相关背景，只有联系事实，才能更好地理解经文，避免曲解经义。《公羊》《穀梁》两传因不明事实，解经弊端丛生。归纳起来，主要有以下一些方面。

一、阙而不论

《春秋》有直文，有微言。直文无需赘言，微言大义则必待解说而后明。对《春秋》所载相关事实作出补充，对经义加以阐发，有时是必不可少的。《公羊》《穀梁》因不明史实，对于应该解说的经文，往往不置一词。

例一 僖公十年《经》："狄灭温，温子奔卫。"《公羊》《穀梁》均无说。《左传》云："十年春，狄灭温，苏子无信也。苏子叛王即狄，又不能于狄，狄人伐之，王不救，故灭。苏子奔卫。"《史记·太史公自序》云："《春秋》之中，弑君三十六，亡国五十二，诸侯奔走不得保其社稷者不可胜数。察其所以，皆失其本已。故《易》曰'失之豪厘，差以千里'。故曰'臣弑君，子弑父，非一旦一夕之故也，其渐久矣'。故有国者不可以不知《春秋》，前有谗而弗见，后有贼而不知。为人臣者不可以不知《春秋》，守经事而不知其宜，遭变事而不知其权。为人君父而不通于《春秋》之义者，必蒙首恶之名。为人臣子而不通于《春秋》之义者，必陷篡弑之诛，死罪之名。其实皆以为善，为之不知其义，被之空言而不敢辞。夫不通礼义之旨，至于君不君，臣不臣，父不父，子不子。夫君不君则犯，臣不臣则诛，父不父则无道，子不子则不孝。此四行者，天下之大过也。以天下之大过予之，则受而不敢辞。故《春秋》者，礼义之大宗也。"弑君亡国之事，为《春秋》所重，正因其中是非成败得失可供借鉴之处实多。僖公十九年《经》："梁亡。"《公羊传》云："此未有伐者，其言梁亡何？自亡也。其自亡奈何？鱼烂而亡也。"《穀梁传》云："自亡也。涸于酒，淫于色，心昏，耳目塞，上无正长之治，大臣背叛，民为寇盗。梁亡，自亡也。"《春秋》中其他亡国之事，《公》《穀》两传也多有解说，这说明它们对此类事件是重视的。狄灭温，两传不作解释，当属不能而非不为。

例二　僖公二十三年《经》："冬十有一月，杞子卒。"《左传》云："十一月，杞成公卒。书曰'子'。杞，夷也。"杜预云："杞入春秋称侯，庄二十七年绌称伯，至此用夷礼，贬称子。"孔子极重名分，杞伯用夷礼，故《经》贬其爵称子以示贬抑，释经者自应予以说明。《公》《穀》因不明相关事实，只能付诸阙如。僖公二十七年《经》："二十有七年春，杞子来朝。"《左传》云："二十七年春，杞桓公来朝，用夷礼，故曰子。公卑杞，杞不共也。"襄公二十九年《经》："杞子来盟。"《左传》云："杞文公来盟。书曰'子'，贱之也。"僖公二十七年杞子来朝，襄公二十九年杞子来盟二事，也是《春秋》特笔，《左传》均予揭示，而《公》《穀》依旧未置一词。

例三　僖公二十四年《经》："夏，狄伐郑。"《左传》云："郑之入滑也，滑人听命。师还，又即卫。郑公子士泄、堵俞弥帅师伐滑。王使伯服、游孙伯如郑请盟。郑伯怨惠王之入而不与厉公爵也，又怨襄王之与卫、滑也，故不听王命而执二子。王怒，将以狄伐郑。富辰谏……王弗听，使颓叔、桃子出狄师。夏，狄伐郑，取栎。王德狄人，将以其女为后。富辰谏曰：'不可。臣闻之曰："报者倦矣，施者未厌。"狄固贪婪，王又启之，女德无极，狄必为患。'王又弗听。"周、郑矛盾，引起狄人伐郑，又导致后来颓叔、桃子以狄师伐周，大败周师，这与此年冬天王出居于郑有直接的关系。《左传》补充相关史实，有助于理解经文。《公》《穀》对此未做任何说明，也是明显的缺憾。

例四　宣公四年《经》："夏六月乙酉，郑公子归生弑其君夷。"《左传》云："楚人献鼋于郑灵公。公子宋与子家将见，子公之食指动，以示子家，曰：'他日我如此，必尝异味。'及入，宰夫将解鼋，相视而笑。公问之，子家以告。及食大夫鼋，召子公而弗与也。子公怒，染指于鼎，尝之而出。公怒，欲杀子公。子公与子家谋先。子家曰：'畜老，犹惮杀之，而况君乎？'反谮子家，子家惧而从之。夏，弑灵公。书曰：'郑公子归生弑其君夷。'权不足也。"《说苑·复恩》云："楚人献鼋于郑灵公。公子家见公子宋之食指动，谓公子家曰：'他日我如是，必尝异味。'及食大夫鼋，召公子宋而不与。公子宋怒，染指于鼎，尝之而出。公怒，欲杀之。公子宋与公子家谋先，遂弑灵公。子夏曰：'《春秋》者，记君不君、臣不臣、父不父、子不子者也，此非一日之事也，有渐以至焉。'"弑君之事，关乎《春秋》大义。依据史实，主谋弑君者为公子宋而公子归生（子家）为胁从。《春秋》独书公子归生弑其君，显然不是一般的史笔。经文与事实的殊异，《春秋》书法的独特含义，都有必要加以说明。《公》《穀》两传对此竟只字不提，实因昧于史实而无从下手。

例五　襄公二十八年《经》："十有二月甲寅，天王崩。"《左传》云："癸巳，天王崩。未来赴，亦未书，礼也。"又云："王人来告丧。问崩日，以甲寅告。故书之，以征过也。"可知天王崩于甲寅是书法而非事实。《公》《穀》都未能揭示出此层意思。

截止于鲁哀公十四年"西狩获麟"条，《春秋》经文总数为 1870 条[①]。《左传》与经文对应者约有 1300 条，《公羊传》全书约 570 条，有经无传的条目在 1300 条以上，《穀梁传》全书约 750 条，有经无传的条目也在 1100 条以上。这些有经无传的条目，有许多是应该作出补充解释的。限于篇幅，这里不一一列举。

二、解说谬误

事实是解经的基础。离开事实来理解经文，如同猜谜射覆，错误在所难免。桓谭《新论》云："《左氏传》遭战国寝废。后百余年，鲁人穀梁赤为《春秋》，残略多所遗失。又有齐人公羊高缘经文作传，弥离其本事矣。"[②]《公羊》《穀梁》解经的许多失误，都与不明事实有关。

例一　隐公元年《经》："夏五月，郑伯克段于鄢。"《公羊传》云："克之者何？杀之也。杀之则曷为谓之克？大郑伯之恶也。曷为大郑伯之恶？母欲立之，己杀之，如勿与而已矣。"《穀梁传》云："克者何？能也。何能也？能杀也。何以不言杀？见段之有徒众也……于鄢，远也。犹曰取之其母之怀中而杀之云尔，甚之也。然则为郑伯者宜奈何？缓追逸贼，亲亲之道也。"以上所引《公羊》《穀梁》之文，都认定郑伯杀段，两传解说经义即以此为前提展开。然而这一前提本身能否成立，却很成问题。《左传》载此事最终结局云："五月辛丑，大叔出奔共。"《左传》隐公十一年载郑伯入许，谓许叔云："寡人有弟，不能和协，而使糊其口于四方，其况能久有许乎？"《史记·卫康叔世家》云："（卫）桓公二年，弟州吁骄奢，桓公绌之，州吁出奔。十三年，郑伯弟段攻其兄，不胜，亡，而州吁求与之友……州吁自立为卫君，为郑伯弟段欲伐郑，请宋、陈、蔡与俱，三国皆许州吁。"《左传》隐公元年云："（武姜）生庄公及共叔段。"杜预注："段出奔共，故曰共叔，犹晋侯在鄂，谓之鄂侯。"相关事实及"共叔"之称呼均可证叔段并未被杀。《左传》释《春秋》书法云："书曰：'郑伯克段于鄢。'段不弟，故不言弟；如二君，故曰克；称郑伯，讥失教也：谓之郑志。不言出奔，难之也。"据此知《公羊》《穀梁》训"克"为"杀""能杀"，实因不明事实而曲解经文。

---

① 据《春秋左传集解》，上海人民出版社 1977 年版。

② 桓谭：《新论》，见严可均辑：《全后汉文》卷十四，中华书局 1958 年版，《全上古三代秦汉三国六朝文》影印本，第 564 页。

例二 隐公十年《经》："秋，宋人、卫人入郑。宋人、蔡人、卫人伐载（戴）。郑伯伐取之。"《公羊传》云："其言伐取之何？易也。其易奈何？因其力也。因谁之力？因宋人、蔡人、卫人之力也。"《穀梁传》云："不正其因人之力而易取之，故主其事也。"《左传》云："蔡人、卫人、郕人不会王命（指不伐宋）。秋七月庚寅，郑师入郊。犹在郊，宋人、卫人入郑。蔡人从之伐戴。八月壬戌，郑伯围戴。癸亥，克之，取三师焉。宋、卫既入郑，而以伐戴召蔡人，蔡人怒，故不和而败。九月戊寅，郑伯入宋。"据《春秋》与《左传》，矛盾之双方，一为郑，一为宋、蔡、卫，本来十分明确。《公羊传》不知"郑伯伐取之"指取宋、蔡、卫三师，而误以为取戴，因谓郑藉宋人、蔡人、卫人之力轻易取戴，故书取。《穀梁传》谓郑"因人之力而易取之"，其误同于《公羊》，而语意又含混不清。

例三 文公十二年《经》："二月庚子，子叔姬卒。"《公羊传》云："此未适人，何以卒？许嫁矣。妇人许嫁，字而笄之，死则以成人之丧治之也。"《穀梁传》云："其曰子叔姬，贵也。其一传曰：许嫁以卒之也。男子二十而冠，冠而列丈夫，三十而娶。女子十五而许嫁，二十而嫁。"《公》《穀》两传解释子叔姬书卒，都以她未嫁人为前提。《左传》云："杞桓公来朝，始朝公也。且请绝叔姬而无绝婚，公许之。二月，叔姬卒。不言杞，绝也。书叔姬，言非女也。"《左传》明言叔姬"非女"，杜预云"女未嫁而卒，不书"，可知两传缺乏事实根据。

例四 成公元年《经》："秋，王师败绩于贸戎。"《公羊传》云："孰败之？盖晋败之。或曰贸戎败之。然则曷为不言晋败之？王者无敌，莫敢当也。"《穀梁传》云："不言战，莫之敢敌也。为尊者讳敌不讳败，为亲者讳败不讳敌，尊尊亲亲之义也。然则孰败之？晋也。"《左传》云："元年春，晋侯使瑕嘉平戎于王，单襄公如晋拜成。刘康公徼戎，将遂伐之。叔服曰：'背盟而欺大国，此必败。背盟不祥，欺大国不义，神人弗助，将何以胜？'不听，遂伐茅戎。三月癸未，败绩于徐吾氏。"又云："秋，王人来告败。"《左传》文公十七年云："周甘歜败戎于邥垂，乘其饮酒也。"杜注："为成元年晋侯平戎于王张本。"《左传》载此事颇为详明，足证《公》《穀》之谬。

例五 襄公七年《经》："十有二月，公会晋侯、宋公、陈侯、卫侯、曹伯、莒子、邾子于鄬。郑伯髡顽如会，未见诸侯。丙戌，卒于鄵（操）。"《公羊传》云："操者何？郑之邑也。诸侯卒其封内不地。此何以地？隐之也。何隐尔？弑也。孰弑之？其大夫弑之。曷为不言其大夫弑之？为中国讳也。曷为为中国讳？郑伯将会诸侯于鄬，其大夫谏曰：'中国不足归也，则不若与楚。'郑伯曰：'不可。'其大夫曰：'以中国为义，则伐我丧；以中国为强，则不若楚。'于是弑之。"《穀梁传》云："郑伯将会中国，其臣欲从楚，不胜其臣，弑而死。其不言弑何也？不使夷狄之民加乎中国之君也。"《公》《穀》认为郑伯被杀是因为他欲从中国，与大夫立场不同，纯属猜测之辞。《左传》云：

"郑僖公之为大子也，于成之十六年，与子罕适晋，不礼焉。又与子丰适楚，亦不礼焉。及其元年，朝于晋。子丰欲诉诸晋而废之，子罕止之。及将会于鄬，子驷相，又不礼焉。侍者谏，不听。又谏，杀之。及鄬，子驷使贼夜弑僖公，而以疟疾赴于诸侯。"《春秋》《左传》相关记载有：襄公二年夏，郑成公疾，子驷欲背楚从晋以息肩；成公卒后，"诸大夫欲从晋"，因故未能即行。其年冬，晋会诸侯于戚，城虎牢以逼郑，郑人乃成。襄公三年，诸侯盟于鸡泽，四年会于戚、救陈，郑皆参与其事。僖公被杀之明年（襄公八年），郑人侵蔡，公然与楚国为敌，又与诸侯会于邢丘，故楚公子贞帅师伐郑。综观经传所载，背楚从晋，郑国君臣态度一致，子驷亦持此立场，《公》《穀》的推测，有违事实。

三、各安其意

《汉书·艺文志》云："（孔子）以鲁周公之国，礼文备物，史官有法，故与左丘明观其史记，据行事，仍人道，因兴以立功，就败以成罚，假日月以定历数，藉朝聘以正礼乐。有所褒讳贬损，不可书见，口授弟子，弟子退而异言。丘明恐弟子各安其意，以失其真，故论本事而作传，明夫子不以空言说经也。《春秋》所贬损大人当世君臣，有威权势力，其事实皆形于传，是以隐其书而不宣，所以免时难也。及末世口说流行，故有《公羊》《穀梁》《邹》《夹》之传。四家之中，《公羊》《穀梁》立于学官，邹氏无师，夹氏未有书。"《春秋》有所褒讳贬损，不可书见，当时孔门弟子，已不免退而异言，各安其意，其后两传以口说流行，更难免多所歧异。

例一　隐公二年《经》："十有二月乙卯，夫人子氏薨。"《公羊传》云："夫人子氏者何？隐公之母也。何以不书葬？成公意也。何成乎公之意？子将不终为君，故母亦不终为夫人也。"《穀梁传》云："夫人者，隐之妻也。卒而不书葬。夫人之义，从君者也。"《公羊》以子氏为隐公之母，《穀梁》则以为隐公之妻，均误。《左传》隐公元年云："惠公元妃孟子，孟子卒，继室以声子，生隐公。宋武公生仲子，仲子生而有文在其手，曰'为鲁夫人'，故仲子归于我，生桓公而惠公薨，是以隐公立而奉之。"又云："秋七月，天王使宰咺来归惠公、仲子之赗。缓，且仲子未薨，故名。"隐公三年《传》又云："夏，君氏卒。声子也……不称夫人，故不言葬。不书姓，为公故，曰君氏。"据《左传》，子氏应是桓公之母。《公羊》《穀梁》见隐公元年《经》书天王使来归赗，遂以为仲子已死，故有此误。

例二　庄公八年《经》："夏，师及齐师围成，成降于齐师。"《公羊传》云："成者何？盛也。盛则曷为谓之成？讳灭同姓也。曷为不言降吾师？辟之也。"《穀梁传》云："其曰降于齐师何？不使齐师加威于郕也。"《公羊传》认为《春秋》不言成降于鲁，是避灭同姓的恶名，其误有二。一是不知此为成单独向齐师投降，不存在避与不避的问题。《左传》云："夏，师及齐师围郕。郕降于齐师。仲庆父请伐齐师。公曰：'不可。我实不德，齐师何罪？罪我之由。《夏书》曰："皋陶迈种德，德乃降。"姑务修德以待时乎！'"二是郕并未灭亡。文公十二年《经》书"郕伯来奔"可证。《穀梁传》的解释则逻辑颇为混乱：根据经文"郕降于齐师"，怎么会得出"不使齐师加威于郕"的结论呢？此年《经》又载："秋，师还。"《公羊传》云："还者何？善辞也。此灭同姓，何善尔？病之也。曰：师病矣。曷为病之？非师之罪也。"《穀梁传》云："还者，事未毕也。遁也。"两传对师还的解释不同而均有未当。《公羊传》以师还为善辞，但所作说明却使人感到不知善在何处。《穀梁传》认为师还是事未毕而逃还，也与事实不符。《左传》云："秋，师还，君子是以善鲁庄公。"应是善鲁庄公不以乱易整，全师而还。

例三　宣公十年《经》："十年春，公如齐。公至自齐。齐人归我济西田。"《公羊传》云："齐已取之矣，其言我何？言我者，未绝于我也。曷为未绝于我？齐已言取之矣，其实未之齐也。"《公羊传》释《春秋》书"我"，失之牵强。赵匡曰："已取之，又言未绝，何迂诞之甚！言我者，为济水长，不必尽是鲁田，以别他尔。"[①]《穀梁传》云："公娶齐。齐由以为兄弟，反之。不言来，公如齐受之也。"《穀梁传》解释《春秋》书"我"，颇为荒谬。宣公元年《经》载："元年春，王正月，公即位。公子遂如齐逆女。三月，遂以夫人妇姜至自齐。"又载："六月，齐人取济西田。"齐人取济西田，正好在公娶齐女之后数月。如果鲁公娶于齐，齐人以为兄弟而归还鲁地，那当初就不该取鲁之地。据《左传》，齐人取济西地，是齐人援立宣公，鲁国给予齐国的贿赂；至于还地，《左传》也有明确记载："十年春，公如齐。齐侯以我服故，归济西之田。"据经文，宣公元年公会齐侯于平州；四年，公及齐侯平莒及郯，公如齐；七年，公会齐侯伐莱；九年，公如齐；十年，公又如齐。齐归还鲁济西田，是对宣公追随齐国的回报。《穀梁传》云经文不言齐人来归我济西田，是"公如齐受之"，也是无谓的猜测。《经》书"公至自齐"然后齐人归鲁济西田，如是公如齐受田，则经文应改写。《公羊》《穀梁》对"齐人归我济西田"的解释不同，而均未得要领，都是因为不知事实真相。

例四　宣公十年《经》："齐崔氏出奔卫。"《公羊传》云："崔氏者何？齐大夫也。其称崔氏何？贬。曷为贬？讥世卿。世卿，非礼也。"《穀梁传》云："氏者，举族而出之之辞也。"《左传》云："崔杼有宠于惠公。高、国畏其逼也，公卒而逐之。奔卫。书曰'崔氏'，非其罪也。且告以族不以名。凡诸侯之大夫违，告于诸侯曰：'某氏之守臣某，失守宗庙，敢告。'所有玉帛之使者则告，不然，则否。"一事而三传解释不同如此，与它们对事实的体认不同有很大的关系。

---

① ［唐］啖助撰：《春秋集传辨疑》卷八，《文渊阁四库全书》影印本，第661页。

例五 襄公二年《经》："冬，仲孙蔑会晋荀䓨、齐崔杼、宋华元、卫孙林父、曹人、邾（娄）人、滕人、薛人、小邾（娄）人于戚，遂城虎牢。"《公羊传》云："虎牢者何？郑之邑也。其言城之何？取之也。取之则曷为不言取之？为中国讳也。曷为为中国讳？讳伐丧也。曷为不系乎郑？为中国讳也。"《穀梁传》云："若言中国焉，内郑也。"对城虎牢一事，《公羊》《穀梁》二说不同，都与事实不符。傅隶朴云："虎牢原为虢邑，为郑所据，后来又为诸侯之师所占有，故孟献子于戚之会，建议城虎牢以逼郑，因此时之虎牢已非郑有，故经不系之于郑。公羊因襄十年有成郑虎牢之文，遂认定此城虎牢，是诸侯伐丧取虎牢之讳称，以'遂城虎牢'之'遂'字，为推恶于大夫之辞。如此说来，经义是在讥诸侯了。不知诸侯之伐郑，实由郑为楚作伥，屡为中国患，晋为霸主，有保障中国之责，不得已，乃帅诸侯之师城虎牢，以逼郑和，于情于理，都无可讥之处。"① 据《左传》此年记载，诸侯会于戚，齐及滕、薛、小邾不至，孟献子请城虎牢以逼郑，知武子乃以城虎牢观齐之向背，若齐不至，将移师伐齐。齐惧，故帅三国来会，诸侯同城虎牢。郑惧，乃求成。

四、前后不一

因为对事实的认识模糊不清，《公羊》《穀梁》对同一个人、同一事物的解说往往前后不一，以至于自相矛盾。

例一 隐公元年《经》："秋七月，天王使宰咺来归惠公、仲子之赗。"《公羊传》云："仲子者何？桓之母也。何以不称夫人？桓未君也……桓未君则诸侯曷为来赗之？隐为桓立，故以桓母之丧告于诸侯。然则何言尔？成公意也……其言惠公、仲子何？兼之。兼之非礼也。何以不言及仲子？仲子微也。"《左传》云："惠公元妃孟子，孟子卒，继室以声子，生隐公。宋武公生仲子，仲子生而有文在其手，曰'为鲁夫人'，故仲子归于我，生桓公而惠公薨，是以隐公立而奉之。"又云："秋七月，天王使宰咺来归惠公、仲子之赗。缓，且子氏未薨，故名。天子七月而葬，同轨毕至；诸侯五月，同盟至；大夫三月，同位至；士逾月，外姻至。赗死不及尸，吊生不及哀。豫凶事，非礼也。"以仲子为桓公之母，《左传》与《公羊》并无不同，不过《左传》认为天王使来归赗之时仲子未薨，而《公羊》则以为仲子已死，这是两传的区别所在。隐公二年《经》："十有二月乙卯，夫人子氏薨。"《公羊传》云："夫人子氏者何？隐公之母也。何以不书葬？成公意也。何成乎公之意？子将不终为君，故母亦不终为夫人也。"《公羊传》不知此"子氏"即隐公元年之"仲子"，又不知隐公元年仲子实未薨，故将一人分而为二，以至前后不一。

---

① 傅隶朴：《春秋三传比义》下，中国友谊出版公司1984年版，第10页。

例二 隐公二年《经》："十有二月乙卯，夫人子氏薨。"《榖梁传》云："夫人薨，不地。夫人者，隐之妻也。卒而不书葬。夫人之义，从君者也。"《榖梁传》隐公元年释天王使来归惠公仲子之赗云："仲子者何？惠公之母，孝公之妾也。礼，赗人之母则可，赗人之妾则不可。君子以其可辞受之。"又隐公五年释考仲子之宫云："考者何也？考者，成之也。成之为夫人也。礼，庶子为君，为其母筑宫，使公子主其祭也。于子祭，于孙止。仲子者，惠公之母。隐孙而修之，非隐也。"据《左传》，"仲子"与"子氏"实为一人，即桓公之母，《榖梁传》或以为惠公之母，或以为隐公之妻，前后不同而俱归于谬。啖助曰："隐公身既谦让，不当君礼，母妻卒，安肯用夫人之礼乎！"①

例三 僖公十九年《经》："夏六月，宋公、曹人、邾人盟于曹南。鄫子会盟于邾。己酉，邾人执鄫子，用之。"《榖梁传》云："用之者，叩其鼻以衈社也。"《左传》云："夏，宋公使邾文公用鄫子于次睢之社，欲以属东夷。司马子鱼曰：'古者六畜不相为用，小事不用大牲，而况敢用人乎？祭祀以为人也，民，神之主也，用人，其谁飨之？齐桓公存三亡国以属诸侯，义士犹曰薄德，今一会而虐两国之君，又用诸淫昏之鬼，将以求霸，不亦难乎？得死为幸！'"据《左传》，用之指杀之用于祭祀，不同于《榖梁传》所云叩鼻出血以衈祭品。昭公十一年《经》："冬十有一月丁酉，楚师灭蔡，执蔡世子友以归，用之。"《榖梁传》云："此子也，其曰世子何也？不与楚杀也。一事注乎志，所以恶楚子也。"《榖梁传》解释同类事物前后参差，实因不明事实所致。

例四 昭公二年《经》："冬，公如晋，至河乃复。"《榖梁传》云："耻如晋，故著有疾也。"《经》又载："季孙宿如晋。"《榖梁传》云："公如晋而不得入，季孙宿如晋而得入，恶季孙宿也。"《左传》云："晋少姜卒。公如晋。及河，晋侯使士文伯来辞曰：'非伉俪也。请君无辱！'公还，季孙宿遂致服焉。"据此，公如晋，未至而复，既非公"耻如晋"，亦非晋轻公而拒其入境，《榖梁传》前后不一，自相矛盾，可谓进退失据。

例五 昭公十一年《经》："冬十有一月丁酉，楚师灭蔡，执蔡世子有（友）以归，用之。"《公羊传》云："恶乎用之？用之防也。其用之防奈何？盖以筑防也。"据此，《公羊传》以为楚用蔡世子服劳役。《左传》云："冬十一月，楚子灭蔡，用隐大子于冈山。申无宇曰：'不祥。五畜不相为用，况用诸侯乎！'王必悔之。"据《左传》，知《经》文云"用之"，亦指杀人以祭。僖公十九年《公羊传》云："恶乎用之？用之社也。其用之社奈何？盖叩其鼻以血社也。"《公羊传》解释两处经文中的"用之"前后不一，而均未得确诂，亦因不明事实。

---

① ［唐］啖助撰：《春秋集传辨疑》卷一，《文渊阁四库全书》影印本，第602页。

五、张冠李戴

由于不能正确把握事实及相关背景，《公羊》《穀梁》解经时而出现认甲作乙、张冠李戴的情形。对象既错，其解说也就成了无的放矢，从而失去了价值。

例一 隐公七年《经》："冬，天王使凡伯来聘。戎伐凡伯于楚丘以归。"《穀梁传》云："凡伯者何也？天子之大夫也。国而曰伐。此一人而曰伐何也？大天子之命也。戎者，卫也。戎卫者，为其伐天子之使，贬而戎之也。楚丘，卫之邑也。"经文明明说伐凡伯者为"戎"，《穀梁传》却偏偏要说是卫，而且由此生出"戎卫"之说，这是因为它只知道楚丘为卫地，而完全不了解其他相关史实。《左传》云："初，戎朝于周，发币于公卿，凡伯弗宾。冬，王使凡伯来聘。还，戎伐之于楚丘以归。"

例二 闵公元年《经》："冬，齐仲孙来。"《公羊传》云："齐仲孙者何？公子庆父也。公子庆父则曷为谓之齐仲孙？系之齐也。曷为系之齐？外之也。曷为外之？《春秋》为尊者讳，为亲者讳，为贤者讳。子女子曰：以《春秋》为《春秋》，齐无仲孙，其诸吾仲孙与？"《穀梁传》云："其曰齐仲孙，外之也。其不目而曰仲孙，疏之也。其言齐，以累桓也。"《春秋》明明说是"齐仲孙"，《公》《穀》两传却硬要说是鲁仲孙，也是因为不明事实。《左传》云："冬，齐仲孙湫来省难。书曰'仲孙'，亦嘉之也。仲孙归曰：'不去庆父，鲁难未已。'公曰：'若之何而去之？'对曰：'难不已，将自毙，君其待之。'"据此，知忧鲁难之齐仲孙与为患于鲁之庆父（共仲）为两人无疑。共仲自缢在闵公元年，《左传》僖公十三年载齐侯使仲孙湫聘于周，又载仲孙湫致诸侯之戍于周，亦可证《公》《穀》之谬。

例三 文公十三年《经》："大（世）室屋坏。"《公羊传》云："世室者何？鲁公之庙也。周公称大庙，鲁公称世室，群公称宫。此鲁公之庙也，曷为谓之世室？世室犹世室也，世世不毁也。周公何以称大庙于鲁？封鲁公以为周公也。周公拜乎前，鲁公拜乎后。曰：生以养周公，死以为周公主。然则周公之鲁乎？曰：不之鲁也。封鲁公以为周公主。然则周公曷为不之鲁？欲天下之一乎周也。鲁祭周公，何以为牲？周公用白牲，鲁公用骍犅，群公不毛。鲁祭周公，何以为盛？周公盛，鲁公焘，群公廪。世室屋坏，何以书？讥。何讥尔？久不修也。"《穀梁传》云："大室屋坏者，有坏道也。讥不修也。大室，犹世室也。周公曰大庙，伯禽曰大室，群公曰宫。礼，宗庙之事，君亲割，夫人亲舂，敬之至也。为社稷之主，而先君之庙坏，极称之，志不敬也。"《礼记·明堂位》云："季夏六月，以禘礼祀周公于大庙。"郑注："周公曰大庙，鲁公曰世室，群公称宫。"周公为周公旦，鲁公为周公之子伯禽。杜预注经文也明言大室为"大庙之室"。《公羊传》却因不知所坏究竟是"大室"还是"世室"而曲为之解，足见事实对于解经的重要性。《穀梁传》所据经文作"大室"本不误，却因不知大室即大庙之室，而曰"大室犹世室"，这是不明事实而张冠李戴的典型例子。

例四　成公十五年《经》："三月乙巳，仲婴齐卒。"《公羊传》云："仲婴齐者何？公孙婴齐也。公孙婴齐则曷为谓之仲婴齐？为兄后也。为兄后则曷为谓之仲婴齐？为人后者为其子也，为人后者为其子则其称仲何？孙以王父字为氏也。然则婴齐孰后？后归父也。归父使于晋而未反，何以后之？叔仲惠伯，傅子赤者也，文公死，子幼，公子遂谓叔仲惠伯曰：'君幼，如之何？愿与子虑之。'叔仲惠伯曰：'吾子相之，老夫抱之，何幼君之有？'公子遂知其不可与谋，退而杀叔仲惠伯，弑子赤而立宣公。宣公死，成公幼。臧宣叔者，相也。君死不哭，聚诸大夫而问焉，曰：'昔者叔仲惠伯之事，孰为之？'诸大夫皆杂然曰：'仲氏也其然乎？'于是遣归父之家，然后哭君。归父使乎晋，还自晋，至柽，闻君薨家遣，墠帷，哭君成踊，反命于介，自是走之齐。鲁人徐伤归父之无后也，于是使婴齐后之也。"《榖梁传》云："此公孙也。其曰仲何也？子由父疏之也。"傅隶朴曰："此时有两个婴齐，都是公孙，但一个婴齐是宣公之弟叔肸之子，此叔肸即宣十七年经所书'公弟叔肸卒'之叔肸，故此婴齐当称叔婴齐。经三书之公孙婴齐，即此叔婴齐。另一个婴齐为公子仲遂之子，即此仲婴齐。鲁之叔孙仲孙季孙都是生前赐氏的，故仲婴齐是以父之字为氏，而不是以祖之字为氏。夫子怕后人分不清两个婴齐，便称叔婴齐为公孙婴齐，而称仲婴齐为仲婴齐，不称公孙，以资分别。"① 啖助曰："二传不知时有叔肸子公孙婴齐，此故称仲以别之之义，故妄说尔。"②

例五　昭公二十一年《经》："冬，蔡侯朱（东）出奔楚。"《榖梁传》所据经文"朱"作"东"。《榖梁传》云："东者，东国也。何为谓之东也？王父诱而杀焉，父执而用焉，奔而又奔之。曰东，恶之而贬之也。"《左传》云："三月，葬蔡平公。蔡大子朱失位，位在卑。大夫送葬者归，见昭子。昭子问蔡故，以告。昭子叹曰：'蔡其亡乎！若不亡，是君也必不终。《诗》曰："不懈于位，民之攸塈。"今蔡侯始即位，而适卑，身将从之。'"又云："蔡侯朱出奔楚。费无极取货于东国，而谓蔡人曰：'朱不用命于楚，君王将立东国。若不先从王欲，楚必围蔡。'蔡人惧，出朱而立东国。朱诉于楚，楚子将讨蔡。无极曰：'平侯与楚有盟，故封。其子有二心，故废之。灵王杀隐大子，其子与君同恶，德君必甚。又使立之，不亦可乎？且废置在君，蔡无他矣。'"又《左传》昭公二十七年载沈尹戌之言云"出蔡侯朱"。据《左传》，蔡侯朱与蔡侯东国为两人。朱为蔡平公子，东国为平公之弟，朱之叔父。《公羊传》所据经文亦云："蔡侯朱出奔楚。"《榖梁传》误"朱"为"东"，又见昭公二十三年《经》云"夏六月，蔡侯东国卒于楚"，遂以"东"为"东国"，又从而大加发挥，可谓谬以千里。

---

① 傅隶朴：《春秋三传比义》中，中国友谊出版公司1984年版，第337页。
② ［唐］啖助撰：《春秋集传辨疑》卷八，《文渊阁四库全书》影印本，第665页。

六、因果不彰

一起历史事件，往往有因有果；事件与事件之间，有时也存在某种联系。《春秋》所载史实，情况也是如此。解经者只有了解这种联系，才能更好地理解经文所载史实及其含义；否则，势必影响到对经文的把握。《公羊》《穀梁》因未能掌握相关史料而不能指出经文之间相互联系的例子很多，这里仅限于经文之间存在因果关系者略加举证。

例一　桓公十二年《经》书公三会宋公，又载："十有二月，及郑师伐宋。丁未，战于宋。"《公羊》《穀梁》对鲁君三会宋公均无解说。《左传》则对《春秋》的记载作了详细的说明："公欲平宋、郑。秋，公及宋公盟于句渎之丘。宋成未可知也，故又会于虚。冬，又会于龟。宋公辞平，故与郑伯盟于武父。遂帅师而伐宋，战焉，宋无信也。"孔颖达曰："《春秋》之例，战不言伐，以其伐可知，故略其文也。伐者，讨有罪之辞，言战又言伐者，皆是罪彼所伐之国。此既书伐宋，又重书战者，以见宋之无信，言以钟鼓声其罪而伐之，彼不服罪，而反与我战，所以深责之也。"[①]《左传》所载，揭示了相关经文之间的联系，明著宋之无信，对于理解《春秋》之义，大有裨益，足补《公》《穀》之缺。

例二　庄公十三年《经》："十有三年春，齐侯、宋人、陈人、蔡人、邾人会于北杏。"又载："夏六月，齐人灭遂。"《左传》云："十三年春，会于北杏以平宋乱，遂人不至。夏，齐人灭遂而戍之。"北杏之会与齐人灭遂互为因果，《公》《穀》均未能予以揭示。

例三　僖公八年《经》："八年春，王正月，公会王人、齐侯、宋公、卫侯、许男、曹伯、陈世子款，盟于洮。郑伯乞盟。"又云："冬十有二月丁未，天王崩。"《左传》僖公七年云："闰月，惠王崩。襄王恶大叔带之难，惧不立，不发丧而告难于齐。"八年云："八年春，盟于洮，谋王室也。郑伯乞盟，请服也。襄王定位而后发丧。"又云："冬，王人来告丧，难故也。是以缓。"据《左传》，僖公八年诸侯盟于洮，与王室之难有关；惠王崩于七年，而《经》书于八年，亦有隐情。《公羊》《穀梁》对此均无说明，不免疏略。

例四　文公元年《经》："天王使毛伯来锡公命。"又云："叔孙得臣如京师。"《左传》云："王使毛伯卫来锡公命。叔孙得臣如周拜。"《左传》说明经文两事之间的关系，可补《公》《穀》之不足。

例五：成公四年《经》："杞伯来朝。"五年《经》："五年春，王正月，杞叔姬来归。"《左传》成公四年云："杞伯来朝，归叔姬故也。"杜注："将出叔姬，先修礼朝

---

①　[唐] 孔颖达撰：《春秋左传正义》卷七，中华书局1980年版，十三经注疏影印阮元校刻本，第1756页。

鲁，言其故。"据此知四年杞伯来朝，与五年叔姬来归有关。《公羊》《穀梁》未能揭出此点，亦因昧于史实。

七、联系牵强

经文与经文之间存在联系，而解经者不能把它揭示出来，自然是一种缺憾；而把本来互不相关的事情拉扯到一起，强作解释，情况可能更糟。后一种情况，在《公羊》《穀梁》中也不乏其例。

例一 僖公十二年《经》："夏，楚人灭黄。"《穀梁传》云："贯之盟，管仲曰：'江、黄远齐而近楚。楚，为利之国也。若伐而不能救，则无以宗诸侯矣。'桓公不听，遂与之盟。管仲死，楚伐江灭黄，桓公不能救，故君子闵之也。"《穀梁传》将楚人灭黄与僖公二年齐侯、宋公、江人、黄人盟于贯联系起来，真是煞费苦心。但其解说明显与事实不符。《左传》云："黄人恃诸侯之睦于齐也，不共楚职，曰：'自郢及我九百里，焉能害我？'夏，楚灭黄。"毛奇龄曰："考《齐世家》，管仲之死在齐桓四十一年，为僖十五年，此时仲未死也。且是年襄王以前年之冬王子带召戎伐周，因讨子带，而子带奔齐，齐侯使管仲平戎于王，王以上卿之礼飨管仲，仲辞不受，乃受下卿礼而还。此明见是年秋七月及冬十二月《传》，而鲁莽如是，可乎！"[1]

例二 文公十四年《经》："冬，单伯如齐。齐人执单伯。齐人执子叔姬。"《公羊传》云："执者曷为或称行人，或不称行人？称行人而执者，以其事执也。不称行人而执者，以己执也。单伯之罪何？道淫也。恶乎淫？淫乎子叔姬。然则曷为不言齐人执单伯及子叔姬？内辞也。使若异罪然。"《穀梁传》云："私罪也。单伯淫于齐，齐人执之。叔姬同罪也。"据《左传》，子叔姬为齐昭公夫人，生舍。文公十四年夏五月，昭公卒，舍即位。秋七月，齐公子商人弑舍。《左传》云："襄仲使告于王，请以王宠求昭姬于齐。曰：'杀其子，焉用其母？请受而罪之。'冬，单伯如齐，请子叔姬。齐人执之。又执子叔姬。"《公羊》《穀梁》不知相关事实背景，因见齐执单伯与子叔姬，遂以为两人因淫行而被执，可谓荒谬。

例三 昭公二年《经》："冬，公如晋，至河乃复。季孙宿如晋。"《穀梁传》云："公如晋而不得入，季孙宿如晋而得入，恶季孙宿也。"《左传》云："晋少姜卒。公如晋。及河，晋侯使士文伯来辞曰：'非伉俪也。请君无辱！'公还，季孙宿遂致服焉。"少姜非夫人，故晋侯不敢烦诸侯亲往，鲁君还而季孙宿往，并无特别的含义。《穀梁传》不知相关背景，将两人如晋强加比附，不免求之过深。

例四 昭公二十五年《经》："秋七月上辛，大雩。季辛，又雩。"《公羊传》云：

---

[1] ［清］毛奇龄撰：《春秋毛氏传》卷十五，《文渊阁四库全书》影印本，第152页。

"又雩者何？又雩者，非雩也，聚众以逐季氏也。"傅隶朴曰："《公羊》以为又雩不是祈雨，乃是昭公藉雩来聚众以逐季氏。按雩祭并无盛大场面，所用不过礼官与女巫罢了，何能号召群众？《公羊》徒见下接'公孙于齐'的经文，妄为穿凿，不知聚众作战，必须立即行动，今七月聚众，九月用之逐季氏，群众聚集能二月不散吗？若散而再聚，就不是藉雩聚众了，此又理之必不可通者。"① 《左传》云："秋，书再雩，旱甚也。"《左传》此年记载鲁公与季氏矛盾发展经过及公孙于齐之过程甚详，与再雩全无瓜葛。

例五　哀公八年《经》："夏，齐人取谨及阐。"《公羊传》云："外取邑不书。此何以书？所以眅齐也。曷为眅齐？为以邾娄子益来也。"《公羊传》见七年《经》有公伐邾娄，"以邾娄子益来"之文，又八年《经》"齐人取谨及阐"后有"归邾娄子益于邾娄"之文，遂误以为齐取邑与公伐邾娄以其君来有关。《左传》云："齐悼公之来也，季康子以其妹妻之，即位而逆之，季鲂侯通焉。女言其情，弗敢与也。齐侯怒。夏五月，齐鲍牧帅师伐我，取谨及阐。"又云："齐侯使如吴请师，将以伐我。乃归邾子。"杜注："齐未得季姬，故请师也。吴前为邾讨鲁，惧二国同心，故归邾子。"《左传》云："秋，及齐平。九月，臧宾如如齐莅盟。齐闾丘明来莅盟，且逆季姬以归，嬖。"又云："冬十二月，齐人归谨及阐，季姬嬖故也。"据此则取邑归邑，均与邾事无关。

八、语气游移

《公羊》《穀梁》因对史实及相关背景把握不够确切，有时显得缺乏自信，行文往往口气游移，闪烁其词。刘师培曰："观《左传》记事无盖词，《穀梁》于郭公诸条始著盖词，《公羊》所著则以十余计。盖词而外，《公》《穀》兼用或词。《公羊》所云'其诸'与'或者'同，亦有直言'无闻'者。"② 刘氏所言"盖词""或词"，都是两传解经口气游移不定的明证。此外，两传时用"传曰""一曰""其一曰""其一传曰"，表示诸说并存。兹仅就《公羊传》所用之盖词、《穀梁传》所用之或词各举数例，以见一斑。

《公羊传》用盖词之例，如：

例一　僖公元年《经》："齐师、宋师、曹师次于聂北，救邢。"《公羊传》云："救不言次。此其言次何？不及事也。不及事者何？邢已亡矣。孰亡之？盖狄灭之。曷为不言狄灭之？为桓公讳也。曷为为桓公讳？上无天子，下无方伯，天下诸侯有相灭亡者，桓公不能救，则桓公耻之。"

---

① 傅隶朴：《春秋三传比义》下，中国友谊出版公司1984年版，第376－377页。
② 刘师培：《左盦集》，江苏古籍出版社1997年版，刘申叔遗书影印宁武南氏校印本，卷二，第1214页下。

例二 僖公二年《经》："二年春，王正月，城楚丘。"《公羊传》云："孰城？城卫也。曷为不言城卫？灭也。孰灭之？盖狄灭之。曷为不言狄灭之？为桓公讳也。曷为为桓公讳？上无天子，下无方伯，天下诸侯有相灭亡者，桓公不能救，则桓公耻之也。然则孰城之？桓公城之。曷为不言桓公城之？不与诸侯专封也。曷为不与？实与而文不与。文曷为不与？诸侯之义不得专封。诸侯之义不得专封，则其曰实与之何？上无天子，下无方伯，天下诸侯有相灭亡者，力能救之，则救之可也。"

例三 僖公五年《经》："秋八月，诸侯盟于首戴。郑伯逃归不盟。"《公羊传》云："其言逃归不盟者何？不可使盟也。不可使盟，则其言逃归何？鲁子曰：'盖不以寡犯众也。'"

例四 僖公八年《经》："秋七月，禘于大庙，用致夫人。"《公羊传》云："夫人何以不称姜氏？贬。曷为贬？讥以妾为妻也。其言以妾为妻奈何？盖胁于齐媵女之先至者也。"

例五 僖公十四年《经》："十有四年春，诸侯城缘陵。"《公羊传》云："孰城之？城杞也。曷为城杞？灭也。孰灭之？盖徐、莒胁之。曷为不言徐、莒胁之？为桓公讳也。曷为为桓公讳？上无天子，下无方伯，天下诸侯有相灭亡者，桓公不能救，则桓公耻之也。然则孰城之？桓公城之。曷为不言桓公城之？不与诸侯专封也。曷为不与？实与而文不与。文曷为不与？诸侯之义不得专封也。诸侯之义不得专封，则其曰实与之何？上无天子，下无方伯，天下诸侯有相灭亡者，力能救之，则救之可也。"

《穀梁传》用盖辞之例，如：

例一 庄公元年《经》："齐师迁纪郱、鄑、郚。"《穀梁传》云："纪，国也。郱、鄑、郚，国也。或曰：迁纪于郱、鄑、郚。"

例二 庄公二年《经》："夏，公子庆父伐于余丘。"《穀梁传》云："国而曰伐。于余丘，邾之邑也，其曰伐何也？公子贵矣，师重矣，而敌人之邑，公子病矣。病公子，所以讥乎公也。其一曰：君在而重之也。"

例三 庄公三年《经》："五月，葬桓王。"《穀梁传》云："《传》曰：改葬也。改葬之礼缌。举下，缅也。或曰：却尸以求诸侯。"

例四 庄公三十一年《经》："秋，筑台于秦。"《穀梁传》云："不正罢民三时，虞山林薮泽之利，且财尽则怨，力尽则怼。君子危之，故谨而志之也。或曰：倚诸桓也。桓外无诸侯之变，内无国事，越千里之险，北伐山戎，为燕辟地。鲁外无诸侯之变，内无国事，一年罢民三时，虞山林薮泽之利，恶内也。"

例五 僖公元年《经》："十有二月丁巳，夫人氏之丧至自齐。"《穀梁传》云："其不言姜，以其杀二子贬之也。或曰：为齐桓讳杀同姓也。"

九、望文生义

《公羊》《穀梁》因不了解事实及相关背景，往往望文生义，随文作解。由于它们对基本事实的认识不全面或有偏差，立论的根基就不牢靠，正确理解经义也就无从谈起。

例一 隐公三年《经》："夏四月辛卯，尹氏卒。"《公羊传》云："尹氏者何？天子之大夫也。其称尹氏何？贬。曷为贬？讥世卿。世卿非礼也。外大夫不卒。此何以卒？天王崩，诸侯之主也。"《穀梁传》云："尹氏者何也？天子之大夫也。外大夫不卒。此何以卒之也？于天子之崩为鲁主，故隐而卒之。"《公羊》《穀梁》都认为"尹氏"为天子之大夫，解说经文都据此展开。《左传》云："夏，君氏卒。声子也。不赴于诸侯，不反哭于寝，不祔于姑，故不曰薨。不称夫人，故不言葬。不书姓，为公故，曰君氏。"据《左传》，经文作"君氏"，为隐公之母，与"尹氏"毫无关系。毛奇龄曰："《公羊》欲如字解经，而不识本事，乃曰：此周之尹氏，夫周之尹氏，则鲁何得书？曰讥世卿也。夫春秋世卿，其来已久，此自周制，安所用讥？且未有书其卒以为讥者也。且亦何得书此也？乃又曰：鲁隐奔平王之丧，尹氏为王作丧主，故其卒来赴，而鲁史书之。《穀梁》亦遂袭其说，两传相同。夫平王之崩甫见经文，其崩在是年之春三月壬戌，而夏四月辛卯尹氏卒，计王与尹氏其崩卒相距只二十八日，则此二十八日中，毋论隐公不奔丧，即奔，自东鲁至成周，此时尚未能达也。即达，亦尹氏随卒，必不能为王作丧主也。况春秋一十二公，并未闻有奔王丧会王葬者。凡经传恒例，公出必书，岂有奔丧会葬诸大事，而公出公入，不一书者？如以为常礼不书，则在文九年葬周襄王遣叔孙得臣如京师，而经特书之，是遣送尚书，况亲往也！且隐不奔丧，则在经与传尤明言之者，经于春三月书天王崩，夏四月书尹氏卒，而于秋则复书武氏子来求赙，亦唯周以天王之崩赴告于鲁，而鲁漫然无一应，不唯不亲往，并不遣卿大夫往，故来求赙。向使公奔丧，则赙之矣，赙之，不再求矣。故杜氏注曰：鲁不共奉王丧，致令有求。是公不奔丧。考之凡经传，与是经是传，各各有据，而《公》《穀》注经而悖经，且造为伪事以实之，无兄而盗嫂，不入国而交大夫。"①

例二 桓公五年《经》："五年春正月，甲戌，己丑，陈侯鲍卒。"《公羊传》云："曷为以二日卒之？怴也。甲戌之日亡，己丑之日死而得，君子疑焉，故以二日卒之也。"《穀梁传》云："鲍卒，何为以二日卒之？《春秋》之义，信以传信，疑以传疑。陈侯以甲戌之日出，己丑之日得。不知死之日，故举二日以包也。"《公》《穀》的解释颇为牵强。即如两传所言，陈侯以甲戌之日出，己丑之日得，不得死之日，赴者岂能以

---

① ［清］毛奇龄撰：《春秋毛氏传》卷四，《文渊阁四库全书》影印本，第36页。

二日告？此理之必不可通者。《左传》云："五年春正月，甲戌，己丑，陈侯鲍卒。再赴也。于是陈乱。文公子佗杀大子免而代之。公疾病而乱作，国人分散，故再赴。"《左传》的解说颇为合理。

例三 庄公元年《经》："夏，单伯逆王姬。"《公羊传》云："单伯者何？吾大夫之命乎天子者也。何以不称使？天子召而使之也。逆之者何？使我主之也。曷为使我主之？天子嫁女于诸侯，必使诸侯同姓者主之。诸侯嫁女于大夫，必使大夫同姓者主之。"《穀梁传》云："单伯者何？吾大夫之命乎天子者也。命大夫，故不名也。其不言如何也？其义不可受于京师也。其义不可受于京师何也？曰：躬君弑于齐，使之主婚姻，与齐为礼，其义固不可受也。"《公》《穀》两传所据经文为"逆王姬"，故有如此解说。而《左传》经文作"送王姬"，与两传截然不同。三传经文有异，导致单伯的属籍产生了问题。据《公》《穀》经文，"单伯逆王姬"，是自鲁往周迎王姬，单伯应是鲁人，据《左传》经文，"单伯送王姬"，是自周送王姬来鲁，单伯当为周人，两者必有一误。毛奇龄曰："'送'之为'逆'，此《公》《穀》之以字形误者。周制：王姬下嫁诸侯，必以同姓诸侯为之主婚。时庄王姬下嫁齐襄，使我公主之，故单伯送之之鲁，以送必上卿，单伯者，正王国上卿爵也。《公》《穀》误'送'作'逆'，实反经无理。乃妄为说曰：迎王姬本我鲁事，此一单伯，必鲁卿之受命于天子者。夫大国三卿，虽当命于天子，然并不曾有公伯诸爵称于简策，且单本畿内采地，而世以采为氏者，春秋称'单伯''单子''单穆公''单成愆'，无非王官，并无一鲁卿得参预其间，其谬误固不待言。"① 毛氏之言，确凿可据。《公》《穀》不明事实而据误文为说，实不可从。

例四 庄公十八年《经》："夏，公追戎于济西。"《公羊传》云："此未有言伐者，其言追何？大其为中国追也。此未有伐中国者，则其言为中国追何？大其未至而豫御之也。"《穀梁传》云："其不言戎之伐我何也？以公之追之，不使戎迩于我也。"《左传》云："夏，公追戎于济西。不言其来，讳之也。"杜注："戎来侵鲁，鲁人不知，去乃追之，故讳不言其来。"据《左传》，知《公羊传》云"大其未至而豫御之"，《穀梁传》云"不使戎迩于我"，亦属望文生义。

例五 襄公九年《经》："九年春，宋火。"《公羊传》云："曷为或言灾，或言火？大者曰灾，小者曰火。"《公羊传》认为，"灾"与"火"区别在于火之大小。照此理解，则此年经书"宋火"，也就是宋国发生了小的火灾。但据《左传》《穀梁传》经文都作"宋灾"。《公羊传》依据误文，不考史实，所释未必有当。《左传》宣公十六年云："夏，成周宣榭火。人火之也。凡火，人火曰火，天火曰灾。"据此，"火"与"灾"的区别，一为人祸，一为天灾。《公羊传》对"火"与"灾"的定性，未必正确。

---

① ［清］毛奇龄撰：《春秋简书刊误》卷一，《文渊阁四库全书》影印本，第416页。

十、误解书法

《春秋》书法，与史实有着密切的关系。《公羊》《穀梁》两传因不了解相关事实，往往误解《春秋》书法及其含义，甚至强不知以为知，信口开河，杜撰事端，恣意曲解经义。

例一 桓公七年《经》："七年春，二月己亥，焚咸丘。"《公羊传》云："焚之者何？樵之也。樵之者何？以火攻也。何言乎以火攻？疾始以火攻也。咸丘者何？邾娄之邑也。曷为不系乎邾娄？国之也。曷为国之？君存焉尔。"《穀梁传》云："其不言邾咸丘何也？疾其以火攻也。"《公羊》《穀梁》都认为咸丘是邾（娄）之邑，与事实不符。杜注云："焚，火田也。咸丘，鲁地。高平巨野县南有咸亭。"《春秋》以鲁为主，故于鲁事不系主名。如桓公六年大阅，昭公八年、十一年、二十二年、定公十三年、十四年大蒐等，都是如此。焚咸丘与大阅、大蒐为同类事件，《春秋》不系主名，书法亦同，两传独以咸丘为邾（娄）之邑，实不可解。庄公二年《经》书"公子庆父师师伐于余丘"，《公羊》《穀梁》以"于余丘"为邾（娄）之邑，宣公九年《经》书"取牟根"、成公六年《经》书"取鄟"、襄公十三年《经》书"取诗（诗）"、昭公三十一年《经》书"取阚"，《公羊传》都以为所取为邾娄之邑，与上文以咸丘为邾娄之邑同误，足证事实对理解《春秋》书法的影响。

例二 桓公十五年《经》："秋九月，郑伯突入于栎。"《公羊传》云："栎者何？郑之邑。曷为不言入于郑？末言尔。曷为末言尔？祭仲亡矣。然则曷为不言忽之出奔？言忽为君之微也。祭仲存则存矣，祭仲亡则亡矣。"傅隶朴云："《公羊》以为经书入栎，实即入郑，此时忽已出奔。《经》不言入郑，是就其轻者言（末言尔），不书忽出奔，是因为忽之为君太弱（微也），全赖祭仲而生存，祭仲一亡，他也便不能自保而奔亡了。据此，突之入栎，实逐忽而复位了。与史实大相违反。"[1] 据《史记·郑世家》，郑伯突入栎，郑昭公（忽）并未出奔，后高渠弥与昭公出猎，射杀昭公于野。郑厉公（突）居于栎凡十余年，历经郑昭公、子亹、郑子三君。郑子十四年，郑大夫甫假杀郑子及其二子而迎厉公突，突自栎复入即位。《左传》所载史实与《史记》大致相符。《公羊传》将"入栎"与"入郑"混为一谈，也是因不明史实而误解《春秋》书法的例子。襄公二十五年《经》："卫侯入于夷（陈）仪。"《公羊传》云："陈仪者何？卫之邑也。曷为不言入于卫？谖君以弑也。"《公羊传》将"入陈仪"与"入卫"混而同之，其误与郑伯突入于栎同。

例三 僖公十一年《经》："秋八月，大雩。"《穀梁传》云："雩，得雨曰雩，不

---

① 傅隶朴：《春秋三传比义》上，中国友谊出版公司1984年版，第177页。

得雨曰旱。"《春秋》书大雩共二十一次，《穀梁》无传者十六次。它们分别是桓公五年，僖公十三年，成公三年，襄公五年、八年、十六年、十七年、二十八年，昭公三年、六年、八年、十六年、二十四年，定公七年（两次）、十二年。按照《穀梁传》"得雨曰雩"的理解，《春秋》记载的这十二次大雩，都应该是雩而"得雨"的。但这样的理解却并不正确。《左传》桓公五年云："秋，大雩，书不时也。凡祀，启蛰而郊，龙见而雩，始杀而尝，闭蛰而烝。过则书。"据此，《经》书大雩，多因不时而书。襄公五年、八年、二十八年、昭公三年、六年、十六年、二十四年、二十五年（两次），《经》书大雩，《左传》都以"旱也""旱甚也"来解释，以区别于"过则书"之例。以上两种情况，都与得雨不得雨无关。昭公二十五年《经》："秋七月上辛，大雩。季辛，又雩。"《穀梁传》云："季者，有中之辞也。又，有继之辞也。"这样的解释，讲的是人人都明白的道理，等于没说，而且还回避了要害的问题：如果上辛大雩是因"得雨"而书，季辛何需"又雩"？《左传》云："秋，书再雩，旱甚也。"足证《穀梁传》"得雨曰雩"的解释是不可信的。且《春秋》书旱者仅僖公二十一年、宣公七年两次，而书大雩者二十又一，雩祭恐怕不会如此灵验！成公七年《经》："冬，大雩。"《穀梁传》云："雩不月而时，非之也。冬无为雩也。"定公元年《经》："九月，大雩。"《穀梁传》云："雩月，雩之正也。秋大雩，非正也。冬大雩，非正也。秋大雩之为非正何也？毛泽未尽，人力未竭，未可以雩也。雩月，雩之正也。月之为雩之正何也？其时穷，人力尽，然后雩，雩之正也。"《穀梁传》讲雩祭的是非正否，与"得雨曰雩"的解释并不一致，也不如《左传》切实明白。

例四　僖公十七年《经》："夏，灭项。"《公羊传》云："孰灭之？齐灭之。曷为不言齐灭之？为桓公讳也。《春秋》为贤者讳。此灭人之国，何贤尔？君子之恶恶也疾始，善善也乐终。桓公尝有继绝存亡之功，故君子为之讳也。"《穀梁传》云："孰灭之？桓公也。何以不言桓公也？为贤者讳也。项，国也。不可灭而灭之乎？桓公知项之可灭也，而不知己之不可以灭也。既灭人之国矣，何贤乎？君子恶恶疾其始，善善乐其终。桓公尝有存亡继绝之功，故君子为之讳也。"《公》《穀》以为灭项者为齐，大谬。宋黄仲炎曰："夏，灭项。鲁灭之也。案《左氏》公有诸侯之事，未归而取项，齐人以为讨而止公，故声姜以公故会齐侯于卞。据《经》书'夏，灭项'，犹言'夏，取邿'，'秋，取根牟'。则《左氏》之说信矣。二传谓齐灭之而《经》为之讳者妄也。若齐实灭项而《经》为之讳，遂以鲁灭之辞书，则鲁何罪哉？"[①]考之史实，揆诸情理，参以《春秋》行文之例，灭项者应为鲁国而非齐国。

例五　文公七年《经》："宋人杀其大夫。"《公羊传》云："何以不名？宋三世无

① ［宋］黄仲炎撰：《春秋通说》卷六，《文渊阁四库全书》影印本，第362页。

大夫，三世内娶也。"《公羊传》对被杀之大夫不书名的解释，很难令人信服。经文明明称宋杀"大夫"，怎么能说宋"无大夫"呢？何休注云："言无大夫者，《礼》不臣妻之父母。"也是曲为之辩。即如何氏之说不臣妻之父母，而宋设六卿，六卿之外，尚有其他大夫，岂能以其内娶而尽废其他大夫！文公十五年《经》云"宋司马华孙来盟"，文中称宋大夫之名，可见称不称大夫之名，与有无大夫无关。《左传》文公七年载宋昭公欲去群公子，穆、襄之属率国人以攻公，杀公孙固、公孙郑于公宫。又云："书曰：'宋人杀其大夫。'不称名，众也，且言非其罪也。"文公八年《经》："宋人杀其大夫司马。宋司城来奔。"《左传》云："宋襄夫人，襄王之姊也，昭公不礼焉。夫人因戴氏之族，以杀襄公之孙孔叔、公孙钟离及大司马公子印，皆昭公之党也。司马握节以死，故书以官。司城荡意诸来奔，效节于府人而出。公以其官逆之，皆复之，亦书以官，皆贵之也。"《左传》文公十五年云："三月，宋华耦来盟，其官皆从之。书曰'宋司马华孙'，贵之也。"成公十五年《经》："宋杀其大夫山。"《左传》云："秋八月，葬宋共公。于是华元为右师，鱼石为左师，荡泽为司马，华喜为司徒，公孙师为司城，向为人为大司寇，鳞朱为少司寇，向带为大宰，鱼府为少宰。荡泽弱公室，杀公子肥……（华元）使华喜、公孙师帅国人攻荡氏，杀子山。书曰：'宋杀其大夫山。'言背其族也。"杜注："荡氏，宋公族。还害公室，故去族以示其罪。"据《左传》，大夫或名或不名，或称其官，体现了《春秋》书法。大夫被杀而不称名，是因其无罪。僖公二十五年，文公七年、八年《经》书"宋（人）杀其大夫"，《公羊传》认为经文不称大夫之名、或称其官，都是因为"宋三世无大夫，三世内娶"，对《春秋》书法的误解如出一辙。这种误解之所以产生，最根本的原因在于作者不了解事实真相。《穀梁传》对几起宋杀大夫的事件解释与《公羊传》不同，但同样有误。僖公二十五年《经》："宋杀其大夫。"《穀梁传》云："其不称名姓，以其在祖之位尊之也。"《穀梁传》并不知道宋所杀大夫为何人，所作解说毫无根据。何休曰："'曹杀其大夫'亦不称名姓，岂可复以为祖乎！"[1] 文公七年《经》："宋人杀其大夫。"《穀梁传》云："称人以杀，诛有罪也。"《穀梁传》只知称人以杀为诛有罪，而不知被杀者不称名姓则为杀无罪，故其解说恰好与《左传》相反。据《左传》，公孙固、公孙郑两大夫是在众人混战中被杀，故不书杀者之名。文公八年《经》："宋杀其大夫司马。宋司城来奔。"对两大夫称举官名，《穀梁传》对此作了同样的解释："其以官称，无君之辞也。"意思是两人不忠，目无君上。然据《左传》，宋襄夫人杀孔叔、公孙钟离及大司马公子印，司马握节以死，荡意诸效节于府人而后出奔，不是无君，恰恰是有君，而且是忠君之事，为君而死。两人忠于职守，故《春秋》书官而不名以贵之。《穀梁传》以为两人"无

---

① ［唐］杨士勋撰：《春秋穀梁传注疏》卷九，《文渊阁四库全书》影印本，第36页引。

君"，真是天大的冤枉。文公十五年《经》："宋司马华孙来盟。"《榖梁传》云："司马，官也。其以官称，无君之辞也。"《左传》载华耦来盟，其官皆从之，故《经》书"宋司马华孙"以贵之。杜注云："古之盟会，必备威仪，崇贽币，宾主以成礼为敬。故《传》曰：卿行旅从。春秋时率多不能备仪，华孙能率其属以从古典，所以敬事而自重。使重而事敬，则鲁尊而礼笃，故贵而不名。"

结　语

《史记·十二诸侯年表》云："是以孔子明王道，干七十余君，莫能用，故西观周室，论史记旧闻，兴于鲁而次《春秋》，上记隐，下至哀之获麟，约其辞文，去其烦重，以制义法，王道备，人事浃。七十子之徒口受其传指，为有所刺讥褒讳挹损之文辞不可以书见也。鲁君子左丘明惧弟子人人异端，各安其意，失其真，故因孔子史记具论其语，成《左氏春秋》。"《春秋》"约其辞文"，且多"刺讥褒讳挹损""不可以书见"之文辞。因此，解说经义必须了解史实。离开事实，《春秋》之义将晦而不明。《公羊》《榖梁》存在的种种弊端，不仅证明事实对于解经的重要，同时也说明左氏"因孔子史记具论其语"，确实十分必要。

郑杰文　1951 年生于山东临淄，山东大学文学硕士，南京大学文学博士，日本东京大学高级访问学者。现为山东大学二级教授、博士生导师、山东大学古典文献学学科带头人，山东文史馆馆员，享受国务院颁发的政府特殊津贴。兼任中华文学史料学学会副会长兼古代文学文献研究会会长、中国古代散文学会副会长等。代表著作：《中国墨学通史》《战国策文新论》《穆天子传通解》。

RUJIA 儒家文明论坛
WENMINGLUNTAN

山东大学全球汉籍合璧工程规划实施情况

　　党的十八大以来，随着全面建成小康社会、全面深化改革、全面推进依法治国、全面从严治党协调推进，改革开放和社会主义现代化建设不断迈上新台阶，增强国家文化软实力和推动中华文化走向世界的使命更加紧迫。为贯彻落实中央决策部署，山东大学规划并实施全球汉籍合璧工程。

一、中国古籍的境外分布与回归现状

　　中国古籍（以下或称"汉籍"）是中华优秀传统文化的基本载体，千百年来，流散境外的数量相当庞大：隋唐以来，不断有典籍流播海外；明清以来，日本等国的文化机构陆续来华大量采购；鸦片战争以后，列强以武力大批掠走；1949 年国民党当局败退时又将一批精华运到台湾。经我们初步统计，全球汉籍现存二十六七万种，其中：我国大陆地区馆藏 16.3 万余种，港澳台地区约 3.7 万种；海外散存汉籍 6 万多种，主要包括日韩约 2.3 万种，北美（美国、加拿大两国）约 1 万种，欧洲（英国、法国、西班牙、梵蒂冈等国）约 3.2 万种，等等。

　　这些汉籍都是中华五千年文明的见证，是祖宗先贤给我们留下的民族瑰宝。从文物角度讲，这些汉籍价值连城，是珍贵的遗产；从文化角度讲，这些汉籍蕴藏着丰富的文献资源，对于深入发掘中华优秀传统文化，增强国家文化软实力，意义重大；从治世角度讲，这些汉籍曾是盛世中华的符号与象征，承载了历朝历代的治乱兴衰，是标识既寿永昌的传国重器。因此，流失境外的大批汉籍必须回归，只有回归才能抚平民族曾经的伤痛，才能昭示今天的国祚昌盛、昭示中国共产党领导下的中华人民共和国作为五千年华夏文明传人的正统地位，才能夯实中国特色社会主义植根的深厚沃土，让中华民族伟大复兴的中国梦更加接地气、入人心。

　　今天，经过 30 多年的改革开放，中国特色社会主义不断焕发出蓬勃的生机和活力，汉籍回归的呼声日益高涨，学界已进行过多次将域外汉籍复制回本土加以整合再版的努力和尝试。早在 10 年前，北京大学季羡林先生就曾试图组织力量，将散逸海外各图书馆的汉籍珍稀版本搜集整理，汇辑成书，影印出版《中国古籍海外珍本丛刊》，可惜仅仅推出一辑，未果而终。而后中国社会科学院中国历史研究所和中国人民大学国学院又曾共同主持编纂《域外汉籍珍本文库》，以抢救性地保护世界范围内的汉字文化遗产，但其成果境外馆藏珍本少、网络公共资源多，与"抢救"的初衷大相径庭。其后又有北京大学与俄罗斯某大学、南京大学与韩国学术文化机构开展合作，整理研究对方一馆所藏汉籍珍本。但是，这些汉籍回归整理与整合工作，既没有得到国家强有力的支持，也没有统一的规划协调，力量分散而薄弱，很难长久持续。

二、全球汉籍合璧工程的提出和工作规划

山东大学地处齐鲁大地、孔孟之乡，110 年来深受传统文化滋养，形成了文史见长的学术优势。2010 年起，山东大学开始承担国家社科基金重大委托项目《子海》整理与研究（以下简称"子海项目"），即将中国古籍经、史、子、集四部中的子部精华予以整理，对传统子学进行研究。2013 年 11 月，子海项目首批成果问世，山东大学联合台湾学术文化机构共同推出《子海珍本编》第一辑《大陆卷》和《台湾卷》，引起巨大社会反响。

应和学界强烈倡议，提出"两岸古籍珍本合璧"的设想，拟将与台湾地区合作编纂出版古籍的范围，由子部扩大到经、史、子、集四部，而后又在现有对外学术合作成果的基础上，把汉籍整理与传统文化（以下或称"汉学"）研究的合作对象由台湾地区拓展到香港、日韩，继而拓展到欧美，逐步实施"全球汉籍合璧"这样一个全球化的重大文化工程，为世界汉学研究提供丰富完整的文献资源，为携手传承文化遗产搭建广阔平台，为推动多元文明交流和促进人类和平发展发挥积极作用。

（一）汉籍合璧的工作步骤

1. 合编《全球汉籍联合目录》。通过全球汉学联盟成员的共同努力，在 2 - 3 年的时间内彻底摸清海外主要藏书机构所藏汉籍的具体信息，汇总、编制联合目录，分批出版并逐步进行数字化发布。

2. 形成"全球汉籍合璧"成果。依据《全球汉籍联合目录》，遴选最具思想和学术代表性的著作 2 万种（经部 5000 种，史部 4000 种，子部 5000 种，集部 6000 种），甄选珍善之本，利用现代技术加以复制，最终编修成规模 6 倍于清代《四库全书》的数字化大型汉籍丛书——《全球汉籍合璧》，并分批影印出版。

3. 开展经典今译外译等学术传播工作。基于这 2 万种要籍，建立开放型汉籍数字化平台，从中遴选 700 种译成现代汉语在国外合作出版，再从中精选 200 种译成外文在国外合作出版。

（二）汉籍合璧基础上的国际汉学合作研究

以汉籍合璧为依托，突出文献资源优势，整合中国传统文化研究领域的学术力量，开展国际汉学合作研究。

1. 每年组织规划研究课题，并招聘以中青年副教授学者为主体的研究人员 3－5 人，为其提供全球汉籍合璧文献资源，协助其收集资料、开题并修改提纲，而后在山东大学持续资助下完成课题。

2. 聘用全球名家为导师，以国际知名教授为学术支撑，网上指导研究人员实施研究。

3. 研究人员推出阶段性研究成果，承办学术刊物发表（初期以书代刊），研究人员的最终成果，统一组织出版。

（三）国际汉学联盟的组建

为推动汉籍合璧实施，促进国际汉学合作研究，我们将组建国际汉学联盟。联盟下设理事会、学术委员会和秘书处。

理事会是联盟的决策机构，成员由联盟成员机构负责人组成。理事会每届轮值理事长由理事会成员选举产生，每届任期 2 年。每年召开一次理事会全体会议。理事会负责制定联盟中长期发展规划、联盟筹资等。

学术委员会是联盟的智囊团，由全球知名汉学家组成，负责制定汉学研究年度计划，指导并统筹各成员机构间合作研究的选题、分工及学术资源分配，规划学术期刊出版等事宜。

秘书处设在山东大学国际汉学研究中心，该中心拥有实体办公场所及工作人员，负责协调联盟日常工作。

国际汉学联盟将具备以下资源优势：

一是文献。为联盟成员提供大量散落在全球的汉籍善本（影印资料）及其目录，所搜集善本中许多之前不为学界所知，具有较高的研究价值；共享汉籍电子数据库（电子图书馆）资源。

二是资金。从社会各界吸引多方资源，成立基金，为开展汉学课题研究提供保障。

三是人才。汇聚一批杰出的汉学研究学者，在联盟中组成科研团队或进行交流互访。

四是学术空间。为汉学研究学者提供全球范围的学术交流空间以及广阔的发展空间。

三、汉籍合璧的重大意义

汉籍合璧以汉籍整理与研究为重要途径，面向世界深入发掘、继承、传播、弘扬优秀传统文化，不仅能够增强国家文化软实力，提高国际话语权，而且对于国家的长治久安，也具有非常重要的现实意义。

一是通过学术合作摸清境外汉籍的基本情况，并实现数字化回归，为这批珍贵文物的最终索还奠定基础。当前，不少境外学术文化机构都将汉籍视作至宝珍藏，秘不示人，给我们的调查工作带来了障碍，很多流失古书下落不明，影响了汉籍的回归进程。但是，西方汉籍馆藏缺乏系统专业的版本目录，又为我们掌握汉籍情况提供了重要机遇。通过实施汉籍合璧，组织专业人员帮助他们进行编目，借此摸清各学术文化机构的汉籍馆藏情况，并利用计算机扫描技术，完成图像复制，就能先期实现汉籍的数字化回归，为将来的索还奠定基础。

二是为学界提供更加丰富的典籍资源，有利于全面呈现和深入发掘中华文化。汉籍作为文化载体分藏世界各地，占总量三分之一的域外馆藏，长期以来被束之高阁，特别是在非儒家文化圈的西方国家得不到应有的重视，阅读和使用率低，从而影响了对中华文化整体面貌的认识，制约了汉学研究的推进。这就需要我们对全球汉籍作一次系统整理。我们实施汉籍合璧，并在此基础上推动国际汉学合作研究，可以为全球汉学界提供系统的研究资料，呈现相对完整的中华文化形态，推动汉学研究进一步深入发展。

三是在多元的世界文化格局中增强中华文化影响力，提升话语权，赢得主动权。当前，随着我国国力的不断增强，国际上对中国问题的关注持续升温，但以西方的人文观、价值观来研究中国问题，戴着有色眼镜看中国仍是一种屡见不鲜的现象。要改变当前西方在研究中国问题上存在的偏见或误解，就需要加强对优秀传统文化思想价值的挖掘和阐发，在平等交流中逐步提升我国的国际话语权。通过潜移默化的方式，让越来越多的外国人了解并接受中华文化，有利于推进东西方文明的交流与融合，有利于挖掘中华传统文化的当代价值，最终实现"古为今用""中为洋用"，为提高我国的文化软实力奠定国际人文基础。

四是在传承传统文化价值的基础上，引领积极向上的道德风尚，弘扬主旋律，传播正能量。中华文化历经五千年薪火相传，形成了讲仁爱、重民本、守诚信、崇正义、尚和合、求大同的文化价值，由此构筑了新时期社会主义核心价值体系的重要基础。中华优秀传统文化基本载体是中国古代典籍，所以，对古籍的系统整理和研究必将在推动社会主义核心价值观的构建过程中发挥着不可替代的作用。实施汉籍合璧与国际汉学合作研究，从国内范围看，是对传统文化价值前所未有的推广和普及，有助于引导人们向往和追求讲道德、尊道德、守道德的生活，形成向上的力量、向善的力量，引导人们在经济社会发展和结构转型的关键时期，不放弃修持心性的清宁，孜孜追求天人和谐之美，维护社会和谐稳定。

四、汉籍合璧的实施基础和条件

目前，山东大学为启动实施汉籍合璧已经进行了大量准备工作，基础扎实，条件充分。

一是全球汉籍馆藏的整体情况已经摸清。自子海项目实施以来，山东大学在推动项目进展的同时，组织专家调查掌握了全球汉籍馆藏情况，并综合考察每部著作的版本价值和学术价值，遴选制订拟印书目，目前已经完成三分之一。

二是与境外学术文化机构的协同合作已见成效。与台湾联合出版《子海珍本编》第一辑后，山东大学又先后与日本国会图书馆、内阁文库、东京大学图书馆、蓬左文库等7家藏书机构共同启动汉籍复制工作，与法国国家图书馆，英国国家图书馆、剑桥大学图书馆、伦敦大学亚非学院图书馆、剑桥李约瑟研究所图书馆，美国哈佛燕京学社图书馆、普林斯顿大学东亚图书馆等藏书机构就用书及联合编纂问题展开多种形式的合作，还与台湾大学、香港大学、东京大学、牛津大学、剑桥大学、哈佛大学等高校相应研究机构达成学术合作意向，并共同发起组织全球汉学联盟。

三是汉籍合璧受到国际一流学者的广泛支持。法兰西学院终身院士程抱一（Fran-cois Cheng）先生、比利时皇家科学院院士钟鸣旦（Nicolas Standaert）先生均已同意出任合璧工程的学术顾问。国学大师饶宗颐教授、清华大学李学勤教授、东京大学池田知久教授、台湾大学叶国良教授等世界一流汉学家也对此工程十分赞扬并同意担任顾问。

2015年，山东大学将围绕汉籍合璧与国际汉学合作研究全面推进三大工作任务：复制国外汉籍，影印出版珍本，召开汉学联盟组建会议。4－9月份将逐批向欧洲各馆派员开展版本鉴定和汉籍复制工作。10月份将组织召开汉学联盟组建会议。山东大学还将建立联盟官方网站，将汉籍资源在网站上实现数字化共享，并通过网站发布相关信息。从2016年起，将每两年组织一次全球汉学学术研讨会，由成员机构轮值承办。

（郑杰文教授因事缺席，此系书面发言）

董恩林　1956 年生，湖北阳新县人，历史学博士。现为华中师范大学历史文献学研究所教授、所长、博士生导师，华中师范大学国学院常务副院长。毕业于华中师范学院历史系，研究生师从张舜徽先生，长于历史文献学理论研究及古籍整理、儒家经学研究、道家经典与思想史研究。已在《历史研究》《哲学研究》《史学理论研究》《文献》《文史》等核心期刊发表学术论文 70 余篇，代表著作：《唐代老学研究》《唐代老学文献研究》《文献论理与考实》《中国传统文献学概论》等。

《皇清经解》整理的意义与现状

各位同道、各位同学，大家好！

非常荣幸有机会来参加这样一个高端论坛。杜老师邀请我以个人身份参加协同创新中心，我是非常乐意从命的。非常希望咱们的协同创新中心今后能够硕果累累。

我今天也算是命题作文，杜老师让我讲讲目前正在主持的《皇清经解》点校整理工作的情况，我在这里跟大家简单汇报一下。

第一个问题，《皇清经解》点校项目的缘起。其实我们华中师范大学历史文献研究所申报这个项目，应该说有两个原因。

一个是我个人的思想倾向。我这个人呢，可以说是有点杂，因为我的导师张舜徽先生主张通人之学，我这么多年来可以说是从史入道、由道入儒，这样一个过程。在90年代末、新世纪初曾经花七八年的时间研究道家、道教思想，在《哲学研究》也发了几篇文章，在中国社会科学出版社还有咱们山东的齐鲁书社出了两本书。在研究道家哲学的时候也涉及其他诸子。经过这些年的研究，最后我觉得还是儒家思想博大精深。因为儒家思想它是正宗的中华民族最主体的思想，孔子他集成的可以说是中华民族最基本、最主体的思想。为什么儒家学说在中国几千年能够得到官方和民间的共同认可，一直兴盛不衰？不是因为它作为诸子学派才这么强，而是因为它代表了中华民族的主体思想。我最近几年发表的几篇文章里谈到这个问题。它跟诸子不一样，它

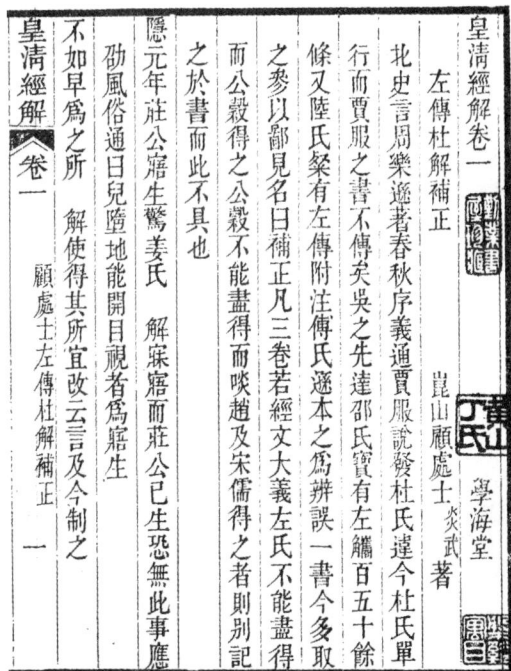

皇清經解卷一

左傳杜解補正

崑山顧處士炎武著

北史言周樂遜著春秋序義通賈服

行而賈服之書不傳矣吳之先達邪氏寶有左觿百五十餘

條又陸氏粲有左傳附注傅氏遜本之爲辨誤一書今多取

之參以鄙見名曰補正凡三卷若經文大義左氏不能盡得

而公穀得之公穀不能盡得而啖趙及宋儒得之者則別記

之於書而此不具也

隱元年註公寙生驚姜氏　解寐瘝而莊公已生恐無此事應

勌風俗通曰兒墮地能開目視者爲寙生

不如早爲之所　解使得其所宜改云言及今制之

皇清經解　《卷一》　顧處士左傳杜解補正　一

最精华、最核心的东西，就是它的中庸思想、中和思想，这个思想可以说是五经中一个最核心、最基本的思想。因为孔子一直都在强调，包括后来的司马迁都在说孔子是"祖述尧舜，宪章文武"，这八个字对理解儒家学说是最值得注意的。而其他的诸子百家，我觉得也是从中华五经中发展出来，但是各有其长、各有其偏。比如说道家思想失之于软，名家思想失之于诡，法家思想失之于刚，墨家思想失之于俭，只有儒家思想是最全面的中庸思想、中和思想，可以说是为古今中外一揽子历史所证明的一整套最好的哲学。这是我转过来研究、学习儒家思想的一个过程。

当然我还有一个思想，儒家学说，我现在提出来，实际上是儒家学派的解经之学。不管是从汉代一直到宋代、到清代，所有的儒家学说都是围绕中华五经来展开的，不管是考据学派也好，还是义理学派也好，都是对五经的解释。我发现近些年，包括杜维明先生这样的学者都把儒家学说追究到地方文化，我对这个是不赞成的。为什么鲁国这个地方产生了孔子，然后儒家学派才强盛起来？不是因为这个地方，而是因为鲁国由周公之子伯禽建立，本身一直传承着西周、东周以来正宗的礼乐，中华传统的主流、主体思想在这里有着根深蒂固的基础。孔子、孟子是中华全民族的孔子、孟子，儒学也是中华全民族的儒学，不是山东或曲阜或济宁一地的宗师和文化。

周国林师兄担任所长的时候我就提出来要整理《皇清经解》，当时我提出这个设想，而且设计了整理方案，但是没有批准，最后批准的是《皇清经解》主题词索引。后来 2008 年我接手以后，就全力以赴要申请这个项目，这是我个人的一个兴趣。

再一个原因，我们历史文献研究所长期以来东一榔头西一棒子，没有自己的一个主攻方向，这是一个大问题，也备受诟病。所以我想到我们古籍所今后要集中精力、集中人力，在清代经学这一块长期做下去。这是另外一个原因。

这个项目到现在为止，应该说稿子已经全部都做完了，剩下的是我自己的任务，就是审稿。我们组织了七八所大学 16 位学者，最起码是副教授，做这个工作。我的计划是从 2010 年到 2015 年，原计划是 2014 年底全部做完、全部校完，现在还有极少数没有收尾，到今年 6 月份应该会全部校完。我们做的方式是分类做，因为《皇清经解》是按照人物先后来排列的，我觉得要真正做到专人专责的话，还是分类做，每个人做一种。这样的话，对个人来说也有好处。我把它分成"易""诗""书""三礼""三传""四书""小学"，分成了七大类；还有一个"五经总义"，一共分成八大类。我把《皇清经解》一百多种书从第一本到最后一本先进行编号，保持原来顺序。然后再分成几大类，让个人做，这样每个人可以熟悉自己的那一类。不然的话，按照《皇清经解》原来的顺序分担给别人，那一个人既要熟悉《周易》，又要熟悉《诗经》，又要熟悉三礼，一个人的精力、学识，不可能覆盖那么多。现在这个书在南京凤凰出版社出，当初出这本书，我个人有点讲义气，本来上海古籍出版社也极力要求这套书给他们出，但是因为凤凰王华宝早就跟我讲了，我觉得老朋友，讲义气，把这本书给凤凰出了。但我现在感觉凤凰的编辑力量好像跟不上。我跟他们签的合约是要求他出两种，一种是分类出，一种是按原顺序出。分类出的话好处在于有些学者、有些学生他对哪一类感兴趣，比如说王锷老师可能对三礼类最感兴趣，就看这一类。

这里面本来有几个问题想请教大家，延长半分钟。我这里碰到这么几个问题，今天正好这么多的大家在这里，我也抓住这个机会要请教一下、学习一下。我在标点过程中遇到了几个小问题，比如说《大雅》《小雅》，《诗经》里面的。还有《大明》《小明》，《经解》省称为"大小雅""大小明"，有的老师标成了"《大》《小雅》""《大》《小明》"。我说这不行，应该是什么呢？最多就是"大""小"在前面，把"雅"放在后面，标书名号，我最后是主张这样。又比如"春秋左氏某公某年传"，很多《经解》里都是这样。这个怎么标？有的老师标成"《春秋左氏》某公某年《传》"，我说这不行，这是一本书，标两个书名号怎么行呢？我的处理方式是——"《春秋左氏》某公某年传"或"《春秋左氏某公某年传》"。这是另外一个问题。

最后一个小问题，《经解》里面很多学者当时写稿子时，怕后人断不了句，往往在旁边写个小字"绝"或"句"，我估计大家都会看到。这种情况下，我看到现在很多古籍点校继续把那个字留下来，我觉得没必要。我这次主张，凡是明显提示断句的，就直接在那个地方该用逗号用逗号，该用句号就用句号，把"绝""句"去掉。

这几个问题跟大家汇报一下，如果对我刚才的处理方式有什么不同意见的话，请各位好好的赐教，谢谢大家。

（校经处王晓静据录音整理）

清经解类型及价值分析

——以《皇清经解》正续编为例

摘 要 本文以《皇清经解》正续编所收 400 余种经解文献为例，对清代经学文献的编撰体例进行了类型分析，并适当归纳了各种类型经解文献的编撰特点及其价值。重点在分析注疏、论说、考辨之作三大类经解文献的特色，至于文字校勘、音注、年谱、图表之类经解文献等，由于其体例较为直观，则略而不论。

关键词 清经解 类型 价值 分析

中华文化的根柢、国学的纲领在"十三经"（《周易》《尚书》《诗经》《周礼》《仪礼》《礼记》《春秋左传》《春秋公羊传》《春秋穀梁传》《论语》《孝经》《尔雅》《孟子》），因为她包涵了中华民族最基本的思想理念，"经解"即历代学者对"十三经"的解读成果。由于历代官方都把"经学"奉为国家意识形态，社会则把读经、解经视为做人出仕的法宝，从而形成了系列的"经解"文献和显赫的经学传统。

清代经学在乾嘉学者及其后继者的努力下，蓬勃发展，硕果累累，达到了前所未有的高度。自清代中晚期以来，不断有人对此加以总结与表彰。其著于文者，从江藩《国朝汉学师承记》、章太炎《訄书·清儒》、刘师培《清儒得失论》到梁启超《中国近三百年学术史》、钱穆《中国近三百年学术史》、支伟成《清代朴学大师列传》等，不一而足，但几乎都是以人以派以书为线索来总结的。另一方面，徐乾学、阮元、王先谦等清代学者，则专注于历代经学文献的集成，先后编成《通志堂经解》《皇清经解》《皇清经解续编》等。今人虞万里教授撰《正续清经解编纂考》，对正续《清经解》的编纂过程、流布、版本、改编等情况，详加考辨；特别是从经义、语言学、名物考释、天文地理、文集笔记几个方面，对经解著作的价值作了比较细致的分析，功莫大焉。① 笔者近年主持《皇清经解》点校整理项目，对《皇清经解》正续编所收 400 余种经解著作，

---

① 虞万里：《正续清经解编纂考》，载其《榆枋斋学术论集》，江苏古籍出版社 2001 年版，第 685 – 731 页。

粗略浏览一过，感觉经解著作，名实差异较大，有名同实异者，有名异实同者；即使名实相符，其体例也千差万别。如果从撰述类型、体裁方面对清代经学文献及其价值加以归纳和分析，揭其差异，比其同类，对于深入了解和研究清代经学文献，不无好处。遂以《皇清经解》正续编为基础，对清代经学文献类型作一解析，以就教于经学专家。

梳理一下中国经学史，其实不难发现，历代以来的经学研究，基本上是以经解类型、体式的不断进化为特点的。春秋至西汉中叶以前，经典的传记之学最为发达，如《易传》《尚书大传》《毛诗诂训传》《春秋》三传、《丧服子夏传》《礼记》《学记》《乐记》等。中叶以后至东汉末，则是所谓"章句之学"，如王逸的《楚辞章句》、赵岐的《孟子章句》等。魏晋南北朝则是"集解"时代，如何晏的《论语集解》、杜预的《春秋左传集解》等。隋唐宋元明则是"注疏"之学盛行，到了清代，"正义"之作应运而起。这些传记、章句、集解、注疏、正义等经解体式既有共同的一面，也有不同的地方，各有千秋。

一、注疏之作

所谓"经解"，自然以全面系统注释十三经经文者为大宗，诸如"注""疏""正义""章句"等。其特点，一是系统性，即逐字注释，逐句疏解，先列经文，再依次"注""疏"；二是简明性，即只解字句，一般不作大义归纳，更不作衍申发挥；三是规范性，即事先定好凡例，注则注，疏则疏，一般来说注不违经、疏不违注，行文严谨简练。这些著作，又可粗分为两种形式：一是比较系统的新注新疏；一是对旧注旧疏进行零散补充，兼带辨正的，可谓之"补注""补疏"。

我们先看清人所撰十三经新注新疏。清代学者发愤经学的一个重要原因便是他们认为清代以前的十三经注疏大多不能令人满意，故钻研经学、撰写新的注疏，成为这些学者毕生的学术追求，最后也差不多完成了十三经新注新疏的撰写任务，成就了这些学者一生的学术功业。我们知道，两汉《易》学初有施、孟、梁、京数家；《尚书》则有今文、古文之分，今文为伏生所授，古文为孔安国所传；《诗》有齐辕固生、鲁申培公、韩婴、毛公四家；《春秋》则有左传、公羊传、穀梁传；《论语》则有鲁、齐、《古论语》三家。而马融、郑玄等遍注群经，将汉代经学推向顶峰。魏晋隋唐经学渐替，王弼、杜预、孔颖达等遍注群经而不宗马郑，随后宋明理学家更是弃汉学而另创己说，遂致汉代经学式微垂绝。这种局面大为清代学者所不满，其不满之声在清代经解著作中比比皆是，如清末学者刘寿曾撰《十三经注疏优劣考》（在其《傅雅堂文集》中），对清代以前的十三经注疏的长短作了详细分析，大率以为两汉以后至宋明，经书之疏大多"芜浅"。梁启超指出："他们发愤另著新疏，旧注好的便疏旧注，不好的便连注一齐改造，自邵二云起，到孙仲容止，作新者十余家，十三经中有新疏者已得其十。"① 另一学者孙诒让对此有简明的总结，他说："群经义疏之学，莫盛于六朝。皇、熊、沈、刘之伦，著录繁夥。至唐孔冲远修订《五经正义》，贾、元、徐、杨诸家赓续有作，遂遍注经。百川涸注，潴为渊海，信经学之极轨也。南宋以后，说经者好逞臆说以夺旧诂，义疏之学旷然中绝者逾五百年。及圣清御宇，经术大昌，于是鸿达之儒，复理兹学，诸经新疏，更迭而出。或更张旧释，补阙匡违，若邵氏、郝氏之《尔雅》，焦氏之《孟子》，胡氏之《仪礼》，陈氏之《毛诗》，刘氏之《论语》，陈氏之《公羊》是也。或甄撰佚诂，宣究微学，若孙氏之《尚书》是也。或最括古义，疏注兼修，若惠氏之《周易》，江氏之《尚书》是也。诸家之书，例精而义博，往往出皇、孔、贾、元诸旧疏之上。盖贞观修书，多沿南学。牵于时制，别择未精。《易》则宗辅嗣而桃郑虞，《左氏》则尊征南而摈贾、服，《尚书》则崇信枚、姚，使伏、孔今古文之学并亡，厥咎至巨。加以义尚墨守，例不破注，遇有舛互，曲为弥缝。冲远五经各尊其注，两不相谋，遂成违伐，若斯之类，尤未先惬。而近儒新疏，则扶微捃佚，必以汉诂为宗，且义证宏通，注有回穴，辄为理董，斯皆非六朝唐人所能及。叔明疏陋，邵武诬伪，尤不足论。然则言经学者，莫盛于义疏；为义疏者，尤莫善于乾嘉诸儒，后有作者，莫能尚已。"②

为便观览，兹将清人所撰新注新疏列表如下。

清人十三经注疏一览表

类　别	书　名	作　者	版本备注
易	周易述二十一卷	惠　栋	四库、皇清经解
	仲氏易三十卷	毛奇龄	四库、皇清经解
	易章句十二卷	焦　循	皇清经解
	周易姚氏学十六卷	姚配中	续经解
书	尚书集注音疏十四卷	江　声	皇清经解
	尚书后案三十一卷	王鸣盛	皇清经解
	尚书今古文注疏三十九卷	孙星衍	皇清经解
	尚书今古文集解三十卷	刘逢禄	续经解
诗	诗经通义十二卷	朱鹤龄	四　库
	毛诗后笺三十卷	胡承珙	续经解
	诗毛氏传疏三十卷	陈　奂	续经解

---

① 梁启超：《中国近三百年学术史》十三章，中国书店 1985 年版，第 193 页。
② 孙诒让：《籀庼述林》卷九《刘恭甫墓表》，民国五年刻本。

类　别	书　名	作　者	版本备注
三　礼	周礼正义八十六卷	孙诒让	
	仪礼章句十七卷	吴廷华	四库、皇清经解
	仪礼古今文疏义十七卷	胡承珙	续经解
	仪礼正义四十卷	胡培翚	续经解
	礼记训纂四十九卷	朱　彬	中华书局
	礼记集解六十一卷	孙希旦	中华书局
	礼书通故一百零二卷	黄以周	中华书局
	大戴礼记补注十三卷	孔广森	皇清经解
	大戴礼记解诂十三卷	王聘珍	中华书局点校本
	大戴礼注补十三卷	汪　昭	续经解
三　传	春秋毛氏传三十六卷	毛奇龄	四库、皇清经解
	春秋左传诂二十卷	洪亮吉	续经解
	左传旧疏考正八卷	刘文淇	续经解
	春秋左传贾服注辑述二十卷	李贻德	续经解
	春秋公羊通义十三卷	孔广森	皇清经解
	公羊礼疏十一卷	凌　曙	续经解
	公羊义疏七十六卷	陈　立	续经解
	穀梁补注二十四卷	钟文烝	续经解
论　语	论语古注集笺二十卷	潘维城	续经解
	论语正义二十四卷	刘宝楠	续经解
孟　子	孟子正义三十卷	焦　循	皇清经解
孝　经	孝经义疏一卷	阮　福	皇清经解
	孝经郑注疏二卷	皮锡瑞	
尔　雅	尔雅正义二十卷	邵晋涵	皇清经解
	尔雅义疏十九卷	郝懿行	皇清经解

　　清人所撰新注新疏，总体上可以分为两派：一是以恢复汉学为旗帜，广征博引两汉四部旧注旧解的学者（姑称之汉学派），是清代经学家的大宗；一是以毛奇龄和焦循等为代表的创新派，他们的经学基本脱出汉宋窠臼，别出心裁，值得关注。汉学派中又有两种类型：一是以惠栋为代表的少数极端保守派，基本上以搜集两汉旧注旧疏为职志，绝不妄加己意；占多数的则是既广搜汉唐旧注旧解以疏通经文章句，又勇于订补前人阙失、申述一孔之见。下面稍作介绍。

　　清代经学家大多专事从古代文献中搜集前人有关十三经的旧注旧疏，特别是汉人注疏，力图恢复两汉经学旧貌。他们认为，孔子至两汉的经学，以文字音韵训诂为路径，段意由句意而来，句意由字词意义而来，故训解六经舍小学莫可。而魏晋隋唐以来的经学，丧失了儒家经学本来面目，混入了玄学、道学、佛学、理学的臆想成分，不可为据。故多数学者穷毕生精力从事于十三经的古训古注、古音古义的搜集、考订。如惠栋《易汉学》序和《九经古义述首》云："汉人通经有家法，故有五经师训诂之学"，"五经出于屋壁，多古字古言，非经师不能辨，经之义存乎训，识字审音乃知其义，是故古训不可改也，经师不可废也"①。只缘"王辅嗣以假象说《易》，根本黄老，而汉经师之义荡然无复有存者，故宋人赵紫芝有诗云'辅嗣《易》行无汉学，玄晖《诗》变有唐风'"。又如陈启源《毛诗稽古编》叙云："故者，古也。合于古所以合于经也。后儒厌故喜新，作聪明以乱之，弃雅训而登俗诠，援叔世以证先古，为说弥巧，与经益离。源也惑之，欲参伍众说，寻流溯源，推求古经本旨，以挽其弊。"他认为，"用古义以入今文，固难悦时人之目；强古经以就今义，亦岂合古人之心乎？夫积字而有句，积字句而有篇章，字训既讹，篇旨或因以舛"，"宜于古者未必宜于今，然据今人习俗并谓古人无其事亦非通论也，惟立身于古世以论断古人，斯《诗》之性情得矣"，"只可即古而言古，不可移古以就今"。段玉裁《古文尚书撰异》序言其宗旨是"正晋唐之妄改，存周汉之驳文"。故他们注疏经书，是严格遵守两汉经学家思想的。如惠栋的《周易述》二十一卷，从形式上看，经文之下自注自疏，与一般"注疏"并无二致，但实际上"专宗虞仲翔，参以荀、郑诸家之义，约其旨为注，演其说为疏"。②言必有据，不着己意，常常曰，此"子夏义也""虞翻义也""此郑玄义也""此荀爽义也""此九家义也"云云。故名"述"而不视为自家注疏。据台湾耿志宏先生统计，《周易述》明确指出引用汉儒之义的地方就有：子夏义一次，京房义三次，刘歆义一次，许慎义一次，马融义六次，宋衷义一次，荀爽义二十八次，郑玄义十三次，王肃义四次，董遇义一次，虞翻义二百六十六次等。③至于兼采两家或两家以上学说者更多。其《易汉学》则包括《孟喜易》二卷、《虞翻易》一卷、《京房易》二卷《干宝易》附见、《郑玄易》一卷、《荀爽易》一卷，广搜汉代易学名家片言只语，末卷为惠栋发明汉易之作。另有《九经古义》十六卷，专就《周易》《尚书》《毛诗》《周礼》《仪礼》《礼记》《春秋公羊传》《穀梁传》《论语》九经的字词训诂作出解释和比勘。陈启源《毛诗稽古编》也明确宣称"止参酌旧诂，不创立新解"，但其书不是注疏体，而是直接摘取经传文或其

---

① 惠栋：《九经古义述首》，《皇清经解》庚申补刊本；《易汉学》，《皇清经解续编》南菁书院本。
② 江藩：《国朝汉学师承记》卷二，中华书局 1983 年版，第 24 页。
③ 耿志宏：《惠栋之经学研究》，（台北）台湾政治大学中国文学研究所 1984 年版。

注疏，简引各家疏解并随时加己意以疏证之，条自为段，征引广博，"有误则辩，无则置之。或一语而频及，或连章而阙如，非同训释家句栉字比也，故止题篇什，不载经文"。另如张惠言《周易虞氏义》九卷、《周易郑氏义》二卷、《周易荀氏九家义》一卷、《周易虞氏消息》二卷、《易义别录》十四卷，阮元《诗书古训》十卷，臧寿恭《春秋左氏古义》六卷，钱坫《尔雅古义》二卷，刘逢禄《论语述何》等，都是着眼于两汉旧注旧疏搜辑的。江藩《周易述补》四卷、李林松《周易述补》五卷，则是补惠栋搜辑汉注之缺的。这些学者经过艰苦卓绝的努力，将汉代经师注经之作散存于历代文献之中者，一一爬梳出来，又依据文字音韵训诂之学，将之作出合乎逻辑的解释。姑且不论汉代经学是否如清代惠栋、江藩等所说的那么不可或缺，单就文献训诂资料的搜集而言，这种倾全力挖掘汉代经注的工作，对我们后人研读传统经典，都是十分有用的。

清人十三经注疏的创新之作，以焦循和毛奇龄等人成就最著。焦循有《雕菰楼易学三书》，其中，《易章句》十二卷，是其系统注《易》之作；《易通释》二十卷，则是专就《周易》中重要卦爻概念疏解大义的篇章；《易图略》则可谓是焦氏前两种著作的内容提要和说明。另有《孟子正义》三十卷。焦氏《易章句》一反乾嘉学者注经言必称孔孟、汉儒的风气，直抒己见，不引经典。阮元序之曰：焦循"取《易》之经文与卦爻，反复实测之，得所谓旁通者，得所谓相错者，得所谓时行者，举六十四卦三百八十四爻尽验其往来之迹，使经文之中所谓当位、失道、大中上下、应元亨利贞诸义例皆发之而知其所以然。盖深明乎九数之正负，比例六书之假借、转注，始能使圣人执笔著书之意豁然于数千年后。……其旨见于《图略》，而旁通三十证尤为显据"。（阮元《焦氏雕菰楼易学序》，载《雕菰楼经学丛书》卷首）用焦循自己的话说便是："余学《易》所悟得者有三：一曰旁通，二曰相错，三曰时行。此三者皆孔子之言也，孔子所以赞伏羲、文王、周公者也。"又说"比例之义出于相错""升降之妙出于旁通""变化之道出于时行"。我们可以一例说明之，如《周易》"履霜坚冰至"，王弼注曰："始于履霜，至于坚冰，所谓至柔而动也刚。"焦循则释曰："霜犹丧也。谓乾上之坤三成谦，如霜之杀物。谦通与履，故履霜。乾为冰，谓履上乾也。至即至临之至，履二之谦五，即临二之五成谦，则薄不薄，故坚。"① 所以，梁启超说他"确能脱出二千年传注重围，表现他极大的创作力。他的创作却又非凭空臆断，确是用考证家客观研究的方法得来，所以可贵"。② 可见，焦循之注，全出自己意。其《孟子正义》完全仿照唐宋《十三经注疏》形式，先经文，后赵岐注，然后围绕赵岐注，博引汉唐以前经、史、子书，广为疏义，亦时有新说。

---

① 分别见焦循《易图略·叙》《易章句·上经》。

② 梁启超：《中国近三百年学术史》十三章，中国书店 1985 年版，第 179 页。

最有意思的是毛奇龄的《春秋毛氏传》三十六卷和《仲氏易》三十卷。《仲氏易》之"仲氏"，乃称其兄毛锡龄，所谓"仲氏易"者，其兄之《易》学也。其卷首曰：其兄言"易有五易，世第知两易而不知三易""此三易者，自汉魏迄今，多未之著"。其所谓"五易"，一曰变易，一曰交易，一曰反易，一曰对易，一曰移易。后三易即其所谓世人未之著者，也是其书着力解释的地方，至于"汉儒诸说暨宋元明诸家""兹不具述"。其《春秋毛氏传》则将春秋鲁十二公二百余年史事归为四例（一曰礼例，二曰事例，三曰文例，四例缺）来疏解，全出己意，鲜引他说，故仿《左氏传》而名之曰《毛氏传》。其《春秋占筮书》三卷，也是一种别出心裁之作，他认为《春秋》经传保存了许多《周易》占筮词，这些占筮词对于理解《周易》很有意义，于是将《春秋》及三传中有关占筮的记载，全部辑出来，用《周易》思想，从占筮辞角度重新进行解说，极少引用文献佐证。但毛奇龄的经学，大多自言自语，少加征实，故颇受乾嘉以来学者诟病，梁启超的《中国近三百年学术史》几乎无视其经学的存在，钱穆之书虽然介绍了他，亦多微词。但作为一家之言，其书其言还是可供参考和比较的。

更多的是旧注基础上的新疏，因为清代经学家大多崇尚汉学，往往先集汉唐古注，再旁征博引加以疏解。王鸣盛《尚书后案》叙云："《尚书后案》何为作也？所以发挥郑氏康成一家之学也。"他认为，自古以来注《尚书》者虽多，"唯郑氏祖孔学，独得其真"。可惜郑注已残，故"聊取马王传疏益之，又作《案》以释郑义，马王传疏与郑异者，条晰其非，折中于郑氏。名曰后案者，言最后所存之案也"。这代表了新疏一类作者的心声。又如孙星衍的《尚书今古文注疏》是自注自疏，其注乃集《史记》《尚书大传》及欧阳大小夏侯传、马融与郑玄注，疏亦广征博引先秦两汉材料，加以自己的裁断。不过，这些经学家对于旧注旧疏之缺之误，都能够实事求是地加以考证订补，不像惠栋那样不越雷池一步。这些注疏，梁启超在其《中国近三百年学术史》第十三章有专门介绍和评价，此不赘述。另有姚配中的《周易姚氏学》十六卷、孔广森《大戴礼记补注》十三卷、钟文烝《穀梁补注》二十四卷等，若仅看其名，似不类新注疏，通观其书，则应视为较为完整的新注疏。姚配中的《周易姚氏学》序称：不知一者，不足与言易；不知周者，不足与言易；不知太极之始终者，不足与言易；不知四象之动静者，不足与言易；不知系辞之旨者，不足与言易；不通群籍者，不足与言易；不深究众说之会归者，不足与言易。"以十翼为正鹄，以群儒为弓矢，博学以厚其力，思索以通其神，审辩以明其旨。"可见姚氏注《易》，志不在小，其书先列经传文，次采诸家注文，再下"案"语加以疏解。既博引经史百家，也时发一己之见，注疏体例颇为完整。《大戴礼记》旧有卢辩注，始于第四十八篇，但十分简略，其中有五卷无注。孔广森《大戴礼记补注》体例略同王聘珍《大戴礼记解诂》，即列出完整经文，就中需注者夹注之，实际也是一种系统的注本。与王聘珍不同之处在于孔广森先列卢注，再加己之补注，王氏则将卢注附于己注之后。钟文烝《穀梁补注》序称："《穀梁传》者，《春秋》之本义也。""窃以国家二百年来，经籍道盛，宜有专门巨编发前人所未发者，且以范注之略而舛也，杨疏之浅而庬也，苟不备为补正，将令穀梁氏之面目精彩永为左氏、公羊所掩，谓非斯文之阙事乎哉！""故详为之注，存豫章之元文，撷助教之要义，繁称广引，起例发凡，敷畅简言，宣扬幽理，条贯前后，罗陈异同，典礼有征，诂训从朔，辞或旁涉，事多创通。"故其"补注"先以二卷篇幅详论"经""传"，再列凡例，然后详注《穀梁传》文，并补正范宁注和杨士勋疏，较上述孔氏补《大戴礼》之注，更翔实更系统。马瑞辰《毛诗传笺通释》卷一专门考辨有关毛诗的一些焦点问题，如毛诗入乐说、鲁诗无传辨、毛诗故训传名义考、诗谱次序考、诗谱佚文考、十五国风次序论、风雅正变说、周南召南考、二南后妃夫人说、幽雅幽颂说、幽非变风说、王降为风辨、王风为鲁诗辨、邶鄘卫三国考、诗人义同字变例、郑笺多本韩诗考、毛诗古文多假借考、毛诗各家义疏名目考、魏晋宋齐传诗各家考等。卷二才开始详疏传笺。

清代经解注疏之作的第二种类型是对前人的旧注旧疏进行补充和辨正的，与前一种系统的新注疏相比，其特点是不按经文逐字逐句系统疏释，而是有则注疏之，无则不及。其中又可分为专对某种注疏进行补正的和一般性补正两种。前者如顾炎武《左传杜解补正》三卷、惠栋《春秋左传补注》六卷、马宗琏《春秋左传补注》三卷，均是对杜预注之缺之误进行补正的；宋翔凤的《孟子赵注补正》六卷、翟灏《尔雅补郭》二卷，则是分别针对赵岐注、郭璞注而发。更多的是根据自己的研究心得对经典注疏进行一般性补充和辨正。"补注"有蒋廷锡《尚书地理今释》一卷，江永《仪礼释宫增注》，戴震《诗经补注》二卷，沈钦韩《左氏传补注》十二卷、《左传地名补注》十二卷，梁履绳《左通补释》三十一卷，钱坫《尔雅释地四篇注》一卷等。"补疏"最多，主要有江永《群经补义》五卷，焦循《周易补疏》二卷、《尚书补疏》二卷、《禹贡郑注释》二卷、《毛诗补疏》五卷、《春秋左传补疏》五卷、《礼记补疏》三卷、《论语补疏》二卷，金鹗《乡党正义》一卷等。焦循的《禹贡郑注释》是专门疏释《禹贡》郑氏注的，即郑注之疏。还有"稗疏""小疏""小笺""私笺"一类经解，也是列出经文注文中字词句，直接进行补充性疏解，只不过更零碎一些而已。如王夫之的《周易稗疏》四卷、《诗经稗疏》四卷、《春秋稗疏》二卷、《四书稗疏》三卷，沈彤《尚书小疏》《仪礼小疏》《春秋左传小疏》，曾钊《周官注疏小笺》五卷，俞樾《春秋名字解诂补义》一卷，万斯大《礼记偶笺》三卷，金榜《礼笺》三卷，郑珍《仪礼私笺》八卷、《轮舆私笺》一卷，俞樾《礼记异文笺》一卷，刘逢禄《公羊何氏解诂笺》一卷等。还有一类补注补疏，取名有异，如江永《礼记训义择言》八卷，择其感觉有误有缺的《礼记》注疏，一一加以补充疏解。又如褚寅亮《仪礼管见》十七卷，既疏原注原疏，又时时撇开注疏直抒己见，虽卷帙不简，终不能视为系统注疏之作。

此外，还有"疏证"一类经解，介于义疏和考证之间，广泛搜集某经传的古今注疏，既疏通经注意义，也考证其源流和缺误。正如陈立《白虎通疏证》序所说："欲疏其指受，证厥源由，畅隐抉微。……只取疏通，无资辨难。访冲远作疏之例，依河间述义之条，析其滞疑，通其结轖，集专家之成说，广如线之师传。"这类经解有王念孙《广雅疏证》十卷、冯登府《三家诗异文疏证》二卷、徐养原《仪礼古今文异同疏证》五卷、陈寿祺《五经异义疏证》、陈乔枞《齐诗翼氏学疏证》二卷、陈立《白虎通疏证》等。其体例一般是先列出所要疏证的字词句，再详加疏解，并考辨和证明其源委。至于阎若璩《尚书古文疏证》、戴震《孟子字义疏证》三卷则又不一样。阎若璩《尚书古文疏证》九卷，列目一百二十八条，逐条考辨《古文尚书》之伪，是典型的考辨之作。而戴震《孟子字义疏证》以问答的形式，就《孟子》中重要概念进行疏通论说，与其说是疏证，不如说是《孟子》大义讲解、戴氏哲学思想阐述。

十三经中有一些单篇，由于内容特殊，历来为经学家所注意，如《尚书》中的《禹贡》，《周礼》中的《考工记》，《礼记》中的《曾子问》，《大戴礼》中的《曾子》《夏小正》等。清代经学家对这种单篇，也撰有不少注疏之作。如胡渭的《禹贡锥指》二十一卷，先列经文，次列各家注疏，再作疏解与辩证，对《尚书·禹贡》大传作了广博的疏解。戴震的《考工记图》二卷，虽以"图"名，实乃戴氏补郑注《考工记》之作，纪昀为之作序，极称之为"奇书"，以为"补正郑氏注者精审"。刘逢禄《书序述闻》一卷，实际就是一篇针对《尚书》大序的疏。阮元《曾子注释》四卷，先自为注，然后释之，其所谓"释"，即"疏"，《皇清经解》实际主编者严杰于其书卷后曰："《曾子》一书，历代著录，惜佚而不传，宫保师据《大戴礼》所载为之注释，正诸家之得失，辨文字之异同，可谓第一善册。"还有黄模《夏小正分笺》四卷、洪震煊《夏小正疏义》四卷，对《夏小正》一篇及其注作了详细疏解。

二、论说之作

经学家所谓"论说"，是指对经书大义的"论述"和"解说"，即就经传中的人物、事件、名物、制度等问题进行论述、解说和演绎等，偶引他书以为证。其特点：一是不作细碎考证引据，不必字字有据，句句征引，而以直接论述、解说为主，但求言之有理；二是不像注疏那样以经文及注疏为纲，而以概念、问题为条目。众所周知，注疏之体，以字词解释为主，受其体例所限，不宜长篇大论，否则喧宾夺主，妨碍读者对经文的基本理解，经文大义因之无法深入解说。故注疏之外，经学家常常就经典大义或某些问题，作专题论述和解说，以便深入讨论一些问题、系统阐明经文大义，相当于现在的学术论文或系统讲义。这一类经解常以"论""说""述""解"名篇，如顾炎武《音论》，下列"古人韵缓不烦改字""古诗无叶音""四声之始""古人四声一贯""入为闰声""近代入声之误""答李子德书"等七目，9000余字，等于是七篇学术短论，专就古代经解中的音韵问题进行了深入的论述。惠周惕《诗说》和惠士奇的《易说》不列条目，直接就《诗经》《周易》经传中的一些问题进行论说；其《礼说》则列条目论述，其《春秋说》按照十二公顺序，就经文中一些问题和三传解说的不同作出解说，同其同而辨其非。惠栋《禘说》二卷，广引六经之文以论述"禘"礼内容。还有王鸣盛《周礼军赋说》四卷，凌曙《公羊礼说》一卷、《礼说》四卷，庄存与《卦气解》一卷、《周官说》二卷、《周官说补》三卷，宋翔凤《尚书略说》二卷、《大学古义说》二卷，陈奂《毛诗说》一卷，丁晏《尚书余论》一卷，黄以周《礼说略》三卷、《经说略》二卷，胡祥麟《虞氏易消息图说》一卷，侯康《春秋古经说》二卷，吴家宾《丧服会通说》四卷，倪文蔚《禹贡说》一卷，邵懿辰《礼经通论》一卷，成蓉镜《禹贡班义述》三卷，刘恭冕《何休注训论语述》一卷，王崧《说纬》一卷等，都是解说经文大义的著作。宋翔凤《论语说义》十卷，议论范围较广，并不专就《论语》经文而作，犹如散论。柳兴恩《穀梁大义述》三十卷，其《叙例》曰："为穀梁集其大成。"其目有七：述日月例、述礼、述异文、述古训、述师说、述经师、述长编。可见，其卷帙虽巨，却不是系统义疏，而是归纳专题加以阐述之作。

更多的则是一些不以"论""说""述""解"名篇而实际为阐述经义的著作。如毛奇龄《论语稽求篇》七卷，就《论语》中一些句子提出自己的见解，讲解的色彩较浓，偶有辨正。焦循的《易通释》二十卷，是对《周易》之义的一种综合解说，如其对《周易》"无咎"的论述就长达5000多字。《易图略》作为其易学的提要之作，也应属于论说性质的。其《易通释叙目》云："余既学洞渊九容之术，乃以数之比例求易之比例，向来所疑，渐能理解，初有所得，即就正于高邮王君伯申，伯申以为精锐，凿破混沌。用是愤勉，遂成《通释》一书。"是后，遍询于汪莱、王聘珍诸友，"然自以全《易》衡之，未敢信也"，又经历数年，"改订"两度，"终有所格而未通，身苦善病，恐不克终竟其事，辛未春正月，誓于先圣先师，尽屏他务，专理此经，日坐一室，终夜不寐，又易稿者两度，癸酉二月，自立一簿，以稽考其业，历夏迄冬，庶有所就，订为二十卷，皆举经传中互相发明者会而通之也"。这样的倾力于论述，其结论自然能够经得起时间考验，故焦氏易学为有清之冠。张惠言《虞氏易礼》二卷、《虞氏易事》二卷、《虞氏易言》二卷、《虞氏易候》一卷等，与其《周易虞氏义》《易义别录》严格搜集古义不同，都是综合论述《周易》经传大义的。毛奇龄《大小宗通绎》专就《礼记》丧服小记、大传两篇中有关大宗、小宗的记载加以综合阐述。庄述祖《毛诗周颂口义》三卷，就毛诗周颂之序和诗之段落、句群，旁征博引，细加解说，每篇达数千言。迮鹤寿《齐诗翼氏学》四卷，意在搜集和归纳汉代翼少君关于齐诗的见解，其中归纳、发挥者多，搜辑翼氏齐诗言论的功夫并不深，故与陈乔枞《齐诗翼氏学疏证》

所疏翼氏关于齐诗的言论相比，论说性质明显，与其说是翼氏说，不如说是连氏说更恰当。俞樾《周易互体征》一卷，其卷首弁言曰："《易》有互体，乃古法也。……其可废而不用乎？余观爻象，多有取之互体者，因即其明白可据者著于篇。"表明其书是专门解说《周易》互体之法的。有一些收入正续《清经解》的文集，实际上是有关经义的论文集，与经义笔记、杂录类型的文集有所不同。如江藩《隶经文》四卷，收文章40多篇，包括议、辨、论、解、说、释、杂文七种体裁。还有徐养原《顽石庐经说》十卷、金鹗《求古录礼说》十五卷《补遗》一卷、朱大韶《实事求是斋经义》二卷、朱绪曾《开有益斋经说》五卷等，都是论说经义的论文集，所收文章，有论、有说、有辨、有议，内容丰富。

还有"记"一类的经解，情况比较复杂。程瑶田《宗法小记》《仪礼丧服文足征记》《释宫小记》《考工创物小记》《磬折古义》《沟洫疆理小记》等六种书均可以说是短篇论文集，每一种集子都包含几篇小论文，分别解说群经中的一些问题。其另外几种书，如《禹贡三江考》三卷、《水地小记》一卷、《解字小记》一卷、《声律小记》一卷、《九谷考》四卷、《释草小记》一卷、《释虫小记》一卷等，则偏重于考辨，下文再论。

三、考辨之作

考辨字词、名物、制度等的经解著作，是清代经学家，尤其是乾嘉学者研究经学的又一大手段，其成果数量最多，精品不少。实际上，上述注疏类、论说类经解，多多少少都夹带着一些考辨。本节所列的考辨之作，只不过考辨色彩更浓，考辨目的更明显，考辨方法更集中而已。这一类作品，往往以"考""考证""考异""正误""辨证""辨""证""征""疑"名篇，其体例特点是没有系统性，或以字词为单位，或以条目为纲，有误则辨，无疑则不之及。如阎若璩《孟子生卒年月考》一卷，毛奇龄《春秋简书刊误》二卷，江永《周礼疑义举要》七卷、《深衣考误》一卷、《乡党图考》十卷，戴震《毛郑诗考正》四卷，齐召南的系列《注疏考证》六卷，惠栋《古文尚书考》二卷，沈彤《周官禄田考》三卷，胡渭《易图明辨》十卷，张惠言《易图条辨》一卷，翟灏《四书考异》三十六卷，胡培翚《燕寝考》三卷，张敦仁《抚本礼记郑注考异》二卷，宋翔凤《周易考异》二卷、《四书释地辨证》二卷，朱彬《经传考证》八卷，汪中《大戴礼正误》一卷，阮元《车制图考》二卷，武亿《经读考异》八卷，钱坫《车制考》一卷，周广业《孟子四考》四卷，刘逢禄《左氏春秋考证》二卷，陈懋龄《经书算学天文考》一卷，徐养原《周官故书考》四卷，陈乔枞《礼记汉读考》，俞樾《礼记汉读考》等，从其书名即能看出其考证性质，不难理解。但有相当数量的考证著作，仅从书名是无法看出其考证特点的，也是研读者最要注意的。如毛奇龄《四书賸言》

六卷、万斯大《学礼质疑》二卷、惠栋《明堂大道录》八卷、王念孙《读书杂志》二卷、王引之《经义述闻》三十二卷、盛百二《尚书释天》六卷、秦蕙田《观象授时》十四卷、程瑶田《仪礼丧服足征记》十卷和上段所举《水地小记》《释虫小记》类，孔广森《礼学卮言》六卷、《经学卮言》六卷，阮元《积古斋钟鼎彝器款识》二卷，刘台拱《论语骈枝》（名《刘氏遗书》），刘逢禄《发墨守评》一卷、《箴膏肓评》一卷、《穀梁废疾申何》二卷，方观旭《论语偶记》一卷，李黼平《毛诗䌷义》二十四卷等，都是考辨经文及其注疏正误的。段玉裁《诗经小学》四卷是考证《诗经》经文用字的形音义的，而其《周礼汉读考》六卷、《仪礼汉读考》一卷则是单就《周礼》《仪礼》经文用字的读音进行辨正。阎若璩《尚书古文疏证》九卷，更是考辨《尚书》古文真伪及其正误的经典之作。丁晏《孝经征文》一卷，序称：因《刊误》作于朱子后人，不能无疑，故博采《孝经》本文散见古籍者，一一证之，并辨古文《孝经》之疑。可见，其书乃求证《孝经》现行本之不伪也。

以"释"名篇的经解文献，内容比较复杂，约有几种情况：一是疏释。如马瑞辰《毛诗传笺通释》即是对《诗经》毛传、郑笺的疏解，但体例又非传统疏体，而是以诗篇名为纲，分段疏解诗句；每段先列诗句、传笺，接着下按语加以疏释。二是考释，数量最多。如阎若璩《四书释地》四卷、盛百二《尚书释天》六卷、任大椿《释缯》一卷、胡匡衷《仪礼释官》九卷、宋绵初《释服》二卷、夏炘《学礼管释》十八卷（此三书均是先列所释对象，再列经史名家所释，然后逐一考辨、解释之）、黄式三《春秋释》一卷、刘宝楠《释谷》四卷、孔广牧《礼记天算释》一卷等，这些名之为"释"的经解，并非一般意义上的训释，而是考辨性解释，带有浓厚的辨误性质。正如阎若璩在《四书释地》卷一"嬴"字条中说："余尝爱京山郝氏解《孟子》为行三年之丧，但以误认邑名，遂不合礼制，以知地理益宜究。既成辨一篇，越三年，觉其不安，复成一篇，幸学问之日新也。并存之，今录于此。"可见，其"释地"带有考辨目的。但其名似专释地理之书，实则不尽释地也，如其"麋鹿""狐貉""淳于髡"条专释各书记载之异；又其末条"集注援引多误"，专正经传集注之作的援引失误，这是读者应当注意的。三是简释，即专门针对某个问题、某个名物、某些异文进行解释，内容比较简单，篇幅相对短小。如蒋廷锡《尚书地理今释》一卷，对于《尚书》所出现的地名，加以当代地理对照，并略作说明或考辨；李富孙《易经异文释》《诗经异文释》及《春秋》三传异文释等，则是针对《周易》《诗经》《春秋三传》所出现的不同文字，进行解说。

考信索据、辨疑正误，是清代经学家尤其是乾嘉学者最主要的工作，是最值得研读者注意的部分。

四、释例之作

今人著书，多在书前详列凡例，而古人简易，著书多不明言其体例。晋杜预首撰《春秋释例》十五卷，以释《春秋》义例。是后，唐有陆淳《春秋集传纂例》，北宋有司马光继之作《资治通鉴释例》。至清代，释例之作空前增多。这些"释例"之作，大约可以分为两种类型：一是归纳其书义例，如孔广森《诗声分例》一卷、凌廷堪《礼经释例》十三卷、刘逢禄《公羊何氏释例》十卷、许桂林《穀梁传时月日书法释例》四卷、何秋涛《禹贡郑氏略例》一卷、成蓉镜《周易释爻例》一卷等，这是大宗，是所谓"释例"之作的本义所在；二是归类举例以释经义，其特点是先将结论列为条目，然后广征博引四部百家例证以说明之。如江永《仪礼释例》一卷，惠栋《易例》二卷，任大椿《弁服释例》八卷、《深衣释例》四卷，李锐《周易虞氏略例》一卷，俞樾《古书疑义举例》七卷等，这种经解，即我们现在所称"例释"。

还有一种释例之作，从书名上并不能看出来，实际上却是标准的归纳体例之作。如毛奇龄《春秋属辞比事记》四卷，即是通过属辞比事之法，归纳出《春秋》记事类例，与其《春秋毛氏传》相配合。其卷首序言曰："《经解》曰，属辞比事，春秋教也。夫辞何以属？谓夫史文之散漶者宜合属也。事何以比？谓夫史官所载之事，畔乱参错而当为之比以类也。……昔者孟子解《春秋》，曰其事则事当比也，曰其文则其辞当属合也。"毛氏以为汉儒发凡起例、揭其褒贬，并不合乎事实。如果"以礼为志，而其事其文以次比属，而其义即行乎礼与事与文之中，谓之四例，亦谓之二十二志，而总名之曰《春秋属辞比事记》，夫如是而夫子之《春秋》庶可见乎！"庄存与《春秋正辞》十三卷，体例与内容都仿明代赵汸的《春秋属辞》，也是通过属辞比事之法，显示出《春秋》记事类例。

五、记纂之作

清代经解文献中，有几种记纂之作值得注意，因为其书名不易让现代读者一望而知其内涵。一是以"学"为名的经解。如王聘珍《周礼学》二卷、《仪礼学》一卷，不标条目，以段为单位，每段先列所要解说的经文，再选列所要考释的注疏，然后加按语辨证解说之，明显属于读书笔记，其学大约表示这是《周礼》学习心得、《仪礼》学习心得。连鹤寿《齐诗翼氏学》，则是以条目为单位，搜集和解释汉代学者翼少君关于齐诗的片言只语，其书名意义大约表示此书为阐明汉代翼氏的齐诗学；姚配中《周易姚氏学》，则纯粹是自己对《周易》的见解，意谓此书乃姚氏周易学；其体例则类似疏体，先列经文，再列注，最后以按语加以疏解。这里所谓"翼氏学""姚氏学"应该说已经包含了现代"学科""学术"之义了，与上述"周礼学""仪礼学"之名的含义是不一样的。一种是以"记"为名的经解，如毛奇龄《春秋属辞比事记》四卷、程瑶田的系列"小记"、梁玉绳《瞥记》一卷（杂考经义之作）、刘台拱《经传小记》一卷、方观旭《论语偶记》一卷、陈澧《东塾读书记》十卷、庄存与的《周官记》五卷等，内容不一，体例有别。陈氏、程氏之"记"已在上文作了介绍。梁氏、刘氏、方氏、陈澧之"记"均是读书随笔所记所考。庄存与《周官记》，则把《周礼》冢宰、司徒、司马、司空四大机构官职融会贯通，一一解说，并详细统计其各职人数等，制成图表，无异于一种新作，颇便于初学者利用，与其《周官说》一卷、《周官说补》一卷有所不同。至于札记、杂记类，如阎若璩《潜邱札记》二卷、姜宸英《湛园札记》一卷、臧琳《经义杂记》十卷等，数量颇多，读者一看而知即为学术笔记，此不赘述。还有一种纂辑之作，值得注意。如任启运《天子肆献裸馈食礼纂》卷首弁言谓：仪礼特牲馈食礼，诸侯之士之祭礼也；少牢馈食礼，诸侯之卿之祭礼也。天子诸侯之祭礼亡矣。今姑取其散见经传者纂而辑之曰《天子肆献裸馈食礼纂》，使论礼者有考焉。其体例是从经传中辑出自认为是天子诸侯祭礼的经文，作为主条，再低一格加上考证与解释说明，这在清经解中似别出一格。惠栋《易汉学》也是这种类型的经解著作。他从经史子集各书中辑出自认为是汉代孟喜易、虞翻易、京房易、郑玄易、荀爽易的内容，条分缕析，再低一格加以考证和解说。吴卓信《丧礼经传约》一卷，将有关丧礼的经传文删繁就简，并加简释。这些纂辑之作，应该说是一种新的文献形式了。

六、其他类型

《皇清经解》正续编中还收有不少问答之作、经义文集和笔记之作，其内容复杂，体例无方，都可以说是有关经义的随笔。问答之作，如毛奇龄《经问》十五卷、《白鹭洲主客说诗》一卷、《郊社禘祫问》一卷、《孝经问》一卷，秦蕙田《经史问答》七卷，杭世骏《质疑》一卷，胡培翚《禘祫答问》一卷，冯登府《十三经诂答问》六卷，凌曙《公羊问答》二卷，龚自珍《大誓答问》一卷、《春秋决事比》一卷（决事已佚，只剩答问），何秋涛《周易爻辰申郑义》一卷，魏源《书古微》十二卷、《诗古微》十七卷等。经义笔记，如所选顾炎武《日知录》二卷涉及《周易》《尚书》《诗经》《春秋》三礼等经典中的问题，其特点是"有条"不紊。阎若璩《潜邱札记》则不标条目，条与条之间另起行而已，是真正的随笔所记，内容亦博杂。还有万斯大《学春秋随笔》十卷，毛奇龄《四书賸言》六卷，姜宸英《湛园札记》一卷，臧琳《经义杂记》十卷，卢文弨《钟山札记》《龙城札记》各一卷，钱大昕《十驾斋养新录》三卷、《余录》一卷，孙志祖《读书脞录》二卷、《续编》二卷，汪中《经义知新记》一卷，臧庸《拜经日记》八卷，赵坦《宝甓斋札记》一卷，刘履恂《秋槎杂记》一卷，张惠言《读仪礼记》二卷，宋翔凤《过庭录》五卷，洪颐煊《读书丛录》一卷，俞正燮《癸巳类稿》六卷、《癸巳存稿》四卷，陈澧《东塾读书记》十卷，曾国藩《读仪礼录》一卷、邹汉勋《读书偶识》十卷等。经义文集，专收经义杂文，多以《文集》为名。但有些文集，取名不同寻常，是研究清代经学文献者所应该注意的。如江藩《隶经文》四卷，前无序，后无跋，即可以说是其经学论文集，内有多篇长文。李惇《群经识小》八卷，也是一种经义杂记之作。还有比较经文注疏文的一类作品，如赵坦的《春秋异文笺》十三卷，即是将《春秋》三传《左氏传》《公羊传》《穀梁传》对经文解释的不同进行比较，并疏解其不同之处和导致不同的原因。这种比较经注之作，在清代经学文献中也还不少。

另一类是有关十三经的长历、年谱之作，图表之作等，如陈厚耀《春秋长历》十卷、胡元仪《毛诗谱》一卷等，还有音注、文字订补类经解，如顾炎武《九经误字》一卷、段玉裁《毛诗故训传》三十卷专事文字订补；段玉裁《尚书古文撰异》三十三卷则专辨今古文字之别。校考类经解，如刘台拱《国语补校》一卷、庄述祖《毛诗考证》四卷、陈寿祺《尚书大传辑校》三卷等。这些经解著作，体例与内容都较为单一，无须一一缕述。

总之，清代经学文献内容丰富，形式多样，名称各异，不可一概而论，读者宜睹其名、观其实。

初稿草成于庚寅年正月初五

2010 年 8 月补充修改

贾海生　2000 年毕业于西北师范大学，获博士学位，同年进入浙江大学古籍所博士后流动站，2002 年出站留所工作，现为浙江大学教授、博士生导师、古籍所副所长。主要从事古代礼学文献研究，出版《先秦文学编年史》（上册）、《周代礼乐文明实证》《说文解字音证》等专著，在《考古学报》《文史》《中华文史论丛》《文献》《文学遗产》《文艺研究》等刊物发表过文章，获浙江省第十五届哲学社会科学优秀成果三等奖、浙江省高等院校优秀成果二等奖。

《说文解字音证》整理工作

  我和浙大古籍所崔富章、王云路、许建平、关长龙四位老师来山大参加儒学文献整理与研究高端论坛，杜兄给了一个命题作文——《仪礼注疏》整理琐议。原因是浙江大学古籍所正在编纂大型集体项目《中华礼藏》，而《中华礼藏》中的《仪礼注疏》是我点校整理的。这本书点校整理出来以后，自己也反反复复看了几遍，也给方向东教授寄了过去，请他进一步审查。方教授耗时一个多月，仔细地通读了一遍，提出了许多非常中肯的修改意见。然而，关于我点校整理《仪礼注疏》的心得，并没形成一个文本。既然是来参加会议，没有一个所谓的论文，很不好意思。正好我撰写的《说文解字音证》即将由浙江大学出版社出版，于是就将前言拿来了，权当参加这次会议的论文。带个所谓的文本来，感觉对得起会议主办方的盛情。

  前言在会议手册第13页上，关于前言的具体内容，我在这里就不再重复了，希望得到各位专家的批评指正。我在这里介绍一下有关《说文解字音证》一书相关的内容。之所以要撰写这么一部书，原因是 2007 年我结束了在韩国十八个月的研究与教学，回国伊始，关长龙教授就告诉我，浙江省人事厅设立了一个钱江人才项目，凡在国外访学一年以上都可以申请，而且命中率很高。我当时的确需要一个自己的项目，于是就申请了一个证《说文》古音的项目，没想到竟然批下来了，而且还被立为重点项目。经费到位了，意味着必须要在一定的时间内交差。于是我就利用整块或者零碎的时间开始码字，完成了 120 万字的初稿，顺利结了项。后来浙大出版社的黄宝忠副社长到我们所里

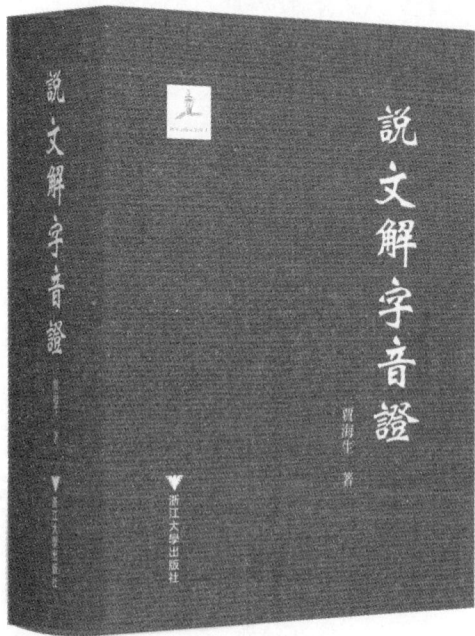

商谈《中华礼藏》的出版事宜，我顺便提到我有一本证《说文》古音的书稿，黄副社长看了以后，建议由浙大出版社出版，我欣然同意。于是浙大出版社组织人力申请国家出版基金，幸运的是又得到了国家出版基金的资助，解决了出版经费不足的窘况。结项时的书稿存在着诸多问题，既然要正式出版了，不得不作彻底的修正，于是2014年整整一年，排除各种干扰，补写缺漏，删削枝蔓，疏通文句，校对引文。年底定稿，总字数达200万字，交给了浙大出版社。

撰写《说文解字音证》的前提条件是必须要有专业训练。1994年，郭晋稀先生在西北师范大学为甘肃省从事古汉语教学与研究的高校教师讲授音韵学。我当时刚刚获得硕士学位，留校工作，有幸听了郭先生的讲授。一学期下来，对音韵学仍是似懂非懂。后来在郭先生的指导下，用了半年的时间填写《广韵补谱》，才对音韵学略有感觉。到浙大古籍所工作以后，为硕士研究生讲授训诂学，为了能对历代学者的研究结果作出判断，又对音韵学下了一些工夫，读了一些有关音韵学的著作。我所接受的音韵学是曾运乾和郭先生的学说，《说文解字音证》所依据的音韵学理论也是曾运乾和郭先生的研究结果。

之所以撰作《说文解字音证》这部书，除了主要目的是用于教学外，还有两点想法。第一，现在通行的音韵学理论并没有将钱大昕、章太炎、黄侃、曾运乾、钱玄同、郭晋稀等学者研究声纽的结果体现出来，导致了古代文献典籍中许多涉及音韵的问题无法得到合理的解释。第二，利用《说文解字》论述古代文献，特别是出土文献的通假、转注等涉及音韵学问题时，若仅仅参考相关音韵学著作，指出双声、叠韵、对转等现象，不能举出音证材料，难以坚人之信。

由于时间的关系，我就说到这吧。

（尼山学堂高倩云据录音整理）

《说文解字音证》前言

撰作《说文解字音证》的方法与旨趣是依据古音系统部分《说文》所收九千余字并在字下系以韵文、异文及诸家的有关论证，一则见字之声纽之确定、韵部之归属皆有据可依，二则为利用《说文》解释文献中假借、转注等涉及音韵的问题提供翔实的音证材料以坚人之信，同时也从今音推出古音，以见古今音演变的规律与例外。《说文》问世以来，辨形证义的名著汗牛充栋，独缺在古音系统中荟萃韵文、异文以证字之古音的著作。音证之作，或有必要，开宗明义，叙例于下。

《说文解字音证》一书所依据的古音系统为曾运乾及其弟子郭晋稀先生研究音学的结果。

今音所称见、溪、群、疑、端、透、定、泥、知、彻、澄、娘、帮、滂、并、明、非、敷、奉、微、精、清、从、心、邪、照、穿、床、审、禅、影、晓、匣、喻、来、日三十六字母，相传系唐末守温所制，与见于《切韵》的今音声纽系统不合。《切韵》亡而存于《唐韵》，《唐韵》亡而存于《广韵》，韵书前后相承，语音系统不变，增加释语及随时添字而已，诸家追本溯源，或称《切韵》，或称《唐韵》，实际上皆指今日所见《广韵》。陈澧根据系联《广韵》切语上字的结果，分照、穿、床、审、喻为二，合明、微为一，断今音声分四十纽。黄侃基于陈澧之所考，又分明、微为二，定今音声分四十一纽。曾运乾根据《切韵序》所言"支脂鱼虞，共为一韵；先仙尤侯，俱论是切"，得出了侈韵例用鸿声、弇韵例用细声的条例，析今音三十六字母为五十一。陆志韦、周祖谟等学者亦倡《广韵》声分五十一纽。曾运乾又根据王国维的论说，认为唐代所言清浊，皆以别韵类之弇侈，与声纽无关，宋代以来，则专以清浊言纽，用以分音节之高低，并参考江永《音学辨微》，定五十一纽之清浊。兹综合曾运乾的论说，分别声之鸿细清浊，制表如下：

五音	清浊	鸿声			细声							
喉音	清	影一			影二							
牙音	清	见一	溪一	晓一	见二	溪二	晓二					
	浊		匣一	疑一		群	喻三	疑二				

续表

五音	清浊	鸿声					细声							
舌音	清	端	透				知	彻		照三	穿三	审三		
	浊		定		泥	来一	澄	喻四	娘	床三	禅		日	来二
齿音	清	精一	清一	心一			精二	清二	心二	照二	穿二	审二		
	浊		从一				从二	邪		床二				
唇音	清	帮	滂				非	敷						
	浊		並		明		奉		微					

依《广韵》条例，若三十六字母中同一声纽本应分为二类，一属鸿声，一属细声，则以一、二别之，如影一为鸿声，影二为细声。宋元以来的等韵学分照系各纽为二类，一属二等，一属三等，因其所分符合《广韵》条例，故借用等韵学的分类，以二、三表明照系各纽亦应分为两类，二等归齿音，三等归舌音。实际上，照系二等与照系三等同属细声。

语音随着时代、地域的不同始终处于不断演变的过程中，今音的声纽系统与古音的声纽系统亦不相合。钱大昕以文献典籍所见异文及传注所言异读证古今声纽不同，创古无舌上、轻唇之说，今之舌上音知、彻、澄古音读同端、透、定，今之轻唇音非、敷、奉、微古音读同帮、滂、並、明。后之学者靡然从其说而承其法，孜孜不懈发明古音声纽。章太炎证今之娘、日二纽古音读同泥纽。曾运乾又证今之三等喻纽古音读同鸿声匣纽，今之四等喻纽古音读同定纽。钱玄同首倡古无邪纽说，认为今之邪纽古音大多读同定纽，少数读同群纽。郭晋稀据文献典籍所见异文，辅之以音学理论，考定今之邪纽古音读同定纽，极少数例外读同匣纽。至于照系三等宜与舌音同类，其二等宜与齿音为伍，本是黄侃的主张，曾运乾从不同的方面亦有论证。自钱大昕以来，经过历代学者的共同努力，古今声纽之异同及其读法昭然若揭。

《玉海》卷四十四载守温《三十六字母图》一卷，其图既已亡失不传，无从考知其图所定发音部位的名称及以发音部位类分三十六字母的详情。宋元以来陆续出现的等韵谱，则有发音部位的名称及以发音部位类分字母的情形。《切韵指掌图》据发音部位分为九音，见、溪、群、疑为牙音，端、透、定、泥为舌头音，知、彻、澄、娘为舌上音，帮、滂、並、明为重唇音，非、敷、奉、微为轻唇音，精、清、从、心、邪为齿头音，照、穿、床、审、禅为正齿音，影、晓、匣、喻为喉音，来、日为舌齿音。《韵镜》据发音部位分为七音，帮、滂、並、明、非、敷、奉、微为唇音，端、透、定、泥、知、彻、澄、娘为舌音，见、溪、群、疑为牙音，精、清、从、心、邪、照、穿、床、审、禅为齿音，影、晓、匣、喻为喉音，来为半舌音，日为半齿音。古音有鸿声而无细声，仅有十九纽，则无论九音、七音都难以与古的声纽系统相比附。曾运乾以喉、牙、舌、齿、唇五音类分古音十九纽，独立影纽为喉音，以晓、匣二纽隶属牙音。上古五音之经界判然明晰，则今音之五音五十一纽亦有所承。五音之分，其用至广。《说文》中从同一谐声声母得声的形声字，造字之初声必相同，后世声纽若有变化，往往不出谐声声母所属之音，此即章太炎所谓"同一音者，虽旁纽则为双声"，故仍当以五音类分十九纽。综合钱大昕以来诸家考求古音声纽之总成绩，以五音傅合古音十九纽，表之如下：

五 音	声 纽
喉 音	影（影二）
牙 音	见（见二）
	溪（溪二、群）
	晓（晓二）
	匣（喻三）
	疑（疑二）
舌 音	端（知、照三）
	透（彻、穿三、审三）
	定（澄、床三、喻四、禅、邪）
	泥（娘、日）
	来（来二）
齿 音	精（精二、照二）
	清（清二、穿二）
	从（从二、床二）
	心（心二、审二）
唇 音	帮（非）
	滂（敷）
	並（奉）
	明（微）

今音声分五十一纽，乃因陆法言等人撰作《切韵》时囊括古今南北之音，凡声之鸿细、韵之侈弇稍有差别，即别而分之。至于守温三十六字母，并鸿细为一，混舌齿之界，不合《切韵》条例。古音浑然天成，极少修饰，故声仅十九纽。曾运乾云："古本声之所以不同于今音者，则由古人之音多自然而少矫揉，多完全而少破碎。少矫揉故无舌上、轻唇之音，少破碎故无齐齿、撮口之呼。"因此，表中凡括号内之声纽，古音所无，读同本纽。如今音群纽古音读同鸿声溪纽；今音喻纽古音分为二类，喻三归匣为细声，古音读同鸿声匣纽，喻四古音读同定纽。

黄侃云："古声既变为今声，则古韵不得不变为今韵，以此二物相挟而变。"声韵既相挟而变，则今音二百六韵见于《广韵》究竟是由多少部古韵演变而来？为便于理解宋元以后历代学者不懈探索古音韵部的方法与结果，先取二百六韵，综合曾运乾的有关论述，辨其阴阳、记其开合，审其正变，区其侈弇，制表于下。

表一   阴声九摄表

阴声 九摄	正　韵		变　韵	
	侈　韵	弇　韵	侈　韵	弇　韵
噫摄	咍海代（开）	之止志（齐）		
娃摄	齐半荠半霁半（开合）	支半纸半寘半（齐撮）	佳蟹卦（开合）	
阿摄	歌哿箇（开） 戈果过（合） 泰（开合）	支半纸半寘半（齐撮） 祭（齐撮）	麻马祃（开合） 夬（开合）	废（撮）
衣摄	齐半荠半霁半（开合）	脂半旨半至半（齐撮）	皆骇怪（开）	微尾未（齐）
威摄	灰贿队（合）	脂半旨半至半（撮）	皆骇怪（合）	微尾未（撮）
乌摄	模姥暮（合）	鱼语御（撮）		麻马祃（齐）
讴摄	侯厚候（开）	虞麌遇（齐）		
幽摄	萧筱啸（开）	尤有宥（齐）		幽黝幼（齐）
夭摄	豪皓号（开）	宵小笑（齐撮）	肴巧效（开）	

表二   阳声（附入声）十摄表

阳声 十摄	正　韵		变　韵	
	侈　韵	弇　韵	侈　韵	弇　韵
膺摄	登等嶝德（开合）	蒸拯证职（齐撮）		
婴摄	青迥径锡（开合）	清静劲昔（齐撮）	耕耿诤麦（开合）	
安摄	寒旱翰曷（开） 桓缓换末（合）	仙狝线薛（齐撮）	删潸谏辖（开合）	元阮愿月（齐撮）
因摄	先铣霰屑（开合）	真轸震质（齐撮） 臻〇〇栉（齐）		
昷摄	痕很恨麧（开） 魂混恩没（合）	欣隐焮迄（齐） 谆准稕术（撮）	山产裥黠（开合）	文吻问物（撮）
央摄	唐荡宕铎（开合）	阳养漾药（齐撮）	庚梗映陌（开合）	庚梗映陌（齐撮）
邕摄	东董送屋（开）	钟肿用烛（齐）	江讲绛觉（开）	
宫摄	冬〇宋沃（合）	东董送（撮）		
音摄	覃敢勘合（开）	侵寝沁缉（齐撮）	咸赚陷洽（开）	凡范梵乏（齐）
奄摄	添忝榛帖（开） 谈敢阚盍（合）	盐琰艳叶（齐撮）	衔槛鉴狎（开）	严俨酽业（齐）

韵之正变侈弇皆依所用声纽之鸿细而定：凡正韵之侈音，例用鸿声十九纽；凡正韵之弇韵，例用细声三十二纽；凡变韵之侈音，喉牙唇例用鸿声，舌齿例用细声，鸿细混用亦共十九纽；凡变韵之弇韵，喉牙唇例用细声而舌齿无字。

古韵之学，肇始于宋代。吴棫读《诗》不悟古音与今音不同，为求诗韵谐畅，创叶韵之说。所谓叶韵，即任意改读字音以迁就上下文入韵字之读音。古今字皆无定音，谬妄不可究诘，元之戴侗、明之焦竑与陈第皆尝质疑。孔广森云："吴才老大畅叶韵之说而作《韵补》，要其谬有三：一者若庆之读羌，皮之读婆，此今音讹、古音正而不得谓之叶。二者古人未有平声仄声之名，一东三钟之目，苟声相近，皆可同用而不必谓之叶。三者凡字必有一定之部类，岂容望文改读，漫无纪理，以至《行露》家字，二章音谷，三章音公，于嗟乎驺虞，首章五加反，次章五红反，抑重可欺已。"吴棫叶韵之说虽不可取，其《韵补》以《广韵》为据，韵目下或言古通某，如二冬下言古通东，或言古通某或转入某，如四江下言古通阳或转入东，或言古转声通某，如十三佳下言古转声通支，虽未能分别部居，实为隋唐以来言古韵之第一人。吴棫之外，宋代言古韵者尚有郑庠。据戴震《声韵考》，郑庠曾作《古音辨》分古韵为阳、支、先、虞、尤、覃六部。郑氏的方法是简单地并合今音韵部，故其古韵分部最少，仍不免出韵。明末陈第反对叶韵之说，敢于打破今音韵部的界限，提出了"时有古今，地有南北，字有更革，音有转移"的主张，其意以为古音不同于今音，因而专就《诗经》《楚辞》入韵之字考证其古音读法，至于古韵分部则尚未论及。清初顾炎武在韵读《诗经》《周易》的基础上离析《唐韵》，使各韵中误收之字皆归其本韵，如分东韵中弓、雄、熊、憎、梦、冯入蒸韵。又据《广韵》分古韵为十部：东、冬、钟、江为第一部，支半、脂、之、微、齐、佳、皆、灰、咍、尤半为第二部，鱼、虞、模、麻半、侯为第三部，真、谆、臻、文、殷、元、魂、痕、寒、桓、删、山、先、仙为第四部，萧、宵、肴、豪、尤半、幽为第五部，歌、戈、麻半、支半为第六部，阳、唐、庚半为第七部，庚半、耕、清、青为第八部，蒸、登为第九部，侵、覃、谈、盐、添、咸、衔、严、凡为第十部。古韵分部，自顾炎武始就正途，自谓一生独得一字一音可尽扫宋代以来叶韵之陋。其所立古韵十部，虽未臻于精密，已初具古音系统之规模而古今韵部之异同已显而可见。后之学者率循其道，引而勿替，续有发明。江永从顾炎武第四部析出元、寒、桓、删、山、先、仙为一部，又从其第三部、第五部析出尤、侯、幽为一部，又从其第十部析出覃、谈、盐、添、严、咸、衔、凡为一部，共得十三部。段玉裁从江永第二部支、脂、之、微、齐、佳、皆、灰、咍、尤析出之与咍、支与佳而为三部，又从其第四部真、谆、臻、文、殷、魂、痕、先析出真、臻、先而为二部，又从其第十一部尤、侯、幽析出侯而为二部，共得十七部。戴震于古韵剖判入微，入声独立，阴入阳三分，与段玉裁十七部相较，别立霭部，垩、亿、屋、约、厄、乙、遏、邑、馘九部入声独立，从江永并尤、幽、侯为一部，又从江永并真、臻、先、谆、文、殷、魂、痕为一部，共得九类二十五部。孔广森从段玉裁第九部东、冬、钟、江中析出冬类，又从其第七部侵、盐、添与第八部覃、谈、咸、衔、严、凡中析出合类，故由段玉裁十七部而为十八部，阳声九类，阴声九类，入声附于阴声，阴阳相配而可以对转。江有诰以段玉裁十七部为据，从戴震祭、泰、夬、废当为一部之说而别立祭部，从孔广森东、冬有别之说而立冬部，又析孔广森合类中合、盍、缉、叶、怗、洽、狎、业、乏九韵为二部，一为叶部，一为缉部，由段氏十七部析出四部，故为二十一部。王念孙论古韵亦以段玉裁十七部为据，从其第七部、第八部中析出入声，侵缉分立，覃合分立，又从其第十五部析出二部，真至分立，脂祭分立，从段氏十七部析出四部，故亦为二十一部。章太炎古韵分部以王念孙二十一部为据，取孔广森东、冬分立之说而为二十二部，又因脂部出入诸字，《诗经》大多独用，从中析出队部，共得二十三部。自顾炎武至于章太炎，考古诸家归纳古音韵部的成绩几近完美，遗憾的是皆没有构建与所分韵部适相吻合的语音系统，犹待深谙等韵、精于审音的后来者起而补之，终至登峰造极。

黄侃精于审音，独辟蹊径，研究古韵，稽之《广韵》，发现等韵学所谓一等、四等之三十二韵独与影、见、溪、晓、匣、疑、端、透、定、泥、来、精、清、从、心、帮、滂、並、明十九纽相配，故以三十二韵为古本韵、十九纽为古本纽，合三十二韵为二十八部：阴声八部，曰歌戈、曰灰、曰齐、曰模、曰侯、曰萧、曰豪、曰咍；阳声十部，曰寒桓、曰痕魂、曰先、曰青、曰唐、曰东、曰冬、曰登、曰覃、曰添；入声十部，曰曷末、曰没、曰屑、曰锡、曰铎、曰屋、曰沃、曰德、曰合、曰怗。曾运乾因《广韵》齐与先对转，以屑配先，灰与痕魂对转，以没配痕魂，据以分段玉裁第十五部脂、微、齐、皆、灰为二，一为齐部，一为威部，证以《诗经》，条理井然。又根据《广韵》的细声弇韵与鸿声侈韵相互对应的关系，分黄侃的齐部为二，半属娃部，半属齐部。黄侃所立豪部有入而其萧部无入，钱玄同修正其说，以为萧部有入而豪部无入。曾运乾云："依古韵例，豪、萧二部皆当有入。萧部以沃部为入，固不待言。豪部之入，《广韵》虽未特立专部，然如敫、虐、隺、卓、勺、皃、弱、龠、乐、屵、翟、休、举、雀、爵各声，固皆豪部入声字。陆法言求豪部对转之阳声不得，遂举豪入之侈音配入东韵，为江韵之入声，又举其弇音配入唐韵，为阳韵之入声，不得已而为此侧寄之韵，斯陆氏之疏也。"于是又分黄侃铎部之半以配豪而为豪部之入声。曾运乾在黄侃二十八部的基础上，分齐部为二，立豪部之入，得古韵三十部。王力亦脂、微分立，定古韵为三十部。

古韵分部，自宋元以来至于黄侃、曾运乾，经历了离析《广韵》，又回归《广韵》的过程。曾运乾云："法言《切韵》论南北是非，古今通塞，捃选精切，削除疏缓，经清代考古诸家之研究而益明。盖自顾、江始考古音以后，戴、段、孔、王各明一义，至于今日，始返法言之旧，亦始得古音之真。段氏云支、脂、之应分为三，法言《切韵》支、脂、之正分为三也。孔云东、冬宜分为二，法言《切韵》东、冬正分为二也。戴云曷、末、黠、辖、月、薛宜配寒、桓、删、山、元、仙，法言《切韵》正以曷、末等六韵为寒、桓等六部之入声也。王云祭、泰、夬、废四部有去入无平上，法言《切韵》四韵正独为一部，不与他韵平上相承也。斯亦足证法言《切韵》之通乎今不硋乎古矣。"离析《广韵》以考古音韵部，皆是以先秦韵文为据，离析今音各韵中不合古音韵部之字，使各归其古音韵部，进而归纳总结整个古音系统的韵部，考古之功虽不可没，因缺乏与所分韵部适相吻合的语音系统，不仅入声的分配与是否独立或有不当，而且无法审定所谓古音系统中每一字之读音。因此，考古诸家所拟古音切语，大多无音理可言，仅可用以表示字之声韵调，决不曾出于古人口吻，故黄侃有"世无此音"之讥。回归《广韵》以考古音韵部，则是以《广韵》所存古音系统为据，从历代考古诸家研究古韵的结果中，选择与古音系统相符合的韵部，在此基础上，据对转之理，补《广韵》所存古音系统之疏，分其所当分，从而建立古音系统的韵部，同时还以《广韵》所存古音系统中的切语为语音系统与审音工具。因此，以审音为主建立的古音韵部，不仅各部之间的此疆彼界泾渭分明，异平同入不乖音理，有考古之功效，而且还可以审定每一字之读音，古音皆可出于口吻。古韵分部，前修未密，后出转精，分至三十部臻于最密，不可复分。论分部精密，审音有据，通乎今而不硋乎古，固当首推曾运乾的研究结果，表之如下：

阴 声	入 声	阳 声
噫部（之）	肊部（职）	膺部（蒸）
娃部（支）	益部（锡）	婴部（耕）
阿部（歌）	曷部（月）	安部（元）
衣部（脂）	壹部（质）	因部（真）
威部（微）	物部（物）	殷部（文）
乌部（鱼）	蒦部（铎）	央部（阳）
讴部（侯）	屋部（屋）	邕部（东）
幽部（幽）	奥部（觉）	宫部（冬）
夭部（宵）	约部（药）	
	邑部（缉）	音部（侵）
	叶部（叶）	奄部（谈）

曾运乾在其《音韵学讲义》中所用古音三十部代表字前后不统一，甚至有用入声字代表阴声韵部的情况。郭晋稀先生曾受学于曾运乾，审定曾氏三十部代表字如表中所

列，原则是以鸿声侈韵影纽字为主，若无则选用他字，括号内为王力三十部韵部代表字。

综合上文所述，再合观二百六韵表与曾运乾古韵表，不难断定古音实寓于今音之中，今音的细声弇韵及变韵皆由正韵演变而来，演变的规律，概括而言，不外乎一鸿声侈韵或裂变为不同的细声弇韵，如之、尤之于咍，或不同的正韵因音变相溷而必别立一变韵，如庚之于青、清、唐、阳。既然古音寓于今音之中而变化又有规律可寻，固可由今音推出古音。如意字，今读於记切，於为细声影纽，记在志韵为齐齿呼，则於记切属细声弇韵，古音所无。上推古音，意读鸿声侈韵乌代切。乌为鸿声影纽，古音十九纽之一。代在代韵为鸿声侈韵，隶属古音噫部。《楚辞》的《惜往日》《招魂》皆以代、意为韵，则意、代同在古音噫部。因此，以乌代切意，意之古音如此，所谓"昔吾有先正，其言明且清"。乌代切本是意之古音，黄侃称之为古反切，今音用为爱之切语，爱从悉声，古在物部，古读乌没切，不读乌代切。古音变为今音，衍生出了细声弇韵。意由鸿声侈韵变为细声弇韵而读於记切，爱从物部转入志韵而读意之古音乌代切，所谓"维鹊有巢，维鸠居之"。再如噫字，今读於介切，於为细声影纽，古无是声，读同鸿声影纽，介今在怪韵，怪韵系今音为不同的正韵产生的异读之音所立变韵，古无变韵，韵中诸字古各归其正韵。噫从意声，古归噫部，上推古音，亦读鸿声侈韵乌代切。

既是据今音切语上推古音，前提条件是今音切语应用字无误。黄侃曾指出："古今音异，必能正读今音，乃可得古音之条理。"徐铉据《唐韵》为《说文》所施切语，在传抄的过程中若产生了讹误，必然导致不合音理的现象。若不辨是非，据不合音理的切语上推古音，或是不能得字之正音，或是乱古音之条理。如枢字徐铉音日救切入舌音，然而《说文》中从久声之字皆不出牙音范围，徐锴《篆韵谱》《广韵》枢字皆巨救切，则日字当是巨字之误，枢字今音当以巨救切为正，上推古音亦当以巨救切为据。再如虦字徐铉音昨闲切，昨为鸿声从纽，闲在山韵为开口呼，山韵是今音系为痕、魂、欣、谆四韵中异读之音特立的变韵，变韵中的侈韵依例不与鸿声从纽为切。昨闲切违反音理，无法出于口吻，或是传抄中产生的讹误，或系不知音理者所改，虦字今音当以《广韵》士山切为正，上推古音亦当以士山切为据。因此，凡《说文》中徐铉所施切语有误，必据《玉篇》《广韵》等字书、韵书一一订正。

徐铉施于《说文》的切语，绝大多数都合乎音理。侈韵例用鸿声、弇韵例用细声。但也时见侈韵误用细声或弇韵误用鸿声的切语，当是切语制作之初因审音不严造成的结果。曾运乾称误用鸿细的切语为类隔切，称例用鸿细的切语为音和切。类隔切虽不合音理，仍可据以推出合乎音理的古音，因为鸿声侈韵、细声弇韵只针对今音系统而言，古音系统只有鸿声侈韵而没有细声弇韵。《广韵》《集韵》等韵书承袭旧音，或更为音和切，或一仍其旧。因此，凡遇类隔切，必一一辨析。音证之作，不能舍今音而不论其是非。

《说文》本是分析字形以明本义的字书，字之本义或有异说，许慎若载于说解中，则呈现一字二义的现象，徐铉往往也施以二切以分别二义。如僐字本义训娴，许慎说解所载异说训长貌，徐铉即施以吐猥、鱼罪二切。以《广韵》僐之二义二音相参，读吐猥切训长貌，读鱼罪切训娴。僐字本义训娴，固当以鱼罪切为其本义之音，上推古音即以鱼罪切为据。然而《说文》中许多字下不载异说，唯有本义，一字一义，徐铉亦施以二切。如且字训荐，别无他义，徐铉施以子余、千也二切，其意以为且有二义，故以二音别之。以《广韵》且之二义二音相参，读子余切训荐，读千也切训语辞。且之本义训荐，一字一义，别无他义，固当以子余切为其本义之音，上推古音亦当以子余切为据。因此，凡遇一义多音的情况，皆参稽《广韵》《集韵》等韵书，据本义之音上推古音。

古音系统纯粹，今音系统杂有因正韵音变而必特立一部的变韵，古今异呼，各有畛域，不当以今律古，更不应以古非今。黄侃云："古之音不自知为正，后之音亦不自知为变。虽分合之迹不可泯，而主奴之见必不可存。"因此，今音之于古音，齐齿与开口、撮口与合口并非完全对应。如社字常者切，今在马韵属齐齿呼，马韵是今音系统为哿、果、姥、语四韵中异读之音特立的变韵，依齐齿与开口对应的关系上推古音，社应属古音系统中乌部的开口呼字，然而乌部有合口无开口，故断社古读鸿声侇韵合口呼徒古切。凡遇此类情况，皆以古音系统为断。至于因切语用韵之疏导致从同一谐声声母得声的字开合不一，则当别立条例。如《说文》中的炎字于廉切，今在盐韵属齐齿呼，上推古音入奄部属开口呼，从炎声之字有睒、覢、绽、琰、啖、谈、剡、菼、箈、緂、棪、郯、倓、燅、惔、淡、锬十七字，本应皆属开口呼。其中啖、淡二字徒敢切，谈、郯、倓、惔、锬五字徒甘切，菼、緂二字土敢切，皆入合口呼。论今音开合，有《广韵》可据，论古音开合，王力主张不应以今律古而是以谐声声母为断。因此，从炎声之字皆当归入奄部开口呼。尽管古音系统中奄部有开合二呼而徒敢切、徒甘切、土敢切皆与古音相合，仍断啖、淡二字古读鸿声侇韵开口呼徒玷切，谈、郯、倓、惔、锬五字古读鸿声侇韵开口呼徒兼切，菼、緂二字古读鸿声侇韵开口呼他玷切。为保持古音系统开合之间有严格的界限，凡遇此类情况，皆以谐声声母所属之呼为断。

《说文》的谐声系统与古音系统时有冲突，是据今音上推古音的主要纠纷之一。以事理而言，据谐声声母制作形声字的时代远远早于文字广泛应用的时代，尤其至于《诗经》《楚辞》的时代，文字的谐声系统已与其时的语音系统不相吻合，时有出入。如《说文》中盖、塇、艳、瘟、榼、磕、溘、嗑、馅、鄐、阖皆从盍声，盍古在叶部，以段玉裁所言"同声必同部"的原则而论，凡从盍声之字最初无疑皆在叶部。然而《逸周书·周祝解》以盖、害、热、竭为韵，《楚辞·湘夫人》以裔、澨、逝、盖为韵，《高唐赋》以盖、会、蔼、沛、蒂、籁、会为韵，又以旆、盖、逝、会、害、滞、岁为韵，《大言赋》以盖、外为韵，《吕氏春秋·音律》以盖、泄为韵，与盖协韵诸字皆在古音曷部，则盖早在西周时代已离其谐声系统而入于曷部，墌从盖声，今读於盖切，当亦从盖而入于曷部。《诗经·十月之交》云"艳妻煽方处"，颜师古注《汉书·谷永传》引《鲁诗》作"阎妻扇方处"，艳、阎互为异文，音必相同，由今音上推古音，二字双声叠韵，阎古在奄部，则艳字至迟在《诗经》时代或已脱离其谐声系统，由叶部对转阳声而入于奄部。凡遇此类情况，皆以先秦韵文、异文为断而不以谐声系统为据。《说文》中从同一谐声声母得声的字或分居不同的韵部而自成声系，此乃时空变迁、方音影响等因素造成的结果，析之则各擅其美，合之则窒碍难通。

尽管《说文》的谐声系统与古音系统时有冲突，在音证材料不干扰谐声系统的情况下，段玉裁所言"同声必同部"仍是归字应当遵循的原则。因此，为了显示《说文》的谐声系统，不得不改变《说文》原来的编排体例，从九千余字中别立谐声声母以领诸字。为使眉目清楚，凡从谐声声母得声的字皆退后两字书写，谱字的原则是以喉、牙、舌、齿、唇五音为序，每音之中复有若干同声类之字则以《说文》原来的顺序为先后。需要特别指出的是，别立谐声声母显示《说文》的谐声系统，有两种特殊情况。一是《说文》本非完璧，或是在传抄中有脱文，如兔、鞔、晚、挽、冕、浼、鮸、勉、輓皆从兔声而兔字却不见于《说文》，若不立兔字为谐声声母，则从兔得声的字无所系属，故参稽诸家谐声谱补兔字为谐声声母，所补作为谐声声母的字尚有粂、窜、杀、希、叔、妥、屮、刘、由、畬。因所补谐声声母不见于今本《说文》，故仅补楷体，不补小篆，以示区别。二是作为谐声声母的絫字有三义三音、皀字有二义二音，从絫得声的显、曑属安部而湿、溼、壖、隰四字亦从絫声则在邑部，从皀得声的卿、乡、芗、飨、飧、皍、闐、簋属央部而鳪字从皀声则在肌部，皆有先秦韵文及相传切语为证，故安部、邑部皆立絫字为谐声声母而央部、肌部亦皆立皀字为谐声声母。黄侃云："一字或有数音，古今所同也。有人言古代字止一音，无一字数音者。不知一字数音者，其起源远在太古。是故一丨也，有读进、读退之分；一西也，有读导、读沾、读誓之异；伐有长言、短言之殊；风有横口、蹴唇之异。既不能禁一音之变转，又几能限一时之必一音哉！"据此而言，立絫字为谐声声母而见于安部、邑部，立皀字为谐声声母而见于央部、肌部，不为无据。

据今音上推古音，不能舍声调而不论。然而古音声调，至今没有定论。顾炎武主张四声一贯，段玉裁以为古无去声，孔广森否认古音有入声，黄侃又以为古音只有平入而无上去，曾运乾关于古音声调阙而未论。王力主张在未取得确切结论以前，不妨略依

《切韵》的声调系统，暂时假定古有四声。因此，据今音上推古音，保持了今音的声调，不擅自并合。

大徐本《说文》中的新附字未必皆是晚出的新字，如珈字见于《诗经·君子偕老》、些字见于《楚辞·大招》，许慎不收而见于新附，即是明证；《说文》中的许多字不见于任何典籍，也未必不是秦汉时才出现的新字。凡此都说明以《说文》为据判断文字的制作时代，未必合乎历史的真相。因此，撰作《说文解字音证》不仅没有删削大徐本《说文》中的新附字而且还据新附字今音推出其古音。即使大徐本《说文》中的新附字属于晚出的新字，并不表明先秦时代没有新附字所代表的字音，先有其音后制其字本来就是造字的法则。为便于分辨，《说文》九千余字小篆皆施以朱色，新附字小篆皆施以墨色。

根据古音声有十九纽、韵分三十部之音理，在以韵文、异文为证的基础上，据今音推出古音，皆施以古音系统的切语。若今音切语本就是古音系统的切语，今音与古音相合，则不置一词。若古音切语属侈韵误用细声的类隔切，则从《说文》《广韵》中选用鸿声侈韵音和切以代之。若今音切语与古音不合，则辨其异同，推出古音并施以古音切语。凡采自《说文》《广韵》的古音切语不注出处，采自《玉篇》《集韵》等其他文献的古音切语必注明出处。若据今音切语推出的古音在群书中无古音切语可采，则仿效诸家的做法据古音系统的音理拟一古音切语以明声韵调，并随文说明。若同一谐声声母下，有同切字若干而皆与古音不合，则仅于首见同切字下辨析今古音之异同，推出古音并施以古音切语，可据以推知其余同切字之古音，不烦一一辨析。如夷及从夷得声之字有洟、荑、咦、徲、羠、鴺、桋、痍、姨共十字，夷、徲、桋、痍、姨五字同以脂切，仅在夷字下辨析今音与古音不合，并据今音推出古读杜奚切，徲、桋、痍、姨四字下不再一一辨析说明，可据夷字推知古音皆读杜奚切；洟字他计切，今音与古音相合，无需赘辞说明；荑、鴺二字同杜兮切，则仅在荑字下辨析今古音之异同，亦据今音推出古读杜奚切，鴺字下不再辨析说明，可据荑字推知古亦读杜奚切；咦字以之切、羠字徐姊切则分别在字下辨析今古音之异同，亦据今音推出咦古读杜奚切、羠古读徒礼切。上述条例，皆是为了节省篇幅。

证《说文》所收九千余字之古音，既是以先秦韵文、异文等音证材料断相关纠纷，则选择的音证材料须与古音系统的时代相近。根据音韵学家的研究，西汉时代的语音系统和先秦时代的语音系统相差不远，至东汉时，先秦以来的语音系统才逐渐发生变化，主要是音值有所变化而韵部仍基本相同。因此，引用音证材料，韵文严格限于先秦时代而异文则略及汉代。字下系以韵文，随文辨识该字在韵文中与其他诸字系联为韵的情形。字下系以异文，随文辨识该字与异文在音韵上存在的双声、叠韵或对转的关系。顺序是诗歌居前，群书所见韵文次后，异文又次于韵文之后。字下系以韵文、异文等音证材料，皆是为了证明该字在古音系统中的声纽与韵部，兼明由今音推出的古音皆有据可依。引用《经典释文》，无关音读的释义之语，或有省略。由于历代学者对先秦韵文用韵条例有不同的认识，以《诗经》为例，有所谓句韵、章韵，而句韵又分句中韵、句末韵、助字韵、间韵等，江永、孔广森、曾运乾等论之甚详，故面对同样的材料，归字总是小有出入。

《说文》无㞢字，耑部耒下、林部麻下说解见此字，朱骏声谓《广韵》引《说文》有㞢字，亦据以补入。《说文》中右、否、迋、吹、恺、吁、壅、敫皆重出，或见于不同的部首，因存旧貌而不臆删其一，故皆两见。

为了直观地显示《说文》九千余字在古音系统中的分布情况，特制《说文》五音十九纽三十部阴入阳对举谐声谱置于书前，以便总览，以喉、牙、舌、齿、唇五音类分谐声声母，从谐声声母得声的字未必与谐声声母同属一纽，故置于六角括号内，字后圆括号内为该字古文、籀文或异体。

单承彬 1966 年生，山东郓城人。曲阜师范大学文学院教授，中国古代文学学科学术带头人、博士生导师、院长。毕业于浙江大学，师从崔富章教授。长于先秦两汉文学和儒家文学文献研究。曾在《文史》《孔子研究》《齐鲁学刊》和海外学术刊物发表论文 10 余篇。

《续修四库全书提要·经部》
撰写的方法及进展情况

各位先生：

我简单说一下。

杜老师让我来谈谈《续修四库全书总目提要·经部》这一部分的撰写工作。这个工作是傅璇琮先生担纲的一个大项目的一个组成部分，最初是交给山东大学的，山东大学的郑杰文先生就托付给我们了。刚接到这个项目的时候很兴奋，觉得这是一个大项目，对于像曲阜师范大学这样的学校来说，是一件值得庆贺的事情。但是不久，我们逐渐发现这的确是个大活，摊上大事了，因为很麻烦。从 2009 年一直拖到现在，今年出版社是一定要出书了。

先说一下这部书的进展情况。《续修四库全书》所收经部图书的情况是这样的：这十类共收书 1219 种，其中"易"是 222 种，今年三月底全部完成；"书"类 92 种，全部完成；"诗"105 种，全部完成；"礼"170 种，大约完成了 100 种；"乐"类的 34 种马上就能完成；"春秋类" 131 种，只完成了《左传》，《公羊》《穀梁》现在还没有交稿；"孝经类" 14 种，全部做完；"四书类" 95 种，《论语》《孟子》做完了，《大学》《中庸》已经做完，还未整理好；"群经总义" 65 种，做了一半；"小学类" 291 种，全部做

完。这是总的情况。

为什么做得这么慢，我想有这么几个原因：一个是现在参加撰写提要的这些同仁，当初都没有参加《续修四库全书》这部书的编纂会议。上海古籍出版社组织编纂《续修四库全书》的时候开了好多会，也有一些会议纪要，但是我们不知道，或者看到的不完整；为什么选某一本书入《续修四库》，当初的考虑大家不明白。这个工作影响了我们的进度。

另外一个，当时安排经部由我们来做，史部由武汉大学来做，子部和集部是北京大学和清华大学来做。最初我们设想了两种方式，一种方式是找一大批人，每人分担一两种，这样写能够保证进度。但是这种方式有一个缺点：撰写提要是个"辨章学术、考镜源流"的事，一个人撰写一两种，他不知道这部书在学术传承系统中处于什么位置，难以辨章、考镜，无法理清源流。所以我们想是否可以采用另外一种方式，由一个人做一类。但是，做一类工作量太大，以一个人的力量在如此繁重的教学科研任务之下，要把《续修四库》涉及的几十种、甚至上百种这一类的书都看了，同时再和《四库全书总目提要》接起茬来，工程太大，速度太慢，可以说是没法完成的一件事情。这是一个原因。

第三个原因，撰写提要是件采花酿蜜的劳动，倾注很多心血，翻检一大堆材料，写出来也就几百字，最多一千字。而且这几百字、一千字，在现在的学术评价体系中，根本不算学术成果，就算写出来几十上百条，仍然是集体著作的一个小部分，集体著作几乎就不算什么成果。所以大家做这件事的积极性不高，中间总换人，很麻烦。

第四个原因，虽然要撰写的是《续修四库全书提要》，也必须把《四库全书》的提要好好读下来、吃透，必须理清和《四库全书总目提要》的关系。这个事情不光编纂者、撰写稿子的这些人不清楚，包括出版社和整个项目的组织者也不清楚。比如2005年前后大家有一个意见，想着仿照《四库总目》那样，有"总序"，下面"部序""类序""大序""小序"都要有。我看现在集部已经出版了，好像这些都没有。类似的情况导致整个项目的编纂体例经常发生变动，这也是导致速度迟缓的原因之一。

现在明白了，这么个大工程，不是说短短的几年、有这么几个人就可以完成的。虽然这本书没有出，但是我已经预见到它的结果，肯定会招致大家一致的批评、指责。指责就指责吧，这也没办法。

谢谢。

（校经处孙蕴据录音整理）

《续修四库全书总目提要》经部前言

据《续修四库全书编纂缘起》可知，《续修四库全书》编纂之初，便确定了比较明确的收录范围：包括《四库全书》以外的现存中国古籍，亦即补辑乾隆以前有价值的而为《四库全书》所未收的著述，以及系统辑集乾隆以后至民国元年（1912）前各类有代表性的著作。据此，经部十类共收书1219种，11337卷，其中易类222种，1423卷；书类92种，832卷；诗类105种，1078卷；礼类170种，1756卷；乐类34种，177卷；春秋类131种，1288卷；孝经类14种，120卷；四书类95种，899卷；群经总义类65种，758卷；小学类291种（训诂85种，文字118种，音韵88种），3006卷（训诂965卷，文字1221卷，音韵820卷）。各类选目多寡不同，正说明了各学科发展的不平衡。

上述1219种经部著述，情况又有不同。第一，《四库全书》已收而换用了新版本的凡16种。如魏王弼、晋韩康伯注、唐孔颖达疏的《周易注疏》，《四库全书》收有内府刊本，但南宋初浙东路茶盐司所刻号称"越州六经"的《周易注疏》十三卷，是中国历史上第一个经、注、单疏合刻本，学术价值远在《四库》本之上，故仍予收入。又如唐孔颖达《春秋左传正义》，《四库全书》收有六十卷本，而南宋庆元六年（1200）绍兴知府沈作宾于任所刻有该书的三十六卷本，也是"越州六经"之一种，被阮元称为宋刻《正义》之第一善本，故也予收入。第二，列入《四库全书》存目的有165种，如《四库》既收有王夫之《尚书稗疏》，而认为其《尚书引义》"复推论其大义"，且不乏"臆断之辞"，故入存目，然该书"议论驰骋，颇根理要"，于学术研究尚有可取之处，为全面研究王氏学术思想，还是辑入《续修》之中。又如宋代学者王柏的《书疑》《诗疑》，也因为四库馆臣的排斥宋学，被列入存目，《续修》则予以收入。第三，属于《四库》应收而未收之书凡205种。如元刊本宋陈大猷《尚书集传》十卷《或问》二卷，清修《四库》时只见到《或问》二卷，以为《集传》已佚，《续修》则将新查检到的《集传》补入，使陈著复为完璧。又如蔡傅《书考辨》二卷，是考辨《古文尚书》的一部重要著作，反映了宋人疑古的学术风气，《四库》失收，《续修》则补入。

第四，属于《四库》成书以后而行世的书833种，占经部总数的68.4%，显示出《续修四库》收录之重点在清乾隆以后，完全符合《凡例》所谓"冀为中国传统学术最后二百年之发展理清脉络"的编纂大旨。另外，《续修》还对流传于海外或后来出土的经学著述十分重视，收录了近30种这类图书，如马王堆所出帛书《周易》经传、敦煌所出《经典释文》尚书残卷和法国图书馆藏敦煌《周易》残卷等，都弥足珍贵。

《续修四库全书》（经部）编纂伊始，就有了为各书撰写提要及各类小序的设想。由于种种原因，提要的撰写工作不如经部的编纂工作顺利，一直延宕至今。一般说来，因为有40年代中华书局版的《续修四库全书总目提要》（经部）可供参考，经部提要的编撰相对应该容易一些。不过，中华版《提要》并不符合今天的编纂体例，且许多书籍亦不在其中，仍然需要下大力气重新做起。在编纂过程中，我们遇到的主要困难在于：首先，目前参与提要编撰工作的作者，基本上无法实质了解《续修四库全书》的编纂宗旨，也不清楚经部选目的原则和过程，因而也就难以洞悉某书之所以被收录《续修》的最初考虑，提要撰写也因之会流于平泛而不得要领。其次，一部学术著作的学术价值，必须在该领域的学术发展中体现出来，如果没有对《四库总目提要》的深刻领会，没有对《续修四库》该部类图书的总体把握，是很难准确判断这部书在学术史上的地位的。这就对参与提要编撰的学者提出了极高的学术要求。第三，经部提要的编撰工作耗时既久，期间出现了各种各样的情况，参与人员多有更替，这也必然会影响提要的编纂品质。

学贵专攻，亦贵淹博，然知也无涯，而识有限局。大量、系统地通读诸种典籍已属不易，遑论洞幽烛微，高屋建瓴地评判是非。提要作者自知才疏学浅，指摘失当、议论未允之处在所难免，当然也会承担相应的责任。所幸前辈学者对于经学之贡献俱在其著作之中，或者不因区区提要而掩其辉光也。

春秋传服氏注十二卷 ［汉］ 服虔撰 ［清］ 袁钧辑

服虔字子慎，初名重，又名祇，河南荥阳人，与郑玄同时，明《春秋左氏传》，中平末官至九江太守，事具《后汉书·儒林传》。

东汉诸儒传《左氏》者甚众，贾逵、服虔并为训解，至魏行于世，晋时与杜预《春秋经传集解》俱立国学。后学三传通讲，各有好尚，大抵河洛重服注，江左好杜解。至隋，杜氏盛行，服义遂浸微。《隋志》著录服虔《春秋左氏传解谊》三十一卷，《旧唐志》作三十卷，而《服氏注春秋左传》十卷唐初即为残本，且不见于两《唐志》，盖唐宋间已亡佚。此本乃清袁钧辑本。

袁钧（1752－1806）字秉国，一字陶轩，号西庐，浙江鄞县人，嘉庆间举孝廉方正。事迹略具《瞻衮堂集》卷首张寿镛序。钧一生致力郑学，与友人李赓芸辑《郑氏佚书》七十九卷，共二十三种。据《世说新语》，郑玄欲注春秋传，尚未成，闻服子慎注左氏传义，多与己同，乃以自己所注尽付子慎。袁钧以为服氏书既出于郑，亦属于郑学一脉，存服所以存郑，故厕列所辑《服氏注》于《郑氏佚书》之中。

是书按鲁十二公先后之序，摘取《左传》原文列于前，服氏注列于后，据杜注，本孔疏，博取《诗经》《仪礼》《礼记》《尚书》《公羊传》诸经义疏，及《通典》《文选》《宋书》《释文》《通志》等，所辑佚文皆标明出处。各条下多有考证，往往辨析讹谬，补正阙失，如卷五僖公五年"均服振振"，《周礼·鸡人》疏称贾、服等皆为"均"，袁氏考证以为若作"均"，则同今本矣，故据《文选》注引服说作"袀"是正。亦偶有不察，因讹传讹处，如卷十昭十一年"孟僖子会邾庄公盟于祥"条，袁氏考证据《公羊疏》谓"服氏注引者直作祥，无礻字"。然《公羊疏》明言"服氏注引者直作详"，并不作"祥"。又如卷九襄公二十三年"赵胜帅东阳之师"条，服氏注以东阳为鲁邑，大谬，而袁辑未能辨证，不能不谓之一失。然汉世言《左传》之古谊，久佚不传，此本广辑众说而折衷之，虽不及李贻德《春秋左氏传贾服注辑述》发挥之丰赡，却较马国翰玉函山房所辑为详备，谓有大功于《春秋》，可也。

本书据上海辞书出版社图书馆藏清光绪十四年（1888）浙江书局刻郑氏佚书本影印。（单承彬）

春秋左传正义三十六卷 ［唐］孔颖达等撰

孔颖达（574－648），字冲远，冀州衡水（今属河北）人，隋大业初举明经高第，入唐后授国子博士、国子司业、国子祭酒等职。新旧《唐书》均有传。

颖达精于经学，贞观中奉太宗之命领衔编撰《五经正义》凡一百八十卷，为此后经书之定本，亦是后来《十三经注疏》的基石，《春秋左传正义》即其中之一。按《春秋左传正义》传世者，有六十卷本、三十卷本和三十六卷本，收入《四库全书》者即六十卷本，名曰《春秋左氏传注疏》，三十卷本之分卷与唐开成石经同。三十六卷本有两种，一为日本昭和六年（1931）影印正宗寺藏日本镰仓期（相当于中国宋元时期）手抄本，无经传原文及杜注，是纯粹的孔疏本，张元济将其收入涵芬楼《四部丛刊》；另外一种即此本。

此本为南宋吴兴沈作宾所刊，书前原有沈氏序文，现尚存于张金吾《爱日精庐藏书志》，其中言及是书经传注疏合刻之缘起经过。南宋以前，诸经注疏皆单独刊行，有经注本，有单疏本，未有注疏合刻本。而陆德明《经典释文》更是单独的一种书，并无与经注合刻附行的现象。南宋庆元六年（1200），绍兴知府沈作宾于任所刻《春秋左传正义》三十六卷，与前此两浙东路茶盐司提举黄唐等所刊《毛诗》《礼记》《易》《书》《周礼》注疏合，是为"越州本六经"，版式上采用统一规则，每半页八行，经传每行十五或十六字，注疏每格双行，行廿二字，白口，左右双边，开版宏阔，刻印精良。刻工有葛昌、张晖、毛俊等，皆当时浙杭一带良工。较六十卷本《正义》，此本不仅没有陆德明《音义》，没有俗体字，即孔疏内容也略有不同，如隐元年传"孟子卒"杜注"不称薨，不成丧也。无谥先夫，死不得从夫谥"下，六十卷本有约四百字一段孔疏，此本则无。又此本卷二十四将《传》"会于夷仪之岁，齐人称郑"置于襄公二十六年《经》之前，亦与唐开成石经合，阮元《十三经注疏校勘记》称其为宋刻《正义》之第一善本，良是。

各卷卷首钤有"秋叡图书""北平孙氏""季振宜印""昆山徐氏家藏""海盐张元济经收""涵芬楼"等印记，大致反映了该书在贾似道、孙承泽、季振宜、徐乾学、张元济等处历代辗转收藏的情况。今据国家图书馆藏宋庆元六年绍兴府刻宋元递修本影印。（单承彬）

论语正义二十四卷 ［清］ 刘宝楠撰 ［清］ 刘恭冕补

刘宝楠（1791－1855）字楚桢，宝应（今属江苏）人。始请业于从父刘台拱，以学行闻乡里，与仪征刘文淇齐名，人称扬州二刘。道光二十年（1840）进士，历任文安、三河等知县，颇有政声。著有《释谷》四卷，于豆、麦、麻三种多补正程氏《九谷考》之说；《汉石例》六卷，于碑志体例考证详博。其子恭冕（1821－1880）字叔俛，光绪五年（1879）举人，守家学，通经训，幼习《毛诗》，晚年治《公羊春秋》，崇尚朴学，著有《何休论语注训述》《广经室文钞》等。二人生平事迹均具《清史稿·儒林传》。

道光戊子（1828），宝楠应省试，与刘文淇、梅植之、包慎言、柳兴恩、陈立相约各治一经。宝楠发策得《论语》，因病皇、邢《疏》芜陋，故仿焦循《孟子正义》例，先为长编，次荟萃而折衷之，是为《论语正义》。后因官事繁冗而未卒业，命子恭冕续成之。恭冕审核缮录，并增入《群经平议》《诸子评议》之俞樾、孙诒让等批校，续成七卷。书前有陈立序及恭冕所撰《凡例》，书后附何晏《论语序》、郑玄《论语序逸文》及《后叙》。

全书依《论语》二十篇各自为卷。因《八佾》《乡党》二篇多言礼乐制度，故析《八佾》为二卷，《乡党》为三卷，书后又疏《论语序》一卷，遂多出四卷。凡经文、注文皆从邢《疏》本，至于注文错讹处，则多从皇本及后人校改。其体例先录原文，注则首列何晏《论语集解》，以存魏晋人著录之旧，次列邢昺《论语注疏》。于经义之完备者，据注以释经；注义之阙略者，依经以补疏；注文之遗失者，则先疏经文，次及注义。原则上悉录汉学，征引魏晋，择取唐宋，详载异说，以期发挥圣道，证明典礼。众说纷歧者，则辨正之；舛误不安者，则核勘之。其所征引，上自先秦，下迄厥身，涉及经史、文集、小学、舆地、金石、碑刻、历算等诸类典籍达三百七十余种，对于清人注解，如段玉裁《说文解字注》、宋翔凤《论语发微》、翟灏《四书考异》、阮元《论语校勘记》等亦详加采录。

刘氏治学，考据与义理并重。其于考据，广引《尔雅》《说文》《释文》等书以详释名物，遍释字义，考订异文，辨明礼仪，兼下己意。立说言必有据，如《为政》篇"举直错诸枉"释"错"，先引《经典释文》"错，郑本作措"，又引《说文解字》"措，置也"，再引《费凤碑》"举直措枉"为证，据此肯定"措"为正字，"错"为假借字。其于义理，则兼取朱熹《论语集注》《论语或问》、张栻《论语解》以阐明经义，不拘囿于汉宋门户之见，如释有子言礼之用，发明《中庸》之说；夫子五十知天命，是知天生德于予之义；乘桴浮海，是之今之高丽地；兴于诗、立于礼，成于乐，民可使由之，不可使知之，是夫子教门弟子之法等即是。亦有故标新说而牵强弗通之处，如《雍也》"子见南子"章谓天即指南子，"天厌之"谓触南子之怒，殊为荒诞。然其荟萃众说，匡正谬误，详博精核，超迈前修，无愧为《论语》研究集大成之作。

据刘恭冕《后叙》，此编初刻于同治五年（1866），然书中所引俞樾《群经平议》《诸子平议》及戴望《论语注》分别刊于同治六年、九年和十年，则是书刊行当在同治十年（1871）之后。今据南京图书馆藏清同治间刻本影印。（单承彬）

單承彬　　程章燦　　朱傑人

　　程章灿　　1963 年生，福建闽侯人。1983 年本科毕业于北京大学历史系，后师从程千帆先生攻读研究生，1989 年获南京大学文学博士学位。2008 年获选教育部长江学者特聘教授。现任南京大学古典文献研究所所长，南京大学文学院教授、博士生导师。长于魏晋南北朝唐宋文学、石刻文献学、国际汉学与中外文化交流研究。代表作有《魏晋南北朝赋史》《古刻新诠》《石刻刻工研究》等。

石刻与儒学文献的整理及研究

谢谢主持人。

我今天发言的题目是《石刻与儒学文献的整理及研究》，这是泽逊兄的命题作文。说实在话，我个人在石刻上是花了一点时间，投注了一些精力，但是对于儒学文献实在是所知甚少。

我想讲的首先一点是，为什么把石刻跟儒学文献联系在一块？这些年来，我一直在考虑石刻这种文献形式的意义、作用、它在中国文化史上的位置。作为一种文献形式，石刻真是源远流长，它从中国文献最早的契刻时代，到写本时代，到刻本时代，贯穿了两三千年中国文献史，一直充满了生命力。这样一种文献形式，它的生命力如此强，它使用领域如此广，在中国古代文献文化史上是非常突出的，也是相当罕见的。我这几年，我个人在主持一项国家社科基金重大项目，叫作"中国古代文献文化史"，我自己负责石刻文献这一块。到现在我还在思考石刻对于中国古代文献文化的意义。

实际上，儒家对于石刻这样一种文献形式特别重视。以往我们讲到石刻，总会提到汉代的石经——熹平石经。在熹平石经以前，传统石刻基本的功能是记事，就是说历史记叙。纪述某一工程、事件，赞述歌颂某人的功业，都是历史记叙，总之是叙事的功能。有了熹平石经之后，石刻才被用于经典的传播。当时蔡邕等人提出来要正定经典文本，在

中国典籍与文化
研究丛书

ZHONGGUO
DIANJI YU WENHUA
YANJIU CONGSHU

第三辑

程章灿 著

石刻刻工研究

上海古籍出版社

东汉的太学里面要刻石经，他是用石刻来作为书籍媒介和传播形式。在熹平石经以前，在石刻中我们只能看到篇章，没有看到书。自从熹平石经以后，石刻就可以用来作为经典传播的一个手段、一个形式。

所谓经典传播，不止包括儒家的经典，也包括其他的一些书。本来石刻上所刻的，是新创作的、我们前所未见的一些文章，现在把流传已久、已经成为经典的文本书籍刻到石头上。为什么石刻会成为书籍的载体，成为传播的手段，为什么儒家经典传播会首先用到石刻这个形式，这个跟儒家学者的提倡、跟汉代的太学的介入，跟蔡邕等人的推广有很大的关系。

在汉代熹平石经之后，中国历史上有很多次石经刊刻。汉石经之后有魏石经，魏石经之后有唐朝的开成石经，开成石经再往后有后蜀广政石经，后蜀广政石经之后有北宋嘉祐石经、南宋的宋高宗御书石经、清代乾隆时候刻的石经。这些石经大多数都刻立于太学或者历代国子监里面，现在我们能够看到的完整的石经，一个是在西安碑林的唐朝开成石经，另外就是摆在北京国子监的清朝乾隆石经。这样多次大规模的用石刻来刻经，不仅发生在纸本时代以前，而且在纸本时代以后，不仅发生在写本时代，也发生在刻本时代，乃至于雕版印刷已经非常成熟的盛清时代。根本的原因，是儒家学者对于经典的重视，这是自汉至清1000多年中有这么多次石刻刻经的重要原因。

儒家学者对石刻文献的重视，也值得注意。中国历史上面一些著名的儒家学者，比如说朱熹，他们对于石刻文献的一些认识，或者对于石刻文献在文化传播、文化承传这个方面的贡献，其实也很值得我们去研究。去年夏天，我在香港一个会议上曾经报告过一篇论文，谈朱熹对于石刻文献的文化认识，他怎么样将石刻转物为文，怎么样以文化物，怎么样利用刻石，尤其是摩崖刻石，来建立自己的文化形象，来传播他自己的文化观点。他在摩崖上面的题刻，实际上成为一个当时以及后代人与他进行对话、当时以及后代人对他进行围观的一个非常重要的文化平台。他对石刻的文化功能，颇有开拓、发挥和推广。因为在那时候讲过，这里就不细讲了。

关于石刻与儒学文献的整理研究，首先应该重视石经的整理与研究。关于石经的研究，比如说汉石经、魏石经，我们不要以为从古到今，已经有很多人整理过、研究过了，就没有继续研究的空间了。实际上未必。马衡先生在《中国金石学概要》里面曾经说过，研究石刻有五个方向。其中第一个就是实验，什么叫实验呢？我觉得，其实有一点像今天所谓的田野调查，你要直接到石刻所在的这个地方去考察，看到石刻本身，或者至少要看到石刻的拓本，才能够认真地验证石刻的各方面情况，辨识石刻上的字，理解文句内容。马衡举了个例子。《后汉书·儒林传序》居然把熹平石经说成是有三种字体，而事实是熹平石经只有隶书一种字体。为什么会弄错？因为范晔根本没有看到过洛阳石经，也没有看到过拓本，后来有很多人跟着他错了。但北朝郦道元的《水经注》就没错，看来他看到了石刻。一直到后来宋代洪适作《隶释》《隶续》的时候，他找到了拓本，确认了范晔的错误。诸如此类的一些例子，我们都必须要以实验的观点，来对这些石经进行验证，重新研究。马衡还提出要其他几个研究方向，如鉴别、整理、考订、阐明等等。最近，上海交大虞万里教授开始重新研究石经，他有他的研究方向以及路径。石经的再搜集、再汇总、再考订和再阐明，还有很多工作要做。比如，从比较研究的角度来看，历次刊刻石经所刻经书多少不一，经目不一，所用的字体不一样，所刻版面格式不一样，石刻儒家经典主要是体制内的，与佛经及道经石刻主要出于民间私人组织大不一样等等，这些问题不仅可以从比较的角度，还可以从历史的角度，或者从文献制度的角度展开研究，我想这应该是我们今天儒学文献整理与研究应该包含的内容。

除了石经之外，儒学文献中跟石刻相关的应该还包括全国各地的孔庙、文庙里面有关儒学碑刻，这些碑刻很多跟学校相关。比较有名的，比如说西晋时候的《辟雍碑》。其实各地历代与学校、与儒学、与文庙相关的碑刻非常多，有些石刻仍在，有些只传下文本。宋代元代各地的儒学，包括儒学增租记碑，儒学对山碑等等，这里面涉及相关儒学教育兴起的经济背景、社会组织背景等等。搜集整理这些石刻文献，会给我们提供一些传世文献中看不到的一些新材料。山东在这方面应该算是资源非常丰富的，孔府、孟林中的石刻已经得到整理。其他各地州县孔庙中的碑刻，可能还比较零星分散，没有一个总汇的全貌。如果在全国范围内，将这些方面的材料收集起来，包括进士的题名碑、学校规章碑、儒学田在碑等等，数量应该相当可观。我个人感觉，在儒学文献整理研究方面，这个方向大有可为，下一步要更加重视。

因为时间关系，我就讲这么多，谢谢大家。

（尼山学堂任哨奇据录音整理）

汉唐石刻：中国式的纪念与记忆

　　我今天要跟大家讲的题目叫作"汉唐石刻——中国式的纪念和记忆"。关于纪念和记忆，首先在这里简单地给大家做一个解释，说明我所谓的纪念和记忆是什么意思。我们大家都理解，人是一种社会性的动物，如果用中国古代的词语来说，那就是说，人是一种"群"的动物，人必须跟群体生活在一起，才不会感到孤单。因此，人在一生当中，总是很害怕孤单、害怕被人遗忘，更害怕失忆。对于个体来说是如此，对于群体的社会来说也是如此。当然，我们大家会联想到中国历史上的隐士，这些人特别喜欢离群索居，他不要跟社群在一起，而要一个人隐居起来。这种人在古典文献当中称之为"逸士"。所以"逸"，就是说超脱日常社会生活网络的牢笼，跟日常社会生活规则不太合拍的那样一些人。如果打个比方，人就好比是宇宙当中的星球，害怕失落于茫茫时空当中。

　　因为有这样一种害怕、这样一种恐惧，因此，人就非常重视纪念和记忆，之所以要纪念和记忆，就是为了求得群体的认同。这种群体的认同一方面是历时的，另一方面也可以说是共时的。如果就纪念来说，一件事情、一个人物、一项公共工程，我们往往都要利用或者采取某一种形式来进行纪念。如果跟纪念相比较，记忆主要比较倾向于历时的认同，我们记忆我们的前人、我们记忆前代的历史，那基本上是一种纵向的群体认同的延伸。说到记忆，我们可以把英文当中对纪念或记忆的词语拿来作为对照比较。英文当中说到纪念的时候，有两个比较常用的词语，一个叫"memorize"，这个词语也可以说就是记忆。另一个跟纪念相关的是纪念碑，英文叫"monument"，如果把它拓展成一个抽象的名词，就是纪念性，英文叫"monumentality"，这个就跟我今天要讲的"汉唐石刻与纪念"这个主题有关系了。关于纪念碑或者说纪念碑性的概念，已经被学术界运用到中国古代美术或者艺术以及建筑的研究当中。现任芝加哥大学的一位美术史的教授、著名学者巫鸿先生，在很多年以前写过一本书，叫作《中国早期艺术和建筑中的纪念性》，他所讲的纪念性其实就是纪念碑性，他所讲的艺术和建筑里面，有很多的内容其实就是关于石刻，尤其是中国早期艺术建筑当中的石刻。

关于记忆，我们大家就更熟悉一些。我们对某一个行为、某一事件进行记忆，记忆本身可以说是一种人类的文化本能。我们可以通过各种各样的形式来进行记忆，这些记忆的成果，我们有时候称之为记忆；有时候称之为历史。如果要分辨记忆和历史有什么不同，也许可以说，记忆是历史的另外一种形态，或者可以说，记忆是历史的一种初级形态。总的来说，记忆是历史当中没有经过史家加工的一种粗略的形态。

中国有非常发达的记忆文化，这种文化的传统历史悠久。在这个悠久的传统当中，我们可以看到，我们先人们运用了很多种记忆媒介。所谓媒介，就是用什么样的一种手段、材质、方式来进行记忆。最早有所谓的结绳记事，那就是说，在还没有文字的时候，我们的先人们只是用一根绳子打一个结来记录今天发生了一件什么事或者一个什么重要的行为。这里"绳"就成了一种记忆的媒介。相对于这种记忆方法，后来出现的文字当然要高级得多，也有效得多了。据《吕氏春秋》里面说，在夏禹的时候，他们是怎么记忆的呢？他们是"功绩铭乎金石"，把这个功绩铭刻在金石上面。这里就提到两样东西，一个是金，一个是石。一般来讲，这里的金就是指青铜器，石就是我今天要说的石刻。这个在夏禹的时代的金石，今天我们看不到一个确凿可信的实物。相传夏代的时候，夏禹治水曾经刻过一个《岣嵝碑》，上面的字体非常奇怪，大家一定会说认不得。这种字有人称之为"岣嵝文"，有人说就是夏禹时代的文字，究竟这里面的每一个字怎么释读，是现在汉语里面的哪一个字，从古到今有众多的学者进行考证、研究，我这里就不一一介绍了。我想说的是，说这样一个《岣嵝碑》是夏禹时代的，其实是未必可信的。实际上，恐怕现在学术界没有人相信它是夏禹的时代的东西，而更多的人倒是相信它也许是道教的某一种秘密文字。但是，不管它是一种什么文字、什么内容，也不管它的真假，如果我们相信《吕氏春秋》里面记载的话，那夏禹时代应该有某种金石铭刻吧，而这个金、石，也就是那时人们作为记忆媒介的。

我们知道殷墟出土了甲骨文。甲骨文上面契刻的文字，应该说也是一种记忆的媒介。跟石刻相关的，在商代有所谓的"商伐鬼方纪功石刻"，以及相传"箕子就封碑文"。再往下看周代，相传周代石刻里面出现了几件大名鼎鼎的石刻，跟周代的名人有关系。比如说，周穆王纪功石刻，还有传说在比干墓前面有孔子留下的题字，再有，据说季札去世的时候，夫子也到他的墓前面并且也留下了题字。无论是周穆王纪功石刻，还是孔子在比干墓和季札墓前面的题字，都是不能够当真的，都是一种历史的传说。那么，这样一种传说之所以出现的背景是什么呢？因为中国有历史悠久的石刻文化，中国有历史悠久的把石刻作为记忆媒介的文化传统。

中国的记忆文化从结绳记事到刻于金石，这还都是比较初级的，等到史书出现，中国的记忆文化才到了很高的发展境界。我们今天去看《说文解字》这本书，里面对历史的"史"字解释，就是："史，记事也。"所以，在中国的历史上，我们有连续不断的《二十四史》，这就是一个不间断的文化记忆，能够充分表明中国记忆文化的发达。除了这些正史以外，我们还要注意到野史，还有其他的一些文献。在这些正史以外的其他文献当中，汉代以后的尤其是汉唐石刻就是非常重要的一部分。汉唐石刻能够起到对正史的补正、补充的作用。所以，它是一种非常重要而且形式相当特殊的记忆文献。

如果我们不从正史的角度，而是单从记忆的角度，来简单做一个划分，可以把记忆划分为个人的记忆和集体的记忆。这个集体有比较小的集体，也有比较大的集体，比较小的集体包括一个家庭、一个家族、甚至一个村落；比较大的集体则可能是一个州县，也可以是整个一个时代、社会，或者某种更大的社群记忆。所以，记忆一方面是有私人性的，另一方面是有公共性的，要看这个记忆涉及的是什么样的类型。如果是一些比较个体的、私人性的记忆，那么，这些记忆就难免有一些主观性。如果是一些集体的、公共性的记忆呢？它的客观性就相对比较强一些。无论是主观还是客观的，个人还是公共的，私人还是集体的，应该说这两个方面都是互相联系在一起的。

中国的石刻非常多，历史也非常悠久，我今天只给大家重点介绍汉唐石刻，为什么专门说汉唐时刻呢？这是因为汉唐石刻在历史的时序方面比较早。在讲汉唐石刻具体的情况之前，我想简单地介绍一下石刻的情况。石刻，有时候我们也称之为"铭刻"。所谓"铭刻"，其目的就是为了不要让人遗忘。"铭刻"这两个字，就充分地突出了石刻这种文献的纪念性与记忆性。简单地说，石刻包括所有刻在石质材料之上的东西。刻在石质材料之上的大部分是文字，比如说墓碑、墓志。除了文字之外，有的是刻图像，比如说汉画像。还有是石刻雕塑。当然，这三者可以同时出现，比如说，如果大家去洛阳参观龙门石窟，龙门石窟里面有很多石刻的雕像，有时候在雕塑的旁边或者背后，也刻有一些文字。这些文字的题记跟这些雕像是配合的、相辅相成的。

石刻的起源，如果追踪起来，有一个很有意思的现象，就是它跟秦国有一种特殊的联系。我们在历史文献中看到了五条记载都跟秦国有关系。比如说，第一条，秦惠文王的《诅楚文》，这个时代是在公元前四世纪，秦国和楚国打仗，秦国为了自己能取得胜利，就做了一个巫术仪式，诅咒楚国，并且把它刻石记录下来。第二条是在《韩非子》这本书里面写到一个类似寓言的故事，这个故事说，当年秦昭王曾经跟仙人在华山下棋，有胜负，他就把这样一件事刻在华山上面，留下了所谓的《华山勒石》。第三条，《华阳国志》里面记载，秦国跟当时周边的夷人不和。夷人经常骚扰秦国，秦国经常去打夷人，那怎么办呢？后来双方就立一个盟约，这个盟约规定说，如果秦国去攻打夷人，秦国就要赔夷人什么东西，如果夷人再来骚扰秦国的话，那夷人要付出什么样的代价等等。再下来就是白沙邮石刻，这是跟都江堰水利工程有关系的，也记载在《华阳国志》里面。规模最大的跟秦国，或者准确地说，应该是跟秦朝相关的石刻，是秦始皇统一中国之后，他巡游天下，在七个地方留下了石刻。这七个地方分别是：山东的峄山、泰山、琅琊台、芝罘山、芝罘东观、河北的碣石、浙江绍兴的会稽。这七次秦始皇留下的石刻，大部分在《史记》里都有记载。如果我们把秦始皇以及他之前的四次石刻联系在一起，就可以得出这样一个印象：秦国人对于石刻特别重视，或者说情有独钟。否则的话，为什么关于秦国石刻的历史事例记载得特别多呢？关于这个问题，以前也有学者，比如说国学大师饶宗颐先生曾经注意到过。他并且做过这样一个推论：是不是由于秦国的青铜铸造技术比较差一些，因此，他们才选择了青铜以外的另外一个媒介"石刻"，来作为他们的记忆媒介。这是有一定的可能性的。

讲到石刻的历史，除了秦国人对石刻特别感兴趣这个谜之外，还有一个：为什么在秦朝灭亡之后，西汉的石刻没有接着秦始皇那样一种传统而继续，没有发展起来？为什么石刻文化跳过了西汉这个朝代，等到东汉才蓬勃兴起呢？这个问题也是石刻发展历史上另外一个谜，值得我们猜想。现在如果我们要去找西汉的石刻，真的是非常难得。在江苏徐州发掘龟山汉墓的时候，其中有很多塞石。什么叫塞石呢？就是墓修好以后怕人盗墓，搞了一块很大的长条石把墓道塞住。龟山汉墓里面有一块塞石上面刻了几行字，石匠直接往上刻的，说这是某一诸侯的墓，我保证里面没有什么金银财宝，所以你们也不要去盗墓了。这种刻字很粗糙，而且也不是所有汉墓里面都有。所以，我说它是非制度化的，虽然刻得非常的粗糙，但这是西汉很少有的一个石刻的例子。

现在把整个传世的或者最新出土的西汉石刻加起来，总数我估计也是非常有限的，到了东汉就非常多了。东汉石刻最多的是碑，有各种各样的碑，尤其是墓碑。为什么东汉忽然一下子有这么多的碑，尤其是有这么多的墓碑呢？可能的原因是，东汉当时的祭祀制度发生了重要的改变。原来，中国古代的祭祀是庙祭，从汉代开始，祭祀由庙祭转到了墓祭，有时候在墓上面立一个庙。皇帝的就叫祖庙了，一般民间的叫家族祠堂。现在，在山东还有一个很有名的叫"武梁祠"，这是当时武家的家族祠堂，也就是他们当时祭祀自己祖宗的地方。所以，由于东汉时期祭祀制度的改变，因此人们需要相关的一些仪式制度，而相关的仪式里面就需要墓碑。所以，我觉得东汉石刻的大量出现，尤其是墓碑的大量出现，应该跟丧葬制度的改变有一定的关系。

从东汉开始以后，石刻这个传统就绵延不断了，汉、魏晋南北朝、唐、宋、元、明、清，石刻文化一直延续了有两千多年，这个历史相当长，而且种类非常多。如果仅限于汉唐石刻这一时段来讲，我们可以这么讲：汉唐石刻非常丰富，包括类型丰富、内容丰富。另外一个方面，汉唐石刻，如果当成一种文献来看，还是一种原始性的文献。因为绝大多数我们现在看到的汉唐石刻都是当时、当地所撰所刻的。为什么我说绝大多数呢？因为，现在流传下来的汉唐石刻当中难免也有少量后人的重刻、翻刻乃至于伪刻。另外，汉唐石刻跟后来宋、元、明清以后的石刻相比，除了要强调它的原始性之外，我觉得还要强调它的唯一性。什么叫唯一性呢？宋、元、明清以后有很多石刻的文字，除了刻石上去以后，很多的文人把这个文字都收到他们的文集里面去了。比如说，宋代很多人写的墓志或者墓碑文都是这样。但是，像苏轼、苏辙兄弟两个给人家写的为数不多的墓志和墓碑，一篇文章有时候好几千字，所以我非常怀疑当时有没有刻石。但是，应该讲，宋代以后的很多墓志文，一方面是刻石了，另一方面也收到这些作者的文集里面，这样就失去了它的唯一性了。当然，从某种程度上说，我们也可以说它还有唯一性，因为有时候，石刻里面的版本和文集里面收的版本不完全一样，从古到今有很多例子。比如说，南朝的作家庾信、唐朝的作家韩愈，他们的文章很多刻石了，后来这些石刻出土，我们把出土的石刻和韩愈文集以及和庾信文集对照，发现不完全一样。但总的来讲，汉唐石刻里面的很多文字，在这些作者的文集当中不收，或者我们根本不知道这些石刻文字是哪些人做的，因为石刻上没有留下作者的名字。所以说，汉唐石刻的唯一性表现在很多没有纸本相印证。

汉唐石刻里面最重要的两大类型，就是"碑"和"墓志"。所以，下面我给大家简单地说一下"碑"和"墓志"，碑是一个很有意思的东西，用途很广泛。在东汉开始使用碑刻以前，"碑"的意思不是我们今天所了解的纪念碑、神道碑、墓碑。"碑"最早的用途，第一个是，在宫殿里面标识日影的，类似日晷。第二个是，是在廊庙当中用来拴牲口的。第三个是，在墓地用来牵引棺材的，四个方向树一块碑石，中间穿一个洞，绳子穿过洞，将棺材平稳地放入墓穴。后来发展出了汉代的三种碑，可与这三种用途相对应的：（1）纪功颂德碑；（2）祠庙碑；（3）墓碑、神道碑。现在大家看到的是一个汉碑：《汉故益州太守北海相景君铭》，一般我们就称作《景君碑》或者《景君铭》。这个墓主姓景，他做过益州太守、北海相。大家看到汉碑的样子大概是这样的：上面这个部分像一个人的额头一样，题了碑的名字，叫碑额。大家注意中间空的这一块，这不是这个拓本坏了，这叫碑穿。这是从墓地上牵引棺材的碑发展来的。有一个唐代人学问做得不够好，给某一个大官建立一个功德碑的时候，他也在碑中间凿了一个洞，以至于成为当时的笑话，他要歌颂的那个大官也不高兴。这是碑的正面，叫做碑阳，如果是碑的反面，就叫做碑阴。碑阴从汉碑开始就有一个固定的用途——题名。如果大家看拓本，或者实地看碑，除了看正面，有时候还要留心看看反面，光是那些名字也是很有意思的，我待会儿会讲到。一块很大的碑要竖立起来，底下要有一个座，一般要把碑嵌入到碑座里面。为了保护碑，往往还要在碑上面建一个碑亭。我在这里强调碑座和碑亭，是希望提出这么一个想法：在汉代人们看到的一个碑，其实很大程度上是把它当成是一个小型、具体而微的建筑。它的意义很多跟建筑是密切相连的。

碑的名称，在汉代有好多种称法，有的叫作碑记、有的叫作碑颂。比如说，大家如果喜欢书法，看过隶书，隶书中有一个很有名的作品《石门颂》，是歌颂当时开凿石门通道这样一个公共工程的。也有的叫作碑表，所谓"表"，就是表颂的意思。过去很有名的一块汉碑叫《张迁碑》，全名叫作《汉故谷城长荡阴令张君表颂》。还有叫作碑碣。一般来讲，碑是比较大的，碣是比较小的，大小是就尺寸、地位高低、重要性来讲的。另外还有称为碑铭。汉代单纯叫碑的，就比较大一点；叫铭的，大多就比较小一点，比如说，河南《嵩山少室石阙铭》的尺寸，高度只有43厘米，而宽度是153厘米，而《鲁峻碑》的尺寸，高度是3.8米，宽度有1.49米。如果把汉代的碑和后来的尤其是唐代、宋代的碑相比，汉代的碑还算是小的。宋代抗金名将韩世忠的碑好大，如果大家去南京的明孝陵，神道前面有一块《神功圣德碑》，高达十米。明成祖朱棣当时立的时候，本来还想立一块更大的碑。他把南京周边的一个石头山都凿空了，准备作为歌颂他爹朱元璋的丰碑，结果没有办法运到南京城里面来，就放弃了，现在那个地方就成了南京的一个景点，叫作"阳山碑材"。

我们今天讲到碑，往往首先想到墓碑，而且墓碑因为跟丧葬、死人、死亡有关系，所以，我们往往想到，都会跟悲哀、悲伤的悲联系起来。但实际上，在汉代，很多碑并没有悲伤的意思。比如说，用在山川祭祀封禅这些公共场合的碑，主要基调是歌颂，例如汉碑有《祀三公山碑》《华山庙碑》《封龙山碑》《白石神君碑》。即使是汉碑里面用于祭祀祖先、圣人、神灵，比如说相传创造文字的是仓颉，后来就把他当作一个神，也就有了《仓颉庙碑》；到孔庙里面去祭祀的，有《礼器碑》《史晨碑》。一开始，汉代碑刻主要是用于公共事业、公共场合，后来也慢慢地用于某一个人。有一个地方官开通联接关中与汉中的褒斜通道，当时就有人给他立了一个摩崖碑刻。所谓摩崖，就是就着山的某一面自然的石壁刻字。除了《褒斜道》摩崖之外，还有《石门颂》摩崖。但是，碑慢慢地由赞颂活人发展到了赞颂、怀念死去的某一个人，前面说到的《北海相景君碑》，还有《张平子碑》就是这种情况。大家看一下《石门颂》的摩崖，大家想象一下，这个《石门颂》是刻在崖壁上的，当时是怎么刻的，还是很费猜想的。在中国的书法史上，尽管《石门颂》是摩崖石刻，它的艺术成就，历经一千多年，古今书家都给予极高的评价，笔法瘦劲恣肆，雄健舒畅，颇饶趣味，"且喜用长势，多用圆笔。布置巧妙，错综变化"。它的整个章法，使得后人连想象都不敢想象，有一种特殊狂放的美。这个是我刚才给大家看到的《景君碑》的近景。它也是隶书里面非常重要的一篇作品，这个墓的年代是在公元143年，也就是在东汉的中后期。这个是《曹全碑》，也是隶书。大家如果把《曹全碑》的书法，和刚才提到的《石门颂》的隶书相比较，就能体会《石门颂》那种飞扬的风格特点。

碑之所以令后人会有悲伤的联想，这种概念大概是南朝以后才开始慢慢有的，在汉碑里面我找了半天，只找到《北海相景君铭》里面有这样两句话："竖建虎（非石）。"

"（非石）从石，悲省声。"另外一句叫作"歔歔哀哉"，"诔曰"。这说明什么？说明《北海相景君铭》这个碑文里面确实表达了悲伤、悲悼的意思。如果严格地把汉代的石刻分类，《北海相景君铭》在文体上算是诔文，按照陆机《文赋》的说法："碑披文以相质，诔缠绵而凄怆。"什么意思呢？碑的内容要写得典重、文质相符，诔则可以写得缠绵、悲伤。其实，汉碑是有多种功用、功能的，但我们往往只看墓碑这一项。汉代的墓碑里其实就有好多种文体，现在我们一般把墓碑当作是一种文体，实际上，古代就有人不承认墓碑是一种文体，只承认墓碑是丧葬礼仪场合所用的一个东西。因为这样的影响，在《乐府诗集》里面我们看到这样的诗："奈何许？石阙生口中，衔碑不得语。"初唐时代编的《初学记》中，也说："碑，悲也，所以悲往事。"晚唐陆龟蒙写《野庙碑》，说："碑者，悲也。"我想强调的是，这是后人的一种理解，而且是比较片面的理解。碑绝不只是悲伤的，碑也有歌颂、表彰、宣扬等多方面的用途。

碑在汉代最多最重要的功用还是作为墓碑，作为汉代墓葬里面不可或缺的一项内容。几乎当时全社会的人，在他们亲人去世的时候，都要想办法建墓葬，立碑，这变成了一种风俗，而且还互相攀比。所以，这就在经济上造成了攀比、浪费，同时在民风上也造成了一种虚谀。什么叫虚谀？就是没有根据的瞎吹捧。自己的亲人尤其是长辈去世了，找人作一篇墓碑文，当然是希望人家多说好话，这也是可以理解的。结果，以至于当时七八岁的小孩夭折的，按在碑文里面写的，几乎每一个人都是神童。如果大家读汉代的这些碑文，不要以为汉代的神童特别多，那是因为这些文章是出钱买来的。所以，作者怎么写，要听出钱的这个人的。所以，到了东汉末年三国时候，曹操就认为此风不可长。魏晋时代一直到刘宋，都有以政府的律令禁止立碑的规定。比如说，刘宋著名的史学家裴松之，他就给皇帝上书，从史学家的角度说：不能再立碑了。尽管魏晋的时候不断下令禁止立碑，可是屡禁不止，稍微控制得松一点，立碑的人马上就冒出来了。然而总的来说，尽管从建安开始到整个南朝，碑没有被完全禁绝，但是，魏晋南朝的碑已经少很多了。当然，也不是说绝对不可以立碑，但要打报告，上面审批这个人是不是够规格，通过了就可以。魏晋南朝基本上是这样形式上的立碑。能够立碑，当然是把自己的生平、功业向整个社会昭示，这是一种昭示，是纪念，也是记忆。禁碑，就是通过国家的律令，以体制的力量来消除某些不合社会规范的记忆，在某种程度上也可以说，是统一历史记忆。因为禁碑，有一些人敢于明着对抗，你不让我立碑，我偏敢立。但万一来抓我，或者官府有什么惩罚的措施，怎么办呢？所以，有些人就搞了一个变通的办法，他把原来应该立在地面上的碑，偷偷地埋在墓里面了，慢慢就有了墓志。

但是，如果你有背景，有后台，不但可以立碑，而且一个人还可以立四块碑。在梁代，有一个叫萧秀的诸侯王去世以后，他的下属就要为他立碑，所以就找了当时四位著名的文人王僧孺、陆倕、刘孝绰、裴子野，写了四篇碑文。按照一般的道理，应该选择一篇最好的碑文刻石，结果，这四篇碑文不相上下，后来干脆四篇都刻石。我们今天看到，萧秀墓前有四块碑，我觉得，这个光荣属于萧秀，也属于四个作者。这四块碑今天还留下来两块。这张图片是南京栖霞区甘家巷小学内的萧秀墓碑，东边这块石碑已经完全磨灭，字迹看不清楚了，西边这块石碑还看得到一些字，是刘孝绰的那篇。这几张图上分别是西石辟邪、东石辟邪、西石柱、龟趺。这是最好的能够说明魏晋南朝碑的实物例子。

墓志最初是从碑转化过来的，所以，最早的墓志都是碑的样子。一般来说，标准的墓志是正方形的。北朝唐代成熟期的墓志，是上下两块，下面是墓志，上面是墓志盖。墓志也叫墓志铭。"志"的意思是记住，"铭"的意思是铭记，也是记住，墓是一个人生命当中生和死的分界线、标志点。所以，墓志铭对于一个生命来说，是发挥记忆、纪念功能的一种文字。墓志铭产生的主要背景是魏晋南北朝禁止立碑，另外是西晋末年五胡乱华，北士南迁。到了东晋末年，这些从北方侨迁到南方的士族将近一百年，他们这些人逐渐清醒地认识到回不了北方了，那么就落地生根吧。这些人死了就地埋葬的时候怎么办？他们仍然念念不忘北方的家乡，所以下葬的时候寻根追源，要把自己的源头、祖宗从哪里来记下来。从王、谢等侨姓士族开始使用所谓的墓志。现在从考古发掘能够看到，最早的墓志是在四世纪末，开始用这些墓志的都是王家和谢家的，在南京周边现在发掘发土的很多墓葬，基本上是这样。这些家族在当时有相当大的文化影响力，他们这样做，很多人也就跟进，不但北方的士族跟进，南方的本地人也跟进，整个墓志制度就推广开来。这样，南朝墓葬当中就多了一个新的东西。

早期的墓志有一个特点，跟后来的墓志铭不一样。这是什么特点呢？大家看这张拓本图，前面两行是题目，下来之后就是铭文。大家如果读过一些碑文或墓志文的话，会看到正规的碑文或者墓志文都是先写散文前面的序，然后再有一段韵文，一般都是先序后铭，但是早期的墓志铭有先铭后序的。这个说明什么呢？说明铭文在早期的墓志铭里面更关键。因为铭文更有文采，而早期的序文非常的朴质没有文采，要么写得非常简单，要么就非常详细，如同抄家谱。也就是说，早期的墓志铭，铭文是有文采的，而序文是没有文采的，但是它有别的意义。这两者又是相对比较独立的，因为比较独立，所以有时候在一些文章选本中，只抄或只选录铭文。南朝一个很有名的作家叫作任昉，他写了篇《刘先生夫人墓志》，这个刘先生叫作刘巘，是梁武帝时代一个很有名的经学家。他的夫人死了以后，任昉给她写了一篇墓志，《文选》就只抄韵文的部分，大概有二十四句。很多后来的学者都以为南朝的墓志大概就只有铭文。这是一个误解，因为那些序没有文采，书中没收。因为序文和铭文可以独立，所以可以分工，一个人写这个部分，另外一个人写那个部分。给大家看一个我认为文采不错的例子，陈后主和他的尚书令江总曾经合作写孙玚墓志铭。孙玚死了之后，江总为他写了序文和铭文，陈后主看了以后觉得不过瘾，他又写了这样几句："秋风动竹，烟水惊波。几人樵径，何处山阿？今时日月，宿昔绮罗。天长路遥，地久云多。功臣未勒，此意如何？"这是简单地给大家介绍一下碑志，碑志是汉唐石刻里面最重要的两个部分，碑志里面的文字内容对于记忆文化和历史传统的价值是最大的。

下面进入今天的主题，我认为汉唐石刻是中国式的纪念和记忆。我这里强调的是"中国式"。如果仅仅说石刻，不能说只有中国有石刻，别的国家也有石刻，但是中国的石刻尤其是汉唐的石刻有它自身的特点。第一点是体制形式方面，中国人刻石非常讲究，刻碑也好，墓志也好，或者刻其他一些石刻也好，石材的选择非常关键。唐代的很多巨碑传到现在一千来年，上去敲还当当作响。还有一些名家写的碑已经经过无数次椎拓，但是依然保存得很好。碑有碑额、碑阳、碑阴、碑座等等；墓志有志石和墓志盖，如果从美术的角度去看，墓志盖也非常好玩。为什么说好玩呢？墓志盖就有点像碑额的功能，墓志上有时候第一行会写墓志的题目，大多数是不写的，题目是写在墓志盖上面的。墓志盖上的文字一般是用篆书，但是从北朝到唐代，尤其是北朝人玩得花样百出，就是各种各样的美术字都出来了。大家现在比较熟悉的魏碑是接近美术字的，但是，北朝人在墓志盖里搞的美术字实验更多。墓志盖除了这种美术字，还刻有别的图案。这些都是有中国特色的形制规格。

第二点，文章形式方面，石刻文章绝大多数都是非常讲究的，尤其是碑上面的文字，墓志也是。碑文也有两个部分，一个是散文的序，一个是韵文的铭。我要强调韵文的铭，从汉代、唐代到宋代，一直都有人把铭文称之为"铭诗"。从文学的角度来说，我认为这是更准确的。从文学的层面看汉唐石刻，不仅有各种各样的文体，而且以碑和志这两种为代表的文章是非常讲究的。一般来讲，不是一流的高手没有资格写这个文章。

第三点，艺术形式方面。文章写得好，字也要写得好。刻石要请书法家来写，碑上的篆额、墓志的篆盖，都是请当时的名家来写，旁边还刻一些纹饰。这些都是非常有艺术价值的。我们今天研究中国美术史、艺术史、书法史，几乎是没有办法脱离石刻。石刻中唐代书法家的名字太多了，初唐时代有褚遂良、虞世南、王知敬，欧阳询、欧阳通父子，薛稷、薛曜兄弟；盛唐时代有李阳冰、颜真卿、李邕、苏灵芝、褚庭海、蔡有邻、韩择木、史维则、梁升卿、徐浩；中唐时代有柳公权、沈传师、裴璘、唐玄度、刘禹锡；晚唐五代有徐铉、徐锴兄弟。我觉得，宋以前的书法史主要是建构在石刻文献基础之上的。明清以后，有的人不把墓志埋在墓底下去，而把它嵌到墙壁里，主要的目的既是为了纪念那个死者，也是要纪念曾经有资格请到这么高明的书法家，写下这么高明的书法作品。然后，又有人把嵌到墙壁里的墓志制成拓本，作为艺术品来欣赏、传播。

第四点，是文献形式方面。石刻文献有三种形态：（1）实物的石刻；（2）拓本

（包括照片）的石刻；（3）录文与题跋的石刻。如果说石刻的实物中国特色还不够突出的话，那么，我觉得拓本和录文、题跋肯定是有突出的中国特色的。别的国家对于石刻的研究，也没有像中国那样传统悠久、资源丰厚。

第五点，礼仪形式方面。汉代人为什么那么重视立碑？因为立碑关涉到社会观感、家族脸面。碑不只是一个家族的事，是与死者相联系的整个社会群体共同的责任。汉代有所谓会葬制度，尤其是一些名人或者大官僚死了之后，来参加葬礼的人动辄几千，还有一个规模最大的是两三万。我很怀疑历史记载是夸张的，但即使打很大的折扣，其规模照样很可观。立碑以后，汉代人在春秋佳日以及清明都会到墓上去凭吊，所以，坟墓成了汉代人很重要的亲族聚会的一个场所。我们读《世说新语》，看到杨修经过《曹娥碑》，读到当年蔡邕留下的几个题字，"黄绢幼妇，外孙齑臼"，这说明很多人都会像蔡邕那样到墓上面去看一看。除了凭吊、怀念死者以外，到墓上读碑也是一种读书，比如说，三国时候的邓艾，十二岁的时候跟他母亲到了颍川，读了陈寔的碑文："文为世范，行为士则。"说陈寔的文章是天下的典范，行为是士人的模范、样板。他就很感动，给自己起名字叫作邓范，字士则。后来因为这名字跟同族某人相同，才改为邓艾。像这样一种例子，说明碑刻非常重要。从礼仪的角度来说，也是重要的。跟唐太宗一起打天下的那些功臣，死了以后，但凡能有资格在昭陵立一块碑的，那就是一个政治待遇。我想，这不但是对这个功臣本人，而且对功臣的家族也是极高的政治荣誉。唐代墓志制度里面还有一个丧葬礼仪，就是刻好墓志以后、下葬之前，要把墓志放在一个车里面供大家观看。意思是说，你们看看，这墓志制作得多么好。这是一种向社会展示的效果。这些礼仪上的一些要求，也就使得这种石刻文献更加受到社会的重视。

最后说到中国风格，首先要说撰写文章、书写以及刻石，这每一个环节都受到当时社会的影响。共同的特点就是有追求名家的情结，以便取得最大的社会效应。每一个时代有每一个时代的名家，汉代的蔡邕，东晋的孙绰，唐代除了韩愈之外，还有李邕。不但有墓碑，而且有其他各种类型的碑。如果说你找的是名家，就可能有比较好的社会效应，也就产生了所谓三绝（撰者、书者、刻者）碑、四绝（墓主、撰者、书者、刻者）碑等。就死者的家族来说，我想，这无非也是为了保证有更好的社会记忆和传播效果，同时提高应用文体的文学艺术含量。

说汉唐石刻有中国特色，除了它的形式、风格，还应该谈到它的内容。内容方面有特色，首先是刻中国的经典，包括有儒家、道教和佛教的经典，最多的是儒家和佛教的。我这里只讲儒家的石经。石经在中国历史上一共刻过七次，为什么要把儒家的经典刻在石碑上呢？早在汉代的时候，当时文献的传播还非常艰难，所以要把那些经书刻在石碑上，立在洛阳的太学门外，供人来抄写传播，最早的是汉灵帝熹平四年（175）刻的《熹平石经》。接下来是三国魏正始年间又一次刻石经，后来是唐文宗开成二年

（837）、后蜀广政元年（938）又刻过两次，总之在汉唐之间共刻过四次石经。从文献历史传统、学术记忆、文本记忆方面来说，汉唐之间这四次是比较重要的，后面的三次尤其后面的两次即南宋石经和清代乾隆石经在文献价值方面已经不重要了。因为南宋印刷术起来以后，石经在文本、文献传播方面已经变成第二重要的媒介了。

石刻中另外一个比较有中国特色的内容，是里面有药方。药方和石经不一样。石经代表的是精英社会和经典知识；药方代表的是民间社会和日用知识。大家如果去龙门石窟，里面有一个石窟叫"药方洞"，刻了 140 剂药方。另外，像华山莲花峰、衡山也有药方，北宋开封大相国寺石壁上还刻有《针灸图》。石刻内容里面还有一些比较好玩的，碑上居然也有志怪故事。像韩愈写墓志太多，最后写得都烦了，有时简直是拿委托人开心。有一个人让他写墓志，韩愈写这个死者非常喜欢服仙丹，相信服了仙丹就能够长生不老，于是他就炼丹，服了仙丹以后，他就死了。他给另外一个人写墓志铭，那个人是一个书生，还没有考中进士，也找不到对象。但是，有一个老头特别喜欢他，性格特别投缘。书生知道那个老头家里面有一个女儿，他就想如果能把他家里的女儿娶回来当老婆多好，于是他就跟人家请教，有一个媒婆就给他出主意，说你就拿一张假的证书说自己考上进士了，那个老头也不看是真的假的，书生说真的，他信了。书生说，那我向你女儿求婚，你看行不行？那个老头说好，于是就把女儿嫁给他了。汉碑一般是比较庄重、典重的，但《唐公房碑》上居然也有这样一段志怪故事：唐公房相传是东汉时候的一个仙人，一开始他也是一个普通的老百姓。有一年夏天他在吃西瓜，旁边有一个仙人，谁都不知道。唐公房把自己吃的瓜分给那个仙人，这个神仙就教他法术，他能够"移意万里，知鸟兽言语"。后来他的上司要跟他学仙，唐公房不教他，结果，他的上司就要把他的老婆孩子抓起来。唐公房就去告诉他的师傅，他的师傅说不用怕，我给你一点药，让你家人吃了就成仙飞走了。他老婆走的时候，还舍不得家里的牛、马、猪等，于是仙人就在他们房子的柱子上涂了药，让那些牲畜也吃了药，最后，他们家的房子和牛马六畜也都随风飞走了。这整个就像后来《搜神记》里面的故事，碑文里面居然写了，这是非常有意思的。

碑刻中有特色性的内容还有一点，就是题名。我给大家讲过，大家看碑要看背面，碑阴的题名很重要，碑阴有门生故吏的题名，而且这个题名不是简单的名字，往往要写下籍贯、官职，更有意思的是还写他出了多少钱。所以，碑阴题名展示的群体性和社会性是很值得我们关注的。就题名的这些人来说，也可以说他们有这样的心理：一个是纪念碑主，同时也期望自己被当时的那个社会群体所承认，更希望自己被后代的人记住。

汉唐石刻除了碑阴的题名以外，我还想说一下署名的问题。一般来说，我们看到的汉碑上面没有多少署名。到了北朝墓志开始，就渐渐有一些作者和书写者留下名字。唐代石刻署名的就更多了。一开始，魏晋南北朝或者汉代人们不在石刻上面留名，有没有这样一个忌讳，我不知道。但是，唐代人可能有这样的忌讳，什么忌讳呢？就是不愿意把自己的名字刻在碑志上，竖在墓前，或者跟墓志一起埋到墓里面去。我没有看到文献上直接这样说，只有一个间接例证，有一些刻碑者刻碑的时候不用自己的真名，而是用伏灵芝、元省己、黄仙鹤这样的化名。尤其是"灵芝"和"仙鹤"之类，我觉得可能是有意拿来对抗死亡的威胁的。这种说法一直到了清代，还有人在书里面说，现在有一些文人给人家写墓志的时候，要求不把名字署在上面。其实唐宋的时候，很多人并不理会这个忌讳，唐宋时代的很多碑尤其是墓志上面留下了撰文和书写者的名字。至于宋代人，不但在石刻上面留名，他们出去游山玩水的时候，在名山大川直接镌刻自己的名字。所以欧阳修在他的《集古录》里面曾经感慨："甚矣，人之好名也。"

中国特色的内容，还有一点应该讲到，就是虚美。所谓虚美是汉代就开始了，就是所谓的瞎吹捧。刚才讲到南朝不许立碑，但是一些人仍要立碑。讲一个段子，《南史》里面记载，梁朝宗室萧明和梁武帝的关系很好，后来当上豫州刺史，他就让底下的老百姓"诣阙拜表"，跟皇帝说我在豫州做得很好，有多少德政，所以要树碑，结果批准了。他就叫底下的人去采石，他用很好的伙食招待这些帮他做工程的人，还躬自率领，把碑石运到豫州来。这是当时历史上传为笑谈的故事，这也许是一个比较极端的例子，但是也说明在南朝禁碑之后，实际上很多人还是以顽强的意志，以各种巧妙的方式，想让自己有碑可立、想让自己被历史记住。

最后简单地说一下，石刻作为有中国特色的记忆文献有什么样的文化特色。首先，它跟中国的学术有密切的关系，这一点从汉碑所刻的石经上已经可以看出来。其次，它跟中国的文学有密切的关系。汉唐石刻中有很多好的高水平的文章。如果把汉碑和南朝的碑做一个对照，就可能看出这两者的学风和文风不一样。汉碑是比较典重醇厚的，因为它用的经典是从儒家六经里面出来的。南朝碑就用一些佛教的典故，就比较清切巧丽，也驳杂一些。第三，石刻作为一种记忆文献非常重要，刻上去以后，有时候你想不承认都不行。那么，也就有人想方设法要凿改、毁碑，篡改记忆。这有种种原因，有的是出于政治原因。比如说安史之乱的时候，安禄山、史思明得志那几年，他们也有过年号，也立过碑，后来平乱之后，当然把这些碑都毁掉了。又如，恰好有一个碑或墓志是请一个奸臣写的字，举个例子，北宋奸相蔡京的字写得很好，立的碑也很多。蔡京垮台以后，很多人就把蔡京的署名凿掉，想掩盖这段历史，遮蔽这段记忆。甚至还有一些人想伪造、盗窃记忆的。明代成化年间，杭州有一个阴险小人，姓夏。他的邻居有一处很好的园林，他就想骗过来。他假造了一篇碑文，偷偷埋在邻居园林的池子底下，然后去打官司，说邻居那个园林是我们家的，有碑为证，我们家前几代修这个园林的时候，就立了碑在那个池子里，昏官断案，就把那处园林判给夏家了。这当然是一个比较极端的例子，也不是汉唐时代的，但是我想，在石刻文献历史上，通过篡改记忆以掩饰自己或者掩饰政治的某一段历史的类似的例子，还是非常多的。

石刻作为一种记忆文献，还应该说说宋代发展起来的金石学对于这种记忆文献的保存、传播和影响起到非常大的作用。我今天能够在这里给大家讲汉唐石刻，有很多文献为什么能够看到？那是因为从宋代开始，有很多以欧阳修、赵明诚、李清照、洪适为代表的学者，这些人开展收集石刻，把收集的石刻编辑在一起，进行整理研究。对这些石刻的收集，就是对记忆的收集；对这些石刻的珍藏，也就是对记忆的珍藏。他们还为这些石刻做了一些题跋、校正，这样就有校勘、整理和研究，留下了他们研究的一些心得，对我们今天了解和研究那个时代的历史，汉唐石刻起着非常重要的作用。所以，宋代金石学兴起的历史，其实可以说就是对中国记忆文化收集、编辑、珍藏、转化、积累、传播和研究的历史。我们应该从文化的角度，对欧阳修、赵明诚他们的贡献给予充分的肯定。

江庆柏　1951 年生，江苏宜兴人。南京师范大学古文献研究所研究员。毕业于南京师范学院。主要研究方向为中国古典文献学、清代文献学、江苏地方文献学。代表著作《明清苏南望族文化研究》《清朝进士题名录》《孙星衍评传》，主持古籍整理有《四库全书荟要总目提要》《四库全书初次进呈存目》等。

关于"后四库全书现象"问题

非常感谢儒学高等研究院的盛情邀请，也感谢各位，包括主持的单老师。

我讲的是关于"后四库全书现象"的问题。首先，这个题目不知道能不能成立，所谓"后四库全书"，是说在《四库全书》编纂以后所产生的一系列情况，主要是指嘉庆以后，晚清和民国，当然也可以包括现在，主要是晚清和民国时期。我要向大家汇报的有三个方面的问题：

第一，乾隆以后《四库全书总目》和《四库全书》文本的社会影响情况。《四库全书》实际上总的来说就是一个文本和一个提要这两个问题。四库的文本和四库的提要在《四库全书》产生以后的后果，在"后四库全书时期"，它的影响完全不一样。

在《四库全书》编纂以后，《四库全书总目》的影响是非常非常大的。可以这样说，许多读书人读书，他进入中国传统文化的路径就是从读《四库全书总目》开始的。一般人物是这样，大人物也是如此，拿一个典型的例子来说，阮元刻《十三经注疏》，他实际上跟《四库全书》毫无关系，但是他在每一部经前面都刻了四库提要。而且阮元还专门就为什么把四库提要放在每一经前面有个解释，这个我就不说了。所以说乾隆以后，《四库全书总目》发挥了很大的作用。

然而，这一时期四库文本却几乎没有社会反应。说四库文本在乾隆以后没有社会反应，我想这可以从三个方面来看。第一个，看《四库全书》的出版，《四库全

书》编纂以后的图书出版，很少有和四库本产生联系的，比如说著名的《十三经注疏》《二十四史》，都是没用四库本的。当然，也不是说完全没有，用的很少。最终用到的也只有杭州文澜阁本，有些文本用到了一些。除此之外，总的来说四库全书本的出版情况很不理想。第二，更重要的是看四库文本的影响。所谓四库文本的影响，我的意思就是说在《四库全书》出版以后出版的一些图书，它实际上完全没有按照《四库全书》的路子去做。按刻书的情况，都是回到了四库之前使用的版本。我举个例子来讲，岳飞的《满江红》，他的名句"壮志饥餐胡虏肉，笑谈渴饮匈奴血"在《四库全书》里面改掉了，成了"壮志肯忘飞食肉，笑谈欲洒盈腔血"。这是一个被大家广泛使用的典型的例子。说明什么？说明四库文本对原作做了大量的篡改。但是我们看到的嘉庆刻本就照原来的样子，不是按照四库的样子。再就是说，社会影响非常大的《宋史纪事本末》《元史纪事本末》，在《四库全书》里面都有大量的篡改。但是我比较了同治七年的刻本、同治十三年的刻本、光绪二十四年的刻本，所有忌讳的文字全部恢复原样。我就想说，就是第二个，所以从四库文本的出版来看，四库文本对后来没有什么影响，或者说即使有影响，也是微乎其微。第三，再看乾隆年间禁毁书的刊刻。乾隆年间编《四库全书》时，禁毁了大量图书。但是，在乾隆以后这些遭到禁毁的图书，有许多重新出版了。这些图书的出版和《四库全书》没有直接关系，但是从一个方面说明了编纂《四库全书》的巨大社会反响正在逐渐消失。

第二个问题，为什么《四库全书》的社会影响和它的社会效应在消失。

我觉得这里面主要两个原因，第一个是和社会大环境有关系。清朝从嘉庆年间开始，整个社会状况在逐渐恶化。与此同时，清王朝对社会的思想控制也在逐渐减弱。在这种情况下，对图书出版的管制开始放松。我举个典型的例子，《通志堂经解》，这个书是康熙年间刻的，在乾隆五十年，乾隆皇帝命人补刻了，而且在前面加了一段御旨，这个御旨当然表彰了这部书的功绩。但是他在上谕中指出了此书编印者的三个问题：第一是成德科名造假，第二是成德父亲明珠结党营私，第三是名流徐乾学交结权贵。这三个问题刀刀见血。同治十二年，广东粤东书局重新刊刻了《通志堂经解》，把乾隆皇帝的谕旨放进去了，但是广东巡抚张兆栋又重新写了一篇序言，在这篇序言里面他是怎么说的呢？他说"使古人之精力不至泯灭，又使徐氏、纳兰氏荟萃之功将绝而复续"。也就是说他着力在表彰纳兰成德和徐乾学的功绩，用现在的话说，这就是在打乾隆的脸。他的讲话跟乾隆完全不一样。可见当时的社会大环境在逐步转变。

第二，为什么乾隆以后的书没有按照乾隆年间编四库全书的样式去刻，我觉得还有一个非常重要的原因就是这个书很难看到，社会很难看到《四库全书》。我认为北四阁基本没有走出宫廷，南三阁看到的人也不多，真正看到四库本的，并且把四库本作为参校本还是在民国时期，也就是张元济刊刻《四库全书珍本初集》以后才逐渐有人看到这部书。并且在这种情况下有一些谈论。最著名的例子，就是鲁迅先生写的一篇文章，叫作《病后杂谈之余》。鲁迅关于《四库全书》的许多见解都在这个里面。其中有一个最著名的也是大家经常引用的，就是"清人纂修《四库全书》而古书亡"。这个说法影响很大。

第三个问题，对"后四库全书现象"的思考。

我觉得对鲁迅先生的话应该分析。他说："清人纂修《四库全书》而古书亡。"如果说因为编了《四库全书》，使大量有违碍字句的古籍遭到查禁，这基本符合史实。但是如果说因为删改了《四库全书》的文章，从而导致后人无法看到这些图书的本来面目，这并不确切，因为大部分图书的刊刻都是按照《四库全书》之前的样子。

在这个时期，我还想举个例子，就是《书目答问》，它对《四库全书总目》的评价非常高，但是在《书目答问》里面用到的四库全书本我算了一下只有 5 种，同时被《四库全书》禁毁的大量图书，比如顾炎武的《亭林文集》，周亮工的《读画录》《印人传》，还有《宁都三魏集》等等，都是遭禁的，但是全部进入了《书目答问》当中，也就是说《四库全书》的影响几乎全部消除了。

文化的传承、典籍的传播有其自身的规律，一定的政治力量有时会影响到文化信息传递系统的运行。但社会文化系统的运行是全方位的、多维度的，渗透在各个方面，不是一种力量能够阻碍得了的。因此，可以说即使没有后来的战争，即使北四阁面向社会开放，四库文本的影响也将是有限的。

典籍整理从本质上说可以做到真善美合一的，我不认为乾隆帝在开始纂修《四库全书》的时候，就有禁毁图书的意图。他在《文渊阁记》中曾经这样说，我编《四库全书》为了什么呢？就像张载所说的，"为天地立心，为生民立道，为往圣继绝学，为万世开太平"。乾隆皇帝实际上在《四库全书》编纂上寄托了宏大的理想，这是一种"善"。《四库全书》收录了我国历史上最重要的思想成果，这也是一种"善"。《四库全书》也是最美的，为什么这样说？我国古代最重要的文学家、文学史上最有影响的作品，最脍炙人口的名篇，我国古代的主要文学样式如诗词曲赋等在《四库全书》里面都可以找到。一部文学史是一个国家人民的心灵史、精神史，《四库全书》全面展现了我国古代人民的思想情感活动，这是《四库全书》体现的"美"，或者说一种"大美"。

然而，《四库全书》为什么最终没有得到社会应有的敬重呢？我认为最重要的是它的"失真"，它对文本的篡改使得人们对其他没有改动的文本也产生了怀疑，而对图书的大量禁毁以及引发的残酷的文字狱案，差不多抵消了《四库全书》的全部的积极意义。当人们对某一事物产生反感并因而产生成见时，我们往往会只注重它的缺陷，而不愿意看到它的优点。乾隆王朝花费了巨大的财力物力，编纂了我国古代历史上最大的一部图书，它不应该是这么一个结果。

（尼山学堂刘晓静据录音整理）

《四库全书》子部图书分类研究

　　图书分类就是依照一定的体系，根据图书的知识内容、形式特征进行划分，将相同的图书集中在一起的方法。我国古代的图书分类开始于西汉刘向。《汉书·叙传》云："刘向司籍，九流以别。"颜师古注引应劭曰："儒、道、阴阳、法、名、墨、从横、杂、农，凡九家。"这是刘向将自己负责管理的图书按照不同的学术流派加以分类。后其子刘歆编制了我国第一部综合性的图书分类目录《七略》。《四库全书总目》则是我国古代图书分类法的集大成之作，代表了古代图书分类法的最高成就。

　　《四库全书》是我国古代最大的一部综合性丛书，其分类法总结了历代分类法的经验，吸收了历代分类法的优点，又根据收录图书的实际情况作了适当调整，在类目设置、类目名称、类目顺序等方面，都有不少改变，使图书分类能更好反映图书的实际情况，并起到提示各家学术特点、揭示各家学术发展源流的作用。

　　但人们在研究《四库全书》的图书分类法成就时，多注意其与历史上的图书分类法作比较研究，而忽略了四库馆内有关图书分类的发展演化过程。实际上在馆内，有关图书的分类，也有一个演化过程。这个过程主要是通过《四库全书初次进呈存目》《荟要总目》《四库全书总目》（以下分别简称《初目》《荟要总目》《总目》）这三部相关书目体现出来的。《初目》为乾隆年间抄本，现藏台北国图，这是最早给四库图书进行完整系统分类的一部目录。《荟要总目》是编纂《四库全书荟要》时形成的一部目录，其形成时间在《初目》之后，《总目》之前。《总目》是最后完成的一部《四库全书》目录。本文即以子部为例作一分析。

　　子部，也称丙部。《四库全书》子部收先秦以来诸子百家、释道宗教著作及科技著作。这些著作记录了我国历史上最重要的思想成果，记录了古代社会的生产、生活知识，也记录了我国古代最为重要的科学技术成果。子部图书内容庞杂，其类别也相对复杂。为说明问题，先将三部目录的分类情况列举如下：

　　《初目》分为16类：儒家类、兵家类、纵横家类、法家类、农家类、医家类、术数类、杂艺类、考证类、墨家类、名家类、杂家类、类书类、小说家类、道家类、释家类。

《荟要总目》分为 14 类：儒家类、法家类、纵横家类、兵家类、医家类、农家类、数术类、墨家类、道家类、杂家类、小说家类、考证类、杂艺类、类书类。

《总目》分为 14 类：儒家类、兵家类、法家类、农家类、医家类、天文算法类、术数类、艺术类、谱录类、杂家类、类书类、小说家类、释家类、道家类。

下面从类目设置、类目名称、类目顺序三个方面，来考察《初目》《荟要总目》《总目》子部图书分类的异同。

类目设置

从数量上看，《初目》分为 16 类，《荟要总目》分为 14 类。《荟要总目》所缺少的两类是名家类、释家类。其中名家类在《总目》中也没有设置。在《初目》与《荟要总目》相同的类目中，纵横家类、杂艺类、考证类、墨家类这 4 类是只有这两部书目才有、而《总目》没有的。

《荟要总目》与《总目》均设为 14 类，但相互差异颇多。除去类目名称相同的如儒家类、法家类等 9 种外，《荟要总目》尚有纵横家类、数术类、墨家类、考证类、杂艺类 5 种，与《总目》天文算法类、术数类、艺术类、谱录类、释家类 5 种相比，或类目名称略有差异，或互不相见。类目名称有差异这种情况在以下分析，此处讨论互不相见的类目。

《荟要总目》设有纵横家类、墨家类、考证类 3 类，《初目》也有此三类，而《总目》均无此类。《总目》不设置纵横家类、墨家类，在《总目》"凡例"中有专门的说明："名家、墨家、纵横家，历代著录各不过一二种，难以成帙。今从黄虞稷《千顷堂书目》例，并入'杂家'为一门。"在《总目》子部杂家类叙中，再一次重申了这一观点，其文云："衰周之季，百氏争鸣，立说著书，各为流品，《汉志》所列备矣。或其学不传，后无所述；或其名不美，人不肯居。故绝续不同，不能一概。后人著录，株守旧文[①]，于是墨家仅《墨子》《晏子》二书，名家仅《公孙龙子》《尹文子》《人物志》三书，纵横家仅《鬼谷子》一书。亦别立标题，自为支派，此拘泥门目之过也。黄虞稷《千顷堂书目》于寥寥不能成类者并入'杂家'。杂之义广，无所不包，班固所谓'合儒、墨，兼名、法'也。变而得宜，于例为善。"这一点说得很清楚，《总目》（实际也就是《四库全书》）不设纵横家、墨家类等类，原因在后世这类著作数量极少。著作数量极少，也就意味着这一学术流派不再具有社会影响。书目的编制，既是已有学术

---

① "不能一概。后人著录，株守旧文"，此从殿本《总目》。浙本《总目》作"不能一概著录。后人株守旧文"。

成果的总结，对未来的学术发展也将起到一定的昭示。在流派已经、或差不多已经断裂，且不再具备相应的社会发展条件的情况下，将存世数量甚少的著作合并归类，是可以的。《总目》正是出于这一做法。

从图书分类的历史看，纵横家、墨家类两类，从刘歆《七略》开始，一直到《宋史艺文志》，都有设置，直到《明史艺文志》，才将这两类并入杂家类。不过类目虽有设置，这两类收入的图书并不多。《七略》已佚，《汉书艺文志》著录墨家有《尹佚》《田俅子》《我子》《随巢子》《胡非子》《墨子》六家，纵横家有《苏子》《张子》等十二家。到了《隋书经籍志》，著录墨家仅《墨子》十五卷、《随巢子》一卷、《胡非子》一卷三部，纵横家则仅有皇甫谧注《鬼谷子》三卷、乐一注《鬼谷子》三卷二部。到《宋史艺文志》，墨家类著录《墨子》十五卷一部，纵横家类著录《鬼谷子》三卷、高诱注《战国策》三十三卷、鲍彪注《国策》十卷三部。由此可见，墨家、纵横家不是日益发展，而是日渐萎缩。流派的萎缩，意味着其学说在社会上的影响越来越小，以致逐渐被社会淘汰。墨家、纵横家学说正是如此。而就实际情况看，《初目》著录纵横家类仅《战国策谈概》一部，墨家类亦仅《晏子春秋》一部。《荟要总目》情况也相差无几，纵横家类著录《战国策》一部，墨家类著录也不过《墨子》《晏子春秋》两部而已。所以《初目》《荟要总目》仍然著录有这两家，虽然有历史依据，但终究不能反映学术发展的真正面貌，所以《总目》将这两类合并入杂家类，是合理的。

考证类也是《初目》《荟要总目》所有，而《总目》未设置的。

考证类在《初目》中是一个大类，著录图书有27部之多。但《初目》对这一类目没有具体说明。《荟要》这一类仅收录的图书仅有《新唐书纠谬》《困学纪闻》两部，数量不多，但在《荟要总目》中有一段小叙，对这一类目的性质特点作了说明。《荟要总目》首先指出，《通志》二十略，其中之一即《校雠》，由此说明郑樵对此的重视。这是从历史渊源上说明设立这一类目的依据。但《通志》虽设有《校雠略》，对这一类目的性质未作说明。所以《荟要总目》以下着重说明了这一类目的特征。其文云："儒者综贯百家，上下千载，详识其同异得失之故，而断之于心、笔之于书，使心目昭然，不为前人所揜，则可谓善学者矣。"由于种种原因，人们对事物的认识有可能产生错误，对一些事物、知识的记载也不可能全部准确。这样，后人对这些前人的认识、记载，首先有一个判断的问题。考证，即根据资料来考核、证实和说明。《荟要总目》认为一个学者需要通过考证，对历史事物、学术异同得失等加以判断，这样方能不被前人之说迷惑。"详识其同异得失之故"，即考核、证实文献同异得失的原因。《新唐书纠谬》《困学纪闻》就是符合这类性质的著作。

《总目》未设考证类，但在杂家类六细目中，有一类名"杂考"，《总目》称以"辨证者谓之杂考"。这一细目应该是和《初目》《荟要总目》的"考证类"比较接近的。《初目》《荟要总目》收入的《困学纪闻》，也收在《总目》杂家类"杂考"中。

《初目》从考证的角度对《困学纪闻》的价值作了说明："应麟好学强识，而约以儒者之义，故博雅多闻，理轨于正。其间有辨正朱子语误数条，如《论语》注'不舍昼夜''舍'字之音，《孟子》注'曹交、曹君之弟'，及谓《大戴礼》为郑康成注等语，虽考证是非，不相阿附，而辞气谦谨质实，得后学于先师之体。非妄人陋学，恃其杂博，敢诋大儒者可比。"这段评论紧扣此书所在类目"考证"而言。论述明确，后来的《荟要提要》乃至《全书》书前提要、《总目》也都采用了这段文字。

宋吴缜撰《新唐书纠谬》一书《初目》未收，《四库全书》收录在史部正史类中。虽然和《荟要总目》部类不同，但《四库全书》及《总目》，其提要文字全同《荟要提要》。《荟要提要》称此书："其著此书，专以驳正《新唐书》之讹误，凡二十门，四百余事。初名《纠谬》，后改为《辩证》。"又谓："欧、宋之作新书，欧主褒贬，宋主文章，而于故事考证颇疏，抵牾踳驳，本自不少。缜《自序》中所举八失，原亦深中其病，不可谓无裨史学也。"均系从考证的角度评价该书的内容，《四库全书》等虽移入史部，也还是完全认可了《荟要提要》对此书的基本评价。所以尽管《荟要》著录的这两部书，在《全书》及《总目》中，部类名称、所属部类都作了改换，但基本内容仍与《荟要》相同。

《总目》未设考证类，或许因历史上的主流分类法并无这一类目名称，或许"考证类"这一名称包容性不大，所以最后归并到"杂家类"这一大类之下了。但从内容上看，四库提要从《初目》《荟要提要》到《总目》是相互联系的。分类名称虽有差异，但实质是相同的。因此我们在注意到《荟要》与《全书》的差异时，也应注意相互之间的联系。

此外《荟要》有道家类、没有释家类，这可以理解为《荟要》受收书数量限制的缘故。《四库全书荟要联句》诗"佛乘任闣补罗城"下原注云："佛书自有全藏，不宜与经史并列，故《荟要》及《全书》中俱置弗录。其有关涉释门典故，如《法苑珠林》之类，以其可助词章，《全书》中间采取之。而《荟要》别择较精，亦未暇及也。"

类目名称

类目名称的差异是指那些名称有差异、但内容相互有关系的类目。以《荟要》与《初目》《总目》相比，这类类目有两类，一是数术类、一是杂艺类。

《荟要》数术类，《初目》《总目》均作术数类。

关于数术类，《荟要总目》数术类叙有一段概括的说明："数术之学，其用至博，测五行之理，考吉凶之用，与《易》筮相表里，此《周官》分着于卜师、筮人、视祲之掌者也。察日月星辰之次舍，辨其叙事，以会天位，此掌于冯相者也。揆天察地，以齐七政，以辨三统，以定四时成岁，以颁庶事，以同律度量衡，此则掌于太史者也。前志或分系为天文历算、五行阴阳诸家，今综而类之曰'数术'。而略于旧说，详于圣制，虽著录无多，而于凡测候之精，制作之准，包蕴靡遗矣。"据此可知，这一类图书大致包括天文历算、五行阴阳类著作。

《荟要》收录此类图书12部，分为易数（《京氏易传》《周易参同契通真义》）、律历（《周髀算经》《五经算术》《新仪象法要》《测圆海镜分类释术》《御制历象考成》《御制律吕正义》《御制数理精蕴》《御制历象考成后编》《钦定仪象考成》《御制律吕正义后编》）两大类。

《全书》与之的区别在于将其分为天文算法类和术数类两大类。这是一种更精细的分类。

实际上，我国的图书分类法，天文历算、五行阴阳类著作自古就是分开的。《汉书艺文志》分六艺、数术等六略，数术略内包括天文、历谱、五行、蓍龟、杂占、形法六类。数学著作如许商《算术》、杜忠《算术》包含在历谱中。阮孝绪《七录》在术技录下著录历算部，与五行、卜筮等并列。这说明天文历算与五行阴阳类著作自古就是两类。虽然同属一个较大的部中，但两者之间的界线是明确的。《荟要》将两类性质有异的图书置于同一类目中，是不恰当的。虽然在数术类下还分列易数、律历两类，总难免类目混淆之嫌。

不过在《初目》中，术数类也是将《易林》《梦占类考》与《算法统宗》《星经》等合为一类的。《初目》没有设立天文算法类。不知《初目》《荟要》当时是出于何种考虑。

《荟要》杂艺类，收录图书4部，包括《御定书画谱》《钦定淳化阁帖释文》《墨法集要》《武英殿聚珍版程式》。《荟要》这一类目名称与《初目》同，《总目》改称之为艺术类。

《隋书经籍志》未设有关艺术的类目，所著录的《书品》二卷、《名手画录》一卷，是收在史部簿录篇中的。《旧唐书经籍志》子部设有"杂艺术"一类，但收录的图书如《投壶经》《大小博法》《碁势》等书，都是有关各种游艺的图书，与书画无关。《名手画录》一卷、《法书目录》六卷，收录在史部杂传四部书目中。正史艺文志将游艺、书画著作专门合为一类，始于《新唐书艺文志》。《新唐书艺文志》中，虽也名之"杂艺术"，但除收录《皇博经》《杂博戏》《周武帝象经》这类游艺类著作的同时，还收录了大量画作及画学著作，如范长寿《画风俗图》、张彦远《历代名画记》、姚最《续画品》等。这里已经将游艺和艺术类图书结合在了一起。其后，艺术类著作都著录于子部，其类目名称则艺术类、杂艺类并存，而即使是标明为艺术类的，其中收录的也非单纯是书画类著作，也有不少是游艺类著作，如《崇文总目》卷六艺术类共54部，就包括《射法》《弓诀》《益州名画录》《历代名画记》等，还有《金谷园九局图》等。《明史艺文志》也是如此，其子部艺术类收录图书 116 部，有朱凯《图画要略》、唐寅《画谱》、杨慎《墨池琐录》、徐献忠《金石文》《琴谱》《棋史》《歙砚志》《墨谱》等。所以就历史上看，杂艺类与艺术类并无多少本质上的区别。

《初目》设杂艺类，收录图书 68 部，数量相当可观。除了收录《古画品录》《续画品》《法书要录》等书画作品外，还收录《丸经》（记古代球类竞技游戏）、《奕史》《壶谱》（以投壶之法图之为谱）等书。可见游艺与书画仍是揉合一编的。

《荟要总目》其类虽仍名之为"杂艺"，但对这一类目的解释显然与在此之前的已有区别。《荟要总目》批评之前的分类情况说："前史志艺术者条目猥繁，至于博弈杂戏，罔不备载，抑亦鲜所别择矣。"认为"杂艺类"中不应有游艺类著作。为此，它提出自己的录取标准道："惟夫涉略文艺，可以怡神悦目，涤除俗虑，为益良厚，故曰艺也而进乎道。"在《荟要总目》看来，只有与"文艺"，即与书画有关的著作才能收录，这样才能保证这一类目内容的"纯正"。这一解释带有正统卫道者的味道，但其将博弈杂戏之类著作与"文艺"即书画著作等分开的意图是明确的。由于《荟要》收录图书甚少，那些游艺类著作在《荟要》中未能收录，所以不清楚这些著作将收录在什么类目中，但《荟要》将这两类著作的类目分开，这种观点无疑是值得肯定的。

而在此之后的《全书》，艺术类既包括书画著作，也包括琴谱、篆刻、杂技等类著作，显然并没有注意吸收《荟要》的分类思想，其观念仍然是传统的。

这种观念在我国影响至深，即使今天的古籍目录著作，仍然将书画著作与游艺著作合为一个大类。例如《中国古籍总目》子部艺术类即包括书画、篆刻、音乐、游艺（棋、诗钟、射书、投壶、博戏、酒令、谜语、杂艺）之属。

类目顺序

《荟要总目》与《初目》《总目》的顺序有许多差异。

《初目》与《总目》，如果去掉相互均没有的类目，则其顺序除道家、释家外，完全一致。同样去掉相互均没有的类目，《荟要》与之则有较多的差异。

儒家因为在传统文化中，居有特殊地位，所以图书分类始终居于第一位。《荟要》等也同样如此。儒家以下，各家的顺序，则相差较多。如《荟要》以法家居前，兵家居后，《初目》与《全书》则以兵家居前。

关于法家与兵家，《荟要总目》有两段概括的说明。其谓法家道："法者，帝王所以纪纲人伦，齐壹不轨，而适于治者也。"又谓兵家道："兵者，所以禁暴靖乱者也。"法家、兵家都是维护统治的工具，但两者的功用不相同。按照《荟要总目》的解释，君主依靠法来处理人与人之间的关系，统一不合法度的行为。而兵家则在镇压暴动，平定叛乱。法家在前、兵家在后，体现《荟要》编纂者治理国家的一种理念，即注重教化在前，惩暴在后。

《总目》对兵家的功用没有正面的叙述，只是说"有文事者有武备，故次之以兵家"，主要着眼点在其军事性方面，即注重于国家的防务。对法家，则突出了其查禁寇贼奸宄这方面的功能。和《荟要总目》论述的重点并不一致。

农家和医家，都是《荟要》和《全书》重视的两家。《荟要总目》医家类叙云："医药之方，所以除疾疢、保性命之术也。"农家类叙云："天下之本务，莫重于农桑。"《总目》子部总叙则云："谷、民之本也，故次以农家。本草经方，技术之事也，而生死系焉。神农黄帝以圣人为天子，尚亲治之，故次以医家。"可见对两家都同样重视。《荟要》和《全书》对这两类顺序的前后应该并无特殊的意味。

在子部顺序中，一个突出的差异在道家类的位置。《荟要》将道家类排在第九。《初目》排在子部16类中的倒数第二类，《总目》排在子部14类的最末一类。之所以会有如此的区别，原因在于对这一类目的理解及图书的著录有差异。《荟要》收录的只是道家类著作，不杂道教类著作。《全书》则两类著作均有。道家是产生于先秦时期的一个学术流派，道教是产生于东汉时期的一种宗教。道教和道教有联系，也有区别。

《荟要总目》道家类叙云："九流之言，惟道家其传最远，而其指趣亦最杂。黄、老、庄、列之书，在于清净无为，尊其性、啬其内而已。其后或变而言炼养，又变而言服食，再变而言符箓，其末也至变而言经典科教。其说愈粗，其识愈陋，而皆托于老氏，老氏岂任受哉？《汉书·经籍志》即于'道家'外别出'神仙'家，使后世黄冠悠谬之谈，不与宁一冲虚之旨杂厕，其意良是。今删彼存此，以备一家云。"这段论述将道家的思想要点、道家演化为道教的情形说得非常清楚。道教抛弃了先秦道家"清净无为"的思想基础，而将炼养、服食、符箓等糅合在一起，逐步发展为一种宗教。《荟要》对此持相当的排斥态度，称之为"其说愈粗，其识愈陋"。清代对道教实行贬抑与打击政策，以十八世纪中期的乾隆初年间最为明显①。《荟要》主要为乾隆帝御览而编，所以其对道教的论述，无不注意乾隆帝的喜尚。其对图书的选择也体现了这一点。《荟要》道家类共收录著作八部，即《老子道德经》《御定道德经注》《庄子》《列子》《关尹子》《文子》《鹖冠子》《抱朴子》。虽然其中如《文子》等的性质有不同看法，但基本都是先秦道家的经典著作。《抱朴子》虽然后起，一般也仍将其看作道家经典著作。可见《荟要》完全排除了后来的所谓"神仙"家即道教类的著作。《四库全书荟要联句》诗写道："但录聃经斥彼彭。"原注云："《汉志》于道家外，别出神仙家。后世混而为一，殊失其本。今恭录《御注道德经》及王弼《老子注》《庄子》《列子》《关尹

---

① 郑永华：《清代乾隆初年道教史事两则考订》，《宗教学研究》2009年第3期，第43-48页。

子》《文子》《鹖冠子》《抱朴子》，以存道家之旧。其神仙家言荒忽无稽，概从删汰。"也说明了这一点。

在排除了宗教性的道教著作后，道家类这一类目自然不能再作为"方外"处理而排在子部各类图书之后与"释家"并列了。所以《荟要》就将其排在杂家类之前。

而《全书》则不同。其道家类不仅悉数收录了除《鹖冠子》外《荟要》所收录的其余七部书，还收录了大量道教类的图书，如《神仙传》《周易参同契通真义》等讲神仙、练养、丹诀等内容的著作。这样的类目仍要排在前面，显然不太合适，所以就与"释家"排在子部最后。《初目》的情况与此相类似。

其实在我国古代的目录中，道家和神仙等原本是分开的。如《汉书艺文志》，道家在"诸子略"第二类，神仙在"方技略"。阮孝绪《七录》，在《子兵录》中设立道部，又将符图、房中等另立为"仙道录"。《隋书经籍志》也是在子部设"道"一类，又附设道经部。道经部虽有类无书，但从这一部又分为经戒、饵服、房中、符录四类中，可以看到其内容。大概从《宋史艺文志》开始，作为哲学派别的道家，与宗教派别道教开始合为一编，其道家类附释氏及神仙。《明史艺文志》将"释家类"单独列为一类，置于子部最后，而"道家类"则与"道书"合为一编，《老子通义》《庄子通义》《列子通义》与《神仙传》、张紫阳《金丹四百字测疏》、曹学佺《蜀中神仙记》等合在一起。但道家类在子部中的位置则甚靠前，为子部第二类，仅次于儒家类。而真正将道家类移到子部最后，使与释家类并列，作为"外学"（《四库全书总目》子部总叙）的则是《初目》，这得到了《总目》的认可。

因此《荟要》道家类与《初目》《总目》道家类顺序的差异，与各自对道家性质的理解差异有关，理解的差异直接导致了收录图书的差异，并由此决定了对这一类目的评价，又因此决定了这一类目在子部图书分类体系中的位置。

再看小说家类、类书类的顺序。《荟要》小说家类在前，类书类在后，与《初目》《总目》相反。《荟要总目》对小说家类、类书类评价都很高。两类的前后顺序实际并不重要。《初目》《总目》将小说家类、类书类位置调换，也不能说明多少新的问题。而在我看来，关于小说家类、类书类，重要的倒不是顺序前后的问题，而是评价问题。《荟要总目》对两类评价都很高，如称颂类书道："或类以事，或类以字，或类以韵，莫不包含今古，纪纲群籍，所以导斯世以宏达之学者，亘古为昭矣。"而《总目》对这两类、尤其是类书则批评甚多，如谓："此体一兴，而操觚者易于检寻，注书者利于剽窃，辗转稗贩，实学颇荒。"可见对类书的评价大相径庭。关于这一方面的问题，我们将在另外的地方评述，此处不再赘述。

以上以子部图书分类为例，分析了有关差异与演化情况。通过比较分析，可以更好地理解《总目》的成就与不足。

RUJIA
WENMINGLUNTAN
儒家文明论坛

　　顾宏义　1959 年生，上海人。华东师范大学古籍研究所研究员、中国古典文献学专业博士生导师。学术专长是宋史、古典文献学。代表著作有《宋朝方志考》《金元方志考》《教育政策与宋代两浙教育》《宋初政治研究——以皇位授受为中心》《宋代四书文献论考》等。

朱熹及门人友朋往来书信整理与研究

各位同仁，各位同学，下午好！

我先要说明一下，原来杜老师给我的命题作文是"地方志与儒学文献"，大概是看到我前几年出的几本有关方志考的书。但是因为近几年参与"朱子学文献整理与研究"这个项目，方志方面的研究也就放下了。所以我向杜老师建议换一个题目，改为我近年在做的一个题目，即关于朱熹与他的门人友朋往来书信的汇编整理。

做这个题目的原因，是我一直在搞宋代研究这一块，使用陈来先生的《朱子书信编年考证》时发现有一些不便，在做了这朱熹项目以后，利用这部书更多，发现其不便也就更为明显了。为此，我就想重新搞一个朱熹书信方面的汇编整理著作。这个想法也得到了严老师的支持，作为一个子项目，被收到了"朱子学文献整理与研究"的这个大项目中，名曰《朱熹师友门人往还书札汇编》。

我介绍一下这本汇编的大体情况：本书收录朱熹所有的现存书信，包括与老师、学生、亲戚、学友、乡人，还有与朝中的公卿大臣、州县官员等的书信，但不包括往来的公文；以及这些人给朱熹的书信。这汇编的往来书信中，还包括现存的那些残篇、断句。这书稿的篇幅 180 万字左右，收录朱熹的书信是 2580 余封，收录现存其他人给朱熹的书信 370 余封，包括残篇、断句，总计为 2900 多封。这些书信的编排方式是，首先是以与朱熹交往的人为编排次序，收录当时与朱熹有往来的人的书信（包括残篇、断句），然后在每个人下面的书信以时间先后为序排列，即将朱熹与其他人的往来书

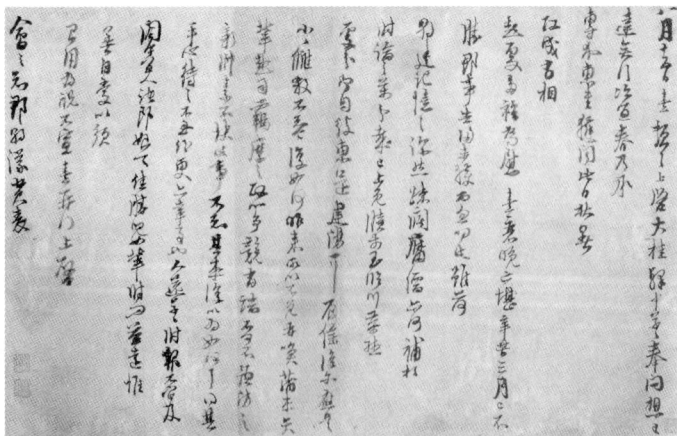

信，根据其撰写年月对应编排。对撰写时间不详的书信，则根据书信的内容与朱熹的其他文章以及其他史料进行考证辨析加以确定，实在有一些很难判断的做一些推断或者推测。这部书稿已在2014年下半年完成，交给了华东师大出版社。如果一切顺利的话，最迟明年就可以出版。

在编纂往来书信的时候发现了一些问题，主要是发现有一些朱熹的书信，向来作为一封书信被归在一起，但经考证其中内容，可以发现是将好几封书信合在一起的，因为一封书信开头所说的时间、内容与后面所说的时间、内容显然不合，实是不同的书信，被后人误合在一处。同时还存在有一封书信被归在不同的人名之下，造成重见；或者一封书信前后割裂，而分置在不同地方。此外，还有一些题名为朱熹的书信，经过考证发现是假的，属于后人搞错的，或者是由后人托名伪造的。这在编纂的时候都进行了考证、辨伪。

通过汇编折现朱熹的往来书信，并通过查寻一些相关研究成果，可以发现一些问题，就是今天我们在进行相关的研究中，对于朱熹数量多达两千多封书信的利用上是颇为不够的。这里举几个简单的例子。大家都知道朱熹当时跟其他很多学者都发生了学术论争，今天有学者认为朱熹老是强迫人家同意他的观点，不同意就不开心。其实通过阅读朱熹的众多书信，就可以发现实际情况并不完全如此。当然朱熹在一些比较大的、比较原则的一些问题上，是很坚持自己的学术观点的，但在有些地方，其他学者还是能够说服他的，他也在一些书信中承认了自己的某些不足和讹误，并非一味固执己见。另一方面，当时朱熹的有些学术论战，现在有些研究著作里面大都称他是应战，但是从书信所记录的实际情况来看，有些是他主动挑起的论战。此外在有关朱熹的研究中，通过对这些书信的深入研究，恐怕会对现在的部分耳熟能详的说法有一些重要更正。其中如朱熹与宰相王淮的个人关系上，当代论著里面已形成有一些著名的论证、结论。但是，从朱熹自己的书信记载等来看，朱熹跟王淮的关系，在两人交恶以前，他俩的关系还是比较好的，或者可以说比较密切的。这个跟《朱熹的历史世界》一书里面的断论显然是不一样的。造成这样的反差，可能是在朱熹《文集》里面，朱熹给王淮的书信，全都没有题王淮的名字，都题作与宰相、枢密这种官称的，而且一些给王淮的书信还未收入《晦庵文集》中，所以这些书信往往被有些人忽略了，不认为它跟王淮有关。至于王淮的书信，则未见有传世的。像这类情况，可以在汇编某个人的往来书信的时候，看出其中的一些问题，或者也是一些观点、说法的偏颇。

在完成这个书信汇编以后，对这个课题我还有其他后续的想法，因为现在是以人为序进行编纂，会产生这样一个问题，即同一个时期、讨论同一个论题的一些书信，往往会分在不同的人名下。所以我想，现在也在摸索，首先像陈来先生那样进行编年考证，将同一个时间段的书信汇编在一起，对有些主要观点或者与时间有关系的加以一些考证。这样，对这一时间段朱熹他们的学术交流，以及其观点的演变，就可以有一个较为明晰而系统的了解，也便于人们的利用。

第二，是在朱熹往来书信编纂过程中产生了另外一个设想，就是把当时理学家们之间以及与朋友、门人往来的书信全部汇合在一起，编一个大的往来书信集。我设想了一下，在宋孝宗时期及稍后一些时间，当时比较有名的理学家之间的学术交往争锋非常激烈，这些理学家大体有这样十来个人，他们是朱熹、陆九渊三兄弟，再加上吕祖谦（吕东莱）、张栻（张南轩）、陈亮、陈傅良、薛季宣、叶适等等。现在正在让学生帮助我收集材料。如果这个计划能够实现的话，我认为可以对朱熹那个时代理学的研究，包括当时学术的交流，包括人际交往，甚至包括当时政治上的一些纷争、结党等等，就可能会在研究上带来一些便利。当然，这个规模比较大，能不能实行，现在也不敢预料，只能说有这样的设想。

我的汇报就是这样，谢谢大家。

（尼山学堂赵朕瑶据录音整理）

朱熹汪应辰往来书信编年考证

朱熹一生与友朋、学生书信往来频繁，其保存至今者亦数量甚多，内容丰富。此对于研究朱熹生平、思想及其变化发展，以及当时士大夫、学者之间学术交流等方面研究皆十分重要。对于朱熹书信的系年研究，主要有陈来先生的《朱子书信编年考证》，①然其仅为朱熹书信作了编年，而少及他人给朱熹之书信。又束景南先生《朱熹年谱长编》②虽有考述他人给朱熹之书信情况，但一般仅涉及内容相关者，而非全部书信。故笔者拟在前贤研究基础上，对朱熹往来书信进行考证编年，以利于相关研究之深入。此处先就朱熹与汪应辰三十余封往来书信作一编年考辨。其所录朱熹之书信主要依据《朱子全书》本之《晦庵先生朱文公文集》③（以下简称《晦庵文集》），汪应辰书信主要依据《文定集》。④

汪应辰（1118－1176），字圣锡，原名洋，信州玉山（今属江西）人。绍兴五年（1135）进士第一人。累迁秘书少监、权吏部尚书、户部侍郎兼侍讲，绍兴末出知福州，升敷文阁待制，举朱熹自代。在镇二年，以敷文阁直学士为四川制置使、知成都府。召除吏部尚书，寻兼翰林学士，并侍读，以端明殿学士出知平江府，请祠。淳熙三年二月卒。《宋史》卷三八七有传。据朱熹《祭汪尚书文》自称为"从表姪"，是知二人尚有亲戚关系。又曰"熹也孤生，叨尘末契，辱教诲之殊常，殆相期于国士。虽不见者十年，亦音书之相继，不鄙谓其庸虚，每咨询而弗置"。《晦庵文集》卷八七。是朱、汪间书信往来频繁，但两人相交却迟至汪应辰入闽任知福州期间。史载汪应辰于绍兴三十二年（1162）至福州为知州，隆兴二年五月移四川安抚制置使去。⑤在汪应辰自福州西行途中，与"朱元晦在建安相遇，问学材识，足为远器，亦招其来此"，并欲荐之为帅司

---

① 陈来：《朱子书信编年考证》，上海人民出版社 1989 年版。

② 束景南：《朱熹年谱长编》，华东师范大学出版社 2001 年版。

③ 朱杰人、严佐之、刘永翔主编：《朱子全书》，上海古籍出版社、安徽教育出版社 2002 年版。

④ ［宋］汪应辰：《文定集》，上海古籍出版社《文渊阁文库全书》本。

⑤ ［宋］梁克家：《淳熙三山志》卷二二，中华书局《宋元方志丛刊》本。

准备差遣。《文定集》卷十四《与吏部陈侍郎书》。据《汪文定公家乘》云汪应辰"好贤乐善，既入闽，始得朱元晦文。时文公奉岳祠家居，公一见如故相识，遍历荐于朝"①。现见朱、汪二人之书信，即始于此时。以下即以年月为序编列朱、汪书信往来书信，其题下括号内为此书信之首句文字。

朱熹与汪应辰书

是年春，初，朱熹尝应汪应辰招而一至福州议事。《朱熹年谱长编》卷上。据汪应辰"暑中"答书，朱熹自福州归建安后，尝写信与汪应辰，时当隆兴元年（癸未，1163）春夏之际。朱熹此书已佚。

据汪应辰答书，朱熹书中论及张真甫事："张真甫为德不竟，然此君实有区区之心。孔子称管仲有仁之功，若真甫之功实近之。示谕当以为戒，诚是也。"考《建炎以来朝野杂记》乙集卷六《孝宗黜曾龙本末》，云"隆兴初，给舍周子充、张真父、台谏刘汝一、龚实之皆以论列两人（龙大渊、曾觌）去位"②。朱书所言当即此事。

汪应辰《与朱元晦》（近建安附示手诲）

此书载《文定集》卷十五，乃汪应辰接朱熹来书后之答书。此书中有言"当暑"，是当作于五月间。书中所述"罗丈《语录》"，指罗从彦所记《龟山先生语录》。

朱熹《答汪尚书》（蒙垂喻《语录》中可疑处）

此书载《晦庵文集》卷三〇，乃答汪应辰五月来书，题下原注"癸未六月九日"。案：此书题"答汪尚书"，点校本校记云"尚书"，"浙本作'帅'"，是。下同。

汪应辰《与朱元晦》（某所欲言者甚多）

此书载《文定集》卷十五。隆兴元年六月间，朱子因朝廷再趣召，故决意入都奏事。《朱熹年谱长编》卷上。汪书所谓"初谓秋凉或可再得承教，今遂未可卜也"，当即指此而言。又七月一日，诏集英殿修撰、知福州汪应辰除敷文阁待制。③ 汪应辰举朱子自代。《文定集》卷六《除敷文阁待制举朱熹自代》。然此书未及此，故知其当作于是年六月末。

朱熹《与汪应辰书》（停卖僧田）

此书载（同治）《玉山县志》卷九《汪文定公家传》，云："寺观之田，计口之余，归之于官，事之钻刺，虽凶年必取盈焉。公既请于朝，朝有所施舍矣。既而版曹又欲卖之，方看追检会，许鳌土揭价，上下骚然，谓卖之必先失其租，安知一年之所售，未足以敌一年之租乎？御营使欲差官于诸路募军者，公奏已之。朱文公与公书曰"云云。束

---

① ［清］黄寿祺：《（同治）玉山县志》卷九中，清同治十二年刊本。
② ［宋］李心传：《建炎以来朝野杂记》乙集《孝宗黜曾龙本末》，中华书局2000年版。
③ ［清］徐松：《宋会要辑稿·选举》三司之一三，中华书局影印本。

景南所编《朱熹佚文辑考》《朱子遗集》① 卷二系此书于乾道元年。《全宋文》② 卷五六一五同。据汪应辰《请免卖寺观趲剩田书》云："准行在尚书户部符准都省批下隆兴元年六月十二日敕，将福建寺观元剿拨趲剩之田估价出卖事，应辰反复思之，参以众论，窃谓此事既行，官中未见其利，而百姓先被其害。……伏望钧慈详审。此事所系甚重，特赐敷奏，亟行寝罢，以全国家赋入无穷之利，以救一方百姓非意之扰，实莫大之幸。"《文定集》卷十三。又朱熹来书言："魏元履下第后书来云：'揆之归，遇闽人之就上庠试者盖以千计，人人剧谈善政。问其所以然者，云侍郎以忠恕之心，行简易之政。'"而《宋史·孝宗本纪一》③ 载是年春举行礼部试。故知朱熹此书当作于是年秋。

汪应辰《与朱元晦》（见报有旨引见）

此书载《文定集》卷十五。书中述及李侗（字愿中）十月十五日病卒于福州及"建安簿已扶护归乡"事，并云"见报有旨引见，而未报登对之日"。史载朱熹于十月二十四日有旨引见，十一月六日登对垂拱殿。《朱熹年谱长编》卷上。计报书自行在至福州所行日程，推知此书当作于十一月初。

朱熹《与汪应辰书》（延平先生之故）

此书载《汪文定公家传》，当是朱熹收到汪应辰来书报李侗之卒，而回此书。

朱熹《与汪应辰书》（延平先生秋别于建溪之上）

此书载《汪文定公家传》。朱熹于隆兴元年十二月十二日离临安而归，二年（1164）正月至延平哭李侗。《朱熹年谱长编》卷上。此书云"乃兹来还，遂隔生死"，当作于朱子归闽祭延平先生之后。

汪应辰《与朱元晦》（蒙以延平先生铭文见属）

此书载《文定集》卷十五。朱熹撰成《延平先生行状》，而请汪应辰为撰李侗墓志铭。书中述及"魏公再往淮上，其意必有不可得而闻者"，据《宋史·孝宗本纪》，张浚（魏公）于隆兴二年三月朔再往淮上，四月六日还朝，十四日罢江淮都督府。则此书当作于三月间。

汪应辰《与朱元晦》（见许下顾）

此书载《文定集》卷十五。书中称"见许下顾，朝夕以冀，下旬即遣人往也"，又言"遣王、钱两侍郎抚谕两淮，仍措置。他无所闻"。据《宋史·孝宗本纪》，遣侍郎王之望、钱端礼宣谕两淮在隆兴二年（1164）三月二十五日。则此书当作于四月初。

---

① 束景南：《朱熹佚文辑考》，江苏古籍出版社 1991 年版。束景南辑：《朱子遗集》，上海古籍出版社、安徽教育出版社《朱子全书》本。

② 曾枣庄、刘琳：《全宋文》，上海辞书出版社、安徽教育出版社 2006 年版。

③ ［元］脱脱等：《宋史》，中华书局 1985 年版。

汪应辰《与朱元晦》（兵级共七人）

此书载《文定集》卷十五。书中述及"所以令总领每半岁或一岁入奏。魏公必以罪去，但未知轻重如何耳"。据《宋史·孝宗本纪》，总领洪适于是年二月入对，四月十四日罢江淮都督府，二十四日张浚罢相。又书中言"兵级共七人，谨遣听使令，自此数日，以待来临"，而据汪应辰四月初书云"下旬即遣人往也"，知此书当作于四月下旬。

朱熹与汪应辰书

汪应辰与朱元晦书

据下文朱熹《答汪尚书》书云及"别纸示及释氏之说，前日正以疑晦未袪，故请其说"，知朱熹曾与信汪应辰述及佛教之学，而汪氏回书就此讨论之，并论及"和战之说"。然朱熹与汪氏之书，以及汪应辰答书与"别纸"皆佚。

朱熹《答汪尚书》（别纸示及释氏之说）

此书载《晦庵文集》卷三○。此书中所谓"蒙垂教""蒙面诲"，当指隆兴二年四月末朱子入福州时，以及此后书信往来间，尝与汪应辰论及儒佛之辨、和战之说。是此书当作于五月或稍后。

朱熹《答汪尚书》（熹兹者累日侍行）

此书载《晦庵文集》卷三○，题下注曰"甲申十月二十二日"。甲申即隆兴二年。"十月"，点校本校记云"浙本作'六月'"。《朱熹年谱长编》以为"十月"乃"七月"之讹。朱熹七月十七日致汪应辰书，知作"六月"者是。据《宋会要辑稿·选举》三四之一四，隆兴二年（甲申）五月一日，知福州汪应辰除敷文阁直学士、四川安抚制置使兼知成都府。汪应辰离福州途径崇安时，朱熹来见，并从行数日，故此书中有"兹者累日侍行，得以亲炙"之语。别后作此书，以辨儒佛之学、议和之论。

汪应辰与朱元晦书

据朱熹七月十七日书，汪应辰接朱熹六月二十二日书后尝作答书，"伏蒙高明垂赐诲答"，并有"两苏之学不可与王氏同科""欧阳、司马同于苏氏"诸论。书佚。

朱熹《答汪尚书》（熹不揆愚鄙）

此书载《晦庵文集》卷三○，题下注曰"七月十七日"。是朱熹接汪应辰回书后，再作此书以答。

汪应辰《与朱元晦》（伏蒙示谕一字之失）

此书载《文定集》卷十五，乃答朱熹七月十七日来书。所谓"示谕一字之失"，即朱熹七月十七日书中所辨"必""可"字义之异。则此书当作于七月末。

汪应辰《与朱元晦》（某到阙下）

此书载《文定集》卷十五。书中述及"敌遣使请和，朝廷亦欲报之。闻海、泗皆已撤戍矣。……陈丞相判绍兴，比弋阳相见，足疾如故。若出，则须过关也"。据《宋史·孝宗本纪一》，海、泗二州撤戍在隆兴二年七月乙巳。《宋史·陈康伯传》云二年八月起醴泉观使陈康伯判绍兴府，"且令赴阙奏事，复辞。未几，召陪郊祀。时北兵再犯淮甸，人情惊骇，皆望康伯复相。上出手札，遣使即家居召之。未出里门，拜尚书左仆射、同中书平章事兼枢密使，进封鲁国公"。据《宋史·宰辅表》，时在十一月戊戌。又，汪应辰《与周参政》书云"自上饶登（州）［舟］，历四月余，始抵万州，去成都尚一千二百里。艰险万状，幸而无他。已于闰月十五日境上交印，俟到成都，别具启状"。《文定集》卷十四。是年闰十一月。可知汪应辰离行在临安后经乡里玉山，于八月中至上饶（今属江西）登舟西去四川。陈康伯，弋阳人。弋阳（今属江西）位于上饶之西。是知汪应辰此书当作于八月下旬。《朱熹年谱长编》云此书作于九月下旬者不确。

汪应辰《与朱元晦》（某舟行至安仁）

此书载《文定集》卷十五。书中言"某舟行至安仁，而闻魏公八月二十八日薨背于余干"。魏公，指张浚。安仁（今江西鹰潭西北）在弋阳之西、余干（今江西余干）东南。则此书当作于九月初。《朱熹年谱长编》云此书作于八月底汪应辰"北上入都奏事途中"者不确。

朱熹《答汪尚书》（别纸谆诲）

此书载《晦庵文集》卷三〇，题下注曰"十一月既望"。此书乃回应汪应辰七月末来书（伏蒙示谕一字之失）而作。

汪应辰《与朱元晦》（别德浸久）

此书载《文定集》卷十五，乃汪应辰接朱熹隆兴二年十一月既望来书后作答，故有"便中再辱书诲"之语。又云"去秋上状，并纳所写《李先生墓志》"，据朱熹《答罗参议》（九月廿日至豫章），知为隆兴二年事。《晦庵文集》续集卷五。又汪书中言"春气清和"云云，则知此书当作于次年乾道元年（1165）仲春。

朱熹《与汪应辰书》（近日陈应求侍郎来守建宁）

此书载《汪文定公家传》。陈应求即陈俊卿，字应求。据朱熹《少师观文殿大学士致仕魏国公赠太师谥正献陈公行状》云陈俊卿乾道元年因上疏排击钱端礼，而除宝文阁直学士、出知漳州，改建宁府。"时右正言龚茂良方以排击近习黜守建，而未上。公言茂良前以言事补郡，且臣故交，今往夺之，于义有不安者。不得请，乃之官。在郡期年，治以宽简省、节厨传，官无浮费，然人服其清，亦莫之毁也。三（'三'为'二'之讹）年，执政请徙公帅江东，上称公鲠亮，俾召赴阙，既至"，改授吏部尚书，十二月拜同知枢密院事，兼参知政事。《晦庵文集》卷九六。又据《宋史全文》① 卷二四下，乾

---

① ［元］佚名：《宋史全文》，上海古籍出版社《文渊阁四库全书》本。

道元年三月，"时钱端礼起戚里，为首参，窥相位甚急"，而吏部侍郎陈俊卿"抗疏力诋其非"。是知陈俊卿至建宁当在夏日，而与朱熹"一再相见，谈当世之事"。

朱熹《与汪帅论屯田事》（崇安有范艺通判者）

此书载《晦庵文集》卷二四，《朱熹年谱长编》卷上系于乾道元年九月。

朱熹《答汪尚书》（去春赐教）

此书载《晦庵文集》卷三〇，题下注曰"己丑"。案：己丑，为乾道五年。然此书乃答汪应辰乾道元年仲春来书（别德浸久）而作，并由"去春赐教，语及苏学"云云，知此答书当作于乾道二年（丙戌，1166）间，题"己丑"者误。书中言"近林黄中自九江寄其所撰《祠堂记》文，极论'濂'字偏旁，以为害道，尤可骇叹"。林黄中即林栗，时知江州。《祠堂记》，指林栗于乾道二年二月二十六日所撰《江州学濂溪祠记》。①

汪应辰《与朱元晦》（某承乏无补）

此书载《文定集》卷十五。书中言"应求秉政，足为治表，未知其得伸志否"。据《宋史·宰辅表》，陈俊卿（应求）于乾道二年十二月甲申拜同知枢密院事兼权参知政事，三年十一月癸酉拜参知政事，四年十月庚子拜尚书右仆射、同平章事兼枢密使。又据《宋史全文》卷二五上载，乾道四年十月辛卯，"前四川制置使汪应辰面对"。故从书中"应求秉政，足为治表"，"僻远如坐井底，报状大率两月余方到"诸语看，此处"应求秉政"当指陈俊卿拜参政，时汪应辰在四川制置使任上。故此书当作于乾道四年（1168）初。

朱熹《与汪尚书书》（自顷拆号）

此书载《晦庵文集》卷二四，题下注曰"己丑"。己丑，乾道五年。书中言"自顷拆号，日望登庸，尚此滞留，不省所谓"，又言"盖以省闱之取舍观之"等。案：洪遵《翰苑题名》②卷十一载："汪应辰，乾道四年十一月以吏部尚书兼权翰林学士，六年四月除端明殿学士、知平江府。"据《宋会要辑稿·选举》二〇之二〇，乾道五年（1169）正月九日，"命吏部尚书兼侍读兼权翰林学士汪应辰知贡举"。又据下汪应辰《与朱元晦》书中有"自得上巳手帖后，寂无嗣音"语，推知此书当作于乾道五年三月上巳日。

汪应辰《与朱元晦》（丞相云尝作书相招）

此书载《文定集》卷十五，又载《新安文献志》卷八。书中有言"丞相云尝作书相招，又以堂帖促行。盖自得上巳手帖后，寂无嗣音"。据朱熹《回申催促供职一己丑》云"右熹准尚书省札子：勘会枢密院编修官施元之因磨勘改官，别行注授，令熹疾速前来供职，仍具已起发月日申尚书省"。又《回申催促供职状二》云"照对熹昨于五月内两次准尚书省札子催促前来供职，已具因依回申"。《晦庵文集》卷二二。是知汪应辰此书亦为催朱熹

---

① ［宋］周敦颐：《周元公集》卷六附录，上海古籍出版社《文渊阁四库全书》本。

② ［宋］洪遵：《翰苑群书》，上海古籍出版社《文渊阁四库全书》本。

入都奉职。由"夏暑雨",知其书当作于乾道五年五、六月间。又朱熹六月十一日《答汪尚书书》云"徐倅转至五月二十七日所赐教帖",故知此书乃作于五月二十七日。

朱熹《答汪尚书书》(徐倅转致五月二十七日所赐教帖)

此书载《晦庵文集》卷二四,题下注曰"六月十一日"。乃答汪应辰五月二十七日来书而作,"复因徐倅便人拜启",为请辞免入京。

汪应辰与朱元晦书

下之朱熹《答汪尚书书》有云"去月十一日,徐倅转致台翰之赐,即已具启",又云"今日得崇安递中十八日所赐教帖,伏读再三"。汪应辰六月十八日之书佚。

朱熹《答汪尚书书》(国史侍读内翰尚书丈台席)

此书载《晦庵文集》卷二四,题下注曰"七月二日"。据《南宋馆阁录》① 卷八,汪应辰于乾道五年四月以吏部尚书兼修国史。

汪应辰与朱元晦书

据朱熹七月二十六日《答汪尚书书》有"熹此月二日递中领赐教,即以尺书附递拜答。续又领章左藏寄来台翰"云云。然汪应辰由章左藏转交之书已佚。

朱熹答汪尚书书

据朱熹七月二十六日《答汪尚书书》有"续又领章左藏寄来台翰,又以数字附刘审计,伸前日之恳"云云。朱熹附刘审计转达之答书已佚。

汪应辰与朱元晦书

据朱熹七月二十六日《答汪尚书书》有"忽徐倅送示九日所赐手帖"云云。汪应辰七月九日之书佚。

朱熹《答汪尚书书》(熹此月二日递中领赐教)

此书载《晦庵文集》卷二四,题下注曰"七月二十六日"。

朱熹与汪应辰书

据下之汪应辰《与朱元晦》有云"前蒙示谕于平易处蹉过",又云"《西铭》《通书》两书,当置之座右,以求所未至"。案:朱熹于乾道六年(1170)秋草成《西铭解》,寄张栻、吕祖谦、蔡元定诸人以讨论之。《朱熹年谱长编》卷上。是朱熹此书亦当作于是年秋后,故汪应辰书中有"《东》《西》二铭,所以相为表里。而顷来诸公皆不及《东铭》,何也"之语。书佚。

汪应辰《与朱元晦》(某奉祠如昨)

此书载《文定集》卷十五。书中言"某奉祠如昨",而据《吴郡志》② 卷十一云

---

① [宋]陈骙:《南宋馆阁录》,中华书局1998年版。
② [宋]范成大等:《吴郡志》,江苏古籍出版社1999年版。

"汪应辰端明殿学士，左中奉大夫，乾道六年五月十六日到任，九月提举江州太平兴国宫"。故知此书当作于乾道七年（1171）间。

朱熹《答汪尚书》（伏蒙垂教以所不及）

此书载《晦庵文集》卷三〇。书中解释作《西铭解》而未解《东铭》之缘故，故当是答汪应辰来书（某奉祠如昨）而作，时或在乾道八年（1172）。

汪应辰与朱元晦书

据下之朱熹《答汪尚书论家庙》，汪应辰尝来书"垂问庙制之说"。书佚。

朱熹《答汪尚书论家庙》（熹伏蒙垂问庙制之说）

此书载《晦庵文集》卷三〇，题下注曰"癸巳"。癸巳，为乾道九年（1173）。此书乃答汪应辰来问"庙制"之书。

朱熹《答汪尚书》（前蒙垂谕庙制）

此书载《晦庵文集》卷三〇。因朱熹答汪应辰问家庙书寄出后，未获汪氏回音，故再作此书，时仍当于乾道九年。

汪应辰与朱元晦书

据下之朱熹《答汪尚书》，汪应辰尝来书"谕祭仪之阙"。书佚。

朱熹《答汪尚书》（伏蒙垂谕祭仪之阙）

此书载《晦庵文集》卷三〇。此书亦当作于乾道九年（1173）。

汪应辰《与朱元晦》（某屏居如故）

此书载《文定集》卷十五。此书乃答朱熹来书（伏蒙垂谕祭仪之阙）而作。书中言"婺州所刊《横渠集》，近方见之"，据《朱熹年谱长编》卷上云婺州刊《横渠集》在乾道九年秋间，又案汪应辰书中有"敬夫正月间一病甚殆，今虽良愈"之语，推知此书当作于淳熙元年（1174）春夏间。

朱熹与汪应辰书

据下之汪应辰《与朱元晦》，朱熹此书作于八月二十八日。佚。

汪应辰《与朱元晦》（某兀坐荒山）

此书载《文定集》卷十五。书中云及"冬寒"，则此书亦当作于淳熙元年冬日。

朱熹《与汪尚书》（郭子和所辨买宅事）

此书载《晦庵文集》卷三〇。郭子和即郭雍，字子和。《宋史》有传。此书或当作于淳熙二年间。

汪应辰淳熙三年二月卒于家。《宋史》本传。朱熹于三月二十七日为《祭汪尚书文》祭之。祭文载《晦庵文集》卷八七。

许建平 1963 年生，浙江慈溪人。浙江大学人文学院教授，博导。杭州大学文学硕士，兰州大学历史学博士。学术专长是敦煌学、经学、训诂学。代表著作：《敦煌文献丛考》《敦煌经籍叙录》《读卷校经：出土文献与传世典籍的二重互证》《敦煌经部文献合集》（合著）、《敦煌音义汇考》（合著）。

吐鲁番出土儒家经籍辑考

各位专家，各位同学，大家下午好！

我给大家汇报的是我现在正在做的一个项目，叫"吐鲁番出土儒家经籍辑考"，这个题目其实是跟原来我们做过的题目有关，我与张涌泉、关长龙老师三人一起编了一套《敦煌经部文献合集》，那个书我们花了 10 年时间，于 2008 年的时候在中华书局出版。我负责其中的群经部分，包括敦煌所存的九经及后面的四部书的音义部分，全书 11 册，我做了 5 册，200 多万字。这部书名为"敦煌经部文献"，所收材料当然应该都是敦煌写本，当时我对这个非常注意，只要不是敦煌写本，我都把它剔除掉。因为有些出版的敦煌文献图录，里面混入了吐鲁番或黑城文献，很难区别。我都尽量考证，把吐鲁番、黑城文献剔除。当时我就想，这个项目完成以后，就去做吐鲁番的研究，所以 2008 年书出版以后，我开始慢慢地收集材料，收集吐鲁番文献中的经部写本。

吐鲁番这个地方跟敦煌不一样，敦煌出土的东西就在藏经洞里面，是一个固定的地方，虽然出土以后流传到世界各地，但主要收藏在几个大的收藏机构，像中国国家图书馆、英国国家图书馆、法国国家图书馆、俄罗斯科学院东方研究所，出版的图录内容就比较集中。但吐鲁番不一样，吐鲁番的东西几乎全是墓葬里面发掘出来的。

吐鲁番这个地方大家都知道，吐鲁番地区包括吐鲁番市、鄯善县、托克逊县，位于新疆维吾尔自治区东部的天山南麓，是丝绸之路上的重镇，河西走廊进入西域的门户，当时是非常重要，也是非常繁华的地方。从 19 世纪末开始到现在 100 多年时间里，在对这一地区的古墓葬、古遗址如阿斯塔那、哈拉和卓、高昌故城、交河故城、吐峪沟等的发掘中，出土了大量中古时期的社会经济文书、佛道写本与传统典籍。其中很多材料流传到了世界各地，特别是 19 世纪发掘出来的，基本上都流失到海外，如德国、日本、英国等。中国国内也收藏在好几个地方，有些已经出版，如收藏在新疆博物馆的。但收藏在旅顺的大量写本，到现在还没有出版。德国的倒是上网公布了，网上可以查到。还有好些收藏在小的机构或个人手上的，就不容易看到了。当然，有些学者由于机缘巧合，会把他们看到的尚未正式公布的写卷发表。

经过这些年的搜集，现在搜集到 80 多件经部的写本，一共是七经（敦煌写本是九经）：《尚书》《诗经》《礼记》《左传》《论语》《孝经》和《尔雅》，它跟敦煌写本的区别，就是没有《周易》《榖梁传》。这 80 多件写本，现在都搜集到了，录文也已经全部完成了。相关学者的研究成果也基本已经搜集齐了。

这个项目我做了好几年，2010 年申报了古委会重点项目，原计划 3 年完成，但由于材料收集困难，到现在我还没有完成。现在前面两部分已经做好了，接下来就要进行全面的校勘，利用存世文本进行校勘。这个部分假如顺利的话，明年大概可以完成。虽然说时间花了很长，从搜集材料到现在已经有七八年了，但是其实到最后做出来字数不会太多，我现在估计就五六十万字。因为吐鲁番写本跟敦煌写本有很个非常大的区别，它都是墓葬中小的碎片，都是很残的，就几行字，非常散、非常残。长的写卷很少。这些东西整理出来花很长时间，整理出来也没有多少字，也是件费力不讨好的事情。

吐鲁番写本它与敦煌写本从时间上来看，敦煌写本主要是从东晋到北宋初期，而吐鲁番写本的跨度还要长，从汉朝一直到元朝，我现在还没有发现这些写本里面有汉朝的经部写本，经部写本最早是十六国时期，是从十六国到元朝，跨度非常长。

另外，吐鲁番这个地方和敦煌这个地方虽然在地图上看距离很长，但在当时的南北朝、隋唐时期，这两地之间基本上是荒无人烟的戈壁滩，从敦煌出发，下一站就是吐鲁番，所以它们的联系非常密切，敦煌与吐鲁番经常来往。所以在敦煌写本里面有从吐鲁番来的东西，在吐鲁番写本里面也有敦煌的东西，可见当时这两个地方来往非常密切。所以从吐鲁番写本的整理，我们可以跟敦煌写本的情况进行比较，看看它们文本的情况，以及他们的文化。吐鲁番经部方面的文献，比如说吐鲁番没有《周易》，但是敦煌经部里面有很多《周易》，我们可以考虑为什么，是什么原因，可以考察中古时期吐鲁番地区与中原的文化交流状况以及中原文化对它的影响。

（尼山学堂侯振龙据录音整理）

敦煌经籍写卷的学术价值

经学是中国传统文化的根柢之学，要研究中国传统文化，探寻古代学术思想的渊源，就不能不研究经学。经学的研究，到清代的乾嘉时期，达到了一个很高的顶峰，传统文献中的材料几为蒐罗殆尽。可以说，如果没有新材料的发现，在经学研究特别是经学考据学的研究上，几乎没有超越清儒的可能性。所幸地不爱宝，1900 年，在中国甘肃敦煌莫高窟第 17 窟藏经洞出土了 5 万多卷南北朝至宋初的珍贵文献，其中经籍写卷有 300 多件，这是出土文献中儒家经典的一次最大宗的发现。

一

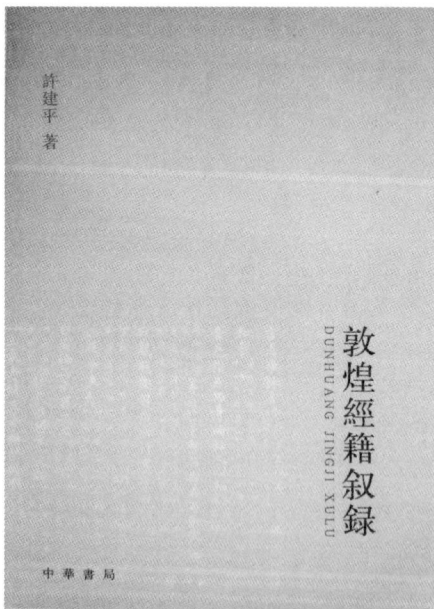

敦煌遗书中的儒家经籍共九经：《周易》《尚书》《诗经》《礼记》《春秋左氏传》《春秋穀梁传》《论语》《孝经》《尔雅》①，多为六朝及唐五代抄本，在经学史上占有极其重要的地位，对于中国传统经学的研究具有重要的学术价值。

（一）辑佚价值

儒家经籍是中国传统文化的核心，历代为之注释之书极为庞杂，朱彝尊《经义考》著录 8400 多种，但其中有大量的有目无文的亡佚之书。清代辑佚之学大盛，黄奭《汉魏遗书钞》、马国翰《玉函山房辑佚书》、黄奭《汉学堂丛书》、王仁俊《玉函山房辑佚书续编》等广蒐

许建平 著

敦煌經籍叙録

DUNHUANG JINGJI XULU

中華書局

---

① 敦煌儒家经籍为何仅存此九经，而无《周礼》《仪礼》《公羊传》《孟子》四经，迄今未有一明确之结论。陈铁凡《三近堂读经札记》对此曾有所推测（《敦煌学》第 1 辑，第 108－109 页），然难以服众。

博采，辑集了大量的古佚书，其中经部佚书即有 400 多种。藏经洞写卷则为清末以前学者所不见，是辑录经部佚籍之又一资料宝库。

敦煌经籍的辑佚价值可从三个方面来谈。

1. 可补历代书志目录之阙载

敦煌经部写卷中有从未见于历代书志目录记载的佚籍。如 P. 3306V 号写卷，首题"月令节义一卷"6 字，但历代书目未见记载。考其内容，乃是对李林甫注释的《御刊定礼记月令》所作的注。又如 P. 4905 + 2535 写卷尾题"春秋穀梁经传解释僖公上第五"，乃《春秋穀梁经传解释》之残存者，然此名不见于历代书目之著录，是亦久佚之典籍也。

2. 新增许多无名佚籍

敦煌经部写卷中尚有很多未标书名与作者的写卷，由于未标书名，因而我们不能肯定它们是否见载于历代书志目录，但它们是我们从未见到过的佚籍，这是毫无疑问的。如 S. 2729B + Дх. 01366《毛诗音》、P. 3383《毛诗音》、S. 2053VA《礼记音》、L0739 + 殷 42《论语郑注音义》皆为六朝佚籍；S. 6177 + P. 3378《孝经注》及 P. 3382《孝经注》写卷虽然不能考知作者名氏，但据其内容乃讲说《孝经》之讲经文，则极有可能是唐朝时候的作品。

3. 可补以往辑佚书之阙漏

由于自然或人为的原因，中国古代有大量的图书未能保存下来，有的片言不存，有的则零星散见于群籍之引用。为了存亡继绝或学术研究的需要，就有必要对亡佚之书进行辑佚，以尽可能地恢复原貌。自宋至清，经过学者们近一千年的努力，取得了不少的成果。但由于材料零散且不成系统，离恢复原貌还有很大的距离，还需要更广泛地搜集材料，尤其需要关注出土文献中的新材料。敦煌经籍写卷中即有不少可以补前代辑佚书之阙漏者。

如郑玄《孝经注》，亡佚于五代，清人多有辑佚[1]，然皆断片零简，不成系统。敦煌写卷 P. 3428 + 2674 号是郑注《孝经》的最长卷，虽非完璧，但所存已占郑注的四分之三，据此可以使我们看到比较完整的郑玄《孝经注》。经过林秀一《敦煌遗书孝经郑注复原に関する研究》[2] 及陈铁凡《孝经郑注校证》的辑证，郑玄《孝经注》的绝大部分已得到复原。

又如李林甫奉敕所撰《御刊定礼记月令》，虽然《月令》经文保存在《唐石经》中，但李林甫之注今已亡佚，清有茆泮林《唐月令注》《唐月令注补遗》及黄奭《唐明

---

① 臧庸《孝经郑氏解》、黄奭《孝经解》、严可均《孝经郑注》、陈鱣《孝经郑注》等。

② 《孝经学论集》，第 65－108 页。

皇月令注解》之辑本，但远未详备，而 S. 621 号正是《御刊定礼记月令》残卷，其所存之李注即可补其缺而正其误。

又敦煌音义写卷中往往引用前代典籍之文，所引虽为单文只句，然亦可补以往辑佚书之阙。如 P. 3383《毛诗音》第 7 行"媲"条引孙炎《尔雅注》"凡相偶为媲"句，马国翰《玉函山房辑佚书》及王仁俊《玉函山房辑佚书续编》所辑孙炎《尔雅注》均无此条。又如 P. 2729《毛诗音》第 125 行"閒閒"条云："下艰，徐音贤。"《经典释文》云："閒閒，音闲，本亦作闲，往来无别貌。"① 未引徐邈音，马国翰《玉函山房辑佚书》所辑徐邈《毛诗音》亦无此条。

（二）校勘价值

敦煌经籍写本多为六朝及唐代抄本，其时代远较人所共珍的宋元善本为早，去古未远，故存古较多，其中多有可证后世刻本讹误衍脱者。

如《周易·既济·六二》爻辞"妇丧其茀，勿逐，七日得"王弼注："然居初、三之间，而近不相得，上不承三，下不比初。"② "而近不相得"，P. 3872 作"近而不相得"。林平和云："伯三八七二号卷'而近'误倒作'近而'。"③ 案：林说误。二阴爻，处于初、三两阳爻之间，虽近而不能相助，故云"近而不相得"。因而王弼于下申释之云："夫以光盛之阴，处乎二阳之间，近而不相得，能无见侵乎？"④ 作"而近"于义不顺。

又如《穀梁传·庄公二十年》："冬，齐人伐我。"⑤ 此为《春秋经》文，《左传》与《公羊传》"我"字均作"戎"⑥。赵坦《春秋异文笺》曰："戎、我字相类，《穀梁》作'伐我'，或因十九年'冬齐人宋人陈人伐我西鄙'而讹。"⑦ 钟文烝《春秋穀梁经传补注》曰："'我'当作'戎'。《穀梁》与《左氏》《公羊》本同字，盖转写误也。哀以前皆书四鄙，不应此独直文。《传》于上年发书'鄙'义，不应于此无《传》，知必是误字矣。"⑧ P. 2536《春秋穀梁传集解》第 14 行作"齐人伐戎"，正与《左传》《公羊传》同。可知传本作"我"者，形近而误也。

以上乃传世刻本误改而可据敦煌本纠正之例。又有据敦煌本可证传世刻本为误

---

① 《经典释文》，第 67 页。
② 《十三经注疏》上册，第 72 页。
③ 《敦煌伯二六一九、三八七二号唐写本〈周易王弼注〉残卷书后》，中央大学《人文学报》第 11 期（1993 年 6 月），第 12 页。
④ 《十三经注疏》上册，第 72 页。
⑤ 《十三经注疏》下册，第 2385 页。
⑥ 《十三经注疏》下册，第 1773、2236 页。
⑦ 《清经解》7 册，第 470 页。
⑧ 《春秋穀梁经传补注》，第 193 页。

衍者。

如《尚书·高宗肜日》："惟天监下民，典厥义，降年有永有不永。"① P. 2643、P. 2516 无"民"字。吴福熙谓 P. 2643 "'下'下脱'民'字，伯二五一六号亦脱"②。臧克和云："敦煌本伯 2516 经文作'惟天监下'，从该本下面所出传文作'言天视下民'，《书古文训》《唐石经》皆有'民'字情况来看，该本殆脱写一'民'字。但敦煌本伯 2643 亦作'惟天监下'，是利本（笔者——"是"为"足"之误）、内野本等诸写本亦同，均无'民'字。按金文尚未见'下民'一词的词例。"③ 模棱其语，未能决断。陈铁凡云："疑本无'民'字，后世据《传》增补。'天监下'殆即《诗·大明》'天监在下，有命既集'、《烝民》'天监有周，照临下土'之谊也。"④ 则怀疑"民"为衍文。案：陈氏所疑是也。《史记·殷本纪》云："祖己乃训王曰：'唯天监下典厥义，降年有永有不永。'"⑤ 是司马迁所见《尚书》无"民"字，与两敦煌本同。又日本古写本岩崎本、内野本、元亨本、足利本亦均无"民"字⑥。《唐石经》"民"字，应是据伪孔《传》"言天视下民"句而添。因《史记》无"民"字，王先谦遂谓有"民"者古文《尚书》，无"民"者今文《尚书》⑦，误也，古文《尚书》与今文《尚书》同，均无"民"字。

又如：《诗·小雅·采芑》"薄言采芑，于彼新田，于此菑亩"毛《传》："田一岁曰菑，二岁曰新田，三岁曰畬。"⑧《尔雅·释地》云："田一岁曰菑，二岁曰新田，三岁曰畬。"⑨ 与此同。然《诗·周颂·臣工》"亦又何求？如何新畬"毛《传》云："田二岁曰新，三岁曰畬。"⑩ "新"下无"田"字。陈奂云："《六书故》'畬'下引《尔雅》作'二岁曰新'，无'田'字，与此传同。今《尔雅》'新'下衍'田'字。"⑪ 案陈说是也。此修辞学上为承上省之格式，"田"字已见于上，后均可省略。P. 2506《毛诗传笺》第 53 行"新"下无"田"字，是《采芑》毛传与《臣工》毛传同，"新"下亦无"田"字，今本有者，后人据误本《尔雅》增也⑫。

---

① 《十三经注疏》上册，第 176 页。
② 《敦煌残卷古文尚书校注》，第 128 页。
③ 《〈今文尚书〉校诂札记二则》，《汉语史研究集刊》第 3 辑，第 134 页；又《尚书文字校诂》，第 191 页。
④ 《敦煌本商书校证》，第 68 页。
⑤ 《史记》1 册，第 103 页。
⑥ 《尚书文字合编》2 册，第 1188、1191、1194、1196 页。
⑦ 《尚书孔传参正》，第 2661 页。
⑧ 《十三经注疏》上册，第 425 页。
⑨ 《十三经注疏》下册，第 2616 页。
⑩ 《十三经注疏》上册，第 591 页。
⑪ 《诗毛氏传疏》下册卷二七，第 1B 页。
⑫ 《尔雅》"田"字当涉郭注引《诗》"于彼新田"而衍，P. 2661+3735《尔雅注》已衍"田"字。

亦有据敦煌本可证传世刻本为脱文者。

如《诗经·豳风·破斧》"既破我斧，又缺我斨"毛《传》："隋銎曰斧。"① 阮元《毛诗校勘记》云：

> 案考文古本下有"方銎曰斨"四字，非也。此与《七月》传"斨，方銎也"互文见义。《七月》正义云："《破斧传》云：'隋銎曰斧，方銎曰斨。'然则斨即斧也。"各本皆同，其实误也。当作"然则方銎曰斨，斨即斧也"。因"方銎曰斨"与所引《破斧传》云"隋銎曰斧"有似对文，乃误属"然则"二字于"斨即斧也"之首耳。此经"又缺我斨"，《释文》"斨"下云："《说文》云：'方銎，斧也。'"浦镗挍彼《正义》，以为观《音义》则《传》本无此四字，非脱也。其说当矣。特未悟彼《正义》亦本不引此传"方銎曰斨"也，考文古本正采彼《正义》而致误。②

陈奂《诗毛氏传疏》则云：

> 《七月》正义据此《传》，"隋銎曰斧"下当有"方銎曰斨"四字，"斨，方銎"已见《七月》，此重释之者，欲借斧斨以设喻，《传》固有此例耳。③

S. 1442、S. 2049 两敦煌《毛诗传笺》本"隋銎曰斧"下有"方銎曰斨"四字，因而潘重规《巴黎伦敦所藏敦煌诗经卷子题记》云：

> 《校勘记》之说非也。《正义》引《破斧传》作"隋銎曰斧，方銎曰斨"，各本皆然，不得妄改以就臆说。考文古本正据旧本之文，此卷及斯二〇四九卷此传皆有"方銎曰斨"之文，尤为明证。考文古本固非采《七月》正义添缀此传，此二卷子尤非采《七月》正义而致误也。④

传刻本毛《传》"隋銎曰斧"下脱落"方銎曰斨"四字，经过陈、潘二氏考证，应该可以定谳了。

又如《左传·僖公三十三年》："秦伯素服郊次，乡师而哭，曰：'孤违蹇叔以辱二

---

① 《十三经注疏》上册，第398页。
② 《十三经注疏》上册，第400页。
③ 《诗毛氏传疏》中册卷十五，第23B页。
④ 《敦煌诗经卷子研究论文集》，第152-153页。

三子，孤之罪也。不替孟明，孤之过也。大夫何罪？且吾不以一眚掩大德。'"①

王念孙考此事云：

"不替孟明"下有"曰"字，而今本脱之。"不替孟明"四字及"曰"字皆左氏记事之词，自"孤之过也"以下方是穆公语。上文穆公乡师而哭，既罪己而不罪人矣，于是不废孟明而复用之，且谓之曰"孤之过也，大夫何罪"云云。"大夫"二字专指孟明而言，与上文统言"二三子"者不同。若如今本作"不替孟明，孤之过也"，则"不替孟明"亦是穆公语。穆公既以不替孟明为己过，则孟明不可复用矣。下文何以言"大夫何罪"，又言"不以一眚掩大德"乎？然则"不替孟明曰"五字，乃记者之词；而"大夫何罪"云云，则穆公自言其所以不替孟明之故也。自《唐石经》始脱"曰"字，而各本遂沿其误。《秦誓》正义引此无"曰"字，亦后人依误本《左传》删之。《文选·西征赋》注云："《左氏传》曰：'秦伯不废孟明，曰：孤之罪也。'"《白帖》五十九出"一眚"二字而释之云："孟明败秦师，秦伯不替，曰：'吾不以一眚掩大德。'"二书所引文虽小异而皆有"曰"字，足正今本之误。②

而俞樾则不赞成王念孙之说：

王氏解"不替孟明"句是也；谓今本脱"曰"字非也。自《唐石经》以来，各本皆无"曰"字，未可以意增加。盖古人自有叙、论并行之例，前后皆穆公语，中间著此"不替孟明"四字，并未闲以他人之言，"孤违蹇叔"与"孤之罪也"，语出一口，读之自明。原不必加"曰"字也。③

案：P. 2509《春秋左氏经传集解》有"曰"字，正与王念孙之说合。竹添光鸿《左氏会笺》所据古写金泽文库本亦有"曰"字，竹添氏笺语即承王念孙之说④。杨伯峻《春秋左传注》据敦煌本与金泽文库本补"曰"字⑤。两写本均有"曰"字，足证王念孙之说不可破。

---

① 《十三经注疏》下册，第1833页。
② 《经义述闻》，第416页
③ 《古书疑义举例》，第62页。
④ 《左氏会笺》卷十七，第65页。
⑤ 《春秋左传注》1册，第500－501页。

（三）文字学价值

汉语文字学包括古文字学和近代文字学两个部分。敦煌出土隶古定《尚书》写卷，对于古文字考释和古文字学的研究具有重大的价值，关于这一点，徐在国《隶定古文疏证》一书已经做了很好的实践，并取得了不小的成绩，因而这里不再赘述。在此只谈谈敦煌经籍写卷所保存的字形资料对近代汉字研究的价值。

1. 纠正字书错误的说解

由于多种原因，历代字书中收录了很多音义不全的疑难字，《汉语大字典》和《中华字海》从各种古代字书中汇集了大量的未被释读的疑难字，张涌泉《汉语俗字丛考》、杨宝忠《疑难字考释与研究》已考释出了其中数千字，成果极其丰硕。但仍有为数不少的疑难字未被释别，而敦煌经籍写卷中则有不少材料可使我们据以释读某些疑难字。

如《龙龛手镜·山部》："朵，音木。"① 《四声篇海·山部》："朵，古文，音木。"② 《汉语大字典》即移录二书之言，亦无释义③。《中华字海》云："朵，音木，义未详。见《龙龛》。"④ 是"朵"字最早见收于《龙龛手镜》，而且有音无义。

案：《尚书·大禹谟》"不废困穷"⑤，S. 3111V4 第 2 行"困"作"朵"；《大禹谟》"四海困穷"⑥，S. 801 第 6 行"困"作"朵"；《蔡仲之命》"终以困穷"⑦，S. 2074 第 17 行"困"作"朵"。皆与《龙龛手镜》《四声篇海》之"朵"同形。然《盘庚中》"汝不忧朕心之攸困"⑧，P. 3670 第 37 行"困"作"朵"，而 P. 2643 第 52 行则作"朱"，其形不同。考《说文·囗部》"困"篆下云："朱，古文困。"⑨ "朱"隶定即为"朱"。甲骨文"困"字作"止"下"木"⑩，与《说文》古文合。俗书山旁、止旁多互误，如"峰"写作"峯"⑪，"岁"写作"崴"⑫，则"困"字古文应作"朱"，作"朵"者，当是形误。《龙龛》以"木"音之，盖读半边字也。《四声篇海》承袭《龙龛》，其言"古文"，当是以意猜度，并非真有所据，否则必不以"木"音之也。

① 《龙龛手镜》，第 78 页。
② 《成化丁亥重刊改并五音类聚四声篇海》，第 437 页。
③ 《汉语大字典》卷一，第 762 页。
④ 《中华字海》，第 438 页。
⑤ 《十三经注疏》上册，第 134 页。
⑥ 《十三经注疏》上册，第 136 页。
⑦ 《十三经注疏》上册，第 227 页。
⑧ 《十三经注疏》上册，第 170 页。
⑨ 《说文解字》，第 129 页。
⑩ 《古文字诂林》6 册，第 158 页。
⑪ 《碑别字新编》，第 117 页。
⑫ 《敦煌俗字研究》下编，第 268 页。

又如《龙龛手镜·凵部》："凶，音里。"① 有音无义。《字汇补·凵部》："龙以切，音里，义阙。"②《字汇补》即据《龙龛手镜》著录。《汉语大字典》则据《龙龛手镜》与《字汇补》立目③。

案：《尚书·禹贡》"齿革羽毛惟木"，P. 3469《古文尚书传》第 11 行"齿"作"凶"。蔡主宾云："由此可知'凶'乃'齿'之古文，音里者非也。"④ 陈铁凡《敦煌本夏书斠证》、徐在国《隶定古文疏证》均认为"凶"是《说文》"齿"之古文"齒"的隶变⑤。诸家所言皆善。至于《龙龛》为何以"里"音之，杨宝忠对此有不错的解释："'齿'字《广韵》昌里切，《龙龛》'凶'字音里者，盖反切上字脱落，后人转录，因改作'音里'。吴任臣不知'音里'乃'昌里反'脱误，但据误音而补作'龙以切'，以误传误也。"⑥

2. 可据以分清字书混淆的同形字

宋元以后的许多字书，其材料来源不一，其中某些可能是直接抄自以前的各种字书或韵书，没有经过仔细的考辨，因而把两个形相同而音义均不同的字（即同形字）的相关解说抄撮在一处，从而造成混乱。敦煌经籍写卷中的材料可以帮助我们辨别这些同形字。

如《龙龛手镜·衤部》："褃，音豆，祭褃；又音祥，缘也。"⑦ 其"音豆"当出自《切韵》系韵书⑧，而《集韵·候韵》"祭褃"则作"祭福"⑨，周祖谟即据以改《广韵》"祭褃"为"祭福"⑩，乃以"褃"为"福"之误字也。而"音祥，缘也"则不知所出。《汉语大字典》"褃"字条二义项即全录《广韵》和《龙龛手镜》⑪。

案：S. 2053VA《礼记音》第 180 行有"褃"条，以直音"祥"释之。写卷"褃"前为"馆"条⑫，后为"飧"条，"馆""褃""飧"乃《礼记》郑注引《诗·郑风·缁衣》"适子之馆兮，还，予授子之粲兮"句之文⑬。"飧"字不见于郑注所引《缁

① 《龙龛手镜》，第 340 页。
② 《字汇补》，第 14 页。
③ 《汉语大字典》，第 308 页。
④ 《敦煌写本儒家经籍异文考·序》，第 4 页。
⑤ 陈铁凡：《敦煌本夏书斠证》，《南洋大学中文学报》第 3 期（1965 年 2 月），第 4 页；徐在国：《隶定古文疏证》，第 48 页。
⑥ 《疑难字考释与研究》，第 65 页。
⑦ 《龙龛手镜》，第 112 页。
⑧ 《宋本广韵·候韵》，第 418 页，小韵田候切下有"褃"字，义为"祭褃"。
⑨ 《集韵》上册，第 619 页。
⑩ 《广韵校勘记》卷四，第 67A 页。
⑪ 《汉语大字典》卷四，第 2398 页。
⑫ S. 2053VA"馆"原误作"䭎"，今据注疏本改正。
⑬ 《十三经注疏》下册，第 1647 页。

衣》，然《诗·郑风·缁衣》毛《传》云："粲，餐也。"① 《释文》"餐"作"飧"②。《礼记音》以"飧"代"粲"者，乃是以传改经也。据写卷"祒"字条所处位置，唯"适子之馆兮，还"句之"还"可以当之，《释文》："还，音旋。"③ 《礼记音》第101行有"还"字条，以直音"祒"注之。此《祭仪》"周还出户"句文④，《释文》："还，音旋，本亦作旋。"⑤ 俗书方部与衤部多混，如旅或作祣⑥，施或作裇⑦。那么"祒"为"旋"之俗讹字当无疑问。《礼记音》"祒"音"祥"，正与《龙龛手镜》同，则《龙龛》之"祒"当为"旋"之俗写也。至于其"缘"之释义，亦与"旋"字合。慧琳《一切经音义》卷四三《文殊师利法宝藏陀罗尼经》"旋环"条注云："上象缘反。……何休注公羊'遾也'。"⑧《荀子·议兵》"限之以邓林，缘之以方城"杨倞注："缘，绕也。"⑨ 是"音豆，祭祒"当单独列为一条，"祒"乃"福"之误字；而"又音祥，缘也"当别列一条，"祒"乃"旋"之俗字。

又如《龙龛手镜·肉部》："肷，俗，伏、聿二音，正作肷，辝也。"⑩ 《日部》有"昹"字，云："逸、聿二音，辝也。"⑪

案：《玉篇·肉部》："肷，许律切，牛肉也。"⑫ 与伏、聿二音均不同。考《说文·欠部》云："欥，诠词也。"⑬《广雅·释诂》云："欥，词也。"⑭ 则《龙龛手镜》所谓"肷"，当是"欥"之误也。《汉书·叙传·幽通赋》"欥中和为庶几兮，颜与冉又不得"颜注："欥，古聿字也。"⑮《文选》卷十四班固《幽通赋》"欥"即作"聿"⑯。《龙龛》"聿"音之"肷"应是"欥"之误字，因俗书从月从目从日之偏旁常混，故"欥"误作"昹"，又误作"肷"。以"聿"音"欥"，乃以借字音本字也。那么"肷"之"伏"音又来自何处呢？敦煌经籍写卷为我们提供了解决这一问题的材料。《尚书·盘庚上》

① 《十三经注疏》上册，第336页。

② 《经典释文》，第64页。

③ 《经典释文》，第211页。

④ 《十三经注疏》下册，第1592页。

⑤ 《经典释文》，第203页。

⑥ 《敦煌俗字研究》下编，第361页。

⑦ 《疑难字考释与研究》，第527页。

⑧ 《正续一切经音义》2册，第1685页。案：《公羊传·庄公十年》"以地还之也"何休注："还，绕也。"（《十三经注疏》下册，第2231页）旋、还古通，"遾"为"绕"之后起别体。

⑨ 《荀子》，第323页。

⑩ 《龙龛手镜》，第416页。

⑪ 《龙龛手镜》，第430页。

⑫ 《宋本玉篇》，第147页。

⑬ 《说文解字》，第180页。

⑭ 《广雅疏证》，第124页。

⑮ 《汉书》12册，第4217页。

⑯ 《文选》上册，第210页。

"不昏作劳，不服田亩"①，S. 11399《古文尚书传》第 3 行"服"作"肶"；《尚书·说命中》"说乃言惟服"②，P. 2516《古文尚书传》第 99 行"服"作"肶"。《说文·舟部》："服，用也。𦨶，古文服，从人。"③"𦨶"隶定作"舩"，故《广韵·屋韵》云："服……舩，古文。"④"服"隶变作"服"，故古文"舩"亦有作"肶"者，《集韵·屋韵》："服，古作肶。"⑤ 是也。写卷之"肶"，当非"服"之古文，而是"服"之俗字"服"的讹变。《广韵·屋韵》小韵"房六切"下收有伏、服二字⑥，是《龙龛》读"伏"音之"肶"乃"服"之俗字也。《龙龛》"肶"条当分为两条，一读"伏"音，为"服"之俗字；一读"聿"音，为"肶"之讹字。

3. 为字书提供正确的用例

对于一部字书来说，为所释单字举出合适而正确的例证是非常必需的，可以使读者更容易地理解词义。敦煌经籍写卷中的材料可以补充字书这方面的阙漏。

如《玉篇·贝部》："赑，音协，财也。"⑦《篇海》《字汇》皆据之收入⑧。《汉语大字典》《中华字海》亦据《玉篇》列"赑"为字头⑨。《正字通·贝部》云："赑，俗字。旧注音协，财也，误。"⑩ 然未言为何字之俗写。杨宝忠《疑难字考释与研究》对此字作了详细的考辨，认为是"胁"之俗字，《玉篇》释为"财"乃是陈彭年等据字形而臆测⑪，其结论确凿可信，但也没有提供文献用例。《尚书·胤征》："胁从罔治。"⑫ P. 5557《古文尚书传》第 16 行"胁"写作"赑"，即可作"赑"为"胁"之俗字的直接证据。

又如《龙龛手镜·石部》："砾，竹角反，击也。"⑬《汉语大字典》即据《龙龛》立字头⑭，没有提供其他更多的信息。案《诗·小雅·常棣》："虽有兄弟，不如友生。"郑笺："安宁之时，以礼义相琢磨，则友生急。"⑮ S. 2049《毛诗传笺》第 141 行"琢"作"砾"。玉亦石类，石旁与玉旁可以换用，如"瑎"或写作"碏"⑯，即其例。则

① 《十三经注疏》上册，第 169 页。
② 《十三经注疏》上册，第 175 页。
③ 《说文解字》，第 176 页。
④ 《宋本广韵》，第 433 页。
⑤ 《集韵》上册，第 640 页。
⑥ 《宋本广韵》，第 433 页。
⑦ 《宋本玉篇》，第 475 页。
⑧ 《成化丁亥重刊改并五音类聚四声篇海》，第 351 页。《字汇》，第 466 页。
⑨ 《汉语大字典》卷六，第 3641 页。《中华字海》，第 1392 页。
⑩ 《正字通》，第 1102 页。
⑪ 《疑难字考释与研究》，第 592－593 页。
⑫ 《十三经注疏》上册，第 158 页。
⑬ 《龙龛手镜》，第 445 页。
⑭ 《汉语大字典》卷四，第 2436 页。
⑮ 《十三经注疏》上册，第 408 页。
⑯ 《宋本玉篇》，第 19 页。

"硺"当是"琢"之换旁俗字（"琢磨"习语，"琢"字或涉"磨"字类化换旁）。写卷此例可以作为《汉语大字典》"硺"条的例证。

4. 填补俗字形成过程中缺失的环节

历代字书收载了大量的俗字，但往往没有相关的说明和考证，因而读者无法从其著录了解该字的正字是什么，它是怎样演变过来的。有的虽有正字、俗字还是古字的说明，但其结论却是错误的，从而以讹传讹，贻误来者。敦煌经籍写卷中的材料可以填补某些俗字演变过程中缺少的环节，搞清楚它们从正体到俗体的演变过程。

如《四声篇海》："舯，音服，衣也。"① 《字汇补》仍之②。《汉语大字典·舟部》云："舯，衣。《改并四声篇海·舟部》引《川篇》：'舯，衣也。'"③ 是此字最早见收于金韩道昭之《四声篇海》。虽然此字之形音义三项俱全，却不知其来源。

案：P. 3315《尚书释文》第 82 行有"舯"，注云："古文服字。"考《说文·舟部》："服，用也。𦨕，古文服，从人。"④ "舯"者，"𦨕"之变体，吴士鑑《唐写本经典释文校语》云："《说文》'服'，古文从舟从人会意作𦨕，隶变作舯。"⑤ "舯"应是从"𦨕"到"舯"讹变过程中的中间环节。

又如《集韵·阳韵》："匚，古作凵。"⑥《汉语大字典》据《集韵》立字头⑦。

案：《说文·匚部》："匚，受物之器。读若方。𠥓，籀文匚。"⑧ 段注："依字，匚有榘形，固可假作方也。"⑨ 方圆之"方"本字当作"匚"，方向之"方"则为引申义。"匚"字甲骨文作𠃊、𠃌、𠃍、𠃊、匚、匚⑩，金文作𠃊、匚⑪，无作"凵"者。查 P. 3315《尚书释文》第 17 行有"凵"字，注云："古方字。"龚道耕云："此即'匚'字行书之也。"⑫ 从字形看，"凵"实为"凵"字之楷定也。可以说，"凵"即为"匚"字之俗讹。徐在国以为"凵"为"𠥓"形之省变⑬，误。又《尚书·大禹谟》"四方风动"⑭，薛季

---

① 《成化丁亥重刊改并五音类聚四声篇海》，第 423 页。
② 《字汇补》，第 178 页。
③ 《汉语大字典》卷五，第 3055 页。
④ 《说文解字》，第 176 页。
⑤ 《涵芬楼祕笈》第 4 集，1917 年版，下第 24A 页。
⑥ 《集韵》上册，第 212 页。
⑦ 《汉语大字典》卷一，第 50 页。
⑧ 《说文解字》，第 268 页。
⑨ 《说文解字注》，第 635 页。
⑩ 《古文字诂林》9 册，第 1019－1020 页。
⑪ 《金文编》，第 660 页。
⑫ 《唐写残本〈尚书释文〉考证》，《华西学报》第 4 期（1936 年 6 月），第 8 页。
⑬ 《隶定古文疏证》，第 261 页。
⑭ 《十三经注疏》上册，第 135 页。

宣《书古文训》"方"作"匹"①，"匹"亦"匕"字之楷定。李遇孙《尚书隶古定释文》云："古文《尚书》'方'皆作'匚'，此又'匚'字之古文也。"② 臆测之辞耳。

（四）音韵学价值

敦煌经籍类写卷中的音韵材料对于音韵学研究的价值主要有以下三个方面：

1. 经籍音义写卷是魏晋南北朝音研究的重要资料

魏晋南北朝是音韵蜂出的时期，当时流行为群籍注音，谢启昆《小学考》著录了这样的音义书达 70 种之多③，但除了陆德明的《经典释文》外，没有一种保存下来。这些音义书的内容零星散见于群籍之引用，虽然经过历代辑佚家的艰苦工作，已经有了大量的辑佚本，但材料较少而且不成系统，因而六朝音的研究起步晚而成果少。可喜的是藏经洞写本中，保存了大量的南北朝隋唐时期的音义写卷，其中有不少是经籍类音义写卷。

敦煌经籍写卷中的音义残卷中，S. 2729B + Дx. 01366《毛诗音》、P. 3383《毛诗音》、S. 2053VA《礼记音》、L0739 + 北殷 42《论语郑注音义》四种是已佚失的南北朝时期的音义著作，虽然都是残卷，但总计有近 3 千条的注音。特别是 S. 2729B + Дx. 01366《毛诗音》与 S. 2053VA《礼记音》，注音条目均超过了 1 千条，可以运用与《广韵》相比证的方法考定其音韵系统，这对于魏晋南北朝时期音系的研究，甚至对于中古方言的研究④，都具有重要的价值。

2. 经籍写卷中的别字异文是研究唐五代西北方音的重要资料

罗常培《唐五代西北方音》是第一部利用敦煌写卷材料系统研究唐五代西北方音的著作，但所利用敦煌材料有限，只有 4 种对音写卷与 1 种注音本《开蒙要训》。后来，邵荣芬《敦煌通俗文学中的别字异文和唐五代西北方音》⑤ 一文利用变文、曲子词中的别字异文来研究唐五代西北方音，刘燕文的《从敦煌写本〈字宝〉的注音看晚唐五代西北方音》⑥ 据唐五代时期流行于敦煌一带的字书——《字宝》的注音进行研究，洪艺芳《唐五代西北方音研究——以敦煌通俗韵文为主》运用变文、曲子词、俗赋、通俗诗四大类写卷中的押韵、别字异文材料对唐五代西北方音作了更全面的探讨，均取得了不小的成就。但所有关于唐五代西北方音的研究论著中，还没有一家使用敦煌经籍写卷中的别字异文材料。

---

① 《书古文训》，第 14 页。

② 《尚书隶古定释文》，第 52 页。

③ 据张世禄：《中国音韵学史》的统计上册，第 168 页。

④ 大岛正二：《敦煌出土〈礼记音〉残卷について》（《东方学》第 52 辑，1976 年 7 月，第 46－60 页）考定 S. 2053VA《礼记音》反映的语音系统是河南方音。

⑤ 《敦煌通俗文学中的别字异文和唐五代西北方音》，《中国语文》1963 年第 3 期，第 193－216 页。

⑥ 《从敦煌写本〈字宝〉的注音看晚唐五代西北方音》，《出土文献研究续集》，第 236－252 页。

在敦煌经籍写卷，特别是《论语》《孝经》写卷中大量的别字异文，是研究唐五代西北方音的重要资料。《论语》《孝经》作为学子应试的必试科目，是童蒙初学的必读之书，因而在敦煌经籍写卷中，《论语》《孝经》占了很大的分量，而且大多是陷蕃后及归义军时期的童蒙学子所抄，如散 0665《论语集解》残卷为"大中五年五月一日学生阴惠达"所书，P. 2681＋2618《论语集解》残卷为"乾符三年三月廿四日沙州燉煌县归义军学士张喜进书记"，P. 3783《论语》白文残卷为"文德元年正月十三日燉煌郡学士张圆通书"，S. 1386《孝经》白文写卷为"天福柒年壬寅岁十二月十二日永安寺学仕郎高清子"所书，等等。这些学子所抄写卷的别字异文，透露出典型的唐五代西北方音特色。如《论语·学而》"未若贫而乐，富而好礼者也"。《集解》引郑玄曰："乐谓志于道，不以贫为忧苦。"① 日本天理大学图书馆所藏敦煌写本《论语集解》第 3 行"志"写作"主"。案《广韵》"主"音之庾切，照纽上声麌韵；"志"音职吏切，照纽去声志韵，遇摄读同止摄，这是唐五代西北方音的特点。又如《孝经·丧亲章》："丧不过三年，示民有终。"② P. 3416《孝经》第 94 行"终"写作"忠"。《广韵》"终"音职戎切，照纽东韵；"忠"音陟弓切，知纽东韵。知系与照三系混用不分，也是唐五代西北方音的特点。经籍写卷中的别字异文材料所反映出来的这些唐五代西北方音特点可以与罗常培、邵荣芬、洪艺芳的研究结果相印证。

经籍写卷中的别字异文材料尚可以补充诸家材料之不足。

如《敦煌变文集·父母恩重经讲经文》："不会怀耽煞苦辛，岂知乳甫多疲倦。"③ 向达校"甫"为"哺"。甫，非纽字；哺，并纽字。但邵荣芬认为这两字形声偏旁相同，不一定属于通假意义上的别字异文，是不可靠的例子，因而将它归入参考例中④。洪艺芳承用邵氏之说，也没能提供另外的用例⑤。案《孝经·纪孝行章》："为下而乱则刑，在丑而争则兵。"⑥ S. 707《孝经》第 8 行"兵"写作"并"。《广韵》"兵"音甫明切，非纽庚韵；"并"音通迥切，并纽迥韵。这条例子正是并、非代用例，足可补邵、洪二文之缺。

又如：《论语·为政》"退而省其私，亦足以发，回也不愚"，《集解》引孔安国曰："察其退还与二三子说释道义，发明大体，知其不愚。"⑦ P. 2604《论语集解》第 22 行"释"写作"识"。《广韵》"释"音施只切，审纽昔韵；"识"音职吏切，照纽之韵。

① 《十三经注疏》下册，第 2458 页。
② 《十三经注疏》下册，第 2561 页。
③ 《敦煌变文集》下册，第 674 页。
④ 《敦煌通俗文学中的别字异文和唐五代西北方音》，《中国语文》1963 年第 3 期，第 196 页。
⑤ 《唐五代西北方音研究——以敦煌通俗韵文为主》，第 17 页。
⑥ 《十三经注疏》下册，第 2555 页。
⑦ 《十三经注疏》下册，第 2462 页。

以"识"代"释",乃是以照代审。照三系 5 纽之间的同用情况,洪艺芳列举了神、审同用 1 例,神、禅同用 3 例①。本例可补其缺。

3. 《经典释文》残卷可以纠正传本《释文》的讹误

陆德明《经典释文》采集了汉、魏、六朝 230 余家音义、训诂等著作的内容,这些著作中的音义著作已无一存世,因此,《经典释文》保存的"唐以前诸经典中文字的音读,为我们今天研究这一时期的声音变迁提供了重要的资料"②。但自《释文》成书,历经唐、宋、元、明诸朝辗转传抄翻刻及增删改削,今本《释文》已非当时旧貌。敦煌经籍类写卷中有唐写本《经典释文》3 种:S. 5735 + P. 2617《周易释文》、P. 3315《尚书释文》、BD09523《礼记释文》,不仅可补今本《释文》脱漏的条目,而且多有可正今本《释文》之讹误者,这对于研究《经典释文》音系具有极大的价值。

东晋梅赜所上伪《古文尚书》,没有《舜典》篇,后人将王肃《尚书注》的《尧典》篇下半部割裂下来作为《舜典》补上,因而通行的伪《古文尚书》的《舜典》篇之注是王肃注,陆德明《尚书释文》即是根据这个本子作的。到南朝齐明帝时,吴兴姚方兴伪造孔传《舜典》,至隋时由刘炫奏上,取代王肃《舜典注》,收入《古文尚书》。至宋朝陈鄂删定《尚书释文》,所依据之本恰恰是姚方兴伪造本,因而将姚本所无之条目悉行删改,其中有注音之条目被删者即达 48 条之多。今据 P. 3315《尚书释文》写卷,可知《释文》舜典篇之原貌,可补今本《释文》之缺。P. 2617《周易释文》则有 49 条为今本所无③,BD09523《礼记释文》亦有可补今本之缺者 1 条④。

至于可正本《释文》讹误之处者极夥,今从三个《释文》写卷中各抽取一例来说明。

《周易·鼎卦》释文:"劲,古政反。"⑤ P. 2617《周易释文》第 154 行"古政反"作"吉政反"。罗常培云:"案,'古''吉'同属见纽,但'古'为一二四等上字,'吉'为三等上字,以一二四等不与三等同切言,则写本为正,今本或因形近讹省。"⑥

---

① 《唐五代西北方音研究——以敦煌通俗韵文为主》,第 30 页。

② 《经典释文汇校·前言》,第 1 页。

③ 7 行"上承"、10 行"刚应"、17 行"乘夫"、33 行"于著"与"不重"、48 行"不省"、54 行"不造"、57 行"畜己"、61 行"猎"、64 行"履夫"、69 行"丧"、82 行"受人"、89 行"畜"、93 行"不长"、109 行"硕"、110 行"得中"、122 行"孚号"、149 行"治历"、165 行"之胜"、171 行"通夫"、173 行"覆"、177 行"不见"、182 行"而当"、186 行"令著"、192 行"大号"、194 行"制数"与"则嗟"、197 行"胜"与"物挍"、201 行"上"、202 行"鸟离"、203 行"之要"、207 行"拔难"、216 行"其分"、217 行"往复"、220 行"之差"、222 行"之数"与"散"、225 行"极数"、237 行"覆"、242 行"以断"、253 行"揉木"、269 行"典要"、284 行"燥"、304 行"来观"、305 行"而著"、311 行"非数"、318 行"不说"、320 行"以胜"。

④ 23 行"以上"。

⑤ 《经典释文》,第 28 页。

⑥ 《唐写本经典释文残卷四种跋》,《清华学报》13 卷 2 期(1941 年 10 月),第 5 页。

《尚书·舜典》释文："滑，户八反。"① P. 3315《尚书释文》第 87 行"户八反"作"于八反"。吴承仕云："《潜夫论·志姓氏篇》引作'蛮夷滑夏'，与写本同。今本作'猾'，当是卫包所改。于八反，'于'当为'乎'。《篇》《韵》滑、猾字止有胡骨、户八等切，无与'于八反'相应者，是其证。"② 黄焯云："《礼记·儒行》释文：'坏己，乎怪反。'唐写本亦作'于怪反'，盖'于'字六朝以前读入匣纽，与'乎'同声，故以切滑、坏等字。唐宋以后'于'读入喻纽，与匣纽隔类，后人觉其音之不合，遂改类隔为音和，故《篇》《韵》滑、猾字止有胡骨、户八等切也。吴氏谓'于'当作'乎'，殊未合。"③

《礼记·檀弓上》释文："衣，于既。"④ BD09523《礼记释文》第 14 行"于既"作"於既"。吴承仕云："毛居正并谓'于'应作'於'。承仕案：德明反语盖与《切韵》大同，不应于、於同用。通校全书，若徐邈等所下反音，影喻诸纽间有出入，至于德明，则不概见，且互讹者，仅有于、於二文，而伊、央、乙、乌、为、羽、云、有诸文盖无互用之处，可证作'于'者为传写之讹。"⑤ 罗常培云："'衣、於'属影纽，'于'属喻纽云类，作'於'为是。"⑥

以上诸例皆是对于考订《释文》音系具有极大关系者。

（五）版本学价值

版本之称，有狭义与广义之别，广义的版本"并不限于雕版印刷的书籍，而实际上包括没有雕版以前的写本和以后的钞本、稿本在内"⑦。那么敦煌写卷的书写格式当然也属于版本学范畴。

敦煌经籍写卷的版本学价值最值得注意的就是孔颖达《五经正义》原本的格式问题。

唐孔颖达撰《五经正义》，于高宗永徽四年颁行天下⑧。当时的《正义》，本皆单行，并不与经、注合书。钱大昕云：

> 唐人撰九经《疏》，本与《注》别行，故其分卷亦不与经注同。自宋以后刊

---

① 《经典释文》，第 38 页。
② 《唐写本尚书舜典释文笺》，《华国月刊》2 卷 4 册，第 7 页。
③ 《经典释文汇校》，第 30 页。
④ 《经典释文》，第 170 页。
⑤ 《经籍旧音辨证》，第 129 页。
⑥ 《唐写本经典释文残卷四种跋》，《清华学报》13 卷 2 期（1941 年 10 月），第 29 页。
⑦ 《文献学讲义》，第 135 页。
⑧ 《旧唐书·高宗纪上》1 册，第 71 页。

本，欲省两读，合《注》与《疏》为一书，而《疏》之卷第遂不可考矣。①

但由于唐本《正义》不存于世，后人论《正义》之体裁，往往根据宋刻单疏本推论。或谓经、注均载全文；或谓释经不标起止，释注方标起止；或谓注文省略不录，但有时录全文；或谓标明经、注起止，等等②，不一而足。

S.498《毛诗正义》写卷，经、传、笺皆标起止，而不出全文；经、传、笺之起止用朱书，《正义》用墨书。王重民云："传笺起止朱书，正义墨书，凡'民'字皆作'人'，孔氏原书应如是也。"③潘重规云："此卷传笺起止朱书，正义墨书，当为唐代正义原书之本来面目，殆无疑义。"④

P.3634V + 3635V《春秋左传正义》写卷，亦经、注标起止而不出全文，经、注之起止用朱书，《正义》用墨书，与 S.498《毛诗正义》之体例完全相同。

据此两唐写本《正义》写卷所反映之书写体裁，可以证明孔颖达《五经正义》的书写格式是经、注皆标起止而不出全文，经、注用朱书，《正义》用墨书以别之。

又，《经典释文·序录》云："今以墨书经本，朱字辩注，用相分别，使较然可求。"⑤但世之传本，皆用墨书，无用朱书者。P.3315《尚书释文》，凡《传》文之词目，上皆加朱点以别之，而经文词目则否⑥。是《经典释文》原本的体裁，据写卷犹可想见其风貌。

参考文献

[1]《碑别字新编》，秦公辑，北京：文物出版社，1985 年。

[2]《成化丁亥重刊改并五音类聚四声篇海》，金·韩孝彦、韩道昭撰，《续修四库全书》第 229 册，上海古籍出版社，1995 年。

[3]《出土文献研究续集》，中国文物研究所编，北京：文物出版社，1989 年。

[4]《春秋穀梁经传补注》，清·钟文烝，北京：中华书局，1996 年。

[5]《春秋异文笺》，清·赵坦、清·阮元编：《清经解》第 7 册，上海书店，1988 年。

[6]《春秋左传注》（修订本），杨伯峻，北京：中华书局，1990 年。

---

① 《十驾斋养新录》卷三"注疏旧本"条，第 60 页。
② 说详苏莹辉：《略论五经正义的原本格式及其标记经、传、注文起讫情形》，《敦煌论集续编》，第 79 - 81 页。
③ 《敦煌古籍叙录》，第 45 页。
④ 《巴黎伦敦所藏敦煌诗经卷子题记》，《敦煌诗经卷子研究论文集》，第 169 页。
⑤ 《经典释文》，第 1 页。
⑥ 《艺文》6 卷 2 号，1915 年 2 月；此据《支那学文薮》，第 94 页。

[7]《敦煌本尚书校证》，陈铁凡，台北：长期发展科学委员会，1965 年。

[8]《敦煌变文集》，王重民等，北京：人民文学出版社，1957 年。

[9]《敦煌残卷古文尚书校注》，吴福熙，兰州：甘肃人民出版社，1992 年。

[10]《敦煌古籍叙录》，王重民，北京：中华书局，1979 年。

[11]《敦煌诗经卷子研究论文集》，潘重规，香港：新亚研究所，1970 年。

[12]《敦煌俗字研究》，张涌泉，上海教育出版社，1996 年。

[13]《敦煌写本儒家经籍异文考》，蔡主宾，台北：政治大学中国文学研究所硕士论文，嘉新水泥公司文化基金会，1969 年。

[14]《古书疑义举例》，清·俞樾，北京：中华书局，1956 年。

[15]《古文字诂林》，李圃主编，上海教育出版社，第 6 册（2003 年），第 9 册（2004 年）。

[16]《广雅疏证》，清·王念孙，南京：江苏古籍出版社，1984 年。

[17]《广韵校勘记》，周祖谟，台北：中央研究院历史语言研究所，1993 年。

[18]《汉书》，汉·班固，北京：中华书局，1962 年。

[19]《汉语大字典》，徐中舒主编，成都：四川辞书出版社、武汉：湖北辞书出版社，1986 – 1990 年。

[20]《集韵》，宋·丁度等编，上海古籍出版社，1985 年。

[21]《金文编》，容庚，北京：科学出版社，1959 年。

[22]《经典释文》，北周·陆德明，北京：中华书局，1983 年。

[23]《经典释文汇校》，黄焯，北京：中华书局，1980 年。

[24]《经籍旧音辨证》，吴承仕，北京：中华书局，1986 年。

[25]《经义述闻》，清·王引之，南京：江苏古籍出版社，2000 年。

[26]《旧唐书》，后晋·刘昫，北京：中华书局，1975 年。

[27]《隶定古文疏证》，徐在国，合肥：安徽大学出版社，2002 年。

[28]《龙龛手镜》，辽·释行均，北京：中华书局，1985 年。

[29]《尚书孔传参正》，清·王先谦，《四部要籍注疏丛刊》下册，北京：中华书局，1998 年。

[30]《尚书隶古定释文》，清·李遇孙，《续修四库全书》第 48 册，上海古籍出版社，1995 年。

[31]《尚书文字合编》，顾颉刚、顾廷龙辑录，上海古籍出版社，1996 年。

[32]《诗毛氏传疏》，清·陈奂，北京市中国书店，1984 年。

[33]《十驾斋养新录》，清·钱大昕，上海书店，1983 年。

[34]《十三经注疏》，清·阮元校刻，北京：中华书局，1980 年。

[35]《史记》，汉·司马迁，北京：中华书局，1982 年。

[36]《书古文训》，宋·薛季宣，《四库全书存目丛书》经部第 49 册，济南：齐鲁书社，1997 年。

[37]《说文解字》，汉·许慎，北京：中华书局，1963 年。

[38]《说文解字注》，清·段玉裁，上海古籍出版社，1981 年。

[39]《宋本广韵》，宋·陈彭年等，北京市中国书店，1982 年。

[40]《宋本玉篇》，梁·顾野王撰、宋·孙强重修，北京市中国书店，1983 年。

[41]《唐五代西北方音》，罗常培，北京：科学出版社，1961 年。

[42]《唐五代西北方音研究——以敦煌通俗韵文为主》，洪艺芳，台北：中国文化大学中国文学研究所硕士论文，1995 年。

[43]《文献学讲义》，王欣夫，上海古籍出版社，1986 年。

[44]《文选》，梁·萧统编、唐·李善注，北京：中华书局，1977 年。

[45]《孝经学论集》，日本·林秀一，东京：明治书院，1976 年。

[46]《荀子集解》，清·王先谦，北京：中华书局，1988 年。

[47]《疑难字考释与研究》，杨宝忠，北京：中华书局，2005 年。

[48]《正续一切经音义》，唐·释慧琳、辽·释希麟，上海古籍出版社，1986 年。

[49]《正字通》，明·张自烈，北京：中国工人出版社，1996 年。

[50]《中国音韵学史》，张世禄，上海书店，1984 年。

[51]《中华字海》，冷玉龙、韦一心主编，北京：中华书局、中国友谊出版公司，1994 年。

[52]《字汇·字汇补》，明·梅膺祚、清·吴任臣，上海辞书出版社，1991 年。

[53]《左氏会笺》，日本·竹添光鸿，《汉文大系》第 10、11 册，台北：新文丰出版公司，1987 年。

　　张富祥　1950 年生，山东淄博人。山东大学儒学高等研究院教授、博导。毕业于北京师范大学。主要研究领域为中国古代文化史、史学史、历史文献学，代表著作有：《宋代文献学散论》《王政全书——〈吕氏春秋〉与中国文化》《韩非子解读》《东夷古史传说》《齐鲁文化通史·远古至西周卷》《宋代文献学研究》《〈竹书纪年〉与夏商周年代研究》等。

有关《尚书》整理的几点感想

　　《尚书》在中国古典文献中大概是最难整理的一部，历来这方面的专家成群，除非素有研究的学者很难开口。本人也还是门外汉，只是这些年勉力给尼山学堂开《〈尚书〉导读》课，不得不有所接触，因而也产生了一些零星的体会，在此略就几点向各位专家请教，请不吝指导。

　　杜泽逊老师下大力气做《十三经》汇校，用大量的版本（包括抄本）逐字逐句地勘对经书文字，总汇历代学者的校勘成果，整个工程蔚为大观。这是经典整理最最基础的工作，博古通今，别开生面，必定会有大量的创新和发现，嘉惠学林无限。其《尚书》部分已经做完，即将出版，可惜我还没有全部读过，以后仍将仔细检阅。

　　《尚书》整理的难处，综合言之，我以为还是集中于这样两个方面：一是《尚书》的衍传源流问题，其中最为关键的是今古文之分和辨伪问题；二是《尚书》正文的释读问题，这方面问题成堆，在细节上不能疏通的字句连篇累牍，有的甚至可以难倒所有的人，即使文献巨擘也找不出有效的解决办法。

　　对于《尚书》的衍传源流，我觉得以往的研究似乎过分看重了自汉代以来所强调的今古文之分。其实所谓今文、古文的篇章，就其文献特点和风格而言，并不是到汉代才出现的，这两种类型的文献有可能自先秦以来就一直并存着，其区别未必是汉代特有的现象。《尚书》的今文部分，如过去一些专家所说，可

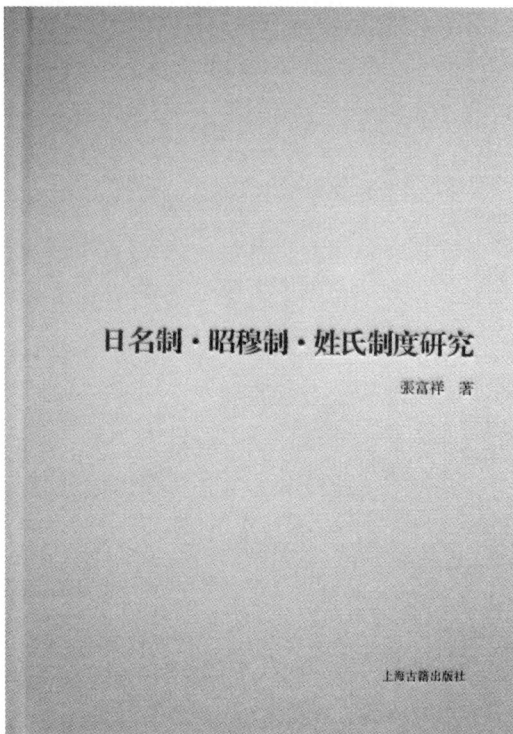

日名制·昭穆制·姓氏制度研究

張富祥　著

上海古籍出版社

能在汉以前就已经过官方的整理，编纂比较谨严，文字较有典型性，甚至保留较多的原始档案或方言词汇，所以看上去佶屈聱牙，很难读。有人认为今文二十八篇原是秦代的官本，是经过担任官职的博士们挑选和整理的定本，我很赞同这种看法。进一步地说，这些篇章甚至有可能曾是战国晚期秦国的宫廷教本，秦王政把韩非搞到秦国去当宫廷教师，大概也与用这类图书教授公室子弟有关系。秦国的官学情况不甚清楚，而私学是被禁止的，但传统典籍直到秦始皇焚书坑儒，博士之职也还完整保存着。这是后来伏生传授今文《尚书》的基础。

《尚书》的古文部分，假定它们原是六国的传篇，并且主要在民间私学流行，那么就会与官方的读本形成不同的面貌和风格。按王国维先生的看法，所谓"古文"其实是六国文字，而在先秦时期《尚书》还没有统一的本子之前，各地区的传抄也不可能都一致。凡是在民间流传的篇章，经师的讲解自然会力求简易明白，而弟子们的传抄有时又免不了会将经师的讲章文字混杂到《尚书》的正文里面。这样久而久之，也就出现了所谓文从字顺的"古文"篇章，看上去比较好读。这样来看，所谓今文、古文，不过是层次上的事。今文的篇章层次较高，古文的篇章层次较低，但不能把层次较低的篇章排除于《尚书》之外，如《逸周书》中的一些篇章层次也不高。现在一说到今文、古文，一涉及汉代的今古文之分，就弄得头绪纷繁复杂，让刚开始接触《尚书》的青年学者头疼不已。实则不一定要分得那么截然，《尚书》的整理如果总是按今古文分明的思路去处理的话，会带来许多不必要的麻烦。

我在给尼山学堂授课的时候有一种感觉，就是刘歆不分今古文的观点还是很值得注意的，他实际上主张不要分今古文。在重新看了一些材料之后，仔细分析，我以为传世《尚书》的五十八篇本子，在刘歆那个时候已经成形了。这种本子是合编伏生所传的今文篇章和刘向、刘歆等人整理的古文篇章而来的，当时存于朝廷，称为"中古文"本，有时也统称为《古文尚书》。东汉初杜林所宝藏的漆书古文本，虽称只有一卷，实际可能就是五十八篇"中古文"本的完本，并且是朝廷原存的专供皇帝阅览的帛书本。这种帛书本是由竹简本精校别写而成的，因为是卷轴装，所以号称"一卷"。东汉时，刘陶等人用这种帛书本的抄本，对校仍保存于朝廷的"中古文本"，又成一种新的本子，史称《中文尚书》。从东汉贾逵、马融、郑玄等人的传本来看，各家所传所谓古文《尚书》都是五十八篇本，并且主要是由杜林所传的漆书古文本而来的。今本《尚书》，即现存的《尚书》，我认为就是汉末郑玄的后人郑小同等人，根据这种五十八篇本系统整理并加注释而成的。这一派的《尚书》学奉西汉孔安国为祖师，所以今本的大序和注释都托名于孔安国，这在重视家派的时代也是正常的事情。过去说两汉时期的《尚书》文本已经全丢了，今本《尚书》是后人组织起来的，这还很难说，朝廷的存本因改朝换代的动乱而丢失是可能的，民间却未必不会保存下来。这些还只是个人的推测，进一步的研究则须有更为坚实的证据。

自孔传《尚书》问世后，便渐次有人生疑，历经宋、明，到清初阎若璩积四十年之力写出《尚书古文疏证》一书，后人便以为由此已谳定《尚书》的古文部分为"伪书"。其实这能不能成为定论，仍大有商讨的必要。近些年来已有为今本《尚书》翻案的，但翻案的路径是否得当，还须商量。阎氏的《疏证》确实还要好好研究，《四库全书》著录其书保存了九十篇，抽去了三十八篇，大概出于避讳。细致检视其书，阎氏的许多辨伪证据基于后世的观念，在方法上、逻辑上并不严密，所以在《尚书》学上，不宜固守前贤的辨伪观念。

事实上，《尚书》作为先秦经典之经典，从来就没有妨碍过人们的使用，也从来没有完全被看作"伪书"而丢弃，而直到现在它还戴着一顶"伪书"的帽子，这不免是个悖论。对此还有很多工作可做。

关于《尚书》文字的释读，历来积存的问题不计其数。假如有人愿意作一部大型的集释之书，把前人所有的有关《尚书》文字和内容的解释都集中起来，当是功德无量的事，但这不易组织。刘起釪先生的《尚书校释译论》，并题顾颉刚先生之名，当然包括顾先生的很多见解，是一部了不起的大书，但问题也还没有完全解决。他们重视今文二十八篇，暂且放弃古文部分，刘先生的注释对前人的研究成果也是有选择的，并不是全部集存录。学者著书各有特定的体制，难以求全。

《尚书》文字中最难解决的问题，举例来说，《尧典》中关于远古节令物候的记载，现在知道有和商代甲骨文十分相似的字句，乃至用词也一样。刘起釪先生认为这类字句用在《尚书》里头是有问题的，为什么呢？因为不可解。他认为《尧典》的作者见到自商代传下来的一组关于四方神名和风名的神话资料，完全不了解原有神话的意义，只因为它们是远古材料，就生吞活剥、改头换面地录入《尧典》了，以致写成不可理解的文句，犹如瞎子说象。问题是现在注释和讲解《尧典》而作如此处理，就把问题搁置起来了，倒不如直接承认这类文字如今还解释不了，只好阙疑。假如我们现在解释不了，就说古人原来也不理解，只是囫囵吞枣地照抄照转，做无意义的文字组合，这看法有点令人难以相信。传世《山海经》中有相近的文字，而大体通顺可读，文意连续，表明《尧典》中的这类记载原先也并非不可读，只是后来又有传讹，又从而格外增加了解释的难度。我在《殷都学刊》（2013 年第 1 期）上发了一篇《甲骨文"鸟"字释读辨析》的文章，后面加了一节，对《尧典》中的"星鸟"等语提出了一些看法，不敢说有道理，只为引起讨论。甲骨文中的大鸟形符号其实可以读作"凤"而假借为"风"，"星"字则绝大多数应读作晴天的"晴"，过去学界对《尧典》的所谓"四仲星"讨论很多，很可能出于一种错误的理解。至于说甲骨文中已有现代人所谓"超新星"的记录，可能也是一种误读，需要费工夫去考求。

再举一例：《洛诰》篇是《尚书》中最重要的篇章之一，也是最难读的篇章之一，后世解释的分歧也多。我的意见是，此篇虽以对话为主，而反映的其实主要是周人在成周新建太庙以举行"殷礼"大祭的事实。这个大祭的典礼，约相当于周公摄政之后周成王正式即位的大典礼。问题是过去我们讲解的时候，除了强调周公经营洛邑以为新都外，几乎没有注意到周人在成周新建太庙之事，这样的话，对《洛诰》中有的段落就无法解释，对理解全篇的旨意也造成困难。另外，自宋代以来有一种说法，认为按《洛诰》的记载，成王在举行典礼之后就回宗周了，而让周公留守东都，这说法恐怕也不符合《洛诰》文字的原意。

《尚书》还有的篇章，时代定位恐怕有问题。比如《费誓》，历来都说此篇所记的是周公东征时候的事，其实不一定，我怀疑所记应是周康王初年周人第二次大东征时的事。这次大东征的统帅是毛公，誓师的地点在费（今山东费县一带），所以誓词名之为《费誓》。具体的考求需要联系到对不少金文的解释，特别是《班簋》铭文。

诸如上述例子，《尚书》文字中的难点不胜枚举，有的可能永远无法解决了。但只要肯下工夫，相信难点还会减少，整理工作自当与时俱进。《尚书》中有些和金文相通的文字，能不能把相关的金文资料都挑选出来，以作对照，那样会省去学者许多翻检之力。

（尼山学堂袁茵据录音整理）

试释《尚书·尧典》中的"星鸟"等语

《尚书·尧典》有"乃命羲和，钦若昊天，历象日月星辰，敬授人时"的记载，叙及四时节令与物候，其文如下：

> 日中星鸟，以殷仲春。厥民析，鸟兽孳尾。
> 日永星火，以正仲夏。厥民因，鸟兽希革。
> 宵中星虚，以殷仲秋。厥民夷，鸟兽毛毨。
> 日短星昴，以正仲冬。厥民隩，鸟兽氄毛。

文中"日中""日永""宵中""日短"诸概念，相当于后世节气的春分、夏至、秋分、冬至，此盖无疑问；然所谓"四仲中星"及"厥民"下诸字，皆古奥难通，古今学者一向无定解。《尚书》研究大家刘起釪先生校释说："《尧典》作者见到一组至迟自商代传来的古代四方神名和四方风名的一套完整的神话资料，完全不理解其原有神话意义，只因其为远古资料，就生吞活剥地把它作为尧时的民事和物候的历史资料，写成这不可理解的文句。"他的意思是，《尧典》的这部分文字都是就同一组古传的资料，"用同样改头换面的方式写成的"；由于原资料涉及商代甲骨文所见的四方神名和风名，因而知道它是有来历的，但一经作者"生吞活剥"式地"净化"和加工，便全成妄撰，就连作者自己也已"不知道是在说什么"了。所以照刘先生的看法，如今读这些文字，便"不用寻其义"，硬要曲折地求证和解释也是"望文生训"。① 这种疑则阙疑的态度是对的，不过刘先生在"今译"时，仍不得不"依其妄语以为译"，毕竟还不是疏通经典的有效办法。

联系甲骨文所见的四方神名和风名解读《尧典》此文，这一思路自胡厚宣先生作

---

① 刘先生的校释，详见顾颉刚、刘起釪：《尚书校释译论》第 1 册，北京：中华书局 2005 年版，第 43 - 58 页。

《甲骨文四方风名考证》以来便为学者所重视①，研究亦多，但具体的考证似乎尚未找到解决问题的肯綮之所在。目前所知甲骨文有关辞例主要有两组，一组见于《合集》14294：

（1）东方曰析，风曰协。

（2）南方曰𩍄，风曰兕。

（3）西方曰𢀛，风曰彝。

（4）［北方曰］夗②，风曰役。

另一组见于《合集》14295：

（5）贞，帝于东方曰析，风曰协，秦年。

（6）辛亥卜，内贞，帝于南方曰兕，风［曰］𠃌③，秦年。一月。

（7）贞，帝于西方曰彝，风曰玊④，秦年。

（8）辛亥卜，内贞，帝于北方曰夗，风曰役⑤，秦［年］。

还有一些卜辞，涉及"析""宛"等名：

（9）卯于东方析，三牛、三羊、豰三。（《英》1288）

（10）戊戌，析侑牢。（22213）

（11）癸丑卜，勿燎析。兹用。（34474）

（12）……酉邑析……斐㝬□……（21864）

（13）今日丁酉卜，王其宛麓隹，弗悔。（30286）

（14）贞，禦王自上甲，眢大示。十二月。（14847）

---

① 胡先生此文原发表于：《责善半月刊》第2卷第19期，1941年12月；随后胡先生又作《甲骨文四方风名考补正》，发表于《责善半月刊》第2卷第22期，1942年2月。后收入氏著《甲骨学商史论丛》初集。

② 例（49）的"夗"字，姚孝遂主编《殷墟甲骨刻辞类纂》（下简称《类纂》）释为"伏"（北京：中华书局1989年版，第1册，第64页），今从赵诚《甲骨文简明词典》（北京：中华书局1988年版，第271页）。《说文》："夗，转卧也。"

③ 例（51）的"□"字，《类纂》释为"夷"字（页1106），但与例（47）对照，当只是"□"字的简写。

④ 例（52）的"□"字，与例（48）对照，当亦只是"□"字的简写。学者以为"□"即"㺵"字，其字见于《说文》，读若介。

⑤ 例（53）"□"字，偏旁的"殳"倒书，且下部周围有几个小点，较例（49）书写稍繁。或释此字为"□"，无别，甲骨文"彳"旁、"阝"旁可代换。《说文》录"役"字古文作"□"。

“𡖄”当同“夗”字，“口”符可省；“宛”“𣅀”疑亦用如“夗”字。

此类所谓方名与风名，甲骨文所见共四对，即析—协、𣎆—㞷、𣏟—彝、夗—役。早有学者指出，这些成对的概念在商人那里原都是作为神名使用的，如“东方曰析，风曰协”，即指主司东方的方神被称为“析”，配属东方的风神被称为“协”。[①] 但从例(5)－(8)来看，这些概念实际上也可理解为祭名。如“帝于东方曰析，风曰协”，可以理解为禘祭东方叫析祭，禘祭东风叫协祭，“禘”为泛称，“协”为专名。甲骨文“协”字原写作“𦔻”或“劦”，为商王室最重要的祭祀种类之一，卜辞习见；“析”为祭名，疑上举例(10)－(12)皆是。又如“帝于西方曰彝”，卜辞即多有“王其彝”的记录；“帝于北方曰夗”，则疑即周代金文所见的𩞁祭（《集成》2708）。想来其余诸名，也可作祭名理解。由祭名逐渐演化为方神、方风的专名，也在情理之中。

上录例（6）所记南方的方名、风名，与例（2）对调；例（7）所记西方的方名、风名，与例（3）对调。可见方名、风名是可以互易的，这种情况大概也适用于东方和北方。过去有学者说凡对调者应该有一种是错的，恐怕不一定。事实上，民间在祭祀活动中未必会对这些称呼有清楚的划分，故甲骨文的记录也不拘于固定的说法。

类似于甲骨文的这类记载，现今仍相当完整地保存于《山海经》。其文如下：

> [有人] 名曰折（丹），东方曰折，来风曰俊，处东极以出入风。（《大荒东经》）
>
> 有神名曰因（因乎），南方曰因（乎夸），[来] 风曰□（乎民），处南极以出入风。(《大荒南经》)
>
> 有人名曰（石）夷，［西方曰夷］，来风曰韦，处西北隅以司日月之长短。(《大荒西经》)
>
> 有人名曰鵷，北方曰鵷，来（之）风曰𤟹，是处东极隅以止日月，使无相间出没，司其短长。(《大荒东经》)

这类抄撮文字免不了会有讹误[②]。与甲骨文比较，其文东方的两“折”字自是“析”字之讹，而“丹”字亦是衍文；南方的“因乎”“乎夸”“乎民”可能原都是后人传抄时的注音字之残存而混入了正文（“乎”即“呼”字)，“风曰”下则脱去了风名；西方的“石”字亦衍，而又阙书“西方曰夷”四字；北方则多一“之”字。

---

① 参见杨树达：《甲骨文中之四方风名与神名》，载《杨树达文集》之五《积微居甲文说》，上海：上海古籍出版社1986年版，第78－79页；上引顾颉刚、刘起釪：《尚书校释译论》，第43－44页。

② 此处引文中用中括号括出者为拟补之字，用小括号括出者为拟删之字。

《山海经》的记载恰与卜辞相合，并不表明它所依据的原始资料就是卜辞，因为二者还是有区别之处的，而且卜辞原也不曾流传于世。其相区别者，如东方的“来风曰俊”，卜辞“俊”作“协”。现在无须勉强以“俊”“协”互训，因为同样的传说也可以有多种。如《山海经·北山经》又说“鸡号之山，其风如飈”，《国语·郑语》亦载“虞幕能听协风”，皆与卜辞相合，“协风”可训解为和风；而《夏小正》说“时有俊风”，又与“来风曰俊”一致，实亦指东风、春风、和风。我们怀疑此“俊”字原与“鵔”有关，说东方“来风曰鵔”，犹如所记北方“来风曰㹌（鵷）”，都从“鸟”旁；而按笔者所考，甲骨文画为大鸟形的字多可读为“凤”或“风”，“鵔”“鵷”二字本身便都带有表示方风的意味。传说有俊鸟，号为鸾凤属，其单称即曰“鵔”，《说文》以为即鷩雉。《山海经》中的古帝王，第一显赫是“帝俊”，实即帝舜，本出于东夷而崇尚凤图腾，故《山海经·西山经》云：“鼓（舜父瞽叟）亦化为鵔鸟。”以此言之，“俊风”一词可能源出于“鵔凤”或“俊凤”，“鵔”借为“俊”“凤”借为“风”，即为“俊风”，与“协风”异名而同指。

《山海经》的“南方曰因，风曰□”，此“因”字与甲骨文“𡘋”字的字形不相像。卜辞学者或以为“𡘋”字“象人（大）被衣物包裹之形”，故即释为“因”字[①]，未详确否。《山海经》此记原文之所以错乱不可读，大概即是由传抄时对其字难以隶定和读音而造成的。这里权且仍从“因”字。其“风曰□”所脱的一字，按前引卜辞例（47）便当作“㣲”。此“㣲”字，卜辞学者多释为“微”，也有释为“凯”或“长”的[②]。《诗经·北风·凯风》：“凯风自南，吹彼棘心。”《尔雅·释天》亦云：“南风谓之凯风。”

《山海经》的“［西方曰夷］，来风曰韦”，与卜辞的“西方曰𣏟，风曰彝”亦不同。此“夷”字显然是由“𣏟”字讹变来的，而“𣏟”字实即《说文》所录的“𣏟”字。许慎解“𣏟”字为“木垂华实”，读如函，于省吾先生认为都是错误的，考证其字从丯，训为大，故“西风谓之大风”[③]。甲骨文又有“𩁹”字，多用为人名，而亦有“𩁹风”一词：

（15）𩁹风，惟豚，有大雨。（30393）

---

① 参见赵诚：《甲骨文简明词典》，第270页。我们很怀疑《山海经》所记原作“南方曰困”——《说文》“困”字的古文作“朱”，还与“𡘋”字有些形近。《山海经·大荒东经》有“困民国”，与商人祖先王亥的传说有关系，学者或谓其“困”字为“因”字之误，其实可能正当以“困”字为是。卜辞别有“困”字，如“乙酉卜，取河，其困于上甲，雨”（34235），“困”写作“木”在方框中，亦用为祭名。

② 参见顾颉刚、刘起釪：《尚书校释译论》第1册，第49页。

③ 见于省吾：《甲骨文字释林》，北京：中华书局1983年版，第125－127页。

此"辣"盖亦用作祭名。《山海经》的"来风曰韦"当即是由此而来的，即其文本应作"来风曰辣"，因"辣"字右旁不便书写，以致传抄脱略成了"韦"字，或只以"韦"字代"辣"。卜辞作"彝"，或与"辣"字音近可通。《说文》对"枣"字的解释也不可从。

《山海经》的"北方曰鵔"，"鵔"字无疑是承卜辞的"夗"字而来的。"鵔"即"鹓"，又称"鹓雏""宛雏"，古人亦以为鸾凤属，用作风名与"骏"同例。《庄子·天地》篇有神话人物名"苑风"，旧注谓"本作宛风"，以为指小风或大风，实则应指冷风、寒风，唐人罗虬的《比红儿诗》尚有"宛风含露透肌肤"句。《山海经》的"来风曰狻"，"狻"字不见字书，疑为"猋"字之讹写。《说文》："猋，犬走儿。"而"猋风"即"飙风"，指狂风。

通过以上分析，我们以为《山海经》所记的四方神名、风名，虽与甲骨文所记同出于商人所传，而所据的原始资料为不同"版本"。此种"版本"的原文应该是：

<blockquote>
东方曰析，来风曰俊（骏）
南风曰因，来风曰岂
西方曰夷，来风曰辣
北方曰鵔，来风曰猋
</blockquote>

此与甲骨文相比有变字，大约较晚出。

现在回头去看《尧典》的记载，可有新的启发。其"星"字下四字分作"鸟""火""虚""昴"，"厥民"下四字分作"析""因""夷""隩"。这后四字正相当于《山海经》的"析""因""夷""鵔"，也即卜辞的"析""羲""枣""夗"。"隩"与"夗""鵔"之异还是可考的。《说文》宀部："奥，宛也。"则"宛"字古读如"奥"（音如郁、蕴），"隩"字仍与"夗""鵔"有关系。卜辞又记"风曰伇（殳）"，于省吾先生读"伇"为"烈（洌）"[1]，也有学者读为"朔"（《释译》页1532）。然更可能的是上古"伇""隩"音近可通，而《山海经》的"猋"字又为较晚近之"隩"字的音转字。

问题在于，《尧典》的"析""因""夷""隩"四字无论作为方名或风名来看都有依据，而其"星"字下的"鸟""火""虚""昴"四字却全不相应。这点恐怕没有其他原因，而只能归咎于《尧典》的作者或传者抄错了。顺此思路推敲，我们以为此四

---

[1] 于省吾：《甲骨文字释林》，第127–128页。

字的致误因由是："鸟"本作"鵔"，因脱落右旁而成了"鸟"字；"火"本作"灻"，因甲骨文与籀文的"灻"与后来的"火"字形近，遂讹写成了"火"字；"虚"最有可能是由"棗"字逐渐讹变来的，在初未必即转写为"虚"，而后来附会"星"字，便径写为"虚"了；"昴"可能本为"夗"字，或讹写为"卯"字，又附会"星"字而添写为"昴"字了。若从此说，则《尧典》所据原始材料应构成如下几对概念：东方鵔—析；南方灻—因；西方棗—夷；北方夗—隩。

不过仅仅考订"鸟""火""虚""昴"几个误字，仍不能通释《尧典》原文。这里还有两个关键字需要别作推求，一个是"星"字，一个是"厥民"的"民"字。古今释此"星"字，皆作本字读，指认为"中星"；近世更以"星鸟"比附卜辞的"𱇯"，以为"鸟"为星名无可疑问。然则将"四中星"的观测上推到史前的尧时，又如何令人放心？且古代天文学上的二十八宿中有"虚"和"昴"，却并无"鸟"和"火"。就现在所知，二十八宿系统的最后形成并不早于战国，前此还难推考，"星虚""星昴"之语也不过是《尧典》追述上古天象时的附会；而用现代天文方法测量错误文字所虚拟的天象，也不可能得出合理的结论。还有一点令人费解的是，商周金文中几乎不见"星"字①，若所谓"四中星"观测早就用于历法的制定，在金文中也不应全无反映。纯就文法而言，《尧典》的"星鸟"等语应该是动宾结构，"星"是动词，不是名词，否则"以殷仲春"等语便无从谈起；而更就所谓方名、风名本为神名言之，"星"字便理应是表示祭祀的概念，皆不可作本字读。甲骨文的"星"字多可读为"晴"，但似乎也有用为祭名的，如：

(16) 己未卜，争贞，□星，无祸。(98 正)

(17) 贞，晶（星）不我多肌臣永……（5444）

(18) ……今秋星穧九……（9615）

例（18）的"穧"字指一种谷物或收割谷物，"星穧"最类似是祭祀收成之语。

这里提出一种假说：若"星"字用为祭名，我们以为最有可能是指后世通行的禜祭，"星""禜"一声之转。《左传》昭公元年："山川之神，则水旱疠疫之灾，于是乎禜之；日月星辰之神，则雪霜风雨之不时，于是乎禜之。"又哀公六年"若禜之"杜注："禜，襄祭。"《礼记·祭法》云："幽宗，祭星也；雩宗，祭水旱也。"郑玄谓二"宗"字皆为"禜"之误。孔颖达疏解"幽禜"云："星至夜而出，故曰幽也；为营域

---

① 《殷周金文集成》录有上万件铜器，"星"字仅一见（11669），且用于人名。

而祭之，故曰幽禜也。"若此，则禜祭可能本以祭星为言。《周礼·春官》载"大祝掌六祈"，以禜祭为其第四。自汉代以后，率以祈晴为禜，祈雨为雩，而雩祭亦称雩禜。《初学记》卷十三："祷雨为雩，祷晴为禜。"禜以祈晴，正与甲骨文的"星"读若"晴"相合。晴则夜空多星，故禜祭初用"星"字表示是可能的；而后人亦常以禜祭为祭祀星辰的专名，是以驯至元代仍盛行"禜星之祭"。但历代禜祭范围不断扩大，"禜"有时也用为祭祀之通名。①

卜辞多有"宁风""宁雨""宁于四方"等语，陈梦家先生以为后世的禜祭即相当于卜辞的宁祭②。也有学者以为"卜辞的正祭，即后世的禜祭，为攘除殃患之祭，是禳祭的一种"③。"宁""正""星""禜"古音同属耕部，这类祭祀在初亦未必拘于固定的用字，至于后世乃统用"禜"字（金文尚未见）。今本《尚书·舜典》有"禋于六宗"之文，朱熹答"问六宗"云："古注说得自好。郑氏'宗'读为'禜'，即《祭法》中所谓祭时、祭寒暑、祭日、祭月、祭星、祭水旱者。如此说，则先祭上帝，次禋六宗，次望山川，然后遍及群神，次序皆顺。"④《尚书·洪范》有云："庶民惟星，星有好风，星有好雨。日月之行，则有冬有夏；月之从星，则以风雨。"疑诸"星"字皆当读作"禜"，泛指山川日月星辰之祭；下"月"字则疑为"民"字之误，"民之从星"亦即"民之从禜"。

《尧典》的"星"字若读作"禜"，且"析""因""夷""隩"皆为祭名，则所谓"厥民"云云便不词。我们以为这个"民"字本应作"名"，与卜辞及《山海经》作"曰"字同义，只因古字"名""民"形音俱近，遂致后人辗转传抄而讹"名"为"民"。

这样校订之后，《尧典》原载按文意可改写如下：

> 日中禜骏，以殷仲春；厥名析，鸟兽孳尾。
> 日永禜岂，以正仲夏；厥名因，鸟兽希革。
> 宵中禜棐，以殷仲秋；厥名夷，鸟兽毛毪。
> 日短禜妧，以正仲冬；厥名隩，鸟兽氄毛。

这里的"骏""岂""棐""妧"都用作风名，"析""因""夷""隩"都用作祭

---

① 关于禜祭，历代典制书记载甚多，可参《通典》卷五五《礼十五·禜》，《明会典》卷八〇《郊祀·郊坛》及清修《续通志》卷一一四。

② 见陈梦家：《殷虚卜辞综述》，北京：中华书局1988年版，第576页。

③ 见赵诚：《甲骨文简明词典》，第245页。

④ 《朱子语类》第5册卷七八，北京：中华书局1986年版，第1997页。

名，其记录已力图摆脱神话因素。若即用后世节气之名意译下来，可以这样表述：

> 春分之日祭祀东风，以使仲春时节的阳气日见旺盛；其祭祀叫作析祭，鸟兽开始繁殖。
>
> 夏至之日祭祀南风，以使仲夏时节的暑气按时来临；其祭祀叫作因祭，鸟兽开始长出浓密的毛。
>
> 秋分之日祭祀西风，以使仲秋时节的凉气日见加深；其祭祀叫作夷祭，鸟兽开始脱毛。
>
> 冬至之日祭祀北风，以使仲冬时节的寒气如期而至；其祭祀叫作隩祭，鸟兽又开始生出新茸毛。

文中春、秋之"殷"字，马融、郑玄径解为"中"①，似未妥当；今人多谓与夏、冬之"正"字同义，细审之亦似有微别。疑"殷"可解为盛，有加深之意；"正"则端正，指正其时节。《管子·四时》"四时曰正"注："顺行四时之令曰正也。"通而言之，"殷""正"都有"顺行四时之令"的意思。"鸟兽"下诸词，唯"希革"二字义不明，今权且以为指皮少毛多言之。

《尧典》中的这类记载，应该都是从很早就有流传的古代月令文献撮取来的，故至今尚可与甲骨文的记录相对照；但所据资料按一年分为四季的制度编排，其成文不会早于西周。庞朴先生发明上古以"大火星"纪历的"火历"制度，以为尧、舜时代的人们还没有"年"的概念，自然也没有明确的季节观念。② 研究卜辞的学者，或以为商代仍以观察"大火星"的运行来制定历法③。于省吾先生曾考证，商代还只有春、秋而无夏、冬，到西周后期才才由春、秋分化出夏、冬而成为四时。④ 陈梦家先生也认为，商人的"'禾季''麦季'指一年的上半年和下半年"，"卜辞只有春秋两季而无冬夏"⑤。自西周以来，四季十二月的月令物候就常见于典籍的记载，节气名称也随之出现。现存的汉以前时令文献，就其源流而言，大致可分为两个系统：《夏小正》—《管子》的《幼官》和《幼官图》—《吕氏春秋》的"十二月纪"—《礼记·月令》—《淮南子》的《天文训》和《时则训》（以及《逸周书·时训解》）可以看成是一个系统；《夏小

---

① 见《尧典》孔颖达疏所引。

② 庞朴：《"火历"初探》，《社会科学战线》1978 年第 4 期；《"火历"续探》，《中国文化研究集刊》，上海：复旦大学出版社 1984 年版；《"火历"三探》，《文史哲》1984 年第 1 期。

③ 参见常玉芝：《百年来的殷商历法研究》，载《纪年殷墟甲骨文发现一百周年国际学术研讨会论文集》，北京：社会科学文献出版社 2003 年版，第 53 页。

④ 于省吾：《岁时起源考》，《历史研究》1961 年第 4 期。

⑤ 陈梦家：《殷虚卜辞综述》，第 225、227 页。

正》—《管子·轻重己》—汉初太一九宫式盘（安徽阜阳出土）—《灵枢经·九宫八风》可以看成是一个系统。《管子·五行》篇有"五时"的设计，是个虚存的系统，其《四时》篇亦比附"五时"而立，而五行说几乎对所有时令文献都有浸润。在这些文献中，凡属于先秦时期成书者，节气名称都还不固定，而直到《淮南子·天文训》，二十四节气的系统始有完整的记录。《尚书·尧典》的"日中""日永""宵中""日短"，作为节令称谓，基本上不见于上述文献（唯"日长至""日短至"见于《吕氏春秋》《淮南子》），说明它们使用较早，但也要等到"二分二至"的观念成熟之后才能有。《管子·轻重己》尚称为春至、夏至、秋至、冬至，到九宫式盘和《灵枢经》才称为春分、夏至、秋分、冬至。《尧典》晚出，而亦当在《管子》之前。

徐庆文　男，内蒙古赤峰人，2002 年毕业于山东大学哲学与社会发展学院，获博士学位，现供职于山东大学儒学高等研究院。研究方向为近现代儒学。出版《批判与传承——20 世纪后半期的中国孔子研究》《20 世纪儒学发展研究》《风风雨雨话儒学——山东当代儒学研究》《全球化与中国文化产业发展》等著作。

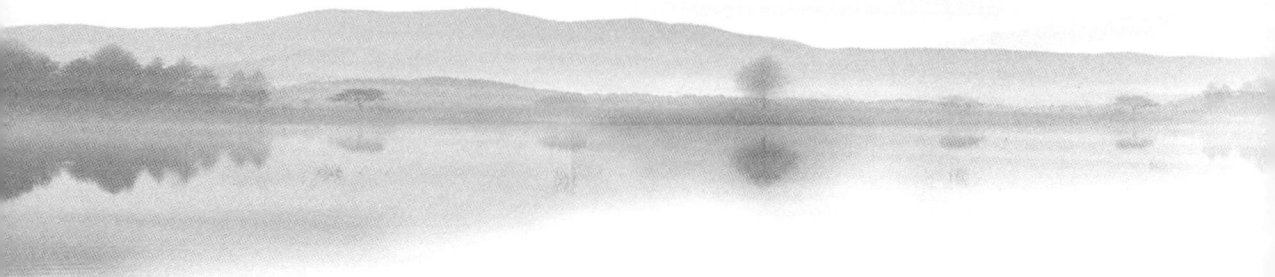

《百年儒学研究精华》编纂的意义

《百年儒学研究精华》是山东大学儒学高等研究院的重大课题，于 2012 年立项，2012 年 7 月 18 日《百年儒学研究精华·孔孟荀编》启动并请专家进行论证。现在将这一项目的运转情况向各位专家汇报，希望各位专家提出宝贵意见。

一、编纂缘起

20 世纪的百年是中国社会剧烈动荡、急剧变革的百年。百年之中，外患迭起，内忧频发，政治风云变幻，让人莫测所以；思想文化激荡，一次比一次更加猛烈。百年变化之迅速、动荡震幅之大，为五千年所未遇。这是中国人困难的百年，也是中国人自豪的百年。百年之中，中国结束了长达两千多年封建专制的统治，开始走向民主共和坦途；打败列强的入侵，国家独立，民族自主。经过百年的努力，中国终于由传统的农业文明走向现代工业文明，完全可以说，这是中华民族结束过去，开创新局的百年。

这一百年又是中国思想大开放、心灵大解放的百年，中与西、古与今、保守与开放、改良与革命、传统与现代、专制与自由、侵略与反侵略、情感与理性等等，受各种主义、思想、主张支配，在这一时期竞相绽放，形成了五光十色、色彩斑斓的精神世界！然而，所有这些主义、思想、主张支配下的论争，无不指向儒学，指向孔子。从某种意义上说，儒家从未缺席，更没退场！不管你是激进，还是保守；不管你是革命，还是改良；无论你是赞成自由，还是主张专制；儒学始终是这一时期人们争相言说的对象。诚然，对儒学研究者有之，批判者有之，开新者有之，假借者有之，复兴者亦有之，不过，不管你是研究它，还是批判它，就是不能不理它。这是儒学的真力量！

毋庸讳言，儒学在这一时期遭遇到前所未有的挑战！它既是儒学大断裂的百年，也是儒学死后重生的百年；儒学由国家意志、官方意识形态而沦为人人可以指斥的对象，孔子由神圣的偶像而沦为"丧家狗"，儒学由不绝如丝，到 20 世纪 90 年代国学热再度兴起，儒学复兴运动的再起，这一切都说明儒学与中华民族命运、与中国社会的发展有着不可分割的内在联系。荟萃百年儒学研究的成果，再现百年儒学的命运，是我们这一代学者义不容辞的责任。它对于总结历史的经验教训，推动社会的健康发展，建设具有中国特色的社会主义核心价值体系，把握中国文化未来的文化走向和中华文化走出去战略，都有着重要意义。

20世纪的百年，是中国出版业、新闻业迅速发展的百年，言论的高度自由，印刷技术的飞速发展，使新闻出版、期刊发行达到前所未有的广度和深度。百年之间，积累了包括期刊、报纸、书籍等等大量儒家文献资料。这些文献作为此一时期儒学研究特殊载体和国人对儒学态度变迁的原始记录，弥足珍贵，其数量巨大，其蕴涵儒学研究价值之高，今天，也许我们仍然难以估量。

百年儒学的研究、总结，20世纪末期就已经开始了，而大型的文献资料汇集工作，大陆和台湾都有学者进行，不过，限于经费以及技术手段，这些文献资料的整理、汇集存有这样或那样的不足，以至于全面汇集百年儒学文献资料的大型丛书至今没有出现。方克立、李锦全等先生在20世纪80年代晚期就有现代新儒家的研究计划，而这一计划的研究成果《现代新儒家学案》无疑是该领域的开创之作。在文献方面，1966年台湾沈云龙主编的《中国近代史料丛刊》，含正编、续编、三编三大部分，共300辑，资料之丰富，令人叹为观止。辽宁大学钟离蒙、杨凤麟教授主编的《中国现代哲学史资料汇编》共4辑，25册，周和平等主编的《民国文献资料丛编》30余种，1000多册。上述史料都涉及20世纪儒学研究，含有百年儒学研究的内容，但不是儒家文献资料的汇编。就20世纪的儒学史料言，目前有刘大钧教授主编的《百年易学集萃》、傅永聚、韩钟文教授合编的《20世纪儒学大系》21卷，舒大刚教授《20世纪儒学大师文库》等，这些史料的出现都为我们编辑《百年儒学研究精华》提供了很好的借鉴。

二、《百年儒学研究精华》编纂的意义

具体说来，《百年儒学研究精华》对于20世纪的儒学研究、儒学发展以及中国文化建设都具有重大意义。

第一，《百年儒学研究精华》项目是对20世纪儒学研究资料的精编，为研究20世纪儒学提供最基础、最原始、最全面的材料。

20世纪，儒学的命运与社会现状、政治组合、民族盛衰、国家兴亡已经杂糅一起，难解难分。鸦片战争后，儒学备受西学的冲击、太平天国农民革命的鞭挞以及改良维新思潮的改铸。到20世纪初，政治化儒学渐渐式微，北洋政府却又起而筹办儒教。这一切，闹得有声有色、此伏彼起。然而，一场以"打倒孔家店"为主旨的新文化运动彻底打破了重建政治化儒学的梦想。新文化运动后，围绕着如何拯救中国于危难之中的宏愿，自由主义西化派、马克思主义革命派与现代新儒家们构成了三足鼎立之势。其中，现代新儒家们相信，儒学是中华民族的命脉所在，是拯救中国社会的思想基础，因之他

们为儒统的延续使出浑身解数。自由主义西化派们视东西之异乃新旧之别，表现出了强烈的文化移植意识，全盘否定本土传统观念。而中国马克思主义者们则号召与一切传统进行彻底决裂，重新打造人间天堂。20 世纪后半期，中国马克思主义取得了意识形态的独尊地位，儒家思想则被当作封建代表受到激烈批判和清算，并进一步演变成为"文化大革命"横扫一切的局面。20 世纪最后 20 年，随着中国内地的开放，文化的多元取向逐步打破一元独尊的沉闷，民族文化和儒家思想逐渐受到重视，优秀传统得到自下而上和自上而下的弘扬，直至融入国家内外政策之中，构成了 20 世纪儒学的一道靓丽的风景线。20 世纪，儒学的发展异常曲折，儒学本身备受打击，"儒学断裂""儒学成为无所依附的游魂"等是儒学生存状态的客观描述。尽管如此，20 世纪儒学的研究始终没有中断，即使是在"文化大革命"时期，将儒学彻底"批倒批臭"，儒学研究的文章也仍然是人文学科的一个重镇。然而，由于各种原因，20 世纪这个儒学研究的最重要时期，儒学研究的整体状况虽然引起学者的高度重视，却没有进行全面整理和系统研究。《百年儒学研究精华》项目就是对 20 世纪儒学研究进行的全面整理和系统研究。

第二，《百年儒学研究精华》是对 20 世纪儒学发展的总结，为儒学的未来发展提供经验与教训。

由孔子开创的儒家学说，自西汉武帝时期被一家独尊之后，在继起的两千年古代社会中，其地位虽因各种原因或有升降，其独享或分享统治阶级意识形态"话语霸权"的形势，却并无多大改变。只是到了近代，儒家文化与社会发展不相适应的状况，才逐步明显起来。这表现在，一方面，进步知识分子对儒家文化的谴责与批评日益尖锐，直至诱发了 20 世纪初期的新文化运动；另一方面，与强烈的反孔批儒思潮相对抗，一些传统的知识分子，则固守儒家的价值体系，致力于儒学受挫后的重振与复兴。这一状况，在 20 世纪后半纪，由于社会政治形势的巨大变化，变得空前激烈与复杂，以致儒学领域，成为了意识形态战线上的特大焦点，受到举国上下的深切关注。整个 20 世纪中，儒家文化经受了两次重大的冲击，第一次是五四新文化运动，第二次是"文化大革命"。这两次挫折，虽迫使儒家文化生机收敛，但其根系未死，活力犹存。五四新文化运动的涤荡，从某种意义上成就了现代新儒家对儒家命脉的延续；"文化大革命"对儒学的批判，虽一度造成儒家传统断裂，但经过一段沉寂反思，儒学又在 20 世纪最后 20 年中逢春沾雨，萌芽抽枝，得到学者们乃至全社会的重新关注。20 世纪，儒学的发展跌宕起伏，波涛汹涌，尊孔与反孔的斗争异常激烈，只是在政治的高压下反孔批儒才占据上风。然而，当政治环境宽松后，尊孔的声音立即反弹。20 世纪儒学走过的曲折路程，已经成为儒学发展中值得重要反思的经验。如何发展儒学，必须正视 20 世纪儒学所走过的路程，从这一发展路程中吸取经验和教训。

第三，《百年儒学研究精华》项目是中国文化建设的重要参照资料，为中华的崛起和民族的复兴提供思想文化的坚实依据。

中国文化建设自近代以来受到来自学界的质疑。围绕着中国文化如何建设，在 20 世纪新文化运动后形成了三大思潮。他们站在各自的立场对中国文化建设提出了不同的方案。这些不同方案中最为关键的是中国文化建设中如何对待儒学。可以说，中国文化建设必须面对儒学，即儒学在中国文化建设中占据什么样的地位，起什么样的作用。实践证明，中国文化建设必须在儒学的基础上进行建构。儒学是中华民族的文化基因，是中华民族的文化遗传密码。因此，20 世纪儒学研究对于中国文化建设就显得尤为重要。尤其是今天我们已经充分认识到儒学对于当代社会的重要意义，从国家领导层面提倡中华民族的优秀传统文化，中国文化的建设必须建立在中华民族优秀的文化基础之上。基于此，必须认真总结 20 世纪儒学走过的艰难、曲折的路程，为中华民族的振兴提供思想文化经验。

三、《百年儒学研究精华》编辑设想

按照项目开题时设计，凡 1900 年到 2000 年，所发表有关儒学研究论文，包括期刊、报纸等，有一得之见者皆在入选范围，著作、讲义等暂不入选。

《百年儒学研究精华》分总论编、经籍编、人物编三大组成部分。

（一）总论编

主要编辑儒学一般性研究的论文，如儒学的本质，儒学特征，儒学发展的历史分期，儒学的未来发展，儒学与诸子、佛、老之关系，儒学与政治、经济、教育、器物，儒家与世界文明关系等等。具体说来：

1. 百年儒学之通论研究精华

2. 百年儒学与政治研究精华

3. 百年儒学与经济研究精华

4. 百年儒学与教育研究精华

5. 百年儒学与诸子、佛老关系研究精华

6. 百年儒学与西学研究之精华

7. 百年儒学与世界文明研究精华

8. 百年批儒文献编选

规模：800 万字，8 册。

（二）经籍编

主要编辑研究"十三经"尤其是"四书五经"的研究成果。既包括对经学的一般性研究，也包括对儒家某一部经籍的具体研究。具体规划：

1. 百年经学研究精华

2. 百年书学研究精华

3. 百年诗学研究精华

4. 百年礼学（今三礼）研究精华

5. 百年春秋学研究精华

6. 百年《论语》学研究精华

7. 百年《孟子》学研究精华

8. 百年《大学》《中庸》《孝经》研究精华

注：百年易学精华刘大钧教授已经出版，续编在进行中，这里不再考虑，以免重复。

规模：3000 万字，30 册

（三）人物编之一

主要编辑 20 世纪儒家人物研究的成果（先秦至隋唐部分）。具体规划：

1. 百年先秦两汉魏晋南北朝隋唐儒学研究精华

2. 百年上古三代儒家人物研究精华

3. 百年孔子研究精华

4. 百年孟子研究精华

5. 百年荀子研究精华

6. 百年陆贾、韩婴研究精华

7. 百年贾谊研究精华

8. 百年董仲舒研究精华

9. 百年刘向、刘歆研究精华

10. 百年郑玄研究精华

11. 百年王充研究精华

12. 百年何晏、王弼、郭象研究精华

13. 百年王朗、王肃研究精华

14. 百年徐幹、仲长统研究精华

15. 百年何承天、范缜研究精华

16. 百年颜之推、颜师古研究精华

17. 百年孔颖达、吕才研究精华

18. 百年韩愈、李翱研究精华

19. 百年柳宗元、刘禹锡研究精华

规模：3300 万字，33 册。

（四）人物编之二：宋、元、明、清部分

1. 百年宋元明清儒学研究精华

2. 百年胡瑗、石介、孙复研究精华

3. 百年范仲淹、欧阳修研究精华

4. 百年王安石、司马光、苏轼研究精华

5. 百年邵雍、二程研究精华

6. 百年张载研究精华

7. 百年周敦颐研究精华

8. 百年朱子学研究精华（百年朱子学研究精华，厦大乐爱国教授主持、已列入国家社科攻关项目）

9. 百年象山学研究精华

10. 百年吕祖谦、张栻研究精华

11. 百年湘湖学（胡安国、胡宏）研究精华

12. 百年陈亮、叶适研究精华

13. 百年许衡、吴澄、刘因研究精华

14. 百年文天祥、方孝孺研究精华

15. 百年宋濂、刘基、曹端研究精华

16. 百年陈白沙、湛若水研究精华

17. 百年阳明学研究精华

18. 百年王廷相、方以智研究精华

19. 百年高攀龙、顾宪成研究精华

20. 百年王艮、颜山农研究精华

21. 百年刘宗周研究精华

22. 百年船山学研究精华

23. 百年顾炎武、黄宗羲研究精华

24. 百年颜元、戴震研究精华

25. 百年孙奇逢、李颙研究精华

26. 百年阎若璩、毛奇龄、惠栋、崔述研究精华

27. 百年龚自珍、魏源研究精华

28. 百年曾国藩、张之洞研究精华

29. 百年康有为、梁启超研究精华

30. 百年章太炎、刘师培研究精华

规模 4000 万字，40 册。

（五）百年海外儒学研究史料精华

1. 百年港台儒学研究精华

2. 百年韩国儒学研究精华

3. 百年日本儒学研究精华

4. 百年新、马、泰、越儒学研究精华

5. 百年欧美儒学研究精华

规模：800 万字，8 册

四、项目进展情况

《百年儒学研究精华》是一庞大的系统工程。《百年儒学研究精华·孔孟荀编》于2012 年 7 月 18 日启动。目前儒学总论及孔、孟、荀的所有文章编目已经完成，总论、先秦部分、孔、孟、荀的大部分研究成果已经下载完毕。

文章编目部分是在查阅全国报刊索引文库，晚清、民国时期期刊全文数据库，中国期刊网，中国诗歌网，孔子研究论著索引（董乃强），中国哲学史论文索引（南开大学），中国古代论文资料索引（复旦大学、四川大学）等等数据库和文献资料的基础上，又征求杜泽逊老师的意见，从全国 50 余家发表儒学研究文章较多的期刊（如《论语》《不忍》《孔子研究》《新建设》《文史哲》）中核对编目，进行补正。编目部分共计收集文章编目 25000 余篇。

编目部分拟采用时间和内容条块结合的顺序排列。总的排序是以年为单位按时间顺序排列。每一年按照内容分，先后次序为儒学总论、"四书"、《大学》《中庸》《论语》《孟子》、"六经"、《诗》《书》《礼》《易》《乐》《春秋》《孝经》《尔雅》、孔子及其弟子、孟子、荀子、其他等顺序排列。每一条块按照文章发表的时间顺序排列。

目前总论部分及孔子、孟子、荀子部分已经下载完毕，但随之也出现了许多问题。一是一文多刊问题。20 世纪初期，一些文章特别是有名气的学者的文章（如梁启超、刘师培、章太炎等）在多家刊物中刊登，而且内容大体相同，但不完全一样，是按一篇收录还是按多篇收录？二是一些政论性文章是否收录。20 世纪初期，孔教运动，新文化运动中出现了大部分关于孔子及其儒家思想的政论性文章，有的只是向政府提出的建议性文章，这部分文章怎样收录，目前较难把握。还有，"文化大革命"期间的大量文章，按照今天的学术水准，都没有什么学术价值，这部分怎样收录？三是这些文章进行精选的标准和原则是什么，有没有客观标准？四是即使我们认为收录得很全了，但是还会有许多文章没有收录进来。今天到会的专家都是文献方面的大家，请你们给这个项目提出宝贵意见，我们将不胜感激。

（徐庆文教授因事缺席，此系书面发言）

　　刘心明　1964 年生，山东淄博人。山东大学儒学高等研究院教授，硕士生导师。学术专长是古籍版本鉴定、手稿文献释读。近期主要从事文献学理论、古代石刻文献等方面的研究工作。

《子海·珍本编》的意义及进展情况

一

"《子海》整理与研究"项目是 2010 年立项的国家社科基金重大委托项目。最初就规划了四个版块，即《精华编》《珍本编》《研究编》《翻译编》，第一阶段也就是项目启动后的头五六年的工作重心在前两编。

《子海·珍本编》从现存数万种子部古籍中精选具有重要学术价值的著作，分为儒家、兵家、法家、农家、医家、历算、术数、艺术、谱录、杂家、小说、道释等十二类（无类书类，合道家、释家为一类，次序依《四库全书》），从海内外各大图书馆甄选珍稀精善之本，分辑分批影印出版。

要做好《子海·珍本编》的编辑工作，古籍品种的遴选与版本的筛选是最基础也是最重要的两个环节。课题组召开了两次专家会议专门讨论此事，会后又向未参会的有关专家请教，在广泛征求意见的基础上，《子海·珍本编》的选目、选本工作拟定了以下四条原则：

1. 所选历代古籍应是在中国子学各领域中最具代表性的著作。为了执行这条原则，我们参考了《书目答问》以来的各类举要书目、各种与子学研究相关的学术史专著、各类重要的古籍题跋以及历代学人的传记资料等等，把这些资料中信息相互勾连，或顺藤摸瓜，或按图索骥，大致上把古代子部要籍都挑出

来了。在具体工作过程了，我们也不断地咨询有关专家。我们奉教的专家，既有文献学界的学者，也有其他专业的学者，比如"医家"类的选目，我们就曾请山东中医药大学的老师们在我们的初选目录上做了一番圈选、增删。

2. 所选底本的时代要早，宋元为上，明清次之。这项工作主要的参考文献就是《中国古籍善本书目》，那些入不了《善本书目》的，则参考国家图书馆、上海图书馆、南京图书馆的普通古籍目录，后来又有了《中国古籍总目》，工作起来方便了很多。

3. 尽量选择现存复本较少的稀见版本，明清以来的著作则适当放宽。对于"稀见"，不太好量化，我们在实际工作中，是按照《中国古籍善本书目》中著录的馆藏不超过3家的标准来操作的。

4. 尽量选择20世纪50年代以来大型古籍影印丛书，尤其是80年代以来出版的几种《四库》系列、《中华再造善本》等未曾收录的善本，以避免资源浪费。

最后的选目总数是5000种，大致计划从中国大陆各图书馆遴选3500种，从台湾地区各图书馆遴选1000种，从国外图书馆遴选500种。

子部书是比较杂的，但是举凡古代的哲学思想、科学技术和生活方式无不囊括，汇集子部典籍及其稀见善本，应该有较大的学术意义，对子学乃至古典学术诸领域的研究都有价值。《子海·珍本编》是到目前为止规模最大的子部书的集成，等书全部出齐，以后再要用子部书的好版本就不用再到别的地方找了。

二

《子海·珍本编》目前的进展情况是这样的：

1. 先说编目的情况。中国大陆卷、中国台湾卷、日本卷的选目大致上都是定稿了，只是在复制底本的时候，还需要进一步检查书本的品相、是否适合扫描，最后再做一次取舍，可能会因此发生一些微调。我们在复制国家图书馆所藏底本的时候，就与国图古籍馆古籍部主任田晓春女士多次沟通信息，调整了近20种子目。北美卷现在按馆藏编成了一部分，尚未涵盖全部。欧洲卷（包括俄罗斯）的编目工作正在进行。由于欧洲的汉籍目录大都缺乏版本项，因此，目前的工作方式是派人到各个馆中察看原书，先确定版本，再核对剔重，最后完成编目。俄罗斯国图4月份就要派人开始了，英国国图大约是6月份，法国国图大约是9月份，英法两国都已经由张校长去签了协议书了。

2. 再说出版的情况。中国台湾卷第一辑已经于2013年推出。中国大陆卷第一辑已经于2014年5月正式出版了，2013年11月开会的时候，只印出了前50册，尚未印完。

第一辑的中国大陆卷印了120册，中国台湾卷印了50册，合起来共收子部古籍543种，版本大都称得上珍稀精善，其中有宋金元刻本47种、稿本84种、元明清抄本148种、明刻本224种，其余也基本上都是精刻本。为了节省篇幅且方便阅读，一般以四拼一的方式拼缩制版；有些珍稀稿本、抄本密行细字，有些重要版本的天头、地脚有批注，则单页制版；有浮签者，则以一页两拍的方式制版。对于所选底本原有的残缺、脱落，为了保持版本原貌，则原样制版，不做加工。这样印出来的书应该具有较高的文献价值。

《日本卷》第一辑 140 种的底本复制工作已经全部完成，其中含有静嘉堂文库的藏书 15 种，大都是明代嘉靖以前的刻本，其中还有影宋钞本两部，他们说是明影宋，不太可靠，需要核对，但影宋钞应该没什么疑问，另外还有一种《韩非子》的"元刊细字本"，也需要再考察。这一辑的日本卷中已经有了标为"日本重要文化财"的版本，如果进一步加强合作，下一辑就有望拿到标为"日本国宝"的本子了。此辑目前正在做核对版本信息、编制卷页表、分类排序的工作，2015 年年内肯定能印出来。

（尼山学堂闫梦涵据录音整理）

《〈子海·珍本编〉大陆卷》（第一辑）前言

中国古代典籍是中国传统文化的主要载体。在中国古籍经、史、子、集四大部类中，子部著作是内容最为丰富的一类。根据现存古籍的粗略统计，在五万多种子部著作中，自周秦诸子开始的"九流十家"之学，流及后世，举凡思想、政治、学术、军事之作，农学、医学、天文、历算之作，书画、篆刻、音乐、鉴赏之作，以及器用、工艺之作，莫不囊括其中，反映了中国古代的哲学思想、学术文化、科学技术、生活方式等。

子部古籍的整理、研究与出版，可为中华民族文化事业的发展提供文献依据和智力支持，将对中国文化走向世界、让世界人民了解中国文化，发挥重大作用。

子书整理与子学研究是山东大学的传统优势学科。在高亨先生于 20 世纪 60 – 70 年代完成的《先秦诸子研究文献目录》的基础上，已故著名古代文学研究专家、古文献学家董治安先生设计了"子海"整理与研究课题。全国哲学社会科学规划办公室将其列为国家社科基金重大委托项目，于 2010 年下发 46 号文件，委托山东大学正式实施"《子海》整理与研究"项目。

"子海"即"子书渊海"的简称。"《子海》整理与研究"这一大型传统文化建设工程，计划将子部典籍予以影印、整理，对传统子学进行研究、总结，对中国子学精华进行国际化传播，编纂《精华编》《珍本编》《研究编》《翻译编》，预计成书 5600 余种，第一阶段的工作重心在前两编。

《子海》项目的实施得到了各方面的大力支持。除全国哲学社会科学规划办公室给予资助和指导外，山东大学对《子海》项目高度重视，校长办公会专门研究《实施方案》，成立了由校长亲任组长的工作领导小组，组建了《子海》编纂中心，并在人员配备和资金配套等方面采取了一系列积极措施。另外，山东省也为《子海》分项目设立了 9 个"山东省社科基金重大委托项目"，并拨专款资助。

为做好《子海》项目，子海编纂中心诸同仁不懈努力，广泛联系学界相关专家，致力于推进校际合作基础上的海内外高端学者的学术协作，并特别注重与台湾地区学术机构的互补性合作，努力实践创新性学术研究途径，为中华文化广泛传播探索更为有效的方式。

《子海·珍本编》从现存数万种子部古籍中精选具有重要学术价值的著作 5000 种，分为儒家、兵家、法家、农家、医家、历算、术数、艺术、杂家、小说、谱录、道释等十二类，从海内外各大图书馆甄选珍稀精善之本，分辑分批影印出版，以期对子学乃至古典学术诸领域研究有所推动。

在广泛征求意见的基础上，《子海·珍本编》的选目工作遵循以下原则：（一）所选历代古籍应是在中国子学各领域中最具代表性的著作；（二）清初以前的著作，底本的抄刻年代限于清乾隆前，乾隆以后的著作尽量选择作者的稿本、较早时期的抄本或校勘精审的刻本；（三）尽量选择现存复本较少的稀见版本；（四）尽量选择 20 世纪 50 年代以来大型古籍影印丛书中未曾收录的善本，以避免资源浪费。经反复论证，计划从中国大陆地区各图书馆遴选 3500 种，从台湾地区各图书馆遴选 1000 种，从国外图书馆遴选 500 种。

为了节省篇幅且方便阅读，一般以四拼一的方式拼缩制版；有些珍稀稿本、抄本密行细字，有些重要版本的天头、地脚有批注，则单页制版；有浮签者，则以一页两拍的方式制版。对于所选底本原有的残缺、脱落，为了保持版本原貌，则原样制版，不做加工。

《子海·珍本编》第一辑分为大陆卷 124 册、台湾卷 50 册，收子部古籍 543 种，多选珍稀精善之本，其中有宋金元刻本 47 种、稿本 84 种、元明清抄本 148 种、明刻本 224 种，计 503 种，占此辑影印总数的 92.6%，文献价值极高，学术价值重大，弥足珍贵。

《〈子海·珍本编〉大陆卷》第一辑的编辑出版，得到了国家图书馆、天津图书馆、山东省图书馆、山东大学图书馆以及江苏凤凰出版社有限公司的大力支持，在此表示衷心的谢忱。

对于大型古籍影印丛书的编纂，我们经验尚少。不足之处，敬请大家批评指正。

山东大学子海编纂中心

二〇一三年七月

王云路

    王云路 女，辽宁大连市人。师从郭在贻、姜亮夫先生。现为国家二级教授，浙江省有突出贡献的中青年专家，教育部长江学者特聘教授。兼任浙江大学古籍研究所所长，教育部人文社科重点研究基地汉语史研究中心副主任，浙江大学礼学研究中心主任，浙江大学人文学部学位委员会主任，《汉语史学报》主编等。近年专著有《中古诗歌语言研究》《中古汉语词汇史》《汉语词汇核心义》等。

《中华礼藏》编纂整理工作的回顾与前瞻

　　这也是杜老师给的命题作文，我们搞的《中华礼藏》，在座的关长龙老师、许建平老师、贾海生老师，都是力主批示，崔老师也是身先士卒搞了其中的一部分，尤其是家语中的《孔子家语》的研究。

　　我们当初要搞《中华礼藏》的研究，其实最基本的设想，既然我们是礼仪之邦，现在可以说到了礼崩乐坏的程度。我们应当在2007年开始酝酿，2008年、2009年初步方案都已经做出来了，反复论证，争取各方面意见，觉得中华这么久的历史，礼学文献确实需要好好梳理，能够系统地整理出来。在出版的《中华礼藏》第一批的文献中，已经有了大家集体智慧的一个产物。当然，主要做到的还是关长龙老师、贾海生老师。我在这个方面实际上是一个外行，我对礼学文献、经学文献研究都很不够。但是我是搞中国传统语言的，语言从哪儿来？是从传统礼学文献中来，传统文献中来的，文献中礼学占了很大一部分。《中华礼藏》研究关键是把传统的礼仪大致地进行了分类，从各种类别中选取有典型性的研究。因为时间、精力各方面的限制，不可能都做，我们可能第一步要做的是《中华礼藏》的精华编。我们主要把礼分为综论、概论类，就是礼学原理的一部分，这是传统的礼，后来其实是礼的实践和礼的规则的运用，大致是这两个方面。所以在礼学文献的分类中，第一个是礼学元典，还有相关的研究论述，有礼经等等。下面运用方面，其实礼器、礼乐、礼术、礼制，包括家礼、礼俗等等，都属于这一类。另外我们也觉得应当扩大方外的礼的研究。

　　我这里想说一下，我们的研究希望能够梳理各个门类礼的形成和演变的历史，然后用元典再现出来礼的规范到底是什么样子的，希望能够忠实地呈现出

来。我想说一点粗浅的认识，因为我具体负责的也是家礼方面的研究。

家礼的研究，本来说的"家礼"，在《周礼》中出现的家礼是属于士大夫的家，这个家族其实是一个很高贵的社会阶层，而不是简单的士族或者庶民的家庭，促使这样一个家礼的产生。士大夫、卿大夫家的礼仪规范和伦理观念，其实是很高的阶层，逐步发展之后才成为现在理解的一般的家礼。中间的发展过程主要是早期的贵族家庭到了后来其实也有一些瓦解和消亡了。到了六朝的时候，其实就很明显地也能够看出来，东汉时候政府就规定要察举孝廉的时候，肯定要兼通经术的，要明经通道才能够入仕做官。这就像一家不扫不能扫天下一样。这些士大夫家族内部的规范，也逐渐地形成家学和家风。他们对这些要求的记载，就逐步地形成了现在所说的家礼。其实包括了一些家庭内部的伦理观念，还有一些具体的规范。这个一直到了朱子的研究的时候，《朱子家礼》在司马光《书仪》的基础上，更加平民化。《孔子家语》更早一些，《颜氏家训》其实还是士族阶层的规范、要求。我在想，像江南有天一阁、玉海楼，他们这些藏书楼，都是为了家庭、家族内部的学习方便，形成家风、家规的方便，才有了藏书的机构。藏书是对于家风、家训、家规、家法的形成，有很大的作用。我们希望把典型的比如说《孔子家语》《颜氏家训》，像司马光的《书仪》，一直到朱熹的《家语》，这些研究包括很多小的家训能够梳理出来，呈现出来，家礼怎么从卿大夫一直到庶民百姓中的规范。

其实现在社会中很需要真正家礼的研究，我们现在比如说吉、凶、嘉礼里面婚丧嫁娶、祭祀的这些规定，其实都是家礼中的重要内容。如果把这方面的文献研究好，可能对于一个地方的民族文化的形成很有帮助。家庭作为一个社会的细胞，这个方面做好了，可能对整个社会也很有帮助。我们这个研究既是传统的，也是现代的，很希望传统跟现代能够结合起来。

《三国志·诸夏侯曹传》里的一句话，能够看出来当政者都提倡的方面，他们提倡就直接说家礼也都是为了统治者的需要，实际上是这样。他说："夫孝行著于家门，岂不忠恪于在官乎？仁恕称于九族，岂不达于为政乎？义断行于乡党，岂不堪于事任乎？"这些确实能够说明他叫你做得好，在家族内部做得好，是为了整个社会的稳定，为了统治者的需要。我们现在这个国家如果要长治久安发展下去，可能礼的研究很重要，其中最基本的像家礼这一类也都是相当重要的。这是我们研究《中华礼藏》的初衷，我们希望既有历史的，又有现实的，浙江大学成立了中华礼仪研究会这样一个中心，我们搞的这个。因为我这方面不懂，但是我们所里有沈文倬先生打下的基础，所以在礼学传统经典文献的研究方面还是很深入的。

到时间了，谢谢！

（尼山学堂戴宗禄据录音整理）

《中华礼藏》总序

　　中华民族的礼义传统积淀了人与人、人与社会、人与自然和谐相处的经验与秩序，从而形成了一种"标志着中国的特殊性"（钱穆语）的生存方式。《礼记·曲礼上》对此有概括的说明："道德仁义，非礼不成；教训正俗，非礼不备；分争辨讼，非礼不决；君臣上下，父子兄弟，非礼不定；宦学事师，非礼不亲；班朝治军，涖官行法，非礼威严不行；祷祠祭祀，供给鬼神，非礼不诚不庄。"千百年来，正因为中华民族各个阶层对"礼"的认同与践行，不仅构建了中华民族的精神家园，彰显了民族文化的独特面貌，也为人类社会树立了一个"礼义之邦"的文化典范。实际上，对"礼"的认同，体现了对文化的认同，对民族的认同，对国家的认同。

　　在不同文化交流日益频繁的今天，弘扬传统文化，提升文化实力，强化精神归属，增强民族自信，已是社会各界的共识，也是刻不容缓的要务。温故籍以融新知，继传统而阐新梦，大型专业古籍丛书的整理与编纂，分科别脉，各有专擅，蔚然已成大观。然而对于当今社会有重要意义的礼学文献的整理与编纂，至今仍付之阙如。即使偶有礼学文献被整理出版，因未形成规模而不成系统，在传统观念的影响下往往还被视为经学典籍，既不能反映中华礼学几千年的总体面貌与发展轨迹，也直接影响了在弘扬优秀传统文化的前提下重建体现民族精神的礼仪规范。醪澄莫飨，孰慰饥渴。古籍所全体同仁为适应时代要求，发挥学科特色与优势，在学校的大力支持下，愿精心整理、编纂传统礼学文献，谨修《中华礼藏》。

　　自从历史上分科治学以来，作为传统体用之学之致用部分的礼学就失去了学科的独立性。汉代独尊儒术，视记载礼制、礼典、礼义的《周礼》《仪礼》《礼记》为儒家的经学典籍。《汉书·艺文志》著录礼学文献十三家，隶属于六艺，与《易》《书》《诗》《乐》《春秋》《论语》《孝经》相提并论。迄至清修《四库全书》，采用经、史、子、集四分法，将礼学原典及历代研究礼学原典的文献悉数归于经学，设《周礼》之属、《仪礼》之属、《礼记》之属、三礼总义之属、通礼之属、杂礼之属六个门类著录纂辑礼学文献，又于史部政书类下设典礼之属著录纂辑本属于礼学范畴的文献，至于记载区域、家族、个人礼仪实践的文献则又散见于多处。自《汉书·艺文志》至于《四库全书》，著录纂辑浩如烟海的礼学文献，不仅使礼学失去了学科的独立性，而且还使礼学本身变得支离破碎。因此，编纂《中华礼藏》，既以专门之学为标帜，除了衰辑、点校等方面的艰苦工作外，还面临着如何在现代学术语境中界定礼学文献范围的难题。

《说文》云："礼，履也，所以事神致福也。"事神以礼，即履行种种威仪以表达敬畏之义而得百顺之福。礼本是先民用来提撕终极关怀的生存方式，由此衍生出了在政治生活和社会生活中表达尊让、孝悌、仁慈、敬畏等礼义的行为规范。《礼记·礼器》云："礼器，是故大备。"以礼为器而求成人至道，与儒学亚圣孟子的"礼门义路"之论颇相一致。然而践履之礼、大备之礼的具体结构又是怎样的呢？《礼记·乐记》云："簠簋俎豆、制度文章，礼之器也；升降上下、周还裼袭，礼之文也。故知礼乐之情者能作，识礼乐之文者能述。作者之谓圣，述者之谓明。明圣者，述作之谓也。"根据黄侃《礼学略说》及沈文倬《略论礼典的实行和〈仪礼〉书本的撰作》的论述，所谓"礼之文""礼之情"又被称为"礼仪"和"礼意"。礼器、礼仪用以呈现和表达礼意，此即所谓"器以藏礼，礼以行义"（《左传·成公二年》）。三者之中，礼仪和礼意的内容相对明确，而礼器的内容则比较复杂，具目则可略依《乐记》所论分为三种：物器（簠簋俎豆之类）、名器（制度之类）和文器（文章之类）。基于这样的理解，参考历代分门别类著录汇辑专业文献的经验，可以将历史上遗留下来的全部传统礼学文献析分为如下三个部分：

第一部分是作为源头的礼学原典和历代研究礼学的论著。根据文献的性质，又可细分为两类。

1. 礼经类

《四库提要》经部总序所谓"经稟圣裁，垂型万世"，乃"天下之公理"之所，为后世明体达用、返本开新的源头活水。又经部礼类序云："三《礼》并立，一从古本，无可疑也。郑康成注，贾公彦、孔颖达疏，于名物度数特详。宋儒攻击，仅摭其好引谶纬一失，至其训诂则弗能逾越。……本汉唐之注疏，而佐以宋儒之义，亦无可疑也。"《周礼》是制度之书，《仪礼》主要记载了士大夫曾经践行过的各种典礼仪式，《礼记》主要是七十子后学阐发礼义的汇编。虽然三《礼》被列为儒家研习的典籍之后变成了经学，然而从礼学的角度来看，于《周礼》可考名物典章制度，于《仪礼》可见仪式典礼的主要仪节及揖让周旋、坐兴起跪的威仪，于《礼记》可知仪式典礼及日常行为的种种威仪皆有意义可寻。若再从更加广泛的礼学角度审视先秦两汉的文献，七十子后学阐释礼义的文献汇编还有《大戴礼记》，汉代出现的礼纬也蕴藏着不见于其他文献记载的礼学内容。因此，礼经类除三《礼》之外还应该包括《大戴礼记》与礼纬。至于后人综合研究礼经原典而又不便归入任何一部经典之下的文献，宜仿《四库全书》设通论之属、杂论之属分别纂辑。

2. 礼论类

此类文献特指历代综合礼学原典与其他文献，突破以礼学原典为经学典籍的传统观念，自拟论题，自定体例，结合礼仪实践、礼学原典与礼学理念等进行研究而撰作的文献，如朱熹的《仪礼经传通解》、任启运的《天子肆献裸馈食礼纂》、秦蕙田的《五礼通考》等都宜归入礼论类。此类文献与礼经类中综论性质的文献容易混淆，最大的区别就在于礼经类中综论性质的文献是对礼学原典的阐释，而礼论类文献则是对各类文献所记礼仪实践与理念的综合探索，二者研究的问题、对象，特别是研究目的皆有所不同。

第二部分是基于对礼仪结构的观察而针对某一方面进行独立研究而撰作的文献。根据文献关注的焦点，又可分为三类。

3. 礼器类

根据前引《礼记·乐记》的说明，礼器包括物器、名器和文器。物器为礼器之代表形态，自来皆无疑议。名器所涉及之制度、乐舞、数术，因逐渐发展而略具专业特点，有相对的独立性，固当别为门类。就制度、乐舞、数术本属于礼仪实践活动而言，可分别以礼法、礼乐、礼术概之。又文器亦皆因器而显，故宜附于礼器类中。因此，凡专门涉及舆服、宫室、器物的礼学文献，如聂崇义的《新定三礼图》、张惠言的《冕弁冠服图》和《冕弁冠服表》、程瑶田的《释宫小记》、俞樾的《玉佩考》等都属礼器类文献。

4. 礼乐类

据《礼记·乐记》所言"乐统同，礼辨异，礼乐之说，管乎人情矣"，可知礼与乐本是关乎人情的两个方面。因此，礼之所至，乐必从之。考察历代各个阶层践行过的许多仪式典礼，若不借助于礼乐则无以行礼。《通志·乐略第一》云："礼乐相须以为用，礼非乐不行，乐非礼不举。"礼与乐既相将为用，则凡涉及礼乐的文献，皆当归入礼乐类。然而历史上因囿于经学为学科正宗、乐有雅俗之分的观念，故有将涉及礼乐的文献一分为二分别纂辑的方法。《四库提要》乐类云："大抵乐之纲目具于《礼》，其歌词具于《诗》，其铿锵鼓舞则传在伶官。汉初制氏所记，盖其遗谱，非别有一经为圣人手定也。特以宣豫道和，感神人而通天地，厥用至大，厥义至精，故尊其教得配于经。而后代钟律之书亦遂得著录于经部，不与艺术同科。顾自汉代以来，兼陈雅俗，艳歌侧调，并隶《云》《韶》。于是诸史所登，虽细至筝琶，亦附于经末。循是以往，将小说稗官未尝不记言记事，亦附之《书》与《春秋》乎？悖理伤教，于斯为甚。今区别诸书，惟以辨律吕、明雅乐者仍列于经，其讴歌末技，弦管繁声，均退列杂艺、词曲两类中。用以见大乐元音，道侔天地，非郑声所得而奸也。"此乃传统文献学之旧旨，今则据行礼时礼乐相将的事实，凡涉及礼乐的文献不分雅俗兼而存之，一并归于礼乐类。

5. 礼术类

《礼记·表记》载孔子之语云："昔三代明王，皆事天地之神明，无非卜筮之用。"卜筮之用在于"决嫌疑，定犹与"（《礼记·曲礼上》）。历代践行的各种仪式典礼，正式行礼之前往往都有卜筮的仪节，用于判断时空、宾客、牲牢等的吉凶，本是整个仪式典礼的组成部分。《仪礼》于《士冠礼》《士丧礼》《既夕礼》《特牲馈食礼》《少牢馈食礼》皆记卜筮的仪节，而于其他仪式典礼如《士婚礼》等皆略而不具。沈文倬先生已指出，《仪礼》一书，互文见义，其实每一个仪式典礼都有卜筮的仪节。因仪式典礼所用数术方法有相对的独立性，故历代礼书多有专论。秦蕙田《五礼通考》立"观象授时"之目，黄以周《礼书通故》设"卜筮通故"之卷。自《汉书·艺文志》数术略分数术为六类：天文、历谱、五行、蓍龟、杂占、形法，又于诸子略中收有与数术相关的阴阳家及兵阴阳文献之目，至清修《四库全书》子部术数类分为六目：数学（三易及拟易书）、占候、相宅相墓、占卜、命书相书、阴阳五行（栻占历数），分类著录纂辑数术文献，各有错综，亦因时为变以求其通耳。因此，就历代各个阶层践行的仪式典礼皆有卜筮的仪节而言，凡涉及卜筮的文献宜收入礼术类。

第三部分是基于对历代礼仪实践的规模、等级、性质的考察而撰作的文献，又可以分为如下四类。

6. 礼制类

《左传·桓公二年》载晋大夫师服之语云："礼以体政，政以正民，是以政成而民听，易则生乱。"《国语·晋语四》记宁庄子之语云："夫礼，国之纪也……国无纪不可以终。"凡此皆说明礼在政治生活和社会生活中有重要的主道作用，故自春秋战国之际礼崩乐坏之后，历代皆有制礼作乐的举措。《隋书·经籍志》云："仪注之兴，其所由来久矣。自君臣父子，六亲九族，各有上下亲疏之别，养生送死、吊恤贺庆则有进止威仪之数，唐虞已上分之为三，在周因而为五，《周官》宗伯所掌吉、凶、宾、军、嘉，以佐王安邦国，亲万民，而太史执书以协事之类是也。是时典章皆具，可履而行。周衰，诸侯削除其籍；至秦，又焚而去之；汉兴，叔孙通定朝仪，武帝时始祀汾阴后土，成帝时初定南北之郊，节文渐具；后汉又使曹褒定汉仪，是后相承，世有制作。"历代践行的礼，不仅仅是进止威仪之数，而是对文明制度的实践。因此，历代官方颁行的仪注典礼皆可称为礼制，是朝野实现认同的文化纽带，涉及礼制的文献世有撰作。汉代以后，此类文献也往往被称为仪注，传统目录学多归入史部。今则正本清源，一并归入礼制类。

7. 礼俗类

从人类学的角度来看，礼俗的产生先于礼制并成为历代制礼作乐的基础。所谓"礼失而求诸野"（《汉书·刘歆传》），正说了俗先与礼、礼本于俗。实际上，历代践行的礼制，根基都在于风俗，长期流行于民间的风俗若得到官方认可并制度化就是礼制。因此，礼俗者，礼仪之于风俗也，特指在民间习惯上形成而具备礼仪特点的习俗，其特点是以民间生活为基础、以礼仪制度为主道，在一定程度上兼具形式的自发性和内容的复杂性。早在先秦时代，荀子就曾说："儒者在本朝则美政，在下位则美俗。"又说："遇君则修臣下之义，遇乡则修长幼之义，遇长则修子弟之义，遇友则修礼节辞让之义，遇贱而少者则修告道宽容之义。无不爱也，无不敬也，无与人争也，恢然如天地之苞万物。如是则贤者贵之，不肖者亲之。"因此，自汉代应劭《风俗通义》以来，历代有识之士往往述其所闻、条其所遇之礼俗，或笔记偶及，或著述专论，数量之多，可汗马牛，以为美俗、修义之资粮，故立礼俗类以集其精华，以见礼仪风俗具有强大的生命力且早已渗透到民族精神之中。此类文献在传统的文献学中分布较广，史部的方志、谱牒，子部的儒家、农家、杂家乃至小说家，集部中的部分著作，皆有涉及礼俗的篇章，固当集腋成裘，汇编为册，归于礼俗类中。

8. 家礼类

《左传·隐公十一年》云："礼，经国家、定社稷、序民人、利后嗣者也。"礼之于国，则为国家礼制；礼之于家，则为家礼。家礼一词，最早见于先秦礼书。《周礼·春官》云："家宗人掌家祭祀之礼，凡祭祀致福。国有大故，则令祷祠，反命，祭亦如之。掌家礼，与其衣服、宫室、车旗之禁令。"自古以来，家礼就是卿大夫以下至于庶人修身、齐家的要器，上至孝悌谨信等伦理观念，下至婚丧嫁娶之居家礼仪，无不涵盖于其中。家礼包括家庭内部的礼仪规范和伦理观念：礼仪规范主要涉及冠婚丧祭等吉凶礼仪以及居家杂仪；伦理观念则包括父慈子孝、兄友弟恭、夫义妇顺等纲常。涉及家礼的文献源于《周礼》，经《孔子家语》《颜氏家训》的发展，定型于司马光的《书仪》《家范》和朱熹的《朱子家礼》，其中《朱子家礼》成了宋代以来传统家礼的范本。因国家礼制的"宏阔"和民间礼俗的"褊狭"，故素负修身、齐家、治国、平天下之理想的有识之士，往往博稽文献、出入民俗而备陈家礼仪节之曲目与要义，以为齐家之据、易俗之本。家礼类文献中以此种撰作为代表形态，延伸则至于乡约、学规之类的文献。

9. 方外类

中华民族是一个多种文化相互融合的共同体，整理、编纂《中华礼藏》不能不涉及佛、道两家有关仪轨的文献。佛教仪轨是规范僧尼、居士日常生活与行为之戒律清规以及用于各种节日与法事活动之科仪，虽然源于印度，与中华本土文化长期互动交融，固已成为中华礼乐文明不可分割的一部分。佛教仪轨与儒家礼仪相互影响，在一定程度上改变、重塑了中华传统的礼乐文明。道教是中国的本土宗教，深深根植于中国的现实社会，具有鲜明的中国特色与社会调节功能。鲁迅曾指出："中国根柢全在道教。"道教仪轨有其特定的从教规范，体现了道教的思想信仰，规范着教徒的生活方式，体现了仪式典礼的特点。另外，佛教仪轨和道教仪轨保存相对完整，也是重建中华礼乐文明制度的重要参考。因此，凡涉及佛教仪轨和道教仪轨的文献分别归入方外佛教类和方外道教类。

综上所述，《中华礼藏》的编纂是因类设卷，卷内酌分子目，子目内的文献依时代顺序分册纂辑，目的是为了充分展示中华礼仪实践和礼学研究的全貌以及发展变化的轨迹。

编纂《中华礼藏》不仅仅是为了完成一项学术事业，更重要的现实意义是为了通过整理、编纂传统礼学文献，从中提炼出渗透了民族精神的价值观和价值体系，为民族国家认同提供思想资源，为制度文明建设提供借鉴，为构建和谐社会提供礼仪典范。

方向东　男，1954 年生，安徽太湖人。南京师范大学教授，博士生导师。主要研究方向为先秦两汉文献整理与研究，发表过研究论文多篇，出版过《〈贾谊集〉汇校集解》《孙诒让训诂研究》《〈大戴礼记〉汇校集解》等专著，获江苏省哲学与社会科学二等、三等奖，主持全国高校古籍整理研究与工作委员会项目 4 项，目前主要从事国家社科基金项目"阮刻本十三经注疏汇校勘正"研究。

阮刻《十三经注疏》汇校的意义与现状

各位老师，各位同学好！

借此宝贵机会，我向大家汇报一下我目前从事《十三经注疏》阮刻本工作的情况。

这几年从事这个工作，是因为大概八年前我们整理了《五礼通考》，它把《十三经注疏》里面牵扯到礼仪方面的东西全部收进去了。在整理的过程当中，发现还有很多跟阮刻本不同的地方，是四库本里来的，经过检索采用的底本是殿本，证明并发现了很多错误。由此就有一个想法，就想看看阮刻本的《十三经注疏》到底是什么情况。后来台湾艺文印书馆影印了嘉庆二十年南昌府本，后来我就把它与阮刻本通校了一遍，结果发现出现了很多新的异文，有很多是原来南昌府本不误而阮刻本增误的。这样一来，后来就把阮刻本系列的版本做了一些收集和通校。

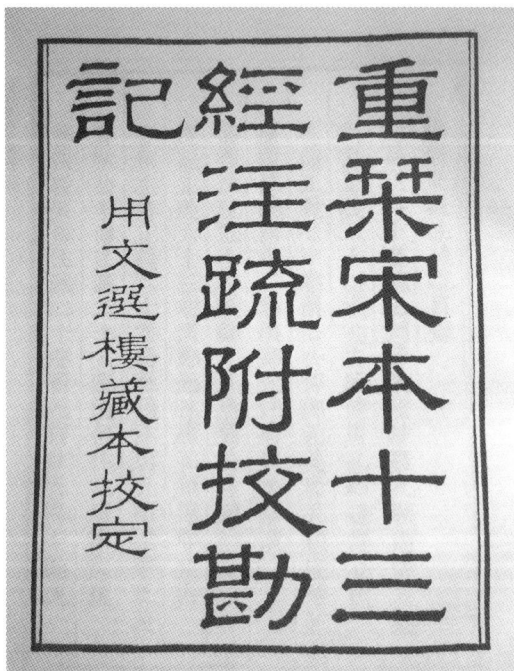

重栞宋本十三経注疏附挍勘記 用文選楼藏本挍定

阮刻本到目前为止从南昌府本开始，目前流传下来的很多版本都存在，南昌府本下来以后是脉望仙馆本、江西书局本，接下来是上海点石斋本，然后到锦章书局本，然后再到我们中华书局影印的据道光本而来的世界书局本，大概是这么一个情况。

这个中间前期我把前面的版本、异文都全部通校过了。接下来想做的是阮刻十三经新校本。现在的通行本（就是点校本）有两个，一个是北京大学1999年出版的校点本，就是简体和繁体的校点本，后来上海古籍也出了一个版本。有一个感觉，发现点校的质量还是存在着不少的问题。后来我就跟中华书局谈，我想来做这样一个事情，就是把以阮刻本系列的世界书局本作为底本，然后对它进行点校。

阮刻本从南昌府本以来，一直到中华书局的这个版本，版本之间存在的主要问题是：有前面错的，后面改正的；有前面不错的，后面又增加的错误。情况比较复杂。所以我觉得在目前的条件下，除了阮刻本系列的版本都存在之外，现在有很多以前很难见到的一些比如说单疏本的材料又出现了，我觉得这是一个整理的好时机，所以我就决定来做这件事情。

我觉得现在北大标点本和上海古籍出版社的标点本存在的主要问题，有三个方面的原因。一个原因是由于他们比较赶，有点抢市场。比如说像北大本，很早就出来了。他们可能赶时间，1999 年就出来了。出版以后我们买回来，买回来以后读它、用它，发现实在是质量太差。上海古籍本选的底本要好一些，但是在点校方面也存在不少问题。我觉得有三个方面的原因：一个是因为出版社选择点校的对象，不是特别了解，整理者本身对有些书没有做专门的研究，也许是认为点校古籍是比较容易的事情。出版社找的点校者，对这个书没有做过专门的研究，这是一个方面的原因。也有人是研究这方面的专家，点校出来的质量也不好，什么原因呢？我觉得可能是学生参加了，或者他自己没有严格把关，也有这种可能。第三个方面可以说是工作不细心，比如说有一些内容，我们读起来是《尔雅》里常见的解释，都没有点断。出现这样的情况，所以我觉得太遗憾，就想做这个事情。

我跟中华书局谈，我说我有这样的设想，我想通盘的把《十三经》点校出来，每部书找一个专门研究的专家，请他来给我审稿。我是希望能够找两个专家同时审稿，如果找不到两个人，我自己也可以找一个人帮我审一遍。我想应该给社会、学界提供一个可以使用，至少没有多少错误的通行的本子。因为阮刻本是在学界使用当中发行量最大的。到目前为止，中华书局、浙江古籍或者上海古籍影印的一共加起来是 63550 套，学界使用量很大。我目前的进度，已经点校完《周礼正义》《毛诗正义》《仪礼》《周礼》。《礼记》，王锷老师点校过一个版本，我准备把他点校的版本拿过来，按照我的标点统一进行处理，像这样来做。剩下一个大部头就是《左传》了，我想用 1 - 2 年的时间，把初稿完成，陆续交给中华书局，进行流水作业，大概 3 - 5 年就会出版完成这个事情。我想做这件事情。

这是我工作的情况，希望大家给我提出宝贵意见，谢谢大家！

（尼山学堂孙飚据录音整理）

阮刻《十三经注疏》新定本制作的若干问题

摘　要　阮刻本《十三经注疏》自南昌府学刊刻以来，历经翻刻，鲁鱼豕亥在所难免。笔者近些年在对几个版本逐字校勘的基础上，发现诸多问题。本文拟就阮刻本的版本、校勘记、经、注、疏等方面的问题进行论述，并就新定本制作提出具体意见，请方家指正。

关键词　阮刻本《十三经注疏》　校勘　新定本制作

自从 2005 年冬季将阮刻本《十三经注疏》南昌府本与中华书局影印本对勘开始，已经与脉望仙馆石印本、点石斋石印本、锦章书局石印本校勘，并与湖南尊经阁本、江西书局本（江西书局本由南昌府本重修而成）等参校，发现世界书局本与中华书局影印本存在诸多问题。世界书局本是从道光六年（1826）府学教授盱江朱临华重校本而来。中华书局 1980 年 10 月出版的影印阮刻《十三经注疏》（简称"中华本"），是根据原世界书局缩印本影印的，迄今印刷 55500 套，加上浙江古籍出版社影印的 3650 套和上海古籍出版社影印的 4300 套，共计发行 63450 套，流传面广，影响很大。据"影印说明"说，该书"影印前曾与清江西书局重修阮本及点石斋石印本核对，改正文字讹脱及剪贴错误三百余处"。根据我们校勘，并未发现这些改正错误之处。

从版本角度看，南昌府本属初刻，错误较多，脉望仙馆本根据南昌府本翻刻，改正了一些错误，但承袭了很多错误未能改正。点石斋石印本，根据我们校勘调查，应是根据同治十二年江西书局本校印，错误很少，质量与世界书局本不差上下，甚至有前面的本子不误，世界书局本增误的情况，如：《士冠礼》第一校勘记：则在后乃言之，《要义》同，毛本乃作皆。（中华本 949 页上栏倒第 2 行）案：毛本乃作皆，南昌府本、脉望仙馆本、锦章书局本原作"毛本皆作乃"，误。点石斋本、世界本已订正。就增误的情况看，以《仪礼注疏》为例，与前面的版本相比，增加的错误有 75 处，锦章书局本与世界书局本共同增加的错误仅有 1 处，点石斋本与世界书局本共同增加的错误仅有 4 处，而世界书局本增加的错误有 70 处。从对南昌府本文字错误订正的情况看，南昌府本以后的版本共订正 42 处，脉望仙馆本与世界书局本皆订正的有 4 处，脉望仙馆本、点石斋本与世界书局本皆订正的有 2 处，脉望仙馆本、点石斋本、锦章书局本与世界书局本皆订正的有 4 处，点石斋本与世界书局本皆订正的有 26 处，锦章书局本与世界书局本皆订正的有 1 处，世界书局本单独订正的有 6 处。这充分说明，世界书局本在订正前面版本的错误上优于其他版本，但增加的错误又较多，可谓功过参半。正如校书如扫落叶，旋扫旋生。所以，有必要对阮刻本《十三经注疏》进行全面校勘，制作新定本。

由版本问题带来的是标点本的问题，1999 年由李学勤先生主编、北大出版社出版的《十三经注疏》标点本，新增的排版错误、标点错误，已经受到学界的批评；上海古籍出版社选取各经好的版本为底本，排版错误较少，但标点错误也很多，兹就《毛诗正义》举例说明：

《终风》：

寤言不寐，愿言则嚏▲。嚏▲，跲▲也。笺云：言，我。愿，思也。（中华本 299 页中栏第 1 行）

案："笺云"以下，北大标点本和上海古籍本皆作一句读，误。《尔雅·释诂下》可证。

《硕人》：

疏：孙炎曰："同出，俱已嫁也。"私，无正亲之言。然则谓吾姨者，我谓之私。邢侯、谭公皆庄姜姊妹之夫，互言之耳。春秋谭子奔莒，则谭子爵言公者，盖依臣子之称，便文耳。（中华本 322 页上栏倒 8 行）

案：上段文字，北大标点本和上海古籍本引号皆至文末，以为孙炎语，未是。

《清人》：

疏：《方言》云："矛，吴、扬、江淮、南楚、五湖之间谓之鉇，鉇音她。或谓之锭，锭音蝉。或谓之鏦，鏦音错江反。其柄谓之矜。"矜，郭音巨巾反。（中华本 338 页中栏倒 12 行）

案：《方言》的文字，北大标点本标至"或谓之鏦"下，注音文字加用括号。上海古籍本标至"谓之鉇"下，皆不确。《方言》的文字至"其柄谓之矜"为止。注音的文字原为注文小字，乃清代钱绎《方言笺疏》所列的音义内容。

《南山》：

疏：公羊"拉幹而杀之"，史记称"使公子彭生抱鲁桓公上车，折其胁，公死于车"，折与拉音义同。彼皆言拉杀，此言搚杀者，说文云："搚，捉也。"何休云："幹，胁。拉，折声。"正谓手捉其胁而折，拉然为声，此指言杀状，故言搚也。（中华本 3252 页上栏倒 21 行）

案：何休语，北大标点本和上海古籍本皆作一句读，误。拉，阮刻本《公羊传注疏》作“擸”，何休云：“擸，折声也。”陆德明《释文》云：“擸幹，路合反，本又作‘拹’，亦作‘拉’，皆同，折声也。幹音古旦反，脇也。”可证。

《蟋蟀》：

此实晋也，而谓之唐者，太师察其诗之音旨，本其国之风俗，见其所忧之事深，所思之事远，俭约而能用礼，有唐尧之遗风，故名之曰“唐”也。（中华本361页上栏倒6行）

案：“见其所忧之事深，所思之事远，俭约而能用礼”三句，北大标点本和上海古籍本皆标点为“见其所忧之事，深所思之事，远俭约而能用礼”，盖因下文“故季札见歌《唐》，曰：‘思深哉，其有陶唐氏之遗风乎！不然，何其忧之远也？’”思与深、忧与远连文而误。序文明言“忧深思远”，可证。

疏：今我君僖公不于此时自乐，日月其将过去，农事又起，不得闲暇而为之，君何不及时自乐乎？（中华本361页中栏第19行）

案：后二句，北大标点本标点为：“不得闲暇。而为之君，何不及时自乐乎？”上海古籍本标点为：“不得闲暇，而为之君何不及时自乐乎？”皆不确。上文云“言九月之时，蟋蟀之虫在于室堂之上矣。是岁晚之候，岁遂其将欲晚矣。此时农功已毕，人君可以自乐。”“为之”，指自乐。下文正义云“是十二月以后，不暇复为乐也”，亦可证“不得闲暇而为之”当作一句读。

《终南》：

《玉藻》云：“君衣狐白裘，锦衣以裼之。”注云：“君衣狐白毛之裘，则以素锦为衣覆之，使可裼也。袒而有衣曰裼。必覆之者，裘亵也。”（中华本372页下栏倒21行）

案：“裘亵也”，北大标点本和上海古籍本皆标点为“裘，亵也”，误。二字乃主谓关系而非解释关系。北大标点本《礼记正义》不误。

《豳谱》：

疏：知周公之作七月，其意必如此者，以序云：“周公遭变，故陈先公风化之所由，致王业之艰难。”言遭变，是遭流言乃作也。（中华本387页下栏第2行）

案：“周公遭变，故陈先公风化之所由”，北大标点本和上海古籍本皆“故”字属上读，不确，正义此云“言遭变”，下文云“序云‘周公遭变’即作，不应坐度二年，方始为诗”，《七月》序郑笺明言“周公遭变者，管、蔡流言，辟居东都”，可知不当属上读。

《七月》：

疏：因言养蚕之时，女有伤悲之志，更本之言春日穉穉然而舒缓，采蘩以生蚕

者，祁祁然而众多。于是之时，女子之心感蚕事之劳苦，又感时物之变化，皆伤悲思男，有欲嫁之志。（中华本390页上栏第3行）

案："更本之言春日稊稊然而舒缓，采蘩以生蚕者"，北大标点本和上海古籍本皆标点为"更本之言春日稊稊。然而舒缓采蘩以生蚕者"，误。"舒缓"是毛传对经文"迟迟"的解释，下文正义云"稊稊者，日长而暄之意，故为舒缓"，又云"人遇春暄则四体舒泰，春觉昼景之稍长，谓日行稊缓，故以稊稊言之"，可证。

《狼跋》：

疏：《士冠礼》云："玄端黑屦，青絇繶纯。爵弁纁▲，黑絇繶纯。纯博寸。"注云："絇之言拘，以为行戒，状如刀▲衣鼻，在屦头。繶，缝中紃也。"（中华本400页中栏倒15行）

案：北大标点本（537页）和上海古籍本（764页）"鼻"下逗号标在"衣"字下，误。

《无羊》：

《释文》：齝，本又作"齝"，亦作"齝"，丑之反，一音初之反。郭注尔雅云"食已，复出嚼之也。今江东呼齝为齝。音漏洩"也。（中华本438页中栏第23行）

案：北大标点本（693页）和上海古籍本（993页）在"漏"字下皆加逗号，误。"漏洩"乃郭璞为"齝"注音，非义为洩。北大标点本下引号在"也"字下，上海古籍本在"齝"字下，亦皆误。

《十月之交》：

疏：推度灾曰："及其食也，君弱臣强，故天垂象以见征。辛者，正秋之王气；卯者，正春之臣位。日为君，辰为臣，八月之日交，卯食辛矣。辛之为君，幼弱而不明；卯之为臣，秉权而为政，故辛之言新，阴气盛而阳微生▲，其君幼弱而任卯臣也。"（中华本445页下栏倒14行）

案："生"，北大标点本（721页）据阮元校勘记改为"主"，阮校无版本依据。上海古籍本（1036页）未改，皆属下读，误。

《小旻》：

谋犹回遹，何日斯沮？回，邪。遹，辟。沮，坏也。笺云：犹，道。沮，止也。（中华本448页中栏倒18行）

案：笺文，北大标点本（737页）和上海古籍本（1056页）皆未断句加标点，误。下笺文云"今王谋为政之道，回辟不循旻天之德，已甚矣。心犹不悛，何日此恶将止？"以道释犹，以止释沮，可证。

《小宛》：

疏：郭璞曰："蒲卢即细腰蜂也，俗呼为螺螉。桑虫，俗谓之桑蟃，亦呼为戎女。"郑中庸注以蒲卢为土蜂。（中华本 452 页上栏第 10 行）

案：郑中庸注文，非郭璞语，乃邢昺疏文，北大标点本（745 页）和上海古籍本（1070 页）皆置于引号内，误。

疏：乐记注云："以体曰妪，以气曰姁。"谓负而以体燠之，以气煦之，而令变为己子也。（中华本 452 页上栏第 15 行）

案："谓负而以体燠之，以气煦之，而令变为己子也"三句，北大标点本（745 页）和上海古籍本（1071 页）皆以为是乐记注文，置于引号内，非。标点误为：谓负而以体，燠之以气，煦之而令变为己子也。

《信南山》：

疏：郊特牲曰："取膟膋燔燎升首，报阳也。"又曰："萧合黍稷，臭阳达于墙屋。故既奠，然后艺萧，合馨香。"注云："萧，香蒿染以脂，合黍稷烧之。"（中华本 471 页下栏第 26 行）

案："萧"下"香"字，北大标点本（831 页）和上海古籍本（1191 页）皆属"萧"读，误，今本《礼记正义》"香"作"芗"，芗蒿为名，可证。

《泮水》：

顺彼长道，屈此群丑。屈，收。丑，众也。笺云：顺，从。长，远。屈，治。丑，恶也。（中华本 611 页中栏第 26 行）

案：北大标点本（1399 页）和上海古籍本（2046 页）笺文标点为："笺云：顺从长远，屈治丑恶也。"皆误。下文正义曰：顺者，随从之义；长者，遥远之言；故顺为从，长为远也。"屈，治"，《释诂》文。可证。

《閟宫》：

疏：王制又云："诸侯礿犆，禘一犆一袷。尝袷，烝袷。"（中华本 616 页中栏倒 13 行）

案：北大标点本（1416 页）标点为：王制又云："诸侯礿犆，禘一、犆一、袷尝袷、烝袷。"上海古籍本（2090 页）标点为：王制又云："诸侯礿，犆；禘，一犆一袷；尝，袷；烝，袷。"标点皆不确。《礼记·王制》正义云："禘一犆一袷者，言诸侯当于夏祭一禘之时，不为禘祭，惟犆一袷而已，阙时祭也。不云一禘而云禘一者，禘在礿前，与礿在犆前，其义同，皆见先时祭也。尝袷烝袷者，谓诸侯先作时祭烝尝，然后为大祭之袷，故云尝袷烝袷。"可证。

　　朱小健　1953 年生，北京师范大学中文系教授。1982
年获北京师范大学中文系文学学士学位，1985 年获该系汉语
史专业硕士学位，现任北京师范大学人文宗教高等研究院常
务副院长。主要从事训诂学理论、训诂学史、《说文解字》研
究、国际汉语教学研究、中文信息处理应用基础研究等。学
术专长是训诂学、中文信息处理、国际汉语教育等，代表著
作有《〈说文解字读〉述例》《中文信息处理的探索与实践》
《汉语史研究的现状与展望》等。

儒学文献整理与中华文化传承

感谢会议给我这个发言的机会，我虽然参与过一点儿《周礼正义》的整理、《二十四史》的翻译等工作，但主要精力没放在这边。我只能从宏观上谈谈自己的看法。我报的题目是"儒学文献整理与中华文化传承"，其实文献本身就是传承，过去我们讲文献，文是典籍，献是旧贤，考文问贤，实际上就是传承，就是文化的传承。

我说三个方面的想法，向大家求教。

第一方面，儒学文献整理研究的特点。第一个，儒学文献与其他文献还是有区别的。儒学是中华文化的主体，这就决定了它文献的丰富性和传承的延续性，就使得它跟其他文献呈献出不同的状态，比如版本会有很多。刚才方向东教授说了，阮刻《十三经注疏》就有那么多的版本，同一本儒学元典的注疏也有很多家。从训诂学的角度来看，注疏的多样就带来了非常多的整理任务。同时，它跟与它一起构成中华文化主体的其他文献，比如说《道藏》《大正藏》这些文献又有不同。那些著作的形成，它里面很大的一个因素是宗教的推动。由一些信奉、信仰的人来传承整理，他们做人的、工作的态度，是很特别的。在我看来，儒学文献跟比如说道教的、佛教的文献相比，它的学术性更强。那些文献有时说什么就是什么，解释不清楚，也就算了。比如它有一些仪轨，它也不用说为什么要这样。而儒家的文献通常都是要解释清楚的，这是它文化上的特点。

第二，儒学文献的形式是多样的。形式多样，比如刚才方向东教授讲的、杜泽逊教授讲的汇校，实际上是多样的版本的汇集，有些学者还提到另有石刻等等，又是一种形式。此外，我觉得正是因为有前面说的文化主体的原因，儒学文献伴随着人们的生活，它有过非常多的引用，引用也是一种形式。比如说我们做《说文》的研究，大家都知道段玉裁，他常常依据《文选注》里引用的《说文》异文来校勘。所以引用也非常重要。这是第二个特点。

第三，知行合一的特点。过去说儒学是入世的，这是相对于其他各家的主张来说的。过去常常有一种说法，认为儒学可能是比较守旧的。其实我们如果从文献的传承来看，它是在不断创新的。儒学、儒家文献显示了它也具有创新的性质。我们北京师范大学人文宗教高等研究院之前举办过"儒释道融合之因缘"的研讨，儒释道有共通的东西，都有创新的东西。其中一个重要的方面，就是知行合一。比如刚才方教授讲的，一些大家做的东西也出问题，为什么？就是缺乏一种认真、担当的精神。比如说《周礼正义》，我在温州的博物馆里面看到过五个手稿本。你想想，这些本子互相有不同，它是一稿一稿在变，孙诒让还写过《周官政要》，他是想要把这些东西实施了，所以完全是知行合一的东西。我们今天要整理的文献，可能面临着还原儒学元典本来面貌的任务，要通过对儒学文献的整理树立一定的信仰。包括昨天我们讲"2011计划"里面的乡村儒学，这些都有着预设，好像是我们已经掌握了儒学，再去传播给农民。其实我觉得儒学文献的整理，本身在塑造着我们的人格，塑造着我们的道德，塑造着我们的学养，实际上它也成就着我们自己。这是第三点。

第二个方面，儒学文献整理研究面临的困难或者问题。第一，我觉得是传承的缺失。我做《周礼正义》校勘的时候，遇到过一些问题，比如说非常简单的，《丧大记》里面说："复，男子称名，妇人称字。"中华标点本里，变成了"妇人称姓"。这是为什么呢？恐怕有一个名和字在今天，"字"已经是一个相对薄弱的概念的因素。所以他把名跟姓相对，就很可能出现这样的错误。包括"宾之"误为"宾客"等等，我就不举例子了。第二，体例待明，就是体例需要归纳和完善。比如我还是举《周礼正义》的例子，孙诒让的用语有"贾疏""贾谓"，它们的用法是不同的，这个时候我们就看到整理者常常忽略了文献本身人家的体例而造成的一些错误，这个也不举例子了。所以我过去讲训诂学，黄季刚先生说："训者，顺也。"顺，不是一个简单的依从，顺跟从不一样，顺有一个主动而为的因素在里面。《说文》说顺就是理，理就是治玉，治玉就需要人为参与，所以有一个互动在里面。我过去写过文章，认为文献注疏整理里面标点的体例可以促进今天我们对标点符号使用规则的完善。通过古籍整理的使用，包括横排竖排的区别、多重引号的使用等等，这些方面都有价值。第三，面临着知行脱节的困难。这个不多说了。今天的一些文献整理者用心不够，方教授刚才说的问题我们也都能够看到。我刚才讲到的这些是具体到某一个字的问题怎么会出现，而在一定程度上，如果你细心一点就不会出现这种错误。这就是对你整理对象的敬重和自己的责任的担当。

第三个问题，儒学文献整理的使命和责任。儒学其实就是由文献来体现的，国家急需，这是第一重要的，特别是当今伦理的丧失和诚信的丧失，需要儒学本身起到拨乱反正的作用。所以我提四点。第一，守正，还原它的语境。第二，传真，传递儒学真正的本意。文献的整理，也会对我们的队伍或者人才方面起到很大的作用。第三，提炼。我们的文献整理研究，其实最后要回答一个问题：老百姓问你儒学是什么，你真的能讲清楚吗？中华文化是什么，应当能非常精炼地表述。第四，传播。我觉得我们的整理和研究要有多种形式，除了刚才讲的汇校等专业的东西之外，还应有选本、精华本，包括网络的、电子的形式。我觉得文献整理都可以通过电子形式呈现，如果全部影印，可能家里面放不下。过20年、30年，我估计电子形式会占更大的一部分。所以我们要通过守正、传真的儒学文献的整理，来改变当今社会的阅读生态，来影响我们，包括后代阅读的精神生活。

这是我的一些想法，可能有一些隔行，也没有涉及古籍文献整理真正的东西，请大家批评指正，谢谢。

（尼山学堂孙云霄据录音整理）

由《周礼正义》点校看古籍整理规范①

摘　要　本文全面对校《周礼正义》乙巳本与中华书局 1987 年标点本，对二者文字相异处 1064 条进行分析，并从句读标点、用字变更、异本对校三方面对古籍整理的行政规范、学术规范、行业规范三个层面进行探讨，提出制定古籍整理规范标准的设想。

关键词　语文规范　古籍整理　周礼正义

一、引言

许嘉璐先生主编的《孙诒让全集》（以下简称《全集》）即将出齐。孙氏所著有些至今未曾刊行，《全集》一出，学界可由之得见孙氏学术全貌，其价值自不待言；而孙氏一些已有多种版本行世的著作，有无必要重新整理点校收入《全集》出版？笔者参与点校的《周礼正义》正是后一种著作。在整理点校过程中，我们认为，这个问题的答案是肯定的。因为随着我国优秀传统文化的复兴，古籍文献整理工作的推进，我们十分应该也完全可以整理点校一个更为规范完善的版本来满足读者的需求。

《周礼正义》已刊行过 5 种版本，第一种是 1905 年（清光绪三十一年即乙巳年）上海求新图书馆铅铸版孙氏自校初印本（以下简称"乙巳本"）；第二种是 1931 年湖北笛湖精舍木刻本（以下简称"楚本"）；第三种是 1933 年商务印书馆万有文库排印句读本（以下简称"文库本"）；第四种是 1936 年上海中华书局四部备要排印本（以下简称"四部本"）；第五种是 1987 年中华书局排印王文锦、陈玉霞点校本（以下简称"王本"），该本 2000 年第二次印刷时对第一次印刷本有所挖改（以下简称"2000 本"）。其中王本是以楚本为工作本，以乙巳本为底本，参校其他两本并精勘细核孙疏引文而

---

① 本文为朱小健、王魏莉合作，原以《〈周礼正义〉点校中的语文规范问题》为题收入百花文艺出版社 2007 年出版的《孙诒让研究论文集》中，本次重刊，作了部分修改。

成。王本的出版使人们研究《周礼》有了一个较为方便实用的资料，事实上，20 世纪 80 年代末以来研治文史者最常使用的《周礼正义》就是王本。但这并不意味着王本可以直接采入《全集》，因为其校勘、标点、辨正文字等方面还存在这样那样的问题或遗憾。例如王本的校勘是"用乙巳本和楚本逐字对校，先用铅笔把楚本改成乙巳本，然后再进行点校"[①]。但据我们核对[②]，王本与乙巳本相异处有 1064 条，其中 621 条是王本正确的修正，而其余 443 条则为漏校误校。这些问题的出现有着诸多因素，其中一个很主要而至今尚未被学界完全意识到的因素就是我们这些年来进行的古籍整理工作一直缺少一个规范标准。

我国政府历来重视语言文字规范工作，在 2000 年 10 月发布、2001 年实施的《中华人民共和国国家通用语言文字法》之外，国家有关部门制定发布的语言文字规范标准已达 96 个[③]，但迄今尚无一个专门的古籍整理规范标准。多年来，古籍整理工作者大多按照中华书局二十四史标点本等较优秀的古籍整理成果为参照，在具体古籍整理工作中各行其是，其情形颇似传统训诂学的"多搜集编纂之功，而少归纳概括之力"[④]。显然，这已不能适应今天语言文字规范的现实要求了。此外，从古籍整理成果出版的现状看，一大批业经整理的古籍正在或面临重印，"辞书和出版物应该是语言文字规范的榜样"[⑤]，如果学界通力合作，推出一个古籍整理规范标准，按照规范来重新整理印行古籍，相信会给我国的古籍整理工作带来新的面貌。

古籍整理规范[⑥]，包括行政规范、学术规范、行业规范三个层面。行政规范指由国家政府或主管部门颁布实行的规范标准，例如《GB/T15834 – 1995 标点符号用法》《GB/T15835 –1995 出版物上数字用法的规定》《GF3004 – 1999 印刷魏体字形规范》《GF3005 –1999 印刷隶体字形规范》《简化字总表》《第一批异体字整理表》《印刷通用汉字字形表》等，这些规范有的涉及古籍整理点校，有的涉及古籍整理印刷。行政规范的目标是语言规划，依据是社会语言生活实际，手段通常为积极推广，一般不是硬性执行。学术规范即学界从学理上提出的忠于原典文本、适应读者需求、符合语言文字规律

---

① 《周礼正义·本书前言》，中华书局 1987 年版，第 5 页。

② 《全集》编纂工作的原则是以面向世界、面向未来、面向现代化的学术眼光，着眼于先进文化的积累和传播，全面地总结性地整理点校孙氏著述，刻本择善而收，稿本取晚而纳，吸取 20 世纪最新研究成果，体现古籍整理的最新水平，力求符合当代人们的阅读习惯，体现古籍出版的时代风貌。按照这个原则，我们点校《周礼正义》时，除了参校乙巳本、楚本、文库本、四部本、王本、2000 本外，还参考了温州博物馆藏《周礼正义》稿本五种，北京图书馆藏孙诒让赠梁启超《周礼正义》稿本一种。

③ 参中国语言文字网《已制定发布的语言文字规范标准明细表》。

④ 陆宗达、王宁：《训诂方法论》，中国社会科学出版社 1983 年版，第 12 页。

⑤ 许嘉璐：《未了集》，贵州人民出版社 2002 年版，第 229 页。

⑥ 近年一些文章所谈的古籍整理规范是指不应抄袭等道德规范，本文说的古籍整理规范，是指语言文字规范，不包括道德规范。

的规范。例如版本优劣的甄别、异体字形的选择、句读标点的判断、版式装帧的设计等，事实上学界都有共同遵守的规范。学术规范受到行政规范的制约，同时也为行政规范的制定提供理据。行业规范是古籍整理工作者在点校古籍中形成的专门规范。例如版本以古为尚、对校重明异同、理校主断是非、本校要在一致、他校参引还原等。行业规范要受行政规范制约，也要依学术规范原理，按行业目的要求来操作。

本文从《周礼正义》的点校出发，主要以王本为例，就以上三个层面探讨古籍整理规范问题。

二、从《周礼正义》的句读标点看古籍整理的行政规范

有两个因素决定着古籍整理工作中对古代文献标点句读的正确与否，一是标点者对原文理解是否正确，二是标点者是否真正了解并严格执行了《GB/T15834-1995 标点符号用法》（以下简称《标法》）。这两个方面王本都有不尽人意处。前一方面例如①：

> 至其闳章缛典，并苞遠古，則如五禮六樂三兆三易之屬，咸肇崙於五帝而放於二王，以逮職方州服，兼綜四朝，大史歲年，通曉三統。（《序》1 頁 5 行）

王本于"兼綜四朝"后点断，误。大史实应属四朝，三统则只关岁年，故应断为"兼綜四朝大史，歲年通曉三統"。温州博物馆藏《周礼正义》稿本作"兼綜四朝之大史歲年通曉三統"，四朝与大史间有"之"相连，可证。

后一方面，王本亦多有与《标法》相抵牾者，② 约有五事。

一为漏标，即当标而未标，有漏标书名号者，例如：

> 又五篇古字，如敍、攷、晦、于、皐諸文，記並從今字，疑故書本如是矣。（《周禮正義略例十二凡》4 頁 6 行）

文中"記"指《考工记》，应加书名号作"記"。上文"考工記字例，与五官又不盡

---

① 以下所举例证，除特别注明者外，均出自王本。引王本原文用繁体；标点符号依其原式，书名号作"﹏﹏"不作"《》"，引号作"「」""『』"不作""""''"；除《序》《周礼正义十二凡》外，正文只标起始页、行，不标篇、卷名。所标行数以有字行计，不计空白行。

② 《GB/T15834-1995 标点符号用法》是在 1990 年 3 月国家语言文字工作委员会和中华人民共和国新闻出版署修订发布的《标点符号用法》基础上由国家技术监督局制定，1995 年 12 月 13 日发布，1996 年 6 月 1 日实施的。王本出版在此之前，我们不能简单地用《标法》来要求衡量王本。但早在 1951 年中央人民政府出版总署就已公布《标点符号用法》并由政务院指示在全国实施，《标法》与 1951 年本并无大别。本文意在讨论当前古籍整理规范标准问题，并不是要讨论王本的失误。

同"可证。再如：

> 蓋周禮乃官政之法，儀禮乃禮之正經，二經並重，不可相對而爲經曲。（4 页 2
> 行）

"周禮""儀禮"相对为文，"儀禮"亦应标作"儀禮"。
有漏标冒号者，例如：

> 左昭二十三年傳云「又執民柄」，杜注云：「賞罰爲民柄。」（72 页 13 行）
> 禮運云：「禮者，君之大柄也。」注云：「柄，所操以治事。」（72 页 15 行）

二处行文相类，均为先引经文，再引注文。王本于《礼运》后加标冒号，于《左传》
后则不标。或疑《左传》"又執民柄"为读非句，与《礼运》文有别，则可再看一例：

> 爾雅釋詁云：『典，常也。』孫氏云『禮之常也』。釋言云：『典，經也。』（60
> 页 11 行）

孙炎文为句非读，王本亦未标冒号。比照上《左传》《礼运》例，经文、注文均应标冒
号。有漏标引号者，例如：

> 其言周官晚出，五家之儒莫得見者，（5 页 1 行）

"五家之儒莫得見"是贾引马融传文，见于王本 4 页 8 行，故宜加引号标作"五家之
儒，莫得見"。有漏标顿号者，例如：

> 賈疏云：「以其掌王及后世子及宗廟，皆是在内之事。」（27 页 7 行）

"后"与"世子"间当施顿号，否则易连读误解为"后世之子"。特别是"后""後"
简化合并后，更易致误。

1990 年 3 月国家语言文字工作委员会和中华人民共和国新闻出版署修订发布的
《标点符号用法》增加了连接号和间隔号，王本出版在此之前，其例不标间隔
号，如：

漢書藝文志云「周官經六篇」，此其舊題也。（1 頁 4 行）

王本未标间隔号，《全集》新整理本当标作"《汉书·艺文志》"。

二为衍标，即不当标而标。例如：

「凌人」，者，（35 頁 7 行）

"凌人"后逗号误衍。

以傅合郊外曰甸之義，而忘其與祭統之文，顯相違鑿，不亦疏乎！（29 頁 5 行）

"而忘其與祭統之文"后之逗号亦宜删。再如：

即冬官鄭云，『其曰某人者，以其事名官』。（23 頁 14 行）

"即冬官鄭云"后逗号衍，若改为冒号，则"以其事名官"后句号当移至引号内。

三为错号，即与《标法》规定的符号不一。有的是王本体例与《标法》不一，例如《标法》6.3 规定双引号为"『』"、单引号为"「」"，4.8.5 规定"引号里面还要用引号时，外面一层用双引号，里面一层用单引号"。王本则是外面一层用单引号"「」"，里面一层用双引号"『』"。有的是手民误植，例如：

張晏曰：「解，止也』（38 頁 12 行）

前用单引号，后用双引号，应统一作双引号。有的可能是整理者误标，例如：

賈疏云：「案：冬官考工記有鍾氏染羽夏，即五色也。」（57 頁 14 行）

王本"案"下冒号仅施于孙诒让按语，于贾疏之"案"下例不标冒号。全书于贾疏之"案"下标冒号者有 21 处，均为误标。

四为错位，即所施标点位置有误。又有两种情况，一是单一标点所施位置有误，二是连用标点先后颠倒。前者例如：

此注不及者，亦文不備云。「官刑謂司刑所掌墨辠、劓辠、宮辠、刖辠、殺辠也」者，據司刑五刑文。（66 页 8 行）

"此注不及者，亦文不备"为句，"云"应下属，王本所施句号位置不当。后者例如：

化治謂繰絲擘麻，化爲綫縷，織成布帛，故考工記總敘云「或治絲麻以成之。」（81 页 2 行）

此径用《考工记》句成文，"考工記總敘云"后未施冒号不错，然句末之句号当移至引号外，即后引号与句号位置互易。

五为自相矛盾，即王本有一些标点出现前后不一、此标彼不标的情况，例如：

云「宰者官也」者（1 页 11 行）

"宰者官也"系贾疏文，王本 1 页 2 行标作"宰者，官也"，故此亦应加标逗号。再如：

云「玄謂考工匠人建國，水地以縣，置槷以縣，視以景，爲規識日出之景與日入之景，晝參諸日中之景，夜考之極星，以正朝夕，是別四方」者，此後鄭贊辨先鄭義，故稱名以別之。（13 页 2 行）

此引郑玄注文王本 12 页 4 行标作：

玄謂考工：「匠人建國，水地以縣，置槷以縣，視以景。爲規識日出之景與日入之景。晝參諸日中之景，夜考之極星，以正朝夕。」是別四方。

二者标点多有不同，宜统一之。

王本句读标点与《标法》的抵牾，启示我们古籍整理的行政规范还有很多工作要做。

首先，已出台的语言文字规范需要及时在古籍整理工作中加以落实，例如间隔号的使用，可能是不少重印古籍需要关注的问题。其次，当代人们多已习惯阅读横排文本，相对原先的竖排，横排文本标点符号面临一些转化问题。例如书名号，竖排时可不顾及书名号里面还有书名号的问题，如"驳五经异义"可径标为"驳五经异义"（22 页 3 行），而横排则要标作"《驳〈五经异义〉》"，较为复杂。再有，"後""后"等特殊繁简对应情况也会对句读标点产生特殊需求，例如上举"王及后世子"例。

此外，还应考虑制定一些现有规范在古籍整理工作中的实施细则。例如引号的使用，《标法》4.8.5 规定："引号里面还要用引号时，外面一层用双引号，里面一层用单引号。"只提到了两个层级引号的使用规则，但《周礼正义》为集解类注释，其征引文献常有三个以上层级的现象，例如：

> 《明堂位》孔疏云："周公制礼摄政，孔、郑不同。孔以武王崩，成王年十三。至明年，摄政，管叔等流言。故《金縢》云：'武王既丧，管叔及其群弟流言于国曰："公将不利于孺子。"'时成王年十四，即位。……故《金縢》云：'武王既丧，管叔等流言，周公乃告二公曰："我之不辟，无以告我先王。"'……明年营洛邑，故《书传》云：'五年营成周，六年制礼作乐，七年致政于成王，年二十一，明年乃即政，时年二十二也。'"（《周礼正义·天官·叙官》）

文中孙诒让所引孔颖达正义为第一层，应用双引号，《金縢》语为第二层，当用单引号，而《金縢》语中复有引管叔、周公等语，则为第三层。第三层的引号格式，《标法》未论及，在古籍点校实践中，有两种做法：一是第一层用双引号，从第二层起一律用单引号；二是交替使用双引号和单引号，即第一层用双引号，第二层用单引号，第三层用双引号，第四层用单引号，如此类推；我们采用的是第二种做法。至于引文的标点，我们采用的是有评论者开始处不用冒号，结束处不用句号。如：

> 陆氏《毛诗释文》云"马融、卢植、郑玄注《三礼》，并大题在下"是也。

因为句末有孙诒让断语"是也"，故"云"后不标冒号，"下"后不用句号。

再如书名号的用法，《周礼正义》的点校面临两个问题，一是《周礼》中的官名是否入书名号？学界传统是将《周礼》中的官名作为篇名处理，同时将"篇""职"等作为篇名的一部分，虽然《周礼》中并无"司服职"这样的篇名，我们还是采用了传统的做法。① 具体做法是：

1. "注""疏"等在人名姓氏后不加书名号，例如：郑注；在书名后入书名号，例如：《周礼注》。

2. "篇""部""职"等入书名号，例如：《白虎通义·爵篇》《说文·宀部》《春

---

① 郭攀《标点符号规范的二个原则性问题》主张书名号应当细化处理，可施于"丛书、书、篇/卷/章、节诸形式"，但未及《周礼》中"职"的情况，见《语言文字应用》2005 年第 2 期，第 20 页。

官・肆师职》。

3. 篇章以间隔号"·"分开，例见上。

4. 性质不入书名号，例如：古文《尚书》。

5. 著者惯称入书名号，例如《大戴礼记》。

6. 书、篇名简称不加间隔号，例如：《隋志》不作《隋·志》。

二是孙诒让征引文献时，常有书名、篇名并列的情况，我们采用的办法是首见书名与篇名同入一书名号，后见篇名单标书名号。如《周礼正义·天官·叙官》"书牧誓立政"标作"《书·牧誓》《立政》"，"地官叙官大司徒小司徒乡师载师"标作"《地官·叙官》《大司徒》《小司徒》《乡师》《载师》"。

以上这些问题的妥善处理，是古籍整理行政规范应当考虑并作出回答的。

三、从《周礼正义》的用字整理看古籍整理的学术规范

点校《周礼正义》遇到的用字问题有两个，一是经文与注文用字的不同，二是乙巳本与王本用字的区别。关于前者，孙诒让在《周礼正义略例十二凡》中有明确说法：

> 經文多存古字，注則多以今字易之。如戲漁、灋法、聯連、頒班、于於、攷考、示祇、眡視、政征、敘序、衺邪、裁災、鱻鮮、盨飱、辜罪、貍埋、劋刮、壹一、𣗥栗、虩暴、覈核、毓育、眚省、嫩美、婣姻、匭樞、糦饎、馭御、轂轚、敂叩、彊强、箁笙、飆風、果裸、鬻煮、嘑呼、靁雷、磬韶、侑宥、歙吹、齨齘、虞鑢、𥠖兆、寢夢、攗拜、䀪稽、邌原、參三，凡四十餘字，並經用古字，鄭則改用今字以通俗。今字者，漢人常用之字，不拘正假也。(4 頁 2 行)

经文注文的这种区别，孙诒让往往加以辨别说明，例如：

> 注云「以巾覆物曰幎」者，説文巾部云：「幦，幔也。周禮有幦人。」案：幎即幦之變體。宋嘉祐石經依説文作幦。輪人亦有幦字。(37 頁 13 行)

我们整理点校时只有保存这些不同字形的原貌，才能把握孙诒让对文字的分析。王本基本做到了保存原貌，但也有误改字形者，例如：

> 説文欠部云：「歆，神食氣也。」(895 頁 14 行)

乙巳本"氣"作"气"。《说文·气部》："气，云气也。"《说文·米部》："氣，馈客

刍米也。""氣"与"气"是两个不同的字。王本可能以为"氣"是"气"的繁体，误改乙巳本。从学术规范来看，在整理点校古籍时应当特别注意这些可能混淆的字。

乙巳本与王本用字的区别，情况较为复杂。两本共有431组字（每组2字）字形不同，其中有的涉及避讳变形字，计13组；有的涉及部件不同或部件位置不同的异构字，计186组；有的涉及坊间刻铸笔画笔形不同的异写字，计232组。王本对这些异体字的处理是一律改为当时通行的繁体字。《全集》对这些用字整理的原则是①：

1. 显著的版刻错误，根据上下文可以断定是非者，如"己""已""巳"的混同之类，不论是否有版本依据，可以径改，均出校记。

2. 作者原文避本朝名讳及家讳者，一般不改，个别影响理解文义的避讳字，可以出校说明。缺笔字则补足笔画。

3. 明清人传刻古书避当朝名讳而改，或引用古书而避当朝名讳者，如"桓玄"作"桓元""玄怪录"作"元怪录""弘治"作"宏治"之类，应据古本及原书改回，于首见处出校说明，余皆径改，不再一一出校。

4. 原刻、原稿出现的各种异体字，凡无关文旨者，可径改为通行繁体字，不出校，但需做校改记录。校改记录汇辑为《〈孙诒让全集〉异体字表》，作为附录收入《全集》。

5. 版刻中的错字，如"焰"刻作"熖"，"衹（只）"刻作"祇"，"餐"刻作"殄"之类，应改成规范的繁体字。均出校记。

从这些原则可以看出，《全集》与王本在这些用字问题的处理上有所不同。对形近而讹字，王本是径改不出校记，《全集》也是径改，但出校记，较为谨慎；对避讳变形字，王本是一律改回，《全集》是只将孙诒让引用古书而避当朝名讳者改回，其余仍旧，较能保全孙著原貌；对异构异写字，王本一律改为通行字，《全集》则在改为通行字后做校改记录汇辑成表作为附录。《全集》这些做法都体现着学术规范的意识：径改讹字但出校记，避免了整理者倦时偶误的判断造成文献的误传；只改引书中避当朝讳字，可显示清人著作用字的原貌；校改异体汇辑附表，能展示孙诒让用字习惯。这些不仅是一种审慎的态度，更包含着古籍整理工作要忠于原著、保存展示文献全貌的学理。

这些原则执行起来有一定难度。如"原刻、原稿出现的各种异体字，凡无关文旨者，可径改为通行繁体字"，哪些异体字与文旨相关？或者说在整理工作中哪些异体字应该保留？可能见仁见智。其实，对异体字这个概念学界一直有不同见解。例如国务院

---

① 参《〈孙诒让全集〉编纂与校勘体例》。

颁发过《简化字总表》，文化部、文改会颁发过《第一批异体字整理表》，一些字典辞书字头所列异体字就是《第一批异体字整理表》中被淘汰的异体字，这是执行行政规范的做法。而以"为推广普通话、促进规范化服务"① 为己任的《现代汉语词典》（以下简称《现汉》），其前四版《凡例》中关于单字条目字形的说明都是："异体字（包括繁体）加括号附列在正体之后。"是将所有繁体字都作为异体字来处理的。2005 年第五版则改为："繁体字、异体字加括号附列在正体之后；既有繁体字又有异体字时，繁体字放在前面。"之所以这样改动，可能是因为《国家通用语言文字法》第十七条"本章有关规定中，有下列情形的，可以保留或使用繁体字、异体字"的表述明确将繁体字与异体字加以区分了。但第五版《现汉》并不像其他辞书那样用△、＊等符号区别繁体字与异体字，读者无从判断、区别二者。这体现出《现汉》编者实际上仍主张除简化字外的字形都是异体字的观点。这就是学术规范的意识和做法。

就古籍整理工作而言，我们认为以下几种情况中的异体字应当考虑保留：1. 为版本研究而整理的文献中的；2. 文献中与正体字并列的；3. 人名、地名等专用的；4. 文献中被解释的；5. 通假借用的；6. 文献作者习惯专用的。这些情况的异体字可以直接保留，也可以校改后以校记形式保留。这些学术规范，可供制定行政规范参考。

四、从《周礼正义》的异本校勘看古籍整理的行业规范

全面对校王本与乙巳本，二者文字相异处有 1064 条。② 其中 621 条是王本对乙巳本正确的修正，可见王本对《周礼正义》整理贡献甚夥。③ 此外 443 条则为王本漏校误校，这些遗憾不少都是由于整理者规范意识不够而致。其中 321 条王本与楚本一致，即王本在将楚本改为乙巳本时漏校；另有 122 条楚本与乙巳本一致而王本独误，则或为王本整理者误校，或为王本排版印刷者误植铅字。

（一）自乱体例

王本出校记的体例是："凡楚本误者，迳改不出校；凡乙巳本误而楚本不误者，则据改出校。《四部备要》本、《万有文库》本错字较多，仅作参校。另外，书中引文遇有难于标点或疑有脱误者，就尽量寻检原书核对，偶有校正，也出了校记。"④ 王本据

---

① 《现代汉语词典·前言》。

② 不包括上文所说 431 组异体字，"已""巳""己"三字多有互讹，亦未计在内。

③ 乔秀岩：《古籍整理的理论与实践》（载《版本目录学研究（第 1 辑）》，国家图书馆出版社 2009 版）说："实际上，点校整理工作劳动量大，而且确实能给读者带来很大方便。像《周礼正义》虽然存在不少校对方面的疏漏，但这在很大程度上是孙诒让铅印本排字过密、印字不清所致。现在在点校本的基础上，再进行校对，自然可以校出很多问题，但如果没有点校本，直接根据孙诒让铅印本点校整理的话，不能保证校对失误一定会比现在的点校本更少。《周礼正义》点校本给我们带来的舒适与快乐，凡是读过的人莫不深有体会。"

④ 《周礼正义·本书前言》，中华书局 1987 年版，第 5 页。

楚本对乙巳本进行改正并出的校记有 171 条，王本通过寻检原书及其他方法进行的校正并出校记的有 138 条，这 309 条完全符合王本校例。但也有王本对乙巳本作了校正却未出校记者，例如：

『符左契右，相與合齒』。（173 页 8 行）

『符左契古，相與合齒』。（乙巳本《天官·小宰》）

乙巳本"右"误作"古"，王本直接校正，未出校记。此类情况有 312 条，显然并不符合王本校例。

（二）对校不精

王本对校乙巳本与楚本时有疏漏，有 321 条王本直接承用楚本未出校记而误改乙巳本，例如：

令五家爲比，使之相保；五比爲閭，使之相受；五閭爲族，使之相葬；五族爲黨，使之相救；五黨爲州，使之相賙；五州爲鄉，使之相賓。（751 页 14 行）

王本"五间"与楚本一致，乙巳本作"四间"。此为《地官·大司徒》经文，应作"四间"，王本、楚本并误。再如：

云「門、夾室皆用雞」者，「夾」釋文作「俠」，下同。案：俠夾字通。雜記及雞人並不作「俠」，陸本非是。（1469 页 3 行）

"襍記及雞人并不作俠"乙巳本作"襍記及雞人注并不作俠"，今考《礼记·杂记下》："门、夹室皆用鸡，先门而后夹室。"《周礼·春官·鸡人》："凡祭祀，面禳釁，共其鸡牲。"郑注："釁，釁庙之属。釁庙以羊，门、夹室皆用鸡。"是"夹""俠"之辨涉《杂记》正文、《鸡人》注文，乙巳本"鸡人"后有"注"不错，王本、楚本并夺"注"字。推想一下，王本此类问题，应是对校乙巳本与楚本时未发现二本不同而漏校。至于乙巳本、楚本有所不同而皆误者，王本亦有未逮。例如：

案：曲禮云「凡祭宗廟之禮，鹽曰鹹鹺」。（412 页 3 行）

"鹽曰鹹鹺"乙巳本作"祭用鹹鹺"，误，楚本作"鹽曰鹹鹺"，亦误。考《礼记·曲礼下》，"鹽"应作"鹽"。

（三）疏于他校

王本于"书中引文遇有难于标点或疑有脱误者，就尽量寻检原书核对，偶有校正，也出了校记"①，此为他校。虽然从学术规范来看，对孙诒让引文中的讹误是否需要校改，或校改时是直接改正原文还是以校记形式说明，学界见解尚有不同，但细心对勘，有别即辨则是行规。王本这方面也有不尽人意处，例如：

> 贾疏云：「漢世去今久遠，亦未知定張車將何所用，但知在官内所用，故差小，謂之羊車也。」（3525 页 3 行）

"故差小"，贾疏原文作"故差小为之"，王本、乙巳本并误夺"为之"，正是"难于标点或疑有脱误者"，显然，王本并未"尽量寻检原书核对"出校。再如：

> 贾疏云：「鄭知登龍於山者，"周"法皆以蟲獸於章首，」（1631 页 11 行）

"法"，贾疏原文作"注"，孙诒让改为"法"，于义允当，王本承之不错，然依其"寻检原书核对"例，似宜出校记明之。又"於章首"之"於"，乙巳本作"爲"，与贾疏一致，王本误。

（四）忽略本校及理校

本校以"本书前后互证，而抉摘其异同"，② 是判定文本正讹的有效手段。王本有多处校正是用此法而得，但仍有一些本来可以利用本校避免的错讹，例如：

> 脾讀如「車軨」之詮。（3373 页 8 行）

"詮"显然是"軨"之讹，据上文可知。又如：

> 引曲禮曰「齒馬路有誅」者，（75 页 14 行）

上下文有多处"路馬"出现，此"馬路"显系误倒。此类本校不精者王本有 63 处。

陈垣先生说："段玉裁曰：'校书之难，非照本改字不讹不漏之难，定其是非之难。'所谓理校法也。遇无古本可据，或数本互异，而无所适从之时，同须用此法。此

---

① 《周礼正义·本书前言》，中华书局 1987 年版，第 5 页。

② 陈垣：《校勘学释例》，上海书店出版社 1997 年版，第 119 页。

法须通识为之，否则卤莽灭裂，以不误为误，而纠纷愈甚矣。故最高妙者此法，最危险者亦此法。"① 运用理校法，可以改正或以校记指出孙诒让的疏失，例如：

> 凡注例云言者，多依聲以通其義，若前注雲「膳之言善」「庖之言苞」是也。（31 页 11 行）

此条各本均作"凡注例云言者"，而古书注释中依声以通其义的术语应该是"之言"，据下文孙氏所举"膳之言善""庖之言苞"例，"言"当作"之言"，或"云"为"之"之误。

综上所述，王本失误多由校勘不甚规范而致，可见制定一个便于实施的古籍整理规范十分必要。古籍整理行业规范的制定，要汲取古籍整理工作者多年传统的积淀，更要关注现代读者学人研读古籍的需求。其内容除了传统行规如对校、本校、他校、理校的原则和操作手段外，像整理成果错讹率的规定，似乎也宜加考虑。

五、结语

《国家通用语言文字法》的颁布，使古籍整理语文规范的要求更加明确了。加强古籍整理规范，提高古籍整理质量，已成为学界和出版界的共识。中华书局 2000 年重印王本时，对王本进行了挖改。有的是补正了排版错误，例如：

> 比，校　之。（王本 200 页 14 行）
> 比，校次之。（2000 本 200 页 14 行）

王本"校"后有空格，显然夺"次"字，2000 本补正。再如：

> 然彼爲釁禮之事，（王本 1204 页 10 行）
> 即大宗伯「以貍沈祭山林川澤」汕也。（王本 1202 页 9 行）
> 謂協合諸侯之志慮（王本 2946 页 15 行）

王本"之"铅字误排颠倒、"是"字误侧 90 度、"诸"字误侧 270 度，2000 本均予以调整。有的是王本据楚本致误，2000 本改依乙巳本，例如：

---

① 陈垣：《校勘学释例》，上海书店出版社 1997 年版，第 121 页。

篠，箭屬，小竹也。（王本 2648 頁 9 行）
筱，箭屬，小竹也。（2000 本 2648 頁 9 行）

王本"篠"系承楚本，实为"筱"之讹，2000 本据乙巳本正之。有的是王本失校漏校致误，2000 本据乙巳本、楚本校正，例如：

即<u>先福</u>、<u>子春</u>所云「楅持牛之木也」。（王本 895 頁 1 行）
即<u>先鄭</u>、<u>子春</u>所云「楅持牛之木也」。（2000 本 895 頁 1 行）

王本"先鄭"之"鄭"涉下而讹作"楅"，2000 本正之。

此即<u>掌客</u>經並以三公與上公，内外相對爲文。（王本 1606 頁 12 行）
此<u>及</u><u>掌客</u>經並以三公與上公，内外相對爲文。（2000 本 1606 頁 12 行）

王本"即"乙巳本、楚本均作"及"，2000 本据以校正。

<u>鄭</u>知此經鼓非六鼓之鼓爾，（王本 1856 頁 13 行）
<u>鄭</u>知此經鼓非六鼓之鼓者，（2000 本 1856 頁 13 行）

王本"爾"乙巳本、楚本均作"者"，2000 本据以校正。

案鼓<u>者</u><u>人</u>云『掌教六鼓』，（王本 1857 頁 1 行）
案<u>鼓</u><u>人</u>云『掌教六鼓』，（2000 本 1857 頁 1 行）

王本"者"衍，且"鼓"应入书名号，2000 本删正。

篆間謂之杖，杖謂之景；（王本 3262 頁 1 行）
篆間謂之枚，枚謂之景；（2000 本 3262 頁 1 行）

王本"杖"因形近讹为"枚"，2000 本据乙巳本、楚本正之。
2000 本挖改王本亦有未尽善处，例如：

則六鼓鼓人教之，眡了擊，非小之師此。（王本 1857 頁 1 行）

则六鼓鼓人教之，眂了擎之，非此师教。(2000 本 1857 页 1 行)

王本"眂瞭擎，非小之師此"系"眂瞭擎之，非此小師教"（乙巳本、楚本皆如此作）之讹倒，2000 本据乙巳本、楚本予以校正，仍漏"小"字。不过 2000 本所作校改，证明出版界正用心追求语文规范，努力完善古籍整理成果，这一点是没有疑问的。

古籍整理规范标准应在《国家通用语言文字法》规定的原则下完成，要着眼于技术层面，[①] 可以考虑以下要素：1. 与国家已颁布的语文规范标准一致；2. 体现古籍整理工作的特殊需要；3. 便于操作，考虑版面美观；4. 具一定弹性，细则允许一纲多本；5. 具有一定的宏观性和开放性；6. 考虑计算机技术运用的需求。

我们期盼更多的专家学者来关注推动古籍整理规范标准的制定。

---

① 许嘉璐先生说过："规范和标准是技术层面，政策是政府行为层面，这是两个层面。"参《未了集》，贵州人民出版社 2002 年版，第 182 页。

　　舒大刚　1959 年生，重庆秀山县人。四川大学历史文化学院副院长兼古籍所所长，教授、博士生导师。毕业于西北大学，吉林大学访问学者，师从金景芳先生治经学。长于宋代文献、儒学文献研究。代表著作：《苏轼研究史》《北宋文学家年谱》。

《儒藏》编纂的意义与现状

谢谢各位先生。

昨天下午没有听到前面各位先生的精彩演讲，非常可惜。原因就是跟小健包括云路先生是一样的，被安排到那边去了，真正的学术交流没有参加。这个题目是泽逊先生替我出的，我就在这里给大家汇报一下四川大学编《儒藏》的情况。

目前来看，《儒藏》至少有三家单位在提头，一个是北京大学，一个是中国人民大学，一个是四川大学。四川大学地处外地兼西部，很容易给人造成抄袭、追风的印象，但是在这一点上我请大家放心，我们绝对不是追风。四川大学古籍整理研究所成立于80年代初，已经过了30余年的建设。第一代创始人是徐中舒、缪钺、杨明照、还有赵振铎、胡昭曦。他们一代人已经奠定了一个很好的基础，尤其是徐中舒先生做主编，赵振铎先生做常务副主编，还有湖北学人一道编纂的《汉语大字典》，已经为本所奠定了很好的小学基础。曾枣庄、刘琳先生做负责人，他们主编《全宋文》，所做的工作也为组织大型项目积累了经验，也造就了队伍。到了第二个十年的时候，俗话说，"蜀中无大将，廖化作先锋"，就把我推上去了。我们这一届在帮助上一届完成《全宋文》的同时，就开始酝酿《儒藏》。90年代开始酝酿，1997年正式启动。后来《儒藏》家喻户晓，还是张立文先生和汤一介先生的功劳，我们只在默默无闻的做事，这就是缘起。

我们究竟是怎么编的呢？可能外界也有一些不同的印象。有人说古籍整理是非常容易的事情，尤其是以影印的方式来整理，那就太容易了，只要拿出来影印就行，现在有很多人确实就是这么干的。但是我们的《儒藏》小小的加了一点学术的功夫，也继承了一点传统目录学的一些经验和方法。

首先，在体例上我们进行了探讨。从明朝后期到清朝乾隆年间，《儒藏》以什么体例来编纂一直没有定论。目前其他两家采取经史子集的办法，也就是按《四库全书》或者是《丛书综录》的分类办法。我们考察了儒学文献的实际呢，现存文献不能完全满足于这个体例，我们根据对儒学文献的调整、统计、分析，搞了一个新的体例，三藏二十四目，分成经、论、史三个大的部分，下面再分二十四个小类。我们认为现在像这样的体例比较好，像《四库》的分法，儒学文献仍然是分散的，有一些不能统一的地方。

其次，在整理上，之前做《全宋文》时，采取全部排版，一次又一次的校对，最后还是难免出错。我们吸取了这样的教训后，就采取了影印加圈点和校勘的方法，也就是说整体不要重排，先影印出来，在上面来圈点，然后再做校记，原来有问题的，我们就把它校出来。这也是得益于现在的技术，如此一来就保证了原版是可靠的。原版有错误的，对它进行纠正，加上圈点后还可以阅读。

第三，梳理各类文献源流的具体情况。各类文献的情况怎么样、缘由怎么样，我们用大序、分序、小序来完成，全《儒藏》有一个总序，然后三藏下面各有一个分序，每一类（二十四目）有一个小序，这样就使各类文献甚至各派学术的源流得到了相应的梳理。每一种书整理完之后，前面有个提要，介绍作者、本书体例和内容，这个就不是我们的创新了，四库馆臣就是这么干的。我们认为，这样子编，一个是符合历史的实际，还有一个是满足当下研究的需要。现在最先出来的是《史部》，我们给它分了八九类。第一类把孔孟及其弟子的资料全部汇集到一起，叫做《孔孟史志》；接下来有历代学案，就是流派史；还有儒林碑传，就是一些行状或者墓志铭汇在一起；还有就是史传，就是正史、杂史方面的儒学资料；再就是儒学的学校、教育等资料，还有儒家礼仪的资料（当然这个我们选的少了，不及王云路先生的《中华礼藏》），还有儒学杂史，包括翰林、科举、书目等。这样分类，用起来比较方便。这就是《儒藏》整理的基本情况。

有人会问，三家都在做《儒藏》，会不会有一些重复劳动呢。实际上不是的，北大搞的是精华版，人民大学搞的是海外版，我们一开始就搞大全，搞全本的。史部已经做完了，共做了274册，整个2500年学史的儒学资料在里面得到了收集。其他的经藏、论藏，大概加起来也有300册，整个下来大概有600册的样子。经、论两个基本上编完了，正在加工审稿，争取明年出版。这是《儒藏》主体的基本情况。

其他方面，我们也配合《儒藏》编纂开展研究工作。因为刚开始的时候，学校提出要整理和研究双管齐下，我们的研究重在两个方面：一个是儒学文献的研究，一个是儒学史的研究。最近我们提出"大众儒学"的普及这样一个工程。儒学文献的研究从文献学的角度、目录学的角度，搞《儒藏总目》，还有搞《儒学文献综论》，还有搞《儒学文献发展史》，还有《近百年儒学文献研究史》（这是杨世文先生做的）。"大众儒学"研究，我们现在主要是跟贵州合作，他们有个孔学堂，一共要出 100 本书，现在出了 13 本，还有 20 本在出版当中。从儒学史的角度，我们主要搞了《中国儒学通案》，整理和补编学案，把历史上没有的部分也给补齐了。

欢迎大家到四川去，我们的儒学文献研究收集了不少，我们会为大家提供服务，谢谢大家。

（校经处王菲据录音整理）

蜀学渊渊，《儒藏》梦圆

——来自川大《儒藏》的最新报告

数年前，当国内《儒藏》编纂方兴未艾之时，曾为答友人问，作《来自川大的〈儒藏〉报告》。现又时隔数载，友人或问："《儒藏》编纂，兹事体大，世事沉沦，川大其将何若？"吾答曰："昔诸葛孔明有言曰'今天下三分，益州疲惫'，颇类此情。然同仁夙志未酬，友朋恩情未报，未敢辄已也。"于是再作《最新报告》于兹：

一、提高文化自觉，弘扬蜀学传统

四川大学地处巴蜀大地，这里是巴蜀文化的发祥地，也是儒学传播的最早区域之一。自汉文翁修起学宫，传授《七经》，儒学便在蜀中扎下了根，巴蜀士子，或负笈万里，求学京师；或居乡开馆，传道授徒，形成颇具特色的"蜀学"流派，史书或曰："蜀之学于京师者比齐鲁焉。"（《汉书·循吏传》）或曰："蜀学比于齐鲁。"（《三国志·蜀书·秦宓传》）当时的巴蜀士人，以齐鲁经学为学习和追迹对象，黾勉以求，学士名师，代不乏人，巴蜀地区于是成为在儒学故里齐鲁之外，又一个全面研习和践行儒家经典的地区。文翁石室是汉代首个由地方政府兴办的学府，文翁于此传授儒家"七经"，宣明教化，起到了作兴人才、移风易俗的作用，在历史上成绩卓著，影响巨大。史书有称："后有王褒、严遵、扬雄之徒，文章冠天下，由文翁倡其教、相如为之师。"（《汉书·地理志》）汉武帝将这一成功经验向全国推广，于是汉代社会乃肇开郡国之学，兴尊儒之业，中国于是进入"儒化"时代。同时，当时汉朝博士所守经典是《诗》《书》《礼》《易》《春秋》"五经"，蜀中所传则是《七经》，在"五经"之外另加《论语》《孝经》，形成"蜀学"既重元典传授，又重视伦理教化的鲜明特色。自后，中原士人通群经者，或称"五经无双"（《后汉书·许慎传》），或称"通五经，贯六艺"（《后汉书·张衡传》）；而巴蜀士人通群经者，或曰"东受《七经》"（《华阳国志·蜀志》谓张叔等十八人），或曰"学孔子《七经》"（《后汉书·赵典传》注），或曰"精究《七经》"（《华阳国志》卷一〇下"杨充"）。这些细微的差别，自是中央太学重

"五经"，蜀中石室贵"七经"的客观效果。

东汉末年，天下纷乱，中央太学，徒具故事，博士倚席不讲，太学辟种菜蔬，牧儿樵夫，甚至采薪放牧于国学之中。然而，是时镇守巴蜀的河间人高眹却在成都大兴文教，弘扬儒学。他一则恢复因战乱而有所毁坏的文翁石室，再则新建祭祀周公、孔子等历代圣贤的"周公礼殿"，先于其他地区在成都正式形成了"庙学合一"的体制。"文翁石室"与"周公礼殿"共存，教育与祭祀并重的格局，在当时也是全国首创，比之北魏在都城洛阳设置孔庙要早400余年。

唐末五代，中原战乱不已，太学虚设，儒教不兴，然而巴蜀地区却社会稳定，名流辐辏，人文蔚然。公元八世纪初，在成都发明了以"西川印子"命名的雕版印刷术，肇开人类印刷术的先河。五代末世，四海攘攘，学之不讲，已成一时常态。可是偏居西南一隅的孟蜀政权，却在其相毋昭裔的捐资和主持下，雕版印行《文选》《六帖》等古典文献，还发奋在文翁石室刊刻了历史上规模最大（"其石千数"）的《石经》。兹举起自后蜀广政元年（938），迄于北宋宣和五年（1123），儒家《易》《书》《诗》《三礼》《三传》《孝》《论》《孟》《雅》等十三部经典，首次汇刻一处，形成气势庞大的《石室十三经》！在汉之"五经"，唐之"九经"体系之外，形成了儒家经典文献"十三经"的新形态。

宋代，蜀中刻书事业发达，宋太祖利用蜀中的安宁环境和先进技术，雕刻《大藏经》13万片，实现了佛教藏经的首次结集和刊刻，"蜀版大藏经"成为后世藏经的第一祖本。如此大协作区的刻书活动，在人类文化史上尚是首见。宋代的"蜀版"书籍，是当时天下学人和爱书之家尽力罗致和收藏的文献珍品，井度、晁公武、陆游等收藏家，都因曾经仕于蜀中，在图书收藏上得到极大的充实。

晚清尊经书院学人廖平，师法张之洞、王闿运，严于经史之分，精于今古之别，撰著《今古学考》，区分两汉经学今文、古文甚悉，将清代经学"复古"运动，从东汉的贾、马古文之学，恢复到西今的今、古文学，实现了近代学术的巨大革新，学人将其成就与顾炎武"音学五书"、阎若璩《尚书古文疏证》，一起誉为清代学术的"三大发明"。廖氏还撰《群经凡例》，欲以所分今、古文阵营为线索，联合同仁遍著新疏，突破郑玄、孔颖达、贾公彦等人混淆今古的《十三经注疏》规范，别成《十八经注疏》，因以构建新的"蜀学"体系。廖氏自成《穀梁春秋经传古义疏》，恢复范宁注前《穀梁》古学，惜时势变迁，其他新疏卒未撰成。

民国时期，曾担任四川国学院院正的蜀中才子谢无量，曾经发起编刻《蜀藏》；辛亥遗老胡澱，亦曾计划编纂《四川丛书》，可惜都因时势不利而未果。不过，历代蜀学先贤的这些探索与尝试，却给后人从事文献整理与儒学研究留下许多有益的启示。

二、加强文化自信，坚持求实创新

在漫长的历史长河中，巴蜀学人在经典传授和文献刊刻上，都不乏创新性举措和创造性成果。汉文翁将博士"五经"传统扩大到"七经"并重；孟蜀石经突破唐代"九经"体系而成"石室十三经"。蜀人还首开"西川印子"的雕版印刷术，并用来雕印儒家经典（王明清《挥麈后录》），极大地扩大了儒家经典的传授范围和传播速度；北宋初年在成都刻成的印版达13万片的《开宝大藏经》，是人类文化史上最早刊刻大型丛书的创举。晚清廖平区别今、古之学，发凡《十八经注疏》；谢无量倡编《蜀藏》，都具有重树典范，肇开风气的作用。先贤的这些创造性成果及创新性精神，在近代随着锦江书院（康熙时建于"文翁石室"故址）、尊经书院、国学院等逐渐合并进入四川大学，而被川大学人自觉地继承和发扬，自然也成了《儒藏》编纂效法和学习的榜样。

具体承担《儒藏》编纂的四川大学古籍整理研究所，自1983年成立30年来，自觉继承"蜀学"先贤的务实传统和创新精神，黾勉从事于古籍整理和文献研究。本所由川大前辈学人徐中舒、缪钺、杨明照等开创，建所之初即迎来徐中舒任主编、副所长赵振铎任常务副主编的大型汉语工具书《汉语大字典》的编成和问世。与此同时，杨明照先生接受教育部委托，举办"古籍整理研修班"，动员当时川大"国学"优秀师资，精心规划，认真讲习，为巴蜀学人从事大型古籍整理储备了人才。由于历代学人的长期努力和积淀，在后来全国学科评估中，川大"古典文献学""历史文献学"双双成为全国重点专业，这在国内高校尚不多见。这些学术传统，促成川大学人在文献整理与儒学研究方面的自觉担当，20世纪90年代初，本所在《全宋文》基本编成后，全所即将目标转移到"儒学文献调查整理和《中华儒藏》编纂"上来，还向国家商标总局申报了"儒藏"商标注册。川大校方也将其列入国家首批"211工程"重点学科建设项目（后来又列入"985工程"）。

编纂《儒藏》，首先遇到的问题就是如何编？虽然历代学人都有儒学文献整理的实践，也有重要成果流传下来，如唐代《九经正义》、宋代《十三经注疏》、明代《四书五经大全》、清代《通志堂经解》和《皇清经解》正续编，都是比较成功的儒学文献汇集和整理，然而都没有会聚儒学各类书籍而成的《儒藏》。明朝万历中后期，孙羽侯、曹学佺曾先后提出《儒藏》编纂设想，但是却无具体编纂的方案和目录。清乾隆时周永年、刘因等再倡"儒藏说"，也没有留下成熟的实践和成果。"二氏（佛道）有藏，吾儒独何无？"——当年曹学佺这一声浩叹至今仍然困惑着学人的心志。

为配合《儒藏》编纂，我们申请了教育部重点研究基地山东大学易学研究中心重大项目"儒家文献学研究"，组织青年老师、博士、硕士研究生，开展攻关研究。从普查文献，编制专经、专题目录入手，探索儒学文献的类型和演变轨迹，最终撰成240余万字的《儒藏文献通论》。该项研究使我们基本摸清了儒学文献的基本数量和存佚情况，基本判别了儒学文献的基本特征和大致类型，特别是大致确定了各类儒学文献的演变情况和重要书目。同时为搞清楚历史上儒家学人师传授受，特别是学术阵营构成等情况，我们还组织了"历代学案"整理和补编工作，对前人所编五种学案重新进行校勘，对前人未编的时段进行补编，共形成《中国儒学通案》十书：《周秦学案》《两汉三国学案校补》《魏晋学案》《南朝学案》《北朝学案》《隋唐五代学案》（以上新编或校补），《宋元学案》《宋元学案补遗》《明儒学案》《清儒学案》（以上重新整理），形成脉络贯通的全景式的"儒学流派通史"。

有了对儒学文献的总体了解和儒学发展史的脉络把握，就大致具备了从事《儒藏》编纂所需的文献学知识和学术史背景。再参考《道藏》"三洞四辅十二类"、《大藏经》的"经律论"等方法，初步将《儒藏》按"经、论、史"三大类区分：《经藏》收录儒学经典及其为经典所作的各种注解、训释著作，包括原典、周易、尚书、诗经、三礼、春秋、孝经、四书、尔雅、群经、谶纬等11目；《论藏》收录儒学理论性著作，包括儒家、性理、礼教、政治、杂论等5目；《史藏》收录儒学史料著作，包括孔孟、学案、碑传、史传、年谱、别史、礼乐、杂史等8目。共计"三藏二十四目"。这样专题清晰，类属明备，既照顾到儒学文献的历史实际，也方便了当代学人的翻检和阅读。

鉴于20世纪以来人们对儒学历史存在隔膜甚至误解，也为了给学界提供从事儒学史研究的系统资料，川大《儒藏》首先启动了"史部"编纂。自2005年出版首批《孔孟史志》（13册）、《历代学案》（23册）、《儒林碑传》（14册）以来，陆续于2007年、2009年、2010年、2014年，分四次出版了《年谱》《史传》《学校》《礼乐》《杂史》等类。迄止2014年年初，《儒藏》史部274册已全部出齐，基本实现了2500余年儒学史料的首次结集。

本着"辨章学术，考镜源流"的理念，我们试图将入选《儒藏》书籍，按一定体例编录，使其更具系统化，遵从西汉刘向、刘歆父子《别录》《七略》，清《四库全书总目》等成功目录书的传统，我们于《儒藏》开篇设有《总序》一篇，三藏之首各立《分序》，24小类各设《小序》，每种图书前又加有《提要》。试图通过这些叙录、提要的介绍和链接，将各自成书的儒学文献系联在一个统一的框架和完整的体系下，力图使《儒藏》形成一座"用文献构建而成的儒学大厦"。

我们自知水平和能力都极其有限，所作分类未必科学，所写叙录未必经典，所撰提要也未必精确，但是古籍整理"家法"在兹，当代学人的企盼如此，非曰能之，而愿学焉，黾勉从事，弗敢自弃而已。通过这番努力，至少为我们积累起从事儒学研究的经验和教训，也初步锻炼和培养了一批具有一定学识和实践能力的学术队伍。

三、坚持"两创"精神，追求通经致用

儒学的根本价值在于"明教化"和"正人心"，川大前身之一的尊经书院就确立过"通经致用"的学术旨趣，曾经取得学术研究与人才培养，经学传承与思想解放的双重成就。当代的文献整理和儒学研究，要想取得反本开新的效应，自然也不能脱离这个宗旨。川大学人在从事《儒藏》编纂同时，也在思考如何实现儒学的"创造性转化、创新性发展"和"普适性传播、大众化推广"等问题。近年，经过反复论证和认真探讨，我们提出了"经典儒学与大众儒学"双轨并进的发展方向。所谓"经典儒学"，主要是从经典阐释、学术研究层面切入，注重学术性、传世性、总结性、创新性，其所产生的成果以"藏诸名山、传之永远"为目的。所谓"民间儒学"，则主要是从应用实行、推广普及层面切入，注重应用性、针对性、操作性、普适性，其所产生的效果是以"传之民间、显诸日用"为归趋。

在编好《儒藏》的前提下，在"经典儒学"方面，我们针对学术急需和时下紧缺，着重规划和启动了具有总结性和创新性的十个课题：《儒学文献通论》（儒学文献分类研究和概述）、《中国儒学通案》（儒学流派通史研究，重点是历代学案的整理与补编），《儒学文献通史》（分段研究儒学文献发展衍变史）、《儒经通释》（以"六书十三经"体系为基础的十九部经典新解）、《儒学格言通览》（儒家格言的分类纂辑通释），《儒学通礼》（以儒家礼仪和礼意为基础进行当代礼仪重构）、《儒学通典》（以专题方式解释儒学典制、掌故问题），《儒学通鉴》（以编年方式勾勒儒学的历史发展及其影响中国社会的历史），《儒学通论》（从儒家的信仰体系及价值观、道德体系及行为守则、知识体系及基本技能等方面介绍其思想及学术），《儒学通史》（全面反映儒学发展演变及其成就的历史）。前五个课题已经着手并逐渐完成，后五个课题打算通过招标来共同完成。

不过，这些研究和撰著总结历史有余，但创新与转化、普及与推广则不足。特别是目前各界所关注的儒学普及、礼义振兴、道德重构、庙学重建、民间日用和社会实践为内容的关乎"大众儒学"课题，更是我们应当重点加强的。窃以为，只有通过"经典儒学"和"大众儒学"相偕而行，将对儒学的学术研究和儒家伦理、礼义和知识的大众普及结合起来，在学术并重、体用兼该的格局中，才能使儒学自身获得当代复兴的现实路径，儒学才可望实现其浴火重生、淑世济人的当代价值。

为实现儒学的当代转化和大众传播，我们与贵州孔学堂书局共同发起《大众儒学书系》。该丛书拟分若干专辑，系统宣传和介绍儒家学术文化。计有：儒经（"六书""十三经"导读），儒典（重要儒学理论文献导读），儒教（儒家宗教性及其信仰），儒礼（儒家礼仪文化分类解读），儒行（儒学伦理与修养），儒言（儒学格言分类通览），儒理（儒学理论分类解读），儒史（儒学流变及流派史话），儒林（历代名儒传记），儒文

（儒学辞章选读），儒雅（儒家风雅文化与生活情趣）等儒学内涵性的介绍，还要展示儒学理念和风范在特殊群体中的表现，如儒相、儒将、儒士、儒商、儒媛等等，总共有10余个专题。每类预计5－10种不等，每种8万－10万字以内。专题明细，分类推进，向大众读者展示儒家的信仰、道德、理念、礼仪、伦理和行为规范，以及名儒名流的人格风范和成就事功，突显儒学的当代价值和时代精神。

这个计划甫一提出，就得到学界的广泛认可和支持，周桂钿、吴光、郭齐勇、廖名春、李景林、蔡方鹿、颜炳罡、黄玉顺等率先参与，不吝赐稿，在2014年8月初孔学堂书局挂牌之际，12种大众儒学的普及读物便正式出版，引起当时正在举办的国际书博会的关注。这项工作还将继续下去，欢迎有志之士赐稿加盟。

历代巴蜀学人勇于探索、求实创新的精神，为我们树立了踏实治学的榜样；近20年编纂《儒藏》的实践，为我们奠定了从事儒学研究的人才队伍和学术基础。在前辈学人精神的感召下，以现有学术平台为支点，在顺利完成《儒藏》编纂出版后，我们发起的"经典儒学"研究与"大众儒学"普及工作，必将获得更加顺畅的条件，川大学人也将交出更好的答卷。其有未逮，识者教焉！

　　王锷　字龙渊，男，汉族，1964 年生，甘肃甘谷人。曾师从李庆善、赵逵夫等先生，现为南京师范大学教授、博士生导师。主要从事经学文献的整理、研究和教学工作，发表论文八十余篇，出版《三礼研究论著提要》《〈礼记〉成书考》等著作，承担"古委会"项目《礼记汇校集注》、国家社科后期资助项目《礼记郑注汇校》，讲授《论语》导读、《礼记》导读、《周礼》导读等课程。

《礼记汇校集注》 工作的进展情况

尊敬的主持人，各位先生，各位同学，上午好！

杜泽逊老师让本人把《礼记汇校集注》的情况给各位先生汇报一下。这个工作本人做了好多年，没有做完，一直没有怎么对外界讲过，谈意义谈不上，本人只能把工作的进展情况给各位先生汇报一下，希望大家不吝赐教。

《礼记汇校集注》这项工作是本人从事"三礼"研究的一个重要设想，本人一直想做这件事。但是，大家都知道，《礼记》在儒家《十三经》中篇幅仅次于《左传》，在唐代就被列为"大经"。根据抚州本《礼记》记载，《礼记》49 篇经文共计 97759 个字，接近 10 万字。所以，要对这样一部经书进行汇校集注，工作量很大，难度极高。要从事这项工作，必须要搞清楚《礼记》的版本和历代研究状况，方能进行。好在本人曾做过《三礼研究论著提要》，对《礼记》的版本和研究情况略有所知。2008 年，就拿这个题目申报了"古委会"的项目，获得了立项，后被列入"2011－2020 年国家古籍整理出版规划"。这都是好事，但让人特别地惶恐！压力很大！经过慎重考虑，《礼记汇校集注》分成四步来做：

第一步，先做《礼记郑注汇校》。《礼记》的版本很多，要真正做的时候，《礼记》究竟哪个版本好？哪个版本不好？本人回答不了。第二个问题，历代研究《礼记》的代表作，除了我们知道的郑注、孔疏之外，其他的书好不好，怎么样，多数不能准确回答。本着这样的疑问，本人想先做《礼记郑注汇校》，摸摸版本。目前，我们能够看到的书本传世文献当中，《礼记》的版本大概分为两大类：一类是经注本，一类是注疏本。经注本有宋抚州本、宋余仁仲本、宋婺州本、宋纂图互注本和岳本等五种；注疏本有宋八行本、元十行本、明闽本、监本、毛本和清武英殿本、《四库》本和阮刻本等八种。《中华再造善本》的影印，抚州本、余仁仲本、婺州本、八行本、十行本等，现在我们都能够看到。这些版本怎么样，以前只是借助一些藏书家的题跋来判断，比如说什么"国之瑰宝"，甚至是"人间少有"之类的。但是从学术角度研究的时候，发现不是这么回事。如八行本《礼记正义》不仅未附陆德明释文，且有缺页，并依据郑注更改经文顺序；另外，余仁仲本、纂图互注本、岳本和八行本、阮刻本等，后代或覆刻，或影印，覆刻本与原本之间，有较大差异，比如说《四部丛刊》影印的《纂图互注礼记》，就与原版有数百处的差异，严格来讲，这应该是两个不同的版本。我们以前都以为《四部丛刊》影印的书很好，结果校了以后发现也不是那么回事。这些问题，以前学术界认识不足。

《礼记郑注汇校》是以《中华再造善本》影印的宋版《纂图互注礼记》作底本，用抚州本、余仁仲本、婺州本、纂图互注本、八行本、十行本、闽本、监本、毛本、阮刻本等十多种版本及其覆刻本进行对校，按照计划，没有校的只剩岳本、《四库》本和殿本。校勘的结果，得出这么一个结论：简单来说，在《礼记》的版本中，就经注本来说：抚州本最好，余仁仲本次之，纂图互注本最差；就注疏本而言，阮刻本《礼记注疏》最好，宋八行本次之，元十行本最差，几乎没法读；纂图互注本来源于余仁仲本，八行本经注来源于抚州本，阮刻本来源于元十行本，闽本、监本、毛本和阮刻本皆胜于元十行本。

另外，每校勘完一种版本，根据校的情况，针对《礼记》的宋元刻本及其覆刻、影印本进行专题版本研究，每个版本都会写一篇文章，目前已经完成对抚州本、余仁仲本、婺州本、纂图互注本、宋八行本等版本及其覆刻本的研究，写了大概七八篇文章，篇幅约有二十万字，部分发表过。初步想法是等到把整个校勘工作做完，把这些文章集结为《礼记版本研究》，出版一个小册子。通过这样一项工作，对《礼记》的版本情况，做了比较深入的调查。

第二步，本人想做一个《礼记注疏汇校》的工作，彻底清理《礼记》版本的差异。为什么要做这样一个事情？前面的《礼记郑注汇校》，没有校正义，正义的问题也很多。《礼记注疏汇校》这项工作的目的，就是想重走阮元路。本人有一个大胆的设想，想整理出一个能够替代阮刻本《礼记注疏》的版本。已经把《四库》本《礼记注疏》和阮刻本《礼记注疏》进行了标点，并录入成电子版。目前以阮刻本《礼记注疏》为底本，正在校元十行本、闽本和监本。这项工作如果顺利，今年年底能够完成。

第三步，为了完成《礼记汇校集注》，同时在做《礼记注疏长编》。历代这么多书，怎么来摸这些书的情况呢？大概近十年以来，先后带领研究生，对《礼记》研究的代表作，比如说孔颖达《礼记正义》、魏了翁《礼记要义》、吴澄《礼记纂言》、陈澔《礼记集说》、李光坡《礼记述注》、纳兰成德《陈氏礼记集说补正》《钦定礼记义疏》、江永《礼记训义择言》、孙希旦《礼记集解》、朱彬《礼记训纂》、郭嵩焘《礼记质疑》等著作进行过专题研究。这些书都让学生进行了整理标点，做成电子版，标点完以后，在这个基础上写一篇硕士论文，或者写一篇博士论文。已经标点整理过的《礼记》研究著作在十部左右，学生完成的硕博士论文也有十篇以上。我们通过这项工作，对这些书进行了摸底。在此基础上，两年前启动了《礼记注疏长编》工作。具体做法是以阮刻本《礼记注疏》为基础，汇集自郑玄以来对《礼记》进行注解的十八种代表作，如郑注、孔疏、卫湜《礼记集说》、杭世骏《续礼记集说》等，按照时代先后，分段汇集，加上标点，进行《长编》的编纂。到目前为止，已完成《〈曲礼〉注疏长编》92万字，《〈檀弓〉注疏长编》88万字，《〈礼器〉注疏长编》26万字。如果顺利的话，在今年年底将完成《曲礼》篇至《杂记》篇的长编工作，估计字数超过千万。《杂记》上下是《礼记》第20篇、第21篇，从49篇的篇目来说，大概才做了21篇，还有28篇没有做，但是从《礼记》的篇幅来说，届时应该是做完全书的2/3。《礼记注疏长编》的进展情况目前大概是这样的。

第四步，就是在前三步工作做完以后，再参考前贤的其他成果，进行删繁就简，最后完成《礼记汇校集注》工作。《礼记郑注汇校》《礼记注疏汇校》是汇校《礼记》的重要工作，《礼记注疏长编》是《礼记集注》的重要基础。透过《礼记注疏长编》，我们能够比较清楚地看到注解之间的抄袭、重复和差异。就目前工作进展情况来看，《礼记》经文的汇校工作，应该说已基本完成。《礼记集注》工作，只能等到《礼记注疏长编》完成后，梳理注解，删去重复，考证名物，总结礼例，详加案断，确定是非。

目前的进展情况大致就是这样子。如果能用十年左右时间完成的话，本人觉得已经很不容易了，到时候本人已到退休年龄了。《礼记汇校集注》的意义在于对两千多年的《礼记》研究进行一次清理，删重去伪，保留灼见，传承中华礼乐文明。本人发言到此结束，谢谢大家！

（尼山学堂张鸿鸣据录音整理）

北大藏八行本《礼记正义》跋

八行本《礼记正义》七十卷，是南宋两浙东路茶盐司提举黄唐于绍熙三年（1191）八月在两浙东路茶盐司刊刻，原藏潘宗周宝礼堂，今藏国家图书馆，卷帙完整，是宋元递修本（下简称"八行本"）。

据《中国古籍善本书目·经部》①、《北京大学图书馆藏善本书录》②、桥本秀美先生《东京大学东洋文化研究所所藏古籍线装书》③ 等文献记载，八行本《礼记正义》七十卷之残本现存六部：一藏国家图书馆，残存二十八卷（卷三至四、十一至十八、二十四至二十五、三十七至四十二、四十五至四十八、五十五至六十），四册，原藏涵芬楼，有张元济跋；一藏北京大学图书馆，残存二卷，即卷一至二，共三十三页，蝶装；一藏上海图书馆，残存卷数不详；一藏日本足利学，残存六十二卷，缺八卷，即卷三十三至四十；一藏日本东京大学东洋文化研究所，残存一卷，即卷六十三；一藏日本京都大学附属图书馆，残存一卷，即卷六十四。

潘宗周所藏八行本先后影印、景刻，今天很容易看到。一九二七年，潘宗周委托董康利用珂罗版技术影印二十部；一九二七年，潘宗周委托董康景刻八行本《礼记正义》，重新雕版，刷印一百部；一九八五年，中国书店依据潘氏雕版又重新影印；二〇〇三年，北京图书馆出版社影印二百部，四函四十册，收入《中华再造善本》。潘氏景刻印本、中国书店影印本和北京图书馆出版社影印《中华再造善本》，目前流传较多。

桥本秀美先生在《礼记正义》提要中④，曾将日本东京大学东洋文化研究所藏《礼记正义》卷六十三第五页 B 面与该所藏珂罗版影印本进行对比，得知此本与影印本的底本是同版，但是刷印时间相当晚，即残本卷六十三的刷印时间要晚于国家图书馆所藏之八行本。

---

① 张玉范、沈乃文主编：《北京大学图书馆藏善本书录》，北京大学出版社 1998 年 5 月版。

② 中国古籍善本书目编辑委员会：《中国古籍善本书目·经部》，上海古籍出版社 1986 年 6 月版。

③ http：//www. ioc. u – tokyo. ac. jp/hidemi/ajideji/2. html。

④ http：//www. ioc. u – tokyo. ac. jp/hidemi/ajideji/2. html。

《北京大学图书馆藏善本书录》① 收录馆藏八行本残卷书影二页，一是卷一第一页，二是卷二最后一页。那么，北京大学图书馆所藏残本（下简称"北大本"）与国家图书馆所藏即原潘宗周收藏之全本，有何区别？

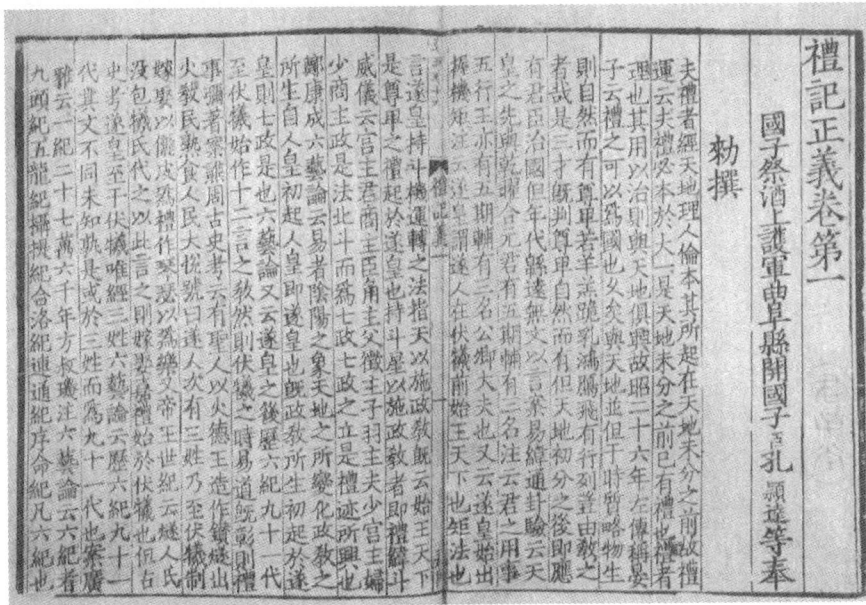

图一　北大本卷一第一页

图一是北大本卷一第一页。该页有"君子堂"印（朱文椭圆印）一方。《北京大学图书馆藏善本书录》曰：

> 存卷一至二共三三页，汉郑玄注，唐孔颖达疏。宋绍熙间两浙东路茶盐司刻，元补明修本，蝶装。半页8行，行15字；小字双行，行22、23字。白口，左右双边。框高21.5cm×16.5cm。版心上有字数，下有刻工姓名。俗称越州本，又称八行本。注疏合刻始于此。有元人"君子堂""风流八咏之家勖谊颜忠书记""吴兴沈氏以万书世家作文□"三印及明晋府"敬慎堂藏书印""子子孙孙永宝用"二印。原内阁大库书。

日本东京大学东洋文化研究所残存卷六十三②和日本京都大学附属图书馆残存卷六十四亦来源于内阁大库，乃日本汉学家长泽规矩也于一九二八年前后，从北平琉璃厂路

---

① 《北京大学图书馆藏善本书录》，第11页。

② 该卷缺第一页、第十五页，无印记。［日本］阿部吉雄：《东方文化学院东京研究所经部礼类善本解题稿》，刁小龙译，姚去兵校，《中国文哲研究通讯》第二十卷第二期，2010年6月，第231页。

南韩氏翰文斋弟子高鸿猷手中购得。日本藏卷六十三、六十四与北大本是不是同一部之残本，不得而知。

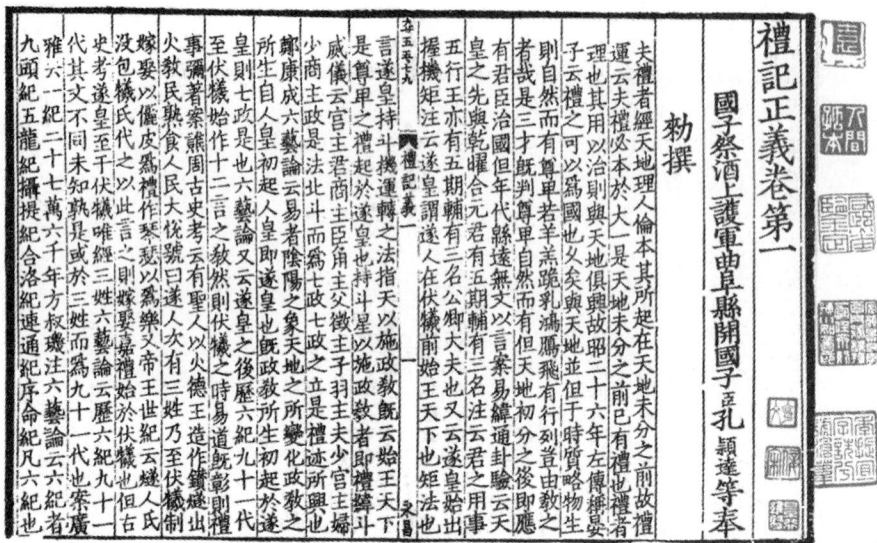

图二　八行本卷一第一页

图二是八行本卷一第一页，将此页与北大本卷一第一页进行对比，发现二者版式、行款、文字完全一致，但也有一些差异：

1. 北大本文字较八行本清晰。比较图一、图二，可以看出，文字比较清晰，此版左下角板框的残损，基本一致。惟个别文字，北大本较八行本清晰，如 B 面第七行"伏犠"之"犠"字、"孰是"之"孰"字、第八行"广雅云"之"云"字、"摄提纪"之"摄"字等。

2. 北大本有朱笔句读，八行本无。

3. 钤盖印章不同。八行本钤盖有"景行维贤"（白文小方印）、"佞宋"（朱文小方印）、"克文"（朱文小方印）、"季振宜字诜兮号沧苇"（朱文方印）、"完颜景贤字享父号朴孙一字任斋别号小如庵印"（白文方印）、"咸熙堂鉴定"（朱文方印）、"人间孤本"（白文方印）、"袁"（白文方印）① 等印八方，北大本只钤盖"君子堂"（朱文椭圆印）印一方。

由此差异可知，北大本与八行本是同版，但刷印时间要略早于八行本。此页刻工是南宋中期的永昌，是八行本之补板刻工，刊刻八行本四页。

---

① 此印在"袁"字下，镌刻白虎形。

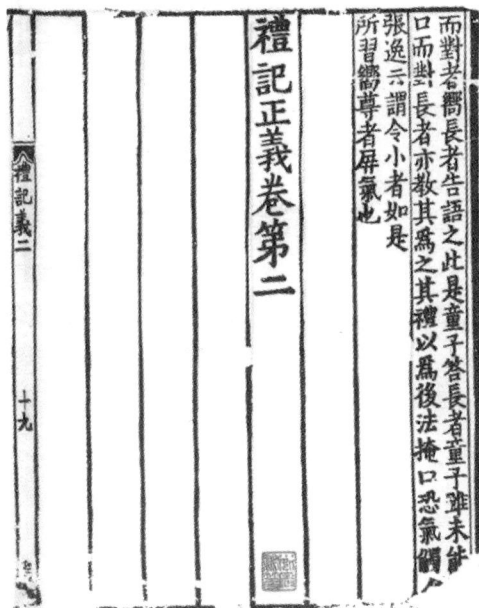

图三　八行本

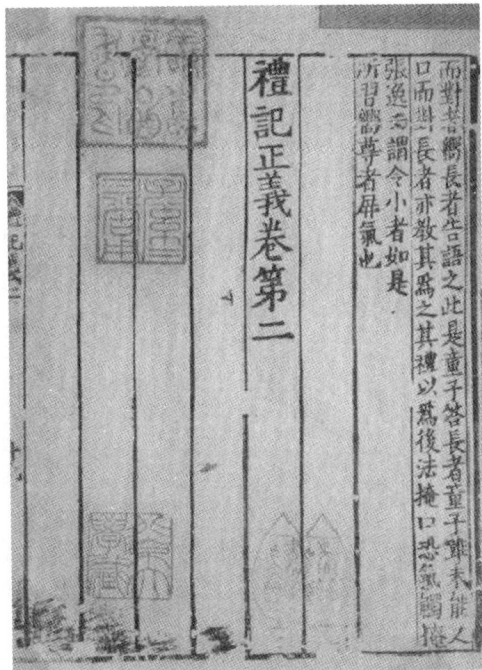

图四　北大本

图三是八行本卷二第十九页即末页 A 面，图四是北大本卷二末页 A 面，此页是八行本之原版。比较二图，主要区别如下：

1. 八行本末页 A 面残缺右下角"掩人"二字，北大本不仅补足"掩人"二字，且将"掩人"二字位置互换为"人掩"，致使上下文义不畅。

2. 北大本"未能人""气触掩"六字字体，与其他文字有别，显然是后来补刻。

3. 版心"礼记义二""十九"等字，八行本十分清晰，北大本文字模糊不清。

4. "者对云向"四字处之版片裂纹，北大本似乎更加清晰。

由上可知，北大本此页之刷印时间，要比八行本晚很多。

经文有"则掩口而对"，故孔颖达疏文解释如下：

> "则掩口而对"者，向长者告语之。此是童子答长者，童子虽未能掩口而对，长者亦教其为之其礼，以为后法。掩口，恐气触人。张逸云："谓令小者如是所习，向尊者屏气也。"①

---

① ［汉］郑玄注、［唐］孔颖达正义：《礼记正义》上册，吕友仁整理，上海古籍出版社 2008 年 9 月版，第 40 页。

而對者嚮長者告語之此是童子答長者童子雖未能掩
口而對長者亦教其爲之其禮以爲後法掩口恐氣觸人
張逸云謂令小者如是
所習嚮尊者屏氣也

禮記正義卷第二

禮記義二
十九

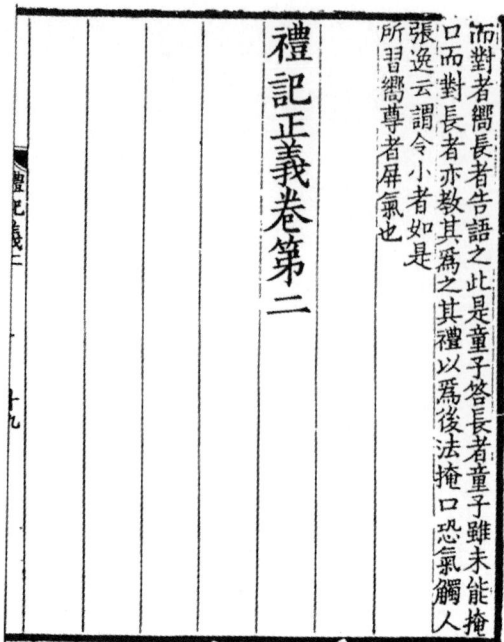

图五　潘宗周影宋本

若据北大本，"童子虽未能掩口而对"，则为"童子虽未能人口而对"；"恐气触人"，则为"恐气触掩"，不辞之甚。

潘宗周在景刻八行本时，将此页之残缺文字补齐，请参图五潘宗周景刻本。

总之，八行本流传于今之传本，刷印时间之先后，究竟有多大差异，难以判断。就《北京大学图书馆藏善本书录》所公布之两页观察，与国家图书馆所藏之八行本，有些许不同，主要是刷印时间有先后之别，收藏家与流传渠道也不尽相同。至于北大本卷一、二之其他三十一页，与八行本之差异，未曾寓目，不敢妄言，俟诸他日。

　　曾振宇　1962 年生，江西泰和人。山东大学儒学高等研究院教授。国际儒联理事，山东省"泰山学者"。毕业于山东大学历史系，师从孟祥才先生。长于先秦诸子、儒学史、哲学观念史研究。代表著作：《思想世界的概念系统》《二十世纪儒家伦理研究》《春秋繁露新注》《中国气论哲学研究》《前期法家研究》《天人衡中》等著作 17 部，在《历史研究》《哲学研究》等刊物发表论文 90 多篇。

反向格义视域下的儒家经典

——以《孟子》英译本比较研究为中心的讨论

儒家经典西译的历史可追溯至明末清初。最早从事此项工作的人是传教士，后来大批西方汉学家和中国学者也纷纷加入，使翻译主体呈现出多元化的趋势。由于不同时代、不同文化、不同身份的译者在同一个文本中可能会发现不同的意义，译本也就呈现出多样化的特点。

为了全面认识译本的多样化，本文选取了当前比较流行的四个《孟子》英译本作为研究对象，通过比较译者对《孟子》文本的不同解读特点，总结译本的特色，探求造成译本多样化的内在原因。这四个译本成书于不同时代，由不同身份的译者完成。基督教传教士詹姆斯·理雅各（James Legge）的《孟子》英译本（简称理译本）首次出版于 1861 年，以"忠实"闻名，至今仍被奉为"标准译本"。作为在华海关洋员，英国人赖发洛（Leonard A. Lyall）在中国居住长达 40 年。他的《孟子》译本（简称赖译本）以简洁著称，出版于 1932 年。华人学者刘殿爵是著名的汉学家，他的《孟子》英译本（简称刘译本）出版于 1970 年，具有极高的学术价值，受到西方汉学界的普遍好评。1999 年，由赵甄陶主译的大中华文库版《孟子》（简称赵译本）问世。该译本被誉为当代国内学者翻译出版的最著名的汉英对照版《孟子》。英译者赵甄陶、张文庭和周定之既具有较深的国学功底，又是享誉外语界的知名教授。概而论之，本文选取的四个译本能够较为全面地彰显《孟子》英译本的历史与文化"貌相"。

一、译本比较研究

翻译并不只是两种语言之间的简单切换，还要力求体现原文的文化内涵。笔者将从语义选择、对传统习俗的敏感度和对孟子思想的理解三个方面对以上四个《孟子》英译本进行比较研究，以管窥不同译者对《孟子》的解读特点以及译文在何种程度上体现了原文的文化内涵。

（一）译者对语义的选择

纵观四个《孟子》英译本，译者在选择语义时大体存在两种倾向：一是根据词语表面的、字典上的意义翻译原文；二是结合语境和上下文判断词语在译文中的具体含义。不同的语义选择使译文呈现出不同的文化内涵。

例如：为长者折枝，语人曰："我不能。"（《孟子·梁惠王上》）

理译本将"为长者折枝"翻译为"breaking off a branch from a tree at the order of a superior（根据老者的要求，为他折树枝）"。赖译本和赵译本将之译为"break a twig for an elder（为年长者折取嫩枝）"。这三个译文都按字面意思把"折枝"理解为"择取树枝"。刘译本独辟蹊径，将之译为"massaging an elder's joints for him（为老人按摩关节）"。

要判断哪种翻译更准确，首先要全面了解"折枝"的词义。赵岐注曰："折枝，案摩折手节解罢枝也。"[1] 朱熹则曰："为长者折枝，以长者之命，折草木之枝。"[2] 据焦循《孟子正义》，"《文献通考》载陆筠解为'磬折腰肢'，盖犹今拜揖也"[3]。可见，"折枝"古来有三种解释：按摩关节，折取树枝和弯腰行礼。笔者认为，"为长者"出现在"折枝"前，是为了表明尊老之意。"折取树枝"不足以表达此意，故应排除在外。如果取"弯腰行礼"之意，用在此处不妥。孟子在这里是为齐宣王解释"不为者与不能者的区别。""为长者折枝"是"不为者"的代表，指那些容易做但不愿意做的事。在中国古代，年轻人对老人弯腰行礼是当然之事，应循之礼，不存在是否愿意做的问题。因而"折枝"取"替老人按摩关节"之意更佳。

可见，刘译本更深刻地体现了原文的文化内涵。而其他三个译本仅停留在词语的表面含义上，未能结合文化语境与上下文翻译出"折枝"的深层含义。

又如：尧典曰："二十有八载，放勋乃徂落，百姓如丧考妣，三年，四海遏密八音。"（《孟子·万章章句上》）

理译本、赖译本和刘译本都将"百姓"译为"The people（普通民众）"。但由赵甄陶主译的大中华文库版《孟子》却将之译为"All officials（百官）"。要判断是"普通人"还是"百官"更符合原文之意，首先要对"百官"的含义有一个全面认识。阎若璩在《四书释地又续》中指出，"百姓义二：有指百官言者，《书》百姓与黎民对，《礼大传》百姓与庶民对是也。有指小民言者……百姓不亲，五品不逊是也。《四书》中百姓凡二十五见，惟'百姓如丧考妣三年'指百官，盖有爵士者为天子服斩衰三年，礼

---

[1] 焦循：《孟子正义》上册，北京：中华书局1987年版，第85页。

[2] 朱熹：《孟子集注》，济南：齐鲁书社1992年版，第12页。

[3] 焦循：《孟子正义》上册，第86页。

也"①。徐复观认为阎氏把"百姓"之二义平列，"是过去学者缺少历史演变观念之一例"②。他对"百姓"一词的含义演变做过如下探讨：《尚书·尧典》："平章百姓。"《传》曰："百姓，百官也。"《诗·小雅·天保》："群黎百姓，遍为尔德。"《传》曰："百官族姓。"此为"百姓"一词之本义。古代之官，来自各氏族、诸侯，故称为百姓。及春秋中叶以降，始称人民为百姓。③ 可见，"百姓"在古代指百官，直到春秋中后期才开始称人民。下文的舜"帅天下诸侯以为尧三年丧"也可以反证，"百姓如丧考妣，三年"指"诸侯百官就好像死了父母一样，服丧三年"。

（二）译者对传统习俗的敏感度

典籍是古代文化的负载者，涉及许多古代社会习俗和政策。如果译者对传统习俗没有足够的敏感度，就有可能将其漏译、甚至误译。

例如：《礼》曰："父召，无诺。"（《孟子·公孙丑章句下》）

"父召，无诺"虽然仅有四个字，却包含了古代对尊长应答之礼的规定。《礼记·曲礼》："父召无诺，先生召无诺，唯而起。"东汉郑玄注曰："应辞'唯'恭于'诺'。"④ 陈器之在《孟子通译》中进一步指出，"诺，答应的声音，《曲礼》注：'应辞唯恭于诺'，似可理解为'怠慢地答应'"⑤。可见，应答之词"诺"有怠慢之意，"唯"比"诺"更显恭敬。因而，"父召无诺"指当父亲召唤的时候，应毫不怠慢，"唯"一声就起身，不说"诺"。

赖发洛对古代习俗缺乏必要的敏感度，将"无诺"按字面意思直译为"do not answer（不要答应）"。译文与《礼》的规定背道而驰，错误地译介了原文的意思。理译本将"无诺"译为"the answer must be without a moment's hesitation（毫不迟疑地立即答应）"，基本符合《礼》的规定。刘译本翻译为"one should not answer, I am coming（不能回答'我就来'。）""我就来"含有怠慢地答应之意，与古代应答之词"诺"相似，故刘译本在翻译此句时做到了与原文"形神兼备"。赵译本翻译为"you should not even take time to say 'yes' but just go to him at once（你要立即到他身边去，甚至来不及回答'是'）"。赵译本把《礼》中规定的子对父的应答之礼更清楚地表达了出来，便于读者理解。

又如：王者之迹熄而《诗》亡。（《孟子·离娄章句下》）

本句翻译的关键是对"迹"的理解。理译本将"迹"直译为"trace（痕迹，踪迹）"。他在注解中对此作了如下解释："周朝王权衰落始于公元前769年，周平王将国

---

① 焦循：《孟子正义》下册，第636页。
② 徐复观：《两汉思想史》第一卷，上海：华东师范大学出版社2001年版，第188页。
③ 徐复观：《两汉思想史》第一卷，第188页。
④ 郑玄：《十三经注疏　礼记正义》上册，上海：上海古籍出版社2008年版，第57页。
⑤ 陈器之：《孟子通译》，长沙：湖南大学出版社1989年版，第124页。

都从镐京迁往洛邑时。此后，周王的权力有名无实。"① 显然，理雅各受朱熹影响，将
"王者之迹熄"理解为"平王东迁，而政教号令不及于天下也"②。赖译本也按字面意思
直译"迹"为"footmarks（足迹）"，将"王者之迹"翻译为"王者的足迹"。他只追
求译文与原文的形似，不关注文意的传达，令读者不知所云。虽然刘译本和赵译本都把
"迹"理解为"遒"，但在翻译策略的选择上存在差异。刘殿爵将"迹"翻译为"wood-
en clappers（木舌金铃）"。他这样翻译的目的是突出中国文化的特殊性，使读者对中国
古代采诗之人"以木铎记诗言"的特征有一个了解。为了方便读者理解，他在注释中
指出，"木舌金铃是四处采集民谣的官员使用的东西"③。赵译本更关注译文的通俗性，
把"迹"翻译为"collectors of songs（采集民谣之人）"。

从文意上看，孟子认为"王者之迹熄"和"《诗》亡"有密切联系，是导致
"《诗》亡"的原因。"平王东迁"和"《诗》亡"并无密切关联，因而理译本的翻译有
牵强附会之嫌。而"遒"和"《诗》亡"联系紧密。程树德在《说文稽古篇》中指出，
"《说文》：'遒，古之遒人，以木铎记诗言。'按朱骏声云：'《孟子》"王者之迹熄而
《诗》亡"，迹即遒之误。'此论甚确。考《左传》引《夏书》曰：'遒人以木铎徇于
路。'杜注：'遒人，行人之官也。木铎，木舌金铃。徇于路，求歌谣之言。'"④ 两位华
人译者对古代传统习俗具有较强的敏感度，将"迹"中包含的古代圣王派使者去民间
采集民谣，了解民情的传统介绍的较为清楚。外国译者赖发洛和理雅各则漏译、误译了
这一重要的文化信息。

（三）译者对孟子思想的理解

孟子开创性地提出了性善论的学说，并以此为基础形成了完备的道德修养论。准确
理解孟子的性善论是准确译介孟子思想的关键。我们可以从译者对"孟子道性善，言必
称尧舜"（《孟子·滕文公上》）的翻译，来窥探他们对性善论的认识。

赵译本将"性善"翻译为"men are born good"。显然，他认为"人性本善"。虽然
理译本将"性善"翻译为"the nature of man is good（人性是善良的）"，但是准确地说，
他认为"人性向善"。他在《中国经典》序言中明确提出，孟子"主张人性向善与基督
教的人必须弃恶向善的思想是相通的，孟子对人性的认识与英国巴特勒主教的学说是相
同的"⑤。在这一思想的指导下，他将"人性之善也，犹水之就下也"（《孟子·告子章

---

① James Legge, *The works of Mencius*, NewYork：Dover Pub. Inc, 1970, p. 327.

② 朱熹：《孟子集注》，第 99 页。

③ D. C. Lau, *Mencius*, London：Penguin Books, 1970, p. 131.

④ 程树德：《说文稽古篇》（修订本），北京，商务印书馆 1957 年版，第 30 页。

⑤ James Legge, *The Chinese Classics：with a Translation，Critical and Exegetical Notes，Prolegomena，and Copious Indexed*, London ：Trübner& Co, 1861, p. 59.

句上》）翻译为"The tendency of man's nature to good is like the tendency of water to flow downwards.（人性向善就像水向下流一样）"。赖译本和刘译本将"性善"翻译为"the goodness of our/ human nature（人性的善良）"。

孟子人性善的内涵究竟是什么？是性本善还是性向善更符合孟子之意？我们可以从孟子对性善的论证中得出结论。孟子认为："恻隐之心，人皆有之；羞恶之心，人皆有之；恭敬之心，人皆有之；是非之心，人皆有之。恻隐之心，仁也；羞恶之心，义也；恭敬之心，礼也；是非之心，智也。仁义礼智，非由外铄我也，我固有之也，弗思耳矣。"（《孟子·告子上》）诚如牟宗三先生所言："此（人所固有之四心）亦自然而有也。惟此自然不同于动物性之自然，乃孟子所谓良知良能也。"① 根据孟子的定义："人之所不学而能者，其良能也；所不虑而知者，其良知也。"（《孟子·尽心上》）可见，孟子所谓的"性善"是人性本善。

由此可知，理雅各将"性善"理解为"性向善"不妥。理雅各对"性善"的误译与他的传教士身份密切相关。岳峰指出，"理雅各的研究方法与耶稣会士的索隐派有相通之处。早期耶稣会士诠释中国经典时，常常力图证明中国古代文化与传统的基督教教义并行不悖，并尽力查询依据"②。基督教强调人必须弃恶向善，理雅各试图证明孟子思想与基督教有相通之处，故将孟子的"人性善"翻译为"人性向善"。不仅如此，孟子对"性善"的论述也容易产生"性向善"的错觉。孟子认为，"恻隐之心，仁之端也；羞恶之心，义之端也；辞让之心，礼之端也；是非之心，智之端也"（《孟子·公孙丑上》）。"端"是开端、发端之意，故还需要"扩而充之"。正如梁涛所说，"孟子的'四心'或'才'有一个成长、发展的过程，容易使人产生'性向善'的错觉，但根据孟子对善的理解和定义，其学说显然应该是'性善论'，而不是'性向善'论，尽管其对'性善'有着独特的理解"③。

与理译本的"性向善"相比，赵译本的"人性本善"更符合孟子的人性观。但对"人性本善"也应全面理解。"人性本善"能够看到人天生具有善性的本质，但容易忽略孟子的"性善"的动态性，即善性需要存养扩充。就翻译本身而言，赖译本和刘译本将"性善"理解为"人性是善良的"，译出了"性善"的字面之意，但未体现出原文所包含的丰富的思想内涵，使读者难以理解孟子"性善论"的实质。

二、译本特色

通过比较不难看出，虽然译者都在翻译《孟子》，但他们的理解层次不尽相同，翻

① 牟宗三：《名家与荀子》，台湾：台湾学生书局 1994 年版，第 224 页。
② 岳峰：《理雅各宗教思想中的中西融合倾向》，《世界宗教研究》2004 年第 4 期。
③ 梁涛：《郭店竹简与思孟学派》，北京：中国人民大学出版社 2008 年版，第 354 页。

译策略的选择也各具特色，使译本呈现出四种完全不同的风格。

理译本的显著特色是注释包罗万象，篇幅甚至超过译文本身。理雅各在翻译《孟子》时多从浅处入手直译，试图用详尽的注释来保证译本的忠实。繁琐的注释虽使译本略显冗长，但为译文赢得了忠于原文的美誉，给读者提供了丰富的《孟子》研究资料。虽然理译本向来以忠实著称，但也不乏背离原文的现象。通过比较可以看出，理译本偏离原文的主要原因是过分依赖朱熹注释的权威，对经学研究的新成果，尤其是清代考据学家的新发现不甚关注。汉学家道森（Raymond Dawson）曾经批评理雅各"不了解晚近中国经学研究，接受了业已过时的正统阐释"①。这一评价用来解释理雅各在例句中出现的偏差尤为恰当。理雅各的传教士身份和宗教热忱是造成译本偏离原文的又一原因。尽管他的译文大都能在中国学者那里找到依据，但是传教士的价值取向根深蒂固，会在不自觉中影响他对原文的解读，给译本打上宗教的烙印。

赖译本的显著特色是用简单、通俗的词语逐字直译《孟子》。虽然理译本和赖译本都以直译为主，但前者以冗长闻名，后者则以简洁著称。赖发洛尽可能地逐字翻译原文的原则很好地再现了《孟子》原文简练的风格。与理译本擅用脚注不同，赖发洛仅用少许简要的注解训释译文中出现的人名、地名。他认为"既然我的对象是英语读者，太长的无关注释只会显得格格不入"②。但是，由于中外语言和中西文化存在较大差异，译者如果仅按字面意思翻译而不加详细注释，就容易漏译原文中包含的思想文化信息。赖发洛对"逐字翻译"的过分强调容易使"直译"走向极端，变成歪曲原意的"死译""硬译"。赖译本仅重视结构层面的忠实，对意义层面的忠实重视不够，在传播《孟子》思想和儒家文化上收效不大。

刘译本在许多地方都对先前的译文作了改进和创新。刘殿爵在翻译《孟子》时，不迷信前代译本的权威，善于通过严密的推论，多方面考证经典的原义。"他在经典研究方面，创获尤多。刘教授最有独特心得的方法是通过相关文献的排比对读，凸显问题之所在，结合语法、语义、语境、校勘、避讳字和假借字种种考虑，从而解决问题。"③扎实的汉学功底和科学、完备的考证方法使他能够准确理解《孟子》原文的内容，敢于提出自己的创新性见解。科学的翻译方法是确保译文兼备准确性与可读性的又一法宝。刘殿爵的翻译方法是，"第一次只求将原文的意思一无遗漏地译出来，不理会译出来的文字的好坏，过了几个星期，拿出来再看，不看原文，纯粹作文字上的修改，改完

---

① 王辉：《理雅各英译儒经的特色与得失》，《深圳大学学报》（人文社会科学版）2003 年第 4 期。

② Leonard A Lyall. *The Sayings of Confucius*. London：John Murray，1907，p. 20.

③ 邓仕梁：《前言》，见《采掇英华》编辑委员会编：《采掇英华：刘殿爵教授论著中译集》，沙田：香港中文大学出版社 2004 年版。

了又跟原文对一遍，每次改完再对，《论语》一书，我就修改了七八次，做到读起来是流畅的英文，而不失原文的意思"①。严谨的治学态度和科学的翻译方法为刘译本赢得了普遍好评。古语说，"智者千虑，必有一失"。刘殿爵的译文尽管存在着少许误译现象，但总的来说不失为一篇翻译佳作。

由赵甄陶主译的大中华文库版《孟子》的一个显著特色是：今译、英译相互参照，译本通俗易懂。大中华文库版《孟子》以传播中国传统文化为己任，更关注译本如何吸引普通读者，译文能否为一般读者所接受。因而，译者不拘泥与原文的句式结构，采取解释性的翻译策略，对《孟子》中许多"中国味"特别浓厚的词语和文化现象进行通俗化的翻译。这一翻译策略虽能很好地传播《孟子》中包含的思想文化信息，但在呈现原文的语言风格上稍显逊色。

三、影响译本特色的因素

翻译可以被定义为从原本（Original Text）转换为译本（Translation Text）的理解和书写过程。② 根据这一定义，译者的典籍翻译活动可以划分为理解与书写两个不同的阶段。在这两个阶段中有多种因素影响译者的活动，使译本呈现出不同特色。

在理解阶段，语言因素是影响译者理解原文的首要因素。《孟子》中字词的含义是丰富复杂的，"一个词不仅有直接的、表面的、字典上的意义，还有内涵的、情感的、牵涉许多联想的意义"③。译者对字词意义的取舍不同，会直接影响他对原文句意、甚至是章节之意的理解程度。赖发洛在翻译《孟子》时，偏向选择字词的表面意义，使译文肤浅僵硬，难以再现原文所蕴含的思想文化内涵。刘殿爵善于结合语境与上下文寻求最佳词义，因而译文能准确体现原文的深层含义。

理解的历史性是造成译本多样化的深层次原因。伽达默尔的"效果历史意识"包含两层含义：一方面任何理解都具有历史的条件性，历史的实在性是历史与对历史理解的统一；另一方面它是指理解者清醒地知道他自己的意识状态是效果历史意识："谁想理解某个文本，谁总是在完成一种筹划。一当某个最初的意义在文本中出现了，那么解释者就为整个文本筹划了某种意义。"④ 译者是在他所处的时代背景，他自己的经验和思想体系之中来理解《孟子》的，这就给译本打上了译者及其时代的烙印。虽然理雅

---

① 《编译参考》编辑部：《刘殿爵教授谈翻译问题》，见《编译参考》1980年第1期。

② 李河：《巴别塔的重建与解构——解释学视野中的翻译问题》，昆明：云南大学出版社2005年版，第60页。

③ 方梦之：《译学词典》，上海：上海外语教育出版社2003年版，第222页。

④ 曾振宇：《响应西方：中国古代哲学概念在"反向格义"中的重构与意义迷失——以严复气论为中心的讨论》，《文史哲》2009年第4期。

各的译本以忠实著称，但仍然鲜明地体现了译者作为传教士的身份特征。他不仅习惯用基督教教义来诠释、评价孟子思想，还通过对中国特有文化词语的神学化翻译，将基督——耶稣意象强加到了中国传统文化中。理译本甚至也体现了鸦片战争后，各国传教士凭借不平等条约的庇护，纷纷深入中国内地传教的时代特征。

在书写阶段，影响译者的翻译活动，使译本呈现出不同特色的因素主要有三：第一，译者对目标读者的定位将直接影响译本的编排体例。刘殿爵虽未直接表明其书的目标读者，但从译本的编排体例看，本书面向的是研究和学习中国传统文化的严肃读者。译本除了包含《孟子》一书的全文翻译外，还有近 40 页的序言和长达 59 页的附录以及精确的注释和完备的索引。赵译本以普通读者为目标读者，仅满足于完成一个汉英对照版了事，未将与译本相关的背景资料和研究成果收录其中。第二，译者的翻译动机从宏观上决定着译本的特点。理雅各翻译中国经典的动机是，"我认为，如果将所有儒家经典都能够翻译出版并且还附有注释的话，将有助于未来的传教士们的工作"[1]。为了让传教士真正了解中国传统文化和儒家思想，理雅各以忠实翻译《孟子》为己任，试图用详尽的注释来确保译本的准确性。第三，译者对翻译方法和翻译策略的选择直接决定译本的特点。赖发洛选择直译的翻译方法，因而更关注译文与原文在句子结构上的对应，更容易再现原文的语言特点。而赵译本以意译为主，这就决定了译者更关注原文意义的表达，不强求字、词、句的对应，有时还会调整语序，增强译文的逻辑性和生动性。

四、小结

译本的多样化是客观存在的。由于受语言因素、理解的历史性、预期目标读者、翻译动机以及翻译策略的影响，不同的译者即使带着同样严谨的态度翻译同一文本，呈现在读者面前的译本特色也可能会"多姿多彩"。这使我们不得不同意赫尔曼的话：有的时候，"翻译告诉我们更多的是译者的情况，而不是译本的情况"[2]。通过阅读不同的《孟子》译本，读者可以体会到译者对《孟子》的不同认识轨迹，感受到译者眼中儒家思想的独特魅力。但是，承认译本的多样化并不意味着认可译者可以任意篡改原文之意。译本是原文本的化身，不管它如何多变，必须以原文本作为蓝本和依据，力求准确再现原文本所蕴含的思想文化内涵。"原样理解"，永远是跨文化研究矻矻以求的目标。

（儒学高等研究院研究生赵丛浩据录音整理）

---

① Lindsay Ride, "Biographical Note", in James Legge, *The Chinese Classics with a translation, critical and exegetical notes, prolegomena, and copious indexes* Vol. I , Taipei：SMC publishing Inc. , 2001, p. 1.

② 徐来：《英译〈庄子〉研究》，上海：复旦大学出版社 2008 年版，第 131 页。

清华简《保训》"测阴阳之物"新论

摘　要　清华简《保训》出土后，学界给予了高度的关注。但是，无论在文字的释读、隶定，抑或思想史层面的研究上，都存在较大分歧，实际上很多问题还有待于进一步研究。本人认为，清华简《保训》涉及古代源远流长的一种方术——气占。殷周时代，卜筮之风隆盛，灼龟为卜问，著占为筮问。这两种祷问术数因有殷墟甲骨和《周易》的传世，人们知之甚详。但对于"气占"这一方术了解甚少，清华简《保训》的出土，唤醒了我们对古代这一方术的记忆与研究。换言之，必须从气占视域去分析与评论《保训》"测阴阳之物"，才能弄清楚其中的真实含义。气占与天人感应世界观紧密相关，除了人与自然相互影响之外，气占在性质上是一种方术，在某些层面也可以说是一种古代巫术。气占祈求通过某种技术手段，揣摩天心天意，力求做到人事与天意协调一致，期盼天降祥瑞而不是谴告，从而达到天命不移之社会目的。

关键词　《保训》气　气占　阴阳

《易传·系辞上》云："一阴一阳之谓道，继之者善也，成之者性也。"《易传》阴阳理论已比较成熟，在《易传》之前应当有一十分漫长的阴阳气论萌芽、发展与演变的历程。清华简《保训》的问世，弥补了中国古代阴阳气学史的一个环节。清华简《保训》出土后，学界给予了高度的关注，发表了不少论文。但是，无论在文字的释读、隶定，抑或思想史层面的研究上，都存在较大分歧。本人在各位学者研究基础上，从中国古代阴阳气学与"气占"视

域对竹简"测阴阳之物"思想加以考辨。不当之处，敬请指正。

一、"测阴阳之物"即"测阴阳之气"

《保训》全篇共11支简，为便于讨论，根据李学勤先生所隶定的释文，将全文写定如下："惟王五十年，不豫，王念日之多历，恐坠宝训，戊子，自靧水，己丑，昧［爽］……［王］若曰：'发，朕疾壹甚，恐不汝及训。昔前人传宝，必受之以詷，今朕疾允病，恐弗念终，汝以书受之。钦哉，勿淫！昔舜旧作小人，亲耕于历丘，恐求中，自稽厥志，不违于庶万姓之多欲。厥有施于上下远迩，乃易位迩稽，测阴阳之物，咸顺不逆。舜既得中，言不易实变名，身滋备惟允，翼翼不懈，用作三降之德。帝尧嘉之，用受厥绪。呜呼！发，祗之哉！昔微假中于河，以复有易，有易服厥罪，微无害，乃归中于河。微志弗忘，传贻子孙，至于成唐，祗备不懈，用受大命。呜呼！发，敬哉！朕闻兹不旧，命未有所延。今汝祗备毋懈，其有所由矣。不及尔身受大命，敬哉，勿淫！日不足，惟宿不详。'①"

《保训》属于文王遗训。周文王临终前对武王的告诫应当不是坛坛罐罐、柴米油盐的家长里短，而是与国家命运与前途生死攸关的"国之大事"。文中的每一句话都不可能是闲言碎语，而是一字千金的谆谆训诫。所以，我们理应从大处着眼，厘清其中每个字的深刻含义。学界目前对"测阴阳之物"的释读与理解不一。我们先讨论"物"的含义，李学勤先生将"阴阳之物"释为"正反之事"②，廖名春先生将"物"训为"则"或"道"，"阴阳之物"即阴阳之则、阴阳之道③。曹峰教授将"阴阳之物"理解为"阴阳两气之物"④，李锐教授则将"物"释读为"分"⑤，并列举《墨子·非攻下》为证："禹既已克有三苗，焉磨为山川，别物上下，卿制大极，而神民不违，天下乃静。则此禹之所以征有苗也。""阴阳之物"就是"阴阳之分"。其实，"阴阳之物"中的"物"，也有"类"之含义。《左传·宣公十二年》云："百官象物而动，军政不戒而备，能用典矣。"杜预注："物，犹类也。"《国语·周语下》又云："象物天地，比类百则。""象物"与"比类"对举，《广雅·释诂》："类，法也。"王念孙、王引之的观点与《广雅》基本相同。尤其重要的是，在先秦时期，"物"有"气"的含义，《左传·僖公五年》："公既视朔，遂登观台以望。而书，礼也。凡分、至、启、闭，必书云物，为备故也。""云物"就是"云气"。《周礼·保章氏》所载"五云之物"，也就是"五

---

① 李学勤：《清华简〈保训〉释读补正》，《初释清华简》，中西书局2013年版，第27页。
② 李学勤：《论清华简〈保训〉的几个问题》，《文物》2009年第6期。
③ 廖名春、陈慧：《清华简〈保训〉篇解读》，《中国哲学史》2010年第3期。
④ 曹峰：《〈保训〉的"中"即"公平公正"之理念说》，《清华简研究》第一辑，中西书局2012年版。
⑤ 李锐：《"阴阳"与"中"》，《深圳大学学报》2012年第3期。

云之气"。综合上述各家观点，将"阴阳之物"解释为"阴阳两气之物"比较有说服力。但是，需指出的是，如果进一步把"阴阳之物"释读为"阴阳二气"，可能能更加深刻领悟《保训》篇的精髓。因此，"辨阴阳之物"实质上就是"辨阴阳之气"。在传世文献中，《周礼·保章氏》的记载值得我们注意："以五云之物，辨吉凶、水旱降丰荒之祲象。"郑玄注："物，色也。视日旁云气之色。""五云之物"，也就是五种云气的颜色。类似的表述，在传世文献中还可列举几例：

《庄子·则阳》："天地者形之大者也，阴阳者气之大者也。"

《周礼·春官·宗伯》："观天地之会，辨阴阳之气。"

《国语·越语下》："四封之外，敌国之制，立断之事。因阴阳之恒，顺天地之常。"

《管子·四时》："阴阳者，天地之大理也；四时者，阴阳之大经也。"

《史记·孟荀列传》："乃深观阴阳消息，而作怪迂之变。"

在传世文献之外，出土文献的记载也提供了强有力的佐证。上博简《容成氏》云："天下之民居奠，乃劭（饬）食，乃立后稷以爲緅（田）。后稷既已受命，乃食於野，宿於野，復毂（穀）蓡土，五年乃穫。民有餘食，无求不得，民乃實（?），驕態始作，乃立臯陶以爲李（理）。臯陶既已受命，乃辨陰陽之氣而聽其訟獄，三年而天下之人無訟獄者，天下大和均。舜乃欲會天地之氣而聽用之，乃立質以爲樂正。質既受命，作爲六律六郱（邵－呂），辨爲五音，以定男女之聲。當是時也，癘疫不至，妖祥不行，禍災去亡，禽獸肥大，草木晉長。昔者天地之佐舜而佑善，如是狀也。[①]"《容成氏》两次出现的"辨陰陽之氣"和"會天地之氣"，与《保训》"辨阴阳之物"含义基本相同。

行文至此，我们需思考并回答一个问题：既然将《保训》"辨阴阳之物"释读为"辨阴阳二气"，那么在殷末周初时期，是否"阴"字与"阳"字已组成复合词？阴阳范畴是否已经与"气"范畴"联姻"？我们先讨论阴与阳。根据黄天树先生的研究，甲骨文已出现"阴"与"阳"。譬如：

"其（祷）河，惠旧册用，于（阴）酒？"（《合》30429）
"于南（阳），西□"（《屯》4529）
"于，北对？"（《屯》4529）

黄天树先生指出，甲骨文中"'南阳'与'北对'，实际上就是阴与阳的对贞"。阴与阳并非仅仅用于表示方位与天气，也开始用于对自然现象进行分类、对自然世界的内在特点与规律进行初步的总结。"综上所述，说明商代甲骨文中不仅已有'阴''阳'

---

① 马承源主编：《上海博物馆藏战国楚竹书》（二），上海古籍出版社2002年版。

二字，而且‘阴’指‘水之南、山之北也’；‘阳’指‘水之北、山之南也’。殷人已能定方位、辨阴阳，有了阴阳的观念。”① 观念先于文字而流行，这是世界文明普遍现象。虽然殷人已有阴阳观念，但在甲骨文中至今尚未发现“阴阳”复合词。黄天树先生指出，西周中期铜器《永盂》铭文有“赐畀师永厥田（阴）易（阳）洛”，记载周天子把位于“阴阳洛”（即洛河南北两岸）的一块土地赏赐给师永。西周晚期铜器《敔簋》也有“阴阳洛”铭文，写法稍有不同②。《诗经·大雅·公刘》云“既景迺冈，相其阴阳，观其流泉”，正好与《永盂》《敔簋》铭文相互印证。

那么阴阳与气又是何时开始“联姻”呢？我们先考察一下“气”的生成与演变。甲骨文中已出现“气”字。据于省吾先生考释，在甲骨文中，“气”有三种义项：

其一，乞求。“例如，‘贞，今日其□雨。王曰，（疑），兹气雨。之曰允雨。三月’。（前七·三六·二）按今日其雨之其应读作‘该’。今日该雨，则信否尚未可知也，故以疑为言。下言兹气雨，但气雨亦未知其能否降雨？是日允雨而后验也。”

其二，迄至。“例如：‘王曰，（有），其□来（　）。气至五日丁酉，允□来□。’（菁一）——按气通迄，丙寅迄壬申，即由丙寅至壬申，迄丁酉，即至丁酉。”

其三，终止。“例如，‘之日气□来□’（前七·三一·三）气读讫训终。言是日终有来也。”

于省吾先生认为：“总之，甲骨文气字作三，自东周以来，为了易于辨别，故一变作□，再变作□。但其横画皆平，中画皆短，其嬗演之迹，固相衔也。气训气求、迄至、迄终，验之于文义词例，无不吻合。”③“气”字也出现于金文中。譬如，《洹子孟姜壶》：“洹子孟姜用乞嘉命。”④《天亡簋》：“不克乞衣王祀。”⑤ 此外，拓片保存于《三代吉金文存》中的“行气玉秘铭”，据陈梦家先生考证乃战国初期齐国器物，其铭文云：“行气立则畜，畜则神，神则下，下则定，定则固，固则明，明则长，长则衰，衰则大。天其柱在上，地其柱在下：顺则生，逆则死。”⑥ 此处“气”字是一个名词。通而论之，甲骨文与金文中的“气”字，只是一普通的字词，尚未蕴涵哲学意义。在甲骨文与金文之后，竹书《恒先》的气论在中国古代气学史上，意义非同一般。竹书《恒先》共计13 简，首尾完整，有残无缺，是中国古代气学史上一篇重要的文献：“恒先无有，朴、静、虚。朴、大朴，静、大静，虚、大虚。自厌，不自忍；或作。有或焉

---

① 黄天树：《说甲骨文中的“阴”和“阳”》，学苑出版社2006 年版，第213－217 页。

② 黄天树：《说甲骨文中的“阴”和“阳”》，学苑出版社2006 年版，第214 页。

③ 于省吾：《甲骨文字释林》，中华书局1979 年版，第79 页。

④ 容庚编著：《金文编》卷一，中华书局1985 年版，第27 页。

⑤ 容庚编著：《金文编》卷一，中华书局1985 年版，第27 页。

⑥ 罗振玉编：《三代吉金文存》卷二十，中华书局1983 年版。

有气，有气焉有有，有有焉有始，有始焉有往者。未有天地，未有作行，出生虚静。为一若寂，梦梦静同，而未或明，未或滋生。气是自生，恒莫生气。气是自生自作。恒气之生，不独，有与也。或，恒焉。生或者同焉。昏昏不宁，求其所生：异生异，畏生畏，韦生韦，悲生悲，哀生哀。求欲自复，复，生之生行。浊气生地，清气生天，气信神哉，云云相生。信盈天地，同出而异生，因生其所欲。察察天地，纷纷而多采：物先者有善，有治无乱；有人焉有不善，乱出于人。先有中，焉有外。先有小，焉有大。先有柔，焉有刚。先有圆，焉有方。先有晦，焉有明。先有短，焉有长。天道（地？）既载，唯一以犹一，唯复以犹复。恒气之生，因复其所欲。"[1]

《恒先》在思想史上最大贡献在于第一次明确提出"气是自生"命题。"气是自生"思想表明气既是宇宙生成论（"所由成""所从来"），又是宇宙论（"所由以说明的第一点"）。但是，《恒先》整篇文章从头至尾没有出现阴阳、四时、五行等范畴，更没有以此建构庞大的宇宙图式。尤其值得一提的是，《恒先》只出现了"清气""浊气"概念，却没有出现"阴阳"或"阴气""阳气"等概念，这一现象值得注意。在中国古典气学史上，阴阳是宇宙本体在内在结构上所具有的基本属性，是宇宙万物产生与运动的动力因。阴阳二气循环推移，化生天地万物，"天地之间无往而非阴阳，一动一静，一语一默皆是阴阳之理"[2]。从思想史逻辑进程分析，理应先出现"清气""浊气"概念，其后才可能演化出"阴气""阳气"概念，因为阴阳之气范畴远比"清气""浊气"抽象。从"浊气生地，清气生天，气信神哉，云云相生"等表述判断，《恒先》概念的特点与《列子》《文子》《淮南子》有所区别。《恒先》中的"清气""浊气"不可等同于"阳气""阴气""清轻""浊重""清阳""重浊"等概念，《恒先》中的"清气""浊气"概念比较原始，直观性、经验性色彩比较浓郁。综合以上分析，《恒先》写作时间可能不晚于战国初期。

囿于出土文献与传世文献的缺失，在甲骨文、金文与竹书《恒先》气论之间，存在着一段比较长的空白。在时间序列上，紧接竹书《恒先》气论之后的文献或许是《国语》。《国语》作者用阴阳二气的摩荡推移来诠释自然和社会现象。周幽王二年（前780年），镐京一带地震。太史伯阳父解释说："周将亡矣！夫天地之气，不失其序；若过其序，民乱之也。阳伏而不能出，阴迫而不能蒸，于是有地震。今三川实震，是阳失其所而镇阴也。阳失而在阴，川源必塞。源塞，国必亡。夫水土演而民用也。水土无所

---

① 《恒先》的文字考证与编排，采用庞朴先生的观点。参见庞朴：《〈恒先〉试读》，http：//www.jianbo.org/，2004－04－22。

② 黎靖德编：《朱子语类》第六十五卷，中华书局1994年版。

演，民乏财用，不亡何待？"① 与此相类似的材料还有："阳气俱蒸，土膏其动。"② "天无伏阴，地无散阳，水无沈气，火无灾燀，神无闲行，民无淫心，时无逆数，物无害生。"③ 这些材料值得注意的地方在于：伯阳父、虢文公和太子晋皆从阴阳二气交感互动、相互作用的角度，论证宇宙万物生成与变化的内在根据。与此同时，又不否认至上神（天）的主宰地位，从天人感应角度论证山崩地裂乃上天之谴告。《国语》所记载的事件虽然发生在西周时期（周宣王即位时间为前823年），但《国语》成书年代在战国初期，反映与彰显的只是战国时代的宇宙观与思想意识。

在《国语》之后，阴阳学说与气学的"牵手"或许应提及通行本《老子》。"道生一，一生二，二生三，三生万物。万物负阴而抱阳，冲气以为和。"但是，这一段文句不见于竹简本《老子》，这极有可能是后来添加进通行本《老子》的。楚简《太一生水》紧附于《老子》丙本之后，当是诠释《老子》之文，但其宇宙生成图式却是：大一—天地—神明—阴阳—四时—沧热—湿燥—岁，其中也无"道生一"和"万物负阴而抱阳"命题，气只不过是与天、地、土并列的质料，这恰恰恰说明《太一生水》作者所看到的《老子》没有"万物负阴而抱阳"一节。上博简《凡物流形》有"□（闻）之曰：一生兩，兩生厽（参），厽（参）生女（母?），女（母?）城（成）结。是古（故）又（有）一，天下亡（无）不又（有）；亡（无）一，天下亦亡（无）一又（有）"。④ 这篇文章虽然大量出现"一"，而且有类似于通行本《老子》四十二章"一生二，二生三"文句，但仍然没有"道生一""万物负阴而抱阳"和"冲气以为和"等论断，更没有论述"一"生"二"如何可能？无"一"何以就无"有"？梁启超先生说："阴阳两字意义之居变，盖自老子始。老子曰'万物负阴而抱阳'，此语当作何解？未易断言，抑固有以异于古所云矣。虽然，五千言中，言阴阳者只此一句，且亦非书中重要语，故谓老子与阴阳说有何等关系，吾未敢承。"⑤ 在《老子》一书中，"阴阳"确实只出现一次，但认为"非书中重要语"却有失偏颇。如果我们从通行本《老子》四十二章中抽掉阴阳气论，宇宙论意义上的道论就会坍塌，因为无法解释道生万物如何可能。《老子》作者的弟子或弟子的弟子发现了这一内在逻辑缺陷，因此增补"道生一，一生二，二生三，三生万物。万物负阴而抱阳，冲气以为和"一节。所增补的这一节在《老子》文本思想体系中，意义极其重大！因为祖本《老子》作者没有回

---

① 《国语·周语上》，吉林文史出版社1991年版，第32页。

② 《国语·周语上》，第19页。

③ 《国语·周语下》，第110页。

④ 此段文句参照王中江教授考证和重新编联的结论，见王中江：《〈凡物流形〉编联新见》，简帛网，2009 - 03 - 04。

⑤ 梁启超：《阴阳五行说之来历》，《饮冰室合集》第4册，中华书局1989年版，第47页。

答的一个关键问题——道生万物如何可能——终于在形而上学的高度得到论证。《庄子·田子方》显然受到了《老子》四十二章阴阳气论的影响："老聃曰：'吾游心于物之初。'孔子曰：'何谓邪？'曰：'心困焉而不能知，口辟焉而不能言。尝为汝议乎其将：至阴肃肃，至阳赫赫。肃肃出乎天，赫赫发乎地。两者交通成和而物生焉，或为之纪而莫见其形。消息满虚，一晦一明，日改月化，日有所为而莫见其功。生有所乎萌，死有所乎归，始终相反乎无端，而莫知乎其所穷。非是也，且孰为之宗！'"阴阳二气"交通成和"，天地万物得以化生，阴阳之气作为动力因的地位与作用自此得以彰显。从《老子》四十二章和《庄子·田子方》中的表述分析，《庄子·田子方》当是对《老子》阴阳气论的阐发。《淮南子·天文训》继而评论说："一而不生，故分而为阴阳，阴阳合和而万物生。"无论"道"或者"一"，都无法论证种类繁殊的万物如何产生，所以称"一而不生"；援阴阳气论入道论，用阴阳二气相摩相荡诠释天地万物化生之动力因，"阴阳合和而万物生"。

在中国古代气学史上，阴阳气论的成熟应以《易传》为标志。《易传》首次将"气"进一步抽绎为"精气"，认为精气是化育天地万物之本原："精气为物，游魂为变，是故知鬼神之情状，与天地相似，故不违。"① 这段文字与帛书《易传》稍有出入。通行本的"情状"，帛书本为"精壮"，而后者似乎更符合原意。精气化育自然万物和人类，而且"游魂"也是由精气流变而成。② 《易传》作者力图在自然、人类、精神意识和鬼魂之间，探寻天地万物存在何以可能的终极依据，这种观点比荀子"人有气有生有知亦且有义"的提法更具哲学普遍意义。概而论之，《易传》阴阳气论可梳理为三个要点：阴阳对立、阴阳交感和阴阳转化。三者合而论之，称之为"一阴一阳之谓道"。由阴阳对立、阴阳交感和阴阳转化建构而成的"阴阳之道"，从哲学意义上首次论证了气化生天地万物的内在动力、内在本质和内在规律等问题。在中国气论发展史上，阴阳与气论的"牵手"具有重大哲学意义。因为正是阴阳理论的"加盟"，才得以从逻辑与哲学的意义上弥补气论的内在缺陷，使"气生万物何以可能"这一宇宙生成论问题得到形而上论证。

综上所述，就目前已发现的地上文献与出土文献而言，阴阳学说与气学的"联姻"萌芽于竹简《恒先》，生成于《国语》与通行本《老子》，阐发于《庄子》，成熟于《易传》。如果把《保训》放在阴阳气论的哲学与逻辑发展脉络中衡评，我们基本上可以断定，《保训》的"测阴阳之物"思想应当在《易传》阴阳气论之前。《保训》篇如

---

① 《易传·系辞上》，高亨：《周易大传今注》，齐鲁书社1979年版，第512页。
② 其后《管子》"黄老四篇"（《心术》上下，《白心》《内业》），也以"精"训气："精也者，气之精者也。""一气能变曰精。"

果不存在后人作伪情况，其写作年代或许在战国中晚期。

二、"阴阳之物"为何要"测"？为何要"咸顺不逆"？

在上述论证基础上，我们进而需讨论另一个问题："阴阳之物"为何要"测"？并且还要"咸顺不逆"？周文王临终之前这句谆谆教诲是白日呓语还是隐含深意？在现代人看来，确实有点"丈二和尚摸不着头脑"的感觉。其实，"测阴阳之物"类似的语句与观点，并非仅仅出现于《保训》，在先秦两汉出土文献与传世文献中如雨后春笋，俯拾皆是：

上博简《容成氏》："皋陶既已受命，乃辨阴阳之气而听其讼狱，三年而天下之人无讼狱者，天下大和均。舜乃欲会天地之气而听用之，乃立质以为乐正。"

《周礼·春官·宗伯》："占梦：掌其岁时，观天地之会，辨阴阳之气。"①

黄帝书《十六经·顺道》："大庭氏之有天下也，不辨阴阳，不数日月，不志四时，而天开以时，地成以财。"②

《庄子·则阳》："天地者形之大者也，阴阳者气之大者也。"

《国语·越语下》："四封之外，敌国之制，立断之事。因阴阳之恒，顺天地之常。"

《管子·四时》："阴阳者，天地之大理也；四时者，阴阳之大经也。"

《黄帝内经·素问·阴阳应象大论》："阴阳者，天地之道也，万物之纲纪，变化之父母，生杀之本始……"③

《春秋繁露·阴阳义》："天地之常，一阴一阳。阳者，天之德也；阴者，天之刑也。迹阴阳终岁之行，以观天之所亲而任，成天之功，犹谓之空，空者之实也。"④

《史记·孟荀列传》："乃深观阴阳消息，而作怪迂之变。"

《淮南子·览冥训》："昔者皇帝治天下，而力牧太山稽辅之。以治日月之行，律治阴阳之气。节四时之度，正律历之数。"⑤

治理天下，需"辨阴阳之气"；审案定谳，需"辨阴阳之气"；制定历法，需"辨阴阳之气"；对敌作战，需"辨阴阳之气"；养生长寿，需"辨阴阳之气"；乐正以乐教化民众，需"辨阴阳之气"；甚至占梦吉凶，也需"辨阴阳之气"……大至治国平天下，小到平民百姓占梦、治病，都需"辨阴阳之气"。"辨阴阳之气"在人类社会生活中，何以如此重要？《汉书·艺文志》一段话道出了玄机："阴阳者，顺时

---

① 《周礼·春官·宗伯》，孙诒让：《周礼正义》，中华书局 1987 年版，第 1968 页。

② 黄帝书：《十六经·顺道》，《黄帝四经今注今译》，岳麓书社 1993 年版，第 166 页。

③ 《黄帝内经》卷二，中华书局 2010 年版，第 54 页。

④ 《春秋繁露·阴阳义》，商务印书馆 2010 年版，第 249 页。

⑤ 《淮南子·览冥训》，吉林文史出版社 1990 年版，第 288 页。

而发，推刑德，随斗击，因五胜，假鬼神而为助者。"统治者必须根据四时阴阳之气不同特点，有针对性地制定政策措施，部署每一时期工作重点，决定何时劝耕农桑、何时行宗庙祭祀、何时行教化、何时行刑杀。人事与天地阴阳五行之气相协调，董仲舒称之为"法天而行"。董仲舒以阴阳五行学说为指导，将一年 360 天划分为五个单元，每一单元 72 天。譬如，在金气主事的 72 天里，金气"惨淡而白"。金气代表秋季，秋季是自然界收获的季节，同时也是大自然万物由盛向衰的转折点。在这一时期，统治者的工作重点有两个方面：一是战争与刑杀，"金者秋，杀气之始也"①。统治者在这一时期讨伐不义，"听其讼狱"，诛杀贼人；二是以法治国、以法治吏，"警百官，诛不法"，如果统治者在秋季这一时期不遵循天地阴阳之气，天地之间必然会出现昴毕星宿失色、寇贼峰起的谴告。如果统治者适时改弦更张，"举廉洁，立正直，隐武行文，束甲械"②，还有望得到上天的宽宥。正如《容成氏》所言，如果因循"阴阳之气"规律而行动，就能实现天下太平，"三年而天下之人无亡讼者，天下大和均"。在《五行五事》篇中，董仲舒断言，如果君臣不知礼节、放浪形骸，树木就长不直，夏天经常有暴风；君王如果言不守信，秋天常有霹雳；君王如果目光短浅、胸无大志，秋天常有闪电；君王如果不善纳谏、刚愎自用，水就不能渗透进地下，春夏两季就会暴雨成灾；君王如果昏庸无能，庄稼就会歉收，秋天雷电交加。天地阴阳之气——君王言行——君臣政绩——庄稼丰歉——植物荣枯——谴告或祥瑞，前后之间，构成了一个因果互渗链。

缘此，如何揣摩上天的意志，如何让上天经常降祥瑞，如何避免上天发出谴告，就成为历代统治者时时关心的"国之大事"，因为这牵涉到天命是否转移、国祚是否延续的大问题。根据陈梦家先生研究，甲骨文中反映的天帝权力，总共有 16 大项：令雨、令风、令（云霞之气）、降艰、降祸、降潦、降食、降若、帝若、授佑、授年害年、帝咎王、帝佐王、帝与邑、官、帝令。③ 这 16 项昊天、上帝的权力，涵盖祥瑞、谴告、天气、灾害、年成丰歉、战争、国祚、作邑等方面。从对人事产生的实际效果而论，又可分为善与恶两类：令雨、降若、帝若、授佑、授年等等，属于善义；令风、降艰、降祸、降潦等等，属于恶义。由此而来，至少从殷商开始（就目前已掌握的存世文献与出土文献而言），就存在一种非常特殊的祷问术数——气占。气为云气，卜与巫通过"云气之候"来揣摩天帝意志，预测人事吉凶休咎。在甲骨文中，这种"云气之候"的记载颇丰：

---

① 《春秋繁露·五行顺逆》。
② 《春秋繁露·五行变救》。
③ 陈梦家：《殷墟卜辞综述》，中华书局 1988 年版，第 561–571 页。

"启不见云。"①（《合集》20988）

"兹云其雨。"②（《合集》13649）

"各云不其雨，允不启。"③（《合集》21022）

"兹云延雨。"④（《合集》13392）

"贞亦乎雀燎于云犬。"⑤（《合集》01051）

"庚子酒，三稽云。"⑥（《合集》13399）

"贞燎于三云。"⑦（《合集》13401）

在出土文献之外，传世文献也足以佐证甲骨文所载。根据《周礼》记载，每逢春分秋分、夏至冬至、立春立夏、立秋立冬，天子必亲带巫、卜到宫门附近的高台观察云气，揣测天心天意，占卜吉凶祸福。类似记载又出现于《左传·僖公五年》："公既视朔，遂登观台以望。而书，礼也。凡分、至、启、闭，必书云物，为备故也。"在"分"（春分秋分）、"至"（夏至冬至）、"启"（立春立夏）、"闭"（立秋立冬）之时，君王须登台看"云物"，将天地之异象（即妖祥）记录下来，以便在相应要发生的人事变故上做好应对准备。因此，天子以及各诸侯国一般都建有"望国氛""望氛祥"之类的高台，因其用途与神事有关，故称之为"灵台"。《周礼》中的"眂祲"官"掌十辉之法，以观妖祥，辨吉凶"⑧，郑玄注云："辉谓日光气也。""十辉"具体指太阳的十种光气。《周礼》中的"保章氏"负责"以五云之物，辨吉凶、水旱降丰荒之祲象"，所谓"五云之物"也是特指日旁云气的五种颜色，古人认为它预示着不同的灾祸或吉祥，郑玄解释说："以二至二分观云色，青为虫，白为丧，赤为兵荒，黑为水，黄为丰。"⑨李存山教授提及《尚书·洪范》有"休征""咎征"与"庶征"，不同的天象代表吉祥

---

① 胡厚宣主编：《甲骨文合集释文》，王宇信、杨开南总校审，北京：中国社会科学出版社 2009 年版，第 1044 页。

② 胡厚宣主编：《甲骨文合集释文》，王宇信、杨开南总校审，北京：中国社会科学出版社 2009 年版，第 713 页。

③ 胡厚宣主编：《甲骨文合集释文》，王宇信、杨开南总校审，北京：中国社会科学出版社 2009 年版，第 1046 页。

④ 胡厚宣主编：《甲骨文合集释文》，王宇信、杨开南总校审，北京：中国社会科学出版社 2009 年版，第 698 页。

⑤ 胡厚宣主编：《甲骨文合集释文》，王宇信、杨开南总校审，北京：中国社会科学出版社 2009 年版，第 87 页。

⑥ 胡厚宣主编：《甲骨文合集释文》，王宇信、杨开南总校审，北京：中国社会科学出版社 2009 年版，第 698 页。

⑦ 胡厚宣主编：《甲骨文合集释文》，王宇信、杨开南总校审，北京：中国社会科学出版社 2009 年版，第 698 页。

⑧ 孙诒让：《周礼正义》卷四八，北京：中华书局 1987 年版，第 1979 页。

⑨ 孙诒让：《周礼正义》卷五一，第 2124 页。

与灾祸。① 除了《周礼》《尚书》之外，《汉书·艺文志》著录有《别成子望军气》《常从日月星气》《黄帝杂子气》，这三种文献皆是先秦古籍，属于"云气之候"类著述，但早已佚失。今存《墨子》中的"迎敌祠"和"号令"两篇文章保存了一些军事上"气占"方面材料："凡望气，有大将气，有小将气，有往气，有来气，有败气。能得明此者，可知成败吉凶。举巫、医、卜有所，长具药，宫之，善为舍。巫必近公社，必敬神之。巫、卜以请守，守独智巫、卜望气之请而已。"城池被围之时，守城主将让卜、医、巫等专司气占，通过观察云气来推算敌方何时进攻，我方宜何时反攻。专司"望气"的卜、医、巫伴随守城主将左右，随时将观察云气变幻的"望占"实情禀报给守城主将。卜、医、巫不可将不利于鼓舞士气的"气占"结果泄露给守城将士，否则将受重惩，即《墨子·号令》所云："巫祝史与望气者必以善言告民，以请上报守，守独知其请而已。无与望气，妄为不善言，惊恐民，断弗赦。"在古代社会，"气占"是战争爆发之前"庙算"内容之一，"圣人独知气变之情，以明胜负之道"②。通晓气占之道，方能知己知彼，掌握战争的主动权。因此，唐代李淳风认为，在军事上气占的最大作用在于"探祸福之源，征成败之数"③。因为古人相信胜败可"逆知"，气占的价值逐渐被过分渲染和夸大，甚至到了"进退以气为候"的程度："其军中有知晓时气者，厚宠之，常令清朝若日午察彼军及我军上气色，皆须记之。若军上气不盛，加警备守，辄勿轻战，战则不足，守则有余。察气者，军之大要，常令三五人参马登高若临下察之，进退以气为候。"④

天上云气变幻多端，白云苍狗，稍纵即逝。通过望占云气推算吉凶休咎的标准何在？李淳风是古代气占集大成者，《乙巳占》是古代气占学说集大成之作。李淳风认为："夫气者，万物之象，日月光照之使见。是故天地之性，人最为贵，其所应感亦大矣。人有忧乐喜怒诚诈之心，则气随心而见至。日月照之以形其象，或运数当有，斯气感召，人事与之相应，理若循环矣。"⑤ 人事为因，天象为果。先有社会人事之变，后有云气之变与之相应。因此，人们可以通过云气之候预测吉凶祸福。根据《周礼》《墨子》《越绝书》、马王堆帛书《天文气象杂占》《史记·天官书》《汉书·天文志》、李淳风《乙巳占》和宋代《开元占经》等典籍所载，我们可以概括出古代"气占"预测吉凶的三大原则：

① 参见李存山：《试评清华简〈保训〉篇中的"阴阳"》，《中国哲学史》2013年第3期。
② 《越绝书》卷十二，《越绝外传记军气》，四部丛刊史部，上海涵芬楼借江安傅氏双鉴楼藏明双柏堂刊本，第97页。
③ 李淳风：《乙巳占》卷九，上海：上海古籍出版社1995年版，续修四库全书本，子部术数类，第142页。
④ 瞿昙悉达：《开元占经》卷九七，北京：中央编译出版社2006年版，点校本，第711页。
⑤ 李淳风：《乙巳占》卷一"日月旁气占"，第33页。

其一，云气颜色。"青白，其前低者，战胜；其前赤而仰者，战不胜。"① "若烟非烟，若云非云，郁郁纷纷，萧索轮囷，是谓卿云。卿云（见），喜气也。若雾非雾，衣冠而不濡，见则其域被甲而趋。"② "卿云"又称"庆云""景云"，李淳风《乙巳占》卷八"云气吉凶占"解释说："庆云，赤紫色，如烟非烟，如云非云，郁郁纷纷萧索，是谓庆云，亦曰景云，见者国有庆。庆云有五色，润泽和缓，见于城上，景云也。"③《开元占经》又言："贤人气，视四方常有大云，五色具者，其下贤人隐也。青云润泽蔽日在西北，为举贤良也。"④

其二，云气之象。"云气有兽居上者，胜。"⑤ "其大根而前绝远者，战。"⑥ 马王堆帛书《天文气象杂占》云："如杼，万人［死下］。""见此，长如车辖，死者盈千。如辕，死者盈万。如敦布，百万死下。"⑦《乙巳占》和《开元占经》这方面的记载也很多："气如人无头，如死人卧，如两蛇，赤气随之，必有大战，将败。四望无云，独见赤云如狗入营中，其下流血。"⑧ "军败之气，如群鸟乱飞，疾伐之，必大胜。"⑨

其三，云气运行态势。"将军之气如龙如虎，在杀气中。两军相当，若发其上，则其将猛锐。……猛将气如尘埃，头锐而卑本大而高。"⑩《隋书·萧吉传》载：萧吉精通阴阳算术，有一次路过华阴，看见杨素冢上有"白气属天"，于是秘密向隋炀帝禀告。隋炀帝问是何征兆，萧吉说："其候素家当有兵祸，灭门之象。改葬者，庶可免乎！"隋炀帝于是劝杨玄感尽快迁坟，杨玄感也略懂气占一二，认为坟上起白气非常吉祥。于是杨玄感借口"辽东未灭，不遑私门之事"为由，拒绝改葬。"未几而玄感以反族灭，帝弥信之。"

三、结语

《庄子·天道》篇云："《易》以道阴阳"，阴阳学说是《易》核心理论，虽然在《易经》中尚未出现哲学意涵的"阴阳"范畴，但其基本理论架构是阴阳学说。王家台秦简《归藏》的出土证明了商《易》的存在，史载夏《连山》、殷《归藏》、周《周易》的易学衍变史真实可信。《易传》阴阳对立、阴阳交感和阴阳转化的学说，标志着

---

① 《史记》卷二七《天官书》，第 1337 页。
② 《史记》卷二七《天官书》，第 1339 页。
③ 李淳风：《乙巳占》卷八"云气吉凶占"，第 139 页。
④ 瞿昙悉达：《开元占经》卷九四，《云气杂占》，第 692－693 页。
⑤ 《史记》卷二七《天官书》，第 1336 页。
⑥ 《汉书》卷二六《天文志》，北京：中华书局 1962 年版（标点本），第 1297 页。
⑦ 《天文气象杂占》，上海：上海古籍出版社 1995 年版，续修四库全书本，子部术数类，第 16 页。
⑧ 李淳风：《乙巳占》卷九"战阵气象占"，第 149 页。
⑨ 瞿昙悉达：《开元占经》卷九七，第 714 页。
⑩ 李淳风：《乙巳占》卷九，"将军气象占"，第 143 页。

古代阴阳气论已基本体系化。在中国古代阴阳气学演变轨迹中，清华简《保训》的地位与价值比较重要。"测阴阳之物"实际上已涉及中国古代一种非常奇特、但又普遍流行的祷问方式——气占。殷周时代，卜筮之风隆盛，灼龟为卜问，蓍占为筮问。这两种祷问术数因有殷墟甲骨和《周易》的传世，人们知之甚详。但对于气占这一方术了解甚少，清华简《保训》的出土，唤醒了我们对古代这一方术的记忆与研究。清华简《保训》或许是阴阳家的著述。班固《汉书·艺文志》言"阴阳家者流，盖出于羲和之官，敬顺昊天，历象日月星辰，敬授民时，此其所长也。及拘者为之，则牵于禁忌，泥于小数，舍人事而任鬼神"。班固认为阴阳家来源于掌管天文历法的羲和之官，天论与阴阳五行学说是邹衍学说的主要内容。《文心雕龙·诸子》认为"邹子养政于天文"。善于谈天、谈气、谈阴阳五行，是邹衍学说一大特点。但是，邹衍绝非单纯为谈天而谈天，谈天、谈气、谈阴阳五行，最终目的是为了谈人事。"敬授民时"的同时，也会做一些"泥于小数"的事情。气占与天人感应世界观紧密相关，除了人与自然相互影响之外，气占在性质上是一种方术，在某些层面也可以说是一种古代巫术。气占祈求通过某种技术手段，揣摩天心天意，力求做到人事与天意协调一致，期盼天降祥瑞而不是谴告，从而达到天命不移、国祚恒久、江山永固之社会目的。因此，我们今天只有从气占这一视域去释读与研究清华简《保训》，才能真正读懂其中的隐晦之义。

王承略 1966年生，山东诸城人。山东大学儒学高等研究院教授、博士生导师。师从王绍曾、董治安两位先生，研究先秦两汉文史文献、目录版本学、中国经学史，在史志目录、《诗经》学、《后汉书》研究领域有较深的造诣。发表论文70余篇，出版《两汉全书》（副主编）、《儒藏精华编经部诗类》（主编）、《二十五史艺文经籍志考补萃编》（主编）、《诗毛氏传疏》（古籍整理）、《李焘学行诗文辑考》《郑玄与今古文经学》《后汉书注译》等著作。

《两汉全书》 与两汉儒学文献整理研究

各位前辈，各位同仁，各位同学，大家好。

我发言的题目也是泽逊兄给我定下的。其实这个题目应该由刘晓东老师来谈，因为《两汉全书》是董治安先生和刘老师主持的，我只是襄助两位老师完成了这个工作。

在谈《两汉全书》之前，我先把目前几个项目的进展情况向各位先生汇报一下。一个是我和刘心明老师刚完成的《二十五史艺文经籍志考补萃编》，就是把"艺文志"和"经籍志"做全面地汇编和整理，一共 27 卷，84 种书，这是史志目录目前为止比较全面的一个汇编整理本，对于摸清我们的学术、文化家底，是有一定作用的。下一步我们还要再出一个续编，因为《萃编》截止到 1911 年，1911 年之后的资料我们还要进一步汇编整理在一起。而且 1911 年之前的史志目录由于各种原因还有遗漏，到目前为止又找到了五六部，这些新发现的材料也要补充到续编里。

另一个项目是我们参加了北大《儒藏》的《诗经》类的编纂整理工作。《诗经》类是由董先生、郑老师和我来负责的，虽然北大《儒藏精华编》目前还没有最后完成，但是我们《诗》类的整理工作早在几年前就完成了，我们整理了 20 多种书，除了朱熹的《诗集传》是严先生他们整理的以外，剩下的要籍都是我们来整理的。我自己整理的书觉得印象非常深刻的有三部，一部是陈奂的《诗毛氏传疏》，这个书部头太大了，整理的难度也很大，我们把它整理出来以

后，中华书局的编辑希望我们按新体例重新整理一下，收进《清人十三经新疏》里去出版，现在这个工作快要做完了。另一部书是陈启源的《毛诗稽古编》，我整理的时候觉得印象很深刻，因为这个书的嘉庆本是用楷化的篆文刻成的，版本非常有特色。再有一本书是杨简的《慈湖诗传》，整理起来比预计的难。这是其中的三部，剩下的十多部就不一一说了。前些日子庞朴先生去世，北大《儒藏》来了三位同志参加遗体告别仪式，谈到下一步工作的时候，表示"全藏"可能要在今年或者明年论证上马，最新进展就是这么一个情况。

再一个项目就是《子海》，昨天刘心明老师已经谈了一些情况。《子海》有四个任务栏，他负责的是《珍本编》，而《精华编》则主要由我来负责。《精华编》整理 500 种子部要籍。山东省共有 10 个团队来参加，这样山东省的主要高校差不多都参加了，再加上全国的和海外的参加者一共有 160 多人，每人平均做两三种。《子海》精华编有这么多人、这么多团队参加，是一个名副其实的协作体。在座的黄怀信先生，先前给我们整理了《老子》的新注本，昨天又带来了新整理的《困学纪闻》，老先生们非常支持《子海》的工作。我个人觉得《子海精华编》里非常重要的书有三部，一部是《管子汇注集校》，一部是《荀子汇注集校》，一部是《太平广记汇校》，字数都在六百万字以上，它们应该是《子海》推出的品牌。

最后，谈一下《两汉全书》的情况。《两汉全书》是董先生主持的项目，刘老师也是主持人，我是协助他们来完成工作的。董先生为了这部书，实际上付出了晚年的很多心血，而董先生的去世与编写此书的劳累有关。2010 年出书的时候，审稿工作主要是董先生来完成的，他太劳累了。现在谈到《两汉全书》，我心情很沉重，很想念董先生。在协助董先生和刘老师整理《两汉全书》的过程当中，我对两汉文献的特点稍稍有了一些了解。

第一个特点，经学文献特别多。这是汉代作为经学昌盛时代在文献上的反映。经学文献我大体统计了一下，现存两汉著述的传本，包括辑佚书，不去重复，总共有 807 种。其中经部 488 种，史部 112 种，子部 171 种，集部 36 种。从种数上看，经学文献占全部现存文献的 59% 还要多。实际上所谓儒学文献，是有大概念、小概念之分的。有一种观点认为《四库全书》就是乾隆皇帝眼里的《儒藏》，《四库全书》没收什么呢？没收《道藏》，没收《佛藏》，没收宋元话本、元杂剧和明传奇，也就是说除了这三者之外的东西，都可以看作是广义的儒学文献。用小概念来理解的话，儒学文献主要在传统的经部和子部的儒家。我的统计只就经部而言，实际上汉代很多文献都有儒学色彩，像《汉书》，你能说它跟儒学文献无关吗？其实它保存有大量的儒学原始资料。

第二个特点，辑佚书多。两汉现存著述的传本共有 800 余种，除去重复后有 300 余种，其中90%以上以辑佚书的形式出现。两汉的著作有多少呢？我统计了一下，《汉书艺文志》、姚振宗《汉书艺文志拾补》和他的《后汉艺文志》加起来，两汉的著作一共是1300部，完整地保存下来的书，也就那么二三十部，并不多。所以辑佚书的整理，是两汉文献整理的难点。前人的辑佚成果可以利用，但是前人的辑佚成果，由于理解不同，往往多出一段或少出一段，那时候又没有个数据库来检索，遗漏很多。所以综理前人辑佚成果和地下出土文献，整理出好的辑本，是应当受到关注的。

第三个特点，伪书多。

第四个特点，地下出土文献多。

时间到了，我就汇报这么多，谢谢大家。

（尼山学堂丰子翔据录音整理）

两汉文献与《两汉全书》

  《两汉全书》是全国高等院校古籍整理研究工作委员会系列重大古籍整理项目"八全一海"之一，是迄今为止海内外第一部两汉现存文献的总汇。《全书》的编纂始于1994年。1996年被"古委会"立项，先后被列入教育部人文社会科学研究"九五""十五""十一五"规划，国家"九五""十五""十一五"重点图书出版规划。2003年被全国古籍整理出版规划领导小组列为"古籍整理出版重大工程"。2009年12月，山东大学出版社正式出版，共36册，1300万字。我有幸参加了《两汉全书》编纂的全过程，见证了启动的艰难、整理的辛劳、校勘的反复和完成的喜悦，在工作过程中对汉代文献也有了不断深化的了解和认识，在此我不揣谫陋，结合自己以前曾发表过的小文①，依据《两汉全书》主编董治安先生为《全书》作的前言，酌采时贤对《两汉全书》的评论②，拟就两汉文化学术概况、两汉文献的特点和整理现状、《两汉全书》的编纂内容和体例等方面略抒管见，请大家批评指正。

一、汉代文化学术概述

  汉代是中国传统社会政治、经济、文化、思想、学术等各方面的体制或模式全面确立和奠定基础的重要时期，也是中华民族的文化心理结构基本形成的重要时期。汉代所有的创立和建设，都在为中国此后的社会发展导夫先路，其影响之深远，出乎人们的想象。

---

  ① 《两汉文献的现状与〈两汉全书〉的任务》，《文史哲》1998年增刊；《论两汉经学发展的五个阶段》，《山东大学学报》2002年第1期；《论两汉文献的构成特点和整理现状》，《山东大学学报》2003年第1期。

  ② 《两汉风貌全景图》，刘跃进，《人民日报》2010年10月12日；《编纂大型断代文献集成的成功尝试——评〈两汉全书〉》，韩格平，《光明日报》2010年9月17日；《寓广博于精审之中——读〈两汉全书〉》，张廷银，《光明日报》2010年9月21日；《汉代文献集大成者——评介山东大学出版社新出〈两汉全书〉》，王子今，《光明日报》2010年9月21日；《〈两汉全书〉中石刻文献的汇辑与整理》，刘心明，《社会科学报》2010年9月2日；《识典知本讨源窥流——〈两汉全书〉的学术价值》，王洲明，《社会科学报》2010年9月23日；《出土文献与〈两汉全书〉之"全"》，廖群，《东岳论丛》2010年第8期。

从社会的政治、经济体制看，经过春秋、战国四百余年剧烈动荡而建立起的大一统的封建地主制，历经楚汉战争和汉初削藩战争两大厄难，最终在汉武帝时确立并更加巩固，此后二千余年几成定式，再没有根本上的改变。

从文化、思想和意识形态领域看，汉代结束了诸子争鸣、各为宏论的时代，自武帝始为统一天下思想而大倡儒学，确立了儒表法里"霸王道杂之"的统治法则，适应并促进了封建制度的上升和发展。

从中华民族的发展看，汉代在前所未有的幅员辽阔的疆土上，开发东南、西南，沟通西域，反击北方入侵，并最终导致匈奴内附，基本上确立了以汉族为主体而多民族友好共处、共同发展的国家模式，并在全国范围内极大程度地推动了各民族之间的融合。

从学术发展看，汉代更是承前启后、继往开来的重要阶段。昌盛的经学，成熟的史学，趋于综合和演化的诸子之学，繁荣的文学创作，以及天文、历法、医学等科学技术的发达与进步，构成了两汉学术、文化的丰富多彩和博大精深。

哲学上出现了为适应时代的要求、旨在把封建大一统理论系统化的董仲舒的天人感应学说和伦理纲常学说，出现了扬雄、桓谭的坚定的反谶纬迷信的无神论思想，更出现了司马迁、王充、仲长统等人的进步思想和史观，成为继先秦之后哲学发展史上的又一高峰。

经学上儒家一派之经一变而成为天下王朝的经典，今文经学先后有十四家博士立于学官，古文经学亦不断发展壮大，经学最终战胜诸子百家之学，形成独尊之势。由于经术与政治的密切结合，更由于经学内部今古文之间的斗争与融合，使得经学愈演愈烈，造就了所谓的"昌明时代"和"极盛时代"。

史学上司马迁集汉代以前史学成就之大成，开创了纪传体通史，对有史以来的文化遗产进行了全面的总结，班固一变而为断代史，都成为后世纂修"正史"的典范。

诸子之学则由于儒家的独尊而趋于综合和演化，法家、阴阳家、墨家俱被不同程度地纳入儒家的哲学体系，稍微改变了各自的存在形式；道家则由汉初的统治思想逐渐流为修性养生之学，延至汉末，成为道教和玄学应运而生的主要思想根源；其他兵家、农家、杂家，亦各有长足的发展。

文学上产生了足以代表一代文学特色的汉赋，出现了与汉赋交相映辉、同步发达、较之先秦形式更加多样、体裁更加完备的散文，涌现了许多优秀的乐府民歌，产生了七言诗的雏型和成熟的五言诗，并开始了文学理论的探索和思考，这些都对后世文学发生了不可估量的影响。

对汉代这样一个重要的历史阶段，毫无疑问应该给予足够的重视和深入的研究。徐复观曰："两汉思想，对先秦思想而言，实系学术上的巨大演变。不仅千余年来，政治社会的格局，皆由两汉所奠定。所以严格地说，不了解两汉，便不能彻底了解近代。即就学术思想而言，以经学史学为中心，再加以文学作辅翼，亦无不由两汉树立其骨干，后人承其绪余，而略有发展。"① 曹聚仁《中国学术思想史随笔》引顾颉刚之说云："汉代学者是第一批整理中国历史资料的人，凡是研究中国古代历史和先秦各家学说的人们一定要先从汉人的基础上着手，然后可以沿源溯流，得着一个比较适当的解释，所以汉代学术享有极崇高的地位。"② 其实，不仅研究中国古代史和先秦各家之说者要从汉代着手，研究汉以后各代的文化学术，亦不可不溯源于汉，否则就谈不上研究的根植和基点。特别是清代学术，向来被视为汉代学术的翻版，没有所谓"汉学"，便没有清代学术。

总体看来，一个时代的文化内涵，主要体现在这一时代产生的文献中，并通过文献的流传而得到继承和延续，所以对一个朝代全方位的认识和总结，最终要落实在对这一朝代文献的保存和整理上。正是出于这样的考虑，山东大学编纂了有史以来第一部囊括汉代全部著述的大型丛编《两汉全书》。

二、两汉文献整理的历史回顾

两汉文献的整理由来已久。早在汉代，就已经开始了这一工作。刘向、刘歆、苏竟、班固、傅毅校书，都包括了对本朝文献的清理。值得注意的是，汉人注释汉代文献，也已蔚然成风，这突出体现了汉人对本朝文献的重视。如许慎、高诱先后注释《淮南子》，宋衷注《太玄》，荀悦、服虔、应劭注《汉书》，王逸注《楚辞》，郑玄注谶纬，等等。这些最早出现的注释，在后人看来，几乎与原典同样重要，其研究价值之高，自不待言。

魏晋以降，汉代文献在兵燹丧乱和自然汰亡的过程中，整理和传播历尽折曲而赓扬不绝。就专著而言，经历代披沙拣金，保存下来不过几十种著作。人们对这些专著喜爱有加，笺注疏释历久不辍，并因自身学术价值所致，这些著作成为很多丛书的首选，诸如《说郛》《古今逸史》《两京遗编》《夷门广牍》《汉魏丛书》《广汉魏丛书》《增订汉魏丛书》《格致丛书》《秘书九种》《增定汉魏六朝别解》《津逮秘书》《诸子汇函》《子书百家》《四库全书》《后知不足斋丛书》等，俱或多或少地选收汉人著作。其中《两京遗编》《秘书九种》等更是以收录汉人著作为主。汉人著作得以保存和流传至今，这些丛书做出了不可磨灭的贡献。

就文、赋、诗而言，整理和流传则大体沿着两个方向发展。一方面以个体作家为对象，把文、赋、诗勒为一编，成为一家之别集；一方面以多个作家为范围，专选文、

---

① 《两汉思想史》第二卷《自序》，上海：华东师范大学出版社 2001 年版，第 1 页。
② 《中国学术思想史随笔》，北京：生活·读书·新知三联书店 1986 年版，第 29 页。

赋、诗，或把三者综为一编，成为专科性的和综合性的总集。

汉人别集之名大概在东汉末年才出现，但刘向校书时，已有意识地衷集各家之文，依人编定，如《汉志》著录司马相如赋二十九篇、枚皋赋百二十篇等，虽无别集之名，而已具别集之实。迨魏晋南北朝，新编或追题的汉人别集数量甚多，《隋书·经籍志》著录见存的汉人别集四十九部，著录亡佚的汉人别集五十二部，可见汉代重要的学人在六朝时大都有别集传世，但这些别集亦因社会动乱而旋编旋灭。到了《宋史·艺文志》，只著录了董仲舒、枚乘、刘向、王褒、扬雄、李尤、张衡、张超、蔡邕等九人的别集，洎靖康之难和宋末战争，这九家别集亦俱散亡不传。根据《史记》《汉书》《文选》、类书和残存资料，重辑汉人别集，明人做出了较大贡献。汪士贤编《汉魏诸名家集》，重辑汉人别集五家；张溥编《汉魏六朝百三名家集》，重辑汉人别集十八家；张溥所辑，成为严可均编纂《两汉文》的主要依据。这就是汉人别集从产生、到盛行、到消亡、到重编的大致过程。

汉人的诗赋文章被整辑为总集，也始于汉代。《汉志》杂赋和歌诗两类，或以体裁而系联数个作家，或以地域而统包数个作家，都是名副其实的总集。魏晋以下，随着文学创作的繁荣，编纂总集一时成为风尚。其与汉代文献关系至巨者，有综合性的总集，如晋挚虞《文章流别集》、梁萧统《文选》等，都收录了数量较多的汉人诗文；有专科性的总集，如北宋初年窦俨编《东汉文类》专收文章，晋陈长寿编《汉名臣奏》专收奏议，谢灵运编《赋集》、梁武帝编《历代赋》专收辞赋等。这些专科性的总集多已不传，总辑汉人文、赋的重任就留给了清人严可均，他编的《全汉文》《全后汉文》，可以称得上是两汉文、赋的集大成之作。在严可均的基础上，今人费振刚等又编选了质量更高的专科性总集《全汉赋》。专科性总集中专收乐府诗歌者，有徐陵《玉台新咏》、郭茂倩《乐府诗集》等，至近人丁福保、今人逯钦立，汉人诗歌亦得以集其成。这就是有关汉代文献总集的编纂情况。

前人整理两汉文献的成就是巨大的，尤其是《全汉文》《全后汉文》《全汉赋》《全汉诗》，都在各自的收录范围内，最大程度上对两汉文献进行了清理和整辑，为今天重新整理两汉文献奠定了坚实的学术基础。但它们毕竟各自为编，都只代表某一方面的成就，要查检某个作家的全部作品或对两汉学术文化进行综合考察时就显得多有不便，而且它们都是总集，无法照顾到专著，所以即便把它们综而观之，也无法体现汉代学术的总体面貌。真正地把汉代的诗赋文章专著合为一编，全面反映汉代的文化学术，尚有待于《两汉全书》的编纂。

前人对两汉文献的整理成果，确实为《两汉全书》的编纂提供了极大的便利。但前人编成的总集，其内容品质是参差不齐的。比较而言，《全汉诗》后出转精，校勘成果丰富，网罗亦称完备，基本上可以为《两汉全书》所用；《全汉赋》收录全面，兼载佚篇，注重校勘，亦可为《两汉全书》参用；但《两汉文》却存在着严重的缺陷和不足。王利器先生曾条分缕析《全上古三代秦汉三国六朝文》的讹误，达二十六类之多，《两汉文》的编纂质量因而也就不容乐观。然而迄今为止尚不见有新的文类总集能代替《两汉文》，人们明明知道《两汉文》问题较多，却又不得不小心翼翼地使用它，结果稍有不慎，就会以讹传讹，造成不应有的失误。所以对《两汉文》进行彻底的加工整理，沿着严可均提供的线索重新整辑，并补其罅漏，删其误收，就成了《两汉全书》的工作重心。

再从两汉专著的整理现状看，近几十年来人们普遍地把注意力集中在少数著作，像《史记》《汉书》《韩诗外传》《淮南子》《春秋繁露》《列女传》《新序》《说苑》《方言》《太玄》《法言》《论衡》《潜夫论》等都有新的点校本、注释本问世，有些书的新整理本还非止一种。诚然，它们是汉代文献中的翘楚，整理汉代文献这些专著首当其冲，但它们只是汉代文献的一部分，不能代表全部的汉代文献。汉代文献中有价值的专著还有很多。如《诗经》毛《传》郑《笺》，是《诗经》学史上的经典之作，迄今还没有较好的整理本出现。再如郑玄《论语注》，以张侯论为本，兼采齐论、古论，定出了流传至今的《论语》传本，其书因何晏《集解》出而亡佚后，自宋以来备受辑佚家的重视，王应麟、王谟、袁钧、孔广林、宋翔凤、马国翰、黄奭、王仁俊、龙璋等人俱有辑本，如何综理这众多的辑本，并增补敦煌唐写本的新材料，重现郑玄《论语》之学，就成为当今《论语》研究领域的一大课题。又如刘向的《别录》、刘歆的《七略》，是中国目录学的奠基之作，也是世界上最早出现的综合性书目，自唐末五代战乱二书不幸亡佚之后，不知有多少学人为之扼腕叹息，在清代先后出现了章宗源、洪颐煊、马国翰、严可均、陶濬宣、王仁俊、姚振宗、章太炎等数家辑本，为了弥补《汉书·艺文志》的简略，丰富先秦西汉文化学术研究的史料，重现向、歆父子之学，这些辑本迫切地需要整理问世。又如马融是古文经学发展到巅峰时的顶尖人物，对他的经注进行全面整理，关系到对东汉后期学术的认识和评价，也与郑玄的研究息息相关。其他如伏胜《尚书大传》、旧题焦赣《易林》、史游《急就篇》、氾胜之《氾胜之书》、戴德《夏小正传》、刘向《洪范五行传》、严遵《道德指归论》、薛汉《韩诗章句》、郑众《周礼郑司农解诂》、赵爽《周髀算经注》、服虔《通俗文》、陆绩《周易述》等等，亦无不亟待整理。要把汉代文化学术的研究推向深入，充分认识两汉文化学术的总体成就，就必须立足于现存汉人全部专著和佚著的系统整辑。

三、现存两汉文献的特点

（一）经学文献多

两汉是经学的昌盛时代，经学几乎覆盖了其他一切学术研究领域，成为至高无上的社会意识形态。两汉经学的发展，大致经过五个阶段。每个阶段都是大师辈出，著述丰富。

汉初至景帝末，是经学的初起阶段。此阶段有伏胜，传今文《尚书》二十八篇；高堂生，传今文《仪礼》十七篇；申培、辕固、韩婴，并传今文《诗经》，申培著有《鲁诗故》，韩婴著有《韩诗内外传》；毛亨，传古文《诗经》，撰《毛诗故训传》；董仲舒、胡母生，专治《公羊春秋》，各有撰述。

武帝初至成帝末，是今文经学极盛阶段。此阶段有施雠、孟喜、梁丘贺、京房，专治今文《易》，各自名家；欧阳生、夏侯胜、夏侯建，并传今文《尚书》，各撰《章句》；韦贤、许晏，传《鲁诗》，各有《章句》；后苍、孙氏，传《齐诗》，各撰《故》《传》；戴德，传《礼大戴记》；戴胜，传《礼小戴记》；严彭祖、颜安乐，专治《公羊春秋》；尹更始、刘向，专治《穀梁春秋》等。

哀帝初至东汉明帝末，是今古文对立表面化及谶纬兴起并极盛阶段。此阶段有刘歆，撰《春秋左氏传章句》《条例》；郑兴，撰《春秋左氏章句训诂》；贾徽，撰《春秋左氏条例》；陈元，撰《春秋左氏训诂》《同异》；谢曼卿，撰《毛诗训》；杜子春，撰《周官注》；郑兴、卫宏，撰《周礼解诂》；李育，撰《难左氏义》；锺兴、樊儵，分别删定《公羊春秋》严氏章句；桓荣，传《欧阳尚书》，撰《章句》；薛汉，撰《韩诗章句》等。

章帝初至和帝末，是古文增强声势、今文趋于衰落，及二者于对立中开始走向融通的阶段。此阶段有郑众，尽传古文，撰《周易注》《毛诗传》《周官解诂》《春秋左氏条理章句》；贾逵，博通古文，撰《春秋左氏传解诂》《周官解诂》《古文尚书训》《毛诗传》，又以《大夏侯尚书》教授，兼通五家《穀梁》之说；许慎，撰《五经异义》《说文解字》，对今文、古文兼收并取，等。

安帝初至东汉末，是经学之清理、总结和集大成局面出现的阶段。此阶段有马融，著《三传异同说》，注《孝经》《论语》《诗》《易》、三《礼》《尚书》，广为诠解古文诸经，阐释大义，带有明显的"通学"特征；何休，撰《公羊春秋解诂》，把两汉的《公羊》学作了最后的理论概括；郑玄，立志整百家之不齐，遍注群经，推崇古文，兼治今文，把二者融会贯通，产生了不再注重家法师法的"通学"，成为两汉经学名副其实的集大成者。

两汉经学五个阶段循序渐进的过程，造就了为数众多的经学文献。由于事关学派的命运和自身的利益，经学文献的创作总体上尚称严谨精审，大都依经而立言，与后世五经注我、率尔操觚者自不相同。从现存完整的汉人经注来看，它们在后世一直被视为经典，尤其被汉学家顶礼膜拜。像《诗》毛《传》郑《笺》、许慎《说文解字》、郑玄《三礼注》、何休《公羊春秋解诂》、赵岐《孟子章句》等都很突出地体现了汉代经学的成就，直到今天也是我们研究汉代经学乃至传统文化的必读之书。

据我统计，现存两汉著述的传本（包括辑佚书），不去重复，总共有807种。其中经部488种，史部112种，子部171种，集部36种。从种数上看，经学文献占全部现存文献的59%还要多。这一数字颇能反映现存汉代文献的组成情况。经学文献不仅数量多，而且整理的难度大；除几部完整的经典外，大部分尚无整理本。所以在前人的辑佚成果的基础上，遍查魏晋以下经注、史注、文集、类书，对经学文献重新整辑，推出好的整理本，是《两汉全书》的一个难点和重点。

（二）辑佚书多

伴随着经学的日益昌盛，史学、子学和文学的著述也日渐其多。总起来看，两汉是一个热衷著述、勤于著述的时代。在文献制作史上，可以称得上是一个高峰期。两汉的学者总共有多少著作，年祀久远，已难以详考，不过可以作大致的推测。《汉书·艺文志》著录596家，姚振宗《汉书艺文志拾补》著录317部，除去先秦著述，二者著录的西汉著作，至少当有500部。姚振宗《后汉艺文志》，收录经、史、子、集、佛经、道书共1107部，除翻译佛经290部，尚有815部。以后人的眼光，依据残存的资料，还能考见两汉著作1300余部。这是一个相当可观的数字，足以体现两汉著述的丰富。

然而遗憾的是，两汉去今已远，历经兵燹丧乱，典籍亡佚殆尽，至今几乎百不存一。我们今天能够见到的首尾完具的汉人专著，只有三四十种而已。由此不难想见汉代典籍亡佚的惨烈。早在南宋末年，王应麟摭拾今文三家《诗》遗说，成《诗考》一卷，首开两汉文献辑佚之先河。然元明两代，踵继者尠有其人。驯致有清，学术以复古为能事，尤其关注东汉古文经学、西汉今文经学的研究，因而被称为汉学的复兴时代。所谓汉学的复兴，实际上就是汉代经说的重见天日。而汉代的经说多已不传，所以辑佚就成为重现汉代经说的唯一途径。随后由经说扩至史学、子学，甚至诗文，再由汉代延到六朝隋唐，辑佚的范围不断拓宽。风气所及，一时大家辈出，成就斐然，其中对汉代文献的辑佚做出较大贡献者有：

洪颐煊《经典集林》，辑汉人著述15部；王谟《汉魏遗书钞》，辑汉人著述53部；马国翰《玉函山房辑佚书》，辑汉人著述140部；王仁俊《玉函山房辑佚书续编、补编》，辑汉人著述97部；黄奭《汉学堂丛书》，辑汉人著述62部。其他如章宗源、王绍兰、张澍、茆泮林、宋翔凤、袁钧、孔广林、臧庸、严可均、陈鳣、陈寿祺、陈乔枞、胡元仪、姚振宗、王先谦、叶德辉等人亦各有所成。

清代辑佚家的辛勤搜罗，使汉代文献续绝于千载之后，极大地推动了考据学的发展。实际上，所有的辑佚成果，本身又是考据学重要的组成部分。今天我们整理汉代文献，必须以这些成果为基础，才有可能做到后来居上。两汉现存著述的传本共有800余种（同一书的多家辑本分别计算），除去重复后有300余种，其中90%以上以辑佚书的形式出现。比重如此之大，决定了《两汉全书》的编纂与整理，不能不把辑佚书视为重点和难点。

（三）伪书较多

著书托名前人，以见重于当世，是周秦诸子、方士的一个传统，这一传统对汉代影响极大。《汉书·艺文志》著录依托之书甚多，其中不乏汉人的手笔。又汉代承秦焚书之后，许多典籍化为乌有，也给作伪者留下了可乘之机，如张霸伪造古文《尚书》二百篇、又有人伪造《太誓》即是。及西汉末年，儒家经典早已定于一尊，伴随着社会的动乱不安，依附经书而行的谶纬书大量出现，多数假言孔子，一时间竟被高抬为"内学"。有识之士，如桓谭、张衡、王充等人，莫不以谶纬为虚妄。汉人又往往把某些无名氏的著作假托当代名流，像东方朔那样的诙谐家，就成了这一类作品的逋逃薮。班固在《汉书·东方朔传》里不得不明确指出："朔之文辞……凡刘向所录朔书具是矣，世所传他事皆非也。"① 如《神异经》，被称为是东方朔的作品，但《汉书·艺文志》未见著录，则肯定不出于东方朔之手。服虔注《左传》时已引此书，则此书确实是汉代的文献。又如《列仙传》托名刘向，正因刘向是当代博学名儒，故假之以取重。考应劭的《汉书注》、王逸《楚辞章句》已引此书，则此书是毋庸置疑的汉代文献，只不过作者另有其人，而非刘向。总之，依托和伪托在汉代颇为盛行，因此导致了许多文献真伪莫辨的复杂情况。

魏晋以后，汉代文献在不断亡佚的同时，伪书也在不断地制作。大多数的伪书，是有人故意为之，经历代学人不断考索，作伪者渐趋明朗。如《灵棋经》，旧题东方朔撰，实乃晋襄城寺法味道人依托；《西京杂记》，旧或题刘歆撰，现一般认为系出自晋葛洪之手；《汉武内传》，旧本题班固撰，实亦葛洪所造；《汉武故事》，宋以下本题班固撰，间亦有题班周撰，实乃出自刘宋王俭；《汉武洞冥记》，旧题郭宪撰，实乃梁元帝伪造，等等。但也有一些伪书，其产生似出偶然，并非有人故意造作，如《易林》，旧题焦赣撰，据清人牟庭相考证及唐写本《修文殿御览》，知焦赣当为崔篆之误，大概因为二人名字形音相近，以致相混。另有一些伪书，明知其伪，但作伪的时代和作伪者难以遽定。如《忠经》，旧题马融撰，郑玄注，《四库提要》已据《后汉书·马融传》和《郑志》，证明马、郑实无此书，又据《玉海》引宋《两朝国史艺文志》，论证《忠经》作者实为海鹏。丁晏《尚书余论》则认为《忠经》确系马融撰，不过不是汉之马融，乃唐之马融，指出唐之马融又撰《绛囊经》。考《新唐书·艺文志》《通志·艺文略》《宋史·艺文志》，并著录《绛囊经》，撰者为马雄，不是马融，则丁晏所论，不无偏失。但丁晏举证《忠经》避唐太宗、唐高宗讳，却是事实，则《忠经》出于唐代，

---

① 《汉书》卷六十五，北京：中华书局1960年版，第2873页。

亦非无据。这一类伪书，要论定确实的作伪时代和作伪者，诚非易事，除了继续作细致入微的考据外，更有待于新材料的发现。

以上所列伪书，产生的情形不一，出现的时间自魏晋至于唐宋，已延绵数代，但造伪者并不到此为止，明嘉靖中，丰坊、王文禄还狼狈为奸，炮制了《申培诗说》和《子贡诗传》；清乾隆年间还从日本传入了伪中之伪的《古文孝经》及孔安国《传》。两汉文献的造伪，较之两汉文献的亡佚，持续的时间更为长久，确是一种耐人寻味的文化现象。

当然，伪书并非全无价值，如谶纬从本质上说是伪书，但谶纬产生于汉代，其中保存了大量的汉人经说及科技、民俗的史料；魏晋时的伪书，去汉未远，其中应当保存有汉代的原始文献或传说；至于明代出现的伪书，仍不无撷拾史料之功。但伪书毕竟是伪书，尤其魏晋以下的伪书毕竟不是真实的汉代文献，它们误导并扰乱正常的学术研究，造成的危害是巨大的。因为伪书一旦产生，一旦蒙蔽人心，要想彻底消除其影响，绝非易事。

伪书既然假名汉代文献而流传，久而久之，就构成了汉代文献的一个不容忽视的特点。对于数量可观的伪书，当然要区别对待。像《易林》《神异经》等真实的汉代文献，决不能与魏晋以下伪书同日而语，但魏晋以下伪书也并非已经失去了进一步研究的必要，何况其书伪与不伪，学术界往往存在不同的看法，比如《古文尚书》和孔安国《传》，本已成为定谳，但近些年来持不同意见者大有人在，所以《两汉全书》对全部伪书予以兼收并蓄，但一律在人物小传和专书提要中作必要的说明。

（四）地下出土文献多

两汉地下出土文献，主要包括石刻文献与简帛文献两部分。汉代的石刻文献，自宋代开始不断发现和辑录，至今日积月累，已有相当的规模，在学术研究中发挥的作用也越来越大。汉代的简帛文献，主要发现于 20 世纪初以来，自 1906 年新疆古尼雅遗址斯坦因第二次中亚考察所获西汉木简，至 2009 年北京大学收藏的西汉竹简，百余年间，陆续出土，大量原生文献重见天日，其中重大发现如马王堆帛书、银雀山竹简、阜阳汉简、居延汉简等，不仅丰富了两汉文献的内涵，拓展了两汉文献的外延，更有改写文化史、学术史和思想史的重要作用。

辑录汉代石刻文献的工作，至迟在北宋时期就开始了，宋人洪适在其所著《隶释》《隶续》中就全文收录了汉代石刻文献 256 种。此后，清人倪涛《六艺之一录》收录汉代石刻文献 114 种，翁方纲《两汉金石记》收录 77 种，王昶《金石萃编》收录 78 种，陆增祥《八琼室金石补正》在《金石萃编》的基础上补录 55 种，马邦玉《汉碑录文》收录 84 种。以上各书所收均为民国以前出土或传世的汉代石刻，去其重复，总数在 300 种左右。自民国至今，各地新出土的汉代石刻文献数量不少，总数当在百种左右。近

20 年来，关于汉碑的研究和整辑的著作时有面世，其中两部规模较大：一是日本永田英正等人编著的《汉代石刻集成》，收录汉代石刻文献 176 种，既存石刻释文，又有考证注解，体例甚精，然书中所录石刻释文及其注解均为日文，不便阅读；二是徐玉立等人编著的《汉碑全集》，共收录汉代石刻文献 285 种，绝大多数是据拓片释读并录文，释文后附有拓片的影印件可资参证，体例精善，具有很高的参考价值，可惜此书的释文没加标点。既录释文又加考释的研究性著作，有高文《汉碑释文》、李樯《秦汉刻石选译》等，然规模较小，前者收录 60 种，后者收录 40 种。

《两汉石刻文献》在充分借鉴上述成果的基础上，又作了进一步的增补与加工。不仅将有现存拓本的汉代石刻全部收入，同时也将《隶释》《隶续》以及严可均《全后汉文》等书中所收载的汉碑文字予以移录，两者相加，总数多达 505 种，与当前同类性质的著作相比，数量是最多的，更加全面地反映了汉代石刻文献的整体面貌。

《两汉简帛文献》数量多，整理情况复杂，业已公布的整理成果，有编纂缀合和文字释读之功，存在着著作权问题，所以不可直接抄录。但这部分资料是学界关注的一个热点，在《两汉全书》之中实不容或缺。权衡再三，变通了整理体例，不过录原文，而改为提要撰写。整理者对 1906－2009 年间两汉简帛文献，按照发现的时代顺序，各立条目，给予了系统、全面的展示，广泛利用考古成果，重视文本的选择与原始资料的确认，并在部分条目的编写中提出了自己的看法，自成一格。考虑到查阅的方便，《两汉全书》将《两汉石刻文献》与《两汉简帛文献》各自单独编为一册。又考虑到简帛文献出土时间较为晚近，文本性质有一定特殊性，因而作为"附编"处理。《两汉全书》对石刻文献与简帛文献的处理，总体上说是有特色的，态度也是十分慎重的。

四、《两汉全书》的内容和体例

《两汉全书》在前人成就的基础上，汇收和系统整理所有现存两汉文献，为这个阶段全部文献资料作出了一次系统的巡视和总结，全面反映了两汉学术文化的丰富多彩和博大精深，不仅是编纂汉代大型断代文献集成的首创之举，亦是编纂我国大型断代文献集成的一次成功尝试。

《两汉全书》资料丰富，规模宏大，突出"力求其全"的原则，凡属高祖元年（前206）至献帝延康元年（220）之间的所有文献，举如各种专著、别集，单篇诗、文、赋，以及经籍传注、小学著作、石刻简牍等，包括佚文残篇，悉予汇录，统一编排。收录人物达 870 余人，是迄今为止最完整全面的两汉现存文献的总汇。

《两汉全书》重视文献资料的审查与编排体例的创新。全书把近九百位两汉人物，一律按历史年代逐次排列先后顺序，并以人物为单元排比文献资料。在每一人物名下，首列其专著，次列其诗赋文章，再列其他文献资料。人物年代不详以及佚名著作，统一处理，置于全书之后。像《两汉全书》这样的总体框架，从纵向看，能够如实反映两汉学术发展的整体脉络，并可显示各具体阶段的若干特点；从横向看，则每个人物的全部著述可以尽在眼前。既是集两汉经、史、子各类专著之大成的丛书，又是汉人新编别集和散见单篇文章之总集，这种编纂体式，在古籍整理和研究史上有一定的创新意义。

《两汉全书》体例完整，编纂谨严。《全书》一概为收录的人物撰写小传，为收录的著作撰写提要。前者略述人物可考生平、论著等，后者说明著作的年代、流传与版本等，有重要的学术参考价值。《全书》注重材料的考辨，传世伪书的处理尤取慎重的态度。所有文献一律加以新式标点，并作必要的校勘，方便阅读和征引。

《两汉全书》重视底本的选择与利用。专著类，注意选用年代较早的刻本（包括影印本），或清人的精校精刻本。别集类，注意选用虽非稀见但文献价值相对较高的版本。辑佚类，首选比较完善、品质很好的辑本，直接作为底本，加以标点整理；对于品质较好的辑本，作为工作本，而在此本的基础上修订补充；各家辑本皆不能令人满意，则以各家辑本为线索，广征载籍，重新整辑。

《两汉全书》对两汉谶纬文献予以重新整理，所做主要工作有：确定主据本和参考本、缀合与剔重、核校原始出处、补充佚文、点校注译等。《两汉全书》对今天还存有佚文的160余种谶纬佚书进行整理时，调查到谶纬辑本46种（每种含数种至数十种谶纬佚书），这46种辑本有125种版本（含抄本）。而当前流行的上海古籍出版社1994年版《纬书集成》，仅收古代谶纬辑本14种（计版本16种）；安居香山等人的《纬书集成》号称"辑录完备"，也只收古代谶纬辑本26种，且脱误不少。《两汉全书》依据"佚文数量""出处版本""佚文次序"三项原则，对前人125种谶纬辑本版本进行比较，一一确定了160余种谶纬佚书的主据本，而把其他版本（含上海古籍出版社《纬书集成》和安居香山等《纬书集成》）作为参考本。整理时将主据本佚文和参考本佚文编在一起，剔去重复，并作重新缀合。在对谶纬辑本补充辑佚时，从《文选注》、前四史注、《水经注》《十三经注疏》等著作中，以及唐宋诗文著述（如唐人张说《为留守奏庆山醴泉表》、杨炯《浑天赋》）中，补充了诸多谶纬文句。《两汉全书》对谶纬的新辑补，有助于深入研究经学史，有助于深入研究上古文化史。

《两汉石刻文献》在《两汉全书》中所占比例虽说不大，但因其属性特殊，故而与传世文献、简帛文献具有同等重要的文献价值。《两汉石刻文献》在充分借鉴前人成果的基础上，又作了进一步的增补与加工。除了传世录文外，均用现存拓本逐字核校，力求将录文中的讹误减至最少。校勘工作一以拓本为准，所据拓本主要是《汉碑全集》与《北京图书馆藏中国历代石刻拓本汇编》（战国秦汉部分）两书中所影印的拓片以及日本京都大学所藏汉代石刻拓片。对于漫漶不清的拓本文字，各家有不同的释读，整理时则根据自己的理解酌选一家，别家有参考价值的释读异文则酌予选录，写入校勘记。

若所据释文有误释之处，则据拓本予以订正，并在校勘记中说明。每种文献一般以常见的传统称谓作题名，个别情况下，为了更好地揭示其内容，做了适当的变更。题名之下，大都纂录题记，对碑刻的别称、发现时地、额题、行款、字数、碑阴、基本内容及现存情况予以简要说明，主要甄录现有的研究成果并标明出处，必要的时候则重新撰写题记。通过这次整理汇编，为学界提供一份全面而可靠的"汉代石刻文献"的最新文本。

《两汉简帛文献》尽管不过录原始文献，但对每一次汉代简帛的出土都列出条目，用提要的方式给以全面详尽的介绍，内容包括文献的发掘、出土、整理情况，文献的基本内容、文献图板及释文的载录、出处，学者对文献的考订、研究，以及该条目撰写的参考文献等等，都一一述及，提供了有关该文献的最大信息，极大地方便了读者对两汉出土文献的查阅和了解。

总之，《两汉全书》系统地整辑一代文献，全方位地反映两汉的政治、经济、文化和社会生活，很大程度上开拓了学人的视野，成为传统文化和学术研究中一个重要的资料宝库，具有高质量、深层次的学术研究内容。其规模之大，资料收集之相对全备，体例之独创，标点校勘之追求精良，都是对此前学术水平的一次超越。不仅有力推动两汉文学、历史的断代研究，而且有助于中国传统文化特色的全面总结，可以看作是一项民族文化建设的基础性工程。

黎心平　1975 年生，江苏镇江人。山东大学易学研究中心副教授。毕业于山东大学哲学与社会发展学院，师从刘大钧教授。从事易学与中国哲学史研究。博士论文：《〈周易虞氏消息〉研究》。（李尚信教授请假，改由黎心平教授发言）

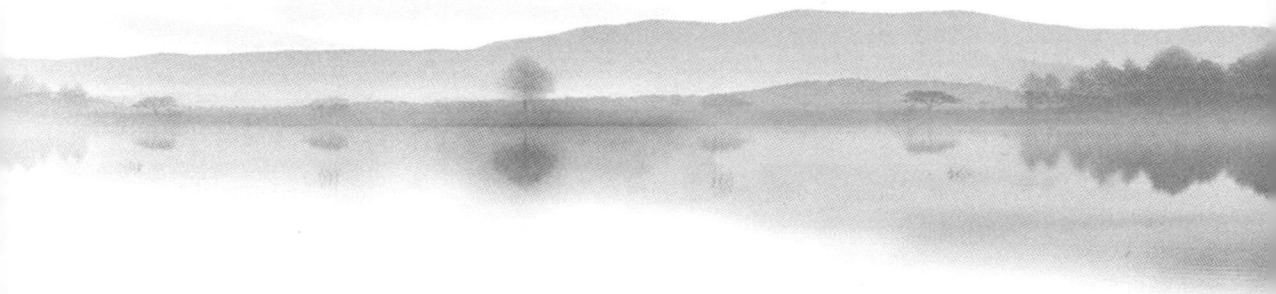

山东大学周易研究中心的文献整理工作

原来是李尚信教授发言的，因为他临时有点事，就让我过来为大家汇报一下易学中心文献整理的情况。

易学中心的文献整理情况主要是两种：一个是刘大钧先生在2010年底审批下来的"百年易学菁华集成"的重大项目。第二个是目前易学中心的刘保贞老师负责做的"易学数据库"的建设，涉及对民国之前以及民国之后这两大部分所有易学文献全文的、目录的收集整理。晚清之后（1901－2010）的110年，也就是我们称为《百年易学菁华集成》这个项目的成果，最后要加进去。虽然是刘先生的项目，但刘先生让我具体负责。

在做这个项目之前，我们曾经做过一个《百年易学菁华集成》初编，大约是在2005年，一直做到2009年底，做了四五年。当时并不是项目，刘先生认为民国后的100年（1901－2000）内出现了很多论文，需要有一个整理，所以就借助易学中心的经费、人力，自己先做。并把具体负责编纂的任务也交给了我，但我不是文献学出身，没有什么思路，当时我们能想到的就是，首先把易学中心的资料：第一是《周易研究》上所有发表的论文，第二是周易研究中的专辑，比如《象数易学研究》，以及知网所有能够搜到的文章，这两部分所有的论文目录集合在一起进行汇编。另外我们有一个得天独厚的条件：当时易学中心保存着一批由已经过世的学者倪策向我们赠送的早期台湾和大陆的易学文献，我们就对这部分文献进行了整理，分类，汇编。《初编》的重点是精选，对所有资料仔细阅读后再分类，比如把研究《周易》作者、年代、基本性质问题的所有文章，编成一小类，最后形成八大类汇集本。在此基础上，再挑选出我们认为这个领域比较高水平的文章，汇编成精华版的《初编》版。

《初编》也存在几个问题：第一，资料不全面，仅上述两部分。第二，主要集中在期刊论文上，著作、硕博士论文、专辑论文等都没有全面涉及。第三，没有采用复印件，而是投入大量人力、物力排版打字。这项工作实际上消耗了我们大量的精力，尤其是四年中的后两年我们基本都在校对，和出版社之间进行互动。工作结束后，我们认为还有进一步做的空间，尤其是台湾易学和民国易学文献的整理。《初编》成果是在2009

年底做出来的，而 2010 年下半年正好申请项目，我们就以《续编》的名义申请了《百年易学菁华集成》（续编）的项目，得到批准。

之后确定的思路是以复制、扫描原件为主，不再打字排版。一百年很长，因此分三大块来做：第一是民国易学文献的整理与研究，第二是台湾易学文献的整理与研究，第三块是大陆易学文献的整理与研究。按照时间段划分任务，思路比较明确，容易得出成果。尽管申请项目的时候我们的材料局限在论文，但是一旦做起来了，就想把这件事情尽量做好。所以我们又把范围扩大：第一是著作；第二是期刊，报纸，专辑论文；第三是硕博士论文；第四是拾遗论文（非易学专著），如《中国哲学史》中的一部分，我们把他摘取出来。这样，就基本包含了所有的易学文献。尽管增加了工作量，但还是很开心。

具体做的思路是首先制作的完整而详尽的目录，再根据目录搜集原文，汇编成册后，再进行阅读分类，最后精选。这样，会最终形成两部分成果：第一是全貌的汇编保存。如已完成的民国文献资料整理，成果有民国期刊报纸汇编 110 册左右，民国易学拾遗汇编 17 册左右，民国原版书原件及复制件 200 多册。而这些资料会同时进行扫描和处理，以备刘保贞老师负责的"易学数据库建设"的需要。因此我们有纸质版和电子版两部分的汇编保存。第二个成果是分类的、精品的资料汇编。这个方面我们逐篇阅读，每个类别由实际阅读分类形成，层层筛选出高水平的文章，形成"分类汇编"和"精选集"。这两方面的成果，最终是希望为研究易学的学者提供帮助：当他需要这一百年来的资料的时候，能随时在我们的数据库里找到全文。而当他需要对某一类问题有了解时，也能比较方便地找到关于这一类的资料及高水平文章。

民国易学资料的整理已经基本完成，现在在校对、复核中。台湾易学文献的工作基本上接近尾声，2012 年我曾带着学生去了台湾一个多月，收集了一些文章。今年暑假打算再去一次，完成扫尾工作。大陆易学文献的整理我们也同期进行，预估明年上半年可以完成。谢谢大家。

（尼山学堂林诗丛据录音整理）

《易经蒙引》校点说明

　　《易经蒙引》十二卷，明蔡清撰。蔡清（1453－1508），字介夫，号虚斋，福建泉州晋江人，成化甲辰（1484）进士，历官南京文选郎中、江西提学副使、南京国子监祭酒。卒谥文庄。清雍正三年，从祀孔子庙庭。据《明史》，"清之学，初主静，后主虚，故以虚名斋。平生饬躬砥行，贫而乐施，为族党依赖。以善《易》名"。其学以尊朱为主，在闽南地区很有影响。明中后期，心学盛起，理学衰微，惟"闽学独撑朱学门户"，"时则姚江之学大行于东南，而闽士莫之遵。其挂阳明弟子之录者，闽无一焉。此以知吾闽学者守师说，践规矩，而非虚声浮焰之所能夺。然非虚斋先生，其孰能开之哉？"（《闽中理学渊源考》卷五十九）主要著作还有《四书蒙引》《虚斋文集》等。

　　《易经蒙引》专以发明朱子《本义》为主。其行文之例，多先引述朱子《本义》《启蒙》之文，再加蔡清自己之评述，条分缕析，并参《朱子语类》、朱子小注、朱子补注之异同，又选录宋元明以来各家注释《本义》之精义，对于研究朱子《本义》，有较高的价值。《四库全书总目提要》引《绣谷亭熏习录》吴焯语，说"是书发明朱子之学，救偏补阙，虽皆出于诸儒经说，而掇拾无遗，谓为朱子功臣，洵无愧也"。

　　《易经蒙引》的成书及早期版本，据林希元《重刻〈易经蒙引〉序》："虚斋蔡子，以理学名成化、弘治间，《易》说若干卷，坊间有旧刻，顾荒缺弗理，人有遗恨。三子存微、存远、存警，雅嗣先志，各出家本，以增校。予属禄仕，分心未之及也。退居暇日，始克承事。书成将刻之，庸书数言，以告学者。"可见大约成化、弘治间，约一四八七年前后，在蔡氏三十三岁左右，其理学已声名远播。据此推测，蔡氏生前，《易经蒙引》估计已成书并付刻流传。但旧刻多有残缺。于是，蔡清三子各出家本，校订精良。版本修订好，即将重刻之前，林希元又作《序》附于书前。此本即为林希元初刻本，简称"林希元本"。林希元（1482－1567），字茂贞，福建同安人，三十五岁中进士。后据《易经蒙引》前附《奏刊易经蒙引勘合》称，嘉靖八年（1529），蔡清之子存远上奏皇帝，请求刊刻《易经蒙引》，"乞要颁示天下"，得到批准，下置福建建阳县建宁书坊具体刊刻，由当时福建按察御史高贲亨订正，此为嘉靖八年高贲亨订正本。由此可以推测，林希元初刻《易经蒙引》当在其中进士做官之后，而在嘉靖八年之前，即三十五岁到四十七岁之间，在四十岁（1522）左右，比较可信。

万历年间流传至今的版本有两种：一、敖鲲重订本（以下简称"敖本"），十二卷，为万历十三年（1585）左右的刻本。二、万历三十八年（1585）彭氏刻本（以下简称"彭本"），十二卷。该本首页为万历三十八年谢廷赞《序》，《序》中提到"侍御彭公嘉惠承学，业已镌《蒙引》《存疑》，与司徒李公所镌《浅说》，并传海内，价重双南矣……兹复梓《周易蒙引》，甚盛心也"。御史彭公，即彭端吾，字元庄，号嵩螺，明万历二十九年进士，曾任山西道御史。正文卷端题"南京国子监祭酒蔡清著、福建按察司提学副使高贲亨订正"。卷四、卷五等卷首页，高贲亨之次行又加入"广东按察司提学佥事林希元校正"，可推测，此本以嘉靖八年高贲亨订正本为底本，而嘉靖八年本又出于林希元刻本，因此，万历三十八年本从某种意义上说保存了较为原始的版本面貌。

明末的主要版本有：明末敦古斋刊刻葛寅亮评本（以下简称"葛评本"），宋兆㸌重订本。葛评本二十四卷，该本内封面页上端刻"葛屺瞻先生评定"，下刻"本府藏板"，书中避"校"为"较"，系避天启皇帝朱由校之讳，应为天启、崇祯间刻本。宋兆㸌重订本，十二卷。四库全书本（以下简称"四库本"），十二卷，为清乾隆三十八年（1773）江苏巡抚采进本，未标明刻本或抄本。

经校对发现，敖本、四库本、宋兆㸌重订本差别不大，似为一系。其中，四库本、宋兆㸌重订本非常相似，如"行行"为"之行"之误的相同等，因此推测，四库本可能采用了宋兆㸌重订本。而葛评本和彭本则更为接近，似为另一系。

以上诸本，嘉靖八年高贲亨重订本和林希元本均更早，但嘉靖八年本今已未见，林希元本犹存（北大图书馆），只是不便复制、使用。敖本虽较彭本为早，但其卷首仅有林希元《序》，不知依据何本而来。相比之下，反不如彭本来源清楚，能显现更早版本的面貌。所以，此次校点，以国家图书馆所藏万历三十八年彭本作底本。校本采用两种：敖本、四库本。之所以不采用明末两个版本，主要是因为版本的不完整。葛评本承明末学风，多擅自删节，改变原文的面貌较大。宋兆㸌重订本，就国内所见均残缺不全，为严灵峰先生《无求备斋易经集成》所辑录者，原书当有十二卷，但严氏所收为残缺本，仅有前六卷，后六卷以四库本补全。实际上，除彭本、四库本外，诸本均有程度不同的阙失。敖本多处出现文字漫漶不清，以及原书本身装订错乱，内容或有重复和脱漏者，但因为敖本较早，所以选作校本。

底本原书无目录，今据正文增补。敖本林希元《重刊易经蒙引序》颇有价值，今亦补入，置于卷首。

本书标点工作，卷一至卷八由黎心平完成，卷九至卷十二由高原完成。整理中，得到了各方真诚帮助，其中，敖本、葛评本，由日本内阁文库提供。版本资料、版本源流的釐清及校点说明，杜泽逊先生、甘祥满老师给予了指导和建议，校对工作中，马倩倩付出了辛勤的劳动。特在此一并致谢！

RUJIA
WENMINGLUNTAN
儒家文明论坛

杨朝明 1962 年生，男，山东梁山人。先后于曲阜师范大学、华中师范大学、中国社会科学院研究生院获历史学学士、硕士、博士学位。现为中国孔子研究院院长、研究员、《孔子学刊》主编，曲阜师范大学教授、博士生导师，国际儒联副理事长，山东孔子学会副会长、秘书长。主要研究领域为孔子与中国文化、儒学文献与儒家学术史。代表性著作有：《周公事迹研究》《鲁国史》（合著）、《鲁文化史》《儒家文献与早期儒学研究》《孔子家语通解》《论语诠解》等。

崔海鹰 1979 年生，男，山东平度人。先后于曲阜师范大学获历史学学士、硕士、博士学位。师事杨朝明、黄怀信先生，硕、博士论文分别为《郭店儒简〈成之闻之〉研究》《孔传〈古文尚书〉渊源与成书问题探论》。现为中国孔子研究院助理研究员，主要从事孔子儒学与相关文献研究。

《孔子家语》与《周礼》

在中国文化的典籍之中，无论《孔子家语》还是《周礼》，在关于所谓作者与成书年代问题上，都曾具有极大争议。但是，即使在疑古思潮盛行时期，除了少数极端的疑古论者，学术界大多还是隐约看到了它们的价值。但是，其价值究有几何，却未必符合实际。

宋代以来，《孔子家语》一书曾长期被疑为王肃伪作，甚至被认为是"赝之中又有赝焉"①。稍后，虽有学者对王肃伪造说提出质疑，然而，以疑辨风气所趋，并没有得到应有的响应。近几十年来，随着学术风气的转向，特别是相关出土简帛陆续问世，人们由此重新认识《孔子家语》问题。而今，许许多多的学者都深感《孔子家语》的价值实在不容低估。

《孔子家语》是关于孔子言行、思想的珍贵文献，也包含诸多关于古籍成书问题的重要信息，其中《执辔》篇就透露了关于《周礼》成书年代的极其重要信息，值得引起学界足够的注意！

一

《执辔》篇的前半部分是记孔门弟子闵子骞向孔子问政时，孔子关于治国主张的论述。在该篇中，孔子十分强调"德法"，也就是强调德治。这些认识，与其他资料中所显示的孔子治国思想是完全合拍的。

在《执辔》篇中，孔子开门见山地提出为政治国应当"以德以法"，认为"德法者，御民之具"，即把"德法"看作治国的根本。需要指出的是，这里的"法"是"礼法"之"法"，有法则、法度、规章之义，与今天所说的"法制"之"法"有所区别，故孔子将"德法"与"刑辟"对举。

---

① 顾颉刚先生语。见《孔子研究讲义按语》，《中国典籍与文化论丛》（第7辑），北京：北京大学出版社2002年版。

孔子是典型的德治论者，而《执辔》篇所反映的同样如此。他把治国形象地比喻为驾车，而把德法看作统御人民的工具："夫德法者，御民之具，犹御马之有衔勒也。君者，人也；吏者，辔也；刑者，策也。夫人君之政，执其辔策而已。"接着，又结合对"古之为政"的论述，具体阐述了他对德、法关系的认识，其荦荦大端有：

（一）治国者不可不有"德法"与"刑罚"

在《执辔》中，孔子以"辔"喻吏，以"策"喻刑，指出作为君主，应只不过是"执其辔策而已"；古代的天子即是如此，他们以内史为左右手，以德法为衔勒，以万民为马，从而执其辔策"御天下数百年而不失"。在此，孔子虽没有特别强调刑罚，但也没有忽视、放弃刑罚。在他看来，"善御马者"的前提之一就是"齐辔策"，策即是刑，因此刑罚不可不有。当然，只是作为德法的补充而出现。《家语·刑政》篇记载孔子说："大上以德教民，而以礼齐之。其次以政焉导民，以刑禁之，刑不刑也。化之弗变，导之弗从，伤义以败俗，于是乎用刑矣。"表明刑罚之用乃以德法为前提，只能施用于愚顽不化、不守法度的人。

（二）盛德薄刑而天下治

在孔子看来，"善御马者"，应将重点放在"均马力，和马心"上面，这样才有可能收到"口无声而马应辔，策不举而极千里"的功效。与之相应，善御民者应将重点放在德法上面，他指出："善御民，壹其德法，正其百官，以均齐民力，和安民心，故令不再而民顺从，刑不用而天下治。"

孔子重视德治，倡导以礼为国，主张先礼后刑，盛礼薄刑，在其他文献中也有反映。《孔丛子·刑论》记述孔子弟子冉雍向老师请教古今"刑教"的差别，孔子回答说："古之刑省，今之刑繁。其为教，古有礼然后有刑，是以刑省；今无礼以教而齐之以刑，刑是以繁。"在他看来，对民众进行教化，统治者首先应当为政以礼。为政以礼就是崇德，就是建立德行，以德待民。凡是安人、安国、安天下，都应当首先修己，这样才能使臣以礼，使民以时。统治者以"德"训民，上行下效，作奸犯科的人就会大量减少。如果民众不明礼仪，是非不分，而上层管理者却只靠强力压制，结果只会徒增刑罚，却无益于治国安邦。

这一点，与《论语·为政》篇所记"道之以政，齐之以刑，民免而无耻；道之以德，齐之以礼，有耻且格"的思想内涵完全一致。

（三）治国而无德法则民无修

孔子认为，治国者不可丢弃德法而专用刑罚，这样，就会造成非常严重的后果。《执辔》篇记孔子的话说："不能御民者，弃其德法，专用刑辟，譬犹御马，弃其衔勒而专用棰策，其不制也可必矣。夫无衔勒而用棰策，马必伤，车必败；无德法而用刑，民必流，国必亡。治国而无德法，则民无修。民无修，则迷惑失道。"阐述得可谓既形象又富有历史的逻辑性。

《孔丛子·刑论》的记述也可以与之印证。《尚书·康诰》中有"兹殷罚有伦"之语，有弟子向孔子请教此言何指，回答是"不失其理之谓也"。在孔子看来，为政治国应当法令一致，刑狱适当，不可随意处置。一个好的执法者应当慎重对待刑狱，尽量广施教化，注意防止犯罪，使人们远离刑狱，从根本上杜绝刑狱。因而孔子又说："古之知法者能远狱，今之知法者不失有罪。不失有罪，其于恕寡矣；能远于狱，其于防深矣。寡恕近乎滥，防深治乎本。《书》曰：'维敬五刑，以成三德。'言敬刑所以为德矣。"与《执辔》篇所记显然是相应、一致的。

此外，《孔子家语·执辔》篇的内容、思想还与诸多孔子、儒学文献皆存在密切关系。[①] 概而言之，该篇所揭示的孔子德法为治的思想，与其整体的治国思想完全相应、一致，无疑应是一篇重要、可靠的孔子儒学文献。

<h2 style="text-align:center">二</h2>

在上节论述中，本文征引了《孔丛子》的部分材料。然而，在一些传统观点中，《孔丛子》亦为伪书，果如是，此处就有"以伪证伪"之嫌，因此，尚有必要一提此书的可靠性问题。

该书二十一篇，旧题孔鲋撰，记述了孔氏家族从孔子到孔鲋数代人物的言行。由于《汉志》不著其书，加之书中有明显的舛误，故宋代以来不少人不信其真，近人更多认定其书为汉魏时期的王肃所伪造。其实，问题绝不如此简单。该书涉及孔氏家族人物前后九代，历时二三百年，宋人宋咸在《注孔丛子序》中谈到了他对《孔丛子》成书问题的看法，他认为该书是孔子之孙孔鲋在秦末所撰，其名曰《孔丛子》，是因为"言有善而丛聚之也"。至于后面的《连丛子》上、下篇，则是汉武帝时期的太常孔臧以其所为赋与书结集而附益的结果。

黄怀信先生曾对《孔丛子》进行专门研究，也发现该书是所谓"伪书"的说法并不可靠，进而认为其中所记孔子、子思、子高的部分均有原始材料，其文字基本上是采集旧材料或据旧材料加工而成，子顺以下的材料则基本上属于直接编撰。[②] 事实上，将该书的每一部分与相关资料认真比较研究，应该承认这种观点是正确的。

在传统的疑辨古书过程中，由于古代学术、文献之间的密切联系，对古书真伪、可靠性的判定往往呈现"一伪俱伪"，最终导致近乎无书可读的局面。由此反过来讲，如

① 详见杨朝明：《〈孔子家语·执辔〉篇与孔子的治国思想》，《儒家文献与早期儒学研究》，济南：齐鲁书社2002年版。

② 黄怀信：《〈孔丛子〉的时代与作者》，《西北大学学报》1987年第1期。

果一种传统的"伪书"被证实为真，也应反证与其密切相连的其他文献绝非断然的伪作，至少为其真实、可靠性提供一种正面的参照。

《孔丛子》与《孔子家语》即是如此，《孔子家语》与《周礼》也应是如此。在《家语·执辔》篇中，最值得注意的是孔子有关古代"以六官总治"的论述，这一部分论述与《周礼》相应，既是本篇撰作时间方面的一个重要信息，也是《周礼》成书年代的重要参照，其文献价值自不待言。

在这段文字中，孔子同样将治国与驾车作比，称古代御天下的天子与三公一起，"以内史为左右手，以六官为辔"，从而注重德法，考课官吏，治理国家。这里的记载与前面的部分是相应的。

孔子所说的"六官"即是《周礼》中的冢宰、司徒、宗伯、司马、司寇、司空。将《周礼》六官以及太宰一职的职掌与孔子的论述相对应的部分一一对照，不难发现他们之间的内在联系。

《周礼》六官	《周礼》太宰	《孔子家语·执辔》论述"以六官总治"		
乃立天官冢宰，使帅其属而掌邦治，以佐王均邦国。治官之属……	一曰治典，以经邦国，以治官府，以纪万民。	冢宰之官以成道。	以之道，则国治。	官属不理，分职不明，法政不一，百官失纪，曰乱。乱则饬冢宰。
乃立地官司徒，使帅其属而掌邦教，以佐王安扰邦国。教官之属……	二曰教典，以安邦国，以教官府，以扰万民。	司徒之官以成德。	以之德，则国安。	地而不殖，财物不蕃，万民饥寒，教训不行，风俗淫僻，人民流散，曰危。危则饬司徒。
乃立春官宗伯，使帅其属而掌邦礼，以佐王和邦国。礼官之属……	三曰礼典，以和邦国，以统百官，以谐万民。	宗伯之官以成仁。	以之仁，则国和。	父子不亲，长幼失序，君臣上下乖离异志，曰不和。不和则饬宗伯。
乃立夏官司马，使帅其属而掌邦政，以佐王平邦国。政官之属……	四曰政典，以平邦国，以正百官，以均万民。	司马之官以成圣。	以之圣，则国平。	贤能而失官爵，功劳而失赏禄，士卒疾怨，兵弱不用，曰不平。不平则饬司马。
乃立秋官司寇，使帅其属而掌邦禁，以佐王刑邦国。刑官之属……	五曰刑典，以诘邦国，以刑百官，以纠万民。	司寇之官以成义。	以之义，则国义。	刑罚暴乱，奸邪不胜，曰不义。不义则饬司寇。
	六曰事典，以富邦国，以任百官，以生万民。	司空之官以成礼。	以之礼，则国定。	度量不审，举事失理，都鄙不修，财物失所，曰贫。贫则饬司空。

《周礼》原称《周官》，是关于周代官制、典志、礼法的最重要文献，包含着中国古代文明，尤其是周代礼乐文明的大量核心信息。

关于《周礼》的真伪及成书年代问题，学术界的看法存在重大分歧。其中原委，贾公彦《序周礼废兴》指出：

《周官》，孝武之时始出，秘而不传。《周礼》后出者，以其始皇特恶之故也。是以《马融传》云："秦自孝公已下，用商君之法，其政酷烈，与《周官》相反。故始皇禁挟书，特疾恶，欲绝灭之，搜求焚烧之独悉，是以隐藏百年。孝武帝始除挟书之律，开献书之路，既出於山岩屋壁，复入于秘府，五家之儒莫得见焉。至孝成皇帝，达才通人刘向、子歆，校理秘书，始得列序，著于录略。然亡其《冬官》一篇，以《考工记》足之。时众儒并出共排，以为非是。唯歆独识，其年尚幼，务在广览博观，又多锐精于《春秋》。末年，乃知其周公致太平之迹，迹具在斯。"①

据学者归纳，《周礼》成书有为周公手作说、作于西周说、作于春秋说、作于战国说、作于周秦之际说、刘歆伪造说等。近来，又有学者论证《周礼》成书于西汉初年。② 需要指出的是，大致而言，关于《周礼》成书于春秋以后的诸多观点实际是与"伪书"说相应的。

应当看到，《周礼》"伪书"说的形成，极为复杂，既源于其现世较晚，未有著录，又与宋代以降疑经之风、近代以来疑古辨伪思潮密切相关，甚至还与北周、北宋时期的政治实践存在千丝万缕的联系。然而尽管如此，《周礼》的文献价值却又着实难以否定。杨向奎先生曾说："《周礼》今文家视为伪书，乃不足道者；康有为出，此说大盛；疑古派出，《周礼》遂无人齿及。实则此乃冤案，冤案不解，将使中国失去一资料丰富的文化宝库。"③ 李学勤先生更明确指出："实际上，凡是研究中国古代历史文化的学者，尽管对《周礼》如何诟病，他们的作品总是在不同程度上引据《周礼》，罕有例外。"④ 这种悖论的背后，其实就是《周礼》真实存在、不容忽视的文献价值。

从以上列表中，我们可以清楚地看到，孔子所说的六官管理之法正是以《周礼》六官系统为依据的。其间虽然没有明确提到《周礼》一书的名字，但《周礼》、周官的格局、规模已经隐然呼之欲出。因此，如果《孔子家语·执辔》篇的材料如果没有问题，那就可以说明，《周礼》材料、成书应当远在孔子之前。特别是，《执辔》篇所述的"以六官总治"，据孔子称乃是"古之御天下"的情形。孔子生于春秋末年，实际属于东周中前期，则孔子所谓"古"，至晚亦属于西周时期的情形。因此，《周礼》成书于西周的可能性极大。

近年来大量的出土文物尤其是金文资料，似乎都在不断证明着《周礼》的早出。有学者看到，《周礼》中有不少古字古义，往往与甲骨、金文相同，在文物研究中，

---

① 《周礼注疏》。
② 参见彭林：《〈周礼〉主体思想与成书年代研究》，北京：中国人民大学出版社 2009 年版。
③ 杨向奎：《宗周社会与礼乐文明》，人民出版社 1992 年版，第 285 页。
④ 李学勤：《失落的文明》，上海：上海文艺出版社 1997 年版，第 361 页。

《周礼》的内容也得到了越来越多的印证。最有启示意义的是，有学者在整理西周金文职官资料时，发现西周金文中的职官有许多与《周礼》所记相合，他们甚至认为，要想了解西周金文中的职官，"无法脱离《周礼》一书"[①]。还有一类情况，即墓葬发掘中发现的一些现象，竟然只能参照、依靠《周礼》才能加以解释。这一点，实际佐证了《执辔》篇对《周礼》成书问题的参照意义。

此外，如果考虑的自西汉以来，刘歆、郑玄、贾公彦、孙诒让等《周礼》研究最精深的学者，概以《周礼》为周公所作，就更令我们不得不重新、认真地估价、掂量其中的内涵与分量。

三

清末，康有为主要从政治角度考虑，提出孔子等古人"托古改制"之说。在嗣后的疑古辨伪活动中，这一观念与疑辨古书紧密结合，发挥到了极致甚至泛滥的程度。事实上，"托古改制"固有不免，但古人更多的是即事言理，其所述古事、古道，自具体事实而言或有不合，但由通性真实角度而言却往往大致可靠，具有珍贵价值。

例如，周秦西汉典籍中多有春秋、战国时人关于"古之制""古之道"的记载和论述。经过初步检论，这些言论往往包含关于古代制度、思想的重要内容，意义可谓重大。这些典籍，有《春秋左传》《国语》《孔子家语》《礼记》《论语》《淮南子》等，按当下通行观点，都是可信度较高的古籍。而叙述此类言论的人物，有圣贤、卿相、大夫及其书作者等，属于当时受教育程度最高、最博学多闻的一群人，故其言亦应有较高的可信性、权威性。

现略分类列举如下：

（一）君主之道、之制类

1. 《春秋左传·隐公五年》：

（隐）公将如棠观鱼者。臧僖伯谏曰："凡物不足以讲大事，其材不足以备器用，则君不举焉。……春蒐夏苗，秋狝冬狩，皆于农隙以讲事也。三年而治兵，入而振旅，归而饮至，以数军实。昭文章，明贵贱，辨等列，顺少长，习威仪也。鸟兽之肉不登于俎，皮革齿牙、骨角毛羽不登于器，则公不射，古之制也。"

（二）君臣之道、之制类

1. 《春秋左传·僖公二十三年》：

---

① 张亚初、刘雨：《西周金文官制研究》，中华书局1986年版，第112页。

（狐突）对曰："子之能仕，父教之忠，古之制也。"

2. 《春秋左传·文公十五年》：

   诸侯五年再相朝，以修王命，古之制也。

3. 《国语·楚语上》：

   （范无宇）对曰："……地有高下，天有晦明，民有君臣，国有都鄙，古之制也。"

（三）君主继承之制、立太子之制类

1. 《春秋左传·闵公二年》：

   晋侯使大子申生伐东山皋落氏。里克谏曰："大子奉冢祀，社稷之粢盛，以朝夕视君膳者也，故曰冢子。君行则守，有守则从。从曰抚军，守曰监国，古之制也。"

2. 《春秋左传·襄公三十一年》：

   穆叔……曰："大子死，有母弟则立之，无则长立。年钧择贤，义钧则卜，古之道也。"

3. 《礼记·檀弓》：

   （子服）伯子曰："仲子亦犹行古之道也。昔者文王舍伯邑考而立武王，微子舍其孙脂而立衍也。夫仲子亦犹行古之道也。"

4. 《淮南子·氾轮训》：

   古之制，婚礼不称主人，舜不告而娶，非礼也。立子以长，文王舍伯邑考而用武王，非制也。

（四）诸侯、卿大夫之制、之道类

1. 《春秋左传·成公三年》：

（臧宣叔）对曰："次国之上卿当大国之中，中当其下，下当其上大夫。小国之上卿当大国之下卿，中当其上大夫，下当其下大夫。上下如是，古之制也。"

2. 《国语·鲁语上》：

鲁饥，臧文仲言于庄公曰："……今国病矣，君盍以名器请籴于齐？"公曰："谁使？"对曰："国有饥馑，卿出告籴，古之制也。"

（五）后宫、内室之制类

1. 《国语·鲁语下》：

（文伯之母）叹曰："……王后亲织玄紞，公侯之夫人加之以纮、綖，卿之内子为大带，命妇成祭服，列士之妻加之以朝服，自庶士以下，皆衣其夫。社而赋事，烝而献功，男女效绩，愆则有辟，古之制也。"

（六）国都、邑城之制类

1. 《国语·楚语上》：

（范无宇）对曰："……地有高下，天有晦明，民有君臣，国有都鄙，古之制也。"

2. 《孔子家语·相鲁》：

孔子言于定公曰："家不藏甲，邑无百雉之城，古之制也。"

（七）孝悌之道类

1. 《孔子家语·正论解》：

孔子曰："昔者，有虞氏贵德而尚齿，夏后氏贵爵而尚齿，殷人贵富而尚齿，周人贵亲而尚齿。……七十杖于朝，君问则席；八十则不仕朝，君问则就之，而悌达乎朝廷矣。其行也，肩而不并，不错则随，斑白者不以其任于道路，而悌达乎道路矣。居乡以齿，而老穷不匮，强不犯弱，众不暴寡，而悌达乎州巷矣。古之道，五十不为甸役，颁禽隆之长者，而悌达乎蒐狩矣。"

2. 《礼记·祭义》记载与此基本相同。

由所涉人物而言，出言者皆为博学、受过当时高等教育之人。第六类第二条，第七类第一、二条之孔子无须多言；第一类第一条之臧僖伯，第二类第一条之狐突，第三类第一条之里克、第二条之穆叔，第四类第一条之臧宣叔、第二条之臧文仲，第二类第三条之范无宇，皆是当时各诸侯国之名卿大夫；第五类第一条之文伯之母为卿大夫之母，乃贵族女子；第二类第二条，出自《春秋左传》作者，按一般观点，应为左丘明。在当时的社会背景下，他们都堪称是最精英的知识阶层。

又，考察周代贵族子弟所受教育，古事、典制、古训等均占重要地位。以楚国太子教育制度而论，据《国语·楚语上》：

（申叔时）曰："教之春秋，而为之耸善而抑恶焉，以戒劝其心；教之世，而为之昭明德而废幽昏焉，以休惧其动；教之诗，而为之导广显德，以耀明其志；教之处，使知上下之则；教之乐，以疏其秽而镇其浮；教之令，使访物官；教之语，使明其德，而知先王之务用明德于民也；教之故志，使知废兴者而戒惧焉；教之训典，使知族类，行比义焉。"

太子所受教育的内容，若春秋、世、语、故志、训典等，多与前言往行、典制古训等有关。其他贵族子弟教育的内容也应与此相类。可以想见，这些名卿大夫，包括他们的配偶、母亲等，对古代的史事、制度、训语等，均是极为熟悉的。可以说，这些材料是大家共有的文化资源，是彼此熟知的知识，自然也会在讨论、辩论时成为权威的论据。故其真实性、权威性、可靠性几乎毋庸置疑。

由前引文可见，所谓"古之制"，多属于礼制的范畴，而所谓"古之道"则多属于古训的范围。而此二者，皆需要长久的时间，反复地锻炼、凝成，故可由此可见中国古代文明的深厚根源和底蕴。

此外，典籍中常见的"先王之制""先王之道""古训有之"等等，实际亦属于同类。其中，与本文主题相关，特别值得注意的是，有《春秋左传·昭公十七年》所记的郯子论述的"少皞氏以鸟名官"问题：

秋，郯子来朝，公与之宴。昭子问焉，曰："少皞氏鸟名官，何故也?"郯子曰："吾祖也，我知之。昔者黄帝氏以云纪，故为云师而云名；炎帝氏以火纪，故为火师而火名；共工氏以水纪，故为水师而水名；大皞氏以龙纪，故为龙师而龙名。我高祖少皞挚之立也，凤鸟适至，故纪于鸟，为鸟师而鸟名。凤鸟氏，历正也；玄鸟氏，司分者也；伯赵氏，司至者也；青鸟氏，司启者也；丹鸟氏，司闭者也。祝鸠氏，司徒也；睢鸠氏，司马也；鸤鸠氏，司空也；爽鸠氏，司寇也；鹘鸠氏，司事也。五鸠，鸠民者也。五雉，为五工正，利器用、正度量，夷民者也。九扈为九农正，扈民无淫者也。自颛顼以来，不能纪远，乃纪于近，为民师而命以民事，则不能故也。"

黄帝"以云纪"，炎帝"以火纪"，共工"以水纪"，大皞氏"以龙纪"，以及少皞氏"以鸟名官"既与其他文献相应，彼此之间也相互照应，透露出上古时代图腾制的史影。因此，可以认定，郯子的这段论述的确有显著的古老性与可靠性。

其中，少皞氏的五氏分官，更与《周礼》六官分治、《执辔》篇所谓"六官总治"大致相应。如祝鸠氏，明确可对应《周礼》地官司徒；睢鸠氏，对应夏官司马；鸤鸠氏，对应冬官司空；爽鸠氏，对应秋官司寇；鹘鸠氏司事，近于冬官司空，虽看似与前鸤鸠氏职守重合、抵牾，实际恰反映当时官制、职守的原始性与真实性。

如果与《周礼》六官比照而观，恰可印证孙诒让之言："粤昔周公，缵文武之志，光辅成王，宅中作洛，爰述官政，以垂成宪，有周一代之典，炳然大备。然非徒周一代之典也，盖自黄帝、颛顼以来，纪于民事以命官，更历八代，斟酌损益，因袭积累，以集于文武，其经世大法，咸萃于是。"[①]

更引人深思的是，孔子在听闻这段论述后，立即"见于郯子而学之"，并"既而告人曰：'吾闻之，天子失官，学在四夷，犹信。'"可见，孔子对政治管理中的官制、职守等问题夙所关注，而《执辔》篇所论绝非无源之水，无本之木。

综而言之，孔子了解并熟悉《周礼》的内容、结构与内涵，可见此书在西周时代就应成书、存在的。孔子自称祖述尧舜，宪章文武，特别推重周公，亲近周代礼乐文明，当与其对《周礼》的研习、思考存在密切关系。由此可见，刘歆、郑玄、贾公彦、孙诒让等所持的《周礼》为周公所作说尚值得认真考虑、品量。

（杨朝明、崔海鹰合作，崔海鹰宣读）

---

① 孙诒让：《〈周礼正义〉序》。

　　殷延禄　男，1965 年 3 月生，山东滕州人。孟子研究院办公室主任。孟子公开课特邀地方文化学者，主讲《汉字与孔孟之道》《汉字与母教文化》等。参与编写《孟府文献全编》和《孟子文献集成》编纂的组织工作。在邹城市委宣传部工作期间曾协助山东大学举办"2006 孟子思想的当代价值国际学术研讨会"、筹办"中华母亲节促进会成立大会"和首届"中华母亲文化节"。

《孟子文献集成》 编纂的意义及进展情况

摘 要 《孟子文献集成》编纂工程是孟子研究领域的重大选题，被学界视为"博古览今，集其大成"，具有重要的价值意义。本文将从学术价值、文化意义、社会历史、传播价值四个方面，对《孟子文献集成》编撰的价值意义进行探讨，同时，对《孟子文献集成》的编撰计划和工作进展情况进行叙述，希望对推动《孟子文献集成》的编撰工作的快速开展，尽早展现《孟子文献集成》的巨大成果，做出有益贡献。

关键词 《孟子文献集成》 意义

孔子曰："夏礼吾能言之，杞不足征也；殷礼吾能言之，宋不足征也。文献不足故也。"[①] 文献是我们了解过去历史人文的重要资料，中国是一个重视文献传承与保存的文明古国。几千年来，历史先哲圣贤创造出丰富而灿烂的文化成果，这些成果通过文献得以保存，供当代人阅读和学习。山东省邹城孟子研究院，植根孟子故里，为加强孟学研究，促进孟子思想的传承弘扬，决定与高等院校、研究机构展开合作，整合各种资源，编撰出版《孟子文献集成》。[②]

《孟子文献集成》主要通过影印的形式收集国内外的珍本、善本、孤本，具体包括历代遗著的稿本、钞本、刻本、排印本、石印本、磁版印、拓本、钤印本、名家批校题跋本等，是对孟子思想研究成果进行的一次全面、系统、完整、科学的学术整理，将使两千多年来有关孟子的历史文献第一次汇总成集，为国内外学术界研究孟子及其思想学说提供权威的文献资料，对弘扬传统文化、保护孟子文献、传播孟子思想、提升孟子思想的世界影响力，具有深远的意义和重要的文化价值。

---

① 钱穆：《论语新解》，九州出版社 2011 年版，第 55 页。
② 《中共邹城市委、邹城市人民政府关于加快旅游发展推进文化突围的意见》，2014 年 10 月。

一、《孟子文献集成》编纂的意义

（一）《孟子文献集成》编纂所具有的学术价值意义

《孟子文献集成》编纂的学术意义在于其对历代孟子学术研究成果进行了一次大规模的全面收集和总结，是在地方政府的支持下展开的学术行为，学术发展与地方支持相结合，顺应了当代孟子学发展的需要。在《孟子文献集成》编纂过程中，严谨的研究态度砥砺了学风，整合了学术资源，汇聚了一批一流儒学学者。《孟子文献集成》的编纂，理清了历代孟子文化发展的具体状况。

一是整合了学术资源，集聚了学术人才。参与《孟子文献集成》编纂、审阅的学者是来自于国内外高校及研究机构的一流儒学专家。学人士子汇聚孟子研究院，才俊欢腾，创造了浓厚的学术氛围和优良的学术环境。在进行孟子文献收集、整理的同时，学者们也开展相关的学术报告，修书论学等。众多的孟学及文献学研究的专家学者聚集一堂，对加强学术交流，促进学术研究都有着非常重要的意义。

二是搜辑佚书及对古书进行整理。"辨章学术，考镜源流"① 是自古以来的治学风尚。《孟子文献集成》继承传统学术理要，以传统治学方法与现代科技工具相结合，将当今学术界著名学者网罗其中，收集佚书，整理孤籍，辨证舛误，促进了文献学的发展。为了搜辑佚书，学者沿袭传统辑书方法，在《四库全书》等古籍中搜辑孟子佚书。在发掘传统典籍宝藏的同时，还从历代注疏、方志、总集、类书等寻找佚书线索，搜辑历代孟学佚书遗文，大量汇聚了难得一见的珍本和孤本书籍。《孟子文献集成》中对古书的辑佚和整理，为学术研究提供了可资利用的第一手资料，反映了孟子思想研究最新的、最可靠的成果。

三是全面总结和整理了孟学文献，开创了孟学研究新局面。我国是一个传统文化积淀深厚的文明古国，儒家文化经历数千年的发展，流传下来众多的文化典籍。对流传的典籍进行编目和整理，是我国的优良传统。明《永乐大典》、清《四库全书》，以至当代的《儒藏》等文献集成都是很好的例证。两千年来有关孟子的文献浩如烟海，但是却分散四方，不成体例，难现古籍旧观。于是全面地将历代孟学典籍进行整理和汇编为一部丛书，就成为了孟学研究和儒学传承、发展的需要。《孟子文献集成》按照时间节点，区分部类，把历代孟学文献汇聚于一书，对海内外孟子典籍进行了一次全面总结和整理，是孟学研究史上一次继往开来的学术工程，推动了当今孟子学术研究和儒家文化的发展，为后人研究孟子提供了便利和可资借鉴的文献资料。

（二）《孟子文献集成》编纂所具有的文化意义

《孟子文献集成》作为一项重大的文化工程，其特色体现在有地方政府的参与支

---

① 章学诚：《校雠通义·卷第一》，中华书局 1985 年版，第 1 页。

持、世界范围的集书活动、高水平的学术整理活动及广泛的工具书使用价值，体现了强烈的传统文化继承意识。

中国具有编纂书籍的文化传统，几乎历朝历代都召集学者集理古籍，编修前史。这种强烈的文化传承意识在《孟子文献集成》的编纂上得以体现。传统文化是民族特质的体现，只有保存、继承、弘扬传统文化，才能展现本民族的文化特质。近代以来，西方文化的输入在很大程度上冲击了中国传统文化的地位，传统文化甚至曾经一度受到怀疑和批判。时至于今，世界文化思潮激荡，文化在国家战略上扮演着重要的角色。数千年来孟子文化作为儒家文化的重要组成部分，影响了中国文化发展的方向，影响了世界文化的格局。中国文化自信从何而来，中国文化现代化的意义何在，这些都要求中国学人担当起传承发扬优秀文化的重任。[①] 当今学人对此也做出了各种努力，而《孟子文献集成》的编纂出版就是这些努力中的一部分。

通过《孟子文献集成》的编纂，儒学研究的基础会得到进一步加强和扩展，可以更为完整的向未来文化传承和文化研究提供文献资料。在一定意义上，《孟子文献集成》这个集中了历代海内外文献的丛书就好比是一个传统文化的知识库和保存着孟子书籍的现代图书馆。可以说，《孟子文献集成》的编纂出版对保持中华民族的文化精神特质，增强民族文化自信，增强各族人民对以儒家文化为主体的中国传统文化的认同度，推动世界文化多元化发展具有广泛的文化意义。

（三）《孟子文献集成》编纂所具有的社会历史意义

一是《孟子文献集成》保存了大量的思想文化遗产，具有重要的历史文化价值。《孟子文献集成》的历史价值体现在它对我国古代历史文化遗产的保存上，这部巨作展现了孟子学术发展的历史脉络，显示了孟子文化的博大精深，对我们研究孟学史，传承历史文化遗产具有重要的意义。《孟子文献集成》汇集了我国历代的思想文化遗产，它从各种文献典籍中辑出了1000多种珍贵书目，通过认真考究，整理了各书的内容及版本源流，构建了一幅清晰的孟子文化史画。在文献资料保存方面，《孟子文献集成》作为一部完整的丛书，它体例规范、规模宏大、资料丰富，几乎囊括了从战国到当代所有与《孟子》相关的重要典籍资料，这对全面保存孟子文化典籍，恢复孟子思想研究状况的历史原貌有着十分重要的作用。通过它，几乎不需要再找寻其他文献资料，就可以对孟学史和孟子文化有一个全面的了解。《孟子文献集成》的纂修，对孟子文化作了全面梳理，推动了孟学史的发展，促进了孟子学术研究的兴盛，为我们批判地继承传统历史文化遗产提供了便利，具有重要的历史价值。

二是编纂《孟子文献集成》是地方社会文化建设的需要，具有重要的社会价值。

---

① 中共中央宣传部：《习近平总书记系列重要讲话读本》，2014 年版，第 92 页。

为弘扬传统文化，保护和传承儒家文化典籍，促进孟子思想的学术研究，推进邹城文化强市建设，邹城市委、市政府研究决定对孟子思想学说的研究成果进行一次全面、系统、完整、科学的学术整理，这就直接构成了《孟子文献集成》编纂工作的契机。这是邹城市乃至全国的重大文化建设工程，通过《孟子文献集成》的编纂出版，邹城将成为名副其实的孟子研究中心、海内外孟子研究的联络信息中心、孟子研究的资料中心，对于弘扬优秀传统文化，延续邹鲁文化命脉，促进经济文化大市建设，构建邹城孟子文化地标，具有十分重要的社会价值和现实意义。

二、《孟子文献集成》编纂的进展情况

（一）《孟子文献集成》的发起及酝酿过程

1. 初步提出编纂《孟子文献集成》的构想

2013 年 4 月，孟子研究院在孟子故里山东邹城成立。2013 年 9 月 1 日，即在邹城市择邻山庄召开了《孟子文献集成》编纂会议。会议着重讨论了孟子研究院的工作开展情况，提出了《孟子文献集成》的编纂意向，初步达成了《孟子文献集成》的编纂构想。

2. 孟子研究院学术委员会会议具体研讨《孟子文献集成》编纂工作的相关事宜

2013 年 10 月 30 日上午，在孟子研究院学术委员会主任陈来先生主持下，孟子研究院学术委员会召开了第一次会议，杜泽逊等 10 余位学者参加了会议。在这次会议上讨论了《孟子文献集成》编纂出版的相关事宜。具体包括经费的问题、出版社的选择问题、编纂内容范围的问题以及编纂目录的问题等。通过会议的研讨，与会委员对《孟子文献集成》的编纂工作达成了共识，为《孟子文献集成》的编纂工作科学、有序的开展设定了框架，通过了初步的研究性规划方案。

3. 与出版社达成了《孟子文献集成》编纂出版合作事宜

2014 年 4 月 19 日，孟子研究院、山东省齐鲁文化研究院、山东人民出版社三方在济南举行合作编纂《孟子文献集成》会议。会议明确了《孟子文献集成》合作编纂出版、工作班子组建、经费来源及使用细则等事宜，以及当前立即着手的几项具体工作，签订了合作编纂出版意向。为保证《孟子文献集成》编纂工作的有序高效开展，成立了专门的《孟子文献集成》编纂工作班子，设立了专门的工作班子，主要包括：《孟子文献集成》设首席学术顾问和顾问、学术委员会、组织工作委员会、编纂工作委员会、出版工作委员会。

4. 形成《孟子文献集成》编纂工作的相关决议

2014 年 4 月 30 日，召开了《孟子文献集成》编纂工作的专题会议。孟子研究院院长王志民、邹城市委书记张胜明等出席了会议。在这次会议上，就《孟子文献集成》

各专门的工作班子的组成问题、《孟子文献集成》编纂工作经费问题及《孟子文献集成》编纂启动工作做了细致的安排。

5.《孟子文献集成》工作正式签约、启动

2014 年 8 月 28 日，《孟子文献集成》签约仪式在山东省第五届文博会上举行。山东省委常委、宣传部长孙守刚，副省长季绲绮，孟子研究院院长王志民，济宁市委常委、宣传部长王次忠，邹城市市委副书记赵勇、副市长吴婧出席签约仪式。孟子研究院、齐鲁文化研究院、山东人民出版社三方正式签订协议。协议约定，总投资 1200 万元，至 2017 年完成。

（二）《孟子文献集成》主要编纂计划及进展情况

《孟子文献集成》的编纂主要是在当前已收集整理到的 1096 种图书目录的基础上，面向海内外广泛搜求孟子文献珍本、善本、孤本，约用 3 年时间完成编纂出版工作。《孟子文献集成》按所编书目的历史时期划分为三部分。一部分是清代以前的，这部分主要来源于中华书局和上海古籍出版社联合出版的《中国古籍总目》经部里面的单独有关孟子的文献①。第二部分是清代的，主要包括国家清史编纂委员会编纂的《清人著述总目》的一部分，这部分相对完善，选出来 672 种。第三部分是国外关于《孟子》的版本。全书主要通过影印的形式收集国内外的珍本、善本、孤本，分期完成编纂出版工作。其中具体包括历代遗著的稿本、钞本、刻本、排印本、石印本、磁版印、拓本、钤印本、名家批校题跋本等。对于各个版本的书目有选择的收录，原则收集其中的珍本、善本。

1. 近期编纂计划

2015 年 3 月份完成《孟子文献集成》第一辑（明以前，共 51 种）底本的全部扫描工作及封面设计工作、排版工作。

4 月底"中华母亲节"期间推出《孟子文献集成》第一辑，举办《孟子文献集成》第一辑首发式。

2015 年 6 - 8 月份完成《孟子文献集成》明代版本的摸底、扫描工作。

2015 年 8 - 9 月份完成《孟子文献集成》明代部分的排版、编辑工作。

2015 年 10 月份推出《孟子文献集成》第二辑（明代部分，共 251 种）。

2015 年底前完成《孟子文献集成》清代部分版本的摸底、排查工作。

2. 目前进度

根据统计收集到书目共 1093 种，其中汉至明 302 种，清代了 672 种，民国 100 种，外国 19 种。目前已完成《孟子文献集成》第一辑底本（明以前，共 51 种）的扫描及

---

① 中国古籍总目编纂委员会编，《中国古籍总目·经部》，上海古籍出版社 2012 年版，第 694 页。

封面设计、排版工作。

　　《孟子文献集成》是地方政府支持，孟子研究院、齐鲁文化研究院、山东人民出版社合作编纂出版，邀集全国知名学者编纂的学术项目，是孟子学研究领域重大的课题项目和儒学研究领域的一大盛事，展示了儒家文化的精华。它在儒学发展的道路上，将以"孟学总汇，儒学精粹"的面目展示其重大的学术价值和文化力量。《孟子文献集成》成书后，将为孟学研究提供学术参考资料，引领中国孟学研究步入新阶段、掀开新篇章，催发儒学研究新成果，开创儒学研究的新局面。

参考文献

［1］钱穆：《论语新解》，九州出版社 2011 年版。

［2］章学诚：《校雠通义·卷第一》，中华书局 1985 年版。

［3］《中共邹城市委、邹城市人民政府关于加快旅游发展推进文化突围的意见》，2014 年 10 月。

［4］中共中央宣传部：《习近平总书记系列重要讲话读本》，2014 年 6 月。

［5］中国古籍总目编纂委员会编：《中国古籍总目·经部》，上海古籍出版社 2012 年版。

杨世文　男，重庆潼南人，生于 1965 年 2 月。毕业于四川大学历史系，现为四川大学古籍所研究员、博士生导师。作为负责人承担国家社科基金和教育部等项目 10 余项。参加了大型项目《全宋文》《儒藏》《巴蜀全书》的编纂整理与研究工作。在《中国社会科学》《中国史研究》《文史》《文学遗产》《文献》等刊物上发表学术论文 70 余篇。出版专著《走出汉学——宋代经典辨疑思潮研究》，整理《张栻全集》《廖平全集》等，新编《魏晋学案》《南朝学案》《北朝学案》等。

RUJIA
WENMINGLUNTAN
儒家文明论坛

谈谈张南轩著作的整理研究

各位老师、各位同仁：

最近十多年来，我主要从事古籍整理工作，同时也做了一些学术史研究。

目前正在做的工作有《廖平全集》（合作），《张南轩集编年笺注》（国家社科基金）。

我对张南轩著作的整理与研究，主要有以下四个方面的内容：

一、张南轩著述的编年考证与研究

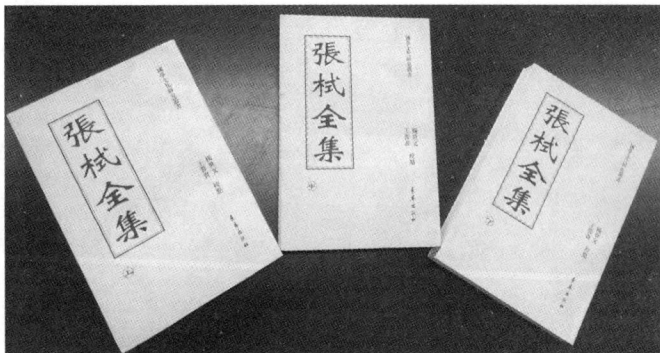

作品系年，是学术史、思想史研究的重要途径。除了经学方面的著作外，张栻留下了 520 篇文、390 首诗赋。另外还有各类佚文佚诗 108 篇未收入《南轩集》。这些 1000 余篇诗文不仅反映了张栻生活时代的社会、思想与文化，更是张栻本人思想发展演变的第一手资料。在现存 200 多篇往来书信中，与朱熹、吕祖谦及其门人讨论哲学问题的书信最多，也最重要。如与朱熹的书信近 80 篇，讨论的问题极其广泛，包括太极、仁、《论语》《中庸》《孟子》以及胡宏的《知言》等等。这些讨论直接影响到张、朱二人哲学思想的形成。胡宗楙编《张宣公年谱》极为简略，多语焉不详。我们将对张栻的每一篇诗文的写作时间进行重新考证，作出编年，即可以清晰地反映其哲学思想的形成过程。

二、张南轩著作的校勘整理与研究

张栻著作流传版本众多，文字上素有异同，这对于研究张栻思想无疑增加了难度，有时一字之差，解读可能谬以千里。因此，对张栻著作进行详细校勘，整理出一个真正能反映张栻哲学思想的完整版本，是非常必要的。

张栻死后，朱熹编纂其诗文为 44 卷，这就是通常所说的"淳熙甲辰本"。朱熹编定《南轩文集》删去了所谓张栻的"早岁未定之论"，此外，对于诸经训义以及"其立朝论事及在州郡条奏民间利病"的奏议文字也不予收录。到民国年间，傅增湘查点故宫藏书，发现了宋刻本《南轩文集》，但已经为残缺之本。宋残本与通行诸本相比，各有优长，但也有不少差异。除宋残本外，今存还有明、清时期各种刻本以及朝鲜、日本刻本。清代传本《南轩集》更多。我们对这些不同版本作了对比，选择最善本作为底本，广罗异本作校勘考订，写出严谨的校勘记。另外，《论语解》《孟子说》等著作，因传本众多，文字内容上也有很大的差异，需要作精细的校勘考订，折中至当。

三、张南轩集的注释整理与研究

张栻文集留下诗文 1000 余篇，系统反映了他的哲学思想、政治主张、文学情怀。诗文中所涉及的时代背景、写作缘由，今人已不甚了了，需要进行考证、注释。注释整理主要包括以下四个方面：

（一）阐释哲学范畴

张栻是当时重要的理学家，其哲学思想独具特色。对太极、心性、理气、知行、体用、义利、察识、涵养、中和、已发、未发等范畴都有自己特有的理解。我们将通过注释，对这些范畴作必要的诠释。

（二）解释疑难字词

字词是构成语言的最基本的单位。读张栻的著作，许多障碍来自对字词的音、义缺乏了解，影响到对其思想的诠释。因此解释疑难字词（包括注音、释义）是一项重要的任务。

（三）诠释成语典故

这里所说的典故，是指张栻诗文中引用的古代文献或有来历出处的词语。不明用典和引文，对文意就会茫然不解，故需作出注释。

（四）注释人名地名

张栻诗文中涉及许多人名、地名，除了古代人名、地名外，还有大量宋代人名、地名。这是阅读张栻著作的障碍，我们将通过注释加以扫除。对人物的注释，还可以了解张栻的学术交游，探讨张栻的思想世界。

四、张南轩佚著的搜集整理与研究

根据各种文献所记和后世目录书著录，张栻失传的著作主要有以下几种：《希颜录》《经世纪年》《洙泗言仁》《书说》《诗说》《中庸解》《通鉴论笃》《太极解义》《南轩先生问答》《南轩语录》《四家礼范》《南轩奏议》《张宣公帖》等。由于朱子所编《南轩集》不收早年之作及奏议文字，张栻的许多这类作品散见于各种文献之中，我们尽力加以网罗辑佚，力求将张栻的著作比较完备地展示于世。除了一些零星佚文之外，最重要的辑佚有以下几种：

1. 首次对《南轩易说》进行完整辑佚与研究

张栻在淳熙年间致书朱熹说："于所讲论皆无疑，独《易说》未得其安，亦恐是从来许多意思未能放下，俟更平心易气徐察也。"元至元年间，胡顺父曾刊行《南轩易说》（残本）。明清刻本、写本多来自此本。由于今传本《南轩易说》仅解《系辞》《说卦》《序卦》《杂卦》，故学界怀疑张栻是否真有包括上下经的全本《易说》。现在我们根据宋人冯椅《厚斋易学》、方实孙《淙山读周易》、元人俞琰《周易集说》、李简《学易记》、胡一桂《易附录纂注》、董真卿《周易会通》、明胡广等《周易传义大全》、蔡清《易经蒙引》等书所引《南轩易说》佚文，大体上可以还原《南轩易说》的全貌。从佚文可以知道，张栻对《周易》六十四卦都有解说。散佚的张栻解《系辞上传》也基本可以复原。通过这项工作，可以回答张栻是否注《周易》全书的问题。

2. 首次对《南轩诗说》进行辑佚复原与研究

乾道九年（1173）张栻答朱熹书说："《诗解》诸先生之说尽编入，虽觉泛，学者须是先教如此考究。"同年《与吴晦叔》说："日与诸人理会《诗》，方到《唐风》。向来元晦所编多去诸先生之说，某意以为诸先生之说虽有不同，然自各有意思，在学者玩味如何，故尽载程子、张子、吕子、杨氏之说。其他诸家，有可取则存之，如元晦之说，多在所取也。此外尚或有鄙意，即亦附之于末。"可知张栻曾注解《诗经》。该书是作者裒录二程以来诸理学家对《诗经》的解说，并附以己见。据朱熹《神道碑》，该书也是未完之稿。今无传本，吕祖谦《吕氏家塾读诗记》载张栻《诗说》23条，至《鸤鸠》止。另外，朱熹《诗经集传》录2条，严粲《诗缉》录4条，严虞惇《读诗质疑》录1条，段昌武《毛诗集解》录25条，刘瑾《诗传通释》录23条，朱公迁《诗传疏义会通》录11条，胡广等《诗传大全》录30条，其他一些书中也录有《南轩诗说》佚文。虽然这些引文有些重复，但去重之后，仍可见《南轩诗说》之概貌。

3. 首次发现了完整的《太极解义》

该书是研究张南轩理学思想的重要文献，此前虽有苏铉盛、苏费翔等人的辑佚，但非尽善。我们发现了张栻《太极解义》的完整文本，这是一个重要的收获，将为南轩哲学思想研究提供难得的素材。

张栻非常推崇周敦颐的《太极图》，认为："《太极》一图，穷二气之所根，极万化之所行，而明主静之为本，以见圣人之所以立人极，而君子之所当修为者，由秦汉以来，盖未有臻于斯也。"早在乾道六七年（1170、1171）间，朱熹曾将自己作的《太极图解》寄给张栻征求意见，张栻对朱子所解有所不安，故作《太极解义》阐发周敦颐《太极图说》。据朱熹所撰《神道碑》，张栻《太极图说》"欲稍更定焉而未及也"。《太极图说》即《太极解义》。尤袤《遂初堂书目》、赵希弁《郡斋读书附志》著录，赵书注云："张宣公解周元公《太极》之义也。"宋以后不见著录。有的学者作过辑佚（如苏铉盛、苏费翔），但非全貌。幸运的是，我们从明刻本《濂溪周元公全集》中发现了完整的南轩《太极解义》。因此可以说，张栻《太极解义》并没有散佚。而且更值得研究的是，明本与其他辑本在文字上有比较大的差异，可见《太极解义》应有不同的传本。

张栻还作有《太极图解序》及《后序》二文，《南轩集》未收，见录于各种《周濂溪集》的《太极图说》后。今传宋本《元公周先生濂溪集》也收录二文。但此本所载《太极图解后序》，"通而复，复而通"以下一段文字出自《延平答问》。对此，一些学者有过讨论。不过，明刻本《濂溪周元公全集》将这个问题完全解决了。原来张栻《后序》"通而复，复而通"之后出自《延平答问》的一段文字确系误入。因《后序》文后接着是另一篇文章《延平师生答问》，宋本刚好脱掉一页两面，正是张栻《后序》最后几行和《延平答问》前面几行。后世多种版本皆沿其误，朱彝尊《经义考》卷71所录亦误。

此外还有一些张栻佚著可以搜集，如《南轩语录》等等。而宋元以后文献中引用南轩《论语说》《孟子说》佚文甚多，校以传本，文句多有不同，可知二书有不同的传本，可以作比较研究。

中国儒学研究必须重视史料建设。文献整理不仅是研究的基础，其本身也是一种研究，对于中国儒学学科建设具有不可或缺的意义。本课题是对张栻著作做系统深入的整理研究工作，故方法以校勘、考证、编年、辑佚为主，多属中国传统学术研究方法，目的是为张栻研究做一些基础性的文献整理工作，完成《张南轩集编年笺注》和其他著作的校勘辑佚与研究。

（尼山学堂宋怡心据录音整理）

张栻著作整理研究的几个问题

摘 要 张栻英年早逝，今天我们研究张栻，只能借助于朱子编订的《南轩集》等典籍，这不能说不是朱子的历史功绩，但是朱子所编《南轩集》，实际上按照自己的主观意图和学术要求做了大量删削，删去了张栻的早年"未定之论"，这对于研究张栻理学思想的发展和形成过程，展现其本来的思想面貌和理学特色极为遗憾，后人也因为朱熹的删改而对张栻的认识难免偏差。因此，对张南轩文献的整理与研究，应当超越简单的点校，更进一步对其著作进行"深加工"，作编年、注释、辑佚、考订研究，特别要注意搜集南轩"早年未定之论"，展现其思想发展演变的历程，为研究者提供一份真正全面、可靠的文献，使张南轩研究的基础更加牢固。

关键词 张栻 南轩集 整理

张栻一生中主要从事讲学、教育活动和学术研究，传播和发展理学，写过大量的著作。据朱熹所作《右文殿修撰张公神道碑》说："平生所著书，唯《论语说》最后出，而《洙泗言仁》《诸葛忠武侯传》为成书。其他如《书》《诗》《孟子》《太极图说》《经世编年》之属，则犹欲稍更定焉而未及也。"张栻的很多著作在后来流传过程中散失了。现存张栻的著作主要有《南轩易说》（残）、《论语说》《孟子解》《汉丞相诸葛忠武侯传》《南轩先生集》五种。我们重新对张栻著作进行整理研究，拟作《张南轩集编年笺注》及《张南轩年谱长编》，兹就校勘、编年、注释、辑佚、辨伪等问题就正于方家。

一、张栻文集的校勘

张栻著作流传版本较多，文字上素有异同，这对于研究其思想无疑增加了难度，有时一字之差，解读可能谬以千里。故对张栻诗文进行详细校勘，整理出一个真正能反映张栻哲学思想的完整版本，是非常必要的。

张栻去世后，朱熹编纂其诗文为 44 卷。朱熹编定《南轩文集》删去了所谓张栻的

"早岁未定之论"，此外，对于诸经训义以及"其立朝论事及在州郡条奏民间利病"的奏议文字也不予收录①。到民国年间，傅增湘查点故宫藏书，发现了宋刻本《南轩文集》，但已经为残缺之本。除宋残本外，今存还有明、清时期各种刻本及朝鲜、日本刻本。此外还有文渊阁《四库全书》本比较常见。

明刻本中，嘉靖元年（1522）刘氏翠岩堂慎思斋刊本（简称刘本）校刊较精，且比较易得，我们以此为底本，用其他诸本参校，对《南轩先生文集》作了详细校勘。其中宋残本是最重要的参校本。

清初一些藏书家书目，如季振宜的《季沧苇藏书目》、徐乾学的《传是楼宋元板书目》都著录了宋刻本《南轩文集》，且均未注明残缺。因此可以推测，大概直到清初，宋刻本《南轩文集》尚为足本。到民国丁卯（1927），傅增湘查点故宫藏书，发现了宋刻本《南轩文集》，但已经为残缺之本。考书中避宋孝宗、光宗、宁宗讳，该本可能是宋宁宗时翻刻淳熙本。傅氏记云："是书缺一至四卷、三十三至四十四卷，共缺十六卷。当时进呈者以二十九至三十二卷各卷剜改为一至四卷，以充完帙。"② 傅氏取道光二十五年乙巳（1845）刊本进行了校勘，并作《校宋本南轩先生集跋》。该残本现藏台北故宫博物院。1981年，该院将其收入"善本丛书"影印出版。

宋残本与通行诸本相比，文字上各有优长，有些篇目文字还有较大的差异。举例来说：

刘本及其他诸本卷十二有《敬斋记》，末云："仁寿崔子霖以'敬'名斋，而请予记之。予嘉其志之美也，则不敢辞。吾乡之士，往往秀伟杰出，而吾子霖方有志于斯道，以与朋游共讲之。予叹夫同志之鲜也，乃今得吾子霖，而子霖又将与其朋友共之，益知吾道之不孤也，故乐为之书。"知此《敬斋记》是张栻为崔子霖而作。崔渊，字子霖（一字子渊），四川仁寿人。治诗赋，登乾道二年进士。累官秘书丞兼国史编修官、实录院检讨官。乾道八年十月除知利州。见《南宋馆阁录》卷七、卷八。乾道六年五月，张栻被招为吏部员外郎、兼权左右司侍立官、兼侍讲、除左司员外郎，曾在临安与崔渊游，有《三茅观李仁父刘文潜员显道赵温叔崔子渊置酒分韵得高字》诗。此记可能作于乾道六七年（1170、1171）间。考元人熊禾《勿轩集》卷一《敬斋铭箴跋》云："《南轩集》中《敬斋记》有曰：'万事具万理，万理在万物，而其妙著于人心。一物不体，则一理息；一理息，则一事废。敬者，贯万事，统万事万理，而为万物之主宰者也。致知所以明是心也，敬者所以存是心而勿失也。'又曰：'心生生不穷者道也，敬则生矣，生则恶可已也；怠焉则放，放则死矣。'此千古圣贤传授心法之妙，学者深体

① 朱熹：《张南轩文集序》，见《南轩先生文集》卷首。
② 傅增湘：《藏园群书经眼录》卷十四中。

而屡省之哉！"所引正是《敬斋记》中之语。而宋残本卷十一多出《敬斋记》一篇，末云："吾友临川吴仲益志于古道，将以'敬'名其所居之斋，而日勉焉。于其行也，书此以赠之，盖朋友相与警劝之义也。"据此可知该文是写给吴仲益的。案刘本卷三十五有《书赠吴教授》一篇，与此文内容相同。吴仲益，《书赠吴教授》作吴仲权，宋本《敬斋记》作吴仲益，当误。吴仲权即吴镒，号敬斋，抚州崇仁（今江西崇仁）人，吴曾从弟。隆兴元年进士。乾道中为郴州教授，淳熙中知宜章县，兴建学校，风俗为之一变。召试除正字，轮对恺切。知武冈军，创社仓八十余所。复以司封郎中召，入对极言御批除目之弊。庆元二年出为湖南转运判官，明年徙广西，极言罢归，旋卒。生平见雍正《江西通志》卷八十。吴镒于乾道四年（1168）左右为郴州教授，曾修复郴州学，张栻为之作有《郴州学记》（本集卷九），则本文亦约作于是年前后。

其他如卷十《潭州重修岳麓书院记》，宋残本与其他诸本差别较大。宋本首云："湘西故有藏室，背陵向壑，木茂而泉洁，为士子肄业之地。始开宝中，郡守朱洞首度基创宇，以待四方学者。历四十有五载，居益加葺，左右生益加多。李允则来为州，言于朝，乞以书藏。方是时，山长周式以行义著，祥符八年召见便殿，拜国子学主簿，使归教授，诏以岳麓书院名，增赐中秘书，于是书院之称始闻天下，鼓箧登堂者相继不绝。"《播芳大全》《山堂肆考》所载该记亦同宋本。而刘本及其他诸本文首则云："潭州岳麓书院，开宝九年知州事朱洞之所作也。后四十有五年，李允则来，为请于朝，因得赐书藏焉。是时山长周式以行义著，祥符八年召见便殿，拜国子主簿，使归教授，始诏因旧名赐额，仍增给中秘书，于是书院之称闻天下。"虽然大意不舛，而文字多异。另外宋本无文末"二年冬十有一月辛酉日南至，右承务郎、直秘阁、赐紫金鱼袋广汉张某记"。文中其他文字异同之处亦多。如"州学教授金华邵颖"，宋本作"郡教授婺源邵颖"。案：邵颖，字怀英，小名兰孙（一作兰郎），婺州金华人。年二十二中绍兴十八年四甲第四十名进士。乾道初为潭州州学教授，受刘珙委托，重建岳麓书院。见《绍兴十八年同年小录》。显然宋本"婺源"当为"婺州"之误。其他文字不同者不下数十处。比较可知，宋本不如其他诸本完备。

另外，如卷七《题曾氏山园十一咏》，宋本作"题曾氏山园十首"，无"吟风桥"一首。通行本卷六有《自西园登山》一首，卷七亦有《自西园登山》一首。而宋本卷五有《自西园登山》诗，合二首在一处。又宋本卷七缺《昨日与周伯寿别终夕雨小诗追路》一首。卷十四《经世纪年序》《孟子讲义序》《胡子知言序》《阃范序》诸篇，宋本与诸本文句多有不同，而以宋本为长。又卷三十《答陈平甫》，宋本比刘本及其他诸本多"二先生《论》《孟》说""文定公《春秋传》""《葵轩孟解》""《葵轩语解》""《洙泗言仁》"答问五则。其余个别字句上的差异，更不胜枚举。因此，宋残本有很高的校勘价值。不过，不能笼统地说宋残本就好于其他诸本，应该说各有优点，可以互补。

除宋残本外，我们还尽量利用其他诸本对底本进行校勘。总的来说，刘本与其他诸本文字、篇目差异不大，但也有异同。如卷二《陪舍人兄过陈仲思溪亭深有买山卜邻之意舍人兄预以颛蹙见名因成古诗赠仲思》"四序列钟卣"句，刘本"卣"作"卤"，显系形近而误，四库本、道光本及《南轩先生诗集》不误。同卷《寒食前三日野步乌龙山中石上往往多新芽手撷盈匊酌玉泉煮之芳甘特甚有怀伯承兄赋此以寄》"予忧日忡忡"句，刘本"忡忡"作"冲冲"，四库本、道光本不误。卷三十八《工部尚书廖公墓志》"既而复有群盗自旁县来据井络"句，刘本"络"误作"洛"，四库本、缪本、道光本不误。如此之类甚多，兹不一一列举。

另外，历代经学著作、史书、方志、总集、别集、类书等也为张栻诗文集的校勘提供了大量素材。如《五百家播芳大全文粹》《古文集成》《濂洛风雅》、湖南、广东、广西、四川、浙江、江西等地方志、《永乐大典》《宝真斋法书赞》《黄氏日钞》《西山读书记》等文献中大量引用了张栻的诗文，可以用来校勘。如卷三十七《吏部侍郎李公墓铭》，"及免先大夫丧"，刘本"及"原作"反"；"且论宿卫大将恩宠太过"，"太"原作"大"；"李直讲来矣"，"李"原作"子"；"兼同详定一司敕令"，"司"原作"句"；"一时诞谩之徒言虏势衰弱"，"谩"原作"设"；"持重安静"，"持"原作"特"；"公与辩其不可"，"辩"原作"辨"；"然以是故"，"是故"原作"为是"。以上皆据《永乐大典》所引该文校正。其他类似者尚多，兹不赘述。

二、张栻诗文的编年

除了经学著作外，张栻留下了五百多篇文、四百多首诗赋。另外还有各类佚文佚诗一百多篇未收入《南轩集》。这些总共一千余篇诗文不仅反映了张栻生活时代的社会、政治、经济、军事、思想与文化，更是张栻本人学术思想发展演变的第一手资料。在现存二百多篇往来书信中，与朱熹、吕祖谦及其门人讨论哲学问题的书信最多，也最重要。如与朱熹的书信74篇，时间跨度较长，讨论的问题极其广泛，包括太极、仁、察识、涵养、异端、《论语》《中庸》《孟子》《易》《礼》以及胡宏的《知言》、周敦颐的思想等等。这些讨论直接影响到张、朱二人哲学思想的形成。胡宗楙编《张宣公年谱》极为简略，多语焉不详。我们对张栻的每一篇诗文的写作时间进行重新考证，作出编年，即可以清晰地反映其学术交游、生平经历和学术思想的形成过程。

如《南轩集》卷一有《王长沙梅园分韵得林字》一首，卷四又有《王长沙约饮县圃梅花下分韵得梅字》一首，云："平生佳绝处，心事付江梅。县圃经年见，芳樽薄暮开。朗吟空激烈，烧烛且裴徊。未逐征书去，穷冬尚一来。"要弄清其写作时间，必须考证"王长沙"是谁。但张栻文集中并无此人线索，故须借助其他文献。所幸王柏有

《跋文公梅词真迹》一文，云："昔南轩先生与先大父石笥翁在长沙赏梅分韵，有曰'平生嘉绝处，心事付寒梅'；今又获拜观文公先生怀南轩之句，曰'和羹心事，履霜时节'。由是知二先生之心事，与梅花一也。"①王柏所引南轩先生与"先大父"诗句，正是《王长沙约饮县圃梅花下分韵得梅字》诗（所异二字为记忆之误，无关大体）。又《瀛奎律髓》卷二十《王长沙约饮县圃梅花下分韵得梅字》下按语曰："王长沙名师愈，婺州人。早登杨龟山之门，后与朱、张、吕三先生交，仕至中奉大夫、直焕章阁，乾、淳名卿也。其为长沙宰先一年，尝招南轩赏梅，南轩分得林字，此第二年再会，故云'县圃经年见'。师愈生瀚，从吕东莱及朱文公游，仕至朝奉郎。瀚生柏，号鲁斋，著《可言集》，亦载南轩林字韵及此诗，其祖古诗亦附焉。"由此可知，王长沙即王柏祖父王师愈。朱熹作有《中奉大夫焕章阁王公神道碑铭》，云："军兴官省，更授提点坑冶司干办公事，未赴，改潭州南岳庙，盖居闲又七八年。……寻改京官，知潭州长沙县事。"据朱熹所述，"军兴"指隆兴元年北伐，"又七八年"，则王师愈知长沙县事约在乾道五年前后。朱熹又述曰："（湖南）帅守张安国舍人知公深，既剡荐之，及移荆州，又奏取以为属，而公已有召命矣。"张孝祥于乾道三年（1167）六月知潭州，四年八月到五年春帅荆南。据朱熹所述，则王师愈有召命当在乾道四、五年间，时间上有出入。而王柏《复陈本斋》云"乾道庚寅（六年），先大父讳某宰长沙"，"五月大父面对称旨，即差知严州，实代南轩张宣公"②，明确说王师愈召对时间是乾道六年五月，后差知严州，接张栻严州任。当以王柏之说为正。盖王师愈乾道四年为长沙令，六年召对。可以推断，张栻《王长沙梅园分韵得林字》诗约作于乾道四年（1168）春；《王长沙约饮县圃梅花下分韵得梅字》一诗作于次年春。

又如卷三有《时为桂林之役斜川前一日刑部刘公置酒相饯曾节夫预焉既而刘公用陶靖节斜川诗韵见贻亦复同赋以谢》一诗。我们知道，淳熙元年张栻除旧职，知静江府，经略安抚广南西路；二年春赴任。故可推知此诗写于赴桂林之前，但具体月日是多少？据此诗序云"斜川前一日"，"斜川"盖用陶渊明典。考陶渊明《游斜川》诗作于正月五日，则张栻此诗作于淳熙二年（1175）正月四日。同卷又有《斜川日雪观所赋》诗。考"雪观"为桂林名胜，张栻于淳熙二年二月至五年六月为广西经略使、知静江府，可知张栻此诗于某年正月一日作于桂林。但究竟在哪年？诗中尚未反映出来。幸而《珊瑚木难》卷三收有张栻此诗帖，前有张栻序："栻顷在湘中，尝约刑部刘公修斜川故事。城南有丘岿然，因以南阜名之。是岁来守桂，负此约三年矣。戊戌五月，与周允叔、吴德夫、宇文正父、传父登雪观，和五柳翁韵，谨书以寄刘公。栻再拜。"据序，

① 王柏：《鲁斋集》卷十一。
② 王柏：《鲁斋集》卷十七。

张栻此诗作于淳熙五年戊戌（1178）五月五日。诗中"赐归倘蒙幸"句，当指是年张栻乞归。"刑部刘公"即刘芮（1108－1178），有和诗，序云："敬夫寄斜川诗叙往年之约，殊不知芮今病矣，非如昔时，独心心不忘耳，勉和一章，以叙谢意。"和诗云："病著不任事，淹卧心自休。经时不出门，况复斜川游。每观节物换，悦惊时序流。少年喜追逐，聚散水上鸥。沈舟枯木畔，风帆春树丘。我病正尔许，怀念老朋俦。有酒不能饮，徒有献与酬。故人酌佳日，亦复我念否？佳章写怀抱，一读宽百忧。吾君念远民，归计未易求。"不久刘芮即卒。

又如卷五《寄宇文邛州》一诗，据题，知宇文邛州姓宇文氏，作过邛州知州，此诗写作时间不详。查汪应辰有《荐蜀中人材札子》，云："左承议郎通判剑州宇文绍奕，好古博雅，敏于吏事。顷四川总领所蠲除剑州和籴，以宽民力，实自绍奕发之，既而民间缺食，绍奕亲自外县遍行山谷，随事措置，皆有条理。"① 史绳祖《学斋占毕》卷三云："淳熙二年春，邛州蒲江县上乘院僧治基，增筑大殿，辟地凡仞，得古窆焉，其封石刻作两阙状，中有文二十九字，云：'永嘉元年二月十二日，蜀郡临邛汉安乡安定里公乘校官掾王幽字珍儒。'临邛太守宇文绍奕字衮臣，好古博雅士也，闻之，亟命辇致郡斋，龛之壁。以余大父勤斋先生子坚平生留意篆隶碑刻，俾原而释之。"可知宇文邛州即宇文绍奕无疑。《宋史·艺文志》《直斋书录解题》等书著录宇文绍奕《临邛志》《石林燕语考异》。宇文绍奕淳熙二年左右知邛州，张栻此诗约作于淳熙二三年间（1175、1176）。

又如卷八《江陵到任谢表》，当为张栻知江陵府到任时所作。案，宋孝宗淳熙五年（1178），诏张栻特转承事郎、进直宝文阁，寻除秘阁修撰、荆湖北路转运副使，改知江陵府，安抚本路。但张栻何时到任？朱熹《答吕伯恭》云："敬夫北归，私计甚便。近收初夏问书，云其子病，继闻音耗殊恶。果尔，殊可念也。"② 吕祖谦《与陈同父》云："张钦夫近丧子，得书，极无况，力请出广，遂有鄂漕之命，亦且得归也。"③ 又《与朱侍讲元晦》云："钦夫犹未得长沙书。近有兼知鄂渚之命，向云欲请祠，犹未见文字到，或传已索迓吏，未知信否？今外郡犹可行志，苟其子葬毕，体力无它，且往之官，亦自无害也。"④ 我们知道，张栻在淳熙四年八月左右丧妻，五年四月左右丧子，《谢表》所谓"便私有请，已媿乘轺"，指因妻丧求归，又因葬子乞解职，遂有改官之

---

① 汪应辰：《文定集》卷六。
② 朱熹：《朱文公文集》卷三十四。
③ 吕祖谦：《东莱集》外集卷六。
④ 吕祖谦：《东莱集》别集卷八。

命。张栻于五年闰六月朔出广西返湘①，中间又因私事于八月去袁州与弟张构会面②，其至江陵当在淳熙五年八月之后。又，张端义《贵耳集》记："南轩自桂帅入朝，以平日所著之书并奏议、讲解百余册装潢以进，方铺陈殿陛间，有小黄门忽问左司甚文字许多，张南轩斥之曰：'教官家治国平天下！'小黄门答云：'孔夫子道一言可以兴邦。'孝宗闻此言亦笑。"案：张栻任桂帅之后，并未见有入朝的记载，张端义所记不确，或为乾道六年五月由知严州入朝之事。

以上列举数条，以见端倪。诗文编年是极其复杂的一项工作。如果对每篇诗的写作背景、诗意、诗境、典故，每篇文的内容主旨、涉及人物、地点、事件等茫然无知，根本无法完成编年。因此需要查阅大量文献，深入研究作者的生平事迹、仕履出处、学术思想、朋友交游等问题，通过各种文献互证对勘，在此基础上才能对每篇诗文的写作时间作出比较准确的判断。

三、张栻诗文的注释

张栻的诗文系统反映了他的哲学思想、政治主张、文学情怀、人生理想。诗文中所涉及的时代背景、写作缘由，今人已不甚了了，需要进行考证、注释。注释整理主要包括以下几个方面：（1）注释人名、地名。张栻诗文中涉及许多人名、地名，这是阅读张栻著作的障碍，我们可以通过注释加以扫除。对人物的注释，还可以了解张栻的学术交游，探讨张栻的思想世界。（2）诠释成语典故。这里所说的典故，是指张栻诗文中引用的古代文献或有来历出处的词语。用典是中国传统诗文的一大特色，不明白其用典和引文出处，对文意就会茫然不解，故需作出注释。（3）解释疑难字词。字词是构成语言的最基本的单位。读张栻的著作，许多障碍来自对字词的音、义缺乏了解，影响到对其思想的诠释。因此解释疑难字词（包括注音、释义）是一项重要的任务。兹举例如下：

《南轩集》卷二有《六月晦发雪川广德兄与诸友饮饯于渔山已而皆有诗赠别寄此言谢》诗，又卷四十四有《祭南康四九兄》二篇。诗中涉及的"广德兄""四九兄"是谁？遍查张栻著作，找不到线索。因此还得扩大视野，从其他文献中来寻找答案。史尧弼《莲峰集》卷十《与张丞相》有云："某近于戒仲四十九哥所窃伏闻相公温清之余，闭阖深居，天游独得，大《易》微言，著书已就。"史氏此信是写给栻父张浚的。张浚《易传》完成于绍兴二十八年戊寅（1158）谪居永州期间③，可知史氏此信当作于是年

---

① 《桂胜》卷二《冷水岩题名》："淳熙五年，广汉张栻敬夫将以闰六月朔旦北归湖湘。"
② 《南轩先生文集》卷九《袁州学记》："淳熙五年秋八月，某来宜春。"
③ 张献之：《紫岩易传跋》，见《宋代蜀文辑存》卷七十九，民国三十二年排印本。

前后。"戒仲四十九",即张栻所云"四九兄",据此可知即张戒仲。又杨万里《范公亭记》:"广德决曹掾官寺之雎子城之椒负东迤南有亭而小,若黝若奭,若仓若哲,若翼斯击,若咮斯章,若袨服魏弁之旋饬者,范公亭也。公之逸事,孙莘老诗之,江彦章书之。公有遗墨,张君杅戒仲刻之。赵君亮夫懋德啬亭之圮,作而新之。"① 因此知"戒仲"即张杅之字。又考陆增祥《八琼室金石补正》卷一一三收录有张浚《列秀亭题名》,云:"张浚绍兴丙寅(按,即十六年,1146)秋口命谪居阳山,侄杅、男栻侍行。"阳山在广东连州,列秀亭在连州州学东南,群峦拱秀,众流环绕。绍兴十六年张浚谪居连州,常常带子侄登临抒怀,张杅与张栻侍行。此后十多年间,张杅一直随待张浚。张栻《六月晦发雪川广德兄与诸友饮饯于渔山已而皆有诗赠别寄此言谢》一诗云:"平生苕雪梦,邂逅此登临。青山秀而远,溪水洁且深。浮玉千古色,飞凤何年音。小丘辟荒荟,修竹初成林。居然得此客,领略还披襟。已歌《棠棣》诗,更作《伐木》吟。兄嗟弟行役,友念朋盍簪。情深语更质,意到酒自斟。荷风生泊莫,凉雨洗遥岑。翻然放舟去,别绪故难任。我行日以远,佳处长会心。作诗寄余韵,并以谢幽寻。"② 苕雪是苕溪、雪溪二水的并称,在浙江湖州境内。湖州古称吴兴,故历史上诗文多以苕雪借指湖州、吴兴。张栻此诗作于乾道七年。盖张栻于乾道六年五月被召为吏部员外郎,兼起居郎,十二月兼侍讲。乾道七年六月十三日,张栻因遭虞允文等人排斥,出知袁州。十四日出都,过吴兴;七月寓苏州;八月适毗陵(常州);十二月游鄂渚(武昌),抵长沙。此诗作于乾道七年(1171)六月底。诗中所云"广德兄",正是张栻堂兄张杅。何以见得?张栻《祭南康四九兄》文云"雪川之别,惨焉酸辛"③,即指此次相见。"南康四九兄"指后来张杅知南康军(实未上任而卒)。张栻给朱熹的信中也提到此次与张杅相见之事:"某十三日被命出守,次日早出北关,来吴兴,省广德家兄,翌早可去此。"④ 张栻原计划在吴兴与张杅见面之后第二天即离去,但实际上停留至"六月晦",才与张杅惜别⑤。

这里有一个问题,乾道七年张杅寓居吴兴,而张栻称他为"广德兄""广德家兄",那么张杅是否在此前知广德军(治今安徽广德)?由于文献无徵,只能存疑。也许张杅乾道间曾知广德军,后闲居湖州,或者除知广德军,但在吴兴候缺。李之亮《宋两江郡

---

① 杨万里:《诚斋集》卷七十四。
② 张栻:《南轩先生文集》卷二。
③ 张栻:《南轩先生文集》卷四十四。
④ 张栻:《南轩先生文集》卷二十二。
⑤ 张栻有:《六月晦发雪川广德兄与诸友饮饯于渔山已而皆有诗赠别寄此言谢》一诗,见《南轩先生文集》卷二。

守易替考》于乾道元年至七年广德军知军空缺，乾道八年知广德军为丁仲京①。疑张杓除知广德军即在乾道七年前数年间。

张杓在吴兴寓居多年以后，到淳熙二年（1175），又被除知广德军。此次知广德军，以合刻《史记》裴骃集解、司马贞索隐二家注最为后人称道（现存残本，见篇首目录后自跋）。淳熙四年（1178），张杓知广德军任满后，当改知南康军，候缺。吕祖谦《与朱侍讲元晦》："南康见任人赵彦逾已赴召，张戒仲复疽，乃是见次者，公所以斟酌以小垒相处，政欲可受，切不须苦辞。"② 可知张杓所候之缺为赵彦逾。赵彦逾约淳熙三年（1177）知南康军，淳熙五年（1179）赴召，改知秀州。而此时候缺人张杓已卒。朝廷欲召用朱熹，故于此年八月除朱熹知南康军，吕祖谦作书劝朱熹赴任。关于此事，李心传记载："（淳熙）五年春，史、魏复相，首务进贤，以先生屡召不赴也，必欲起至。始议除中都官，赵卫公时为参知政事，谓史公言不若以外郡处之，待之出于至诚，彼自无词，然其出必多言，姑安以待之可也。乃除之南康军，见次。史公必欲先生之出，又降旨不许辞免，便道之官，俟终更入奏事，仍命南，趣遣牙吏。史公既勉先生以君臣之义，又俾馆职，吕伯恭作书劝之，先生再辞，不许，乃上，是时年四十有九矣。"③ 所谓"吕伯恭作书劝之"，即指前引吕祖谦与朱熹书。朱熹《辞免知南康军状》："今月（按，指淳熙五年八月）十七日准尚书省劄子，奉圣旨差知南康军，填张杓阙。"④ 可知张杓在淳熙五年（1179）八月之前已卒。

又如卷五《送但能之守浔州》诗，"但能之"是谁？生平事迹如何？光绪《临桂县志》卷二十一《金石志二》载有但能之等人游龙隐题名。案但中庸，字能之，湖北齐安人。淳熙初知浔州⑤，十二年任广东转运使⑥。杨万里《淳熙荐士录》："但中庸，有学有文，操守坚正，持节布宪，风采甚厉。"陆游《老学庵笔记》卷七："姓但者，音若檀。近岁有岭南监司曰但中庸是也。一日朝士同观报状，见岭南郡守以不法被劾，朝旨令但中庸根勘。有一人辄叹曰：'此郡守必是权贵所主。'问何以知之，曰：'若是孤寒，必须痛治，此乃令但中庸根勘，即是有力可知。'同坐者无不掩口，其人悻然作色曰：'拙直宜为诸公所笑。'竟不悟而去。"

卷二十六有《答刘宰》一文。案，此"刘宰"非号漫塘之刘宰，《宋元学案补遗》列漫塘为南轩门人，误。漫塘刘宰（1166－1239），字平国，生于乾道二年，张栻卒时

<hr />

① 《宋会要辑稿》职官六一之五五："（乾道）八年二月十六日，新知广德军丁仲京与新权发遣建昌军富杞两易其任，各以私计不便有请故也。"

② 吕祖谦：《东莱集》别集卷八。

③ 李心传：《建炎以来朝野杂记》乙集卷九《晦庵先生非素隐》。

④ 朱熹：《朱文公文集》卷二十二。

⑤ 雍正：《广西通志》卷五十一。

⑥ 雍正：《广东通志》卷二十六。

才十四岁。观张栻《答刘宰》一文，显非对一少年语。《宋元学案》卷七十一全祖望补列漫塘入"游氏门人"，全氏案曰："先生《宋史》有传，顾不详其学术之源流。《润州旧志》则曰先生与王正肃遂同受学勉斋。予考之，乃默斋游氏弟子，非勉斋也。先生少志伊洛之学，其时丹阳有窦文卿兄弟、汤叔永皆尝从晦翁游，从之讲习，顾未尝称弟子。及与周南仲为同年，又从之问水心之学。至于慈湖，则虽未尝登门，而亦究心于其说。最后尉江宁，乃得默斋而师之。然则先生当为南轩再传也。（先生文集序中俱是鹘突说过，不知何故。）观先生于默斋称夫子，于勉斋称丈，则可见矣。《宋史》又略其谏史、郑二相之大节，而序其任卹之小事，不知何以草率至此。时朝臣乔行简等皆荐之，礼部侍郎袁燮又举先生自代，史弥坚奉祠家居，亦荐之。"考《凤墅帖》前帖卷十五所收《与子澄知县书》内容正与《答刘宰》同，其中有"承得邑宜黄"云云。又《宋史·刘清之传》"诣吏部铨，得知宜黄县。茂良入为参知政事，与丞相周必大荐清之于孝宗，召入对"云云。考龚茂良于淳熙元年十一月戊戌参知政事①，另周必大于淳熙元年末也有《举刘清之自代状》②，云"乾道九年秋用举主考第改官，尝有旨同张驹召赴都堂审察，清之独赴部注知县而去"，则刘清之约乾道九年（1173）秋得知宜黄县。此书约作于是时。

卷二十七《答舒秀才》，据《朱子语类》卷一百二十："先生问湘乡旧有从南轩游者为谁，（黄）佐对以周奭允升、佐外舅舒谊周臣，外舅没已数岁，南轩答其论《知言》疑义一书，载文集中。允升藏修之所正枕江上，南轩题曰'涟溪书室'，乡曲后学讲习其间。但允升今病，不能出矣。先生曰：'南轩向在静江，曾得书甚称说允升所见必别，安得其一来？次第送少药物与之。'"洪迈《夷坚志》戊卷八《湘乡祥兆》亦记有舒谊事。此信提到与朱熹反复讨论五峰之教，当为《知言》疑义。朱熹、张栻讨论《知言》疑义，始于乾道六年初，汇编于乾道七年底。由是知"舒秀才"即舒谊，字周臣。

如此之类人物，张栻文集中并没有更多的材料，都需要细心查考，广征文献，反复辩证，才能做到准确无误。

张栻诗文中还用到许多地名、典故、成语，我们都作了详注（见《南轩集编年笺注》）。张栻是当时重要的理学家，其哲学思想独具特色。对太极、心性、理气、知行、体用、义利、察识、涵养、中和、已发、未发等范畴都有自己特有的理解。对这些概念、范畴的解释，是思想史、哲学史研究的范围，非简单的笺注所能胜任。

---

① 徐自明：《宋宰辅编年录》卷十八。
② 周必大：《文忠集》卷一二二。

四、张栻著作的辑佚

根据各种文献所记和后世目录书著录，张栻失传的著作主要有以下几种：《希颜录》《经世纪年》《洙泗言仁》《书说》《诗说》《中庸解》《通鉴论笃》《太极解义》《南轩先生问答》《南轩语录》《四家礼范》《南轩奏议》《张宣公帖》等。由于朱子所编《南轩集》不收早年之作及奏议文字，张栻的许多这类作品散见于各种文献之中，我们尽力加以网罗辑佚，力求将张栻的著作比较完备地展示于世。除了一些零星佚文之外，最重要的辑佚有以下几种：

（一）《南轩易说》

《南轩易说》是未定之稿。张栻在淳熙年间致书朱熹说："于所讲论皆无疑，独《易说》未得其安，亦恐是从来许多意思未能放下，俟更平心易气徐察也。"元至元年间，胡顺父曾刊行《南轩易说》（残本）。明清刻本、写本多来自此本。由于今传本《南轩易说》仅解《系辞》《说卦》《序卦》《杂卦》，故学界怀疑张栻是否真有包括上下经的全本《易说》。现在我们根据宋人冯椅《厚斋易学》、方实孙《淙山读周易》、元人俞琰《周易集说》、李简《学易记》、胡一桂《易附录纂注》、董真卿《周易会通》、明胡广等《周易传义大全》、蔡清《易经蒙引》等书所引《南轩易说》佚文，大体上可以还原《南轩易说》的全貌。从佚文可以知道，张栻对《周易》六十四卦都有解说。散佚的张栻解《系辞上传》也基本可以复原。通过这项工作，可以回答张栻是否注《周易》全书的问题。

（二）《南轩诗说》

乾道九年（1173）张栻《答朱元晦秘书》说："《诗解》诸先生之说尽编入，虽觉泛，学者须是先教如此考究。"同年《与吴晦叔》说："日与诸人理会《诗》，方到《唐风》。向来元晦所编多去诸先生之说，某意以为诸先生之说虽有不同，然自各有意思，在学者玩味如何，故尽载程子、张子、吕子、杨氏之说。其他诸家，有可取则存之，如元晦之说，多在所取也。此外尚或有鄙意，即亦附之于末。"可知张栻曾注解《诗经》。该书是作者裒录二程以来诸理学家对《诗经》的解说，并附以己见。据朱熹《神道碑》，该书也是未完之稿。今无传本，吕祖谦《吕氏家塾读诗记》载张栻《诗说》23条，至《鸤鸠》止。另外，朱熹《诗经集传》录2条，严粲《诗缉》录4条，严虞惇《读诗质疑》录1条，段昌武《毛诗集解》录25条，刘瑾《诗传通释》录23条，朱公迁《诗传疏义会通》录11条，胡广等《诗传大全》录30条，其他一些书中也录有《南轩诗说》佚文。虽然这些引文有些重复，但去重之后，仍然可见《南轩诗说》之概貌。

（三）《太极解义》

该书是研究张南轩理学思想的重要文献，此前虽有苏铉盛、苏费翔等人的辑佚，但非尽善。张栻《太极解义》的完整文本的发现，这是一个重要的收获，将为南轩哲学思想研究提供难得的素材。

张栻非常推崇周敦颐的《太极图》，认为："《太极》一图，穷二气之所根，极万化之所行，而明主静之为本，以见圣人之所以立人极，而君子之所当修为者，由秦汉以来，盖未有臻于斯也。"早在乾道六七年（1170、1171）间，朱熹曾将自己作的《太极图解》寄给张栻征求意见，张栻对朱子所解有所不安，故作《太极解义》阐发周敦颐《太极图说》。据朱熹所撰《神道碑》，张栻《太极图说》"欲稍更定焉而未及也"。《太极图说》即《太极解义》。尤袤《遂初堂书目》、赵希弁《郡斋读书附志》著录，赵书注云："张宣公解周元公《太极》之义也。"宋以后不见著录。有的学者作过辑佚（如苏铉盛、苏费翔），但非全貌。幸运的是，明刻本《濂溪周元公全集》中收录了完整的南轩《太极解义》。因此可以说，张栻《太极解义》并没有散佚。而且更值得研究的是，明本与其他辑本在文字上有比较大的差异，可见《太极解义》应有不同的传本。

张栻还作有《太极图解序》及《后序》二文，《南轩集》未收，见录于各种《周濂溪集》的《太极图说》后。今传宋本《元公周先生濂溪集》也收录二文。但此本所载《太极图解后序》，"通而复，复而通"以下一段文字出自《延平答问》。对此，一些学者有过讨论。如苏铉盛认为这是南轩有意为之，提出："南轩在没有改动《延平答问》之情况下大量引用该文，显然表示他非常同意接受延平之看法。"对苏铉盛的观点，苏费翔提出四条质疑，认为这段文字是衍文，误入《后序》之中。他还从真德秀《西山读书记》中找到了一段文字，正好与张栻《后序》相接，因此主张用《西山读书记》来补张栻《后序》之缺。苏费翔的质疑是对的，他提出的补缺方法，在没有其他材料的情况下也是可行的。不过，我们却发现了一种明刻本《濂溪周元公全集》，将这个问题完全解决了。原来张栻《后序》"通而复，复而通"之后出自《延平答问》的一段文字确系误入。因《后序》文后接着是另一篇文章《延平师生答问》，宋本刚好脱掉一页两面，正是张栻《后序》最后几行和《延平答问》前面几行。后世多种版本皆沿其误，朱彝尊《经义考》卷七十一所录亦误。

此外，还有一些张栻佚著可以搜集，如《南轩语录》等等。我们作有《南轩诗文钩沉》，辑录佚诗25首，词2首，佚文78篇，这应该是迄今为止搜集张栻佚文佚诗比较全面、准确的研究成果。而宋元以后文献中引用南轩《论语说》《孟子说》佚文甚多，校以传本，文句多有不同，可知二书有不同的传本，可以作比较研究。

五、张栻诗文的辨伪

张栻诗文，据朱熹《南轩文集序》说，张栻去世后，其弟张构（定叟）"哀其故稿，得四巨编"。但张构所收并不全面，朱熹认为"吾友平生之言，盖不止此也"，于是"复益为访求，得诸四方学者所传，凡数十篇，又发吾箧，出其往还书疏读之，亦多有可传者，方将为之定著缮写，归之张氏，则或者已用别本摹印，而流传广矣"。这个摹印流传的"别本"，可能就是张构所哀的张栻"故稿"。朱熹对这个本子是不满意的，认为所收"盖多向所讲焉而未定之论，而凡近岁以来谈经论事、发明道要之精语，反不与焉"。他"于是乃复亟取前所蒐辑，参伍相校，断以敬夫晚岁之意，定其书为四十四卷"①。朱熹编定《南轩文集》与当时流传的"别本"最大的不同在于"断以敬夫晚岁之意"，而删去了所谓张栻的"早岁未定之论"，使张栻的早期著作不见于文集之中。此外，对于"诸经训义"以及"其立朝论事及在州郡条奏民间利病"的奏议文字也不予收录。我们对未见于今本《南轩集》的一些张栻遗著、遗文作了辑佚，收获颇丰②，但也发现了不少疑伪之文，历史文献中误植于张栻名下，造成混乱。兹考证如下：

（一）《春日西兴道中五首》

案，金履祥《濂洛风雅》卷五、《全宋诗》卷二四二一《张栻八》皆收入张栻名下。此组诗实为吕祖谦《春日七首》，原共七首，此只录有五首。见《东莱集》卷一。

（二）《橘州》

案，《两宋名贤小集》卷二一一、雍正《湖广通志》卷八九收入张栻名下。此诗实为朱熹《奉同张敬夫城南二十咏》之一，见《晦庵集》卷三。

（三）《晚春》

案，金履祥《濂洛风雅》卷五、《全宋诗》卷二四二一《张栻八》收入张栻名下。此为实吕祖谦《晚春》二首之一，见《东莱集》卷一。

（四）《晚望》

案，金履祥《濂洛风雅》卷五、《全宋诗》卷二四二一《张栻八》收入张栻名下。此诗实为吕祖谦作，见《东莱集》卷一。

（五）《八咏楼有感》

案，金履祥《濂洛风雅》卷五、《全宋诗》卷二四二一《张栻八》收入张栻名下。此诗实为吕祖谦作，见《东莱集》卷一，作"登八咏楼有感"。

---

① 朱熹：《朱文公文集》卷七十六。
② 除《太极图说解义》《南轩易说》《南轩诗说》外，另辑录诗词27首，文78篇。

（六）《游丝》

案，金履祥《濂洛风雅》卷五、《全宋诗》卷二四二一《张栻八》收入张栻名下。此诗实为吕祖谦作，见《东莱集》卷一。

（七）《题刘氏绿映亭二首》

案，金履祥《濂洛风雅》卷五、《全宋诗》卷二四二一《张栻八》收入张栻名下。此诗实为吕祖谦作，见《东莱集》卷一。

（八）《落梅》

案，金履祥《濂洛风雅》卷五、《全宋诗》卷二四二一《张栻八》收入张栻名下。此诗实为尤袤作，见《梁谿遗稿》卷一，与原诗稍有出入。尤袤原诗："梁谿西畔小桥东，落月纷纷水映空。五夜客愁花片里，一年春事角声中。歌残玉树人何在，舞破山香曲未终。却忆孤山醉归路，马蹄晴雪衬东风。"

（九）《岳后步月》

案，见《南岳倡酬集》。此组诗前一首"衡岳山边霜夜月"诗标名"仲晦"，实已见于《南轩集》卷六，不见于《晦庵集》。此诗当为游岳麓诗，非游衡山诗，疑非张栻作。

（十）《夜得岳后庵僧家园新茶甚不多辄分数碗奉伯承》

案，见《南岳倡酬集》。前一首"小园茶树数千章"诗标名"仲晦"，实已见于《南轩集》卷六，不见于《晦庵集》。此诗当为游岳麓诗，非游衡山诗，疑非张栻作。

（十一）《过高台获信老诗集》

案，见《南岳倡酬集》。此组诗中，"萧然僧榻碧云端"一诗收入《南轩集》，则此诗当非张栻作，或为朱熹诗。

（十二）《题福岩寺》

案，见《南岳倡酬集》。此组诗中，前"掷钵峰前寺"一诗已见于《南轩集》卷四，则此诗当非张栻作，或为朱熹诗。

（十三）《题南台》

案，见《南岳倡酬集》。此组诗中，前一首"相望几兰若"诗已见于《南轩集》卷四，此诗当非张栻作，或为朱熹诗。

（十四）《自上封下福严道傍访李邺侯书堂路榛不可往矣遂赋此》

案，见《南岳倡酬集》。此组诗中，前一首"石壁巉巆路已荒"诗已见于《南轩集》卷五，此诗当非张栻作，或为朱熹诗。

（十五）《将下山有作》

案，见《南岳倡酬集》。此组诗中，前一首"五日山行复下山"诗已见于《南轩集》卷五，此诗当非张栻作，或为朱熹诗。

（十六）《十六日下山各赋二篇以纪时事云之二》

案，见《南岳倡酬集》。此组诗中，前一首"蜡屐风烟随处别"诗见于《晦庵集》卷五，后一首"山中好景年年在"诗见于《南轩集》卷七，此诗当非张栻作，或为林用中诗。

（十七）《游南岳风雪未已决策登山用春风楼韵》

案，见《南岳倡酬集》。朱熹《朱文公文集》卷五亦收此诗，题为《奉题张敬夫春风楼》，时间为"乾道丁亥冬至"。《南岳倡酬集》标为张栻，当误。

（十八）《磨崖碑》

案，康熙《永州府志》卷二十三、光绪《湖南通志》卷十八、《全宋诗订补》第四三七页收入张栻，作"舟过浯溪有感题石"。绍兴七年九月，张浚因郦琼淮西兵变被罢为观文殿大学士，提举江州太平观。十月谪散官，岭南安置，改责授左朝散大夫，永州居住。八年二月，张浚携家人抵永州。九年正月，以大赦复官，除知福州。九月，张浚至福州。此次张浚一家在永州居住约一年有半。绍兴八九年间，张栻不过六七岁。绍兴二十年，张浚又因上疏论边事，移永州居住，至二十五年秦桧死，才令自便。二十六年还蜀葬母后返永州。到绍兴三十一年三月春，张浚自永州归长沙。此次在永州居住长达十二年，张栻随行。此磨崖碑用词鄙陋，立意浅薄，应非张栻之作，当属浅人依托。

（十九）《题致一堂》

案，道光《广东通志》卷二二五、《全宋诗订补》第四三八页收入张栻名下。据《大清一统志》卷三五二："致一堂，在州城东，宋欧阳献可读书之所，张栻有赋。又州学东南有列秀亭，亦张栻书额。"关于欧阳献可其人，据雍正《广东通志》卷四十四："欧阳献可，字晋叔，连州人。幼领乡荐，俄厌举业，学为古文，尝作《见山台记》，张浚亟称之，名其读书处曰致一堂，且为之记。时州人苦于上供银额，献可上书州郡奏乞蠲除，至今人犹道其事。"又雍正《广东通志》卷三十一，欧阳献可为元祐三年（1088）戊辰李常宁榜进士。以三十岁左右中进士计，到绍兴十六年时欧阳献可年已逾八十。张浚父子于绍兴十六年在连州居住，是时张栻不过十三四岁。诗中称"欧君""我昔与君游"，显然非张栻口气。疑此诗为张浚所作，或他人托名。

（二十）《题养源堂》

案，道光《广东通志》卷二二五、《全宋诗订补》四三八页收入张栻。雍正《广东通志》卷四四：陈宗谔，字昌言，连州人，工文章，不从时尚。家有养源堂，著述甚富。张浚在连，独喜与论文，浚子栻严事之。以特奏名仕泷水丞，摄端溪令。后浚欲荐于朝，未上而宗谔卒。有《养源集》行于世。细味此诗，"客情已着归舟去，揸筈凝立叹清渐"当非十四五岁少年所言，疑为张浚作。

（二十一）《试茶》

案，《全芳备祖集》后集卷二十八、《全宋诗订补》四三七页收入张栻名下。此诗又收入陆游《剑南诗稿》卷六，《御定佩文斋广群芳谱》卷二十亦录陆游《试茶》，当为陆游之作。

（二十二）《贺定帅宝文正启》

案，《五百家播芳大全文粹》卷二十六、《宋代蜀文辑存》卷六十四俱入张栻文。定帅，即真定府路安抚使。宝文，宝文阁学士的省称。钦宗靖康元年十月金人破真定之后，再也没有置真定帅。此"定帅宝文"疑即刘韐（1067－1127），字仲偃，崇安（今福建武夷山市）人。哲宗元祐九年（1094）进士，调丰城尉、陇城令，迁陕西转运使，擢集贤殿修撰。徽宗宣和初，提举崇福宫，起知越州。宣和四年（1122），召为河北、河东宣抚参谋官。五年（1123），知建州，改福州。寻知荆南，复守真定。钦宗靖康元年（1126），充河北、河东宣抚副使，继除京城四壁守御使。京城不守，遣使金营，金人欲用之，不屈，于靖康二年自缢死，年六十一。高宗建炎初赠资政殿大学士，谥忠显。事见《宋名臣言行录续集》卷三，《宋史》卷四四六有传。刘韐宣和四年（1122）知真定府兼真定府路安抚使，此贺正启疑作于宣和五年正旦（正月初一日），是时张栻尚未出生，显非张栻作。

（二十三）《墨梅寄花光仁老》

案，《声画集》卷五收入张栻名下。此诗实为宋释觉范作，见《石门文字禅》卷八。

（二十四）《书花光墨梅》

案，《声画集》卷五、《宋诗纪事》卷五十七收入张栻名下。此诗实为宋释觉范作，见《石门文字禅》卷八。

（二十五）《妙高老人卧病遣侍者以墨梅相迓》

案，《声画集》卷五收入张栻名下。此诗实为宋释觉范作，见《石门文字禅》卷十一。

（二十六）《光上人送墨梅来求诗还乡》

案，《声画集》卷五、《两宋名贤小集》卷二一一、《御定历代题画诗类》卷八十五收入张栻名下。此诗实为宋释觉范作，见《石门文字禅》卷十二。

（二十七）《妙高梅花》

案，《声画集》卷五、《两宋名贤小集》卷二一一，《御定历代题画诗类》卷八十五收入张栻名下。此诗实为宋释觉范作，见《石门文字禅》卷十六。

（二十八）《河源县徙学记》

案，嘉靖《惠州府志》卷十六、乾隆《河源县志》卷十四、光绪《惠州府志》卷二十三俱收入张栻名下。按此文与实与张栻本集卷九《郴州学记》之后段全同，文末所署年月亦同。唯此文中之"河源"，本集作"郴州"；"知县事薛君彦博、掌教王君惟喆"，本集作"知州事薛君彦博、通判州事卢逊、教授吴镒"。不应薛彦博同时知郴州、又知惠州河源县。则此文当是伪作。

（二十九）《宋张栻论草书》

案，《御定佩文斋书画谱》卷二、《六艺之一录》卷一七三俱注出自《南轩文集》。此文实为张载之说，见《张子全书》卷七。

（三十）《宋张栻论南海诸番书》

案，《御定佩文斋书画谱》卷二、《六艺之一录》卷二六六俱注出自《南轩文集》。此为朱熹之说，见《朱子语类》卷一百四十。

近年来对张栻的研究，有不少成果问世[①]。这些成果对张栻其人及其思想进行了积极的探索，成绩主要体现在：第一，对张栻哲学思想的研究日益深入；第二，对张栻历史地位的认识渐趋客观；第三，对张栻生平经历的考述日益清晰；第四，张栻文献和著作也得到初步的整理。这些成果为深入研究张栻著作与思想打下了坚实的学术基础。当然，这些工作可以说各有侧重和创获，但依然留下了诸多遗憾。张栻的研究还应当更上层楼，拓展空间，而其中最基础、最迫切的工作还是对张栻文献进行系统、全面、深入的整理与研究。张栻英年早逝，今天我们研究张栻，只能借助于朱子编订的《南轩集》等典籍，这不能说不是朱子的历史功绩，但是朱子所编《南轩集》，实际上按照自己的主观意图和学术要求作了大量删削，删去了张栻的早年"未定之论"，这对于研究张栻理学思想的发展和形成过程，展现其本来的思想面貌和理学特色极为遗憾，后人也因为朱熹的删改而对张栻的认识难免偏差。因此，对张南轩文献的整理与研究，应当超越简单的点校，更进一步对其著作进行"深加工"，作编年、注释、辑佚、考订研究，特别要注意搜集南轩"早年未定之论"，展现其思想发展演变的历程，为研究者提供一份真正全面、可靠的文献，使张南轩研究的基础更加牢固。

---

① 据本人初步统计，国内外共发表张栻研究学术论文近200篇，出版相关专著10余部，另有硕、博士论文约20篇。其中蔡方鹿（成都，1991，2003）、苏铉盛（北京，2002）、王丽梅（南京，2004）、邢靖懿（河北，2008）等对张栻哲学与理学作了不同程度的研究。张立文、陈来、姜广辉等人的理学研究著作中，也有涉及张栻的内容。陈谷嘉（湖南，1991，1992）、朱汉民（北京，1991，2002；长沙，2004）、方克立、陈代湘（湖南，2008）研究了张栻与湖湘文化的关系。胡昭曦（成都，2004）、粟品孝（北京，1998）等探讨了张栻与宋代蜀学之关系。杨世文（长春，1999）、邓洪波（长沙，2010）对张栻的文集作了初步点校。海外学者田浩、余英时、高畑常信、苏费翔等发表了对张栻的研究论著。

张诒三 1965 年出生，山东菏泽人。文学博士，曲阜师范大学文学院教授，汉语言文字学专业硕士研究生导师。毕业于浙江大学，师从方一新教授。致力于汉语史、训诂学研究。

《孔广森集》的整理及其意义

孔广森，字众仲，一字㧑约，号㯢轩，堂名仪郑，以希追踪郑玄。生于清乾隆十七年（1752），逝世于乾隆五十一年（1786）。山东曲阜人，孔子第七十代孙。清代著名经学家、音韵学家、骈文作家和数学家。

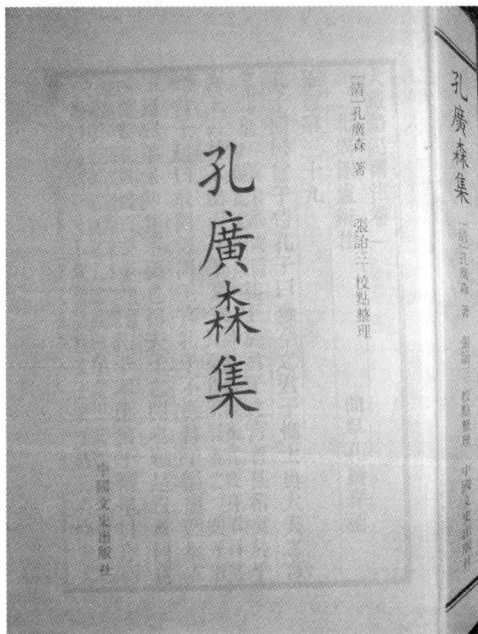

孔广森幼得书香熏陶，其父孔继汾（1725－1786），字体仪，号止堂。为六十八代衍圣公孔传铎第四子，乾隆进士。清代经学家。著有《阙里文献考》《孔氏家仪》《乐舞全谱》《匡仪纠谬集》等。孔广森天资聪颖，勤奋好学，少年早成，17岁即乡试中举，乾隆三十六年（1771）中进士时，年仅20岁。授翰林院庶吉士、检讨、文林郎等职，但孔广森淡泊名利，无意仕进，居官不久即以侍母汤药为名辞官回乡，于曲阜城东筑室曰"仪郑堂"，从此精研经典，潜心著述。乾隆四十九年（1784），孔继汾因编写《孔氏家仪》一书被族人告发，获罪充军。孔广森为赎父罪，四处告贷，南北奔走．其父于乾隆五十一年（1786）卒于杭州，孔广森亦于当年因累月劳顿、父死极哀而染病殒命，年仅34岁，饱览群经而英年早逝，可伤可叹。

孔广森尝从戴震、姚鼐受学。孔广森之父孔继汾与清代著名学者戴震（1723—1777）交往甚笃，且为儿女亲家（广森之兄为戴震女婿），故孔广森得以师从戴震，既尽得其传，又不囿师法，遂成清代朴学皖派之中坚。孔广森学术成就后人评价极高，支伟成论孔广森曰："经史训故，沉览妙解，兼及六书九数，靡不贯通。"（《清代朴学大师列传·孔广森条》）张舜徽论曰："广森之学，出于戴震，而发皇推衍，自为家法，所著书如《公羊通义》《大戴礼记补注》，谨严简洁，不愧专门。《礼学卮言》尤精奥通博，多出神解。《诗声类》但分阴阳声各九类，又区别东、冬为二，实发前人所未发。当乾隆盛时，大师迭起，以少壮之年，具渊邃之学，而卓然可传者，盖必推广森为最上矣。"（《清人文集别录》卷九）孔广森又从姚鼐学习骈文，其骈文创作独树一帜，论者以为兼有汉魏六朝初唐之胜，被推许为清代骈文八大家之列。

孔广森勤于著述，留下大量著作，兹将孔氏著作的整理出版情况，就笔者所知，汇报如下。

一、孔广森刊印稿及其整理

孔广森的著作，已经刊印的，主要有《孔氏㡊轩所著书》，嘉庆二十二年曲阜孔氏仪郑堂刊本，收《春秋公羊经传通义》十一卷、叙一卷，《大戴礼记补注》十三卷、序录一卷，《诗声类》十二卷、《诗声分例》一卷，《礼学卮言》六卷，《经学卮言》六卷，《少广正负术》内篇三卷、外篇三卷，《骈俪文》三卷。

关于孔广森以上著作的整理出版，目前知道的有中华书局出版的《大戴礼记补注》（王丰先点校，中华书局 2013 年 1 月出版），《经学卮言》（杨新勋校注，华东师范大学出版社 2010 年 7 月出版）《春秋公羊经传通义》（崔冠华校点，北京大学出版社 2012 年 6 月出版）。

我于 2009 年申报全国高校古委会古籍整理项目《孔广森集辑校》，2011 年初完成初稿，当时由于急于结项出版，就联系了中国文史出版社，于 10 月出版《孔广森集》，包括前文所列孔广森的刊印稿和诗文辑佚稿，是目前孔广森著作最完整的一部整理稿。但是，遗憾的是，因为是自费出版，一是印刷数量有限，仅印刷 120 套；二是由于出版社和印刷厂都不是专业的古籍出版印刷单位，排印品质也有诸多不尽如人意处。

所以高校古委会古籍整理项目《孔广森集辑校》结项以后，《孔广森集》的整理出版工作并没有结束，我继续努力。2013 年春天，我和中华书局联系，咨询出版《孔广森集》事宜，中华书局石玉先生告诉我，《大戴礼记补注》刚刚出版，孔广森其他著作可以继续出版。后来又告诉我，有人提供了《春秋公羊经传通义》的整理稿，其余的还可以用我整理的。我从 2014 年春天开始，对孔广森的《经学卮言》《礼学卮言》《诗声类》和《诗声分例》四书重新整理，按照中华书局的古籍整理要求和格式、符号要求进行整理，终于于 2014 年 10 月交付书稿，并已经签订出版合同，大约今年中华书局可以印刷出版，书名定为《经学卮言（外三种）》。下一步，是整理出版孔广森的《仪郑堂骈俪文》《少广正负术》内外篇六卷和诗文辑佚稿。

二、孔广森诗文辑佚

关于孔广森的诗歌，《曲阜孔氏诗钞》（孔宪彝编，曲阜师范大学图书馆藏清道光二十三年（1843）刻本）提到孔广森著有《仪郑堂诗稿》一卷，并选了部分诗作，可知孔广森原有《仪郑堂诗稿》一卷。但是，《清史列传·孔广森传》（王钟翰点校，中华书局1987年11月第一版）和《清代朴学大师列传·孔广森传》（支伟成著，岳麓书社1998年8月第一版）都没有提及孔广森的诗歌，查收录清人诗歌的徐世昌辑《晚晴簃诗汇》（徐世昌辑，闻石点校，中华书局1990年10月第一版），没有孔广森的诗作；《山东文献书目》（王绍曾主编，齐鲁书社1993年12月第一版）于孔广森著述收罗详尽，也没有提到孔广森的诗集；《清史稿艺文志及补编》（章钰、武作成等编，中华书局1982年4月第一版）、《清史稿艺文志拾遗》（王绍曾主编，中华书局2000年版）、《清人诗文集总目提要》（柯愈春著，北京古籍出版社2001年11月第一版）、《清人别集总目》（李灵年、杨忠主编，安徽教育出版社2000年7月第一版）、《清人文集别录》（张舜徽著，华中师范大学出版社2004年3月第一版）等书也都没有提及孔广森的诗歌以及《仪郑堂诗稿》一书。目前虽然不能肯定《仪郑堂诗稿》是否已经亡佚，但是该书流传不广，各家书目没有提及，是否曾经刊印，也不得而知。

目前搜集到的孔广森的刊印稿之外的佚文佚诗主要有：

从《曲阜孔氏诗钞》（孔宪彝编，曲阜师范大学图书馆藏清道光二十三年刻本）中辑录孔广森的诗歌二十六首，又从《乾隆曲阜县志》（潘相编修，乾隆三十九年刊本，见《山东府县志辑》第七十三卷，凤凰出版社2004年版）辑录孔广森《骈俪文》中没有收录的《仙源九祝诗·序》和联句诗。

下一步希望从与孔广森交往密切的清代学人如阮元、孙星衍等文集中，找到孔广森的信札等。孔广森和阮元、孙星衍等学者交往密切，当有书信往来，我在《姚鼐文集》中，找到了姚鼐写给孔广森的信，那么是否能够有幸找到孔广森写给他们的信呢？这要认真查核一遍才能知道。

三、孔广森未刊稿以及下一步的整理计划

至于孔广森著作的未刊稿，据《山东文献书目》《中国古籍善本书目》和《清史稿艺文志拾遗》三书的记载，有以下一些：《礼仪器制改释》五十八卷（稿本，存一至四十九卷），《礼记注疏补缺》一卷，《春秋公羊经》一卷，《顨轩经说》十卷（存一至五、八卷），《十三经札记》不分卷，《列国事语分类考释》一卷等，以上著作，都属稿本，且多保存于曲阜市文物管理委员会。邹城市文物管理委员会也保存了一些如《十三经札记》书稿。笔者有幸得到曲阜市文管会领导的帮助，得以一睹《顨轩经说》，原书

名叫《顨轩读经日札》，内含《易》谨案十一事、《尚书》谨案十事、《诗》谨案十九事等，每条按语下面，都有日期，可以大致推测：《顨轩经说》是刊印本《经学卮言》的手稿或草稿，至于其他各书，因属于文物，管理严格，无由一睹，其内容则不得而知。

2014 年，我们学校与曲阜市文管会联合申报了一个国家社科基金重大招标项目，即《孔府档案整理与研究》，该项目计划首先把孔府档案分册影印，我本人也有幸参与到该项目之中，或许有机会率先见到孔府档案馆的孔广森著作。这样，我希望能够把所有存世的孔广森作品都搜集起来，整理完成一部《孔广森全集》。

下一步的计划，首先，是整理完成一部把孔广森留下的文字作品全部搜罗起来的《孔广森全集》，这当然需要时间和机遇，比如未刊的、目前保存在曲阜市文管会的孔氏著作，就要等待时机。

其次，是选取一部分孔广森的著作，在出版了校点本之后，进一步进行注释和普及。比如孔广森的《经学卮言》《礼学卮言》《诗声类》和《诗声分例》等学术著作，以及《骈俪文》和诗歌，都可以进行比较翔实的注释，以注释本刊行。

四、孔广森集整理的意义

首先，丰富和促进儒学研究。孔广森的著作主要是经学和小学著作，都是儒学研究的内容。整理和研究孔广森的著作，其实是对清代儒学研究和儒学史研究的深入，同时也可以更好地认识和评价清代的儒学研究，从而促进清代儒学史研究。

其次，促进清代学术史研究。孔广森是清代乾嘉时期的著名学者，学术成就卓著，研究领域涉及经学、小学和算学。从现在的学术分类看，孔广森《经学卮言》《礼学卮言》等著作中，有关于古代明堂制度、辟雍制度的研究和考证，这些虽然是经学，其实也是关于古代建筑形制的学问。所以，孔广森的著作中涉及古代天文、建筑、历算等。整理孔广森的著作，对于研究清代学术发展史，具有重要意义。

第三，促进清代语言学史研究。孔广森的《大戴礼记补注》和《春秋公羊经传通义》两部著作，取得了卓越的训诂学成就，他的《诗声类》和《诗声分例》是清代古音学研究的力作，其音韵学成就独树一帜、有目共睹，这些奠定了孔广森的语言学家地位，整理他的著作，自然可以促进清代语言学史的深入研究。

第四，促进清代文学史的研究。孔广森的《骈俪文》以及流传下来的部分诗歌，是珍贵的文学作品，其骈文创作在清代就获得了很高的评价，被列入清代骈文八大家之中。孔广森文学创作方面的成就是很突出的，但是，目前对孔广森文学作品的思想和艺术的研究并不充分，有待深入。整理孔广森文集，同样可以促进对孔广森文学创作的研究，从而促进关于清代文学史的研究。

第五，整理孔广森对于今天的文化建设也有积极意义。比如最近曲阜市准备在老城区，据说是古鲁国故城的一角，复古建设泮宫，孔广森的《礼学卮言》中正有《辟雍四学解》一篇，是关于古泮宫建设形制的考证和论述。今天复古建设古泮宫，建筑设计和规划，应该不能忽视孔广森的论述。

总之，整理孔广森文集，意义是多方面的。在这里我没有盲目放大孔广森的学术成就及其影响的意思，只是就我的理解谈谈我的认识。说的不够恰当的地方，欢迎各位专家和各位教授不吝赐教，予以批评指正，同时也恳请各位专家学者关注《孔广森集》的搜集整理，提供意见和建议，更盼望各位专家不吝赐助，提供关于孔广森著作的信息和资料。

我的发言到此为止，谢谢大家！

（校经处潘肖蔷据录音整理）

孔广森著作刊刻版本考述

孔广森，字众仲，一字撝约，号㧑轩，堂名仪郑，以希追踪郑玄。生于清乾隆十七年（1752），逝世于乾隆五十二年（1786）。山东曲阜人，孔子第七十代孙。清代著名经学家、小学家。乾隆三十六年进士，授翰林院检讨。尝从戴震、姚鼐受经学。经史小学，无不深研，尤精《公羊春秋》，多独到之见。擅骈文，论者以为兼有汉魏六朝初唐之胜。

主要著作有《孔氏㧑轩所著书》，嘉庆二十二年曲阜孔氏仪郑堂刊本，收《春秋公羊经传通义》十一卷、叙一卷，《大戴礼记补注》十三卷、序录一卷，《诗声类》十二卷、《诗声分例》一卷，《礼学卮言》六卷，《经学卮言》六卷，《少广正负术》内篇三卷、外篇三卷，《骈俪文》三卷。

关于孔广森著作的刊刻与版本，分别考述如下：

《公羊春秋经传通义》十一卷、叙一卷。初刊是《孔氏㧑轩所著书》（曲阜师范大学图书馆藏嘉庆二十二年（1817）曲阜孔氏仪郑堂刊本），书前有孔广森的胞弟孔广廉于嘉庆十七年（1812）写的序，嘉庆十七年即孔广森去世后二十六年。《续修四库全书》（上海古籍出版社）第一二九册所收《公羊春秋经传通义》，就是这个版本的缩印本。该版本扉页书名为《公羊春秋经传通义》。《皇清经解》（清阮元辑，道光九年（1829）广东学海堂刊本）卷六七九—六九一收录该书，是根据《孔氏㧑轩所著书》本翻刻的，扉页书名为《春秋公羊通义》。

《大戴礼记补注》十三卷、序录一卷。初刊是《孔氏㧑轩所著书》本，书末有"乾隆甲寅弟广廉校刊"字样，"乾隆甲寅"即1794年，在孔广森去世后八年。《续修四库全书》第一〇七册所收《大戴礼记补注》，就是这个版本的缩印本。山东友谊出版社曾于1991年出版《孔子文化大全》，收录了《大戴礼记补注》（山东友谊出版社1991年版），是这个版本的影印本。《皇清经解》卷六九八—七一〇收入该书，书页中缝题"庚申补刊"，是翻刻本。另有《畿辅丛书》（［清］王灏辑，定州王氏谦德堂校刊，光绪五年（1879）刻印）刊本，也是根据《孔氏㧑轩所著书》本翻刻的。该本后有《畿辅丛书》编者王灏于清光绪丁亥年（1887）写的跋。还有《丛书集成初编》本，这是根据以上版本的排印本，但文字时有缺、讹。

《经学卮言》六卷，是孔广森阅读《周易》《尚书》《诗经》《尔雅》《论语》《孟子》《左传》等经典的学术札记。初刊是《孔氏顨轩所著书》本，书末有"嘉庆癸酉孟秋男昭虔恭校"字样，"嘉庆癸酉"为公元1813年，距孔广森去世已经二十七年。该书被收入《续修四库全书》第一七三册，是《孔氏顨轩所著书》本的缩印本。该书又被收入《皇清经解》卷七一一—七一六，是《孔氏顨轩所著书》本的翻刻本。又被收入《指海》（清钱熙祚编，道光二十二年（1842）刊）第二十集，通过比较可知，《指海》本时有错、讹。

《礼学卮言》六卷。是孔广森研读《周礼》《仪礼》《礼记》三书的学术札记。初刊是《孔氏顨轩所著书》本，书末有"嘉庆十八年孟春男昭虔恭校"字样，嘉庆十八年为公元1813年，距孔广森去世已经二十七年。该书被收入《续修四库全书》第一一〇册，是《孔氏顨轩所著书》本的缩印本。该书又被收入《皇清经解》卷六九二—六九七，是《孔氏顨轩所著书》本的翻刻本。又被收入《指海》第二十集，通过比较可知，《指海》本时有错、讹。

《诗声类》十二卷和《诗声分例》一卷，是孔广森研究音韵学的重要著作。初刊是《孔氏顨轩所著书》本，《诗声分例》书末有"乾隆五十七年壬子仲冬弟广廉校刊"字样，乾隆五十七年即西元1792年，距孔广森去世八年。两书均被缩印收入《续修四库全书》第二四六册。也被收入《皇清经解》卷一九四—二〇六，是《孔氏顨轩所著书》本的翻刻本。该书曾于民国时期由四川严式诲编入《音韵学丛书》，是根据《孔氏顨轩所著书》本翻刻的，这个版本被收入《丛书集成三编》第二十八册，书前有严式诲的《重刻诗声类序》。《孔氏顨轩所著书》本的《诗声类》和《诗声分例》曾于一九八三年由中华书局编入《音韵学丛书》，影印出版了单行本。

孔广森的文章，主要是骈体文，有两个版本系统。一是《仪郑堂遗文》系统，二是《仪郑堂骈俪文》系统。根据《文选楼丛书》所收的《仪郑堂文》，后有孔广森外甥朱文翰的跋，名为《朱中翰苍楣仪郑堂遗文跋》，该跋写于"乾隆岁在丁未长至前十日"，即乾隆五十二年（1787），"长至"即冬至。另有孙星衍的序，名为《孙观察渊如仪郑堂遗文序》，写于"乾隆五十二年十一月"。两篇文章写作的时间是同一年，一是冬至前十日，一是"十一月"，可见两篇的写作时间也很接近，序和跋都称《仪郑堂遗文》。而孔广森去世的时间，其甥朱文翰跋称："乾隆丙午冬，外大父丧归自杭，将卜厥窆，十有一月，舅氏顨轩先生卒，春秋三十有五。""乾隆丙午"即乾隆五十一年（1786）。从以上材料可知：孔广森外甥朱文翰在孔广森去世一周年内即搜集编成《仪郑堂遗文》，并请孔广森的生前好友孙星衍写了序。这个《仪郑堂遗文》的初刻本已经无法见到，可以推测：该《仪郑堂遗文》前有孙星衍的序，后有朱文翰的跋。收在《文选楼丛书》（清阮元辑，道光二十二年（1842）刊本）中的《仪郑堂文》，前有孔广森的好友阮元的叙录，孙序和朱跋都放在文末。阮元叙录如下：

"孔广森，字众仲，号㧑轩，孔子七十代孙，居曲阜。乾隆辛卯进士，官翰林院检讨。聪颖持达，旷代逸才，经史小学，沈览妙解，所学在《大戴礼记》《公羊春秋》，尤善属文。沈约、萧统可与共论。录《仪郑堂文》二卷。"

笔者有幸购得的《孔广森文集》一册，首页标题《仪郑堂遗稿》，右下角双行小字题"八家四六之一"，该文集后又有邵齐焘的《玉芝堂文集》和曾燠的《西溪渔隐外集》，也都在标题下双行小字题"八家四六之一"，两文集前都有题词，署名"全椒吴鼒题"。可知该文集是清吴鼒编纂的《八家四六文》的残本，该残本所收文章无注。对照后来的许贞乾的《八家四六文注》（台湾文史哲出版社1972年影印清光绪辛卯1891年版）可见：《八家四六文注》中孔广森的文集题名是《仪郑堂文十九首》，篇目与顺序与《八家四六文》残本的《仪郑堂遗稿》相同，共十九篇，不分卷。属于《八家四六文》的第三卷。而收在《文选楼丛书》的《仪郑堂文》分为两卷，共十八篇文章，比《仪郑堂遗文》少《元武宗论》一文，顺序也与《仪郑堂遗稿》不同。

据以上材料可以这样推论：在孔广森去世不久，其外甥朱文翰即编辑了《仪郑堂遗文》（或名《仪郑堂遗稿》），后被吴鼒编入《八家四六文》，题名为《仪郑堂遗稿》，后来更名为《仪郑堂文》。《八家四六文》的叙称："嘉庆三年太岁戊午余月丁酉全椒吴鼒撰。"看来，《仪郑堂遗文》被编入《八家四六文》的时间是嘉庆三年（1798），此时距孔广森去世已经十二年。后来该书被阮元编为《仪郑堂文》二卷，收入《文选楼丛书》。据阮元年谱，"道光二十二年（1842），七十九岁，正月，命阮亨汇刻文选楼丛书"，可见，《文选楼丛书》的刊刻时间是1842年，此时距孔广森去世已经五十六年。《丛书集成初编》第二五二三册收入该书，扉页题"本馆据文选楼本排印"字样，篇目和顺序延续了《文选楼丛书》本，这个排印本文字有些讹漏。

另一版本系统是《骈俪文》（或称《仪郑堂骈俪文》）系统，该版本始于《㧑轩孔氏所著书》，该书书名《骈俪文》，除包括《仪郑堂遗文》的十九篇文章外，又增加了二十一篇，共四十篇，分三卷。《续修四库全书》第一四七六册收入的就是这个版本，《四部备要》（陆费逵等辑，中华书局1936年影印本）第八十九册收入的也是这个版本。《骈俪文》后有"嘉庆壬申仲冬男昭虔恭校"，"嘉庆壬申"即嘉庆十七年（1812），此时距离孔广森去世已经二十六年。

一般孔广森的传记，记述孔氏的文学作品时，说孔氏有《骈俪文》三卷，《仪郑堂文》两卷，《仪郑堂遗稿》一卷。其实《仪郑堂文》和《仪郑堂遗稿》内容基本相同，只差一篇文章，而《骈俪文》是《仪郑堂遗稿》的增补本。至于某些著作（如《清人诗文集总目提要》）中提到的《繁轩骈俪文》三卷，当是《仪郑堂骈俪文》的别称。

孔广森的数学著作是《少广正负术》内外篇六卷。该书主要版本有嘉庆甲戌刊《繁轩孔氏所著书本》，"嘉庆甲戌"为西元 1814 年，距孔广森辞世已二十八年。后来该书被收入《指海》第十八集、《藏修堂丛书》（［清］刘晚荣辑著，光绪十六年（1890）刊）、《翠琅玕馆丛书》（［清］冯兆年辑，清光绪十年甲申（1884）校刊）和《古今算学集成》（［清］刘铎辑，光绪二十四年（1898）上海算学书局据微波榭本等石印）。这些丛书中所收的《少广正负术》内外篇是根据嘉庆甲戌刊《孔繁轩所著书》翻刻的，文字略有差异，如"零"与"〇"。《丛书集成续编》第八十二册收有该书影印本，第一页中缝有"翠琅玕馆"字样，可知是《翠琅玕馆丛书》本。

《清史稿艺文志及补编》罗列的孔广森著作有：《大戴礼记补注》十三卷、叙录一卷，《春秋公羊通义》十一卷、叙一卷，《经学卮言》六卷，《礼学卮言》六卷，《诗声类》十二卷和《诗声分例》一卷，《少广正负术》内外篇六卷，《繁轩所著书》六十卷，《曾子十二篇》，《勾股难题》，《仪郑堂骈俪文》。根据这个目录，可以知道孔广森尚有《曾子十二篇》和《勾股难题》两书，通过考察可知，《曾子十二篇》又名《曾子十二篇读本》，有台湾广文书局于 1976 年的影印本（扉页题"岁在上章涒滩陬月渭南严氏孝义家塾刊于成都"字样，按："渭南严氏"为清末民初之严遨、严谷孙父子，"上章涒滩"为庚申年，此"庚申年"应为 1920 年），作者题"北周卢辩注，孔广森补注，王闓运笺"，通过比对可知，这是把《大戴礼记补注》中《曾子立事》《曾子本孝》《曾子立孝》《曾子大孝》《曾子事父母》《曾子制言上》《曾子制言中》《曾子制言下》《曾子疾病》《曾子天圆》《王言》《曾子问》等篇目摘出来，重新编排的，内容与《大戴礼记补注》的相应篇目相同。也就是说，《曾子十二篇》是从《大戴礼记补注》中摘出的一部分。

至于《勾股难题》一书，在《少广正负术》外篇中卷有《句股和较难题十二条》，《句股幂难题》三条，《句股边幂相求难题》十六条，《句股容方难题》二十四条，《句股中长难题》十条，《句股不同式难题》一条。笔者怀疑所谓《勾股难题》一书，就是《少广正负术》外篇中卷，但无由见到《勾股难题》一书，究竟是否与《少广正负术》外篇中卷内容相同，只有俟诸来日再考。

关于孔广森的诗歌，《曲阜孔氏诗钞》（孔宪彝编，曲阜师范大学图书馆藏清道光二十三年（1843）刻本）提到孔广森著有《仪郑堂诗稿》一卷，并选了部分诗作，可知孔广森原有《仪郑堂诗稿》一卷。但是，《清史列传·孔广森传》（王钟翰点校，中华书局 1987 年 11 月第一版）和《清代朴学大师列传·孔广森传》（支伟成著，岳麓书社 1998 年 8 月第一版）都没有提及孔广森的诗歌，查收录清人诗歌的徐世昌辑《晚晴簃诗汇》（徐世昌辑，闻石点校，中华书局 1990 年 10 月第一版），没有孔广森的诗作；

《山东文献书目》（王绍曾主编，齐鲁书社 1993 年 12 月第一版）于孔广森著述收罗详尽，也没有提到孔广森的诗集；《清史稿艺文志及补编》（章钰、武作成等编，中华书局 1982 年 4 月第一版）、《清史稿艺文志拾遗》（王绍曾主编，中华书局 2000 年版）、《清人诗文集总目提要》（柯愈春著，北京古籍出版社 2001 年 11 月第一版）、《清人别集总目》（李灵年、杨忠主编，安徽教育出版社 2000 年 7 月第一版）、《清人文集别录》（张舜徽著，华中师范大学出版社 2004 年 3 月第一版）等书也都没有提及孔广森的诗歌以及《仪郑堂诗稿》一书，目前虽然不能肯定《仪郑堂诗稿》是否已经亡佚，但是该书流传不广，各家书目没有提及，是否曾经刊印，也不得而知。

目前搜集到的孔广森的刊印稿之外的佚文佚诗主要有：

从《曲阜孔氏诗钞》（孔宪彝编，曲阜师范大学图书馆藏清道光二十三年刻本。）中辑录孔广森的诗歌二十六首，又从《乾隆曲阜县志》（潘相编修，乾隆三十九年刊本，见《山东府县志辑》第七十三卷，凤凰出版社 2004 年版）辑录孔广森《骈俪文》中没有收录的《仙源九祝诗·序》和联句诗。

至于孔广森著作的未刊稿，据《山东文献书目》《中国古籍善本书目》和《清史稿艺文志拾遗》三书的记载，有以下一些：《礼仪器制改释》五十八卷，（稿本，存一至四十九卷），《礼记注疏补缺》一卷，《春秋公羊经》一卷，《礼轩经说》十卷（存一至五、八卷），《十三经札记》不分卷，《列国事语分类考释》一卷等，以上著作，都属稿本，且多保存于曲阜市文物管理委员会。邹城市文物管理委员会也保存了一些如《十三经札记》书稿。笔者有幸得到曲阜市文管会领道的帮助，得以一睹《礼轩经说》，原书名叫《礼轩读经日札》，内含《易》谨案十一事、《尚书》谨案十事、《诗》谨案十九事等，每条按语下面，都有日期，可以大致推测：《礼轩经说》是刊印本《经学卮言》的手稿或草稿，至于其他各书，因属于文物，管理严格，无由一睹，其内容则不得而知。据文管会同志介绍，曲阜市文管会已经和某大学达成协议，准备复制出版这些著作，那么，对这些孔广森未刊书稿的整理，只有俟诸来日了。

本次整理，主要是孔广森已经刊行的著作，即《孔氏礼轩所著书》中收录的《春秋公羊经传通义》十一卷、叙一卷，《大戴礼记补注》十三卷、序录一卷，《诗声类》十二卷、《诗声分例》一卷，《礼学卮言》六卷，《经学卮言》六卷，《少广正负术》内篇三卷、外篇三卷，《骈俪文》三卷。另外加上从其他著作中辑录的孔广森的诗文。底本依据《孔氏礼轩所著书》本，参校其他版本。《少广正负术》内、外篇则依据《指海丛书》本。文字尽量保持原本面貌，遇到因避讳缺字、改字的，也依据原书，只在篇末校语中予以说明。至于原书文字方面的讹误，也保持原书面貌，并在校语中说明其误。遇到版本之间文字方面的差异，也在校语中予以说明。

参考文献

[1] 孔宪彝编：《曲阜孔氏诗钞》，曲阜师范大学图书馆藏清道光二十三年刻本。

[2] 李灵年、杨忠主编：《清人文集总目》，安徽教育出版社 2000 年 7 月第一版。

[3] 张舜徽著：《清人文集别录》，华中师范大学出版社 2004 年 3 月第一版。

[4] 柯愈春著：《清人诗文集总目提要》，北京古籍出版社 2001 年 11 月第一版。

[5] 章钰、武作成等编：《清史稿艺文志及补编》，中华书局 1982 年 4 月第一版。

[6] 王绍曾主编：《清史稿艺文志拾遗》，中华书局 2000 年 9 月第一版。

[7] 丁福保、周云青编：《四部总录》（二）天文编、算法编，广陵书社 2006 年 12 月版。

[8] 王绍曾主编：《山东文献书目》，齐鲁书社 1993 年 12 月第一版。

[9]《孔氏彝轩所著书》，曲阜师范大学图书馆藏嘉庆二十二年曲阜孔氏仪郑堂刊本。

[10] 顾廷龙主编：《续修四库全书》，上海古籍出版社出版。

[11] 顾廷龙主编：《中国古籍善本书目》，上海古籍出版社 1989 年、1998 年版。

  关长龙 1964 年生，历史学博士，浙江大学古籍研究所
教授，美国哈佛大学哈佛燕京学社 2005－2006 年度访问学者。
主要从事中国古代数术文献、中国礼俗文化史研究。代表著
作：《两宋道学命运的历史考察》（2001）、《中国学术史述
论》（2004）、《中国古代文化会要》礼俗篇（2006）、《敦煌
经部文献合集》韵书卷（2008）、《敦煌本堪舆文书研究》
（2014），另有相关论文 30 余篇。

礼学视野下的中国数术文献

各位同仁，各位老师，各位同学，大家好。

我做的题目是"礼学视野下的中国数术文献研究"。大概所有从事古典文献和文化研究的学人都会或多或少地接触到数术文献，甚至对其中的术法加以揣摩和把玩，但却很少有人愿意把它作为自己学术工作的主要选择。我也是在2008年《敦煌经部文献合集》完成后转向敦煌数术文献的校录工作才开始对这类文献做专门研究的。也从这时起，我开始思考数术学的学科地位，它不应该是打倒孔家店以来常常被视为恐怖分子式的一个孤魂野鬼。

其实在被誉为礼义之邦的传统时代，以卜筮为代表的数术活动就是礼仪生活中的最重要仪节之一，沈文倬先生就曾指出：关于卜筮的仪节，《仪礼》的士冠、士丧记载得很详细，其实十七篇都应有卜筮，不过《仪礼》的体例用互文见义之法，所以在其他各篇都略去了。

《礼记·曲礼上》就说："卜筮者，先圣王之所以使民信时日、敬鬼神、畏法令也，所以使民决嫌疑、定犹与也。"《白虎通·蓍龟》篇也说："天子下至士，皆有蓍龟，重事决疑，示不自专。"可以说，礼仪生活中重要的时间、空间、活动乃至重要的人物、器物选择都是通过数术参与完成的。这一点在今天的民间生活中，虽与礼崩乐坏的命运与共，但仍有着不绝如缕的存在。

数术类型记载最多的礼学经典是《周礼》，其中的大卜、卜师、龟人、筮人、菙人、保章氏、冢人、墓人等之所掌，以及巫

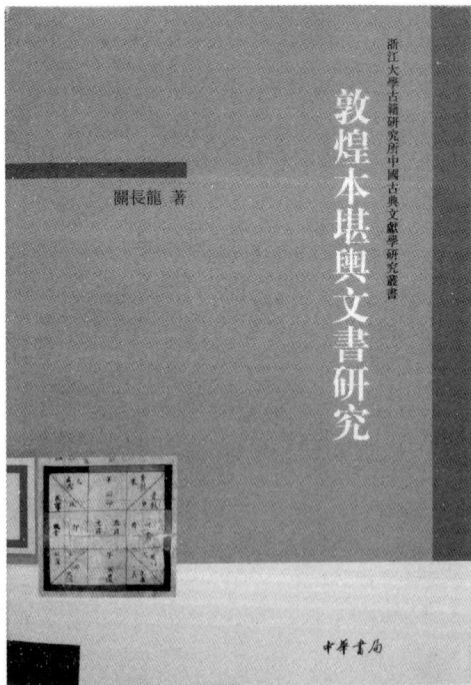

浙江大學古籍研究所中國古典文獻學研究叢書

敦煌本堪輿文書研究

關長龍 著

中華書局

祝、杂占等活动，皆很丰富。而这一记载到了唐代仿《周礼》之作的《唐六典》那里，数术的类型又有了新的形式——龟卜、易占、历谱外，还有五兆、式占、禄命等，大致已包含了后世数术的主要内容。因此，数术文献可以说与音乐、舆服等器物文献一样，都是中国礼学文献的一个重要组成部分，所以我们在讨论《中华礼藏》的卷目分类时就专设礼术一卷，用以处理传统的数术文献。

由于文本及影像数据库的发展，数术文献的整理研究已经有了远胜前人的便利条件，但其问题和困难也依然多多。

其一，由于术法传承的断裂，导致许多文本的理解困难。

其二，由于分类层级不一，或以对象如天文、风水、相法，或以工具如易占、龟卜，或以术语如太乙、遁甲，或以目的如命理等，其分类多寡不一，从《隋志》二分到《通志》三十三种皆有，亦须重加釐定。

其三，具体而言，又有书有传本却叠经后人改窜，已非其旧，遂致校理不易。或有传本差异巨大，虽结构、内容基本相同，但具体文字差异甚大，如《灵棋经》之敦煌本、《道藏》本与《四库》本间的情况即是如此。还有汇抄、割裂、摘抄、疑伪等现象亦远较他类文献为多，更兼清末民初以来破除迷信所致的玉石之焚，而致散佚者众，辑集不易。

要之，作为礼学文献的组成部分之一，数术文献的整理研究对提撕传统文献整理中的这一薄弱环节，以及当代礼仪神圣性的重建都具有重要的意义。

（尼山学堂韩悦据录音整理）

《敦煌本堪舆文书研究》 前言

作为 20 世纪最重要的"中国学"史料发现的敦煌文献①，其内容不仅涵容了传统四部著作的几乎所有门类，而且博涉于画稿、民间契约及非汉文文献等等，可以说它是中国现存最早的一部门类齐全的"丛书"文库。而数术文献正是此早期"丛书"之子部所必不可少的组成部分，本书即拟对此数术文献中的堪舆一目进行一些整理和研究。

最早对敦煌本堪舆文献进行研究的当推罗振玉 1913 年对《阴阳书（葬事）》的考证②。其后法国伯希和（Paul Pelliot）也对其藏品中的伯三五九四号堪舆书亲加考证，撰有《阴阳书残卷》一文③。但直到 20 世纪 80 年代以后，因为敦煌文献资料胶片及图版的相继刊行，有关研究才渐渐兴盛。其早者如法国茅甘（Garole Morgan）《敦煌写本中的"五姓堪舆"法》（1984）④，对以《诸杂推五姓阴阳等宅图经》（一）、（二），《阴阳五姓宅经》（一）为中心的五姓说进行了比较和研究，高国藩《古敦煌民间建筑风俗》（1988）⑤、《古敦煌民间的〈阴阳书〉、〈星占书〉、〈鸟占书〉》（1985）⑥，从民俗择居、安葬文化的角度对敦煌本《黄帝宅经》（一）中的建筑理念以及《三元宅经》（一）中的安葬原则进行了介绍。其后高氏又撰《敦煌民俗学》（1989）、《敦煌古俗与民俗流变》（1989）二书，设专章探讨《黄帝宅经》（一）、《诸杂推五姓阴阳等宅图经》（P. 3492）、《三元宅经》（一）、《阴阳宅经》四个写卷中作为民俗理念的风水原则。其后日本菅原信海撰有《占筮书》（1992）⑦，把《诸杂推五姓阴阳等宅图经》（P. 2615A）等八个堪舆文书作为占筮书中的一类加以介绍和讨论；日本宫崎顺子亦撰

---

① 许寿裳云："'中国学'之史料，自二十世纪开始以来，有四大发见：一、殷虚甲骨文字，二、流沙汉晋简牍，三、内阁大库档案，四、敦煌石室遗书，而又以四之发见尤为重要。"《敦煌秘籍留真新编》序二，第 246 页。
② 《罗雪堂先生全集》（初编一）乙稿卷下《敦煌本阴阳书残卷跋》，第 321 页。
③ 译文刊于《敦煌学》1974 年第 1 期，原文刊于何时暂未详。
④ 载《法国学者敦煌学论文选萃》（译自巴黎 1984 版《敦煌学论文集》第 3 卷）。
⑤ 载《文史知识》1988 年第 8 期。
⑥ 载《阳关》1985 年第 5 期。
⑦ 载《讲座敦煌 5·敦煌汉文文献》。

有《敦煌文书〈宅经〉初探》（1995）一文①，把《黄帝宅经》（一）与传世本《宅经》进行了比勘和研究。

进入 21 世纪后，随着俄藏敦煌文献图版的全部刊出，有关敦煌非佛经文献图版的主要部分已经全部面世，这无疑给专题研究提供了最大的可能和方便。最早对敦煌堪舆文献进行全面梳理和研究的当推黄正建的《敦煌占卜文书与唐五代占卜研究》（2001），该书搜集有关宅、葬文献 28 号，釐定作 32 件，其中宅经类文献辑述文书 19 件，析为三种：五姓宅经 11 件、其他宅经 5 件、杂类 3 件；葬经类文献辑述文书 13 件，析为四种：阴阳书葬事 1 件、葬书 9 件、葬录 1 件、山冈地脉类 2 件，并对逐件文书之特征与内容进行了考辨和介绍。其后出现了第一篇对敦煌堪舆文献进行研究的学位论文，即首都师范大学朱俊鹏的硕士学位论文《敦煌风水类文书初探》（2002），辑录文献 27 号，釐定作 28 件（葬书 11 件，宅书 17 件），对其基础理论（阴阳五行、五音五姓、八卦等）和民俗内容作了些梳理和讨论。此后陈于柱又以敦煌宅经文献作为硕士论文的研究内容，撰《敦煌写本宅经研究》（兰州大学 2003），对敦煌文献中的 18 号（釐定作 20 件）宅经文书进行了较为系统的研究，特别是对其中的风水理论进行了讨论和归纳，其论文后经整理，又附上相关的 20 件文书校录文本，于 2007 年出版了专著《敦煌写本宅经校录研究》。金身佳于 2006 年又撰有《敦煌写本宅经葬书研究》的博士论文，进一步对敦煌堪舆文书的理论加以思考讨论，并于 2007 年出版《敦煌写本宅经葬书校注》一书，对敦煌堪舆文书中的 31 号文书（釐定作 39 件）进行了校录，用力甚勤。此间散见的有关论文也比较多，除陈于柱、金身佳二人结合学位论文而发表的期刊论文外，还当表出者尚有：宫崎顺子《敦煌文书ペリオ三六四七文书の术と译注》（2003）②、《敦煌文书ペリオ三二八一〈宅窍梁屋法〉の术と校本》（2003）③，余欣《唐宋敦煌墓葬神煞研究》（2003）④、《唐宋敦煌醮祭镇宅法考索》（2006）⑤，邱博舜《敦煌阳宅风水文献初探》（2005）⑥，曾波《敦煌写卷〈诸杂推五姓阴阳等宅图经〉之'五姓'校议》（2005）⑦，魏静《敦煌占卜文献中地势五音占卜法相关问题考析》（2009）⑧，这些论文都从不同的专题角度对敦煌堪舆文书进行了较为深入的研究。

然而，从目前已有的学术成果来看，其中最主要的问题是作为展开论述之基础的文

---

① 载《东方宗教》1995 年第 5 期。
② 《东洋史访》第 9 号（2003 年）。
③ 《羽衣国文》2003 年第 4 期。
④ 《敦煌学辑刊》2003 年第 1 期。
⑤ 《敦煌研究》2006 年第 2 期。
⑥ 《文资学报》2005 年第 1 期。
⑦ 《敦煌学辑刊》2005 年第 3 期。
⑧ 《敦煌学辑刊》2009 年第 2 期。

献校录本身尚有不足①，故以此作为论述之依据的学术讨论也必然会存在一些不可避免的"先天不足"。本书有鉴于此，故对敦煌堪舆文献进行了重新考证、缀合、定名和校录，共计辑录文书 32 号②，釐定为 28 件文献，条分十类：阴阳宅经类 5 件，五姓宅经类 2 件，阴阳五姓宅经合编类 5 件，三元宅经类 4 件，玄女宅经类 1 件，八宅经类 1 件，葬经类 6 件，山冈地脉类 1 件，卜葬书类 2 件，附录《阴阳书》1 件。是为下编。

传世本唐五代堪舆文献著录明确的几近于无③，故对唐五代堪舆风俗与信仰的研究，也势必要随着敦煌文献整理研究的展开而有所深入，除前引述的基于敦煌堪舆文献本身研究的著述外，还有一些内容相关的研究著作④，亦各能因其专题而有所发明，然于唐五代堪舆信仰之大貌，仍有不少尚待拓展之课题，今因诸家所论及本书校录文献的文本呈现，姑择三个话题以为上编，希望能引起学界同道的进一步讨论。

一、唐五代堪舆信仰述略

堪舆信仰是人们养生送死中的一件大事，故其影响民心至重，至今犹不乏生死以之的个案发生⑤，在经历一个世纪科学理性筛汰下来的营造遗产中，那些隐显于现代华夏之畔的坚毅而沧桑的幸存者们——经受传统堪舆知识洗礼的村落、祠堂、宅墓，终于以其神圣的文化魅力获得了时代的青睐，成为非物质文化遗产的"座上嘉宾"。儒家谓"慎终追远"可以使"民德归厚"⑥，则堪舆之法于今日的生活信仰重建，抑或有其"药引""抓手"之功。唐五代堪舆术作为宅葬礼仪活动中的核心理念，其运作情况以及民间赖以体知的原型如何，无疑就成为一个很有意思的话题。

二、以敦煌文献为中心的堪舆术考察

堪舆术到底该如何认知，在学术界仍未有共识，然入乎其里以明其运思理路，然后再出乎其外而予以讨论，盖不失为一种慎审之法。朱熹在回答其弟子关于如何治学才能

---

① 如以作为后出转精的金身佳所著《敦煌写本宅经葬书校注》为例，其中即存在诸多基本的问题：有些文献或故作分别，或可缀合而未予缀合，虽其所收件数多于前贤之辑录，但在分类、定名、缀合及校录方面存在的问题却也所在多有。

② 金身佳：《敦煌写本宅经葬书校注》中的"护宅神历卷"二号三件写卷因其性质未定，本书未收。

③ 如何晓昕：《中国风水史》中亦仅对《黄帝宅经》《管氏指蒙》《九天玄女海角经》及托名杨筠松所著的《青囊奥语》《青囊序》等著作进行了介绍，其中之《黄帝宅经》亦因敦煌文献的印证而得以确定其流传于唐代，但却不能确定其撰著于唐时，而题作"管氏（辂）"的著录更是伪托无疑。

④ 如余欣：《神道人心——唐宋之际敦煌民生宗教社会史研究》中第二篇论述"卜宅安居"仪式时，对营造、入宅及厌劾等的讨论，吴玉贵《中国风俗通史》（隋唐五代卷）中对占宅、筑宅、葬书、相墓、望气、陵墓制度等的叙述，等等。

⑤ 参拙文：《让义利直面信仰：从浙江风水文化遗产谈起》所引，载《儒学天地》2009 年第 4 期。

⑥ 《论语·学而》载曾子曰："慎终追远，民德归厚矣。"《论语注疏》卷一，第 2458 页。

有所受用时说："泼底椅桌在屋下坐，便是受用。若贪慕外面高山曲水，便不是受用底。"① 如果对养生送死之法犹不能措意与安顿，其侈谈的道德义理难以入人之心亦必可知矣。作为中国堪舆术发展历程中唐宋转捩期的代表形态，敦煌堪舆术的发现可谓意义重大，它呈现了因与式法联系密切而有异于宋后强调"风水"作用的"堪舆"范式——更强调把堪舆选择之法贯穿于整个宅葬礼仪之中，故其内容所及可以说包括了宅葬选址、造作、布局、移徙乃至救弊的整个过程，较宋后风水文献所呈献的以选择、布局为主的过程具有更为广泛的礼仪功能。

三、唐五代堪舆著述辑略

唐五代堪舆文献每令人有"不足征"之感，虽敦煌文献之富颇能稍损"旧恨"，但其断句残章又不免转益"新愁"，故此著作目录的辑录，固于认知这一时期的堪舆之学有着重要的"示源"意义。

---

① 《朱子语类》卷一二〇，第2910页。

李学堂　1966 年生，山东临朐人。山东大学韩国学院教授，硕导。山东大学（威海）韩国研究院副院长兼文学研究所所长，中国比较文学与外国文学东方文学学会理事，韩国实学学会《韩国实学研究》编委。朝鲜金亨稷师范大学教育心理学学士，韩国成均馆大学校文学硕士、博士。研究方向为韩国汉文学与韩国儒学。著有《朝鲜朝后期文学批评研究》（专著）、《韩国汉文学思想研究》（译著）、《韩国学：理论与方法》（译著）等。

《韩国集部儒学文献萃编》的意义与进展情况

各位老师、同学，上午好：

非常感谢有机会能出席这次儒学文献整理与研究论坛。可能有些老师对韩国儒学比较感兴趣，已经直接与韩国儒学界有了些交流。在中国周边的国家里面，韩国儒学文献应该说量非常大，而且儒学家也比较多，到现在为止出的成果也比较多。但是国内做这一块的人相对来说比较少。实际上在五六十年代开始，季羡林先生、郭沫若先生、吴晗先生等，都对韩国汉文文献给予了关注。从 80 年代末 90 年代初起，像张立文先生和陈来先生、中国实学学会的葛荣晋先生等，都对韩国儒学有了深入研究，而南京大学的张伯伟先生等，做了许多海外、域外的汉籍整理工作，其中也包括儒学方面的典籍。

我做的课题方面，主要是从韩国集部这一块，把韩国儒学文献的一些代表性的著述萃编出来。另外经部这一块，原来人民大学张立文先生，他们做的韩国经学资料集成，已经重新标点出版，但五经部分据张立文先生讲标点起来非常难。我做的是集部的，也就是说从韩国历代文集里面，有接近 1500 位儒学家的文集里面儒学的言论、著述，将之萃编出来，做这个工作。

分两大块：一块是从《汉诗》里面找到有关儒学的诗歌，另一块是整理序、记、传、评、辨、其他碑记等，及其他一些散文文体等等，将其中的儒学方面的资料萃编出来，这两块正在做。韵文部分比较好做，比如说诗歌，包括四言诗、五言诗、七言诗，按照时代顺序，现在基本上编得差不多了，标点也相对比较容易。但其他文体儒学方面的著述，标点起来则较难。本人对经典掌握得比较差，以前没做过这方面的工作，也在尽力做，想采取一种比较简单的标点办法，例如只加冒号，不加引号。因为韩国儒学家的一些著作引用中国经典比较多，但是同时还引用了一些前代其他儒学家的言论，辨别起来比较难。如果加引号的话会非常难，不知道引到什么地方去。不加引号，以后引号由比较有造诣的学者来加，由他们继续做这项工作。

现在同时还在做另一项工作，就是《韩国历代儒学家评传》的工作。原来国内季羡林先生主持了一个东方著名哲学家评传的工作，其中社科院的李甦平女士主编的是韩国编，选取了韩国历代 20 位哲学家做了评传。我这个工作也是李甦平工作的延续，我选了 100 人，都是儒学家。因为李甦平先生她做的是包括儒释道的哲学家传评，选取的面比较广。我只是从儒学家的角度，包括阳明学派的一些儒学家，选取了各个时代有代表性的儒学家进行评传。这个工作基本上已经做完了，正在最后校稿。

韩国儒学这一块，工作量比较大，国内做得比较少，我做的工作希望给国内学者研究韩国儒学提供一个比较好引用、比较好研究的基础资料，做到这一步。至于研究，我不是这方面的专家，只是想提供基础性的东西。

现在遇到的主要困难是，点校、标点的条例，这一块我也从网上、从其他老师那咨询，也向出版社要，但是他们都提供不了一个大家都共同遵守的条例，希望各位专家如果有国内比较通用的条例的话可以提供给我，我会非常感谢。

另外，我在听这个会的时候有几点感想。希望给各位专家汇报一下。一个是我们做的点校、校对、注释非常有意义，对于理解古代文献非常有意义。但是现在从国内文化传承也好、国外的继续传播也好，我们白话文的翻译不好。因为韩国古典必须翻译成韩国现代文，人们才能读懂。国内也有好多人读古典读不懂，必须翻译成现代文，现代汉语对古典文献的传播可能更好，利于在海外的传播。再一个，作为海外儒学搞得比较好的国家，韩国现在准备做儒学方面申遗的工作，比如祭孔大典、乡校书院等，这些原本是中国传去的文化遗产，被韩国申遗的话，对我们来说不是一个好的事情。所以在这一块希望各位专家多用些心思，力所能及地做一些这方面的工作。

我的发言时间到了，汇报完毕，谢谢大家。

（尼山学堂王安东据录音整理）

《韩国集部儒学资料萃编》的意义及进展

一、《韩国集部儒学资料萃编》的意义

儒学在公元前 3 世纪便传播海外，成为世界性的学问。朝鲜、日本、越南等国成为儒学文化圈的国家。他们不仅使用汉字，而且深受儒学熏染。儒学一直以来是朝鲜半岛、日本、越南等周边国家的立国理念和主导的意识形态，儒学与朝鲜、日本、越南传统文化相融合，形成了适合其国家特色和需要的儒学。韩国、日本、越南都有其自己特点的儒学，并涌现了大批儒学和经学大师，形成了众多学派，大大丰富了儒学。这些学人都有大量的著作存世，尤其是韩国，应该是我国周边国家中儒学典籍存世最多的国家。但这些典籍往往原先都未经过标点整理，释读上存在着许多难点。而且海外儒学文献分散在其他国家，查找困难，限制了学者的利用，长期得不到应有的重视。

朝鲜半岛自古以来受到中原文化的广泛影响，形成了与中国各朝代深层次文化交流的历史传统。通过这种交流，齐鲁文化尤其是儒家文化对于朝鲜半岛也产生了特别深远的影响。但朝鲜半岛对中国儒学的吸收过程并非简单的移植和翻版，而是经过了一个长期的消化吸收、批判扬弃、与土俗文化交汇融合的复杂过程，朝鲜民族不断凝聚汇集民族文化的精华要素，从而形成了极具地域特色和民族特色的儒家文化。

国内对韩国儒学的研究，尚处于起步阶段。尤其是国内哲学界和儒学研究者很难得到可信赖的相关研究资料，对其进行深入研究和学术交流更是无米之炊。2010 年，由中国人民大学主编的《国际儒藏韩国编四书部》（16 册）收录韩国成均馆大学校大东文化研究院编纂的《韩国经学资料集成》中注解阐释四书的汉文书籍或篇章。但儒学思想并不仅仅体现在对四书五经的经典阐释研究，还有在此基础上形成的思想演绎和学问体系，包括儒学家的社会实践内容，都很难单单通过其学术内容体现出来。因此把韩国汉文典籍中有关儒学思想的内容和社会实践方向的内容进行精选摘编，可以更加鲜明地展现韩国儒学思想的演变和对韩国社会的影响过程。从中韩 1992 年建交以后，中国实学会等学术团体，社科院和山大、北大、人大等大学都十分重视与韩国的联合研究，取

得了一定的学术成果。可以说，对韩国儒学的研究，不仅可以拓展儒学研究的理论领域，而且对中韩文化交流关系研究、东亚思想传播研究等具有深远的意义。

尤其是作为具有重要意义的参照物，对韩国儒学与中国历代儒学的渊源和影响关系，及其所具有的独特民族特色的研究本身极具学术价值和现实意义。研究需要全面而又可征信的基础资料作为前提，在山东大学新的儒学研究氛围日渐浓厚的今天，整理出版《韩国集部儒学文献汇编》《韩国儒学文献总目录索引》《韩国儒学家小传》以备各方面专家学者进行深入研究，更加彰显出其必要性和紧迫性。

在中韩学术界首次以儒学思想文化的海外传播及其本土化过程的探究为宗旨对韩国汉文典籍进行梳理，具有重大的开拓创新意义和学术价值。本项目作为基础研究，预期在以下几个方面有所突破创新：

（一）文献资料创新

将全面普查韩国汉文典籍中有关儒学和儒学思想及其社会实践的文本资料，整理和分析韩国儒学史的发展历程，从中提炼出韩国各个历史时期具有代表性的儒学家及其儒学思想文献，进行分类摘选、标点和整理编纂。迄今为止，中国学界尚未有可供征信的韩国儒学基础资料整理出版，本课题的研究可以填补这一巨大空白。

（二）编选角度创新

随着中韩文化交流的深入发展，对韩国哲学思想、语言文化、文学艺术的专业领域的研究正在朝着跨国界、跨学科的方向发展。从专业领域来说，该萃编丛书的整理出版，可为中国学界研究韩国儒学提供基础性资料，从中既可以清楚地梳理出韩国儒学思想的演变脉络，也可以为深入研究各个时期韩国儒学的代表人物及其学术成果提供基本资料。从学术交流角度出发，可以为跨学科的国际学术交流提供研究素材，开拓研究者的研究视野和交流层次。

（三）国际合作研究团队

由我校与韩国成均馆大学东亚研究院儒学研究专家协同配合，在资料搜集、摘选和标点方面均有其他大学所不具有的优势。所依据的资料是韩国儒学资料的整体而不是一部分，可以显示山东大学在搜集整理海外儒学经学资料方面的巨大能力。通过摘编，甄别筛选出其中对国内学者研究上有分量有价值的部分以供学术界参考使用，其本身具有重要的学术价值。

（四）经过选编和标点作业，资料使用上将更加方便

在不失资料完整性的前提下，可以极大地减轻学者们的负担，使大家用得起，用的方便。使用者既可以是研究儒学经学的专家学者，也可以是其他学科如政治、社会、历史、文化、文学、民俗等领域的学者，也可供非学界人士参考。本项目的后续工作：由于资料搜集和摘编过程中积累了大量文本和电子版资料，将为参与儒学高等研究院儒学

数据库建设打下坚实基础。只要时机成熟，课题组可以继续参与儒学高等研究院儒学资料数据库的建设，并可以牵头中国韩国儒学研究网的共建。

"韩国集部儒学文献萃编"项目是国内外对韩国集部儒学文献开展的首次大规模的整理工作，不仅可以填补韩国儒学研究基础资料的空白，而且本身即具有重大的学术价值。从中既可以清楚地梳理出韩国儒学思想的演变脉络，也可以为深入研究各个时期韩国儒学的代表人物及其学术成果提供基本资料。从学术交流角度出发，可以为跨学科的国际学术交流提供研究素材，开拓研究者的研究视野和交流层次。

本项目的具体工作顺序是：首先按摘选原则从近 5 亿 8 千万文字中精选出 1000 万字，剩 1/60 左右。按照"古籍点校条例"进行整理、标点、校勘。对所收入著作作者的生平思想、著作内容、版本源流、后世评价及影响作简单介绍，方便研究者参考。按时代顺序将所选文献编为"新罗—高丽前期卷""高丽后期卷""朝鲜前期卷""朝鲜中期卷""朝鲜后期卷"。各时期再按照文献内容进行分类汇编，并对所选内容的出处作详细标注，以方便研究者参考引用。按照韩国儒学史的具体情况，各卷册数不同，"新罗—高丽前期""高丽后期卷"各 3 册，"朝鲜前期卷""朝鲜中期卷"各 4 册，"朝鲜后期卷"则分为 6 册。另外，还将编撰《韩国儒学文献总目录索引》1 册、《韩国儒学家小传》1 册，共计 22 册，约 1100 万字。

"韩国集部儒学文献萃编"工程由李学堂教授主持，韩国成均馆大学和山东大学为主的专家学者参与，2012 年启动，2018 年完成。作为首次全方位梳理韩国儒学文献的重大工程，该项目标志着山东大学海外儒学研究进入一个新的阶段，必将引起国内外学界对韩国儒学的重视和关心，也将会促进出现更多韩国儒学的研究成果。

以上内容原刊载于《文史哲》（2013 年第 2 期）封 2、封 3、封底。

二、进展情况

（一）《韩国历代儒学家传评（100 人）》

国内从学术上对韩国儒学家给予关注并付出努力的代表性劳作为李甦平主编的《东方著名哲学家评传》（韩国卷）（山东人民出版社，2000 年版），参加撰写的中韩学者均为中韩学术界对韩国哲学具有深厚功力的大家，如开创中国学界研究韩国性理学的著名学者张立文教授、倡导中国实学研究的著名学者葛荣晋教授等，选取的评传对象为 15 人（元晓、李穑、郑梦周、徐敬德、李滉、曹植、奇大升、成浑、李珥、郑齐斗、洪大容、朴趾源、朴齐家、丁若镛、朴殷植等），对中国学界早期了解和研究韩国历代哲学家的哲学（儒学）思想起了重要作用。

与该劳作有所区别，为了更广泛地了解和把握韩国历代儒学家的学脉传承及儒学思想，作为《韩国集部儒学资料萃编》项目的一部分，在上述劳作的基础上，拟从韩国儒学家中选取 100 人进行传评。选取的人物均为从新罗、高丽、朝鲜，一直到日帝殖民期结束为止的韩国代表性儒学人物。具体名单为：

崔致远（857－?）、崔承老（927－989）、金富轼（1075－1151）、崔滋（1188－1260）、白颐正（1247－1323）、李齐贤（1287－1367）、李谷（1298－1351）、李穑（1328－1396）、郑梦周（1337－1392）、郑道传（1342－1398）、李崇仁（1347－1392）、权近（1352－1409）、吉再（1353－1419）、卞季良（1369－1430）、金叔滋（1389－1456）、梁诚之（1415－1482）、徐居正（1420－1488）、金宗直（1431－1492）、成伣（1439－1504）、郑汝昌（1450－1504）、南孝温（1454－1492）、金宏弼（1454－1504）、金安国（1478－1543）、赵光祖（1482－1519）、徐敬德（1489－1546）、李彦迪（1491－1553）、李恒（1499－1576）、李滉（1501－1570）、曹植（1501－1572）、金麟厚（1510－1560）、柳希春（1513－1577）、卢守慎（1515－1590）、朴淳（1523－1589）、奇大升（1527－1572）、宋翼弼（1534－1599）、成浑（1535－1598）、李珥（1536－1584）、郑澈（1536－1593）、金诚一（1538－1593）、金宇颙（1540－1603）、柳成龙（1542－1607）、郑逑（1543－1620）、赵宪（1544－1592）、金长生（1548－1631）、韩百谦（1552－1615）、张显光（1554－1637）、张兴孝（1564－1633）、申钦（1566－1628）、金集（1574－1656）、赵翼（1579－1655）、郑经世（1563－1633）、许穆（1595－1682）、权諰（1604－1672）、宋浚吉（1606－1672）、俞棨（1607－1664）、李惟泰（1607－1684）、宋时烈（1607－1689）、尹宣举（1610－1669）、尹鑴（1617－1680）、柳馨远（1622－1673）、丁时翰（1625－1707）、尹拯（1629－17014）、朴世堂（1629－1703）、朴世采（1631－1695）、赵圣期（1638－1689）、权尚夏（1641－1721）、郑齐斗（1649－1736）、金昌协（1651－1708）、金昌翕（1653－1722）、李栽（1657－1730）、李柬（1677－1727）、李绰（1680－1746）、李瀷（1681－1763）、韩元震（1682－1751）、慎后聃（1702－1761）、李象靖（1711－1781）、任圣周（1711－1788）、安鼎福（1712－1791）、洪大容（1731－1783）、朴趾源（1737－1805）、丁若镛（1762－1836）、洪奭周（1774－1842）、金迈淳（1776－1840）、柳致明（1777－1861）、金正喜（1786－1856）、李圭景（1788－1856）、李恒老（1792－1868）、奇正镇（1798－1879）、俞莘焕（1801－1859）、崔汉绮（1803－1877）、朴珪寿（1807－1877）、任宪晦（1811－1876）、李震相（1818－1886）、崔益铉（1833－1906）、田愚184－1922）、柳麟锡（1842－1915）、郭锺锡（1846－1919）、黄玹（1855－1910）、李炳宪（1870－1940）、金昌淑（1879－1962）。

传评原则为充分利用国内和韩国学界对韩国儒学家的研究成果，力求在对相关人物作出全面介绍的同时，对人物的儒学学术思想特征及对社会和学界的影响重点予以关注。有些人物的生平学界尚未有具体研究，拟直接援用人物文集资料中同时代著名人物对其所作的行状或墓志铭的相关内容加以陈述。

该项目已基本结束。

示例如下：

崔致远

崔致远（857－?），字海夫，号孤云。庆州沙梁部或本彼部出身，肩逸之子。新罗末期著名的思想家、文学家，也是新罗遣唐留学生的代表人物，被尊奉为韩国儒学和汉文学的开山鼻祖，有"东国儒宗""东国文学之祖"的美誉。

一、生平

金富轼在《三国史记》中专门为其立传，对其生平事迹进行了介绍，成为研究崔致远生平的主要史料。"崔致远字孤云或云海云，王京沙梁部人也。史传泯灭，不知其家系。"可知崔致远为庆州沙梁部人，但家系无从考证。依据《三国史记》的记载内容，大致可把崔致远的人生经历分为三个阶段：在唐活动期、新罗仕宦期、归隐期。

（一）在唐活动期

唐代是中国文化鼎盛时期，有海纳百川之势，吸引了大量的遣唐留学生。"王遣子弟于唐，请入国学。是时，太宗大征天下名儒为学官，数幸国子监，使之讲论，学生能明一大经以上，皆得补官。于是高句丽、百济、高昌、吐蕃亦遣子弟入学。"这一时期，新罗王朝大举习纳唐朝先进文化，仿照唐朝实行科举制度，尤其重视儒学，不断派遣贵族子弟入唐求学。新罗统一三国以后，治理国家需要大量人才，于是派遣更多留学生赴唐留学，自费生也日渐增多。这些遣唐生学成归国之后，使汉文化在新罗得到了更广泛的传播，大大促进了本国的文化发展。在唐朝近三百年的历史中，新罗是派遣留唐学生最多的国家。新罗学生入唐求学之风在九世纪达到了高潮，崔致远即这一时期最著名的代表人物。

"致远少精好学，至年十二，将随海舶入唐求学。"（《三国史记》）崔致远于868年，随商船入唐，"臣自十二离家西泛"。（《桂苑笔耕集序》）年幼的崔致远，毅然离家求学，可见其坚韧的意志。"致远至唐，追师学问不息。乾符元年（874）甲午，礼部侍郎裴瓒下一举及第，调授宣州溧水县尉，考绩为承务郎、侍御史、内供奉、赐紫金鱼袋。时黄巢叛，高骈为诸道行营兵马都统以讨之，辟致远为从事，以委书记之任。其表状书启传之至今。"（《三国史记》）在唐求学期间，崔致远勤奋好学，十八岁宾贡进士及第。宾贡进士，是唐朝进士的一种类型，系对外国或周边少数民族出身的进士的称呼。这对以儒学为学术文化根基的新罗学子尤具吸引力，许多新罗人因宾贡进士及第，名登金榜。作为一名异域的求学者，年仅十八岁的崔致远，就已进士及第，可见崔致远在这求学的六年里，付出了巨大的艰辛。

崔致远 874 年及第，877 年任宣州溧水县尉，开始了他在唐的仕途生涯。"禄厚官闲，饱食终日，仕优则学，免掷寸阴。"（《桂苑笔耕集序》）任溧水县尉期间，公务并不繁忙，时间较为充裕，这为崔致远的学术精进和文学创作提供了良好的机会，这一时期崔致远的创作成果颇丰，后主要被收录于《中山覆篑集》。

根据唐制，一般的州县官员任职期为三年，崔致远溧水县尉任满后，于 880 年投靠淮南节度使高骈门下，这是他在大唐仕途中最辉煌的阶段，先后担任过馆驿巡官和都统巡官。在此期间崔致远使出浑身解数，为高骈代撰了一系列的表、状、书、启等公私文书，其中以《檄黄巢书》最为著名。正是因为这篇《檄黄巢书》，崔致远的才华得到了高骈的进一步赏识、重用，"凡表状文告，皆出其手"。

身处异国他乡的崔致远，饱受漂泊之苦。"东飘西移路歧尘，独策赢骆几苦辛。不是不知归去好，只缘归去又家贫。"这首诗歌《途中作》表现了崔致远当时所处环境的困苦及内心的孤独、无奈。

（二）新罗仕宦期

884 年，崔致远上书请求归国。这时黄巢之乱已平息，唐朝的局势也较为稳定。在唐滞留十六年之久，对大唐已经产生了无限的眷恋之情，并且被授予高官的崔致远，在此时请求归国，其原因有很多方面。首先，从个人情感角度出发，身处异乡的崔致远，无时无刻不怀着对祖国的无限爱怜及思念之情。其次，作为一个具有远大抱负、正派的儒生，崔致远渐渐地不满于高骈的迷信、堕落、腐化、不问政事，这使崔致远感到前途渺茫。第三，怀有强烈家国意识、忠君思想的崔致远在唐学有所成，希望能报效祖国，挽救国家于危难之中。用自己的所学，改变新罗的颓败现状，实现自己的政治理想和抱负。第四，新罗方面也希望能召崔致远回国。

在唐滞留十六年的崔致远，于 885 年回到了阔别已久的新罗。《三国史记》载："及年二十八岁，有归宁之志。僖宗知之。光启元年，使将诏来聘，留为侍读兼翰林学士，守兵部侍郎，知瑞书监。致远自以西学多所得，及来，将行己志，而衰季多疑忌，不能容，出为大山郡太守。"崔致远归国后，得到了宪康王的重视，主要原因是九世纪中后期，随着近侍机构的扩大，对具有较高儒学和文学素养的中下级身份的知识阶层的任用也随之增加，这为出身于六头品、且曾到唐留学的崔致远提供了机会。886 年宪康王驾崩，此后崔致远仕途多经坎坷，辗转于各地任地方的郡守或太守，开始了游宦生涯。崔致远虽被排挤出任地方太守，但他仍然为新罗的盛衰而担忧，仍然希望尽忠于新罗王室，能扭转新罗颓败的局面。894 年，身为天岭郡太守的崔致远向真圣女主进献了《时务策》十余条，其中的改革主张得到了女王的赞许，崔致远一度位至阿湌。由于保守派的阻挠，《时务策》中的政治改革思想并未得以实施。六头品出身的崔致远，受到了社会身份带来的种种限制，使其在官场受到守旧贵族的排挤，同时其出身也决定了其以后的政治立场和政治抱负的倾向。

此时的新罗各地也爆发了如火如荼的农民起义，社会矛盾已经到了无法调和的地步，崔致远看到新罗的灭亡已无法挽回，自己的政治抱负已不能实现。在万般无奈的情况下，怀着绝望的心情归隐伽耶山海印寺。崔致远的卒年无任何史料记载，无从考证。1020 年（高丽显宗十一年）8 月，追赠崔致远为内史令；1023 年，显宗又追封崔致远为"文昌侯"，从祭先圣庙。

崔致远的生平遭遇对其思想有很大的影响，十六年的在唐生活对崔致远世界观的形成起到了决定性的作用。受到晚唐和罗末思想界的影响，崔致远在唐生活期间，不仅对儒学思想有极为深刻的理解，还汲取了大量的道家及佛学思想。崔致远对儒家等各种文化知识的汲取，对其政治理念、历史观等方面有很大的影响，可以说崔致远的世界观在唐期间已经基本形成。常以儒者自居的崔致远，其思想始终以儒家思想为核心，其政治理念、历史观是以儒家思想为基本视角。

崔致远的作品主要包括留唐期间的大量诗赋、道教斋词，以及归国后撰写的佛教碑铭、高僧传记和代撰的外交文书。但传世的作品并不多，主要有《桂苑笔耕集》和收录于《四山碑文》中的四篇碑文，以及《东文选》中收录的崔致远的外交文书，其中包括八篇表和三篇状书。其中《四山碑文》是研究崔致远思想的重要史料之一，不仅集中体现了崔致远的儒、释、道思想，还反映出其对历史、政治、经济等多方面独特的见解，尤其是对佛教思想的深刻理解。

二、崔致远与儒家思想

崔致远作为新罗末期著名的思想家、政治家，其思想始终以儒学为核心。即使崔致远的思想特点是追求儒、释、道思想的圆融，但无论是在弘扬道教思想的斋词中，还是在归国后所作的佛教著述中都没有改变其以儒家思想为主的世界观，都没有忘记儒家所倡导的忠君报国思想。

（一）崔致远对儒家思想的理解

新罗地处朝鲜半岛的东南部，是三国中接受儒学最晚的国家。新罗很重视儒学的传播，682 年新罗开始仿照唐朝的制度设立国学，讲授"五经"和"三史"，即《诗经》《书经》《礼经》《易经》《春秋》和《史记》《汉书》《后汉书》。788 年又仿照唐朝的制度实行了科举制，设立了"读书三品科"。随着儒学在朝鲜半岛的传播，儒家的"德治""仁政"等政治思想和"忠""孝"等社会伦理思想逐渐内化为新罗民族精神的一部分。

隋唐时期实行的科举制度使得儒家经典深入人心，从而带动了儒家社会价值观念得以普及，崔致远在这种社会环境的熏陶下形成了儒家的世界观。12 岁入唐的崔致远，18 岁宾贡及第，6 年的时间让崔致远对儒家学术进行了系统、深入的学习，涉猎了大量的经史子集、诗词歌赋等儒学的相关知识，深得儒学精髓。崔致远对儒家经典也十分娴熟，在其众多著作中，经常引用《论语》《诗经》《孝经》《尚书》《礼记》中的言论。如"某尝读鲁论，见仲尼使漆雕开仕，对曰：仕进之道，未能究学，善其深志，天子致悦"。"《书》曰：不衿细行，终累大德。""《礼》所谓：言岂一端而已，夫各有所当。"（《崔文昌侯全集·孤云先生文集》）

崔致远在其作品中，多次称自己为"海外腐儒""玄菟微儒""儒学末门"，在其诗文中多次强调自己遵于儒道的决心，"伏蒙将军念自异乡勤于儒道""所以未竞宦涂，但遵儒道，筮仕而懒趋鹿土，卜居而贪意林泉"（《桂苑笔耕集》）。可见崔致远常以遵循儒道的儒者自居。即使在其归国后，思想倾向开始发生转变之时，也仍然没有改变立足于儒道的基本立场。"至乙巳岁，有国民谋儒道，嫁帝乡，而挂名湖中，职攀柱下者，曰崔致远。"（《智证大师碑铭》）由此足以看出崔致远以儒道立身处世的基本立场。

（二）儒家的治国理念

崔致远的政治理念是以儒家思想为基本出发点，在治理国家方面，崔致远很重视"德治""仁政"的波及效应，在社会伦理、道德教化方面崔致远强调礼孝观念。遵循儒家传统的治国理念，即遵循孔子主张的政治君主制，君要对民施仁政，要爱民，与民同乐，以民为本。崔致远说："臣闻，王者之基组德，政以仁为本，礼以孝为先。仁以推济众之诚；孝以举亲之典""重赏而轻罚者，君之恩"（《桂苑笔耕集》）。崔致远认为在治国方面施以仁政、以德治国，并且用礼孝思想教化人民，那么国家就会国泰民安。

从西周初年的"敬天保民"到孟子的"民为贵，社稷次之，君为轻"再到荀子的"君者，舟也；庶人者，水也。水则载舟，水则覆舟"，这种以民为本的民本思想是儒家政治思想的重要组成部分。崔致远的政治思想中还进一步提出了君主与人民之间的关系，倡导以民为本的民本主义思想。"以为火生于木，而火猛则木焚，水泛其舟，而水狂则舟覆。"（《东文选》卷三十三）崔致远阐述了君王与庶民之间的关系，也就是说君王在治理国家的过程中，如果违背了民意、失掉了民心，那么必定会被人民所推翻，此即荀子的"君者，舟也；庶人者，水也。水则载舟，水则覆舟"，所以君主要顺应民意、以民为本，在这样的条件下，臣子、人民才能忠于自己的君主。崔致远吸收了民本主义想想，认为民意就是天意，民心就是天心。

（三）儒家的忠孝思想

忠、孝作为儒家思想的核心思想，其最重要的含义之一是指忠于国家及君主等各种含义。儒家认为要做到仁，最重要的就是忠和孝。《论语·学而》："孝悌也者，其为仁之本。"在唐期间留学、任职的经历，对崔致远的政治思想有很深刻的影响，通过在唐期间的作品可以看出崔致远具有儒家的治国、平天下的政治抱负。在他的作品中，把忠君护国思想表现得淋漓尽致。如在《奏请从事官状》中写到："伏以臣子之所以立身者，以孝以忠，慎终如始，若遂荣亲之望，必勤事主之诚。"《寒食祭阵亡将士文》中，"名之不朽，忠义为先。"

在其儒家世界观的影响下，崔致远在数十年漫长的政治生涯中，一直以匡时济世为己任。在唐期间，崔致远忠于唐庭，归国后忠于新罗王室。崔致远著名的《檄黄巢书》表现了他对黄巢起义军极端仇视的态度，他曾多次大骂黄巢是"窃弄神器"的"不忠不义之辈"，这也反映出崔致远对唐王朝的忠诚。他主张"为父为子，曰忠曰孝"忠君事主的思想，绝不容许老百姓犯上作乱。归国之后，崔致远效忠于新罗王，面对王权陷落的状况，崔致远极力地希望树立王权及新罗历史的正统性，强调新罗是朝鲜半岛古代国家的正统继承者。《三国史记》载，崔致远作《帝王年代历》，据推测此书是一部言及新罗历代国王事迹的一部史书，其撰新罗史旨在树立新罗王权和历史的正统性。"崔致远作为拥护专制王权和中央集权化并反对真骨贵族和地方豪族势力的人物。其《帝王年代历》是以年表的形式编撰的，并且其中记述的都是与王室相关联的国家重大事件。从这一点来看，崔致远编撰《帝王年代历》的目的，首先是向真骨贵族和地方豪族势力们强调王权的正统性。"

崔致远的这种儒家的忠孝观念在淮南高骈门下时就已经形成了。"弄才子之笔端，写忠臣之抱襟，在今行古，既为儒室之宗；忧国如家，固是德门之事。"（《谢高秘书示长歌书》）崔致远想以手中之笔，尽忠臣之义。归隐之前的崔致远，一直效忠于新罗国王，为新罗王代撰了一系列的表、状等官方文书。在与渤海的"争长"事件中，崔致远代撰的国书，极力的维护新罗的国家利益，抬高新罗的国际地位及强调民族的优越性。归国后的崔致远受到了守旧贵族的排挤，其匡时济世的抱负很难得以实现，但他并没有放弃报效祖国的理想。894年崔致远向真圣女王进献了《时务策》十余条，提出了具体的政治改革方案，希望能挽救新罗社会。崔致远儒家的忠孝思想不仅对其政治抱负有很大影响，在崔致远的道、佛思想中也有所体现，并且是其历史叙述的基本立足点。

参考论文

［1］董健，《论崔致远的哲学思想与历史观》，延边大学硕士论文，2010 年。

［2］樊毓，《崔致远研究》，西北大学硕士论文，2004 年。

［3］李在云，"崔致远的生涯研究"，《全州史学》第三辑，1995 年。

［4］崔敬淑，"崔致远对渤海的认识"，《釜山史学》，1981 年。

奇大升

奇大升（1527－1572），字明彦，号高峯、存斋，全罗道罗州人。朝鲜中期著名文臣、性理学者。

一、生平（据郑弘溟《行状》整理）

考讳进，与弟遵，具以藏修著名。及其弟被罪，绝意世事，屏居光州古龙乡，以大臣荐，授庆基殿参奉，谢恩不仕。娶司果晋州姜永寿之女，以嘉靖丁亥十一月十八日，生先生于古龙里第。先生才离髫龄，俨若成人。始七岁，知读书，每日晨起，正坐诵读不辍，人或劳问其勤苦，则曰：吾自乐此。八岁丁母夫人丧，号泣悲哀，人不忍闻。稍长，先生自以在家为学，多所拘碍，遂就乡塾读书，日有课程，不懈益勤。尝闻古人有闻见录，学者须存札记以备遗忘，自是专心为己之学，不以俗习科白经意。己酉，中司马试。乙卯，丁外艰，庐墓三年。戊午，登文科乙科第一名，权知承文院副正字，荐入艺文馆为检阅，由待教升奉教，叙升授弘文馆副修撰，入侍经筵，启曰：国家安危，系乎宰相，君德成就，责在经筵。经筵之关重，与宰相无异。然君德成就，然后能知宰相贤否而任用之，则经筵为尤重。方今圣德凤成，留心性理之学，若自今勤御经筵，则日有进就，岂非幸甚。又以开言路，受直谏反覆陈戒。明宗升退，宣庙嗣服，诏使许国魏时亮入境，先生以远接使辟幕，诣阙西，两使具以中朝名儒，时有问难，摈相一委先生酬应，咸得其宜。还朝拜执义。因朝讲，进启曰：天下之事，必有是非，是非不明，则人心不服，而政事颠倒矣。往在中庙初年，赵光祖倡明绝学，以尧舜君民为己任，不幸被奸小辈所构捏，至于窜谪而死，至今为士林冤痛。光祖之学受之于金宏弼，宏弼受之于金宗直，宗直以郑梦周为师法，其渊源所自，淳正无疵。李彦迪以一时名儒，枉被罪遣，远谪西塞而死。是二儒者，名在罪籍，久未湔涤。当今圣明临御，洞烛事情，宜先表章而尊尚之，如是则国是定而人心服，不可诿以事在先朝，而有所留难也。详在论思录中。拜大司成、大司谏者再。朝廷方以宗系辨诬，奏请天朝，擢先生为专对，先生不得已力疾应命，拜工曹参议大司谏，病不供职。讣闻，上震悼，别致赙有加。京中士庶，相聚哭于终南旧寓，无不咨嗟相吊曰：哲人云亡，国家何恃？谏院启曰：大司谏奇大升，自小从事圣贤之学，见识高明，与李滉论辨义理，发前人所未发者多。入侍经幄，其所敷陈启沃者，无非圣帝明王之道，一世推重，以为儒宗。不幸有疾，还乡中道而卒。家势清贫，无以庇其丧葬，请令本道优加顾护，以示国家崇儒重道之意。上从之。先生天资超卓，早志于学，僻处乡曲，无所师承，而能自奋发，沉潜经籍，探赜微奥，常汲汲有不得不措之意，博通古今，精练典故。至其立朝事君，动以古人为法，去就进退，要合于义，而无愧于心。昵侍帷幄，惓惓以引君当道，挽回至治为心。每于入侍之时，不徒解释文义，讲明义理，参以治乱贤邪之辨，其言论委曲详备，有足以感动天听，厌服众心者。至于猷为施设，必欲遵守成宪不喜变更，而及见朝廷举措，系世道臧否。而论议不定者，则辄引古据义，析破群疑。时相李浚庆力主仁庙径迁之议，许晔诸人靡然和附至于奏可，先生时为谏长，争之甚力，终得其正。明庙之丧，议者以为恭懿殿于大行王为嫂叔，古者嫂叔无服，先生曰：兄弟传国继序，自有君臣父子之义，岂有无服之理乎？于是作兄弟相继及服制礼议以明之。尊信吾道，出于至诚。建请伸雪二贤冤枉，以扶植士林根柢，使一世知所矜式。与退溪先生论辨义理，初相枝梧而至于晚年，退溪多从先生言，详在往复书中。或问退溪曰：高峰行处不及知处。退溪答曰：事君以礼，进退以义，何谓知行有异？退溪之辞退也，自上问当今为学问者有几？对曰：向学之士，今亦不无其人，而奇大升博洽超诣，鲜见其比，斯可谓通儒矣。先生平日奏对言语，当时史官，考诸国乘，录为二卷，名曰《论思录》。其所着诗文若干卷及与退溪往复书疏，刊行于世。

1559 年后，围绕"四端七情"奇大升与李滉展开辩论，开启朝鲜朝历时三百年之久的"四七论争"。政治上奇大升要求广开言路，举贤者，理财养民，提倡治心修身，致诚尽礼。著有《论思录》《往复书函集》《宗系奏文》等，文集有《高峰集》。

二、性理学

（一）理气混沦

奇高峰认为理是理，气是气，他不以理气为一物，同时也不说理气不是一物。关于"理与气"的关系，他认为"理"无形而"气"有迹而可验，所以理在气之流行处得验。这就是说，理为气之主宰，气为理之材料。一切现实的存在物必须由"理"与"气"共同构成，二者缺一不可。同时奇高峰认为"四端发于理，七情发于气"的观点是明显地将"理"与"气"相分离，是不符合朱熹思想的。因为朱熹说过：气之所以能够错综而不失端绪，是理的作用；而气不结聚时，理便无所附着，理因气而显，气因理而行，理与气是混沦存在。为此高峰认为，这种观点之失正是太以理气分而言之，没有看到理气是混沦存在的。他指出，朱熹还说过：气能凝结造作而理无造作，所以理只在气之凝聚处。而按退溪"四端发于理，七情发于气"之说，则"理"是有情义、有计度、有造作的，即退溪主张的"理能动"，显然与朱熹之意不相符合。

通过奇高峰对李退溪"四端发于理，七情发于气"观点的批评，可以看到在理气观上，高峰更加注意理为气之所以然者，气为理之显现者；理在气之凝聚处而理非气，这样一种理气混沦状态。

奇高峰理气观上主张的"理气混沦"思想，必然导致他在"四端七情"问题上主张"四端七情同质"的看法。

（二）四七同质

奇高峰坚持"四端"与"七情"的同质性，其理由如下：

1. "七情"包"四端"

奇高峰认为，不论是"七情"还是"四端"，其实质都一样，都是"情"。而至于有"四端""七情"之分，则是由于先贤所注重的部分不同而形成的。这一思想在《上退溪四端七情说》和《答退溪第二书第四节》中都做了详细阐述。他认为，所谓"七情"是子思从性情总体出发，混沦而言。所谓"四端"是孟子为了立"善"之标准，专门从"七情"中挑拨出恻隐、羞恶、辞让、是非为"四端"。其实它们是名异实同。"四端""七情"都是情，它们在本质上是一样的。

进而，奇高峰以"理气混沦"的理气观论述"四端七情"的同质性，针对退溪的"四端发理，七情发气"的观点，指出将理与气分开来是不妥的，是倚于一边，应该是"理与气杂而言之，"即理气混沦。高峰又按照理学家"心统性情"的理论，指出"四端七情无非出于心"。而心又是理、气之合，故"四端""七情"都是理气之合。

用理气思想解释"情"，朱熹没有详细的论述，而奇高峰对此做了回答。"情兼理气"就是奇高峰对朱熹思想的深化和发展。所谓"情兼理气"，就是说不论"四端"还是"七情"，都既有理、又有气，即都是理气之合。高峰以朱熹的"天地之性堕在气质之中而为气质之性，故气质之性为理与气杂"的思想为理论根据，说明"七情"就如同"气质之性"一样，是理与气相合。高峰创造性地主张"情"是本性（理）堕在气质（气）之中而为之，所以情兼理气。尤其是"七情"，不能只是指气，而是理气相兼、相合。

"四端"与"七情"的界限在于从理气观的角度界定其区别。奇高峰认为两者区别在于气发之后是否中节。关于中节这个问题，他有许多论述。主要认为："七情"是理、气相杂，当气发而中节时，便是本体理的呈现，就如同是天命之性。而当发而不中节，即理被气禀、物欲所遮掩，而不能完全呈现，就有善有恶，这就如同气质之性，也就是"七情"。可见，"七情"之发而中节者为"四端"，而不中节者为"七情"。"四端"含于"七情"之中，"七情"之外无"四端"。

2. "四端"有善恶

按照奇高峰"四端"与"七情"同质的思维考察"四端"的善恶问题，因为"七情"有善有恶，所以"四端"亦有不中节者，为不善。为此，高峰专门写有《四端不中节之说》。文中，高峰从主体道德修养角度即"明善未尽"，"力行或差"论述了"四端"也有发而不中节者，所以"四端"亦有善有恶。高峰在《答退溪论四端七情书》中也有类似的论述。他举平常人不当羞恶而羞恶，不当是非而是非为例，说明当理弱气强，理管摄不住气时，"四端"同样会不中节，亦为不善。奇高峰这种见解，一是为了强调人的主观修养的重要性，二是根据朱熹的有关论述。

3. 情发即气发

奇高峰针对李退溪的"四则理发而气随之，七则气发而理乘之"的说法，提出"情之发也，或理动而气具，或气感而理乘"。这句话有两个意思，一是说不论"四端"还是"七情"，应一律统称为"情"。另一个意思是说不论是"四端"还是"七情"，其发都是气的发动、作用。很显然，"理动而气具"讲的是"四端"，而"气感而理乘"讲的是"七情"。对于"理"是否可以"动"，高峰有另外三条论述：

论述一：

气之顺理而发，无一毫有碍者，便是理之发矣。若欲外此而更求理之发，则吾恐其揣摩摸索愈甚，而愈不可得矣。

高峰明确定义"理发""理动"为当气顺理而发，而没有丝毫障碍，称之为"理之发"或"理之动"。这就是说，所谓的"理发""理动"是指"气"按照一定的规律运动，就称之为"理动"。动的是"气"而不是"理"，"理"是"气"动的所以然。即不论是"理动"还是"气感"，其实质都是"气动""气发"。

论述二：

盖七情虽属于气，而理固在其中。其发而中节者，乃天命之性，本然之体，则岂可谓是气之发而异于四端耶？

论述三：

来书谓，孟子之喜、舜之怒、孔子之哀与乐，是气之顺理而发，无一毫有碍，及各有所从来等语，皆觉未安。夫发皆中节谓之和，而和即所谓达道也。若果如来说，则达道亦可谓是气之发乎？

以上两条论述主要再次表明他的"理动"即气"顺理而发"即"气发"的观点。

（三）"四七争辩"的结果

奇大升丙寅所作《四端七情后说》和《四端七情总论》是论辩最终结束的标志。这个论争如果从戊午年算起，由始至终，长达八年。从李滉再未对二说提出异议来看，可以认为，在总论及后说的基本观点上两人达到了一定的统一，奇大升在这两说中的主要观点是：

1. 坚持七情发而中节者即为四端

他说："然而七情之发而中节者则与四端初不异也。盖七情虽属气，而理固在其中，其发而中节者乃天命之性本然之体，则岂可谓是气之发而异于四端耶？"（《四端七情后说》）

2. 承认四端是理之发，七情是气之发

他说："四端是理之发者是固然妙矣，七情是气之发者不亦然乎？"（《四端七情后说》）关于四端发于理，奇说本来也是赞成的，这里的改变在于承认七情是气之发。

3. 奇大升虽然承认可以讲七情是气之发，但显然不是无条件的上述（1）即是第一个限制。既然不能说七情中发而中节者是气之发，那么实际上奇大升只是主张四端发于理，而四端以外的情咸发于气，并不是真正承认全部七情发于气。不仅如此，承认四端以外的情咸是气之发在他也还有进一步的限制。他说："七情兼理气、有善恶，则其所发虽不专是气，而亦不无气质之杂，故谓是气之发，此正如气质之性之说也。"（《四端七情总论》）这个说法明显是向李滉让步。但真正说来，奇大升并未全部接受李滉的说法。他仍强调七情所发"不专是气"，并说"七情兼有理气之发，而理之所发或不能以宰乎气，气之所流亦反有以蔽乎理"（《四端七情总论》）。而李滉前此始终认定理气发自不同来源，并未确认七情兼发于理气。由此看来，虽然奇大升后来说"因复思之，乃知前日之说考之有未详而察之有未尽也"（《四端七情后说》），实际上他的一些基本思想并未真正改变，而在李滉，则因奇大升已作出让步，也没有必要继续争论，未必全部赞同总论后说的观点。

（四）对后世的影响

奇高峰在与李退溪关于"四端七情"论辩中形成了自己的思想体系，如强调"理气混沦"思想，主张"四端与七情同质""四七都是情"思想等。高峰的这些思想对以后的朝鲜性理学思想产生了重要影响，尤其是对以李栗谷为代表的"主气"一派影响更甚。

奇高峰与李退溪关于"四端七情"的辩论更是开启了朝鲜性理学关于心、性、情问题的深入、细微研讨之先河。"四端七情"的论辩标志着具有朝鲜特色的韩国儒学之形成。

奇高峰关于"四端七情"的一些论述，如对于"情"的规定、来源、善恶标准的界定等问题的细密论述，既依据于朱熹思想，又是对朱熹思想的细化。这是韩国性理学对中国理学的发展。

参考文献

[1] 陈来，"略论朝鲜李朝儒学李滉与奇大升的性情理气之辩"，《北京大学学报》，1985 年第 3 期。

[2] 李英子（音译），"高峰奇大升的学问观"，《人文学研究》通卷第 80 号，2010年。

现在正在进行的编选作业，分为两种，一种是《韩国儒学汉诗集粹》，一种是《韩国历代文集儒学资料集粹》。

1. 《韩国历代儒学汉诗选》

按时代顺序，把韩国历代著名儒学家的儒学汉诗进行集粹的作业。

例如：牧隐李穑是丽末鲜初著名文臣、儒学家、诗人，曾在元朝国子监高中状元，是一位致力于儒学和性理学东传的儒学教育家。

昭昭兮冥冥，我道旷兮吾心宁。风泠然兮澹忘归，彼奚为兮营营。《巢父操》我心兮秋波之如，我迹兮匪步玄虚。讴歌有归兮归欤归欤，聊永保兮吾初。《伯益操》五就桀兮我心孔悲，五就汤兮舍我其谁。世之靡兮予之辜，玄牡告兮维其时。《伊尹操》渭水流兮微风兴，鱼就深兮寒欲冰。天下归兮我将安归，归于周兮日之升。《太公操》维父维兄兮维命之明，金縢以藏兮流言行。风雷作兮鸱鸮咏，赤鸟几几兮周之祯。《周公操》巢父隐兮伯益避，伊尹兴殷兮太公兴周。周公礼乐兮伤于逸，吾衰甚兮修春秋。《宣尼操》右琴操六篇，思治之情也，卒之以春秋，何其悲哉。读者无忽。（李穑，操，牧隐诗藁卷之一，a_ 003_ 521d）

堂堂丈夫立朝著，立政立言须有序。正义不谋利，闻诸古君子。奈何财赋便为策，不究关雎有美意。请看我邻国，一个战国士。得君行政是真心，不敢开口谈此事。利源一开势如水，奔流万里终难止。卒老于行亦天命，岂可废道违我志。以谏为名列大夫，呜呼立志追唐虞。一吁一咈仍都俞，奈何攘臂吐异议。只恐他年秽青史，欲盖弥彰吾益耻。涤愆须挽银河水，不是本心初偶尔。（李穑，《有感》，诗，牧隐诗藁卷之四，a_ 003_ 564a）

吾闻瞿昙学，无妄亦无真。当时华严会，千古犹如新。宝座高几尺，雷鼓惊天人。神众立四面，束手歆清尘。色相虽各异，不减如来身。所以冠九席，外视如君臣。云何如是哉，同得一性醇。君看孟子言，舜予常对陈。此心不累物，圣贤非异伦。人惟自尽耳，祸福徒谆谆。情欲浩如海，举世皆沉沦。我方静一念，君亦宜自珍。（李穑，《予友李子庸，以所书华严神略见遗，且劝诵持，作诗为戏。》，诗，牧隐诗藁卷之五，a_ 004_ 012b）

有目别其色，勿为朱紫移。有舌别其味，勿为易牙嗤。义利若划一，其初在毫厘。差之即千里，君子其念兹。（李穑，《辨惑》，诗，牧隐诗藁卷之六，a_ 004_ 020a）

一寿巍巍冠九畴，行年五十乐忘忧。焚香读易思无尽，大过从今得免不。生死彭殇海一沤，况今知命更何虞。静中大极生天地，不必澜翻辨有无。（李穑，《五十自咏》，诗，牧隐诗藁卷之六，a_ 004_ 020a）

人心与道心，只从动处求。性发乃本源，欲生即派流。分明只一水，吾今复何忧。养成浩然气，天地莫能周。脉络却细密，慎旃无谬悠。文章出肺腑，矫诈徒自欺。孔门诸子中，赐也称多辞。终日如愚者，胡为竟省私。春风和气中，发荣得其时。虽然曾氏鲁，千载我所师。安心且无躁，忠恕一贯之。（李穑，《自伤学之未至也，求诸日用中吟成二首，以致其力焉。》，诗，牧隐诗藁卷之六，a_ 004_ 024d）

而月涧李堧（tian）（1558－1648，朝鲜中期文臣，著有文集《月涧集》）则是韩国学界尚无深入研究的人物之一，该人物处于朝鲜中期，比李滉稍晚，对理解儒学尤其是性理学在朝鲜的深入研究和教育普及具有一定意义。以下是其部分儒家汉诗。

吾兄弟与愚伏翁。幼少交情骨肉均。沙西黔涧及南溪。一嘿愚渊数三人。相从道义没畦畛。随处提撕辅以仁。子孙世世永为好。各能敬身成其亲。孔子曰。君子言不过辞。行不过则。百姓不命而敬恭。如是则能敬其身。能敬其身则能成其亲矣。圣人之言。实是学者立身事亲之道也。末句及之。愿诸君日用之间。常切提撕。着实用力于庄敬存养之功。则持守得正。而自不过于言语事为之间矣。千万勉旃。以副所望。（李堄，《闲中偶书。兼示契家子弟。》，诗，月涧先生文集卷之一，b_ 010_ 281b）

世间万事须臾灭。不足置之心胸中。惟有致知与力行。自是吾儒究竟功。（李堄，《朱书得一语。编成小诗。》，诗，月涧先生文集卷之一，b_ 010_ 281c）

日用有欛柄。此心无走失。是乃主一要。下功须着实。敛饬常提撕。勿令少放逸。更读圣贤书。讲明尽详密。（李堄，《闲中偶书》，诗，月涧先生文集卷之一，b_ 010_ 281c）

天之生物有常性。方寸之间万善备。只是人心蔽于物。不知保养成诸己。晦庵夫子忧世道。立言垂训无不至。讲学必须先语孟。入德之方不出此。今就遗书得要诀。类集一处分节次。其中敬字更亲切。最是学问第一义。下段又附读书法。至教无非向上事。若能于此用力久。自当渐到真实地。儒者平生事业大。未可悠悠度日子。读书贵专不贵博。逐些理会方有味。收敛常加主一功。肃然身心一表里。见得分明守得定。日用应接有条理。（李堄，《书向上指诀后》，诗，月涧先生文集卷之一，b_ 010_ 281d）

今岁行年八十七。目盲专废古人书。只将旧诵时浇灌。无复临文辨鲁鱼。（李堄，《偶吟》，诗，月涧先生文集卷之一，b_ 010_ 282a）

才觉散漫即提撕。此心整齐无走作。俨然常若有所事。主敬功夫最端的。措心中和平正地。讲明义理常浇灌。如此久之须得力。庶几勉励无间断。情之未发万理具。涵养栽培根本固。如此可以致中和。须要慎独常戒惧。圣贤遗训着心胸。反复推穷渐见功。学者求言须自近。好谈高妙即悬空。吾人方寸万善足。保养发挥惟在学。不宜虚度少壮时。日月如流真可惜。乙酉四月上澣。八十八岁老人书。（李堄，《读朱夫子书。得亲切文字。编为五绝。》，诗，月涧先生文集卷之一，b_ 010_ 282a）

性之全体即是仁。流行发用常不已。其间事物各有分。别其是非乃为义。二者无非立人道。相为体用未尝离。若能于此实用力。自然上达有所至。切愿诸郎加勉励。吾儒事业不出此。（李堄，《仁义》，诗，月涧先生文集卷之一，b_ 010_ 282b）

后生多只说文义。未曾反身真个识。所以茫然不得要。读书虽博亦何益。老人不宜多思虑。只要存心无外驰。存心非是别有法。勿忘勿助为庶几。主敬持养是要法。读书穷理发其趣。常切提撕日用间。自然向上有所就。（李堄，《偶题三首》，诗，月涧先生文集卷之一，b_ 010_ 282c）

尘中胶扰事务多。主敬工夫无间断。随处提撕加勉旃。玩心义理常浇灌。（李堄，《都事佺省亲后还赴本道。以此赆行。》，诗，月涧先生文集卷之一，b_ 010_ 282c）

常时辞令闲。须是立规程。安舒无急迫。气象尽和平。（李堄，《示儿辈》，诗，月涧先生文集卷之一，b_ 010_ 282d）

后生为学多犹豫。一向因循鼓不起。山蹊茅塞先圣言。真是治心第一义。应接多为事物夺。此是见理未透病。只要存心实用功。随处随时常警省。（李堣，《偶题示诸儿二首》，诗，月涧先生文集卷之一，b_ 010_ 283d）

此类汉诗贯穿古今历代，从中可以看出儒学在韩国的传播过程，也可以据之分析韩民族的儒学审美意识。

2.《韩国历代文集儒学资料集粹》（拟分为 8 卷）

按新罗、高丽、朝鲜（前期、中期、后期）顺序，把历代韩国儒学家的儒学论说内容进行集粹的作业。

三、问题和困难

在作业过程中，发现的主要困难有：

1. 有些文章太长，需要有选择的摘取其中有价值的部分。

2. 有些文段标点十分困难。

例如：

或曰其事之何。有注如曰至简矣。事神戒〇如字。恐当属上句读。在叔季之且然。白鹿洞赋〇之。恐作而。立乎天下之中。而能终其身。皇极辨〇终。疑修。洛书之次。其阳数。则首北次东次中次西次南。其阴数。则首西南次东南次西北次东北也。合而言之。则首北次西南次东次东南次中次西北次东北而究于南。河图洛书注解〇西北下。疑脱次西二字。阳上交于阴。先天图下邵子说〇上。恐下字之误。在下观物外篇上。阴下交于阳。下。恐上字之误。在下观物外篇上。然以卦图考之。乾兑离震。自阳仪中来而居左。是下也。坤艮坎巽。自阴仪中来而居右。是上也。其感遇聚结。为风雨为霜露。山川之融结。正蒙〇近思录。山川上。有万品之流形五字。果而确下。通书诚下第二〇性理大全。有无难焉三字。以仁育万物。顺化第十二〇物。恐作民。率僚皆成。濂溪邵州释菜文〇皆。恐告。不纳必为辞。明道行状〇辞。恐乱。教人易从。近思录〇人易二字中。有而人二字。然后断事无失。横渠行状〇近思录。无失二字。上又有断事二字。吾乃沛然。精义入神。神字下有者字〇此段训义。恐非是。当从近思。〇注。我则沛然。义理之精。自入神妙之域。〇近思注。人于义理。其初得于心者。虽了然无疑。及宣之于口。笔之于牍。则或有差。故命辞无差。则所见已审。以是应酬事物。知明理精。妙用无方矣。是皆穷理致知之功素立。而非勉强拟议于应事之时也。诚之不可掩如此。注。君子忠信进德。所以若对越在天也。近思录〇若。本传注作为。屈伸往来之义一。屈一伸一往一来〇义一之一。疑小注之误。其间之不断续。之当作元在义为理。近思录。义。作物。只是无纤毫私欲。第二卷〇欲。本传作意。盖中有主则实。则外患不能入。他本实下又有实字曰云谓之静则可。云。恐小注之误。仲尼元气章小注。又无夫子主盟于其上。第十三卷〇夫。疑天。故言治者。若能预于学。第二十三卷〇若字误。疑莫字。常以是驱之妻子。驱。疑验。佛氏之学。与吾儒甚相似处。如云有物先天地。无形本寂寥。能为万象主。不逐四时凋。又扑落非他物。纵横不是尘。山河及大地。全露法王身。取义好（权橃，《性理群书考疑》，杂着，冲斋先生文集卷之二，a_019_364a）

在义为理。卷一〇义作物买还珠。卷二〇买下脱椟字得深则可以见诱之。小叶注。造物深则嗜欲微。物。当作理。先生曰蛊之象。君子以。振民育德。振民。大学之新民。育德。大学之明明德。古之学者为己。其终至于成物。此便是明明德新民之事也。人之知识。于这里适着。卷三〇适。作蔽。故复之象曰。先王以。至日闭关。卷四〇商旅不行。后不省方。霸者。崎岖反侧于由径之中。卷八〇由。当作曲。释氏之学。更不消。言当戒到自家自信。此下。脱后更不能乱得六字。（权橃，《近思录考疑》，杂着，冲斋先生文集卷之二，a_019_364d）

今日季教授见访。答郑景望书〇季。疑李。元丰大臣。当兴共事。答张敬夫书〇兴。当作与。恶之所由消靡。答张敬夫书语解●靡。疑磨。横渠龙安衣冠事。答刘子澄书〇安。疑女。语录北因再阅。答何叔京书〇北。当作比。此日秋凉。答吕伯恭书〇此。疑当作比。殊激儒衷。答陈同甫书〇儒。恐懦。不合先寄陈叶二诗。陈止斋叶水心。伊川语云。侯师正议论。只好隔壁听。与张钦夫别纸〇正。当作圣。来云又谓心无时不虚。熹知为心之本体。答张钦夫书〇云。疑当作书。知。疑当作以。降及后世。则心有以为不可不辨者。与张钦夫论程集改字书〇心。当作必。岂离乎人物之所受。而别育全体哉。答张钦夫书〇育。疑有。谦诋释迦。答詹帅书〇谦。恐当作兼。拹赞明主。答尤延之书〇拹。当作协。中也先考妣之藏。久末克识。金紫光禄大夫黄公墓铭〇末。当作未。公白之台。毁林为薪。岳州使君郭公墓铭〇林。当作材。文学议论有余。文通当世之务。跋陈了翁与兄书〇文通之文。疑又之误。此问无晓饰棺制度者。答吕伯恭书〇问。疑间。欲兴隆兴刻板。上兴。疑与。予重不来。予。疑子之误。参同所亡甲乙庚辛。答袁机仲末书〇亡。疑云。唯昔治命。王公是托。祭胡籍溪文〇王当作三执能知君苦心刻意探讨之勤。祭柯国材文〇知。疑如。当得有艺而有召者。与钟户部论亏欠经总制钱书〇召。疑名。州县间。合行事。以不必闻之朝廷。与魏元履书〇以疑似外则夷肤凭陵。与李诚父书〇肤。当作虏。终不免被此异同。与杨教授书〇被。恐彼。亟遗此人。专此布禀。与台端书〇遗。恐遣。娶陈氏子斋先生之兄孙。承议郎罗公行状〇子。当作了。（权橃，《朱子大全考疑嘉靖癸卯六月。中庙宣赐朱子大全一帙。时大全书自上国始来。先生手自校正。逐卷有短识。》，杂著，冲斋先生文集卷之二，a_019_364d）

3. 而那些混杂引用中方儒学经典和韩方前代儒学家论说内容的文段则更加困难。拟采取只简单加上逗号句号，不加引用号的方式进行处理。

例如朝鲜中期著名治礼学者金长生的许多性理学和礼学论说，多为广泛援引中韩历代儒学家言说内容进行辩说阐释，标点解读比较困难。《四端七情辨。示韩士仰。》

退溪先生七情四端互发之说。其原出于权阳村入学图说。其图中。四端书于人之左边。七情书于人之右边。郑秋峦之云。因阳村而作图。退溪又因秋峦而作图。此互发之说所由起也。退溪曰。四端理发而气随之。七情气发而理乘之。是阳村分书左右之意。而或者因语类中朱子说。比而同之。此则不然。朱子说。盖谓人心主形气而发。道心主义理而发云尔。语势差异。何可与退溪说作一意看也。夫五性之外无他性。七情之外无他情。孟子于七情中剔出善情。目为四端。非七情之外别有四端。善恶之端。夫孰非情乎。其恶者本非恶。只是掩于形气。有过不及而为恶。故程子曰。善恶皆天理。朱子曰。因天理而有人欲。四端七情。果是二情。而理气果可互发乎。夫以四端七情为二情者。于理气有所未透故也。栗谷曰。凡情之发也。发之者气也。所以发者理也。非气则不能发。非理则无所发。盖理气混融。元不相离。若有离合。则动静有端。阴阳有始也。理者。太极也。气者。阴阳也。今曰。太极与阴阳互动。则不成说话。太极阴阳不能互动。则谓理气互发。岂不谬哉。鄙人常对公言之。公亦知退陶分对之非。而反以分对左右。为有功于朱子本意。后学于先贤之说。固不可遽加非议也。亦不可知其非是而谬为赞美也。公之所见。何其苟且回互之甚也。若有疑焉。则阙之而更思。不可遽尔立说也。如所谓题辞曰。第惟心源。过于分劈。云胡理气。相对迭出。书题又曰。若非退溪先生分对四七之图。则吾夫子立言本意。何从而寻究乎。公之说上下有异。乍是乍非。若出二人之手。何其摇漾不定乎。公又曰。栗谷之说七情。所谓摠合人心底七情及道心底七情。道心底七情则其于朱子之言。无不吻合。至于人心底七情。龃龉不合。其曰。七情总合人心道心。不可只谓人心。又曰。七情兼理气而言。非主气也。至以语类七情气发之说。指为误录。殊不可晓也。公既曰。四端道心也。七情也有道心。也有人心。而复致疑于栗谷七情兼理气之说。何也。夫七情总合人心道心。是兼理气而言也。语类七情气发之说。是主气而言也。栗谷之疑为误录。良以此也。栗谷之言。无所不可。有何龃龉。公曾不求之于心。又不能察人之言也。栗谷所谓七情中有人心道心之说者。无可疑。曾，思论人之情。只言七情。不言四端者。七情中自有道心。至于孟子。始言四端。子思以前。不言道心一边。然则子思不知有道心乎。七情指其发于形气者则谓之人心。指其发于义理者则谓之道心。栗谷之所谓兼理气而言。非主气而言者。正谓此也。昔年公之言曰。七情。人心也。四端。道心也。坚执不回。今则改之。而犹不察七情兼理气非主气之说。想滞于旧见而不化。可叹也已。（"四端七情辨，示韩士仰。" a_057_066b）

　　杜泽逊　　1963 年生，山东省滕州市人。山东大学儒学高等研究院教授、博导。全国古籍整理出版规划领导小组成员、教育部长江学者特聘教授。毕业于山东大学，师从王绍曾先生。学术专长是目录版本校勘学、四库学和山东文献研究，代表作是《四库存目标注》《文献学概要》《清人著述总目》。

WENMINGLUNTAN

RUJIA

儒家文明论坛

关于《尚书注疏汇校》

　　各位老师，主持人舒先生，我这个题目想着汇报一下山东大学的一个项目，就是"《十三经注疏》汇校"。这是山东大学儒学高等研究院的一个重点项目，还没有申报国家方面的项目。之所以这样，是因为不敢申报，想积累一点前期成果再去报，成熟一些。今年申报了教育部的重大项目，现在还没有结果。

　　这个工作开展了3年，2012年3月份启动。"《十三经注疏》汇校"第一项就是"《尚书注疏》汇校"，作为试验。为什么搞这个汇校呢？现在最好的就是阮元的校，这个学术界都知道，我们看的也都是阮元的本。所以方向东教授对阮元这个本的各种文本进行对校整理，这个是非常必要的。但是当时阮元限于他的条件，有一些早期的文本是没有见过的。就《尚书注疏》来说吧，宋代有单疏本，有八行本，有福建刻的魏县尉宅本，还有相当于南宋末年蒙古时期山西临汾刻的平水本，还有明朝初年刻的永乐本，这些阮元是没有见到的。至于八行本，是根据山井鼎《七经孟子考文补遗》的成果加以吸收的。这样可以说，早期的文本阮元就算是都没见。他校的主要本子是所谓十行本，就是元刊明修的十行本，然后就是李元阳嘉靖年间在福建刻的所谓闽本，还有万历北京国子监刻的监本，以及崇祯年间毛氏汲古阁刻的毛本。武英殿本呢，他没有校，可能由于年限比较近。客观上说，武英殿本还是非常不错的，应该校，而没有校。加上纂图互注宋版、宋王朋甫刻经注音义本，加上其他非注疏系统的本子，也都没有校。他完

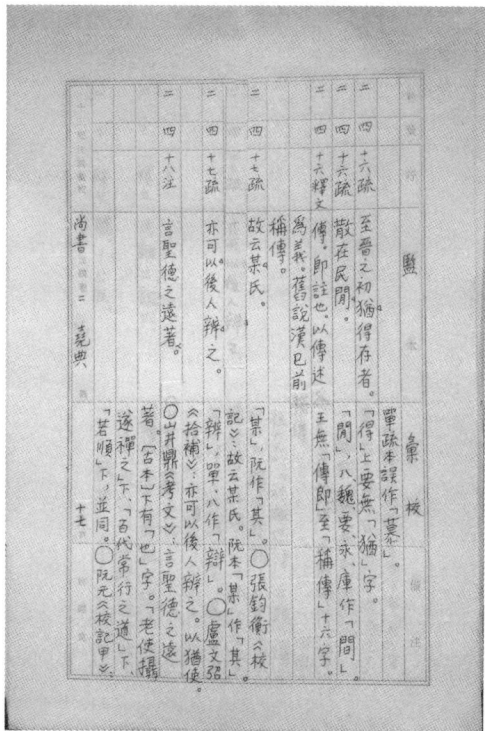

成的工作量大概是 30%，并且没有见到的东西几乎都是早期的。这样对《尚书注疏》这部书有关的异文掌握的就很不全，那在下结论的时候就会出现一些不准确的地方。基于这样的原因，想对阮元的校勘做一些补充性的升级工作，这是我们的意愿。

具体步骤：先确定一个工作的底本，也想过用十行本，跟王锷教授最近又进一步的交流，十行本确实不适合做底本，它太烂了。至于李元阳本，十行本一些缺字的地方李元阳本也缺。毛本相对来说比那两个本子要好，但是学术界又有些批评的声音。武英殿本，我认为在校勘方面真是达到了新高，并且都加了句读。我们学术界好多人都没有见过武英殿本，原因就是太不方便了，既没有影印本，也没有数字化，这个问题就在于学者们不方便，不是不想用，这样我们对乾隆年间标点的学术成果都没有加以继承。有的先生说这部书从来没有人点过，我说二百年前就点完了，并且翰林们断句大体不差，这些遗产都要继承。可惜的是，武英殿本对《十三经注疏》做了大幅度地体例上的调整。比如在疏的开头，会说"关雎至好逑正义曰"，像这种所谓标题的起讫语都被删掉了，还把注文的疏都合并了。当然，中间的分段也就不分了。有的时候两段疏不接，就还又加了一句话，这个在古籍整理中是绝对不允许的。所以大面积地失去原貌，是武英殿本的一个巨大的遗憾。如果不是这样的话，它可以做底本，武英殿本好极了，刻的也漂亮。如果用殿本做底本的话，这校记满纸都是体例问题，麻烦大了，所以它只能作为校本。

阮刻本是可以做底本的。做底本的时候，希望可以模仿阮元把正文影印了，然后加我们的校勘记。阮元已有校勘记，我们又有校勘记，叠床架屋，甚至同室操戈，极难操作。这样排查来排查去，就把眼光移到了万历北监本。武英殿本的底本就是万历北监本，汲古阁的底本也是万历北监本。那么万历北监本到底有多少人见过？很少有人见过，大家见的都是崇祯到康熙时期的修版。所谓的修版，就是抽换版面，错字很多，包括阮元、卢文弨，包括山井鼎《七经孟子考文补遗》，包括武英殿的考证，见到的都不是万历本的初印。万历本的初印现在看错误并不多，整整齐齐，规规矩矩，没有任何地方改变《十三经注疏》原始的体例，第一个真正的官版。这样排查来，尽管也有不如意之处，北监本倒是可以做底本，做工作底本，不是一个标准本。由它做标准件，把不同的地方都出成校勘记，把阮元、卢文弨、顾炎武这些人的意见全文都附在每条校记的后面。比如说打个圈，"顾炎武曰""阮元曰"，一字不改，一字不漏。把咱们掌握的主要的 19 种版本，因为经书的版本太多，不见得都去校，选取 19 种版本。它的异文除了异体字以外（像己巳已），都出成校勘记。阮元校记中是记同的，我们只记不同，而不记同。每一校记摘抄北监本一句话，下面就是"各本作某"，然后再是前人的意见，前人的意见是严格按照谁先说的，因为他们互相因袭的情况太多了，都不说出来，这么一摆上，就一目了然。所有的版本不一样的地方，也是按照版本产生的时间，譬如说以唐石经为最早来罗列，这样它会形成非常好的信息链，这个非常好用。现在《尚书注疏》已经做完，交给中华书局了，现在看起来太方便了。

这项工作是我和我的研究生、博士生、博士后、访问学者做的，一支学生队伍。基于这样的原因，我们对于是非问题一概不发表任何意见，还是供大家参考，因为我们没有能力发表一些意见。有一些很容易看到的是非问题，我们说跟不说一样；一些有争论的问题，我们既没有时间也没有能力去加以考证。所以将来的局面是什么呢？正文部分每一卷影印万历北监初印本，非常好看。我知道大家很少能够真正看到北监本，包括我个人。然后在每一卷之后就跟着汇校，各本的异文都罗列上，各家的旧说都罗列上。这个句读，把武英殿本的句读全部移到北监本上，因为你引用的话还会摘破句呢，阮元有摘破句的，卢文弨也有摘破句的，以前都没有标点，谁能说读古书如喝凉水啊，做不到。所以乾隆武英殿本的句读，错了也跟着错，绝对不动，否则人家又不相信你了。功劳都是他的，过错都是他的，我们不管。每个本子校三遍，换着人校，我校完你校，你校完他校，校出问题来回来找你，用这种制度来约束你的质量。一开始都信心满满，结果我校完他又校出20多个字来，非常地不自信了。可是你找人家的毛病，人家也找你的毛病，校完之后签上名。校勘记用宣纸写的，因为异体字太多，写完之后就写上谁写的，复校、三校的人是谁，都写上。这样就形成18份分校记和14家旧说。它们都注明北监本的卷页行，一合并成了汇校，这个程序非常严格。大家将来用这个成果的时候，可以发现，我们纯粹是给大家服务，没什么自我在里面。我说完了，谢谢大家。

（尼山学堂王学成据录音整理）

《尚书注疏汇校》序

　　《十三经注疏汇校》2012 年 3 月正式启动，项目组决定以《尚书注疏》为试验，开展汇校工作。参加汇校工作的研究生、博士生、博士后、访问学者和在职教师共计四十六人。先后对校了十九个版本：一、唐石经本，二、宋刻单疏本，三、宋刻八行本，四、李盛铎旧藏宋刻经注本，五、宋刻王朋甫本，六、宋刻纂图互注本，七、宋魏县尉宅刻本，八、蒙古平水刻本，九、宋魏了翁《尚书要义》，十、清乾隆仿刻元相台岳氏本，十一、元刊明修十行本，十二、明永乐刻本，十三、明嘉靖李元阳刻本，十四、明万历北监刻本，十五、明崇祯毛氏汲古阁刻本，十六、清乾隆武英殿刻本，十七、清乾隆钞《文渊阁四库全书》本，十八、清乾隆钞《摛藻堂四库全书荟要》本，十九、清嘉庆阮元刻本。其中以明万历北监本为底本，其他为校本，每个版本都经过三次对校。又吸收了先贤校勘记十五种：一、清顾炎武《九经误字》，二、日本山井鼎、物观《七经孟子考文补遗》，三、武英殿刻《尚书注疏》附《考证》，四、清浦镗《十三经注疏正字》，五、清王太岳等《四库全书考证》，六、《摛藻堂四库全书荟要》附按语，七、《仿宋相台五经》附《考证》，八、清卢文弨《群书拾补·尚书注疏考正》，九、清阮元主修《十三经注疏校勘记》（《校记甲》），十、清阮元刻《十三经注疏》附《校勘记》（《校记乙》），十一、清汪文台《十三经注疏校勘记识语》，十二、清孙诒让《十三经注疏校记》，十三、刘承幹《尚书正义校勘记》，十四、张钧衡《尚书注疏校勘记》，十五、日本仓石武四郎、吉川幸次郎等《尚书正义校勘记》。通过对《尚书注疏》的汇校，基本掌握了汇校的方法，为全面开展其他各经的汇校工作积累了宝贵经验。在汇校过程中，借工作之便，曾经请崔富章、沈津、刘永翔、刘晓东、徐超、尚永亮、单承彬、李士彪、沙志利、李畅然等专家审阅过部分汇校稿。

　　2014 年 3 月中旬，经过两年的紧张工作，《尚书注疏汇校》初稿完成。根据儒学高等研究院常务副院长王学典教授的建议，3 月 29 日在山东大学举办了"《尚书注疏汇校》专家审稿会"，邀请崔富章、虞万里、汪少华、徐俊、漆永祥、王锷、桥本秀美、叶纯芳、俞国林、王炜、刘心明、何朝晖等专家对其中的《尧典汇校》进行了评审。

刘晓东先生主持会议，赵逵夫先生寄来书面意见。专家评审意见整理发表于 2014 年 4 月 16 日《中华读书报》，引起了广泛关注。

审稿会议之后，我对全部《汇校》稿进行了逐字逐句的终审，对有疑问的字句逐一复核了原本，到 2015 年 1 月 30 日完成了定稿工作，历时 10 个月。《尚书注疏汇校》的具体办法另撰《凡例》一篇，这里不再详述。在汇校过程中，有许多新的认识，我曾撰写发表了《〈尚书注疏汇校〉札记》（《文史》）、《明永乐本〈尚书注疏〉跋》（《中华文史论丛》）、《论平水本〈尚书注疏〉》（《中国典籍与文化论丛》）、《十行本〈尚书注疏·君奭〉书后》（《儒家典籍与思想研究》）、《阮元刻〈尚书注疏校勘记〉"岳本"辨正》（《文献》）等论文札记。这里另举一例：

《尚书·盘庚》北监本卷九第八页经文："乃不畏戎毒于远迩。"伪孔传："言不欲徙，则是不畏大毒于远近。"疏："远近，谓赊促。言害至有早晚也。""徐促"，宋刻单疏本、宋刻八行本、宋魏县尉宅刻本、蒙古平水刻本、明永乐刻本均作"赊促"，阮本作"赊促"。阮元《校记甲》云："十行本亦作'赊'。"今检元刊明修十行本（刘盼遂旧藏者），此页版心上刻"正德十二年"，为明修版，作"徐促"。明李元阳刻闽本、明北监本皆从十行修版作"徐促"。明崇祯毛氏汲古阁本改作"赊促"。殿本不从毛，而从监本作"徐促"。按：赊、赊通，南北朝、隋、唐常用之，本义为借贷，引申为缓。赊促，即缓急，即远近。沈约《宋书》引博士司马兴之议云："人君之大典，今古既异，赊促不同。""赊促"为魏晋隋唐时期俗语，孔颖达疏偶用俗语，不乏其例。宋元以后这一俗语很少使用，所以许多人不知其义。十行本正德修版改"赊"为"徐"，即是明人不解"赊促"之证。毛本从北监本出，而改"徐"为"赊"，殊为可贵，殆见宋本而据改也。殿本不从毛本，而从北监作"徐促"。浦镗《正字》谓"徐，毛本误赊"，皆不解"赊促"之义。卢文弨《拾补》谓"改'徐'非"，良是。日本山井鼎《考文》云："赊字，崇祯本与宋版同，其余注疏本皆作徐。"阮元《校勘记》于"赊促""徐促"之是非未下判断。近出点校本《尚书正义》，用宋刻八行本作底本，而改"赊"为"徐"，校记云"徐原误赊"，亦以不误为误也。

从《盘庚》疏文"赊促"到"徐促"的变化，我们可以发现宋元到明初的刻本都没有错误，明正德修版才妄改为"徐促"，李元阳本、北监本、武英殿本、《四库全书》本都沿用了正德修版的错误。毛本和阮元本都没有错。后人的校勘记，浦镗的主张是错误的，卢文弨的主张是正确的，山井鼎、阮元虽然有校勘记，但没有下判断。可以发现卢文弨《群书拾补》的可贵。阮元《校勘记》直接参考了卢文弨的成果，为什么没有接受卢文弨的意见呢？这恐怕和卢文弨没有举出证据有关（卢氏的证据其实是山井鼎《考文》所指的日本足利八行宋本，但卢氏没有明说）。假如他们见到宋刊单疏本、魏县尉宅本、平水本、明永乐本这些早期的刻本，相信他们很容易判断"赊促"的正确性。校勘之学，贵在多见旧本，从这个例子可以得到印证。

我们的《汇校》已经包括了阮元的所有校勘记，经过比较可以发现，阮元《尚书注疏校勘记》所完成的任务不足百分之四十。上面的十九个版本，阮元校过的是唐石经、元刊明修十行本、岳本、李元阳本、北监本、汲古阁本等六种，其他大部分版本，尤其是早期的几种宋本，阮元都没有见过。即使他已经校过的版本，也有较多的重要异文漏校。如《缘起》所举《仪礼》脱文五处，仅指出"毛本脱"，实则更早的陈凤梧本、李元阳本、北监本皆脱，而阮元《校勘记》不著一字。读者骤视之，似乎只有毛本脱此五段，其他版本不脱。这对结论有很大的不良影响。

过去学术界已大体弄清了十行本以下注疏本的源流，即元刊明修十行本是明嘉靖李元阳本的底本，李元阳本是万历北监本的底本，崇祯毛氏汲古阁本出于北监本，清乾隆武英殿本亦出于北监本，阮元刻本是元刊明修十行本的重刻本。现在我们通过校勘，认定这些结论是合乎实际的，但又不够精细。李元阳本来自元刊明修十行本，但进行了一定的校勘工作，改正了若干错误。北监本也同样改正了若干李元阳本的错误，作为官版，用字的规范谨严，远超十行本和李元阳本，并且从朱元璋至朱常洛，大部分帝讳都缺笔避讳，在其他明刻本中罕见，讲避讳的专书也未之及。毛本在北监本基础上也进行了校勘，明显的积极表现至少有两点：一是不少改字都与宋魏县尉宅本一致，二是释文部分的校勘显然利用了陆德明《经典释文》原书。殿本所依据的北监本是万历以后的修版，所以《考证》称监本误某，现在看万历北监本并不错。当然殿本文字校勘胜于北监，加上每卷附有《考证》，更是各经注疏刊刻史上的创举。其不能令人苟同之处则是体例的改变，合并注疏，删去起讫语，大失唐宋以来注疏的原貌。库本来自殿本，略有校正，但俗字和减笔的情况明显增加，不可谓善本。阮元本号称"重椠宋本"，当然是来自元刊明修十行本，但相比元刊明修十行本，阮本在文字规范方面有脱胎换骨的进步。元刊明修十行本俗字满纸，减笔少画，似是而非，随处可见，阮本则中规中矩，整齐一新。不过元刊明修十行本的大量讹夺衍倒，阮本一仍其旧，只在校勘记中予以指出。就其正文来说，并不比监本、殿本优越。人们重阮本，更多地在他的校勘记，所谓"读一本如读诸本"是也。元刊十行本还有一个永乐重刊本，天一阁曾藏一部，误为宋刊，张钧衡得之，请陶子麟影刊，号称影宋刊，缪荃孙代撰《校勘记》附后。经我们校勘，实为元十行本的重刻，而且校勘较差，其可取之处在于部分保留了元刊十行本的旧貌，弥补了元十行本经明代修版大失原貌的遗憾。元代以前的八行本十分显赫，其疏文文字与单疏本相近。魏了翁的《尚书要义》文字接近八行本，只是增加了《经典释文》的内容。魏县尉宅本应是元十行本的前身，而讹误较元十行本为少。至于平水本，没发现关系较近的注疏本，但文字与魏县尉宅本相对较近，而与八行本相对较远，应当源于福建地区的坊本。这些版本之间的关系，只有通过校勘才能体会到，这也是我们汇校的收获之一。

对《尚书注疏》的前人校勘成果，在按撰写先后逐条罗列之后，结合我们对众本的校勘，也可以有一些更切实的认识。日本山井鼎、物观《七经孟子考文补遗》一百九十九卷三十二册，刊成于享保十六年（清雍正九年），不久传入我国，乾隆修《四库全书》，即与中国学者浙江嘉善浦镗的《十三经注疏正字》一并收入经部。全面校勘《十三经注疏》以山井鼎、浦镗为开辟者。浦镗稍晚于山井鼎，但没有见过山井鼎的《考文》，所以二人算是不约而同。二家的路子有较大差异，山井鼎主要利用日本足利学校收藏的古写本、古活字本、宋刊注疏本进行版本对校，尽可能全面地罗列异文。浦镗没有条件利用早期的刻本，使用的只是明刻闽、监、毛三家及清乾隆殿本，尤以监、毛二本为主，并且监本用的也是修版后印本。所以他的方法主要是"他校法"，即广泛搜集史传旧注，尤其是各经注疏中的引文，进行互校。发掘材料之广，令人钦佩。浦镗还较多利用了"本校法"和"理校法"，即据文义寻绎其是非，结论多为卢文弨、阮元认可。浦镗在版本校勘方面不能与山井鼎比肩，而山井鼎在网罗旁证，寻绎文义，判断是非方面与浦镗不能同日而语。二人各有其长，正可互补。山井鼎《考文》的输入和浦镗《正字》的诞生，正是清代考据学日渐兴盛的时期，二人校勘成果的配合，已可包括后来卢文弨、阮元校经的所有基本方法。而在规模上，则与卢文弨、阮元可以共同构成《十三经注疏》校勘四大家。其他从事《十三经注疏》校勘的学者（如惠栋等），要么成果未尝刊行，要么规模相对较小，终不能与四家相比。卢文弨从事《十三经注疏》校勘，成果正式问世的有《周易》《尚书》《仪礼》《礼记》等。从《尚书》看，他所使用的版本基本上是元刊明修十行本（卢氏称元本）以来的本子，没有多少优越之处，他在版本校勘方面主要采用了山井鼎的成果，而在求旁证和寻绎文义、判断是非方面，大量采用了浦镗的成果。这些承用山井鼎、浦镗的成果，卢氏在《七经孟子考文补遗题辞》《十三经注疏正字跋》等文中的确说过"两取其长""善者兼取之"的话，而在具体行文时，却未能逐一注明，以今观之，仍不能免掠美之嫌。不过卢氏无愧校雠名家，考证判断往往后出转精，其贡献未可低估。阮元《十三经注疏校勘记》则广泛承用了山井鼎、浦镗、卢文弨的成果，虽在卷前交代了"古本""宋板"借用山井鼎《考文》，对于浦镗、卢文弨也频繁称引其名，但未能明指之处仍占大半。阮元网罗版本较广，与事学者亦夥，可资借鉴之时人前修成果更非山井鼎、浦镗、卢文弨三家可比，故后来居上，有集其大成之概。后人了解山井鼎、浦镗、卢文弨三家校经成果，大都只是借阮元《校勘记》间接得其一鳞半爪，三家之为阮校所掩，无可避免矣。阮元去卢文弨较近，而校勘方法亦不远，仁者见仁，智者见智，阮元的判断与卢氏相左者正复不少，而以今衡之，则互有短长，未必皆后胜于前也。今将山井鼎、浦镗、卢文弨、阮元四家尽数罗列于一处，其因循承袭，增益辨订，轨迹灿然，其余各家固不能望其项背。近人校记，如刘承幹、张钧衡二家，皆缪荃孙代撰，不过就阮元刊本，参其校记，敷衍成文，版本既未广征，考证亦复苟简，宜其佳者无几也。

如上所述，《尚书注疏汇校》既能反映版本源流，又能反映《尚书注疏》在刊刻过程中文字变化的轨迹，同时也能看到前人校记的递承关系，对我们学习研究或整理使用《尚书注疏》都有较好的参考意义。在《尚书注疏汇校》即将付梓之际，我代表《十三经注疏汇校》项目组的同志向关心支持《汇校》工作的专家师友和领导致以崇高的敬意。鉴于校勘工作的复杂性和我们能力的限制，错误疏漏在所难免，希望读者随时惠予批评指正。

2015 年 2 月 2 日滕州杜泽逊记于山东大学儒学高等研究院校经处

马士远　1970 年生，山东枣庄人，2014 年度山东省有突出贡献的中青年专家，曲阜师范大学孔子文化研究院常务副院长，兼国学院副院长，儒学文献整理与研究方向博士生导师。毕业于扬州大学，师从钱宗武先生，先后在中国社会科学院文学博士后、哲学博士后流动站工作。长于《尚书》学，代表著作：《两汉〈尚书〉学研究》《周秦〈尚书〉学研究》。

《〈尚书〉学传世文献集成》编纂的设想

各位师长，各位同学：

　　《〈尚书〉学传世文献集成》是《〈尚书〉学文献集成》的核心部分，理应包括除《尚书》学出土文献之外的所有《尚书》学文献。事实上，国际《尚书》学会会长钱宗武先生在十几年前就有编纂《〈尚书〉学文献集成》的设想，一直在做准备，直到2012年申请到国家重大招标课题后，《〈尚书〉学文献集成》才正式启动，集成工作已经开展了两年多了，主要做的是韩国汉学家的《尚书》学文献集成，以及历代《尚书》学著述文献类的编目工作，二者都属于《〈尚书〉学传世文献集成》的范畴，故在此意义上讲，《〈尚书〉学传世文献集成》已经有了初步的行动。

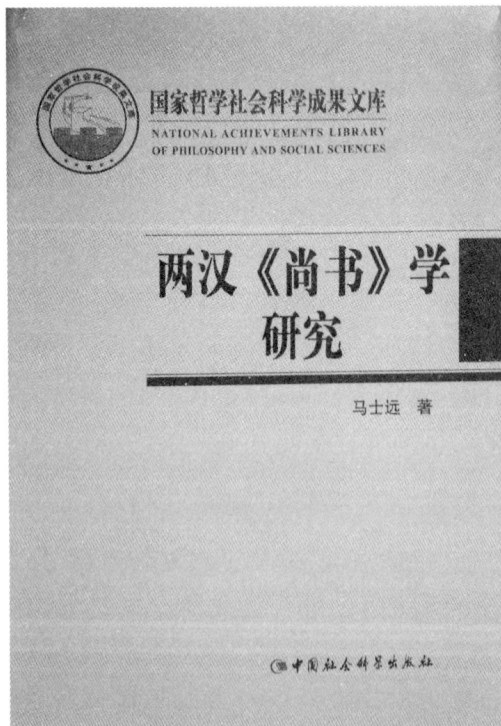

国家哲学社会科学成果文库
NATIONAL ACHIEVEMENTS LIBRARY
OF PHILOSOPHY AND SOCIAL SCIENCES

两汉《尚书》学研究

马士远 著

中国社会科学出版社

　　在谈整体设想之前，首先，我借这个机会想把钱宗武先生和蒋秋华先生带领的《尚书》学研究团队近年来的一些研究情况先介绍一下。钱宗武先生对《尚书》从词汇学、语法学的角度进行了一系列的研究。我们这个团队当中有人又做了一些断代《尚书》学，我本人做了《周秦〈尚书〉学研究》和《两汉〈尚书〉学研究》。重庆师大的陈良中先生（朱杰人先生的高足）做了《宋代〈尚书〉学研究》，程兴丽做了《魏晋南北朝〈尚书〉学研究》，现在都已经完成了。《隋唐〈尚书〉学研究》现在由赵晓东博士在做。陈良中先生下一步要做《元代〈尚书〉学研究》。《民国〈尚书〉学研究》现在由台湾的蒋秋华先生在做。这是断代《尚书》

学研究已经取得的一系列成就，已经有了一些阶段性的成果。另外，我们还从文体学的角度和经教传统等角度来做《尚书》学，如扬州大学的朱岩教授做的国家社科基金项目《"尚书体"研究》，我本人在做的国家社科基金项目《〈书〉教传统研究》等。以上是我们做的《〈尚书〉学文献集成》的一些前期工作。

2012年国家社科重大招标课题申报成功之后，我们邀请了一些专家学者，如安平秋先生、赵逵夫先生来给我们做指导。关于《〈尚书〉文献集成》怎么做，是从易到难还是从难到易，先生们提出了不同的意见。最后，我们想先从难的地方开始做起。我们先做的是域外汉学家的《尚书》学文献集成。第一步先做的是韩国的《尚书》学家的《尚书》学文献集成，我们做了24册，去年底已交给凤凰传媒出版有限公司，目前正在最后排版定稿，已经出了几册了。但是现在其他工作很难做起来，蒋秋华先生在台湾那里，他先做了《尚书》学文献著述的编目工作，他的想法是先从已有的目录当中做一个专经的《尚书》著述目录，这项工作目前已经接近尾声。

接下来我谈一下《〈尚书〉学传世文献集成》下一步的想法。一是先对我们能收集到的传世文献当中的《尚书》专著类文献进行集成。这种文献集成分三步走：第一步做珍本编，搜集极少见的，非常珍贵的著述文献进行汇编；第二步再做精华编，最后一步再把其他的能够搜集到的都进行汇总，做全编，这是《尚书》学历代著述文献的集成。二是对除了经部和能收集到的《尚书》专著之外的散佚文献进行集成，像群经总目当中的、子部当中的、集部当中的，零散的《尚书》学文献。这一类的文献集成，我们也在做，上海交大的虞万里先生已经把隋以前的这部分做完了。当然他已经交差了，不再做了，唐以后的交给我们来做。所以说，这两部分任务都由曲阜师范大学的《尚书》学研究团队来承担。

做完了历代的《尚书》学著述文献集成以及刚才所说的零散的文献辑佚之外，我们还要做一项工作，叫《〈尚书〉学文献集成纲要》，我们分几步来做，首先是撰写几部书，包括《历代〈尚书〉学学人考》《历代〈尚书〉学序跋考》《历代〈尚书〉学要事考》等，通过这一系列的专著，来对《尚书》学文献做一个总体的分析、把握。其次是编排文献集成目录。最后是建设全文数据库。

这就是我们这个团队目前针对《尚书》学文献集成要做的工作，我简短的汇报这些。谢谢大家。

（校经处林燕燕据录音整理）

伏生《尚书》传本研究

摘 要 《尚书》伏生本经篇目实为二十九篇，其中《顾命》《康王之诰》各自独立为一篇，无《泰誓》篇，亦无《书序》。《金滕》在前，《大诰》在后，《费誓》在前，《吕刑》在后。二十九篇篇目、篇名、篇次如下：《尧典》第一、《皋陶谟》第二、《禹贡》第三、《甘誓》第四、《汤誓》第五、《盘庚》第六、《高宗肜日》第七、《西伯戡耆》第八、《微子》第九、《牧誓》第十、《洪范》第十一、《金滕》第十二、《大诰》第十三、《康诰》第十四、《酒诰》第十五、《梓材》第十六、《召诰》第十七、《洛诰》第十八、《多士》第十九、《毋逸》第二十、《君奭》第二十一、《多方》第二十二、《立政》第二十三、《顾命》第二十四、《康王之诰》第二十五、《鲜誓》第二十六、《甫刑》第二十七、《文侯之命》第二十八、《秦誓》第二十九。

关键词 伏生《尚书》传本 篇目 篇名 篇次

伏生所传《尚书》二十九篇本经是汉代《尚书》今文学派的底本，早已失传。其篇目、篇次、篇名历来多有争议。问题主要涉及《顾命》《康王之诰》两篇的分和、有无《泰誓》篇以及有无《书序》等疑难问题上。试分别考述如下：

一、伏生本《尚书》篇目问题

伏生本《尚书》篇目多寡，前人有不同看法，概而言之，主要有二十八篇说、二十九篇说、篇目为二十九而篇文仅为二十八篇说三种。

二十八篇说。

程廷祚、俞正燮、廖平、康有为、傅斯年等学者力主伏生本《尚书》原为二十八篇，《顾命》《康王之诰》原为一篇。程廷祚在其《青溪文集·伏生尚书原委考》中说：

> 余尝疑伏《书》止于二十八篇，当有其故；以为壁中之幸存者非也。……余窃揣之，盖自孔孟既没，战国大乱，夏商之《书》以历年久远，《周书》以简册繁

重，其时盖已缺而不全，儒者惴惧，乃取其最关治道者典、谟、贡、范与周人誓、诰之文，凡二十八篇，以备四代之典籍，而藏于家。此于事理有可得而推者，非伏氏亡其余书，而所存独此也。否则海内之大，能默然而已乎？又考汉之《尚书》，有中古文、有河间献王之古文，惟孔安国之古文增多十六篇耳，他皆与伏书同数，而不闻其殊异；有则儒者必言之矣。然则二十八篇之数，谓肇自伏氏以前，此非其明征乎？余故疑史言之不足信也。①

俞正燮在其《癸巳类稿·说尚书篇目》中亦说："伏生今文二十八篇，无《泰誓》，《康王之诰》合于《顾命》为一篇。"② 廖平在其《古学考》也认为：

> 周宇仁据《大传》文主博士"二十八篇为备"之说。予……悟周说为是。如《大传》言"五诰"，孟子引《汤诰》不在"五诰"中，盖孔子所笔削为经者实二十八篇，其余即孔所论之余，刘向云"周时诰誓号令"是也。及读牟默人《〈同文尚书〉小传序》力主此说，以二十八篇为孔子删定本，余存尚多，即《艺文志》之《周书》七十一篇也。③

康有为在其《新学伪经考·辨孔子〈书〉止二十八篇》中亦说：

> 孔子定《书》二十八篇，传在伏生，纯备无缺，故博士之说皆以为备。尝推究其说，以为二十八篇即孔门足本，《书序》之目伪妄难信。④

傅斯年在其《中国古代文学史讲义》中亦排定伏生《尚书》无《泰誓》，《顾命》与《康王之诰》合一，总数为二十八篇。

二十九篇说。

主伏氏《尚书》本经为二十九篇的情况比较复杂，可分为以下四种：

第一种说法认为伏生本《尚书》为二十九篇，有《泰誓》篇，《顾命》《康王之诰》合为一篇。主此说者有孙星衍、王鸣盛、王引之、蒋善国等。孙星衍说：

> 《泰誓》在伏生二十九篇中，《尚书大传》《史记》皆引之，不似武帝未始得于

① 程廷祚：《青溪文集》卷五，见《青溪集》，《安徽古籍丛书》本，黄山书社 2004 年版。
② 俞正燮：《癸巳类稿》之〈尚书篇目七篇说〉，辽宁教育出版社 2001 年版，第 26 页。
③ 廖平：《古学考》，景山书社 1935 年版。
④ 康有为：《新学伪经考》卷一，中国人民大学出版社 2010 年版。

民间者。①

王鸣盛说：

> 伏《书》二十九篇内，本存《太誓》，不至宣帝时始得。②

王引之说：

> 伏生二十九，本书原有《大誓》，故董仲舒、欧阳《尚书》派学者平当及小夏侯《尚书》派学者班伯全引今文《大誓》，武帝元朔元年有司奏议引《大誓》，《史记》引《大誓》文，《尚书大传》引《大誓》，且《大传》有曰"六誓可以观义，五诰可以观仁"，夫六誓者，《甘誓》《汤誓》《大誓》《牧誓》《柴誓》《秦誓》也；五诰者，《大诰》《康诰》《酒诰》《召诰》《洛诰》也；皆伏生《书》所有也。如谓伏生《书》无《大誓》，则《大传》当称五誓，不得称六誓矣。曰"伏《书》有《大誓》，则《别录》何以谓武帝末民间献《大誓》与博士，使读说之，传以教人乎？刘歆又何以言《大誓》后得乎？"曰"此向、歆传闻之为也。伏生《书》本有《大誓》，民间纵有献者，亦与之同。"③

蒋善国说：

> 我认为伏生在文帝时所传的《尚书》原是二十九篇，里面原有《太誓》，惟只存两篇，到了武帝末年后得一篇《太誓》，才完成了三篇。武帝初年所立的欧阳《尚书》，原是二十九篇卷，到了武帝末年虽增加了一篇《太誓》，篇目仍旧是二十九。对于伏生所传的篇目和卷数，毫无变动，仅在实际篇数方面增一篇罢了。④

第二种说法认为伏生本《尚书》为二十九篇，其中一篇为《书序》，本经为二十八篇。主此说者有梅鷟、朱彝尊、陈寿祺、赵贞信等。

梅鷟说：

---

① 孙星衍：《尚书今古文注疏》卷十，中华书局 1986 年版。
② 王鸣盛：《尚书后案》之《尚书后辨附·辨陆德明释文》。
③ 王引之：《经义述闻》卷四，江苏古籍出版社 1984 年版。
④ 蒋善国：《尚书综述》，第 26 页。

《艺文志》所言……见百篇之《书》共《序》为百一篇，亡失者七十二篇，止求得二十九篇。二十九篇之内，二十八篇为《尚书》经，而一篇为《序》，其言明甚。①

朱彝尊说：

伏生所授止二十八篇，故汉儒以拟二十八宿。……疑生所教二十九篇，其一篇乃百篇之《序》，故马、郑因之，亦总为一卷。②

陈寿祺在其《左海经辨·今文尚书有序说》篇中列举了十七条理据来证伏生本《尚书》二十九篇中包含《书序》一篇③。

赵贞信在其《书序辨序》中说：

伏生原书无《泰誓》，而《史记·儒林传》有"伏生求其《书》，独得二十九篇"，则《汉书·艺文志》所载的二十九卷恐怕就有《序》在内。《汉志》"欧阳《经》三十二卷"，其中一卷是《书序》。假如今古文《尚书》中《序》都不当一篇，则《艺文志》既说了"凡百篇，而为之《序》"，目录中不应当没有《书序》这个名目。假如《书序》独出于古文，而今文里绝对没有，则也应该像逸《书》十六篇绝无师说，不会传下来。④

第三种说法认为伏生本《尚书》二十九篇，无《泰誓》篇，《顾命》《康王之诰》各为一篇，而《书序》在外。主此说者有龚自珍、王先谦、皮锡瑞、陈梦家等。

龚自珍《大誓答问》第一《论伏生原本二十九篇非二十八篇》中认为伏生本无《大誓》，第四《论今文篇数具在》中列伏生本二十九篇目，即不列《大誓》而以《顾命》《康王之诰》为二篇。

王先谦亦说：

《汉书·艺文志》〈尚书〉类下云"《经》二十九卷"，班自注"大、小夏侯二家"。颜注"此二十九卷，伏生传授者。"先谦案："此一篇为一卷也。"紧下即列

---

① 梅鷟：《尚书考异》卷一，《平津馆丛书》本。
② 朱彝尊：《经义考》卷七四。
③ 陈寿祺：《左海经辨》之《今文尚书有序说》，《续修四库全书》本。
④ 见《古史辨》第 5 册，第 327 页。

次"伏生之二十九篇"篇目，其中无《太誓》，《顾命》《康王之诰》各独自为一篇目。先谦自注且云："《史记·周本纪》'作《顾命》、作《康诰》'，明为二篇，则二十九已足，并无《大誓》在内。……《释文》云：'《太誓》与伏生所诵，合三十篇。'"①

皮锡瑞《经学通论》卷一《论伏生传经二十九篇非二十八篇当分〈顾命〉〈康王之诰〉为二，不当数〈书序〉与〈大誓〉》列次二十九篇目，即无《大誓》，又无《书序》，且亦将《顾命》《康王之诰》各独自为一篇目。陈梦家《尚书通论》认为"《太誓》后得，《顾命》《康王之诰》分为二篇目"，并备列二十九篇目，所列同龚、王、皮诸家。

第四种说法认为伏生本《尚书》二十九篇，无《泰誓》篇，无《书序》，《顾命》《康王之诰》各为一篇。程元敏主此说，在其《尚书学史》中说：

> 伏生本《尚书》，兵灾散失，传至汉，残存二十九篇，其中《顾命》《康王之诰》各自独立为一篇，无《泰誓》篇，亦无《书序》。前人说伏生本原为二十八篇，《顾》《康》合为一篇，误；或说伏本有《泰誓》（而《顾》《康》合一），据《尚书大传》及武帝末前后之人引《泰誓》以证源出于伏本，皆非。……或又说伏《书》二十九篇，其中一篇为《书序》，本经止二十八篇，陈寿祺立十七证以明之，附从者有人，其证今文欧阳本有《序》则可，证伏生本有《序》则不足。夫伏生二十九篇而《序》在外，《书大序》《释文》《正义》具明文，更依《汉志》著录体例，张霸所自采《书序》诚皆出伏二十九之外。又无论孔壁古文原本，马、郑传写本《书序》，汉石经《书序》，皆总附全经之末，《伪孔本》始析弁各篇之首，高邮王氏等以伏本有《书序》分冠篇首，不自为篇卷，殊失！②

篇目为二十九，而篇文仅为二十八篇说。
力主此说者为刘师培，刘师培在其《左盦外集》之《驳〈泰誓〉答问》篇说：

> 伏生所得之古文虽二十八篇，其实有二十九篇之目，故《儒林传》谓伏生独得二十九篇也。其存目而无书之一篇即《泰誓》也。伏生之《泰誓》即孔壁之《泰誓》，亦即民间所献之《泰誓》。但伏生有意无书，以意说之，如见于《大传》

---

① 王先谦：《尚书孔传参正·序例》，据《清人十三经注疏》，中华书局新辑校点本。
② 程元敏：《尚书学史》，第458页。

者是也。①

刘氏又在《今文〈尚书〉无序说》篇中说:

> 是知今文廿九兼计《太誓》,与《序》靡涉,《太誓》虽后得,然《大传》述孔子语有"六誓""五诰"明文,又云"《周书》自《太誓》就《召诰》而盛于《洛诰》",知伏生所传本有《太誓》,特其文不具,故学官所立,转据民间后得之本,立学之年亦较廿八篇为稍后,是则伏生之《书》,就全文言则为廿八,就篇目言则为廿九,《史记》称"伏生得二十九篇",又称"安国得《古文尚书》,以考二十九篇,"盖据篇目言也。②

总括以上诸说,伏氏本当为二十九篇为是,无《泰誓》亦无《书序》,《顾命》《康王之诰》各自成篇。汉石经《尚书》残字中有《书序》一篇,置于二十九篇经文之后,校记之前,且仅为二十九篇之《序》,非《百篇书序》,此并不能证明伏氏本有《书序》,但说明今文三家《尚书》本当有《书序》,今文三家《书序》并不是固有的,各家均有一个逐渐加入的过程。

二、伏生传本《顾命》《康王之诰》分和问题

伏生本《顾命》《康王之诰》分和问题,据前述可知情况较为复杂,概而言之有二篇合为一篇、各自为一篇、异序同篇、史连其文等多种观点。

二篇合为一篇说。

孔颖达说:

> 以伏生本二十八篇,《盘庚》出二篇,加《舜典》《益稷》《康王之诰》,凡五篇,为三十三篇。加所增二十五篇,为五十八,加《序》一篇,为五十九篇云。③

《尚书正义》先言伏生本二十八篇,下云"加《康王之诰》"一篇,则知《尚书正义》以伏氏本为《顾命》《康王之诰》合为一篇。《尚书正义》又于《书小序·康王之诰》下说:"伏生以此篇合于《顾命》,共为一篇。"④《书大序》也说:"伏生又以……

---

① 刘师培:《左盦外集》之《驳泰誓答问》,据《刘申叔先生遗书》,宁武南氏 1936 排印本。
② 刘师培:《左盦外集》之《今文尚书无序说》。
③ 《尚书正义》卷一《尚书序》。
④ 《尚书正义》卷十八《康王之诰》。

《康王之诰》合于《顾命》。"① 后人多从《尚书正义》《书大序》说，定伏生本《顾命》《康王之诰》合为一篇。此说误。

异序同篇说。

刘逢禄首提此说。刘氏见《史记》所载《书序》中《顾命》《康王之诰》为二，理据难以动摇，而孔颖达《尚书正义》及《书大序》又明言《顾命》《康王之诰》合为一篇，于是提出"一书两序""异序同篇"说。刘逢禄说：

> 《礼·大学》引"作《帝典》"者，盖《尧典》《舜典》异序同篇，故《序》言"将孙于位，让于虞舜"，即前半篇"咨岳举舜"之事也。又《序》言"虞舜侧微，尧闻之聪明，将使嗣位，历试诸难"，即下半篇"宾四门，纳大麓"以下之事也。古、今文本二典皆合为一篇，犹之《顾命》《康王之诰》，伏生本合为一篇，则亦一书而两序也。②

刘师培为申明刘逢禄之说，认为：

> 刘氏申受云《大学》引作《帝典》者，盖《尧典》《舜典》异序同篇，犹之《顾命》《康王之诰》，伏生必合为一篇，则亦一篇而两序矣。按刘氏之学派虽与龚氏同，而此说则可信。③

史连其文说。

简朝亮又提出"史连其文"说。简氏认为：

> 伏生今文《康王之诰》合于《顾命》共为一篇，盖史连其文故也。夫史连其文，安得其《序》分之乎？《史记》云"作《康诰》"，盖从《序》而省文也。④

各自为篇说。

《史记·周本纪》说："成王将崩，惧太子钊之不任，乃命召公、毕公率诸侯以相太子而立之。成王既崩，二公率诸侯以太子钊见于先王庙，申告以文王、武王之所以为

---

① 《尚书正义》卷一《尚书序》。
② 刘逢禄：《书序述闻》之《尧典舜典书序》，《皇清经解续编》本。
③ 刘师培：《左盦外集》之《驳泰誓答问》。
④ 简朝亮：《尚书集注述疏》卷末上《书序辩》，鼎文书局 1972 年版。

王业之不易，务在节俭，毋多欲，以笃信临之，作《顾命》。"① 又说："太子钊遂立，是为康王。康王即位，遍告诸侯，宣告以文武之业以申之，作《康（王之）诰》。"② 故后人多有依《史记》所记《书序》认定伏生本《顾命》《康王之诰》各自为篇者。力主此说者有龚自珍、王先谦、皮锡瑞、陈梦家、程元敏等学者。王先谦《尚书孔传参正》〈书序百篇异同表〉备列伏生本二十九篇目，《顾命》篇为第二十四，《康王之诰》篇为第二十五，分为二篇。王氏自注说："《史记·周本纪》'作《顾命》，作《康（王之）诰》'，明为二篇。"③

概述以上各说，当以各自为篇说为是。司马迁曾从孔安国问故，孔安国曾为武帝朝《尚书》今文博士，自然对今文伏生本经非常熟悉，伏生本《尚书》当与《史记》所述一致，以《顾命》《康王之诰》各自独立为篇。《顾命》篇《书序》说："成王将崩，命召公、毕公率诸侯相康王，作《顾命》。"《康王之诰》篇《书序》说："康王既尸天下，遂诰诸侯，作《康王之诰》。"《书序》谨依本经，《顾命》《康王之诰》各自为序，《史记》及汉魏古文家马融、郑玄、王肃等亦依《书序》作二篇，当不误。《顾命》与《康王之诰》本经共九〇二字，共记周成王、康王传位大典一事，故有人主张合为一篇。但《顾命》主记成王临终之命，凡六二七字，因其在庙行之，故题《顾命》，名实相符。《康王之诰》主记康王颁诰诸侯，凡二七五字，在寝内行之。二者显然不是记述一件事，故伏生传本《顾命》与《康王之诰》当各自为篇。

三、伏生传本有无《泰誓》篇问题

要想弄明白伏生传本有无《泰誓》篇，首先必须理清汉代《泰誓》有古《泰誓》与后得河内《泰誓》之别，赵岐注《孟子·滕文公下》就已明之：

> 《太誓》，古《尚书》百二十篇之时《泰誓》也。……今之《尚书·泰誓》篇后得，以充学，故不与古《太誓》同。④

当时《泰誓》当有古、今之分，后得之河内《泰誓》又称汉《泰誓》或今文《泰誓》。马融《书传序》也曾说："《泰誓》后得。"至于其后得之时间，有武帝世、宣帝世之不同载记。《论衡·正说》篇说："至孝宣皇帝之时，河内女子发老屋，得逸《易》

---

① 《史记》卷四《周本纪》。
② 《史记》卷四《周本纪》。
③ 王先谦：《尚书孔传参正》之《书序百篇异同表》。
④ 赵岐：《孟子章句》卷六《滕文公章句下》，《四部要籍注疏丛刊》本，中华书局1998年版。

《礼》《尚书》各一篇，奏之。宣帝下示博士，然后《易》《礼》《尚书》各益一篇。"①
《书大序正义》引之说："王充《论衡》及东汉史献帝建安十四年黄门侍郎房宏等说云：
'宣帝泰和元年，河内女子有坏老子屋得古文《泰誓》三篇。'《论衡》又云：'以掘地
所得者。'"② 刘向《别录》却说："武帝末，民有得《泰誓》书于壁内者，献之，与博
士，使读说之，数月皆起，传以教人。"③ 刘歆《七略》亦说："孝武皇帝末，有人得
《泰誓》于壁中者，献之，与博士，使赞说之，因传以教。"④ 刘歆《移大常博士书》亦
有此说："至孝文皇帝，始使掌故朝错从伏生受《尚书》。《尚书》初出于屋壁，朽折散
绝，今其书见在。……至孝武皇帝，然后邹、鲁、梁、赵颇有《诗》《礼》《春秋》先
师，皆起于建元之间。……《泰誓》后得，博士集而读之。"⑤ 汉定天下，伏生起其所
藏《尚书》，得二十九篇，文帝时晁错往受学，刘歆述"《泰誓》后得"次于其下，而
且刘歆述事至武帝建元间，紧接着说"《泰誓》后得"，据此可知，汉《泰誓》得篇当
在武帝建元后，故武帝末得书说为是。

既然河内《泰誓》得书于武帝末，故伏生本《尚书》中绝无此篇。最早认定伏生
本无《泰誓》篇者为《释文序录》。陆氏认为伏生《尚书》亡失后，子遗之二十九篇中
绝无《泰誓》，《泰誓》后得。其文说：

> 伏生失其本经，口诵二十九篇传授⑥。……河内女子得《泰誓》一篇，献之，
> 与伏生所诵合三十篇，汉世行之。⑦

清王懋竑亦主此说，其《白田草堂存稿·尚书杂考》篇说："《泰誓》必非伏生之
书，自在二十九篇之外。"⑧ 陈寿祺亦主此说：

> 考向、歆领校秘书，在成帝河平三年。然向生于昭帝始元元年，及宣帝甘露三
> 年诏诸儒讲五经于石渠，《尚书》则欧阳地余、林尊、周堪、孔霸、张山拊、假
> 仓，皆欧阳高及两夏侯弟子，两夏侯，子政所与同朝，地余诸人，子政所与同议，

---

① 王充：《论衡》卷二八《正说篇》，岳麓书社 2006 年版。
② 《尚书正义》卷一《尚书序》。
③ 《尚书正义》卷一《尚书序》。
④ 《汉书》卷三〇《艺文志》。
⑤ 《汉书》卷三六《刘歆传》。
⑥ 陆氏自注说："《汉书》云：'伏生为秦焚书壁藏之；汉定，伏生求其书，亡数十篇，独得二十九篇，以教齐鲁之间。'"
⑦ 陆德明：《经典释文·序录》。
⑧ 王懋竑：《白田草堂存稿》之《尚书杂考》，两江总督采进本。

其上距武帝末不过数十年间耳。《太誓》之后出与否，《尚书》家诸儒安有懵然罔觉者？子政奚至不稽事实，追以耳食者笔之于书哉？即子骏方移让博士，岂能以虚诞之词关其口耶？吾是以信向、歆，而决伏生书之无《太誓》也。①

康有为亦主此说。其文说：

> 《太誓》后得，汉人刘向、刘歆、王充、马融、郑康成、赵岐、房宏等皆同此说，众口一辞，未必举国尽误。伏书之无《太誓》一。②

徐复观亦认为刘歆"《泰誓》后得"之说可信，其在《中国经学史的基础》中说：

> 我断定伏生独得二十九篇……其中没有《泰誓》。第一，若伏生传有《泰誓》，则此《泰誓》必周室的旧典，与先秦诸家所引用者吻合。……则汉之《泰誓》非先秦之《泰誓》可知。第二，刘歆移书让太常博士，这是面对博士集团讲话，其中直接与博士有关的不敢以无实之言致自招罪戾。书中明言"《泰誓》后得"，其不出于伏生至为明显。③

刘向、刘歆父子先后领校秘书，马融亦曾校书中秘，郑玄亲炙《尚书》学于马融，诸人皆亲见河内《泰誓》，王充《论衡》数言民间得此篇，时未有人持异。自汉献帝建安十四年，上距武帝末，历三百年，房宏等犹无异议。故王懋竑、陈寿祺、康有为、徐复观等以伏生本无河内《泰誓》篇为是，孙星衍、王鸣盛、王引之、蒋善国以伏生本中有此《泰誓》篇为误。

高邮王氏、刘师培、蒋善国诸学者认为伏生本原有《泰誓》，却又不能否认《泰誓》伏生身后始得之事实，陷于两难间，不得已而找寻各种借口。高邮王氏认为：伏生《书》本有《太誓》，民间纵有献者，亦与之同。既与伏生本同，又何必献之。刘师培或以为伏生本《泰誓》仅存篇目，凡二十九目，本经只有二十八，失《泰誓》一经。伏生本皆一目一篇，凡二十九目二十九篇，篇目本经相应，《史记》《汉书》均谓伏生独得二十九篇以教人，不可能虚列一目。蒋善国认为伏生本原有《太誓》二篇，则为篇三十，目为二十九，加汉《太誓》一篇，则篇三十一，目仍二十九。其说亦误，汉

---

① 陈寿祺：《左海经辨》之《今文尚书后得说》。
② 康有为：《新学伪经考》，第 291 页。
③ 徐复观：《中国经学史的基础》，学生书局 1982 年版，第 116－117 页。

代确有增入《泰誓》三篇之事，但不是伏氏本，乃欧阳学派所传授的本经。河内《泰誓》篇不当入伏生本二十九篇之内。

伏生本、孔壁本均无《泰誓》，对于河内本《泰誓》，马融已致疑。《尚书大传》、董仲舒、元朔大臣上奏、《史记·周本纪》、平当、班伯、《汉书》之《郊祀志》《刑法志》以及《白虎通》等文献，都曾引有《太誓》文，或在武帝末之前，或在武帝末之后，有学者以此认定伏生本另有一篇《太誓》，事实并非如此，今逐一考论如下：

《尚书大传》引《泰誓》问题。

《书大序正义》说："伏生虽无此一篇，而《书传》有'八百诸侯俱至孟津，白鱼入舟'之事，与《泰誓》事同。不知为伏生先为此说？不知为是《泰誓》出后后人加增此语？"[1] 陈寿祺《左海经辨》对此辩之说：

> 颖达已疑《书传》。……今稽核之，则《大传》引《大誓》者或由欧阳高等增附其说，犹所谓"各论所闻，以己意弥缝其间"之例，未可执是断伏生已得《大誓》也。[2]

《尚书大传》称引《太誓》共计七条，皆不称"《书》曰"或"《太誓》曰"，康有为《新学伪经考》认为：

> 《尚书大传》虽有《大誓》，然《大传》所载亦不尽伏生之书。《大传》又有"六誓可以观义"及"《周书》自《太誓》就《召诰》而盛于《洛诰》"之言……必后人据既增《太誓》改"五"为"六"，至"《周书》自《太誓》"一语更后人据既增《太誓》窜入无疑。否则伏书二十九篇有《大传》为据，《大传》之书，人所诵习，郑康成并为之注，岂得皆不知而犹以为《太誓》后得乎？[3]

《尚书大传》辑本与伏生本《尚书》内容抵牾处较多，不应以《大传》所引《泰誓》事而定伏生本有《泰誓》篇。尤其是《御览》引《尚书大传》曰"唯四月"至"虽休勿休"凡九十八字，好像不是引《泰誓》文。《四库提要》对此概述可谓一语中的：

---

① 《尚书正义》卷一《尚书序》。
② 陈寿祺：《左海经辨》。
③ 康有为：《新学伪经考》，第 292 页。

（伏生）所传二十八篇无《泰誓》，而此有《泰誓传》，又《九共》《帝告》《归禾》①《拚诰》皆逸《书》，而此书亦皆有《传》，盖伏生毕世业《书》，不容二十八之外全不记忆，特举其完篇者传于世，其零章断句则偶然附记于《传》中，亦事理所有，固不足以为异矣。②

武帝末年前后引《泰誓》问题。

武帝末《泰誓》本经内容散见于各种文献称引中，此一时段诸家引《泰誓》实为述古《泰誓》文，非直接称引。宋翔凤曾说：

> 伏生所传《书经》文无《大誓》，故以诸儒所传述者入《大传》中。……盖伏生无《大誓》全文，而《大传》述之，秦末学者多能传其说，故娄敬、董仲舒皆引之。③

龚自珍亦说：

> 问曰："闻之《尚书大传》者，伏生老不能正言，口授大义，生终后，欧阳生、张生各论所闻，以己意弥缝其间，《志》称四十一篇是也。而见引'鱼入舟，火流乌'之文是欧阳生与此《太誓》为眷属之左证。"答曰："……欧阳生、张生当汉初群书四出之年，博揽传记，何所不引；引此书之文以说《太誓》尔。夫伏生无《太誓》，而有说《太誓》之文，此亦《九共》《帝告》《说命》《高宗之训》《归禾》等篇例也。假使《大传》所引是真《尚书》，董生著书转引此文，不当不从其本而称之，乃但称《尚书传》，则董生之陋极矣！"④

屈万里对汉代文献引《泰誓》问题论辩最为清晰，其文说：

> 伏生虽未传《泰誓》之篇，而《大传》中时有述《泰誓》之语。此盖伏生虽已失《泰誓》原文，而彼尚能片段默记《泰誓》之要点，故有说著于《大传》。《史记》引述《泰誓》之语盖亦本于《大传》。其有但见于《史记》而不见于辑本

---

① 当作《嘉禾》。

② 《四库全书提要》卷四，中华书局 1965 年版。

③ 宋翔凤：《尚书谱》卷四，《皇清经解续编》本。

④ 龚自珍：《太誓答问》之《论尚书大传引此文之故》，吴县潘氏滂喜斋刻本。

《大传》者，则以吾人未见全本《大传》之故。①

至于平当、班伯以下诸家称引当属正常之事，汉武帝末年河内《泰誓》既出壁，故诸家称引之。此时河内《泰誓》已并入今文欧阳本经内，诸家所引当出自欧阳本，而不是伏生本。

四、伏生传本有无《书序》问题

伏生本二十九篇中有没有《书序》问题，历来亦争议不断。

伏生本有《书序》篇说。

最早提出伏生本二十九篇中包含一篇《书序》者为明代的梅鷟：

> 《艺文志》所言……见百篇之《书》共《序》为百一篇，亡者七十二篇，止求得二十九篇。二十九篇之内，二十八篇为《尚书》经，而一篇为《序》，其言明甚。②

朱彝尊亦主此说：

> 伏生所授止二十八篇，故汉儒以拟二十八宿。……疑生所教二十九篇，其一篇乃百篇之《序》，故马郑因之，亦总为一卷。③

陈寿祺例举十七条理据证明伏生本《尚书》有《序》，并说：

> 稽合十有七证，彰彰如是，其足以决三家《尚书》之《书序》与否，观者岂犹不自悟？即夫三家《尚书》有《序》，则伏生所得不得谓无《序》；伏生所得有《序》，而《大誓》乃后出，则伏生二十九篇不得不以百篇之《序》当其一。吾故曰伏生二十九篇并《序》不并《大誓》也。④

从陈氏十七证来看仅能证明今文《尚书》小夏侯本，至多并欧阳本、大夏侯本有《书序》，却不能证实伏生二十九篇中有一篇是《书序》。

---

① 屈万里：《汉石经尚书残字集证》卷一，联经出版事业公司1963年版。
② 梅鷟：《尚书考异》卷一。
③ 朱彝尊：《经义考》卷七四。
④ 陈寿祺：《左海经辩》之《今文尚书有序说》。

赵贞信亦赞同伏生本有《书序》：

> 伏生原书无《泰誓》，而《史记·儒林传》有"伏生求其书，独得二十九篇"，则《汉书·艺文志》所载的二十九卷恐怕就有《序》在内。《汉志》"欧阳《经》三十二卷"，其中一卷是《书序》。假如今、古文《尚书》中《序》都不当一篇，则《艺文志》既说了"凡百篇，而为之序"，目录中不应当没有《书序》这个名目。假如《书序》独出于古文，而今文里绝对没有，则也应该像逸《书》十六篇，绝无师说，不会传下来。①

赵氏此论仍仅能证今文欧阳家本有《书序》而已。蒋善国据汉石经有《书序》以为是伏生今文《尚书》有《书序》之铁证，其说亦误。汉石经所用之今文本并不是伏生本，其有《书序》附末并不能代表伏生本有《书序》，伏生本虽为汉今文《尚书》之祖，但并无《书序》。

伏生本无《书序》篇说。

伏生本二十九篇中无《书序》说最早见于《书大序》：

> （《古文尚书》）增多伏生二十五篇。伏生又以《舜典》合于《尧典》，《益稷》合于《皋陶谟》，《盘庚》三篇合为一，《康王之诰》合于《顾命》，复出此篇，并《序》凡五十九篇，为四十六卷。②

简朝亮主伏氏本无《书序》说：

> 《汉志》云"《尚书》，《经》二十九卷"，自注云"大、小夏侯二家"；"欧阳《经》三十一卷"。盖二十九卷者，伏生今文本也，故《汉志》大书之。大、小夏侯从伏生本者，故《汉志》小注而先之。欧阳虽先立，而不先之也，欧阳变伏生本者，故小注《经》三十二卷而后之：《汉志》之例严矣。伏生今文无《序》也。③

又说：

---

① 《古史辨》第 5 册《书序辨序》，第 327 页。
② 出自《书大序》。
③ 简朝亮：《尚书集注述疏》卷首《尚书大名》。

《论衡》云"或说《尚书》二十九篇者，法北斗七宿也，四七二十八篇，其一北斗矣，故二十九篇"。由是推之，使伏生今文有《序》，则人皆知《尚书》百篇，乌有言此象乎？以此知伏生今文无《序》也，伏生藏经非藏《序》也。①

王引之亦主此说：

桓谭《新论》曰"《古文尚书》旧有四十五卷"，《艺文志》则曰"四十六卷"，此以《序》别为一卷次于四十五卷之后者也。《志》又曰"《经》二十九卷，大、小夏侯二家"，此经文二十九篇，篇各为卷，而以《序》分冠卷首者也。《志》又曰"欧阳《经》三十二卷"，二当为三，谓于二十九篇中三分《盘庚》及《太誓》，而为三十三篇，篇各为卷，而以《序》分冠卷首者也。《太平御览》引《尚书大传》曰"成王在丰，欲宅雒邑，使召公先相宅。六日乙未，王朝步自周，则至于丰。惟太保先周公相宅"。案"成王在丰"以下三句，《召诰序》也。"六日乙未"以下四句，则《召诰》经文也。而《大传》连举其文，不复分析，此今文《书序》分冠篇首之明证。既以分冠篇首，则不自为篇卷，此所以有《序》而不数也。今文有《序》不在篇卷之列，而谓伏生二十九篇《序》当其一可乎？②

王氏又据张霸造百两篇《尚书》事来证明伏生本无《书序》：

《汉书·儒林传》曰："张霸分析合二十九篇为数十。"是霸所分析者即伏生之二十九篇也。而下文曰"又采《左氏传》《书序》为作首尾。"则《序》在二十九篇之外矣。③

徐养原亦主此说：

古文有《序》，而今文无《序》。何以明其然也？王充曰"或说《尚书》二十九篇，法斗七宿，四七二十八篇，其一曰斗矣"，此盖今文家说。充非之曰："百篇之《序》，缺遗者七十一篇，独为二十九篇立法，如何？"要之，为此说者不见百篇之《序》者也。若知有百篇之《序》，而为此说则慎矣。④

---

① 简朝亮：《尚书集注述疏》卷末上《书序辩》。
② 王引之：《经义述闻》卷四《伏生尚书二十九篇说》。
③ 王引之：《经义述闻》卷四《伏生尚书二十九篇说》。
④ 徐养原：《今古文尚书增太誓说》。

江声亦据《论衡》法斗宿成二十九篇说反证伏生本无《书序》：

> 《论衡·正说篇》云"或说《尚书》二十九篇者，法北斗七宿也，四七二十八篇，其一曰斗矣，故二十九"。假使伏生《尚书》有《叙》，则百篇之名目具见，虽妄人亦不造此法斗七宿之说矣。是可知伏生书无《叙》也。①

以上有或无《书序》诸说，虽各有其理据，然均未得其实。《尚书》伏生本实无《书序》，仅二十九篇本经而已。伏生本为欧阳本、大小夏侯本之源，然诸本均有不同之处。伏生本无《书序》，欧阳本有《书序》，故欧阳氏虽立学在前，《汉志》小注却在后，使其不与伏生本切近，目的正是为标明两本有异处。两夏侯本初无《书序》，只有本经二十九篇，故虽立学在后，《汉志》小注置于其前，使与伏本切近，目的正是为标明两本相同。《书序》本为一大篇，在《古文尚书》五十九篇之内独立为一篇，及《伪孔传》始引之冠诸各篇之首，不复独存为一篇，总数减一篇，故《伪孔传》定本为五十八篇。张霸析分伏生本二十九篇以为数十，接下又言采《书序》，其意是说又自伏生本以外采《书序》。夏侯本则至迟在西汉末已加入《书序》为一卷。后汉杨彪学欧阳氏学曾引《书序》，班固学夏侯氏学亦曾引《书序》，汉石经亦取《书序》，则东汉今文欧阳本、两夏侯本理应均有《书序》篇无疑。

五、伏生本经的篇次问题

先秦典籍引《尚书》多称明所引经文之朝代，计分《虞书》《夏书》《商书》及《周书》，即所谓四代之书，至伏生《尚书大传》则分称《唐书》《虞书》《虞夏书》《夏书》《殷书》②及《周书》，凡称五代厘为六科之书。六科当以《尧典》为《唐书》，《皋陶谟》为《虞书》，并《禹贡》《甘誓》共为《虞夏书》，《汤誓》至《微子》为《商书》，《大诰》以下为《周书》，其序次至为明晰。但就具体篇目而言，伏生本经仍存有部分篇次之争问题。试考述如下：

《大诰》与《金縢》篇次先后问题。

伏生本经中，先《大诰》后《金縢》，还是先《金縢》后《大诰》，学界颇有争议。《金縢》自"秋大熟"至篇末，《尚书大传》以为记周公殁后事，其文说：

---

① 江声：《尚书集注音疏》，《皇清经解》本。
② 即《商书》。

周公老于丰，心不敢远成王，而欲事文武之庙，然后周公疾，曰"吾死，必葬于成周，示天下臣于成王"。成王曰"周公生欲事宗庙，死欲聚骨于毕，毕者文王之墓也"。故周公薨，成王不葬于成周，而葬之于毕，示天下不敢臣也。①

又说：

天乃雷雨以风，禾尽偃，大木斯拔，国恐，王与大夫开金縢之书，执书以泣，曰"周公勤劳王家，予幼人弗及知"。乃不葬于成周，而葬之于毕，示天下不敢臣。②

以此观之，《尚书大传》是谓《金縢》终篇记周公之殁，故王应麟《汉艺文志考证》卷一引宋叶梦得"《伏生大传》……谓《金縢》作于周公没后"之说③。

《金縢》记一事之始终，自武王遘厉虐疾至周公东征前后，犹后世纪事本末体的写法，故《金縢》篇当在《大诰》之前。《尚书大传》既误以《金縢》后半部分记周公殁后事，故误以排列篇次。若《金縢》后半部分记周公殁后事，则《金縢》当放在所有周公在世诸诰篇之后④，而不独放《大诰》篇在其前面。故《尚书大传》列此篇次不可从。伏生本当《金縢》在前，《大诰》在后。

《费誓》与《吕刑》篇次先后问题。

孔颖达《尚书正义》中《尧典》篇题下说：

百篇次第，于《序》孔、郑不同……孔以《费誓》在《文侯之命》后，第九十九；郑以为在《吕刑》前，第九十七。郑依贾氏所奏《别录》为次。⑤

依《书序》内容所记，《费誓》篇乃周公长子伯禽于鲁曲阜伐徐、淮之书。伯禽受封曲阜约在成王四年，即周公摄政四年，则《费誓》当在此年以后成书。《史记》谓徐、淮与管蔡等并反，则《费誓》当在成王元年救乱至三年践奄之前已著成。郑玄本《费誓》篇次同《尚书大传》。《尚书大传》与郑本均将《费誓》放在《冏命》《吕刑》之间。依《史记》来看，《费誓》篇亦当编入成王世卷。故知伏生本经《费誓》在前，

---

① 《尚书大传》卷二《大诰》。
② 《尚书大传》卷二《大诰》。
③ 王应麟：《汉书艺文志考证》卷一，《王应麟著作集成》，中华书局2011年版。
④ 包括《酒诰》《梓材》《召诰》《洛诰》《多士》《无逸》《君奭》《多方》及《立政》诸篇。
⑤ 《尚书正义》卷二《尧典》。

《吕刑》在后。《伪孔传》将其放在平王《文侯之命》篇后，于百篇仅先于《秦誓》，认为有关微言大义，非关世次。其文说：

> 诸侯之事而连帝王，孔子序《书》以鲁有治戎征讨之备，秦有悔过自誓之戒，足为世法，故录以备王事，犹《诗》录商、鲁之事。① 其说不可从。

由上考述可知，《尚书》伏生本经残存二十九篇，其中《顾命》《康王之诰》各自独立为篇，无《泰誓》篇，亦无《书序》。《尚书大传》记《尚书》篇目、篇次最近伏生二十九篇之篇目、篇次，兹据《尚书大传》列伏生原本之篇名、篇目、篇次如下：

《尧典》第一、《皋陶谟》第二、《禹贡》第三、《甘誓》第四、《汤誓》第五、《盘庚》第六、《高宗肜日》第七、《西伯戡耆》第八、《微子》第九、《牧誓》第十、《洪范》第十一、《金滕》第十二、《大诰》第十三、《康诰》第十四、《酒诰》第十五、《梓材》第十六、《召诰》第十七、《洛诰》第十八、《多士》第十九、《毋逸》第二十、《君奭》第二十一、《多方》第二十二、《立政》第二十三、《顾命》第二十四、《康王之诰》第二十五、《鲜誓》第二十六、《甫刑》第二十七、《文侯之命》第二十八、《秦誓》第二十九。

---

① 《尚书正义》卷二〇《费誓》。

翟奎凤 生于 1980 年，安徽利辛人，现任儒学高等研究院副教授，曾于北京大学哲学系攻读博士学位，师从陈来先生，后于清华大学国学院攻读博士后，师从刘东先生，主要研究方向为易学、宋明理学与中国近现代哲学，曾出版专著《以易测天：黄道周易学思想研究》。

《黄道周全集》编纂整理工作的意义

各位老师好，其实我的专业一直是中国哲学，这次应该说我第一次参加专门的文献学方面的会议，所以非常荣幸，非常感谢杜泽逊教授。

与各位前辈做的这些重大项目相比，我觉得我这个是小打小闹，是个小项目。

黄道周这个人我们现在了解不是很多，他是明末当时福建漳浦铜山镇人，现在属于东山县。他出生于1585年，后来1646年因为抗清被杀，死得很壮烈，活了62岁。黄道周38岁升为进士，后来历任崇祯朝翰林院编修、詹事府少詹事、南明弘光朝礼部尚书、隆武朝内阁首辅。尽管黄道周后来抗清被杀，但是清政府稳定之后对当时激烈抵抗的烈士非常尊敬，所以乾隆时期黄道周被称为"一代完人"。到了道光五年，礼部奏文黄道周予以从祀孔庙。

黄道周在当时其实影响各个方面，一方面是政治上，包括跟东林党关系非常密切。在学问上当时影响也比较大。但是到现在来看，谈的更多的是在书法艺术界，他是晚明四大家。当时很多重要的文人，包括钱谦益、徐霞客、张溥、陈子龙、方以智、倪元璐、王铎、张瑞图都跟黄道周感情非常密切，交游非常密切。当然我们现在都知道徐霞客，徐霞客当时在明朝评价最高的最推崇的人物就是黄道周。

我跟黄道周有缘，也是我在北京大学哲学系读博士的时候，我的博士论文就是研究黄道周的周易，而当时我的导师陈来教授建议我做黄道周。

易学典籍选刊

三易洞玑

[明] 黄道周 撰 翟奎凤 整理

中华书局

黄道周的著作《四库全书》收了他有十部之多。我们知道《四库全书》能收一个人的书一部书就很了不起，能收十部以上的我觉得是不多的。《四库全书》能收黄道周这么多有很多方面的考虑，一个很重要的方面是对他的人格、人品、学问有一种敬重。当时我做博士论文期间，主要研究他的两部易学著作《易象正》和《三易洞玑》，分别收入四库全书经部《易》类、子部术数类。黄道周的著作非常多，四库之外也很多，但是一直很少有人整理。

当时我的标点是给自己看的，毕业之后断断续续找了一些版本进行校对，陆续推出来。《易象正》我用的底本是吉林大学收藏的明刻本，崇祯朝的明刻本，现在能找到的最好的我认为是吉林大学馆藏的。同时在日本也有一套明刻本《易象正》，校对完之后2011年在中华书局出版。另外《三易洞玑》2014年在中华书局出版，最好的本子在上海图书馆，也是明刻本，这可能是目前唯一的最好的版本。那么其他文献包括《榕坛问业》《黄漳浦文集》《洪范明义》我读博士读研的时候都进行了初步的标点。但是《榕坛问业》最好的版本在台湾，没法看到，所以耽搁了很多年，最近是北大儒藏已经把《榕坛问业》点校出版了。其他的我已经标点的，四库里收的《儒行集传》《孝经集传》等，我跟朋友和学生合作进行了标点，还有待校对。

我现在做的是《黄道周文集》。《黄道周文集》没有收入《四库全书》，他的诗文集最权威的本子就是陈寿祺道光十年所刻的《黄漳浦集》，全书一共120万字，这个已经做了七八年的工作了，最早是当地漳浦县博物馆做了基础性的文字录入工作。我在他们这个本子做了标点，陆陆续续找了很多本子进行校对，这个应该说初步已经完成，可能暑假就能给中华书局，应该是明年2016年能出版。

当然，除了这些著作之外，黄道周还有一些著作，我看《中国古籍总目》里面以前大家所不知道的一些黄道周的著述，包括编著，一个是《诗经琅玕》，在北大、国图都有；还有《六经注解》，在日本；还有《四书琅玕》，也在日本；还有两部比较大的类书，《博物典汇》和《群书典汇》。我能见到的黄道周的著述，主要的应该就是这些了，所以将来做《黄道周全集》，也是想一本本地陆陆续续地推出，最后估计七八年之后能把全集汇在一起出版。

谢谢各位前辈，各位老师，请批评指教，多提建议，谢谢！

（尼山学堂张学良据录音整理）

论《黄道周集》的汇结与刊刻

　　黄道周，字幼玄，号石斋，福建漳浦铜山（现东山县铜陵镇）人，生于万历十三年（1585），隆武二年（1646）因抗清不屈，就义于南京，终年62岁。黄道周38岁中天启二年进士，历任崇祯朝翰林院编修、詹事府少詹事，南明弘光朝礼部尚书、隆武朝内阁首辅等职。乾隆四十一年（1776）谕文称黄道周为"一代完人"，道光五年（1825）礼部奏文以黄道周从祀孔庙①。东林之后，明末大儒公推刘宗周和黄道周②。黄道周学问博通，著作宏富，单《四库全书》收其个人著述达十部之多，这些著述几乎涉及了四书五经的各个方面。

　　黄道周在明末清初曾极负盛名，与当时士人有着广泛交游，他是晚明著名学问家、易学家和书法家，在明末政治舞台上也有着重要影响。徐霞客在当时最为推崇黄道周，两人感情至笃，他远游云南时对当地土司点评中原名士，曾这样说："至人惟一石斋，其字画为馆阁第一，文章为国朝第一，人品为海宇第一，其学问直接周孔为古今第一。"③徐霞客的评论固然有朋友间的私相推许之嫌，但于此也可见黄道周在当时的声望之高。

　　在黄道周生前，已有《骈枝别集》二十卷（今有明末大来堂刻本）、《大涤函书》四卷（今有崇祯十五年刻本）、《续离骚经》七卷（今有明万历刻本）、《咏业近集》《焦桐山诗集》《焦桐山文集》《明诚堂诗集》《浩然堂诗集》共十卷（今有明末刻本），

---

① 本文为国家社科基金青年项目"黄道周易学思想研究"（11CZX039）基础性成果。

作者简介：翟奎凤，男，1980年生，安徽亳州人，北京大学哲学博士。现为山东大学儒学高等研究院副教授，发表CSSCI论文25篇，出版著述和古籍整理7部，主持国家社科基金1项，国家社科基金重大项目"朱子门人后学研究计划"子课题负责人。

参见陈寿祺《黄漳浦集》（道光十年刻）卷首"乾隆四十一年、四十四年谕文"及"道光五年二月十六日礼部奏"。

② 陈来先生认为"明末公认的所谓大儒，受东林余风的影响，也是兼涵忠义与学术两种意义而言。近世以来，学人多重船山、梨州、亭林诸公，以为明末三大家；要之，顾、黄、王皆于清初成学名，若论晚明之季，则不得不让于二周"（陈来《黄道周的生平与思想》，《国学研究》第十一卷，北京大学出版社，2003年版，第87页）。

③《滇游日记七》，《徐霞客游记》卷七下，褚绍唐、吴应寿整理，上海古籍出版社2007年版，第879页。

等文集和诗集行世①。黄道周去世后，他的弟子洪思开始收集汇编其著述、诗文合集，他的著述后来基本收入《四库全书》，但文集未入《四库》，经洪思、郑玫、郑亦邹等人的不断努力，到陈寿祺终于编成相当完备的《黄道周集》，即今天较为常见的五十卷本、一百余万字的《黄漳浦集》。近年来，笔者在整理点校《黄漳浦集》的过程中，又发现了一些《黄漳浦集》所未收的文章和诗歌。

一、洪思父子与《石斋十二书》

黄道周抗清就义后，在清初一段时间，他在政治上还是比较敏感的人物，其文章著述也散落各地，没人敢公然出来整理其文集。只有其学生洪思毅然不顾一切，四处奔走收集老师的著述，以编纂黄道周全集为毕生之事业。

洪思，字阿士，跟黄道周是同乡，他与父亲洪榜都是黄道周的学生。据徐鼒《小腆纪传》载，洪思"年十三，随父游黄道周之门，容止甚饬，道周器之。道周既殁，逃于敬身山，不入城市，诗歌自放，时买舟过江东，登邺山，抚道周墓，哭而去"②。洪思父子忍辱负重，奔走于道周旧友庐舍，收辑遗书，父子两代花费近50年时间，把收集到的196卷的黄道周著述文章汇为《石斋十二书》。康熙四十三年（1704年）八月，洪思以小恙死于收文旅次。

黄道周生前就曾想把自己一生关于经学方面的著述汇集为《石斋十二书》，但是由于时局动荡及其本人两年后的慷慨赴义，他的这个愿望并未能实现。洪思在《黄子传》中说：

> 先生壬午（1642年，58岁）出狱往戍，将之楚，门人请藏书于大涤，先生拟以《易象正》《诗序正》《春秋表正》《孝经大传》《洪范明义》《月令明义》《禹贡明义》《吕刑明义》《儒行集传》《缁衣集传》《典谟集传》《政官集传》为《石斋十二书》，藏于大涤，已而不果，今其书多散亡而逸其半。（《黄漳浦集》卷首）

其中，《诗序正》《春秋表正》《禹贡明义》《吕刑明义》《典谟集传》《政官集传》六书皆不传，故洪思说"今其书多散亡而逸其半"。从这里可以看出，黄道周心目中的《石斋十二书》皆为解释六经之作，诗文集甚至体现其个人思想的著述如《三易洞玑》等皆不在其列。

---

① 版本情况及馆藏地可参考《中国古籍总目·别集类·明代之属》，中华书局、上海古籍出版社2009年版，第927、928页。

② 《明遗民录》卷二，孙静庵著，赵一生标点，杭州：浙江古籍出版社1985年版，第13页。

　　洪思后来把其父子两代辛苦几十年搜集到的黄道周著述汇为《石斋十二书》，表达了对黄道周遗愿的追思，但是洪思的这个《石斋十二书》就有《黄道周全集》的意思，囊括了洪思父子所能搜集到的黄道周的所有著述和诗文。洪思编的《石斋十二书》分为《十经》《二录》，其具体情况，他在《黄子传》中说"以《易象正》《三易洞玑》《孝经大传》《洪范明义》《月令明义》《坊记集传》《表记集传》《儒行集传》《缁衣集传》《三礼定》七十有七卷为上部。以《黄子录》《黄子外录》九十有九卷为下部，乃合十经二录为《石斋十二书》，存初志也；又述《黄子谱》四卷为初部，《黄子讲问》十有六卷为终部，皆附离之，今是书凡四部百九十有六卷，思藏收文峰下"（《黄漳浦集》卷首）。

　　在《收文序》中，洪思更详细地对他编的《石斋十二书》的具体情况作了交代，他说："有《黄子易象正》十有七卷，有《黄子三易洞玑》十有六卷，盖圣人以通三极之书也，而《易本象》四卷亦附离之。有《黄子孝经大傅》四卷，盖圣人以明五教之书也，而《孝经赞》一卷亦附离之。有《黄子洪范明义》四卷，盖王者性命建极之书也。有《黄子月令明义》四卷，盖王者政事因时之书也。有《黄子坊记集传》四卷，盖圣人以礼立坊之书也。有《黄子表记集传》四卷，盖圣人以仁立表之书也。有《黄子儒行集传》四卷，盖王者任使知人之书也。有《黄子缁衣集传》四卷，盖王者好恶感民之书也。有《黄子三礼定》十有三卷，盖圣人以正礼乐之书也。凡十经七十有七卷，为《黄子》之上部。然而犹有亡书，宜力寻之。有《黄子录》六十有六卷，有《黄子外录》三十有三卷，盖犹《孟子》书之有《孟子外书》也，凡二录九十有九卷，为《黄子》之下部。然而犹有遗文，宜力寻之。……乃述《黄子谱》二十有二篇，盖如孔璇与叔仲会之记仲尼，凡四卷，为是书之初部；乃述《黄子讲问》二十有九篇，盖如冉雍与卜商之撰仲尼，凡十有六卷，为是书之终部。此皆先子之所授与余所采获之漳上者，颇定治其部居，为百九十有六卷。"（《黄漳浦集》卷首）

　　洪思《黄子传》《收文序》两文关于《石斋十二书》的卷次是一致而清晰的，即上部《十经》共77卷，下部《二录》共99卷，初部《黄子谱》4卷，终部《黄子讲问》16卷，合上、下、初、终四部，《石斋十二书》共196卷。

　　但是陈寿祺《黄漳浦集》卷首所收题为洪思所编的《石斋十二书部次》一文，在不少细节上与《黄子传》《收文序》有明显出入。如说"初部《黄子谱》凡五卷"，而《黄子传》《收文序》都说《黄子谱》为四卷；"下部《黄子录》凡六十有二卷"，而《收文序》说是66卷；"终部《黄子讲问》凡二十有六卷"，而《黄子传》《收文序》都说是16卷。《石斋十二书部次》最后又引黄道周的季子黄子平的话说："是书凡四部百九十有六卷。上部凡十书六十有二卷，然而犹有亡书，宜力寻之。下部凡二书九十有九卷，然而犹有遗文，宜力寻之。初部《黄子谱》二十有二篇，终部《黄子讲问》二十有九篇，凡三十有一卷，皆门人石秋子之所述。然而犹有吾先子之逸事与细席之微言，散落在海内，宜力寻之，方为我家之全书以示子孙。"可以肯定的是，洪思所编《石斋十二书》共 196 卷，然而即便是以黄子平的这段话而论，上部十书 62 卷，下部二书 99 卷，初终部 31 卷，合起来也是 192 卷，而非 196 卷。显然，《石斋十二书部次》包括黄子平的这段话，不严谨处太多。洪思《石斋十二书》的具体分部卷数当以洪思所作《黄子传》《收文序》为准，即上部 77 卷，下部 99 卷，初部 4 卷，终部 16 卷，共 196 卷。实际上洪思父子精通黄道周的象数易学，这里取"7""9""4""16"，"196"等数皆有象数易学之讲究。

可以推想洪思只是把收集到的黄道周著述汇集为《石斋十二书》，由于当时各方面条件限制，《石斋十二书》可能并未刊刻流通。洪思父子所编的《石斋十二书》没有完整地流传下来，唯其中《黄子录》66 卷（洪思考正、柯荫集解）清抄本尚残存于国家图书馆善本室（存卷一、九至二十二、三十四至四十五、五十八至六十六）①。另山东图书馆善本室也存有一部柯荫集解的抄本《黄子录》，共两函八册，但笔者翻阅后发现，其实际内容比《黄子录》目录列文少了很多，并不是《黄子录》的足本。山东图书馆所藏《黄子录》比较有价值的是其卷首《石斋十二书部次》中的一些记述很有可能是其他文献中所不见的，如其初部关于《黄子谱》的简述是《黄漳浦集》卷首关于《石斋十二书》介绍所缺少的，还有一篇是洪思自述其父子两代收集黄道周著述之辛苦的文字亦不见于它著，而其《收文目录》中所载洪思关于一些黄道周逸书的记述更是弥足珍贵，其中也载有黄道周晚年甚至能"神算"前知的轶事，如说"子既五十年，学《易》不假卜筮，晚若前知，凡所谈身世之故，闻者皆惊若神"（《收文目录》之"《畴象》八卷"条下注）。

二、郑玫、郑亦邹《黄石斋集》及陈寿祺《黄漳浦集》

到了康熙年间，清政权趋于稳定，黄道周的文集可以刊刻流通。我们现在能见到的比较早的传世的黄道周文集是郑玫所刻十三卷本《黄石斋先生文集》，该集现收入《续修四库全书》集部别集类，题为刻于康熙五十三年甲午（1714 年），原本藏于天津图书馆。郑玫，字伯润，号虚舟，龙岩人，康熙庚午举人，"除三水令，有循声。筑堤岸，以兴水利。建书院，以振士风。请蠲免钱粮，以恤灾黎。在任十二年，母老乞归，生平崇尚正学，尝编辑《程氏日程》《吕氏乡约》以教后进，著有《文钞》《诗钞》行世"②。龙岩与漳州毗邻，故在序文中，郑玫称自己为黄道周的同乡后学。在凡例中，

---

① 《中国古籍总目·集部》，第 928 页。
② 穆彰阿：《（嘉庆）大清一统志》卷四百三十九"龙岩人物"，《四部丛刊续编》影旧钞本。

郑玫说"先生文诗甚富，乱后散失。及门洪子石秋收文海内，垂四五十年而遗文始集，兹所刊者皆洪子抄本，不敢忘所自"，又说"先生生平所著尚不止此，遗文在洪子力（洪思儿子）家。俟再借录，续刻二集问世。先生《续骚》直逼屈宋，诗高古峭刻，不袭前人，自成一集，不特古文可传不朽，当嗣刻以公同好"①。郑玫所刻《黄石斋先生文集》十三卷是没有诗集的，从上面的凡例可以了解，郑玫曾有计划再续刻黄道周的诗集部分，但未见有郑玫所刻《黄道周诗集》行世，应该是并没有再续刻。郑玫的好友萧大成、姚炳坤、赵大埙参与了《文集》的校正工作。陈寿祺在《重编黄漳浦遗集序》中说："漳浦石斋黄公遗书，见于公门人洪思石秋子《收文序》，凡四部，百九十有六卷。富哉，纂述之大业也！……《文集》（《黄石斋先生文集》）十三卷，则康熙甲午龙岩郑玫虚舟取石秋所编刻之，近又重刻于漳，非全集也。余往在京师，从乡人乞得一部。"（《黄漳浦集》卷首）不管是郑玫的自序，还是陈寿祺的介绍，都很清楚的一点是，郑玫所刻十三卷《黄石斋先生文集》取自洪思所编黄道周的文集，具体来讲当是源于洪思所编"石斋十二书"的《黄子录》部分。

据陈寿祺《重编黄漳浦遗文序》交代，康乾时尚有郑亦邹所编50卷本《黄石斋集》。郑亦邹（？－1709），字居仲，号白麓，福建海澄（今属漳州龙海）人。康熙三十二年（1693）举人。与洪思有交游，康熙四十三年七月曾以所撰黄道周传记请正于洪思。洪思去世后，撰有《洪石秋子传》。康熙四十五年，成进士，授内阁中书。编有《黄石斋年谱》行世②。陈寿祺在《重编黄漳浦遗文序》中说："既归里，始闻公之遗书仅存漳州一士人家，瘝瘝求之。嘉庆丙子（1816），属友人辗转假其藏本以来，乃海澄郑白麓中书所编，文三十六卷，诗十四卷，视虚舟本增多数倍，字句间有小异。余以虚舟本所遗，缮写十余册，人闲始有副墨矣。"侯真平认为，郑亦邹编的这个50卷本《黄石斋先生集》今已不存③。但是郑亦邹的50卷本《黄石斋集》的主体内容为陈寿祺的《黄漳浦集》所继承，《黄漳浦集》也是50卷，也是"文三十六卷，诗十四卷"。若仅就卷数而言，《黄子录》66卷，郑白麓的《黄石斋集》也就是50卷，但是陈寿祺《黄漳浦集》卷首载有"洪石秋编《黄子录》内所缺篇目见郑白麓本"148篇以及"郑白麓编《黄石斋先生集》内所阙篇目见洪石秋本"73篇的详细目录。这样来看，郑白麓50卷本《黄石斋集》比洪思的66卷《黄子录》在体量上可能还要大。

当然，我们今天所能见到的最权威的黄道周文集就是陈寿祺编的50卷本《黄漳浦集》。这部文集是在洪思、郑玫、郑亦邹等前贤努力的基础上编订的。在《重编黄漳浦

---

① 郑玫：《黄石斋先生文集·凡例》，清康熙五十三年刻本。
② 参见侯真平、娄曾泉校点：《黄道周年谱》"校点序言"中关于郑谱的介绍，福建人民出版社1999年版，第6－7页。
③ 侯真平：《黄道周纪年著述书画考》下册，厦门大学出版社1995年版，第603页。

遗文序》中，陈寿祺在介绍完郑亦邹的 50 卷本《黄道周集》之后，又说："顷嘉兴沈鼎甫大理督闽学，闻其得公《全集》钞本数十册于漳人，急假校对，则倍于虚舟本，而不及白麓本四之一，其文有刺取已刻者，题有点窜者，盖石秋与公季子子平编次原本。然有五十篇为白麓所遗，将白麓未及睹此本邪？余悉录而益以它时所见卷册遗文、遗诗数十，汇为一编，重定目录，而仍存洪、郑二家旧次，盖积十有余年，然后公之遗集乃得揽其全，以慰平生饥渴矣。"沈鼎甫是道光年间的朝廷名臣，当时督学福建。陈寿祺听说他有黄道周的全集，就借来校对，发现比郑玟本多一些，但还不到白麓本的四分之一。但是这里边也有 50 篇是白麓本所没有的。这样前后约十年的收集工夫，陈寿祺又购得《大涤函书》《石斋逸诗》等，从而进一步丰富完了黄道周文集的汇集，最终形成我们今天看到的经典传世本 50 卷本《黄漳浦集》（约在道光五年汇集完成）。

陈寿祺（1771—1834），字恭甫，号左海，福建闽县，为清代著名学者。曾任翰林院编修，历典广东、河南乡试，后在浙江诂经精舍讲学。陈寿祺与黄道周同为福建人，他一生表彰黄道周不遗余力，积极推动黄道周从祀孔庙。乾隆时期，清政权已完全稳固，这时政府反而开始褒扬明末抗清志士的节义，鄙视那些投降自己的没有操守的文人，乾隆帝甚至尊黄道周为"一代完人"，谥号忠端。因此，《四库全书》对黄道周的著述收集达十部之多，只是删涂或改写了个别如"夷狄""胡虏"之类的违碍字眼，但黄道周的文集并不在其中，这也许是由于文集里涉及明清之际具体敏感问题太多的缘故。道光四年（1824），陈寿祺上书闽浙总督赵慎畛、福建巡抚孙尔准，呼吁以黄道周从祀孔庙，第二年，礼部又把赵慎畛的奏请上报朝廷，得到批准，黄道周得以从祀孔庙东庑，在明臣罗钦顺之次，也正是这一年，陈寿祺历数十年收集整理的《黄漳浦集》基本完成。道光八年，孙尔准升任闽浙总督，他倡议为出版《黄漳浦集》募捐，自己出资五十金。这样，到道光十年（1830），陈寿祺编的《黄漳浦集》刊刻完成，得以流通。道光十四年甲午（1834），陈寿祺去世前，担心数十年收集整理的《黄漳浦集》的底板稍有不慎会散失，命其子陈乔枞把底板存入官府司库。

清姚莹、顾沅、潘赐恩等人所辑《乾坤正气集》收有《黄石斋先生集》十六卷，但据侯真平先生考述，所辑《黄石斋先生集》基本上是翻刻陈寿祺的《黄漳浦集》，是摘取《黄漳浦集》而成的①。陈寿祺之后所刻《黄道周集》，多翻刻或摘取其《黄漳浦集》，后来的学者研究黄道周，也多参考这个集子，可见陈寿祺所编《黄漳浦集》已成为公认的《黄道周文集》的权威本。但仍需说明一点的是，笔者在整理校勘《黄漳浦集》过程中也发现，特别是诗集部分，与该诗的明刻本如《明诚堂诗集》《浩然堂诗集》等相比，不少异文明显是以明刻本为优，甚至《黄漳浦集》中还存在一些明显的

---

① 参见侯真平：《黄道周纪年著述书画考》下册，厦门大学出版社 1995 年版，第 610—611 页。

误字。更不用说一些避讳字和"胡虏""夷狄"等有碍字眼常被涂改或涂抹，我们今天需要更多的明刻本来完善陈寿祺的《黄漳浦集》。当然，我们不能苛求前人，陈寿祺的付出及其功劳是首先需要肯定的。

三、《黄漳浦集》集外文

在洪思、郑玫（虚舟）、郑亦邹（白麓）努力的基础上，陈寿祺搜集汇编的《黄漳浦集》确实已经相当完备。但他也很清楚，肯定仍有一些诗文没有收进来，他说："虽然，石秋亲执业于公之门，去公之殁不二十年，加以两世采获之勤，犹叹息亡书之未集；而余生百数十载之后，私淑无由，未尝如石秋所言一日走天下之深山大泽，区区缀缉，恶足以寻坠绪？然自石秋与黄季子相论次以来，历几亭、白麓、虚舟诸君子所表章，绵绵绳绳，若存若亡，今庶几复还公纂述之旧，其亦可以少释学者之憾乎！"①

笔者近年在整理点校《黄漳浦集》的同时，也在不断查找搜集黄道周的相关著述诗文。初步发现，至少有以下几种古籍文献中的一些诗文是陈寿祺《黄漳浦集》中所没有的。

《黄石斋未刻稿》一卷，题为"晚村吕留良辑存"。该集所辑约 42 首诗歌，均不见于陈寿祺道光本《黄漳浦集》。吕留良是明末清初著名文人，他有着强烈的反清复明情节，可以想见其辑存黄道周的未刻稿，寄托着他对黄道周以身殉明、节义千秋精神的崇敬，也内含着他对清朝的仇视。该辑中收有一首诗题为《满逆入寇，朝贵匿不上闻，愤而赋之》，其开头两句就是"小鬼狰狞大鬼猖，万民涂炭丑夷强"，就凭这两句就注定该稿难以在清朝公开刊刻。我们现在所能见到的《黄石斋未刻稿》一卷，为清末民国初的抄本，现藏于国家图书馆。同时，郑振铎所辑《玄览堂丛书续集》收录了《黄石斋未刻稿》一卷，该集还附有黄道周的妻子蔡玉卿《蔡夫人未刻稿》一卷。"未刻稿"对我们深入了解黄道周的生平与思想有很大帮助，如里面有一首是《听智度禅师讲地藏经》："不说一切法，那知色相真。庄严清静界，解脱涅槃人。岂以空空妙，须参种种因。恍然成大悟，明月澄前身。"从这里来看，黄道周对佛教义理的领悟已相对深刻，这是目前能见到的仅有的一篇黄道周直接谈论佛教义理的诗文，这使我们更清晰地认识到在明末三教融合的潮流中，黄道周虽身为大儒，实际上也是涉佛甚深。黄道周与徐霞客为生死至交，该集中有《与霞客游焦山适患恙宿寺中》《余挂吏议，霞客遣公子走长安来候，并赠衣裘，手书游记四册以慰寂寥，感激无已》《读游记知名山幽胜，无奇不有，不觉手舞足蹈，欣赏无已》等诗文具体呈现了两人感情之深笃。

《西曹秋思》一卷，其内容为明末黄道周、叶廷秀、董养河三人唱和诗作，皆七言

---

① 《重编黄漳浦遗集序》，《黄漳浦集》卷首。

律诗，依上下平韵各为三十首，通计九十首。目前传世尚有《西曹秋思》的南明刻本，为辛德勇于 1993 年在北京琉璃厂中国书店觅得，据辛德勇考述，"此书由于传世稀少，公私藏书目录，一向罕见著录。《西曹秋思》最早著录于清初黄虞稷的《千顷堂书目》，至乾隆年间纂修《四库全书》时，仅列入存目。近年印行《四库全书存目丛书》，当事者遍访海内外公私藏书，始终未能查找到此种原刻旧本，只好采用北京图书馆收藏的一部清代抄本，作为底本。这部抄本，也是在我发现南明刻本之前，世间所知《西曹秋思》的唯一传本，却明显晚于我得到的这部南明原刻本"①。陈寿祺编刻的《黄漳浦集》卷四六，以《叶谦斋董叔汇各作平韵诗三十首分篇和之》为题，收录了当时仅能找到的十首黄道周的和诗。而《黄漳浦集》中缺失的二十首和诗完整地见于《西曹秋思》。辛德勇为嘉惠学林，在其《记南明刻本〈西曹秋思〉》一文之后附有其所藏南明刻本《西曹秋思》的全文，并有该刻本与清抄本、陈寿祺本的详细校勘。

另外，北京大学图书馆所藏《黄石斋先生尺牍》为黄道周与乔可聘（自号柘田逸叟）的通信，也不见于陈寿祺《黄漳浦集》。值得一提的是，北大藏的这本《黄石斋先生尺牍》收有何绍基、郑孝胥等书画名流的题跋。北大图书馆还藏有《黄忠端公石斋先生手牍》，所收书信也不见于《黄漳浦集》。黄道周是晚明著名书法家，他的一些诗文、书信常以书法作品的形式为后人珍藏，天壤间不见于《黄漳浦集》的诗文定还不少，希望将来有更为完备的《黄道周文集》出版。

---

① 辛德勇：《记南明刻本〈西曹秋思〉——并发黄道周弹劾杨嗣昌事件之覆》，《燕京学报》新十八期，北京大学出版社 2005 年版，第 69－70 页。

朱杰人　1945 年生，江苏省镇江市人。华东师范大学终身教授，中国历史文献研究会会长、上海市儒学会会长，博士生导师，曾任华东师范大学出版社社长、董事长。1964 年上海师范大学中文系毕业，1981 年上海师范大学古籍研究所研究生毕业。学术专长为古典文献学、经学及朱子学。代表著述：《朱子全书》（主编）、《诗经要籍解题》《毛诗注疏》（整理本）、《朱子气节论》《朱子一百句》等数十种。

儒学文献整理与研究高端论坛总结发言

  泽逊兄挑了一个最难的活让我干，既然到这儿来，吃他的，喝他的，总要表现一下，所以我就勉为其难，我不是总结，谈点我自己的一些感受，跟大家分享。我一定不耽误大家吃饭和赶飞机的时间，我用几分钟的时间讲完。

  我们这个会非常好，有学术报告，还有交流，交流很重要。这次来参加会议的，应该说都是在文献整理领域里承担了重要项目，重要学术成果的主要人物。这样一次交流以后，可以让我们掌握全国的儒学文献整理的基本动态和基本发展方向。从这一点来说，要感谢山东大学，感谢泽逊教授，提供了这么好的平台。

  两个半天，信息量非常大，有那么多人的发言。从这些发言中可以看到，在现在整个儒学文献的整理中间，大项目非常多。关于四库的研究，《四库全书》的研究，关于《清经解》整理研究，《子海》《儒藏》等等。大项目多，反映了学科领域的空前繁荣的局面。另外，通过这次交流发现，现在在我们这个学科领域里面，很热门、很热点的研究领域，比如说像关于礼学的研究，关于《尚书》学的研究，关于《家语》的研究，现在都非常热。其实，这个热都有道理，由于时间关系我不讲了。礼学为什么热，说起来话长，也就不便多说。

  这次我们的研讨会，还让我们眼睛一亮的是，我们发现了很多以前不受重视的一些领域，比如说程章灿先生讲到的石刻问题，讲到石刻和儒学文献的问题，这个问题以前我们不是很关注。比如出土文献的研究和儒学文献的研究的问题，再比如术数的问题。还有一点，我们讲孔孟之道，整理孔子的很多，但是对孟子确实不太重视。但是现在孟子文献的研究整理，已经有人在做了，这都让我们眼前一亮。

  当然，还有一点，非常值得我们高兴的是，对海外儒学文献的整理和研究，现在也有好几篇论文。这个问题恐怕是应该引起我们的关注。如果以前我们关注不够，是因为没有条件。一个是没有钱，第二个是因为若要研究海外儒学，就要懂外语。以前因为我们老一辈人的知识结构有问题，但是现在年轻人出来了，他们的外语非常好。刚才我听了曾教授的发言后非常感慨，因为我最近一段时间跟海外汉学研究关系比较多，海外汉学研究中间对理雅各翻译的中国《四书》评价非常高，甚至于申请专项项目，要求出版《理雅各全集》，这个书在香港出版过，激起了我们极大的兴趣。但是今天来看，理雅各他的翻译其实是有问题的，现在如果还是把他作为经典，对于儒家文献会有一种误读、误导，我已经跟曾教授说了，请他写一篇文章，登在我们的《历史文献研究》上，把这个问题向海外研究人员提醒一下。以上这些都是令人眼前一亮的成果，非常值得高兴。

当然，还有一些问题或者说一些建议也想趁这个机会说一下。首先，从全国来看，关于儒学文献的整理还是缺乏整体的设计。现在山东大学出来做这个事情，应该承担起这样的责任，应有一个全国整体性的设计。还有一个问题必须要关注，恐怕文献学界的朋友应该要扩大视野，加强合作。学科内的合作，比如像今天这样的会议，这个合作有利于交流信息、交流经验。其次，应该打开视野，进行学科外的合作。我对中国哲学史界关心比较多，现在中国哲学史界以陈来为首，他是中国哲学史学会会长。以他为首的中国哲学史学会对儒学的文献、对儒学的哲学研究，走得非常靠前，成果非常多，而且有一大批年轻的学者在从事这样的研究，要跟他们合作。另外，图书馆藏了大量的东西，必须跟他们合作。还有，要和海外汉学研究的学者合作，这个我刚才也已经说了。我去年参加了一次在泰国举行的学术研讨会，我开了那个会以后大开眼界，他们做的事情实际上就是我们在干的事情，只不过他们是海外儒学文献的研究，而我们以前对他们根本不了解，所以现在应当加强和他们的合作。

我还有一个想法，想讲给杜老师听。你们在课题设计的时候必须要增加一条内容，即运用现代科技来进行儒学文献的整理。上半场会议的时候，有一个女教授、女博士说他们为了整理易学的文献，电脑输入占去了大量的时间。我们华东师大古籍研究所在做《近思录》的时候也是让负责项目的人自己打字，把文本打进去。但是稿子交到我们出版社来的时候，发现一个问题，打字往往容易打错。据我所知，现在电脑的科技已经达到一个水平了，扫描以后就可以马上变成电子文档。另外，如何让技术更好地来为我们的文献整理服务，需要开发一个在电脑上标点的软件。因为现有的软件不成熟，我们古籍所在电脑上标点，往往会出差错。我建议杜老师你们在项目设计中要向国家申请资金，开发这两个软件：一个是如何把原文本扫描了以后就变成格式的电子版文本的软件，另一个是让学者们直接在电脑上整理标点的软件。开发这样的两个软件，一定会造福于文献界，大家会感谢你们。

最后，我想讲一个问题。现在赶上一个好时代，千载难逢。但是我们要解放思想，如果不解放思想，会辜负这个时代。首先，我们要充分认识自己工作的意义，工作的意义如何来评价都不过分。我们这些人坐在一起，其实我对大家充满了敬意，为什么？因为我们多年来是在被边缘化，被看不起，被穷，被累，被不理解地走过来。我们坚持到现在了，所以对大家，包括我们的学生，能够坚持到现在，我充满了敬意。因为有了你们，才有中国文献的传承，我们的命脉才不至于中断。所以我们要充分认识自己的工作意义。另外，解放思想还有一点：绝对不要妄自菲薄。我以前也是觉得，怎么可以跟前一辈的老师比呢？他们的学问那么好。我们的学问确实不如他们好，但是有一些事情让我触动很大。生群兄整理《史记》，中华书局要重新整理《二十四史》，我当时就怀疑，难道我们的水平比他还要高吗？但是看了生群他们做的新《史记》，我发现确实超过了前辈。包括王锷刚才讲的，方向东他们讲的内容，凭什么说我们不如前辈？并不是说个人的智慧和学术能力超过他们，而是我们所处的这个时代，提供给的科技远远地超过他们那个时代。我们现在看到的东西好多他们没看到过，我们现在用到的好多手段他们用不上，他们根本不知道。所以这一点上我们不要妄自菲薄，要做出比前人更好的成果来。我们的前辈都是一些了不起的学术大师，但是，儒学有两部最重要的文献，一个是《二十五史》，他们完成了，而《十三经注疏》他们没有做。我们现在做的《二十五史》，肯定可以超过他们；他们来不及做的《十三经注疏》我们也已经完成了。这是非常了不起的成绩。所以我们没有必要妄自菲薄。

我在这里还要大声疾呼一个问题，儒学文献整理与研究，包括我们华师大申报的国家项目——"朱子学文献整理与研究"。"整理"后面一定要加个"研究"。为什么？你不加"研究"，人家不认你，我们觉得理亏，一定要加个"研究"。其实我非常不同意这个说法，我认为这是一个伪命题。试问，若不研究，能整理吗？谁敢说没有研究这个文本，就能整理。所以整理就是研究，整理的结果就是研究的成果。人家不承认不要紧，我们自己要承认。这个问题我们以后要大声疾呼，要让教育部的官员们明白：整理就是研究，不研究怎么能整理得好？所以我们不能妄自菲薄，要解放思想，要有一种自信，这样我们的文献才会有新的局面开展。

我就讲到这里，谢谢大家！

（尼山学堂张曦文据录音整理）

附：儒学文献整理与研究高端论坛议程

报到时间：3 月 20 日（周五）下午至 21 日（周六）上午

报到地点：山东济南山大南路 27 号山东大学中心校区学人大厦一楼大厅

午　　餐：3 月 21 日 11：30 – 13：00 学人大厦一楼洗墨轩自助餐厅

集　　合：3 月 21 日 13：15 学人大厦一楼大厅（会务人员引领至会场）

会议时间：3 月 21 日 13：30 – 3 月 22 日 11：40

地　　点：山东大学中心校区明德楼 A 座一楼工会厅

开幕式（3 月 21 日 13：30 – 14：00）

主持人：王学典（山东大学儒学高等研究院常务副院长）

欢迎词：陈炎（山东大学副校长）

致　　词：朱杰人、王云路、赵生群、舒大刚、程章灿、单承彬

合　　影（14：00 – 14：15，明德楼 A 座西门）

第一场报告（3 月 21 日 14：30 – 16：00）

主持人：程章灿

崔富章（浙江大学）："《孔子家语》研究"概述

严佐之（华东师范大学）：朱子学文献整理与研究

黄怀信（曲阜师范大学）：关于《周易》校注

朱杰人（华东师范大学）：《毛诗正义》点校工作的回顾

刘晓东（山东大学）：《清经解三编》《清经解四编》编纂后记

赵生群（南京师范大学）：《春秋左传新注》工作的回顾

郑杰文（山东大学）：山东大学全球汉籍合璧工程规划实施情况

董恩林（华中师范大学）：《皇清经解》整理的意义与现状

贾海生（浙江大学）：《说文解字音证》整理工作

单承彬（曲阜师范大学）：《续修四库全书提要·经部》撰写的方法及进展情况

休　息（16：00－16：10）

第二场报告（3月21日16：10－17：40）

主持人：单承彬

程章灿（南京大学）：石刻与儒学文献的整理及研究

江庆柏（南京师范大学）：关于"后四库全书现象"问题

顾宏义（华东师范大学）：朱熹及门人友朋往来书信整理与研究

许建平（浙江大学）：吐鲁番出土儒家经籍辑考

张富祥（山东大学）：有关《尚书》整理的几点感想

徐庆文（山东大学）：《百年儒学研究精华》编纂的意义

刘心明（山东大学）：《子海·珍本编》的意义及进展情况

晚　餐　3月21日18：00学人大厦一楼洗墨轩自助餐厅

3月22日

早　餐　3月22日7：00－8：00学人大厦一楼洗墨轩自助餐厅

第三场报告（3月22日8：30－10：00）

主持人：赵生群

王云路（浙江大学）：《中华礼藏》编纂整理工作的回顾与前瞻

方向东（南京师范大学）：阮刻《十三经注疏》汇校的意义与现状

朱小健（北京师范大学）：儒学文献整理与中华文化传承

舒大刚（四川大学）：《儒藏》编纂的意义与现状

王锷（南京师范大学）：《礼记汇校集注》工作的进展情况

曾振宇（山东大学）：反向格义视域下的儒家经典——以《孟子》英译本比较研究
　　　　　　　　　为中心的讨论

王承略（山东大学）：《两汉全书》与两汉儒学文献整理研究

黎心平（山东大学）：山东大学周易研究中心的文献整理工作

崔海鹰（孔子研究院）：《孔子家语》与《周礼》

休　息 10：00 – 10：10

第四场报告（3月22日10：10 – 11：40）

主持人：舒大刚

殷延禄（孟子研究院）：《孟子文献集成》编纂的意义及进展情况

杨世文（四川大学）：谈谈张南轩著作的整理研究

张诒三（曲阜师范大学）：《孔广森集》的整理及其意义

关长龙（浙江大学）：礼学视野下的中国数术文献

李学堂（山东大学）：《韩国集部儒学文献萃编》的意义与进展情况

杜泽逊（山东大学）：关于《尚书注疏汇校》

马士远（曲阜师范大学）：《〈尚书〉学传世文献集成》编纂的设想

翟奎凤（山东大学）：《黄道周全集》编纂整理工作的意义

总结发言：朱杰人

午　餐：12：00　学人大厦一楼洗墨轩自助餐厅

3月22日下午与会专家离会

图书在版编目（CIP）数据

儒家文明论坛.第1期/杜泽逊主编.—济南:山东
人民出版社,2015.6
ISBN 978-7-209-09032-2

Ⅰ.①儒…　Ⅱ.①杜…　Ⅲ.①儒家－文集
Ⅳ.①B222.05-53

中国版本图书馆 CIP 数据核字(2015)第 136452 号

儒家文明论坛(第 1 期)

杜泽逊　主编

主管部门　　山东出版传媒股份有限公司
出版发行　　山东人民出版社
社　　址　　济南市胜利大街 39 号
邮　　编　　250001
电　　话　　总编室 (0531) 82098914
　　　　　　市场部 (0531) 82098027
网　　址　　http://www.sd-book.com.cn
印　　装　　青岛国彩印刷有限公司
经　　销　　新华书店

规　　格　　16 开(185mm×250mm)
印　　张　　29.5
字　　数　　550 千字
版　　次　　2015 年 6 月第 1 版
印　　次　　2015 年 6 月第 1 次
ISBN 978－7－209－09032－2
定　　价　　68.00 元